Christiane Schmerl

Und sie bewegen sich doch ...

Christiane Schmerl

UND SIE BEWEGEN SICH DOCH ...

Aus der Begegnung von Frauenbewegung und Wissenschaft

Tübingen
2006

Bibliografische Information Der Deutschen Bibliothek
Die Deutsche Bibliothek verzeichnet diese Publikation in der Deutschen Nationalbibliografie; detaillierte bibliografische Daten sind im Internet über http://dnb.ddb.de abrufbar.

© 2006 dgvt-Verlag
Im Sudhaus
Hechinger Straße 203
72072 Tübingen
E-Mail: dgvt-Verlag@dgvt.de
Internet: www.dgvt-Verlag.de

Satz: VMR, Monika Rohde, Leipzig
Umschlagbild: Man Ray, L'oeuf et le coquillage, 1931
© Man Ray Trust, Paris/VG Bild-Kunst, Bonn 2006
Belichtung: KOPP – desktopmedia, Nufringen
Druck: Druckerei Deile GmbH, Tübingen
Bindung: Ernst Riethmüller & Co. GmbH, Tübingen

ISBN-10: 3-87159-062-2
ISBN-13: 978-3-87159-062-7

INHALT

Einleitung 7

I Frauenbewegung trifft Wissenschaft: Selbstvergewisserungen

1. Die dunkle Seite der Macht, etwas beleuchtet:
   Zur Matriarchatsdebatte in der Frauenbewegung 17
2. Die Kinder der Männer –
   patriarchale Familien als Denk- und Lebensform 29
3. Die Frau ohne Schatten – der Kinderwunsch und ‚die Natur' der Frau 57
4. Alles unter Kontrolle?
   Emanzipation der Frauen versus Konservatismus der Männer 75

II Feministische Erkenntnisproduktion und herrschende Wissenschaft: Werkzeuge und Methoden, Streit und der Wechsel von Perspektiven

5. Sisters in Crime? – Sisters in Science!
   Den Denkfabriken in die Werkstatt geschaut 93
6. „Nur im Streit wird die Wahrheit geboren ..."
   Gedanken zu einer prozessbezogenen feministischen Methodologie 105
   (zusammen mit Ruth Großmaß)
7. Geschlechterbilder im Wissenschaftsspiel, Warnung:
   Genutzte Chancen versus verlorene Selbstachtung 127

III Geschlecht und Wissenschaft, erste Anwendung: Früchte vom Baum der Erkenntnis – selbst gepflückt

8. Einige Gedanken zur Sozialisation von Frauen 137
9. Consuetudo est altera natura – oder warum Essenzen flüchtig sind 155
10. Menschlichkeits-Bilder oder Geschlechter-Divisionen?
    Eine Plünderung des feministischen Familienalbums 163
    (zusammen mit Ruth Großmaß)

IV Geschlecht und Wissenschaft, weitere Folgen: Von der Kritik zur Konstruktion – Vier Beispiele

11. Der Prinz und die Kröte.
    Feminismus und (deutsche) Psychologie – Versuch einer Zwischenbilanz ... 209
12. Wann werden Weiber zu Hyänen?
    Weibliche Aggressionen aus psychologisch-feministischer Sicht 223
13. Phallus in Wonderland –
    Bemerkungen über die kulturelle Konstruktion „Sex = Natur" 239
14. Die Frau als wandelndes Risiko: Von der Frauenbewegung
    zur Frauengesundheitsbewegung bis zur Frauengesundheitsforschung 257

V Exkurs: Das Imperium schlägt mal wieder zurück – Frauenbilder als Waffen

15. Im Frauenzoo: Aufklärung über Fabeltiere 283
16. Männliche Reflexe, weibliche Reflexionen:
    Werbung mit Frauenbildern 289

VI Geschlechter als Paare: Patriarchat entrümpelt, Matrix reloaded?

17. Kreative Paare in Kunst und Wissenschaft: Wie wird was kreiert? 309

Literatur 343
Quellen 369

Einleitung

Die politischen Forderungen und Aktionen der Zweiten Frauenbewegung haben ab den 1970er Jahren die Kulturen der westlichen Länder nachhaltiger verändert als viele andere sozialen und politischen Kräfte – auch und gerade dort, wo diese sich teilweise mit der Frauenbewegung überschnitten (z. B. Studentenrebellion der 1960er Jahre, Umweltbewegung, Gewerkschaften, Dritte Welt Bündnisse u. a.). Erstaunlicherweise aber ist die Frauenbewegung gleichzeitig jene Bewegung, die – im Vergleich zu anderen Minderheitsbündnissen wie z. B. jenen gegen rassistische, homosexuelle oder Behinderten-Diskriminierung – am meisten unterschätzt und geschmäht wurde und noch wird. Waren es in den 1970er und 80er Jahren die „Emanzen" und „lila Latzhosen", so sind es heute Gender „und Gedöns". Die tatsächlich begonnene und erreichte Umgestaltung der westlichen Gesellschaften durch Frauen- und Geschlechterpolitik wird noch nicht einmal von den soziologischen Experten für soziale Bewegungen angemessen eingeschätzt (mit Ausnahme vielleicht von Bourdieu, 2005).

Der vorliegende Band stellt deshalb (noch) einmal die grundlegenden inhaltlichen Einsichten, Kritikpunkte und Leistungen der Frauenbewegung(en) in und an den patriarchalen Gesellschaftssystemen vor. Die hier erstmals zusammen erscheinenden Beiträge sollen komprimiert verdeutlichen, dass das in nur einer Generation erarbeitete Wissen einen radikaleren und grundlegenderen Perspektivwechsel auf die sozialen, rechtlichen, wissenschaftlichen und kulturellen Einrichtungen und Überzeugungssysteme unserer heutigen Zivilisationen ermöglicht hat, als es diese selbst je in den letzten zweieinhalbtausend Jahren – und nur so weit zurück reichen unsere schriftlichen Überlieferungen – entwickelt, verteidigt, tradiert oder auch modifiziert haben.

Insofern ist die Erarbeitung eigener neuer Erkenntnisse und Sichtweisen und vor allem von eigener argumentativer Kritik an Jahrtausende alten patriarchalen Selbstverständlichkeiten, die weder dem bislang überlieferten Kanon, noch dem Gratifikationssystem der eingespielten Machtgefüge entsprechen, in sich ein kultureller Bruch ohne vergleichbare Vorgänger – wenn auch mit Samthandschuhen. Nie wieder werden – Drohungen, Erpressungen und Sachzwänge unbenommen – Patriarchate zu jenen goldenen Zuständen von ohnmächtiger Ignoranz, besinnungsloser Selbstunterwerfung und bewusstloser Fügsamkeit auf Seiten von Frauen zurückkehren können, wie sie bis vor 100 Jahren fast weltweit wohl installiert waren.

Die in diesem Band zusammengestellten Texte beginnen daher mit jenen kulturhistorischen Erkenntnissen, die sich auf Frauen als auf jenes zum ‚anderen' deklarierte Geschlecht beziehen, als das sie aus Sicht von Männern irgendwann in der menschlichen (Vor-)Geschichte erfunden und definiert worden sind. Der Blick richtet sich somit zuerst auf jene frühen Konstellationen, wo die ‚anderen' Fähigkeiten der Frauen noch nicht als etwas zu Beherrschendes, d. h. als etwas zu Kontrollierendes und Auszunutzendes definiert und durchgesetzt waren. Die Verteilung und Ausübung von ‚Macht' – d. h. von Bestimmungs- und Verfügungsgewalt – war in vorpatriarchalen Gesellschaften offensichtlich eine andere und korrespondiert wenig mit unserem heutigen Begriff von Machtausübung. Das wenige, das wir positiv über diese ökonomisch und kulturell als matristisch- und genus-ausbalancierten frühen Zivilisationen wissen, macht zumindest deutlich, dass es einen anderen zivilisatorischen und kulturell elaborierten Umgang mit Macht gegeben hat (und somit geben kann), als wir ihn heute ausschließlich kennen und gewohnt sind, und dass dieser nicht an die Unterdrückung oder Ausbeutung von einem der beiden Geschlechter gebunden war oder sein muss (Kapitel 1).

Die ersten vier Texte befassen sich daher mit dem schrittweisen historischen Übergang zu patristischen Gesellschaftsformen: welche Lehre können wir aus den Spuren der Existenz matristischer Gesellschaften ziehen, vor allem aus dem scharfen Kontrast zu dem sich offenbar eher gewaltsam als naturwüchsig vollziehenden historischen Umschwung? Die Tatsache, dass die Gebärfähigkeit weiblicher Menschen nicht mehr nach deren eigenen Interessen und Gutdünken realisiert werden darf, sondern nach den Auffassungen und Interessen derer, die über diese Fähigkeiten selbst gerade *nicht* verfügen, diese Tatsache liefert eine der verblüffendsten Einsichten in das patriarchale Paradox – und in seine so kunstreiche wie effiziente Bemäntelung in Form von vaterrechtlichen Familien als „Natur" (Kapitel 2).

Gleichzeitig wird deutlich, dass das heutige Durchschauen und Kritisieren dieser Konstruktionen einhergeht mit deren beginnendem Zerfall, bzw. dem Umbau der alten patriarchalen Familienformen. Die alleinerziehenden Mütter, die gut ausgebildeten Frauen mit und ohne Kinder, die aus eigener Entscheidung andere Familienformen als bisher entwickeln und bevorzugen, können heute nicht mehr bestraft oder eliminiert werden. Die geistigen Kontrollmechanismen greifen nicht mehr, die ökonomischen sind zwar noch wirksam, aber nicht mehr perfekt und nicht mehr abschreckend genug. Der gesellschaftliche Kindermangel ist keine Folge zu vieler kinderloser Akademikerinnen, sondern die Folge von reduzierten Kinderzahlen in den Familien und dem künstlichen *Entscheidungszwang* zwischen Kindern und Beruf (Kapitel 3). Zudem werden die individuell-psychologischen Mechanismen des Patriarchats (z. B. die Ängste und Kontrollzwänge vieler Männer) zunehmend durchsichtiger und auch heftig diskutiert. Erstmals scheint es heute möglich, aus der Geschichte von zwei Frauenbewegungen und ihren Erfahrungen mit patriarchalen Strategien Schlussfolgerungen zu ziehen und daraus zu lernen (Kapitel 4).

Wie dieses politische Lernen durch *wissenschaftliche* Erkenntnisse beflügelt *und* geerdet werden kann, zeigt Teil II. Er widmet sich dem Aufeindertreffen von weiblichen Erkenntnisinteressen und etablierter akademischer Wissenschaft und zeichnet nach, wie sich seit den 1960er Jahren Frauen die Werkzeuge einer Wissenskultur erarbeitet und anverwandelt haben, von denen sie bis ins 20. Jahrhundert hinein qua Verbot ausgeschlossen waren. Die Kapitel 5 und 6 befassen sich daher mit dem Zugang und dem Gebrauch von wissenschaftlichen Erkenntnissen durch Frauen zwecks Veränderung des patriarchalen Geschlechterverhältnisses. Unter historischen, strategischen wie unter methodischen Perspektiven wird eruiert, welchen Stellenwert die Teilhabe, vor allem aber eine kritische Umwandlung des patriarchalen Wissenska-

Einleitung

nons unserer Kultur durch wissenschaftlich ausgebildete Frauen erlangen kann. bei wird zunächst die direkte Verbindung von Zweiter Frauenbewegung allgen mit dem erstmalig *breiteren* Aufbruch von Frauen in die höheren Bildungs- und Wissensproduktionsstätten ins Visier genommen: Die Umgestaltung der Wissens- und Forschungstraditionen der akademischen Welt durch die Einführung der Geschlechterperspektive in die Wissenschaften (Kapitel 5). Aber es wird auch der Umgang mit eigenen Fehlern und mit konstruktivem Streit als mögliche Erkenntnisquelle deutlich gemacht: An Beispielen aus der Ersten und Zweiten Frauenbewegung wird die Frage nach Erkenntniszuwachs durch Streit *innerhalb* einer Bewegung durchgespielt, und es wird die Übertragbarkeit von Streitkulturen in sozialen Bewegungen auf die Ebene von *wissenschaftlichen* Erkenntnismöglichkeiten versucht (Kap. 6). Aber auch die schmerzlichen Erfahrungen und Behinderungen werden vor Augen geführt, mit denen dieser Aufbruch für Frauen in die Wissenschaft oft verbunden war und bis heute sein kann – nämlich dann, wenn sie auf männliche Wissenschaftler stoßen – Partner wie Konkurrenten –, bei denen Fairness und wissenschaftliche Objektivität am eigenen Frauenbild scheitern (Kapitel 7).

Natürlich ist Wissen Macht – auch wenn gleichzeitig wissenschaftliche Erkenntnisse, ihre Methoden und ihre Interpretationen geprüft und kritisiert werden müssen, womit sich Teil III befasst. Für die Frauen der Zweiten Frauenbewegung, die in den 1970er Jahren v. a. in die Sozialwissenschaften Psychologie, Soziologie und Pädagogik strömten, waren daher die Anwendungsfragen des dort gelieferten Wissens besonders interessant. Ließ sich die Ungleichverteilung von gesellschaftlicher Macht durch die unterschiedliche Sozialisation der Geschlechter erklären? Die Frage nach einer geschlechtsspezifischen Sozialisation, d. h. der *sozial* erzeugten (und nicht mehr biologisch vorprogrammierten) Stellung der Geschlechter erschien als Königinnenweg des Erklärens, aber auch des möglichen Überwindens von Geschlechterbenachteiligung, insbesondere von Frauendiskriminierung (Kapitel 8).

Die Sozialisationsforschung in den Sozialwissenschaften (Sozial- und Entwicklungspsychologie, Soziologie, Pädagogik) wurde also zu einem ersten Brennpunkt der Selbstaufklärung, des Erkenntnis- und Veränderungswillens wissenschaftlich ausgebildeter Frauen, die dieses Wissen aktiv in die Gesellschaft zurücktrugen und dort den Glauben an die angeborene psychische Andersartigkeit (und Minderwertigkeit) von weiblichen Menschen nachhaltig erschütterten. Frauen waren nicht qua Geschlecht anders oder weniger begabt und interessiert als Männer, sondern zur damaligen Zeit anders sozialisiert, meistens zusätzlich auch weniger gefördert und weniger gut ausgebildet.

Interessant ist, dass solche Forschungsarbeiten und -ansätze vieler Wissenschaftlerinnen in der Folge ihrerseits einen neuen Diskurs voller Diversifikationen – Kritik, Selbstkritik, Methodenstreit, Um- und Weiterbau von Erkenntnissen und Fragen – in Gang setzen, der seinerseits inzwischen eine eigene junge Geschichte hat, aus der man/frau lernen kann. Wie geht man z. B. mit dem Großbegriff der „geschlechtsspezifischen Sozialisation" um, wenn er plötzlich von einer jüngeren Generation genauso gut ausgebildeter Wissenschaftlerinnen bestritten oder verworfen wird? Wenn bisher fortschrittliche Begriffe (wie eben ‚geschlechtsspezifische Sozialisation') plötzlich ihrerseits mit dem Vorwurf des ‚essentialistischen Denkens' von

Geschlechterdifferenz belegt werden? Wie lassen sich erkenntnisstiftende Einsichten über Geschlechterverhalten bewahren, ohne sich den Vorwurf des Zementierens/Reifizierens von Geschlechterklischees einzuhandeln? Andererseits: Welchen Gebrauch macht frau dann noch von sozialisationstheoretischen Thesen und Antithesen? Ignorieren? Ablehnen? Integrieren? (vgl. dazu Kapitel 9).

Der streitbare feministische Sozialisations-Diskurs dient heute zur weiteren Anregung von Ideen und Methoden, mit denen man sowohl die Geschlechterfrage theoretisch weiter vorantreiben kann, als auch Handlungsweisen entwickeln kann, wenn Stillstand/Leerlauf oder gar Rückschritt drohen – was immer der Fall sein kann. So werden in Kapitel 10 die patriarchalen Geschlechterbilder aus Kunst und Wissenschaft als Ausgangspunkt für weitere Veränderungsstrategien ernstgenommen: Wenn sie bisher als konkrete Anschauungen wie als Metaphern die ideologischen und psychischen Gewissheiten für unsere Überzeugungen, Ideale und Verhaltensweisen lieferten, ließen sich dann nicht im Gegenzug mit schon vorhandenen Alternativ-Bildern (von *anderen* Geschlechterverhältnissen, von *anderen* Frauen und *anderen* Männern) die alten Selbstverständlichkeiten aufbrechen und vor-bildliche Anregungen für ein neues Geschlechterverhalten vorführen? Dies wird anhand von konkreten Beispielen aus Ethnologie („Berdache"), Geschichte („Askese"), Biographieforschung (Nobelpreisträgerin Barbara McClintock) und Utopie (Science Fiction) versuchsweise vorgestellt und auf mögliche Inspirationen abgeklopft.

Im darauf folgenden Teil IV werden konkrete wissenschaftliche Auseinandersetzungen um Ideologiekritik und Integration von Geschlechterfragen in vier ausgewählten Einzelwissenschaften exemplarisch vorgeführt: Allgemeine Psychologie, Aggressionsforschung, Sexualwissenschaft und Medizin/Gesundheitsforschung.

Die Allgemeine Psychologie war die erste sozialwissenschaftliche Disziplin, die noch vor Soziologie und Pädagogik in den 1970er Jahren unter dem Einfluss der (amerikanischen) Frauenbewegung hinsichtlich ihrer wissenschaftlichen Angebote (d.h. ihrer Antworten, ihrer verborgenen Geschlechterideologie, aber auch hinsichtlich ihrer methodischen und inhaltlichen Leistungsfähigkeit) für eine bessere und vorurteilslose Erforschung der psychischen Kapazitäten beider Geschlechter kritisiert wie genutzt worden ist: Gibt es nachweisliche Unterschiede zwischen beiden Geschlechtern hinsichtlich ihrer intellektuellen und sozialen Fähigkeiten und Interessen? Was bedeuten überhaupt Vorhandensein oder Abwesenheit von psychischen Differenzen? Wie werden sie erzeugt oder verändert? Und: Wie lassen sich solche Fragen methodisch zuverlässig untersuchen? Der kritische Überblick über Auseinandersetzungen, Einsichten und Selbstkorrekturen einer ganzen Forscherinnengeneration steht daher am Anfang (Kapitel 11). Er wird vertieft durch einen geschlechterrelevanten Klassiker: Der Frage nach der Aggressivität, bzw. der potentiellen wie realen Gewaltbereitschaft beider Geschlechter. An dieser Paradefrage aus der sozialpsychologischen Aggressionsforschung lassen sich alle gesellschaftlich virulenten Annahmen bezüglich des ‚Wesens', der Bestimmung, der Lern- und Veränderungsfähigkeit wie auch der Kontextabhängigkeit beider Geschlechter wie in einem Brennspiegel zusammenführen: Biologie, Ideologie, Methodenwahl, Fragerichtung sowie die Natur des jeweiligen Erkenntnis- und Veränderungsinteresses bestimmten den Erkenntnisprozess mit: Nicht im Sinne von Relativität und Beliebigkeit, sondern im Sinne

Einleitung

von Interdependenzen. Falsche Vorannahmen führen auch bei ‚methodisch sauberer' Empirie zu falschen Ergebnissen; falsche Interpretationen von Ergebnissen führen zur Bestätigung von Vorurteilen. Die geschlechtsvergleichende Aggressionsforschung, ihre stufenweisen (selbst-) kritischen Fortschritte sind ein Lehrstück selbstaufklärerischer Geschlechterwissenschaft über das ‚Wesen' von Geschlechterfragen und den ihnen abzutrotzenden Erkenntnis- und Anwendungswert (hier z. B.: Sind Frauen weniger aggressiv als Männer? Oder sind sie genauso aber anders aggressiv? Können Männer lernen, mit Aggression anders umzugehen? etc., vgl. Kapitel 12).

Dieser Fragenkanon wird im Folgenden noch auf zwei weitere und körpernähere Disziplinen angewendet: Auf die Sexualwissenschaft (Kapitel 13) und auf die Medizin/Gesundheitswissenschaft (Kapitel 14). Hier wird zunächst nachgezeichnet, wie die ‚Befreiung' von alten Zöpfen durch Wissenschaft sich auch *gegen* Frauen wenden kann: Die sexuelle Befreiung der westlichen Frau mittels eines Sexualmodells von männlicher ‚Natur' (der die Frau nachzueifern habe) geht dann in die Irre, wenn der Kulturanteil dieser ‚Natur' unsichtbar bzw. ungeklärt bleibt, und wenn die Emanzipation der Frau – mal wieder – als Nachahmung des Mannes (miss-)verstanden wird. Dies beraubt beide Geschlechter ihre sexuellen Möglichkeiten – auch und gerade die Männer (Kapitel 13).

Schließlich werden als letztes Exempel für die konstruktive Veränderung einer Wisenschaft durch die Einführung der Geschlechterfrage die Medizin, bzw. die Gesundheitswissenschaften befragt (Kapitel 14). Diese Disziplinen liegen für eine genauere Betrachtung auch deswegen nahe, weil sich die Anfänge der Zweiten Frauenbewegung in den USA wie in Europa an jenen ‚Eigenheiten' des Frauenkörpers entzündet hatten, die seit jeher für die Begründung der weiblichen Minderwertigkeit/ Schwäche/Abhängigkeit, aber auch für die Kontrolle, Unmündigkeit und Ausbeutbarkeit aller Frauen in patriarchalen Gesellschaften eine zentrale Rolle gespielt haben (und heute noch spielen): die weibliche Gebärfähigkeit. Am Beispiel der weiblichen Reproduktionsfähigkeit (d.h. ihrer Reglementierung und Überwachung durch Medizin wie Gesetzgebung), bereichert um zwei weitere Felder (der psychischen Gesundheit von Frauen und Männern sowie der Stellung von beiden Geschlechtern im medizinischen Versorgungssystem) wird ausgeführt, wie sich die Ziele der Frauenbewegung (Menschenrechte auch für Frauen, v. a. das fundamentale Recht am eigenen Leib) hier direkt mit den Anwendungsfragen einer Wissenschaft verbinden. Es wird klar, dass Wissenschaft kein geschützter ideologiefreier Raum ist, sondern in ihren Verwendungszwecken, wie in ihren Fort- und Rückschritten eng in gesellschaftspolitische Prozesse eingebunden ist. Am Beispiel Medizin/Gesundheit ist die Beziehung zwischen gesellschaftlichen Emanzipationsprozessen, Frauenbewegung, männlichem und weiblichem Veränderungswillen, dem Einfluss von Macht und Interessen in unmittelbarer Klarheit abzulesen – ebenso der z.T. erreichte Fortschritt, wie die noch nicht erreichten Ziele. Erstaunlich bleibt trotz allem das Ausmaß der Veränderung von körperbezogenen Selbstverständlichkeiten in nur vier Jahrzehnten.

Dieser Fortschritt bekommt durch den Exkurs von Teil V einen deutlichen Dämpfer. Die unter historischen Dimensionen als ‚schnell' und gravierend zu wertenden Veränderungen (die kulturellen, rechtlichen wie ökonomischen Befreiungsschritte von Frauen in der westlichen Welt) werden in paradoxer bis zynischer Weise heute zunehmend konterkariert durch *öffentliche Bilder* von Frauen, genauer gesagt durch die Erfindung und Vermarktung von (meist sexuell aufgeladenen) Körperbildern von Frauen, die die elektronischen Medien massenhaft zur direkten (Werbung) oder indirekten (TV- und Spielfilm) Kommerzialisierung einsetzen. Dieser öffentliche, weltweite Gebrauch von hochgradig klischeehaften, oft genug auch diskriminierenden Frauenbildern war ebenfalls schon am Anfang der Zweiten Frauenbewegung in den 1960er Jahren diagnostiziert und als der angestrebten Gleichberechtigung der Geschlechter entgegenwirkend kritisiert worden. Inzwischen hat sich dieses Phänomen in seinem ästhetisierenden wie in seinem diskriminierenden Formenreichtum enorm entwickelt und gesteigert. Das heute erreichte qualitative wie quantitative Ausmaß der öffentlichen Verwendung von Frauenbildern wäre in den 1960er Jahren nicht vorstellbar gewesen. Diese Bilder stehen zu den seit 40 Jahren erreichten menschenrechtlichen Fortschritten und politischen Selbstverständlichkeiten in einem bizarren Verhältnis. Dieser menschenverachtende Bildeinsatz, der wirtschaftlichen Expansion und hemmungsloser Konkurrenz geschuldet, arbeitet aber merkwürdigerweise nur mit dem diskriminierenden Gebrauch von *Frauen*bildern, nicht mit den Bildern anderer diskriminierbarer Gruppen (wie z. B. Homosexuellen, Alten, Farbigen, Juden etc.). Der Werbe- und Mediensektor erscheint nicht nur fast unberührt von den Emanzipationsbestrebungen der historisch jüngeren Zeit, sondern er scheint vielmehr diesen Bestrebungen gegenüber kontraproduktiv zu arbeiten: So als ob die ehemals bestehenden, heute abgebauten Ideologie- und Bildzwänge in Bildung, Gesetzgebung und öffentlicher Kultur sich nun hierher verlagert hätten. Dieser mit sehr viel Geld ausgestattete patriarchale ‚Schonraum' ist durch demokratische Willensbildung schwer bis gar nicht zu erreichen, bzw. zu kontrollieren – bestenfalls punktuell anlässlich besonders harter, faschistoider ‚Ausrutscher'. Er bleibt daher der Stachel im Fleisch von Frauen- und Menschenrechts-Bestrebungen, da seine stetige Präsenz die Ideologiefabrikation über ‚typische' Frauen und über das ‚richtige' Geschlechterverhältnis ständig visuell beliefert und unterhält – und darüber hinaus klar macht, dass Kämpfe um die Selbstverständlichkeit von Frauen als gleichberechtigten menschlichen Wesen noch immer nicht abgeschlossen sind. Diesen warnenden ‚Zwischenruf' formulieren als Exkurs die Kapitel 15 und 16 anhand zentraler anschaulicher Argumente.

Die Einsicht, dass metaphorischen wie realen Bildern im Geschlechterdiskurs eine zentrale – positive wie negative – Rolle zukommt, ist also anhand rückwärts gewandter patriarchaler Strategien klar geworden. Diese Einsicht ist aber auch umgekehrt einzusetzen anhand von Beispielen für die Neugestaltung menschlich zufriedenstellenderer Geschlechterverhältnisse, die neue und positive Geschlechterbilder zugänglich machen.

Der abschließende Teil VI widmet sich dieser Erkenntnis auf einer zusätzlichen Ebene. Kapitel 17 befragt die Geschlechterverhältnisse und die darin möglichen Rollen von Frauen und Männern anhand berühmter (und gut dokumentierter) Paarbiographien der Moderne auf solche Strukturen, die Neues transportieren und durchsetzen konnten, sowie auf jene Umstände und Entscheidungen, die Neues behindern, die positive Ansätze verschütten können. Anhand von vier ‚untypischen' kreativen Paaren aus Kunst und Wissenschaft wird systematisch gefragt, was Kosten und Nut-

Einleitung

zen ihrer neuen, ungewöhnlichen Geschlechterarrangements waren, welche Ressourcen sie mobilisierten, wo sie ‚erfolgreich' waren, beziehungsweise wo sie (teilweise) scheiterten. Ähnliche wie auch unterschiedliche Strukturen bei diesen kreativen Paaren werden freigelegt und auf ihre Wirksamkeit für ein modernes Geschlechterverhältnis befragt, das – jenseits des einsamen Genies und seiner Muse – für *beide* Partner inspirierende Arbeitskonstellationen erschafft sowie gleichzeitig eine tragfähige und begeisternde Partnerschaft ermöglicht. Es wird nachgezeichnet, dass solche ‚anregenden' Partnerschaften nicht schicksalhaft vom romantischen Himmel der Liebe fallen, sondern durch bestimmte Konstellationen gefördert werden, die auch für jene Normalsterblichen interessant sein können, die nach neuen, realen Vorbildern für ein unangestrengt emanzipiertes, Herz und Verstand anregendes Geschlechterarrangement Ausschau halten.

Die Abfolge der in diesem Band zusammengestellten Artikel aus fast 20 Jahren Frauenbewegung und Wissenschaft ist als Wechselbad gedacht – im Kneipp'schen Sinne. Kritische wie denunzierende Argumente werden von aufbauenden, konstruktiven abgelöst und umgekehrt. Die den Stoffwechsel der Gedanken anregende Wirkung ist beabsichtigt. Sie wird sichergestellt durch die Aktualisierung der frühen Beiträge auf den heutigen Stand und durch die inhaltliche Aktualität und die Bezüge untereinander, die die hier neu zusammengestellten Aufsätze aus fast einer Generation von Frauen- und Geschlechterforschung ausbreiten.

Teil I

Frauenbewegung trifft Wissenschaft: Selbstvergewisserungen

1. Die dunkle Seite der Macht, etwas beleuchtet: Zur Matriarchatsdebatte in der Frauenbewegung

Es ist ein Verdienst der Zweiten Frauenbewegung, die Diskussion um Matriarchate, genauer gesagt, um matristisch organisierte Gesellschaften wieder aufgenommen und durch hartnäckige Fragen auch bei seriösen WissenschaftlerInnen hoffähig gemacht zu haben. Seit den 1970er Jahren sind von verschiedensten Seiten materialreiche Bücher, Reader oder Sammelreferate erschienen (Thomson, 1974; Borneman, 1975; Reiter, 1975; Carroll, 1976; Davis, 1977; Löffler, 1979; Wesel, 1980; Fester u. a., 1980; Lenz & Luig, 1990; Meixner, 1992; Dumont du Voitel, 1994; Gimbutas, 1996), die diese seit den 1920er Jahren totgesagte bzw. für unseriös erklärte Diskussion wieder aufnehmen. Als ‚matristisch' sollen hier solche Gesellschaftsformen bezeichnet werden, die eine Gleich- bzw. Höherbewertung der Frau durch bestimmte ökonomische, rechtliche und ideologische Merkmale erkennen lassen.

Im folgenden soll der Frage nachgegangen werden, was diese wieder aufgenommene Auseinandersetzung mit einer alten Frage an Neuem erbracht hat, und insbesondere soll geprüft werden, welche Funktion die Frage nach Matriarchaten für die heutige Lage der Frauen und für die theoretische Diskussion in der Frauenbewegung hat. Eine zentrale Funktion liegt auf der Hand und ist oft genug auch herausgestellt worden: Wenn matristische Gesellschaften existiert haben bzw. existieren, dann erhält allein die Denkmöglichkeit einer solchen gesellschaftlichen Organisationsform eine gedankliche Sprengkraft, die unsere vorhandenen (und dominanten) patriarchalen Systeme in ihrer Selbstverständlichkeit, ihrer Arroganz und ihrer scheinbaren Unüberwindlichkeit und Unausweichlichkeit nicht nur theoretisch in Frage stellt. Dies ist längst gesagt und unbenommen. Doch wie immer steckt der Teufel im Detail.

Die Diskussion wird dann unübersichtlich, wenn Probleme folgender Art auftauchen:
- Wo enden die Fakten und wo beginnen die Fiktionen? Das heißt, welche Tatsachen sind gesichert, welche Aussagen sind Interpretationen von Tatsachen, und was sind Wunschvorstellungen bzw. Idealisierungen?
- Welche notwendigen Differenzierungen müssen gemacht werden, wenn von matristischen oder mütterrechtlichen Sozialstrukturen gesprochen wird? Welche ökonomischen, historischen oder ideologischen Merkmale und Entwicklungen müssen beispielsweise als damit zusammenhängend oder sie jeweils modifizierend in Betracht gezogen werden?
- Welche Gründe lassen sich für das Verschwinden oder ‚Aussterben' von Matriarchaten finden?
- Falls es keine Matriarchate gegeben hat (gibt), beweist dies irgendetwas? (z. B. dass Frauen nicht zu politischen, wirtschaftlichen oder kulturellen Leitungs- oder Entwicklungsaufgaben geeignet sind, o. ä.)

Diese Liste von differenzierenden Fragen ließe sich sicher fortsetzen. Im folgenden soll versucht werden, einige Antworten zusammenzustellen und sie auf ihren Nutzen für die obengenannte Diskussion zu überprüfen.

1. Die Frage der Fakten

Von welchen für die Diskussion relevanten und vorläufig als gesichert geltenden Fakten können wir ausgehen? Es scheint wichtig, diese Frage immer wieder in Abgrenzung zu Hypothesen und Interpretationen zu stellen, da einerseits diese Grenze nicht nur von engagierten Feministinnen, sondern gerade auch von angeblich wertfreien Forschern verwischt wird, andererseits natürlich ständig ‚neue' Ergebnisse alte revidieren, ergänzen oder umstoßen. Damit soll selbstverständlich nichts gegen die Arbeit mit Hypothesen und eigenwilligen Interpretationen gesagt sein, nur müssten sie – gerade für den Laien – als solche gekennzeichnet bleiben.

Bei der Faktensicherung bieten sich zwei Quellen an, aus denen man schöpfen kann: die Archäologie (zu der dann noch Ur- und Frühgeschichte und Paläontologie dazukommen) und die Ethnologie bzw. Kulturanthropologie. Diese beiden Wissenschaftsrichtungen bilden sozusagen die „zwei Beine", auf denen sich die Erkenntnisse über matristische Gesellschaften vorwärts bewegen.

1.1 Archäologie/Paläontologie

Zunächst einiges über Zeiträume: Die Archäologie, verstanden als Spaten- und Textwissenschaft, überblickt aufgrund ihrer Funde maximal einen Zeitraum von 5000 – 10 000 Jahren vor unserer Zeitrechnung. Die frühesten schriftlichen Zeugnisse gibt es ab 4000 v. u. Z. Demgegenüber kann die Paläontologie inzwischen auf rund fünf Mio. Jahre alte Funde (Fossilien) zurückblicken (eine Frist, die sich gerade innerhalb der letzten Jahrzehnte sprunghaft erweitert hat), wobei menschliche Werkzeugfunde seit ca. 800 000 bis 600 000 Jahren nachweisbar sind. Dies klärt die Dimensionen, wenn wir über matristische Frühgesellschaften sprechen. In jedem Fall sollte bei Diskussionen klar gesagt werden, über welchen Zeitraum, von welcher Epoche man gerade redet (spekuliert), und auf welcher vermutlichen Produktionsstufe die jeweilige Gesellschaft sich befindet. Dies ist wirklich wichtig, um sich nicht in raum- und zeitlosen Spekulationen über ‚das' Matriarchat zu verlieren. Es zeigt aber auch, dass die ca. 5000 Jahre patriarchaler Gesellschaften (zumindest im Mittelmeerraum) eine recht kleine Zeitspanne ausmachen und auf eine vorherige Menschheitsentwicklung zurückblicken, die man eigentlich kaum als ‚Vor'-Geschichte bezeichnen kann, wenn man bedenkt, dass 95 % aller Menschen, die je gelebt haben, in der Steinzeit lebten.

Nach allgemeiner Übereinkunft und in Übereinstimmung mit entsprechend unterscheidbaren Bodenfunden wird ein Zeitraum von 600 000 Jahren für die Altsteinzeit (Paläolithikum) gerechnet, mit sehr einfachen Werkzeugen (Stein- und Knochenabschläge); ein Zeitraum vom 10. bis zum 5. vorchristlichen Jahrtausend wird als Mittelsteinzeit (Mesolithikum) bezeichnet (spezialisiertere und zusammengesetzte

1. Die dunkle Seite der Macht, etwas beleuchtet 19

Werkzeuge); schließlich wird die Jungsteinzeit (Neolithikum) von 4000 bis 1800 v. u. Z. gezählt. Im Neolithikum gehen die jeweils kurzzeitig bewohnten Lager des Mesolithikums in feste Wohnplätze über, ermöglicht durch die Entwicklung von Acker- und Gartenbau sowie durch Zähmung von Zucht- und Haustieren, was allgemein als ‚neolithische Revolution' angesprochen wird. Diese ‚Erfindungen' machen die Entwicklung der ersten Stadtstaaten möglich und die darauf einsetzenden Verfeinerungen des Ackerbaus durch Terrassierungen und Bewässerungssysteme. Für die Datierung der Jungsteinzeit ergeben sich starke lokale Unterschiede (so z. B. in Vorderasien bereits im achten Jahrtausend v. u. Z.), wie überhaupt in dieser globalen Aufzählung regionale Abweichungen nicht berücksichtigt sind. Erst daran anschließend erfolgt für den europäischen Raum die Erfindung der Metallverarbeitung (Kupfer-, Bronze-, Eisenzeit).

Für die Altsteinzeit lassen sich die ältesten menschlichen Figuren und Abbildungen auf 30 000 v. u. Z. datieren. Es sind fast ausnahmslos Figürchen und Idole von Frauen; Darstellungen von Männern finden sich selten. Schon um 100 000 v. u. Z. hatten die Neandertaler ihre Toten rituell bestattet: in Embryonalstellung und mit Ocker – der Farbe des Bluts, des Lebens – bestreut. Paläontologen und Altertumsforscher schließen daraus auf einen Glauben an die Wiedergeburt, der sich – wenn man die vielen vulvenförmigen Ritz- und Reliefabbildungen in Kulthöhlen aus einer späteren Zeit (Jungpaläolithikum) hinzuzieht – auf die Gebärfähigkeit der Frau konzentriert, als der durch ihr Geschlecht und ihr Blut ständige Wiedergeburt garantierenden Lebensspenderin (vgl. König, 1980; Meixner, 1992; Gimbutas, 1996). Die altsteinzeitlichen Abbildungen lassen den Schluss zu, dass biologische Vaterschaft unbekannt bzw. bedeutungslos war.

Paläontologen und vergleichende Evolutionsforscher ziehen aus der Primatenforschung den Schluss, dass erwachsene Mitglieder menschlicher Urhorden sich im Prinzip durch Sammeln und Fangen von Kleintieren jeweils selbst mit Nahrung versorgen konnten und dass die die Kinder stillenden und tragenden Frauen die ersten Menschen waren, die überhaupt mit anderen die Nahrung teilten. Die Frauen wären demnach die ersten ‚Produzentinnen' von Nahrung, in dem Sinne, dass sie die Ernährung für Dritte beschafften und bereitstellten. Auch nach dem Übergang zur Jagd auf Großwild durch die Männer wurde der regelmäßige Anteil der täglichen Nahrung von Frauen und Kindern durch Sammeln beschafft.

Diese Jahrhunderttausende währende Form der Ernährung und ‚Produktion' änderte sich mit der ‚neolithischen Revolution', dem Übergang zum Anpflanzen von Getreide und Früchten und zur Tierzucht, sowie der damit einhergehenden allmählichen Sesshaftigkeit.

Bereits in dieser Zeit bilden sich anscheinend in Europa Acker- und Gartenbau treibende Bauernvölker mit matristischer Sozialstruktur, als auch nomadisierende Hirten- und Weidebauern mit stärker vaterrechtlichen Akzenten heraus. Die Unabhängigkeit bzw. Gleichzeitigkeit beider Entwicklungen ist nicht völlig geklärt. Zumindest scheint es sicher, dass in der Jungsteinzeit nomadisierende Hirtenvölker aus Asien und Osteuropa sowohl in Nordeuropa (‚Germanen') als auch im Mittelmeerraum (Achäer, Dorer etc.) eingewandert sind und die jeweils vorgefundenen mutterrechtlichen Rechtsvorstellungen, Religionen und Abstammungslinien überformt und durchsetzt haben. Auch scheinen kriegerische Auseinandersetzungen, Eroberungen, Land- und Menschenraub eine ‚Erfindung' dieser Zeit zu sein.

Die Erfindung der Metallverarbeitung (Bronze, Eisen) ermöglichte einen beachtlichen Aufschwung der Waffentechnik. Aus dem dritten bis ersten vorchristlichen Jahrtausend sind aufgrund von schriftlichen Überlieferungen matristische Stadtstaaten und Königreiche nachgewiesen: zumindest im Mittelmeerraum, Afrika und Südostasien. Die schriftlichen Quellen beziehen sich dabei nicht nur auf religiöse und ideologische Vorstellungen der damaligen Zeit, obwohl sich hier (Mythenforschung) die klarsten Anzeichen einer weiblichen Höherbewertung finden lassen, sondern auch auf juristische, politische, ökonomische, familiäre und sexuelle Bereiche (vgl. Thomson, 1974; Steward, 1970). In diesen Regionen gibt es Kulte von Muttergottheiten, Landbesitz und Erbrecht in Frauenhänden, Königinnen und Heerführerinnen, Matrilinearität der Abstammung sowie Schöpfungsvorstellungen, die sich auf eine weibliche Urzeugung des Kosmos beziehen. Da es gleichzeitig im selben europäischen Raum auch Könige (sowohl neben Königinnen als auch Alleinherrscher) und männliches Militär gibt, bleibt es augenblicklich ein gelehrter Streit, ob Mythen und schriftliche Berichte über Kulte, Abstammungslinien und Herrscherinnen den Schluss auf eine matristische Gesellschaftsform legitimieren oder nicht. Die Zweifler führen ins Feld, dass eine Verehrung oder gar Dominanz der Frau im kultischen Bereich oder in schriftlichen Quellen nicht den Schluss auf eine politische und soziale Gleich- oder Höherstellung der Frau zulasse; die Befürworter können immerhin nicht nur auf eine beeindruckende Anzahl von einschlägigen Berichten und Geschichten verweisen, sondern auch auf ein regional sehr weit gestreutes Auftreten dieser mutterrechtlichen Hinweise und deren überregional verblüffende Ähnlichkeit.

1.2 ETHNOLOGIE/KULTURANTHROPOLOGIE

Der Ethnologie und insbesondere der Kulturanthropologie angloamerikanischer Prägung verdankt die Diskussion um mutterrechtliche Sozialstrukturen, aber auch die Frage um die Stellung und die Eigenschaften der Geschlechter überhaupt ihre wesentlichsten Erkenntnisse.

Angefangen bei den grundlegenden Forschungen Morgan's (1851, 1877) über die mutterrechtlich organisierten Irokesenstämme Nordamerikas, über die langjährigen Feldforschungen Margaret Mead's (1935) über primitive Gesellschaften Südostasiens, die in ihrer Zuschreibung geschlechtstypischer Arbeiten, Eigenschaften und Temperamente jeweils ganz andere Selbstverständlichkeiten entwickelt haben als die westlichen Kulturen der Alten und Neuen Welt, bis hin zu faszinierenden Untersuchungen und Filmdokumenten über in heutigen Tagen noch funktionierende Matriarchate, z. B. der Minangkabau in Indonesien (Troeller & Deffarge, 1979; Metje, 1995), wo alle Mitglieder einer ‚Familie' in den Häusern ihrer Mütter und Großmütter wohnen, denen der Landbesitz und die Entscheidungen des politischen und sozialen Lebens obliegen, spannt sich ein Bogen von reichhaltigen Forschungsbefunden, die schon um der Vielfalt des menschlichen Zusammenlebens und -produzierens willen faszinieren und beeindrucken.

1. Die dunkle Seite der Macht, etwas beleuchtet

Trotz vieler Berichte seitens der Ethnologen/Kulturanthropologen über Sammler oder Ackerbaugesellschaften, die entweder *nicht* patriarchal oder matristisch organisiert sind (wobei in letzteren Fällen damit nie eine Ausbeutung oder Unterdrückung der Männer verbunden ist; es bedeutet lediglich, dass bestimmte Entscheidungsfunktionen in den Händen der Frauen liegen), gibt es bei Ethnologen und ethnologisch interessierten Sozialwissenschaftlern doch eine starke Polarisierung hinsichtlich der Frage matristischer Gesellschaften bzw. Matriarchate. Viele erklären mit einer – angesichts immerhin vieler einschlägiger Ergebnisse – erstaunlichen Bestimmtheit und Sicherheit, es gäbe keine matristisch organisierten Stämme oder Völker; in allen ihnen nur bekannten Berichten und Gesellschaften seien es die Männer, die die politische Macht in den Händen hätten (so z. B. Heritier & Sullerot, 1979; Löffler, 1979). Die ganze Matriarchatfrage bezüglich ethnologischer Untersuchungen beruhe auf einer Fehlinterpretation von ‚Matrilinearität' (also der Verwandtschaftsrechnung nach mütterlicher Linie) oder von ‚Matrilokalität' (nach der Heirat siedeln die Ehegatten im Dorf der Frau) als Mutterrecht. (In der Tat gibt es Stämme mit Matrilinearität, in denen trotzdem patriarchales Recht herrscht.) Mit gleicher Bestimmtheit wird übrigens von den nämlichen Autoren, aber auch von manchen Feministinnen (so z. B. de Beauvoir, 1972; Janssen-Jurreit, 1978^3) bezweifelt, dass es in historischer oder vorhistorischer Zeit jemals mutterrechtliche Gesellschaften gegeben habe. In ihren Augen ist die Behinderung des weiblichen Geschlechts durch Schwangerschaft, Geburt und Stillen/Kinderaufzucht so zwangsläufig und allverbreitet, dass Frauen nie gesellschaftliche Macht besessen haben könnten oder hätten ausüben können.

In solchen Kontroversen helfen nur genaue Studien der jeweils diskutierten Fälle für eine Entscheidung weiter. Festgehalten werden sollte jedenfalls, dass trotz einer sich oft verwirrend darstellenden Fülle von kulturanthropologischem Material nichtsdestoweniger Berichte über Volksstämme zu finden sind, die eindeutig mutterrechtlich ‚funktionieren' (z. B. in dem Sinne, dass die Frauen das Land besitzen und die politischen Entscheidungen fällen) – auch wenn sie selten zu sein scheinen.
  Von größerem Interesse in diesem Zusammenhang scheint jedoch, dass es seit einigen Jahren Untersuchungen und Auswertungen von sowohl engagierten als auch fachkundigen Ethnologinnen gibt, die das Thema unter zwei neuen Gesichtspunkten aufgreifen: der sexistisch geprägten und voreingenommenen Sichtweise des weißen männlichen Ethnologen und dessen merkwürdigen Vorstellungen von matriarchalen/matristischen Gesellschaften als der notwendigerweise spiegelbildlich organisierten Machtkontrolle, Ausbeutung und Unterdrückung des jeweils anderen Geschlechts bzw. untergeordneter Klassen. Gerade aber darin hatte – seit Morgan – der Hauptbeitrag ethnologischer Erkenntnisse bestanden, dass sie Gesellschaftsformen nachgewiesen und in ihrem Funktionieren untersucht hatten, die nicht hierarchisch strukturiert waren, und in denen die Frage der Macht einer herrschenden Elite über die Masse der Mitglieder einfach irrelevant war. Für den sogenannten ‚male bias in anthropology', die männlich vorurteilsvolle Forscherperspektive, gibt es eine Reihe überzeugender und kritischer Nachuntersuchungen (vgl. Slocum, 1975). Als Hauptursachen für eine einseitige oder verzerrte Ergebnissammlung und -interpretation durch ‚Androzentrismus' lassen sich nennen (vgl. Rohrlich-Leavitt, Sykes & We-

atherford, 1975; Moore, 1990): die fehlende Möglichkeit oder auch das fehlende Interesse der männlichen Feldforscher, das soziale Leben der Frauen eines Stammes zu registrieren, ihre Bevorzugung männlicher Befragungspartner, ihre unsensible Projektion westlicher Herrschafts-, Klassen- und Geschlechtervorstellungen von der ‚natürlichen' Überlegenheit des Mannes auf die von ihnen vorgefundenen Arbeits- und Produktionsstrukturen, die automatische Minderbewertung all jener Arbeiten, die von Frauen verrichtet werden, etc. Viele Ethnologinnen – als Frauen in ihrer eigenen Gesellschaft oft zurückgesetzt und übervorteilt – haben gezeigt, dass sie ein sensibleres und interessierteres Wahrnehmungsvermögen – durchaus mit dem wissenschaftlichen Instrumentarium der Kulturanthropologie kombiniert – für die Belange und Lebensbereiche von Frauen entwickeln können als so mancher ihrer selbstgefälligen Kollegen.

Insgesamt lässt sich festhalten – sowohl für die aus der Archäologie als auch aus der Ethnologie stammenden Befunde und deren kontroverse Interpretationen –, dass Behauptungen (gerade auch für den fachlichen Laien) nur dann beurteilbar werden, wenn man sich die Mühe macht, den jeweiligen Fallbeispielen möglichst auf den Grund zu gehen, das heißt, auf die jeweilige Quelle zurückzugehen, auf die sich jemand beruft, wenn er angebliche ‚Beweise' für eine bestimmte Position vorbringt. Oft lässt sich dann sehr schnell durch eigenes Nachlesen (denn eigene Feld- oder Quellenforschung werden nur die wenigsten der interessierten Laien leisten können) feststellen, was die Untersuchungsmethoden, was die damit gewonnenen angeblichen Fakten, was die daraus abgeleiteten Interpretationen wert sind. Für manche Bereiche gibt es auch – wie z. B. im Falle der für die Frauenrolle sehr umstrittenen australischen Eingeborenen – kritische Nach- oder Paralleluntersuchungen, die bestimmte Ergebnisse ergänzen, relativieren oder in Frage stellen. Auf jeden Fall sollte man sich nicht nur von dem angeblich wissenschaftlichen Prestige eines bestimmten Namens blenden lassen. Saubere Feldforschungs- und Beobachtungsprotokolle gewähren interessante Einblicke – gerade auch in die Schwächen eines wissenschaftlichen Ansatzes. Bei den historischen Quellenforschungen ist das nicht so einfach – wer kann schon einen minoischen oder ägyptischen Text nachübersetzen, um zu überprüfen, ob er nicht ‚androzentrisch' ist – wie z. B. der von Pomeroy (1976) zitierte Fall, wo in einem griechischen Text das Wort ‚basileuein' (herrschen) im Zusammenhang mit einer weiblichen Person als „Frau des Königs sein" (!) übersetzt wurde.

2. MATRIARCHATE IN DER DISKUSSION

Welches können nun für den Diskussionsstand in der heutigen Frauenbewegung die Funktionen der Beschäftigung mit Fragen von Matriarchaten sein? Außer der vorne schon genannten und zunächst (d. h. zu Anfang der Neuaufnahme des Themas seit Anfang des 20. Jahrhunderts) wohl wichtigsten Funktion der Erschütterung der Selbstverständlichkeit patriarchal vorgegebener Ordnungen im Bewusstsein der Frauen, mit der gleichzeitigen Blickausrichtung auf andere, mögliche positive Alternativen, sind es vor allem die *konkreten Fakten*, soweit sie sich für einzelne existente oder vergangene mutterrechtliche Gesellschaftsordnungen feststellen lassen. Mutterrechtliche Gesellschaften können sich allerdings in ihrer ökonomischen und sozialen Ausrichtung voneinander unterscheiden, und sicherlich gibt es zudem viele Misch- und Übergangsformen zwischen mutterrechtlichen und vaterrechtlichen Strukturen (d. h. Entwicklungsstufen, die nicht mehr als rein mutterrechtlich zu bezeichnen sind).

Interessant für unsere heutigen Fragestellungen sind vor allem erkennbare Zusammenhänge zwischen verschiedenen Formen des menschlichen Zusammenlebens der beiden Geschlechter und der ihnen zugrunde liegenden ökonomischen Ordnung (z. B. Landbesitz, Arbeitsteilung und Art der Produktion etc.) sowie den diese regelnden oder beeinflussenden Verwandtschaftssystemen. Mit Faktenwissen über das ‚Funktionieren' und die inneren Zusammenhänge verschiedener heutiger oder vergangener matristischer Gesellschaften sind zum Einen die Einsicht in die Natur ihrer inneren Strukturen gemeint und in die grundsätzlich anderen Lösungen, die dort für Fragen z. B. der Kinderaufzucht, der Nahrungsversorgung, der Verteilung der lebensnotwendigen Güter, der Zusammenarbeit und Arbeitsteilung bei der Produktion von Nahrungs- und Verbrauchsgütern etc. praktiziert werden. Zum anderen sind natürlich auch das mögliche Aufdecken von übergreifenden Gemeinsamkeiten und regelhaften Entsprechungen zwischen verschiedenen matristischen Gesellschaften gemeint, wie z. B. die Formen des Zusammenlebens und -produzierens der Geschlechter. So gibt es z. B. bei Ackerbau treibenden Stämmen Hinweise darauf, dass der Landbesitz in den Händen und der Erbfolge von Frauen, kombiniert mit Formen weiblicher Kollektivbearbeitung des Bodens sowie mit Matrilokalität sich für eine freie und selbstbestimmte Form des weiblichen Lebens in der Gemeinschaft positiv auswirken. Andererseits ist gerade dieser Punkt – die Verallgemeinerung bestimmter Produktionsbedingungen als korrelierend und begünstigend für eine partnerschaftliche bzw. mutterrechtliche Ausrichtung der Gesellschaft – noch sehr umstritten. Es gibt Autoren, die die Extraktion gemeinsamer Merkmale strikt bestreiten (so z. B. Lévi-Strauss, 1971).

Da sich hier der Erkenntnisstand in kurzer Zeit sehr schnell ändern kann, wenn man an die Aufdeckung so vieler ‚male biases' denkt, die auch zu dieser apodiktischen Aussage geführt haben können, sollte man in jedem Fall dafür plädieren, die weitere Entwicklung in diesem Punkt gelassen abzuwarten und zunächst sich auf die jeweils inneren Zusammenhänge matristisch strukturierter Gesellschaften zu konzentrieren.

Damit ist in erster Linie gemeint, dass das Wissen um das interne Funktionieren mutterrechtlicher Gesellschaften als ein Wissen um Zusammenhänge innerhalb einer Gesellschaft auf jeden Fall wichtige Erkenntnisgewinne für eine Diskussion konkreter weiblicher Utopien liefern kann – allerdings nicht in dem Sinne, dass man ‚primitive' oder historische Beispiele einfach übertragen oder nachahmen kann. Im Gegenteil. Vielmehr soll ein Plädoyer für die Beschäftigung mit solcherart differenzierten Fakten erreichen, dass die vielfach romantisierend oder schwärmerisch-idealisierend geführte Debatte innerhalb der Frauenbewegung über ‚das' Matriarchat auf etwas realistischere, d. h. durch Faktenwissen angereicherte Füße gestellt wird. Zum anderen kann es auch helfen, eigene ethnozentrische oder kulturimperialistische Voreingenommenheiten bewusst zu machen, z. B. wenn es um die Beurteilung von ‚Polygynie' aus europäisch-abendländischer Sicht geht. Es gibt Beispiele afrikanischer

Gesellschaften, wo Frauenkollektive, die zusammen wirtschaften, ihre Kinder aufziehen und Handel betreiben, sich zusammen *einen* Mann halten, ohne dass unsere landläufigen Vorurteile von ‚Harem' als einer der krassesten Formen weiblicher Entmündigung hier zutreffen würden. Es lohnt sich also in jedem Fall, genau hinzuschauen.

Die Beschäftigung mit matristischen Gesellschaften kann außer der den Horizont und das Beurteilungsvermögen erweiternden Funktion jedoch noch eine weitere positive Funktion haben, und zwar insbesondere für die Beschäftigung mit der ‚Machtfrage'. Es wurde vorne schon kurz erwähnt, dass die Frage von Matriarchaten von vielen Forschern deswegen als ‚Mythos' oder weibliches Wunschdenken abgetan und ihre Existenz nachdrücklich verneint wird, weil sie sich mutterrechtliche Gesellschaften nur als spiegelbildliche Umkehrung vaterrechtlicher Gesellschaften vorstellen können: hierarchisch mit einer Frau an der Spitze und mit weiblichen Funktionären, die die Macht als Monopol innehaben, Männer ausbeuten und unterdrücken. Die offensichtliche Tatsache, dass es so verstandene Matriarchate nicht gab und nicht gibt, ist nun gerade *nicht* ‚das' Gegenargument gegen feministisches Infragestellen von Androzentrismus, sondern viel eher eine Art von Bestätigung jener These, dass Matriarchate gerade nicht nach dem männlichen Schema von ‚Herrschaft' funktionier(t)en. Tatsächlich gibt es keinen einzigen Hinweis darauf, dass matristische Gesellschaften in *der* Art ihre männlichen Mitglieder behandel(te)n, in der üblicherweise Frauen in Männergesellschaften behandelt werden, weder in der Geschichte noch in der Gegenwart.

Vermutlich ist daher die o. a. Behauptung, dass Frauen niemals soviel politische Autorität, soviel Macht hatten wie Männer, aus ganz anderen Gründen (als den implizit intendierten) nicht richtig: Einfach deswegen, weil die Frage, wer ‚die' Macht hatte, falsch gestellt ist. Offensichtlich gibt und gab es Gesellschaften (z. B. in heutigen Tagen die Samen, von uns ‚Lappländer' genannt, oder die Todas in Südindien; vgl. Kuby, 1996), wo es eine solche Machtansammlung nach der Art moderner Industrienationen oder vergangener Sklaven- oder Feudalgesellschaften nicht gab (in Form von Machtmonopolen, der Macht, zu befehlen, auszubeuten oder gar zu töten). Weil eine solche Verteilung von Macht zugunsten *einer* Person oder *einer* Gruppe völlig undenkbar und unpraktikabel (gewesen) wäre. Auf solche Gesellschaften das Schema ‚Männermacht – Frauenmacht' anzulegen, ist daher auch unergiebig und falsch.

In matristischen Gesellschaften – aber auch in vielen anderen ‚primitiven' Gesellschaften, die mit ihrem Biotop, der sie umgebenden Natur, in Einklang leben – ist und war ‚die' Macht immer eine nach Gebieten, Zuständigkeiten, Lebensinteressen getrennte, geteilte. Wenn den Frauen – wie in matristischen Gesellschaften – soziale und materielle Lebensräume zustanden (Landbesitz und -bearbeitung, Rechtsprechung, politische Entscheidungen, Medizin), weil nach überlieferten Vorstellungen die Frauen als Produzentinnen von Leben und Nahrung diesen Bereichen als ‚natürlich' zugeordnet wurden, so waren es eben diese Gebiete, auf denen sie Entscheidungs-‚macht' hatten. Diese gebrauchten sie, wie gesagt, nicht ‚gegen' die Männer, sondern für sich und ihre Kinder – und männliche Mitglieder einer Gesellschaft sind immer auch Söhne von Müttern. Hinweise und Überlegungen in dieser Richtung sind nicht nur für die Frauenbewegung von Bedeutung, sondern auch für andere, verwandte Diskussionen (Ökologiebewegung, Diskussionen um Basisdemokratie, alternative Sozialstrukturen etc.).

Als einen weiteren Punkt der Matriarchatsdebatte, der für heutige Fragestellungen von Interesse sein kann, sollte noch die Frage nach dem Verschwinden oder dem Untergehen mutterrechtlicher Gesellschaften in der Vergangenheit aufgegriffen werden. Hier gibt es eine Vielzahl von Theorien, die hier nicht vollständig aufgezählt werden können. Keine der bisherigen Erklärungsversuche löst das Problem in überzeugender Weise; viele Hypothesen enthalten jedoch trotzdem bemerkenswerte Denkanstöße.

Bekanntlich lieferte Engels (1884) als einer der ersten die Erklärung, dass die Erwirtschaftung von Überschüssen aufgrund von verbesserten Werkzeugen und dem systematischeren Betreiben von Bodenkultivierung zur Entwicklung von Privatbesitz und dem Wunsch, diesen an die eigenen Kinder zu vererben, führte. Hierin sieht er die Grundlage für das Bestreben der Männer, ihre leiblichen Kinder mit Sicherheit identifizieren zu können und daher die Frauen und ihre Sexualität in ihre ausschließliche Verfügungsgewalt zu bringen. Diese durch die Vererbung des Privatbesitzes motivierte Regelung sieht er als die Grundlage für den Übergang vom Mutterrecht zum Vaterrecht an.

Die Schwachpunkte dieser Theorie sind bereits ausführlich in der Frauenbewegung diskutiert worden und sollen hier nicht wiederholt werden (vgl. z. B. Janssen-Jurreit, 1978³). Wichtig erscheint festzuhalten, dass mit Sicherheit auch heute zumindest in bereits fest bestehenden patriarchalen Gesellschaften (z. B. vielen islamischen oder lateinamerikanischen Gesellschaften) Repression und Bevormundung von Frauen bis hin zu physischer Gewalt (z. B. Klitorisektomie, Todesstrafe bei Ehebruch oder vorehelichen Sexualkontakten etc.) genau diese Funktion nachweislich haben: Sicherung der männlichen Linie für die Vererbung des Familienbesitzes.

Borneman (1975) hat diese These von Engels differenzierter ausgearbeitet und mit zusätzlichen historischen und archäologischen Erkenntnissen in Einklang gebracht. Seiner Auffassung nach ist die patriarchale ‚Macht'-übernahme gegen Ende der Jungsteinzeit zumindest für den europäischen Raum durch eine ganz besondere Form von ‚Besitz' entstanden: den Viehbesitz. Durch die Herausbildung von Viehwirtschaft durch Jägervölker entstehen Hirtenvölker, die mobil sind und in Dimensionen des transportablen, sich vermehrenden, aber auch des zu raubenden Besitzes zu denken gelernt haben. Diese Hirtenvölker mit ihrer bereits ausgebildeten patriarchalen Struktur überfallen in mehreren Wellen die matristischen Ackerbaukulturen Nord- und Südosteuropas, schwingen sich kraft ihrer überlegenen Waffentechnik nicht nur zur herrschenden Schicht auf, sondern eignen sich nach ihrem Sesshaftwerden die Produkte der versklavten mutterrechtlichen Bauernbevölkerung an (vgl. hierzu auch Gimbutas, 1996). Sie wandeln im Laufe der Jahrhunderte die religiösen, mythischen und rechtlichen Vorstellungen, aber auch die matrilinearen Abstammungsrechnungen der Urbevölkerung um. Für die Verhältnisse der Alt- und Mittelsteinzeit glaubt Borneman, dass die Stellung der Frau abhängig von ihrem Beitrag zur Nahrungsbeschaffung und dementsprechend hoch war; eine Stellung, die sich aber bereits in dieser Zeit jeweils in Abhängigkeit von der durch den Mann entwickelten Waffen- und Jagdtechnik zu ihren Ungunsten zu verschieben beginnt.

Die These von der Invasion der Hirtenvölker in bestehende mutterrechtliche

Acker- und Gartenbaukulturen wird von vielen Autoren vertreten, so z. B. auch von Marija Gimbutas (1996), Heide Göttner-Abendroth (1980), Gisela Bleibtreu-Ehrenberg (1981) und von Maria Mies (1980). Letztere stellt allerdings noch einen grundsätzlicheren Rahmen bereit: Sie glaubt, dass überhaupt die Entwicklung von Jagdwerkzeugen durch Männer als eine naheliegende, spezifisch männliche Auseinandersetzung mit der Natur angesehen werden kann, da der Mann mit seinem Körper nicht analog zu Frauen eigene Produkte hervorbringen kann (Kinder, Milch). Er könne vielmehr nur durch Werkzeuge Tiere töten und sich auf diesem Wege Naturprodukte als eigene aneignen. Insbesondere in Kombination mit der von Männern betriebenen Weidewirtschaft und der Entdeckung der männlichen Rolle der Zeugung durch die Tierzucht, würden auch neue Wertvorstellungen und Umgangsformen gegenüber Frauen vermittelt. Die Frauen sollten demnach analog zu den Herdentieren möglichst viele Nachkommen bringen, einmal als Arbeitskräfte für die Herden, zum anderen als Erben. Die Konsequenz wäre in diesem Fall eine dreifache: Geringerschätzung der Frau (da sie nicht mehr allein oder hauptsächlich den Lebensunterhalt beschafft), Kontrolle ihrer Sexualität bzw. Fruchtbarkeit und Aneignung der ‚Produkte' der Frau (bzw. Raub und Aneignung fremder Frauen oder Sklaven – so wie man sich auch Vieh raubt oder einfängt). Die Gründung dieses Herrschaftsverhältnisses beruhte – genau wie auch heute noch – auf Gewalt und Waffen.

Es gibt andere Sichtweisen, die das Entstehen von Patriarchaten nicht als eine einmalige Entwicklung aus matristischen Vorläufern ansehen, sondern als ein ständiges Auf und Ab von sowohl matristischen als auch patristischen Phasen, die sich in Abhängigkeit von dem Nahrungsbeitrag der Frauen entwickeln. So vertritt Lomax (1975) die These, dass der Status von Frauen dort, wo sie durch Sammeln den Hauptteil der Nahrung sichern (z. B. bei tropischen Sammlervölkern) hoch ist, dass er bei klimatisch ungünstiger lebenden nördlichen Jagdvölkern gering wurde, in melanesischen und polynesischen Dorfkulturen wieder hoch ist und in den klassischen Hochkulturen Europas wiederum gering ist. Er sieht darin auch jeweils eine Abhängigkeit der Stellung der Frau vom Klima.

Andere Autoren widersprechen der These des gradlinigen Zusammenhangs zwischen Nahrungsbeitrag und Stellung der Frau und kommen zu dem Ergebnis einer kurvilinearen Beziehung (z. B. Sanday, 1973, 1974), wonach der Status von Frauen und Männern dann am ausgeglichensten ist, wenn die Frauen ca. 50 % des Lebensunterhalts beschaffen, und er ungünstig für die Frauen ist, wenn ihr Beitrag entweder mehr oder weniger als die Hälfte beträgt. Diese Argumente sind nützlich im Zusammenhang mit heutigen Diskussionen über die Befreiung der Frau durch ‚produktive' Arbeit und über das, was als ‚produktiv' in der heutigen Gesellschaft zu verstehen ist.

Schließlich sollen noch Überlegungen zur Entstehung des Patriarchats erwähnt werden, die sich mit jenen alten Hochkulturen des Mittelmeerraums und des Zweistromlands beschäftigen, in denen Stadtstaaten mit einer weiblichen Oberpriesterin/Gottheit und einem beigeordneten männlichen König vorherrschten. Nach vielfach geteilter Ansicht handelte es sich bei diesen Stadtkulturen um Spätformen des Matriarchats, in denen die Rolle der männlichen Zeugung durch die Existenz, Verehrung, aber auch rituelle Tötung eines männlichen Geliebten der Großen Göttin, eines Königs, gewürdigt wurde. Es ist nachgewiesen, dass sich in diesen Theakratien langsam die Entwicklung einer Ersatzopferung des Königs einstellte und ein König so über mehrere Jahre seine Funktion als göttlicher Geliebter oder Halbgott beibehalten konnte. Allmählich bildete sich für diesen Gatten-König in seiner Sonderstellung eine Übernahme von politischen und weltlichen Ämtern heraus. In Ägypten scheint eine ähnliche Entwicklung mit dem Resultat einer überwiegend männlichen Priesterschaft stattgefunden zu haben. Diese frühe ‚Arbeitsteilung' zwischen der Hohen Priesterin als Inkarnation der Göttin und ihrem weltlichen ‚Helden' könnte langsam zu einer Übernahme aller politischen Funktionen, insbesondere der steuerlichen, gesetzgeberischen und militärischen durch die Könige geführt haben. Da zur Zeit dieser Stadtstaaten bereits patriarchal überformte Nachbargesellschaften bestanden, lässt sich natürlich auch das Zusammenkommen mehrerer Einflüsse für die Umwandlungen der matristischen Ordnungen denken (vgl. Lerner, 1991). Überlegungen in diese Richtungen könnten verdeutlichen, dass es durchaus nicht immer das Überrollen durch eine waffentechnisch besser ausgerüstete Kriegerhorde oder einfach die Übernahme eines technisch, strategisch und kulturell ‚höher' stehenden patriarchalen Systems war, das sich (weil besser) durchsetzte, sondern dass es durchaus die Kombination *mehrerer* relativ *zufälliger* oder auch *naturwüchsiger* Bedingungen gewesen sein könnte, die an verschiedenen Orten und zu verschiedenen Zeiten matristische Gesellschaften zerstört hat.

3. FAZIT

Wir können von unserem heutigen gesellschaftlichen und zivilisatorischen Stand her nicht per Beschluss oder per revolutionärem Akt unsere Ökonomie und unsere Bewusstseins- und Denkinhalte in matristische Gesellschaftsformen zurückversetzen oder umwandeln. Da wir noch immer nicht genug über solche Gesellschaften wissen, ist es auch fraglich, ob das wirklich wünschenswert wäre. Wenn auch die Beschäftigung mit historischem und ethnologischem Material über mutterrechtliche Gesellschaften den unschätzbaren Wert hatte und hat, unsere alternative Vorstellungskraft und unser patriarchal zurechtgestutztes Wissen zu erweitern, Utopien zu beflügeln und durchzuspielen, so liefert dies noch keine fertigen Modelle für unsere heutige Zukunft. Das ist der Frauenbewegung auch bewusst. Sie muss sie selbst entwickeln bzw. auf diese Entwicklung Einfluss nehmen. So kann auch das Anzweifeln der historischen oder ethnologischen Existenz von Matriarchaten die Berechtigung, die Notwendigkeit und die potentielle Kraft solcher Utopien nicht mehr in Frage stellen.

Ich möchte mit einem Punkt abschließen, der nicht direkt mit der Matriarchatsdebatte zusammenzuhängen scheint, aber dennoch in Betracht gezogen werden sollte. Matristische Gesellschaften haben die gesellschaftliche Rollenzuweisung ihrer Mitglieder nach dem Geschlecht vorgenommen; insofern war auch hier die Geschlechtszugehörigkeit eines Menschen das zentrale Kriterium für die sozialen Rollen, die er zu spielen hatte. Wir wissen allerdings, dass hier selbst bei einer Höherbewertung des weiblichen Geschlechts, wegen seiner Leben spendenden und Überleben sichernden Funktionen, die sozialen Rollen für Männer dieser Gesellschaften nie auch nur annähernd so beschränkt und so erniedrigend waren wie umgekehrt für Frauen in Patriarchaten. Trotzdem war auch in matristischen Gesellschaften das soziale Leben durch die Hauptkategorie der *Geschlechtszugehörigkeit* geregelt.

In diesem Zusammenhang ist es interessant, dass die heutigen Vorstellungen von einer Emanzipation und Gleichberechtigung beider Geschlechter eher von dem Idealziel der ‚Androgynität' beider sozialen Geschlechterrollen und -eigenschaften ausgehen, d. h.: der Entwicklung von maskulinen wie femininen Fähigkeiten und Eigenschaften bei *beiden* Geschlechtern (natürlich auf der Grundlage einer auch materiell und ökonomisch gleichwertigen Lebensweise). Für solche Überlegungen ist es aufschlussreich, dass es sowohl in vielen ‚primitiven' Gesellschaften als auch bei der mutterrechtlich organisierten Urbevölkerung Nordeuropas (also vor der Invasion der ‚Germanen') die Möglichkeit gab, sein ‚angeborenes' Geschlecht sozial zu verändern, meist in Richtung auf das höherbewertete, also in diesem Fall auf das weibliche Geschlecht. Diese Geschlechtsumwandlung erstreckte sich nicht nur auf Kleidung (‚Transvestitismus') und soziale Praktiken (bis zur Wahl eines dem ursprünglichen Geschlecht gleichen oder entgegengesetzten Geschlechtspartners), sondern man ‚war' das andere Geschlecht. Dieses Phänomen wird für die nordeuropäische Urbevölkerung ausführlich von Bleibtreu-Ehrenberg (1981) geschildert und kommentiert, für die ethnologischen Berichte des hier „berdache" genannten Phänomens bei vielen Völkern von Kessler & McKenna (1978). Besonders letztere arbeiten heraus, dass es in sehr vielen Stammeskulturen vorgesehene Räume oder Rollen gegeben hat für jene, die nicht Mann oder nicht Frau, nicht entweder-oder sein wollten, konnten oder sollten, und die ihr qua Geburt zunächst festgelegtes Geschlecht änderten. Sie betonen, dass dies keinesfalls nur solche Personen betroffen habe, die von ihren Genitalien her nicht eindeutig zuzuordnen gewesen seien (was bei etwa 2 pro mille aller Geburten der Fall ist). In unserer Gesellschaft ist dagegen das gesamte Spektrum biologischer wie sozialer Möglichkeiten nach dem Schema ‚entweder-oder' geordnet, so dass wir selber auch nichts anderes zu denken und wahrzunehmen gelernt haben. Jedem von uns wird unbehaglich, wenn er das Geschlecht seines Gegenübers nicht sofort eindeutig als ‚männlich' oder ‚weiblich' für sich definieren kann. Das Beispiel von Gesellschaften, in denen man sein Geschlecht anerkanntermaßen wechseln kann (ohne sich verstümmeln lassen zu müssen), oder wo eine dritte Kategorie existiert, die sowohl ‚weder-noch' als auch ‚beides' bedeuten kann, ist für unser an biologisch alternative Ausschließlichkeiten gewöhntes Denken verwirrend und lehrreich. Dies in die Matriarchatsdebatte einzubeziehen, wenn sie sich auf *heute* wünschbare oder machbare Utopien bezieht, könnte fruchtbar und interessant sein (vgl. Kap. 10).

2. Die Kinder der Männer –
Patriarchale Familien als Denk- und Lebensform

Die folgenden Überlegungen zum Funktionieren der patriarchalen Familienform verfolgen dreierlei Ziele: Zunächst den Beleg der Einsicht, dass die heute dominante und anscheinend naturgegebene menschliche Familienform das Ergebnis eines historisch langen und ständig perfektionierten Prozesses ist, der gleichzeitig (menschheitsgeschichtlich) kurz, gewaltsam und schädlich war, und der im wesentlichen auf der Verweigerung von Menschenrechten an Frauen beruht. Insofern ist dieser Beitrag – mal wieder – auch ein Stück Patriarchatskritik.

Über das konkret gewählte Beispielfeld ‚Familie' hinaus sollen zwei weitere Ziele verfolgt werden: Es wird zu zeigen sein, dass die ursprünglichen Motive der Installation der patriarchalen Familie bis heute auf psychologischer wie auf wirtschaftlicher Ebene noch aufzufinden sind. Dass sie trotz abgewandelter rechtlicher Situation, Partnerschaftsideologie und Liberalisierungen mancher Art noch existieren, auch wenn ihre eigentliche Logik längst nicht mehr transparent ist.

Schließlich soll drittens verdeutlicht werden, dass die Aufrechterhaltung und Verteidigung der patriarchalen Familienform – außer ihren enormen Folgekosten für ihre Mitglieder – ein weit verzweigtes Netz an ideologischen Legitimationen hervorgebracht hat (vor allem in Wissenschaft, Recht und Kunst), das die Denkstrukturen und die Erkenntnisproduktion unserer Zivilisation durchtränkt.

Nur die Infragestellung der Selbstverständlichkeit und ‚Naturgegebenheit' dieser sozial wie intellektuell so behindernden Lebensform und ihrer Verteidigungssysteme kann ein anderes Denken und Erkennen, ein freieres (Zusammen-)Leben der Geschlechter wie der Generationen ermöglichen. Dieser Prozess hat bereits begonnen und soll hier durch einige Argumente unterstützt werden.

Die heute fast durchgängig realisierte und sanktionierte Aufteilung der zivilisierten Welt in die Bereiche ‚öffentlich' und ‚privat', ‚Produktion' und ‚Familie' erscheint als natürlich, komplementär, effektiv und als Höhepunkt einer langen Entwicklung. Dem ist gegenüberzustellen, dass diese Zweiteilung der Welt entlang der Geschlechtergrenze künstlich und ungerecht ist, dass diese Effektivität auch an ihren negativen Auswirkungen zu messen ist, und dass diese Aufteilung fortwährend weiteres Unrecht verursacht. Das ursprüngliche Prinzip dieser Art von Arbeitsteilung folgt seit seinen relativ einfachen Anfängen immer noch der gleichen Logik des „teile und herrsche". Dass dabei die Erfindung der patriarchalen Familie bis heute eine zentrale Rolle spielt, ist nicht zu übersehen.

Wenn im Folgenden von ‚Familie' gesprochen wird, so sollen in erster Linie solche Strukturen und Konstellationen beleuchtet werden, die für das Funktionieren patriarchaler Familien typisch sind. Dabei geht es weniger darum, Unterschiede zwischen verschiedenen patriarchalen Gesellschaften zu verwischen, sondern vielmehr um deren *gemeinsame* Konstruktionsprinzipien, die sich trotz eines großen historischen wie kulturellen Spektrums auffinden lassen.

1. DIE ÖKONOMISCHE SELBSTÄNDIGKEIT DER FRAUEN

Untersuchungen an existierenden, noch relativ ‚naturnah' lebenden Völkern haben übereinstimmend ergeben, dass unter normalen[1] Bedingungen jeder erwachsene und gesunde Mensch mehr erwirtschaften (sammeln, fangen, jagen etc.) kann, als er/sie zum eigenen Lebensunterhalt braucht.

Diese Tatsache sei einmal ausdrücklich hervorgehoben: Jede/r Erwachsene kann in der Regel aufgrund seiner/ihrer eigenen Körperkraft, Geschicklichkeit, Lernfähigkeit etc., kurz des ihm/ihr eigenen Arbeitsvermögens nicht nur sich selbst mit Nahrung und Komfort am Leben erhalten, sondern er/sie kann darüber hinaus im Durchschnitt mindestens eine halbe Person mit ernähren und versorgen. Diese grundlegende Möglichkeit scheint für die menschliche Spezies auch sinnvoll und vorteilhaft: Darauf beruht nämlich die Fähigkeit, außer sich selbst noch ein Kind (Kinder) über die unmittelbare Stillzeit hinaus mitzuernähren (und damit diesen die für Menschen notwendige lange Lernphase zu ermöglichen); weiterhin ergibt sich daraus die Möglichkeit, zeitweise oder auf Dauer auch Alte und Kranke mitzuversorgen, und generell basiert hierauf die für die Menschen so zentrale Erfindung, die Vorteile wechselseitiger Hilfe wahrzunehmen.

Die Fähigkeit, dass man heute (oder dieses Jahr) für einen anderen etwas miterwirtschaftet und ihm gibt, bedeutet auch, dass man selbst morgen (oder nächstes Jahr) von ihm im Austausch mitversorgt werden kann. Dies erhöht nicht nur die Sicherheit und den Komfort der Lebenshaltung, sondern ist eine der zentralen Grundlagen menschlichen Zusammenlebens wie der Entwicklung von höheren menschlichen Sozialformen überhaupt.

Die Fähigkeit zur Erarbeitung eines Surplus ist aber auch die Grundlage jeder Sklavenhaltung und jeder organisierten Ausbeutung von Menschen. Denn von jemandem, der nicht mehr erwirtschaftet als gerade das, was er selbst unmittelbar zum Leben benötigt, von dem lässt sich auch kein Überschuss abpressen.

Werfen wir einen ersten Blick auf einige noch existierende Naturvölker, so sehen wir, dass diese Einsicht und ihre Umsetzung keineswegs an die komplizierte Organisation einer ständischen oder Klassengesellschaft gebunden ist, sondern bereits auf Steinzeitniveau funktionieren kann. Dies zeigen z. B. Feldstudien an australischen Aborigines klar und deutlich. Bei einigen Stämmen gilt/galt es für jeden Mann als erstrebenswert, mindestens zwei Frauen zu haben, da schon zwei Frauen durch ihren gemeinsamen Überschussertrag an Sammeln und Proviantieren bereits eine dritte Person, hier also ‚ihren' Mann ernähren konnten. Ab zwei Frauen aufwärts braucht/e so ein australischer Eingeborenenmann nicht mehr zu ‚arbeiten', d. h., sich regelmä-

---

1 Unter ‚normalen' Bedingungen ist hier die Abwesenheit von Naturkatastrophen, kriegerischen Auseinandersetzungen, Überbevölkerung oder Umweltzerstörung verstanden.

2. Die Kinder der Männer – Patriarchale Familien als Denk- und Lebensform

ßig um seinen eigenen Unterhalt zu kümmern. Kein Zweifel, dass diese ‚Lebensgrundlage' bei den Männern der entsprechenden Stämme äußerst begehrt war: Je mehr Frauen zu ihrer ausschließlichen Verfügung, desto höher ihr Reichtum und ihr Lebensstandard. Die weiteren Konsequenzen des derart vermehrten Sozialprestiges und der Möglichkeit, durch ‚Frauenpolitik' (z. B. den Handel mit Töchtern oder das Horten und Verschieben von Ehefrauen) Zuwachs an Ansehen und Einfluss zu sichern, liegen auf der Hand. Wie man sieht, ist die patriarchale Ausbeutung von Frauen und ihrer Arbeitskraft nicht ausschließlich an höherentwickelte Formen gesellschaftlicher Arbeitsteilung gebunden. Sie lässt sich an ‚einfacheren' Kulturen nur klarer durchschauen.

Die Entdeckung der Vorteile des wechselseitigen Teilens von Nahrung und der darauf basierenden Annehmlichkeiten sozialer Lebensformen ist nicht eine ausschließlich menschliche Eigenschaft, sondern sie lässt sich schon bei unseren nächsten Verwandten, den Primaten, beobachten und daher auch bei den frühen Menschengruppen der Altsteinzeit.

Werfen wir also einen zweiten Blick zurück auf die Befunde der Ur- und Frühgeschichte. Interessant ist hier, dass je weiter sich die Skelettfunde in die Urzeit zurückdatieren lassen, desto weniger lassen sich die Geschlechter nach Größe und Robustheit des Körperbaus unterscheiden. Eine Arbeitsteilung auf der Grundlage von unterschiedlichen Körperkräften der Geschlechter scheint demnach in der Altsteinzeit nicht bestanden zu haben. Paläontologen und vergleichende Evolutionsforscher ziehen aus der Primatenforschung den Schluss (vgl. Leibowitz, 1975), dass erwachsene Mitglieder menschlicher ‚Urhorden' sich im Prinzip durch Sammeln pflanzlicher Nahrung und durch Fangen von Kleintieren jeweils selbst mit Nahrung versorgen konnten, und dass – in diesem Zusammenhang von Interesse – die die Kinder stillenden und tragenden Frauen die ersten Menschen waren, die überhaupt mit anderen die Nahrung teilten (vgl. Martin & Voorhies, 1975). Die Gemeinschaft von Müttern mit Kindern wird daher oft als der Anfang jeder längerfristigen sozialen Bindung, als der Anfang von Kooperation (Nahrungsteilung) und von Kommunikation (Sprache) angesehen.

Die Beziehung zwischen jenen *Geschwistern*, die *Kinder derselben Mutter* waren, bildete danach die darauf folgende nächste primäre Sozialbeziehung – vor jeder ‚Kernfamilie' zwischen *einem* Mann und ‚seiner' Frau (vgl. Slocum, 1975). Altsteinzeitliche Abbildungen sowie ethnologische Forschungen an manchen ‚primitiven' Sammlern und Jägern lassen den Schluss zu, dass biologische Vaterschaft unbekannt bzw. bedeutungslos war. Bertrand Russell (1929) vermutet sogar, dass eine ‚soziale' Vaterschaft schon vor jeder Entdeckung des biologischen Vaters wahrscheinlich gewesen ist, weil der längerfristige Liebhaber einer Frau sich angewöhnt, deren Kinder auch zu mögen.

Die Frauen waren demnach die ersten, die regelmäßig und längerfristig für die Ernährung Dritter sorgten. Wichtig scheint, dass auch beim Übergang zur organisierten Jagd auf größere Tiere durch die Männer trotzdem der weitaus höhere Anteil der *täglichen* Nahrung von Frauen und Kindern durch Sammeln beschafft wurde (Schätzungen sprechen ziemlich übereinstimmend von ca. 80 %; vgl. Janssen-Jurreit, 1984; Martin & Voorhies, 1975; Jonas, 1980; Wunderlich, 1977). Männer waren somit nicht schon immer die ‚Familienernährer', die die Brötchen nach Hause brachten.

2. Die ‚natürliche' Arbeitsteilung zwischen Frau und Mann

Obwohl sich bis heute noch Spuren von matristisch organisierten Stämmen in Form von Gartenbaukulturen auf kulturell recht hohem Niveau trotz Jahrhunderte langer Kolonialpolitik durch Christentum, Islam, Han-Ahnenkult und indische Arisierung erhalten haben (z. B. die Minangkabau auf Indonesien, nationale Minderheiten in der VR China und in Südindien), so gilt doch allgemein als sicher, dass sich im *europäischen* Mittelmeerraum im Gefolge der neolithischen Revolution fundamental andere Gesellschafts- und Sozialformen entwickelt haben. Diese zeichnen sich durch die Erfindung von Metallwaffen und dadurch mögliche organisierte Beutezüge gegen ihre Nachbarn aus, durch straff organisierte feudale Staaten mit Sklavenhaltung und leibeigenen Ackerbauern, durch seefahrende Händlervölker und nomadisierende Viehzüchter. Sie zeichneten sich aber erstmalig auch aus durch eine soziale Unterordnung von Frauen, durch die Einschränkung ihrer Rechte, durch ihre ideologische Abwertung und ihre Einstufung als ‚Besitz' von Männern.

In der Regel sind wir es gewohnt, diese seit etwa 4000 bis 5000 Jahren perfektionierten Erfindungen – insbesondere die systematische Einführung von Ackerbau und Viehhaltung, die Spezialisierung des gesamten sozialen und produktiven Lebens durch immer komplexere Arbeitsteilung, die damit verbundenen Erfindungen von Geld, Schrift, Hochreligionen, Staat, Klassen, Handel und Krieg etc. – als die Grundlagen unserer Kultur und gleichzeitig als die ‚eigentliche' Geschichte der Menschen zu betrachten. Dabei machen wir uns nicht klar, dass 95 % aller Menschen, die je gelebt haben, in der Steinzeit gelebt haben und nicht unter den Segnungen der Erfindungen der letzten 4000 bis 5000 Jahre (vgl. Wunderlich, 1977).

Was nützen uns diese Tatsachen für unsere heutigen Überlegungen? Müssen wir ‚zurück in die Steinzeit', nur um gerechtere Formen menschlichen Zusammenlebens, insbesondere auch des Zusammenlebens von Frauen und Männern, wiederzuerlangen? Natürlich nicht. Dahin geht auch nicht die Richtung des Arguments, obwohl gut vorstellbar ist, dass analog zu anderen aktuellen Debatten, die Vertreter eines ‚Weiter-so-Fortschritts' ein solches Missverständnis gerne gezielt benutzen werden. Die Argumentationslinie für den vorliegenden Zusammenhang ist eine ganz andere:

Die ‚Natürlichkeit' der heutigen wie der klassischen Arbeitsteilung zwischen Mann und Frau, die ‚Naturgegebenheit' der patriarchalen Kernfamilie für die menschliche Spezies und die diese ermöglichenden Wesenseigenschaften des männlichen und des weiblichen Geschlechts, können nicht länger als natürliche aufrechterhalten werden. Es liegt – nach dem Blick auf Naturvölker und ihre enorm unterschiedlichen Familienformen und nach dem Blick auf unsere eigenen, in freier Natur lebenden Vorfahren – keineswegs in *der* Natur „des Menschen und seiner Frau"[2], sich ausschließlich und in einer Art und Weise dauerhaft aneinanderzuketten, dass der Mann ‚seine' Frau und ‚seine' Kinder beschützt und ernährt, dass die Frau ihm als Gegenleistung für diese zweifelhaften Privilegien die Produktion und Aufzucht ‚seiner' Kinder besorgt, ihm ‚seine' Höhle säubert und auspolstert, seine Wunden

---

2 Eine beliebte Sprachfloskel der klassischen Ethnologie.

2. Die Kinder der Männer – Patriarchale Familien als Denk- und Lebensform

und Gebrechen pflegt, seine Beute brät, seinen Heldentaten lauscht, seine Wutausbrüche erträgt und vor allem ihn allein allen andern vorzieht (was bedeutet, sich in erster Linie von allen anderen Männern fernzuhalten, möglichst aber auch keine intensivere Gesellschaft mit anderen Frauen ihm vorzuziehen). Unbeschadet des inzwischen fast weltweit verbreiteten Ideals der patriarchalen Familienform und ihrer über Raum und Zeit facettenreichen Ausprägungsarten (vgl. Mitterauer & Sieder, 1982; Rosenbaum, 1978, 1982 a und b; Weber-Kellermann, 1980) wird doch deutlich, dass die patriarchalen Familienformen kulturelle Schöpfungen sind und nicht eine ‚angeborene' Sozialstruktur der menschlichen Spezies.

Nun ist bemerkenswert, wie dominant und wie weit sich diese patriarchale Familienform, wenn auch in vielen Variationen, bisher über die Welt ausgebreitet hat. Wenn sie schon nicht auf eine instinktive Ausstattung des Menschen zurückzuführen ist, so könnte es doch sein, dass sie sich als quasi ‚erfolgreichste' Sozialform menschlichen Zusammenlebens bewährt und nach sozialdarwinistischen Prinzipien durchgesetzt hat. Schließlich wird sie nicht umsonst als die Grundlage unserer Kultur, unserer Gesellschaft und unseres Staates (wieder) gefeiert und gesetzlich geschützt.

Um es vorwegzunehmen: Die Frage nach dem sozialdarwinistischen ‚survival of the fittest' der menschlichen Vergesellschaftungsformen ist zur Zeit mehr als offen. Jedenfalls sind wir spätestens heute an einem historischen Punkt angelangt, wo die Konstruktion der patriarchalen Familienform jede Menge eindeutig nachweisbarer Individual- wie auch Sozialpathologien hervorbringt, wo das Überleben dieser Sozialform erstmals und deutlich in Frage steht, und wo darüber hinaus die grundlegenden impliziten Ungerechtigkeiten dieser Lebens- und Sozialform in einer Klarheit zutage treten, wie es in früheren Epochen ihres Bestehens niemals so umfassend der Fall war. Dies hängt mit verschiedenen Gründen zusammen, die hier nicht weiter erörtert werden können. Dabei dürfte aber klar sein, dass ca. 4000 Jahre patriarchale Familien noch keinen automatischen Qualitätsbeweis darstellen, weil sie schon so lange ‚so gut' funktionierten, sondern dass wir mit unserem heutigen Wissensstand noch gar nicht abschätzen können, wie schlecht sie die letzten 4000 Jahre funktioniert haben, da es keine unparteiische, außerhalb des Systems Familie existierende Geschichtsschreibung gibt und gab. Zweitens ist völlig ungeklärt, ob die patriarchale Familieform durch ihre Ausbreitung nicht andere, ihre Mitglieder und die Umwelt schonendere Sozialformen verdrängt hat, indem sie exakt solche lange bestehenden Formen zerstört und/oder gewaltsam an ihrer Weiterentwicklung gehindert hat. Drittens schließlich ist zu bedenken, dass 4000 Jahre gemessen an der gesamten Menschheitsgeschichte eine extrem kurze Zeitspanne sind; mit großer Wahrscheinlichkeit haben die letzten 600 000 Jahre völlig andere Formen des menschlichen Soziallebens bestanden – womit wie gesagt keinerlei Plädoyer für die Rückkehr dorthin verbunden ist, sondern nur Zeitdimensionen zurechtgerückt werden sollen und die Hybris, eine angeblich seit Urzeiten erprobte und ethisch hochstehende Form des menschlichen Zusammenlebens zur Zeit zu pflegen. Das Gegenteil *könnte* der Fall sein.

Die Kulturanthropologin Ruth Benedict hat eine für diesen Fall interessante Beobachtung angestellt: Sie glaubt, dass kulturelle und gesellschaftliche Einrichtungen und Selbstverständlichkeiten immer erst dann ‚erkannt' und analysiert werden können, wenn sie bereits im Niedergang begriffen sind. Sie schreibt 1934:

„(Es gibt) *eine* schwierige Übung, an die wir uns in dem Maße, wie wir allmählich kulturbewußt werden, gewöhnen können: Wir können uns darin üben, die herrschenden Züge unserer eigenen Zivilisation richtig zu beurteilen. Es ist eine schwierige Aufgabe, diese Züge zu erkennen, wenn man unter ihrem Zepter aufgewachsen ist! Noch schwieriger ist es, bei dieser Beurteilung unsere eigene Voreingenommenheit für sie in Abzug zu bringen. ... Und doch sind es gerade diese Züge, die sich im Verlaufe eines fundamentalen Kulturprozesses am leichtesten zum Extrem auswachsen. Sie schießen über das Ziel hinaus und entziehen sich leichter als alle anderen unserer Kontrolle. Gerade dort, wo die Notwendigkeit einer Kritik am wahrscheinlichsten ist, sind wir unfähig, kritisch zu sein. Eine Revision ist unausbleiblich, aber sie vollzieht sich in Gestalt einer Umwälzung oder eines Zusammenbruchs. ... Unsere eigenen dominierenden Züge konnten wir stets erst richtig bewerten, wenn sie zum Fossil geworden waren. Eine objektive Untersuchung der Religion wurde erst dann vorgenommen, als diese nicht mehr einen grundlegenden Wesenszug unserer Zivilisation darstellte.

... Den Kapitalismus können wir noch nicht auf diese Art und Weise untersuchen, und während eines Krieges sind Kriegsführung und Probleme zwischenstaatlicher Beziehungen gleichfalls tabu. Trotzdem bedürfen die beherrschenden Züge unserer Zivilisation einer genauen Untersuchung. Wir müssen uns vergegenwärtigen, dass sie zwingend sind, und zwar in dem Maße, wie sie in unserer eigenen Kultur eingebürgert und machtvoll sind, und nicht, weil sie wesentlich grundlegend für das menschliche Verhalten wären." (S. 191 der deutschen Übersetzung von 1955)

Man könnte meinen, Ruth Benedict habe diese klarsichtigen Worte geradezu auf die patriarchale Familie gemünzt. Erst jetzt, wo die Ideologie des Patriarchats und mit ihr das Ideal der patriarchalen Familienformen zumindest im Westen den Zenit ihrer Selbstverständlichkeit und ihrer Selbstherrlichkeit überschritten hat, können wir auch zunehmend klarer und kritischer erkennen, worin die grundlegenden Gemeinsamkeiten ihrer als natürlich ausgegebenen Grundstrukturen bestehen. Denn diese angebliche Natürlichkeit i. S. von ‚gottgewollt', von ‚angeboren' oder von ‚naturgegebener Ordnung' ist das Geheimnis ihres Bestehens. Nur wenn alle Mitglieder einer Gemeinschaft deren Spielregeln als absolut unausweichlich verinnerlicht haben und verteidigen, haben diese die mächtige Grundlage ihres Bestehens. Erst heute – d.h. seit einigen Dekaden – sind wir zum erstenmal in der Lage, die Natürlichkeit dieser Ordnung zu reflektieren, sie als willkürlich zu kritisieren, und sie damit auch durch einen breiter werdenden Diskussionsprozess in Richtungen zu lenken, die wenigstens prinzipiell auch durch rationale Argumente bestimmt werden und somit zumindest potentiell gerechter für alle Beteiligten werden könnten.

Für diese Überlegungen brauchen wir Antworten auf die Fragen ‚Was sind die grundlegenden Zwecke und Motive der patriarchalen Familienform?' und ‚Was sind die Auswirkungen der heutigen patriarchalen Familienform auf ihre Mitglieder?' und ‚Welche Zwecke und Motive menschlichen Zusammenlebens setzen wir dagegen?'.

3. DIE MOTIVE DER PATRIARCHEN

Es ist bis heute unbekannt, aus welchem Grund oder aus welcher Verkettung von Gründen an verschiedenen Stellen der Welt sich aus (bzw. gegen) egalitäre/n bzw. matristische/n Sozialformen patriarchale entwickelt haben (vgl. Kap. 1). Zwar ist es ein beliebtes und spannendes Gesellschaftsspiel, hierüber Spekulationen anzustellen (z. B. die Erfindung der organisierten Jagd, die Erfindung der Metallverarbeitung, des Pfluges, des Geldes, des Rades, der Schrift, des Kriegs, der Viehzucht, das Bevölkerungswachstum etc., oder alles zusammen...), doch selbst plausible Antworten sind natürlich schwer zu überprüfen. So werden wir uns hier nicht in interessanten Spekulationen ergehen – obwohl dieselben natürlich nützlich sind –, sondern auf solche Begründungen und Zielsetzungen konzentrieren, die von den Anfängen patristischer Gesellschaften bis heute von deren Wortführern selbst, den großen Denkern und Philosophen des Patriarchats, über die (Natur-)Notwendigkeit des Lenkens, Herrschens und Kontrollierens von Frauen, über die Aufteilung der Welt in öffentlich = männlich und häuslich = weiblich etc. gesagt worden sind.

Von Kung Fu Tse (China, lateinisch Konfuzius, um 500 v. u. Z.), über Aristoteles (Griechenland, um 350 v. u. Z.), Cato (Rom, um 200 v. u. Z.), Paulus (Zeitenwende), Augustinus (um 400 n. u. Z.) und Ibn Sina (arabische Welt, lateinisch Avicenna, um 1000 n. u. Z.) sind sich die Berufsdenker der patriarchalen Gesellschaftsordnungen darin einig, dass *Männer regieren* und *Frauen gehorchen* sollen, dass zwischen Mann und Frau ein analoges Verhältnis bestehen muss wie zwischen Herr und Knecht. Dies wird z. B. als ‚natürliche' Ordnung oder Wille Gottes dargestellt und ist somit zunächst nicht weiter begründenswert. Allerdings werden dann häufig doch eine aufschlussreiche Reihe von Begründungen nachgeliefert. So sagt z. B. *Cato*, dessen römischer Staat zu seinen Lebzeiten seit etwa 500 Jahren bestand und sich in einem mutterrechtlich organisierten Land – dem der Sabinerinnen – breitgemacht hatte:

> „Erinnert euch all der Gesetze, mit denen unsere Vorfahren die Freiheit der Frauen gebunden, durch die sie die Weiber der Macht der Männer gebeugt haben .... Sobald sie (die Frauen) uns gleichgestellt sind, sind sie uns überlegen." (zit. n. Fester, 1980)

Die Notwendigkeit der Herrschaft der Männer über die Frauen wird bei *Aristoteles* aus der Zügellosigkeit und Hemmungslosigkeit der Frauen hergeleitet. Erst wenn ein männergeleiteter Staat seine Gesetze auch auf Frauen ausdehne, habe er Chancen zu überleben. Wenn die Frauen nicht der Gesetzesordnung unterworfen würden – wie z. B. in Sparta – und sie womöglich auch noch regierten, dann sei „der Staat nicht fähig, einen einzigen Schlag zu ertragen und ging(e) infolge seines Menschenmangels zugrunde" (Politik, 2. Buch).

Beschränken wir uns zunächst auf diese beiden Aussagen von Propagandisten des europäisch-abendländischen Patriarchats, deren Erben wir – um christliche Zuspitzungen bereichert – immer noch sind:

1. Wodurch sind Frauen Männern überlegen, sobald sie (rechtlich/materiell) gleichgestellt sind? Die Antwort ist einfach: Dadurch, dass sie Kinder haben können. Dass diese Kinder eindeutig aus *ihnen* hervorkommen (pater semper incertus!),

durch die menschenspezifisch längere kindliche Abhängigkeit auf ihre Mütter geprägt werden und ihnen somit auch gefühlsmäßig verbunden bleiben, macht sie zunächst und vor jeder anderen sozialen Regelung zu Kindern *ihrer* Mütter (vgl. Janssen-Jurreit, 1984).
2. Zügellosigkeit und Hemmungslosigkeit der Frauen kann für einen der patriarchalen Ordnung/Gesetzgebung verpflichteten Mann nur heißen, dass Frauen sich *dieser* Gesetzgebung nicht fügen (wollen). Denn dass Frauen als menschliche Wesen sich überhaupt *keiner* Sozialordnung fügen, macht nicht nur keinen Sinn, sondern wäre auch völlig menschenuntypisch, wenn man Menschen als auf Sozialität angewiesene Wesen begreift.
3. Aus den Befürchtungen des Aristoteles geht klar und verräterisch hervor, worin denn der Zweck dieser Gesetze besteht, dem die Frauen aus seiner Sicht sich dringend unterwerfen müssten: „Der Staat kann keinen Schlag ertragen" bedeutet Wehrtüchtigkeit und Kriegsführung; „Menschenmangel" bedeutet demnach (erhöhten) Bedarf an Soldaten (oder auch Sklaven und Arbeitern). Diese müssen ja wohl die Frauen gebären – was letztere offenbar nicht wollten, außer sie wurden durch gesetzliche Ordnung dazu gebracht.

Diesen natürlichen Vorteil der Frauen – dass sie Kinder haben können und Männer nicht – zu eliminieren, ist der Hauptfokus (und vielleicht auch die ursprüngliche Motivation) der patriarchalen Sozial- und Gesellschaftsordnungen – und war diesen in ihrer Anfangszeit auch höchst klarsichtig bewusst. Er ist somit das Hauptziel der Installation von *patriarchalen* Familienformen, wo die Kinder als *Nachkommen und als Besitz des Vaters* gelten. Alle Begründungen, Rechtfertigungen, Ermahnungen und Welterklärungsversuche der folgenden Jahrhunderte drehen sich um die Legitimation dieser Auffassung und versuchen, sie facettenreich abzustützen. So wird immer wieder beschworen, dass die Kinder ‚ihrem' Vater ‚gehören', insbesondere die *Söhne ihren* Vater kennen/nennen müssten, es keine Unterbrechung (!) des (männlichen) Stammbaums geben dürfe, also die Rechnung der Abstammung nach dem *Vater* die maßgebliche sei – eine Regelung, die angesichts der 100 %igen und evidenten Sicherheit der weiblichen ‚Abstammung' rührend und lächerlich zugleich ist. Seit Aristoteles wird bis zur Entdeckung des weiblichen Eis im 18. Jhd. der Vater als Lieferant des kompletten Menschen, die Frau zum bloß austragenden und nährenden Gefäß erklärt. *Die Gewissheit und der Besitz ‚eigener' Kinder ist für die Männer des Patriarchats höchstes Gebot* und *oberstes Ziel*. Dies ist Zweck und Leitmotiv aller patriarchalen Familienformen, die sich im Laufe der Jahrhunderte entwickelt haben.

4. DIE AUSGEBAUTEN BASTIONEN

Gewissheit und *Besitz der Kinder* – was für ideologische, gesetzliche und physisch-gewalttätige Schutzsysteme sind nicht um dieses Zieles willen errichtet worden! Zählen wir nur einige der über Jahrhunderte und Kulturen hinweg grundlegenden Gemeinsamkeiten patriarchaler Kontrollmechanismen auf, die der Erlangung und Wahrung dieses Gutes dienen: Zu allererst muss der *ausschließliche* Zugang für den jeweiligen Besitzer einer Frau gesichert sein: also muss die Frau unbedingt jungfräu-

2. Die Kinder der Männer – Patriarchale Familien als Denk- und Lebensform 37

lich sein und muss absolut monogam leben (vielfach noch über den Tod des Mannes hinaus: entweder ist Wiederheirat verboten, oder sie geht ins Kloster, oder sie hat als Witwe sich standesgemäß umzubringen). In vielen Fällen darf sie das Haus nie verlassen oder muss einem Codex von Verhaltensvorschriften folgen, ob, wann, wie oft, mit wem, wie lange, warum und in welcher Bekleidung sie ausgehen darf. Oft kann sie lebenslang keinen anderen Mann sprechen oder sehen und ihr Gesicht und ihren Körper nicht in der Öffentlichkeit zeigen. In Europa und Amerika hatte sie bis ins letzte Jahrhundert einschnürende, umständliche und behindernde Kleidung zu tragen, die jedes schnelle und freie Fortbewegen nach Art der Männer unmöglich machte. Überhaupt wird die zunehmend striktere Ausgrenzung des häuslichen Bereichs aus der Öffentlichkeit dazu führen, die Frauen immer stärker aus dem öffentlichen Bereich zu verdrängen und sie im Haus bei der Familie festzuhalten. Hier liegt einer der Faktoren begründet, die die Verbannung der Frau aus dem öffentlichen Leben motivieren und sie damit von der Teilhabe an Macht und Verantwortung ausschließen, meist auch von Bildung.

Besitz der Frauen heißt vor allem aber die Aneignung der vollen Verfügungs- und Entscheidungsmacht über ihre Fruchtbarkeit. Von Aristoteles an bis heute sollen Frauen den ‚Menschenmangel' verhindern, also für den Bedarf der Männer Kinder gebären oder, wie es so schön heißt, ‚ihrem Mann ein Kind schenken'.

Gewissheit für den Mann/Vater bedeutete außer Kontrolle und ausschließlichem Besitz der Fruchtbarkeit seiner Frau(en) auch die *Entscheidungsfreiheit*, wen er als ‚sein' Kind anerkennt. Alle klassischen patriarchalen Familienformen teilen dieses Merkmal, dass der Vater über das Leben bzw. die Akzeptanz des Neugeborenen entscheidet – *nicht die Mutter*, die das Kind geboren hat! Diese Entscheidungsgewalt des Vaters über den für ihn produzierten Nachwuchs drückt sich aus im Abtreibungsverbot für Frauen im Christentum und in islamischen Ländern unter Androhung härtester Strafen (langjährige Gefängnisstrafe bis Todesstrafe), in der Entscheidung des Vaters in Rom, Griechenland, China und Indien über das Lebensrecht des Neugeborenen nach der Geburt. In der modernen westlichen Version beanspruchen immer noch Männer (Ärzte, Richter, Politiker und Priester) das Entscheidungsrecht über einen Schwangerschaftsabbruch – *vor* und *anstatt* der betroffenen Frauen, und zwar aus ‚ethischen' Gründen (merke: Frauen haben kein Ethos, sie sind immer noch hemmungslos und gesetzlos wie in den Anfängen des Patriarchats).

In der modernen östlichen Version entscheiden ebenfalls Ärzte, Parteipolitiker und Funktionäre über die Abtreibung: z. B. die Zwangsabtreibungen an schwangeren Frauen nach Tschernobyl sowie die Zwangsabtreibungen und Zwangskaiserschnitte an schwangeren Chinesinnen im Rahmen der ‚Ein-Kind'-Propaganda (vgl. Siegl, 1987; Scheerer, 1985).

Ein Blick ins Preußische Landrecht von 1794 lehrt denn auch, dass die ‚ethische' Diskussion von heute, in der die genannten Männer das christliche Ethos gegenüber der Selbstsucht gewissenloser und pflichtvergessener Frauen strapazieren, höchst profane Grundlagen hat: Es war bei der Abtreibung der Leibesfrucht dem *Vater* als dem rechtmäßigen, hier: geschädigten, *Eigentümer* eine Wiedergutmachung zu zahlen. Das Verbot der Abtreibung gründet also auch in Europa primär im Besitzanspruch des Mannes auf sein potentielles Kind und nicht in der Schutzwürdigkeit des ungeborenen Lebens per se. Nur so wird verständlich, warum in Europa sowohl im

Adel als auch im Bauernstand jahrhundertelang die Kindstötung – besonders die Tötung von weiblichen Neugeborenen – trotz Verdikts der christlichen Kirchen eine Art Gewohnheitsrecht war. Im Wunsch nach Söhnen und somit in der angemaßten Entscheidung über die Anzahl und das Geschlecht der Kinder manifestiert sich der Anspruch des Mannes, ‚seine' Kinder produzieren zu lassen und nach seinen – wirtschaftlichen, erbrechtlichen oder dynastischen – Erwägungen zu entscheiden, ob ein Neugeborenes als sein Kind aufgezogen wird oder nicht. Die extrem ungleichen Geschlechterverhältnisse mancher europäischer Geburtenregister sprechen hier eine deutliche Sprache (vgl. Janssen-Jurreit, 1984).

In asiatischen und antiken Patriarchaten wurde diese Praxis der weiblichen Kindstötung offener – weil selbstverständlicher und ideologisch nicht verfemt – betrieben. Mädchen wurden nach der Geburt häufig getötet, aber auch ausgesetzt oder verkauft, weil sie als unnütze Esser, Mitgiftbelastung oder unnütze Investition in die Familie des künftigen Schwiegersohns galten. Auch hier entschieden die Väter über das Schicksal des Kindes. Die neuerlichen Massentötungen von weiblichen Babys in der Volksrepublik China zeigen die Auswirkungen einer Bevölkerungspolitik, die bei der Ausgabe des Leitziels ‚Ein-Kind-Familie' die Macht ihrer eigenen patriarchalen Ideologien naiv unterschätzt hat. Von ihren Ehemännern werden die Chinesinnen unter Druck gesetzt, solange weiterzugebären, bis endlich Söhne da sind, von den Funktionären werden sie unter Druck gesetzt, ihre überzähligen (weiblichen) Schwangerschaften abtreiben zu lassen. Die Frauen selbst haben wenig mitzureden, bzw. haben natürlich der patriarchalen Söhne-Ideologie nichts Eigenes entgegenzusetzen gelernt.

Dem gleichen Zweck – der ausschließlich männlichen Kontrolle über die rechtmäßigen Kinder – diente auch die jahrhundertelange Verfolgung, Ächtung oder sogar Tötung *unehelicher Mütter*, die durch Kinderproduktion außerhalb der patriarchalen Familie das Monopol väterlichen Kinderbesitzes gefährdeten. Wenn ein Kind ohne Vater war, d. h., der Vater nicht bekannt/genannt wurde, so gehörte dieses vaterlose Kind womöglich seiner Mutter! Diese Alternative musste deshalb so abschreckend wie möglich ausgestaltet werden, was mit der massiven Verdammung und Ausstoßung lediger Mütter auch erfolgreich gelang – jedenfalls bei den ‚staatstragenden' Klassen (vgl. Möser, 1798; Mitterauer, 1983).

Auch das jahrhundertelange *Scheidungsverbot* in christlichen, chinesischen, hinduistischen und islamischen Ländern galt in erster Linie dem Scheidungsbegehren der *Frauen* und hatte die Funktion, das Besitzrecht des Mannes auf ‚seine' Frau zu wahren. Das islamische Recht beinhaltet z. B. komplizierte und der menschlichen Biologie spottende Regeln, wann und wie lange ein nach einer ausgesprochenen Scheidung geborenes Kind doch noch dem ursprünglichen Ehemann ‚gehört' und nicht seiner Mutter.

Aus dem gleichen Grund sind und waren Wissen und Anwendung von Verhütungsmitteln in den europäischen Gesellschaften mehr oder weniger streng – je nach faktischem Einfluss der katholischen Kirche – verboten. Im katholischen Irland konnte sogar eine noch Mitte der 1980er Jahre durchgeführte Volksabstimmung die langjährigen Forderungen der irischen Frauen nach Scheidung und nach Verhütungs-

2. Die Kinder der Männer – Patriarchale Familien als Denk- und Lebensform

mitteln zunichte machen – wie übrigens damit auch die jahrelang schon außerhalb der Legalität stattfindende Vergabe von Verhütungsmitteln durch einige Beratungsstellen. Das judäo-christliche „Seid fruchtbar und mehret euch!" und „Macht euch die Erde untertan!" hat so denn auch mehr das christliche Konquistadorentum legitimiert als dem ‚Schutz der Familie' gedient.

Natürlich wird die dringend notwendige Gewissheit der eigenen Kinder auch ideologisch-religiös abgesichert. Die Legitimationsversuche reichen von den väterlichen Tugenden, die im Blut der Söhne geronnen tradiert werden, über die Herleitung des eigenen gesellschaftlichen Ranges aus einer langen *väterlichen* Ahnenreihe (die genau genommen durch die eingeheirateten Mütter schon bis zur Unkenntlichkeit verdünnt sein müsste), von männlichen Initiationsriten und Ahnenkulten bis schließlich zur höchsten Weihe des Patriarchats in Gestalt eines männlichen Schöpfergottes, der höchstpersönlich der Gott-Vater des männlichen Menschen ist.

Außer dem Besitz und der umfassenden Kontrolle der Frau zur Echtheitsgarantie des eigenen Kindes gehört unbedingt als zweites das Besitzrecht des Vaters am eigenen Kind. Zwar ist dies ideologisch schon vorgesichert, indem die physische Abstammung nach der männlichen Linie gerechnet wird und jahrhundertelang die Vorstellung vom *Samen* des Mannes als komplettem Keim gepflegt wurde, der lediglich ausgetragen werde. Aber das Besitzrecht an Kindern bzw. Söhnen per se ist natürlich letztlich für die materiellen und ideellen Interessen der Männer ausschlaggebend. Hierin liegt der Kern des Strebens nach einer *vater*-rechtlichen Weltordnung: Den Männern sollen die Kinder *gehören* – die sie selbst nicht erzeugen (sondern nur zeugen) können. Diese Verfügungsgewalt, das Nutzungsrecht und die Befehlsgewalt über die ‚eigenen' Kinder ist der tiefere Sinn aller patriarchalen Bemühungen.

Die Umwandlung des Mannes und Zeugers in einen ‚Vater' – einen Mann, der eigene Kinder hat und die ihm deshalb *gehören* – ist die kulturelle Leistung des Patriarchats. Männer eignen sich die Kinder der Frauen als Eigentum an – ähnlich dem Mehrwert des Kapitalisten (vgl. Janssen-Jurreit, 1984). So kommt es auch im Wortsinn des Begriffs ‚Patriarchat' glasklar zum Ausdruck: Es geht um die *Herrschaft* des *Vaters*, d. h. des Mannes, der Kinder hat. ‚Vaterherrschaft' ist in erster Linie die Befehlsgewalt des Mannes über ‚eigene' Kinder – erst danach als Konsequenz auch über Frauen und andere Männer. Die von einigen Autoren diagnostizierte ‚Menschenproduktion des Patriarchats' (vgl. Heinsohn u. a., 1979; Heinsohn, 1984; Heinsohn & Steiger, 1985; Holliger, 1972; Trallori, 1983) diente nachweislich stets den ökonomischen und kommerziellen Zwecken ihrer Repräsentanten. Sei es die Surplus-Produktion von Söhnen für Kriegs- und Eroberungszüge und für die Kolonisation des Mittelmeerraumes bei den Hellenen des 8. Jahrhunderts v. u. Z., seien es die durch Hexen- und Hebammenverfolgung ermöglichten Bevölkerungsexplosionen des 16. und 17. Jahrhunderts zur Vermehrung von Arbeitskräften in Mitteleuropa, oder der Verkauf von ‚Landeskindern' als Soldaten in die Neue Welt: stets hatten die Führer und Fürsten, die feudale wie die kirchliche Obrigkeit oder einfach ‚Vater' Staat ein Interesse daran, die Produkte der Frauen (Kinder, Söhne) für ihre Zwecke (Verkauf, Landnahme, Siedler, Soldaten, Arbeitskräfte etc.) gewinnbringend einzusetzen.

Was für die großen Herren und ‚Landesväter' historisch und in großem Umfang belegt ist, gilt als ‚Besitzrecht' jedes einzelnen Vaters auch im kleinen. Nicht umsonst wird ja die patriarchale Familie – in welcher Gestalt auch immer – als Modell, als ‚Keimzelle' des jeweiligen Staates bezeichnet und der Staat als ‚große Familie' bzw. als ‚Vater'. Der einzelne Ehemann und Vater war an seinem Besitzrecht ebenso fundamental interessiert und sah die Obrigkeit als jeweilige metaphysisch-ideologische Überhöhung und Bestätigung seiner eigenen kleinen Welt an. Kinder als Arbeitskräfte zum eigenen Nutzen einzusetzen oder gegen Geld zu verdingen, war in ländlichen wie in industriellen Gebieten stets üblich. Viele Söhne zu haben, galt immer als ‚Reichtum' eines Vaters und gilt es bis heute noch in islamischen, jüdisch-orthodoxen, hinduistischen und chinesischen Familien.

Nicht nur die Feudalherren mach(t)en mit ihren eigenen Kindern Macht- und Heiratspolitik, sondern das taten und tun die besseren Kreise und solche, die sich dafür halten, auch heute noch überall auf der Welt. Nicht zufällig sind dies jene, die die patriarchalen Familienideologien vom Vater als ‚Chef der Familie', von den harten, karrieremachenden Söhnen und den weichen, heimschmückenden Töchtern noch am wirkungsvollsten aufrechterhalten – mit gewisser Vorbildfunktion für die anderen Schichten, die sich stets lustloser – sei es aus materieller Not (Unterschicht), sei es aus mangelnder Überzeugung (Intellektuelle) – an diesen Inszenierungen beteiligt haben.

Das Besitzrecht am Kind/Sohn sichert außer dessen möglicher profitabler Verwendung (und meist ebenso wichtig) das Erziehungsrecht. Seinen Söhnen das ideologische Rüstzeug zu vermitteln, das für die Legitimierung und die Kontinuität der patriarchalen Weltordnung nötig ist, scheint als zentrales Anliegen der Absicherung plausibel. Das „Was du ererbt von deinen Vätern, erwirb es, um es zu besitzen" eines Goethe meint neben der materiellen Seite des Vererbens vom Vater auf den Sohn eben diese geistig-weltanschauliche Dimension, die ‚erworben', die ange‚eignet' werden soll. Der Erziehung des männlichen Kindes ist daher seit den Anfängen der wissenschaftlichen Pädagogik erhöhte Aufmerksamkeit und viel Papier gewidmet worden. In der von Katharina Rutschky (1977) herausgegebenen Quellensammlung ‚Schwarze Pädagogik' lassen sich für die hier interessierenden Fragen der Erziehungsgewalt des Vaters zwei wesentliche Stränge erkennen: Zum einen bemühen sich fast alle namhaften männlichen Pädagogen – weibliche gibt es nicht – seit dem 18. Jahrhundert darum, pädagogische Strategien und Techniken anzupreisen, die deutlich auf eine Abgrenzung von den verweichlichenden, gewährenden und hätschelnden Umgangsformen der Mütter hinauslaufen. Das mütterliche Erziehungsverhalten wird als ‚Affenliebe', als ‚unwissenschaftlich' und ‚unkonsequent' kritisiert, die das Kind zu Unaufrichtigkeit, Bequemlichkeit, Feigheit und Charakterschwäche verführe. Dem wird ein strenger, zu Selbstdisziplin und Festigkeit verpflichtender Umgangsstil mit Kindern entgegengestellt, der, wie Holzkamp & Steppke (1984) zeigen, neben männlichen Ängsten und männlicher Eifersucht auf die Mutter-Kind-Dyade unübersehbare sprachliche und symbolische Beziehungen zu Kolonialismus und Krieg enthält. Zum anderen lebt er zusätzlich vor allem quasi-religiöse Vaterschafts- und Zeugungsphantasien aus:

2. Die Kinder der Männer – Patriarchale Familien als Denk- und Lebensform 41

„Viele der frühen Pädagogen des 18. und 19. Jahrhunderts waren Geistliche oder haben sich zur Legitimation ihrer pädagogischen Ideale auf die christliche Lehre bezogen. Sie verstanden sich als ... ‚Organ der Gottheit' oder ‚Vertreter des himmlischen Vaters', beriefen sich auf ‚Eingebung' und ‚Erweckung'. ... Gleichzeitig scheint die Symbolik des Christentums in besonderer Weise auch geeignet, männliche Allmachts- und Zeugungsphantasien zu binden. So ist in der ‚Schöpfungsgeschichte' der weibliche Anteil an der Schöpfung verdrängt – Schöpfung ist auf den rein männlichen Zeugungsakt reduziert. ... Diese Symbolik findet ihre Parallelen in der pädagogischen Grundannahme, nach der die Erziehung die zweite, die eigentliche Geburt des Menschen darstellt... Erziehung ist die Schöpfung des Menschen durch den Mann, ist geistige Zeugung ... Daher ist ‚der Mann vorzugsweise Erzieher, das Weib Ernährerin, Pflegerin; denn der Mann ist Repräsentant des (schaffenden) Geistes, das Weib Repräsentantin der (passiven) Natur.' (Blasche", 1828, S. 6/7, zit. n. Holzkamp & Steppke, 1984, S. 63/64)

Hinzuzufügen bleibt noch, dass in allen patriarchalen Gesellschaften (vor der Errungenschaft einer allgemeinen Schulpflicht für beide Geschlechter) Lehrer und Erzieher stets Männer waren und in der Regel nur männliche Kinder in den Genuss einer ausdrücklichen ‚Erziehung' kamen. Die seit den Anfängen der allgemeinen Schulpflicht zu beobachtende Tatsache, dass Frauen – später verstärkt und heute überwiegend – die ‚kleinen' Kinder unterrichten, während sich die höheren Schulformen bis heute noch durch einen deutlichen Männerüberschuss auszeichnen, trägt diesem alten patriarchalen Bildungsmonopol immer noch Rechnung.

Fassen wir also zusammen:
Die beschriebenen Maßnahmen haben alle die gemeinsame Funktion, die Erfindung der sozialen Vaterschaft des Mannes zu etablieren, aufrechtzuerhalten, abzusichern und als natürliche auszugeben. Die Rechnung der menschlichen Abstammung nach einer ‚nicht sichtbaren' väterlichen Linie gegenüber einer höchst handgreiflichen und nachweisbaren weiblichen Herkunft, die dies beweisenden und sicherstellenden Maßnahmen von weiblicher Jungfräulichkeit, weiblicher Monogamie, weiblichem Scheidungsverbot, dem Verbot außerehelichen Verkehrs für Frauen, weiblichem Gebärzwang, weiblichem Abtreibungsverbot, Sanktionen und Verfolgung unehelicher Mutterschaft, Verbot von Verhütungsmitteln, physischer aber auch psychischer Verbannung ins Haus u. v. m., dies alles dient zum Schutz der patriarchalen Familienform. Die patriarchale Familie aber dient nicht – wie spätestens aus diesem restriktivem Maßnahmenkatalog hervorgeht – den Interessen und dem Wohlergehen der Frauen (und Kinder), sondern den Interessen und dem Wohlergehen der (meisten) Männer – so wie sie es verstehen (es könnte sein, dass sie sich irren).

Natürlich haben nicht alle patriarchalen Gesellschaften alle der genannten Merkmale gleichzeitig und gleich streng angewendet. Islamische Mullahs und chinesische Funktionäre ahnden heute weibliche Unkeuschheit stärker und effektiver als katholische Geistliche romanischer Länder; römische Patriarchen waren der Treuepflicht ihrer Ehefrauen gegenüber großzügiger als chinesische Konfuziusschüler. Aber auch die Lage in den sich stolz als ‚modern' und aufgeklärt bezeichnenden westlichen Industriegesellschaften zeigt, dass die Rechtslage und das Rechtsbewusstsein hinsichtlich des Selbstbestimmungsrechts der Frau bezüglich Schwangerschaft und Sexualität keineswegs auf einem ‚partnerschaftlichen' oder womöglich ‚autonomen' Niveau angelangt sind. Bis in die 1970er Jahre waren Verhütungsmittel auch in Westeuropa und Amerika nicht erlaubt und uneheliche Geburten stark diskriminiert. Bis vor kurzem waren in Ländern wie Irland oder Japan Verhütungsmittel verboten oder/und nicht erhältlich.

In Westdeutschland und in den USA haben die demütigenden und demagogischen Auseinandersetzungen um das Recht auf Entscheidungsfreiheit des Schwangerschaftsabbruchs seit den letzten Jahren in wellenförmigem Verlauf regelmäßig neue Höhepunkte erreicht. Die bis vor kurzem noch bestehende paradoxe Regelung in Japan (leichte Abtreibung, aber keine Verhütungsmittel und keine Verhütungsaufklärung) beruhte auf der perversen Monopol-Situation, dass die männlichen Frauenärzte Verhütungsmittel ablehnten und lieber Abtreibungen vornahmen, weil sie mehr daran verdienten (vgl. Weber-Deutschmann, 1987). Natürlich kam noch eine massive Aversion der japanischen Männer dazu, die (wie in Europa bis vor wenigen Jahren auch) jegliches Verhütungsmittel als ihrer persönlichen Lust abträglich einschätzen. Die Akzeptanz von Verhütungsmitteln in der Moral der breiten Öffentlichkeit hat sich in den USA und in den europäischen Ländern auch erst unter dem Einfluss der Verfügbarkeit von Frauen für den Arbeitsmarkt und unter dem beschwichtigenden Ausdruck ‚Familienplanung' (!) durchgesetzt.

Die katholische Kirche lehnt – und das ist besonders für die Länder der Dritten Welt und ihre Frauen und Kinder eine Katastrophe – Verhütungsmittel sogar für verheiratete Ehepaare nach wie vor ab. Wenn man sich klarmacht, wie relativ kurz erst auch im ‚freien Westen' gewisse Befreiungen von den oben genannten familienfördernden Sanktionen durchgesetzt wurden angesichts einer über 4000 Jahre alten Praxis des selbstverständlichen Einzwängens von Frauen in eine ‚natürliche' Familie, dann können Optimismus wie Sicherheitsgefühle vorerst nur gedämpft artikuliert werden.

Kehren wir zum Ausgangspunkt zurück. Wir hatten konstatiert, dass im Prinzip erwachsene Menschen beiderlei Geschlechts in der Lage sind, sich selbst zu ernähren und durchs Leben zu bringen. Diese grundlegende Fähigkeit wird in der Regel sehr gesteigert und abgesichert durch die verschiedensten Formen gegenseitiger Hilfe – sei sie freiwilliger, habitueller oder institutioneller Art – und durch Arbeitsteilung.

Wir haben ebenfalls festgestellt, dass die Fremdaneignung des Überschusses, den ein Mensch im Vergleich zu seinem Lebensbedarf produzieren kann, schon eine frühe Erfindung der menschlichen Spezies gewesen sein dürfte. Darunter fällt auch die Erfindung von Männern, sich die Kinder der Frauen und beider Arbeitskraft anzueignen. Über die Ursprünge dieser Aneignungsprozesse wissen wir nichts Genaues. Wir wissen aber einiges über die Mittel, mit denen sie in der uns bekannten Geschichte unterschiedlicher Kulturen bis heute aufrechterhalten wurden und werden. Bisher haben wir die direkten, auf die Frauen und ihre Aktivitäten gerichteten Kontrollmaßnahmen betrachtet und festgestellt, dass sie sich mit einem transkulturell identischen Netzwerk von Vorschriften und Maßnahmen decken, die als Gesetz und Ethos der patriarchalen Familien bezeichnet werden müssen. Diese Maßnahmen richten sich in ihrer Funktionalität derart eindeutig auf die Kontrolle der Gebärfähigkeit und -tätigkeit der Frau, dass es verblüffend scheint, dass dieses durchgehende und zugrunde liegende Leitmotiv nicht in früheren Epochen schon klarer wahrgenommen wurde (vgl. dazu Ruth Benedict).

Zu diesen direkten, offen funktionsbezogenen Maßnahmen kommen jedoch mindestens noch zwei andere Einflussgrößen allgemeiner Art hinzu, die hier noch genannt werden müssen: nämlich das übergreifende System patriarchaler *Ideologie* und die direkt auf die Frauen des Patriarchats zugeschnittenen Maßnahmen der *Ökonomie*. Nur wenn man beide Auswirkungen mit einbezieht, lässt sich die anhaltende Wirksamkeit der oben genannten familienbezogenen Sanktionen überhaupt verstehen und lässt sich anschließend verdeutlichen, warum heute, wo diese fortpflanzungskontrollierenden Sanktionen zum Teil gelockert oder brüchig geworden sind, sich trotzdem die mit ihnen jahrhundertelang verbundenen Strukturen – und hier besonders die der patriarchalen Familien – weiter aufrechterhalten können.

5. BESCHNEIDUNG DER KÖPFE

Der eine Strang wirksamer Einflüsse ist das Konglomerat patriarchaler *Ideologie*. Die Patriarchate aller Länder und Zeiten hallen wider von Behauptungen über die typischen *Eigenschaften*, die natürlichen *Pflichten* und die angemessenen *Behandlungsmethoden* von Frauen.

Seit Aristoteles sind Frauen hemmungslos, leichtfertig und ohne Gesetz. Weibliche Sexualität wird als maßlos, chaotisch und bedrohlich bezeichnet. Der Untergang der Kultur, der Sozialordnung oder gleich der ganzen Menschheit ist gewiss, wenn weibliche Sexualität nicht von Männern gezügelt wird – ein übrigens auch unter der Perspektive von männlichen Projektionen ergiebiges Feld patriarchalen Denkens. Dabei begegnet uns bis heute auf allen Ebenen das Bild von der Frau als *Natur* – gegenüber dem des Mannes, der die menschliche *Kultur* vertritt. Je mehr jedoch die Naturbeherrschung des Mannes im Laufe der Jahrhunderte wächst, um so mehr wandelt sich das Bild von der ursprünglich ungebärdigen, naturhaft-bedrohlichen Frau zu einer passiven, auf Eroberung und Ausbeutung harrenden Ressource des Mannes. Dies mündet – jedenfalls verstärkt seit ca. zwei bis drei Jahrhunderten – in der Beschreibung polar entgegengesetzter Geschlechtercharaktere, die sich komplementär ergänzen. Dabei wird insbesondere auf die sinnvolle ‚Ergänzung', die Komplettierung des Mannes durch die Frau abgehoben, seltener umgekehrt.

Bezeichnend ist, dass bei der Auflistung weiblicher *Wesens*eigenschaften diese in zwanghafter Regelmäßigkeit in einen direkten Zusammenhang mit ihrer Reproduktionsfähigkeit gebracht werden: Ihr Wesen wird *immer* aus ihrer Bestimmung zur *Mutter* abgeleitet – wofür sich keine Entsprechung in der Wesensbestimmung des Mannes findet: Aggressive und eroberungssüchtige Helden sind keine idealen Familienväter; ‚Vaterpflichten' sind für den Mann mitnichten wesentlich. Die Frauen sind also ideologisch durch alle Patriarchate hindurch ganz Sexualität (für den Mann) und ganz Mütter (seiner Kinder). Der Charakter der Frau ergibt sich eindimensional aus ihrem Geschlecht und so auch ihre Pflichten. Frauen, die von diesen Vorstellungen durch Aussehen oder Verhalten abweichen, gelten als widernatürlich.

Dabei ist eine merkwürdige *Umwertung* all jener Eigenschaften der Frauen festzustellen, die tatsächlich mit der weiblichen Reproduktion und mit dem weiblichen Körperbau zusammenhängen. Die Fähigkeit von Frauen zu gebären und zu stillen, wird als ‚Beeinträchtigung', als Verletzbarkeit und Schutzwürdigkeit interpretiert, die dauernde Empfängnisbereitschaft als Nachteil permanenter Schwangerschaft gewertet, die Anwesenheit von Kindern als Angebundensein, Abhängigkeit und Behinderung gesehen; Menstruation wird durchgängig als ‚unrein' apostrophiert: als ‚schlechtes Blut' in traditionellen Gesellschaften, als ‚Schweinerei' von modernen Frauenärzten. Sie wird in den meisten patriarchalen Religionssystemen auch als kultische Unreinheit verstanden, die die Frau zeitweise oder dauerhaft von der Teilhabe am Kult überhaupt, zumindest aber von höheren Weihen oder religiösem Funktionärstum ausschließt. Der Körperbau der Frauen, in der Regel kleiner, leichter, zäher und mit einem ökonomischeren Stoffwechsel ausgestattet als der des Mannes, wird patriarchal als ‚schwächer', hinfälliger, kränker und – was das ‚kleinere' Gehirn betrifft – auch als per se dümmer betrachtet. Deswegen taugt die Frau auch höchstens zur Kleinkindaufzucht, aber nicht zu größeren, weiterschauenden Unternehmungen.

Es lassen sich also in allen patriarchalen Gesellschaften höchst verblüffende Umwertungen gerade jener ursprünglich als überlegen oder potenter eingestuften Eigenschaften der Frauen feststellen. Selbst Simone de Beauvoir ging im „anderen Geschlecht" (1949) noch davon aus, dass Schwangerschaft, Geburt, Stillen und Kinderaufzucht *natürliche* Benachteiligungen der Frau seien, die den Anlass für ihre *soziale* Benachteiligung lieferten. Die den früheren Patriarchaten durchaus noch geläufigen ‚Stärken' dieser Eigenschaften (s. vorn) sind in der Tat höchst wirksam im Bewusstsein umgepolt worden und lassen sich in tausendfach negativen Facetten bis heute wiederfinden. Die altmodischere Begründung dieser ideologischen Umpolungen und Neuinterpretationen besteht im göttlichen Schöpfungsplan eines Vater-Gottes, der den *Mann* zu seinem Bilde schuf und daher die Welt *für diesen* eingerichtet hat. Für die Frau heißt das „Du sollst mit Schmerzen Kinder gebären, und dein Verlangen soll nach deinem Manne sein, und er soll dein Herr sein" (1. Mose 3, 16).

Die modernere Version bezieht sich auf die Natur, die Männer und Frauen verschieden geschaffen hat und dabei gleich die patriarchale Sozialordnung instinktiv verankert und genetisch vorprogrammiert hat. Das beginnt bei der linken Hirnhälfte, mit der die Frauen angeblich denken (im Gegensatz zu den Männern), verweilt genussvoll bei den weiblichen Hormonen, die das patriarchale Frauenleben vom Fötalstadium bis zur Menopause programmieren, und gipfelt in den wissenschaftlich nachgewiesenen psychologischen Geschlechtsunterschieden, die Frauen z. B. sprachgewandter sein lässt, Männer aber mathematisch begabter und aggressiver (vgl. Kap. 11).

Wenn man die überwiegend negativen Geschlechtereigenschaften der Frauen Revue passieren lässt – schwach, abhängig, haltlos, unrein, passiv, chaotisch, geschwätzig, dumm –, so fragt man sich, wieso patriarchale Männer eigentlich mit solchen Wesen ausgerechnet eine Familie – immerhin eine Art Lebensgemeinschaft – anstreben? Des Rätsels Lösung besteht darin, dass diese ‚Familie' *nur für die Frauen* angestrebt wird. Der verheiratete Mann bedient sich zwar der Familie und verlässt sich auf sie, aber – *er* bleibt frei! Der ganze *öffentliche* Raum ist nur für ihn und seinesgleichen! Die Familie ist die Höhle des Mannes, aus der er jederzeit herausgehen kann, die Frau aber nicht. Aus dieser Konstellation erhellt auch der Heiratszwang für Frauen in patriarchalen Gesellschaften. Unverheiratete Frauen haben ihr Lebensziel, ihre Bestimmung verfehlt; sie irritieren das vorgegebene Schema, dass eine Frau in

2. Die Kinder der Männer – Patriarchale Familien als Denk- und Lebensform

erster Linie die Frau eines Mannes ist. Die unverheiratete Frau gilt als Gräuel, zumindest als verdächtig. Sie ist bedrohlich und wird/ist bedroht zugleich.

Ihre höchste und weihevollste Ausformung findet die patriarchale Ideologie für Frauen in der Konstruktion der romantischen Liebe. Obwohl sie im Prinzip als zweiseitig, als Band zwischen zwei gleichwertigen Partnern idealisiert wird, und auch kein Mangel an schwelgerischen Liebesgedichten, -oden, -schlagern und dergleichen von Männern an Frauen besteht, so ist doch den Beteiligten an diesen Liebesdramen klar, dass die Liebe zu einem, *dem* Mann in erster Linie der lebensfüllende Inhalt für *die Frau* ist. Der Lebensinhalt des Mannes ist – ohne dass er auf die Annehmlichkeiten der Frauenliebe verzichten müsste – sein Beruf, sein Geschäft, seine Karriere, seine Kumpel, bestenfalls seine Hobbys. Kein Mensch käme auf die abstruse Idee, die Liebe zu einer (einzigen) Frau als den notwendigen und hinreichenden Lebensinhalt eines *Mannes* zu begreifen.

Außer Recht und Gesetz sind Gewohnheiten und Ideologie mächtige Faktoren, um ein bestehendes Ausbeutungssystem als legitim und natürlich erscheinen zu lassen. Der Ideologie – solange sie von allen Beteiligten geteilt wird – kommt dabei insofern eine zentrale Rolle zu, als sie die physische Gewalt erübrigt oder mildert, die nötig wäre, um die Konstruktionen des Vaterrechts gegen die Interessen der Frauen durchzusetzen. Die Selbstüberwachung der Frauen durch Sitte, Anstand, Scham und Furcht vor sozialer Ächtung ist auch heute noch eleganter als der brutale Zwang – den es natürlich weiterhin gibt, besonders als Androhung. So vernebelt gerade die Ideologie der patriarchalen ‚Liebe' effektiv das Durchschauen aller oben genannten Maßnahmen, sie kaschiert das damit verbundene Machtgefälle zwischen den Geschlechtern, und sie vernebelt insbesondere das im folgenden zu besprechende dritte Faktorenbündel – das der Ökonomie –, das das Funktionieren der bisher genannten Merkwürdigkeiten überhaupt erst wirkungsvoll garantiert. Können sich doch Menschen von Vorschriften, von Ideologie und Gewohnheit noch auf grund eigener Erfahrungen lösen und eigene Ideen entwickeln.

6. DER KÄFIG AUS FALSCHEM GOLD: ÖKONOMIE

Die größte Sicherheit für die Aufrechterhaltung der gewünschten Arbeitsteilung zu Ungunsten der Frauen liefert daher immer noch die Art der Bereitstellung der *materiellen* Lebensgrundlagen. Erst der effektive Ausschluss der Frauen von dem o. a. ‚Naturrecht', sich selbst ernähren zu können, bringt die perfekte Kontrolle der installierten Verhältnisse. Die Idee, dass Männer ihre Frauen und Kinder *ernähren* müssen, da diese dazu nicht selbst in der Lage seien, ist in der Tat eine geniale Erfindung. Dass Frauen einen Mann brauchen, der sie ernährt, scheint auf den ersten Blick grotesk, wenn wir davon ausgehen, dass bei gleichem Zugang zu den nötigen Nahrungsquellen der Natur, bei gleicher Beteiligung an den Mitteln, der Natur Erträge abzugewinnen, jeder Mensch mehr ernten oder erwirtschaften kann, als sie/er zum Leben braucht. In den meisten Fällen entwickelter Gesellschaften kann von erwachsenen Mitgliedern sogar sehr viel mehr als nur ein einfacher Überschuss erwirtschaftet werden. Dass die Ernährung der Frauen Männersache ist, widerspricht auch der Evidenz jener ‚Naturgesellschaften', in denen es die Frauen (und Kinder) sind, die den regelmäßigen Löwenanteil an täglicher Nahrung beschaffen – und zwar für die zur Jagd freigestellten und oft erfolglosen Männer noch mit. Die ursprünglich das Leben erleichternde Arbeitsteilung (zwischen Frauen wie zwischen Frauen und Männern) auf der Grundlage freier und freiwilliger Partner gerät nun zur Zweiteilung der Welt in männlichen Ernährer und weibliche Ernährte. Männer ‚unterhalten' Frauen und Kinder, die Frauen liefern und versorgen dafür ihrem Mann ‚seine' Kinder. Dieses System funktioniert aber erst und nur dann, wenn Frauen die Möglichkeit, sich selbst durchzubringen, systematisch entzogen wird. Erst dann greift die bereitgestellte Ideologie vom Mann als Vater und Ernährer und Beschützer. Erst dann ‚beweisen' die Verhältnisse, dass Frauen alleine nichts können – vor allem nicht sich und ihre Kinder ernähren. So kann denn auch die Ehe als ein ‚gerechter' Vertrag zwischen zwei Partnern erscheinen: die Lieferung von Kindern plus Erziehung und umfassendem Privatkomfort gegen lebenslangen Unterhalt. Dieser Ehevertrag suggeriert, dass Frauen ihrer Natur nach sich nicht selbst versorgen *können* und *deshalb* einen Mann brauchen, der es für sie tut. Die ‚Gegenleistungen' der Frauen erscheinen dann nur natürlich und gerecht.

Die Idee dieses Vertrages ist es außerdem, dass ‚die' Frau allein, isoliert und automatisch mit Kindern belastet in der Welt stünde. Das aber war nie der Fall. Menschen lebten stets in Gruppen, und eine Gruppe ist nie ohne Schutz und Nahrung – egal aus welchen Geschlechtern sie sich zusammensetzt.

Frauen sind außerdem immer auch Töchter von Müttern, Enkelinnen von Großmüttern, Schwestern von Schwestern, Nichten von Tanten, Cousinen von Cousinen, Freundinnen von Freundinnen etc. Nur wenn man alle diese Frauen – wie auch immer – systematisch ausschaltet (z. B. sie hauptamtlich Männern unterstellt/zuordnet, die wiederum an ihrer Statt Zugang zu materiellen und geistigen Gütern haben), wenn man Frauen grundsätzlich alles Recht auf eigenen, unabhängigen Besitz und dessen Nutzung, auf unabhängige Entscheidungen und auf unabhängigen Lebenswandel nimmt, dann sind sie in der Tat ‚hilflos' und müssen versorgt werden. Frauen, die ihren Lebensunterhalt (Nahrung, Kleidung, Wohnung), die Wissen, Erfahrung und Bildung selbst erwerben und benutzen können, und die sich frei mit anderen Menschen zu gegenseitiger Hilfe und Sicherheit, aber auch zu Freundschaft und gemeinsamen Unternehmungen assoziieren können, brauchen keinen Ernährer und Beschützer, keinen Kontrolleur und Erzieher. D. h. nur der überwiegende Ausschluss der Frauen vom Zugang zu diesen Ressourcen macht die Anwesenheit eines ‚Vaters' und Ehemannes überhaupt zwingend. Hindert man Frauen am eigenen Zugang und dem Gebrauch dieser Lebensgrundlagen, sind sie tatsächlich abhängig und erpressbar – vor allem wegen ihrer Kinder.

Die Einrichtung der patriarchalen Familie, in der die Rechte und Pflichten der Frauen solcherart geregelt sind, dass sie aller Naturrechte verlustig gehen, dass sie vom eigenen Besitz, eigenen Lebenserwerb und anderen Vergesellschaftungsformen wechselseitigen ökonomischen Austauschs systematisch abgeschnitten werden, nur um durch eine sie ‚versorgende', sie isolierende, kontrollierende und rechtlich entmündigende Sozialform überleben zu können, ist somit das komplexe Absicherungssystem zur Durchsetzung und zur Erhaltung der Interessen der Väter. Sie setzt sich zusammen aus den beschriebenen engeren, direkt funktionalen Maßnahmen zur Gewährleistung der Herstellung von männereigenen Kindern, aus weiteren prophylaktischen, legitimierenden und selbstdisziplinierenden Maßnahmen ideologischer Natur und aus den grundlegenden ökonomischen Maßnahmen der Monopolisierung von natürlichen, technischen und kulturellen Ressourcen durch Männer.

Die Erfindung der patriarchalen Familienform und insbesondere die Erfindung der sozialen Notwendigkeit des sie ‚gründenden' und über sie herrschenden ‚Vaters' (d. h. der Rolle des Vaters, nicht seines biologischen Beitrags) basiert auf der Entrechtung der realen und der Erfindung der patriarchalen ‚Mutter'.

Im folgenden werden wir einen näheren Blick auf diese patriarchale Mutter und ihren ureigensten Daseinszweck werfen: das Familienleben.

7. Im Inneren des Heiligtums: Muttersein im Patriarchat

Die ideale Mutter, die gute Mutter, die richtige Mutter ist das notwendige und komplementäre Gegenstück zur Erfindung der Rolle des Vaters. Was jeweils im engeren Sinne zu verschiedenen Zeiten in verschiedenen Schichten und Klassen der patriarchalen Gesellschaften der genaue Katalog ihrer Pflichten und Tugenden ist und war, mag innerhalb einer gewissen Bandbreite durchaus variieren – vor allem auch abhängig von der materiellen Situation. Trotz gewisser Variationsmöglichkeiten war sie aber immer definiert als ‚Gehilfin des Mannes', Hüterin ‚seines' Herdes, d. h., sie war immer eine auf *seine* Person, *seine* Rolle und *seine* Interessen hin zugeschnittene Existenz. ‚Muttersein' heißt im Patriarchat, als Mensch von dieser einen Rolle gänzlich ausgefüllt und bestimmt zu sein, und es heißt, immer nur eine abgeleitete Existenz zu haben. Eine ‚richtige' Mutter setzt den Vater stets voraus. Männer können dagegen auch ohne ‚Mutter' Männer sein – sie können außer Vater durchaus noch anderes sein, ja sollen es geradezu: Geschäftsmann, Arbeiter, Politiker, Bauer, Künstler usw.

Seit der Ausbreitung der bürgerlichen Kernfamilie als vorherrschendem Leitbild in allen industrialisierten Ländern der Gegenwart, ist die ideale Mutter zwangsweise sowohl Generalistin wie Spezialistin für den Betrieb der Kleinfamilie. Sie ist die nach oben gefügige, nach unten unerbittlich und perfekt funktionierende Managerin der Keimzellen des Staates, und sie ist vor allem eins: konkurrenzlos billig. Seit den erstmaligen Berechnungen Marianne Webers (1906) ist immer wieder nachgewiesen worden, dass die Leistungen der Hausfrauen und Mütter nicht zu bezahlen seien, wollte man sie nach Qualität und Zeitumfang angemessen honorieren. Somit werden bis heute beispielsweise folgende Arbeiten weiterhin von Müttern aus Liebe und gratis geliefert:

Einkaufen, Kochen, Backen, Vorratshaltung, Gästebewirtung, Putzen, Aufräumen, Waschen, Bügeln, Schneidern, Flicken, Reparaturen, Handwerkern, Innenarchitektur, Krankenpflege, Erste Hilfe, Altenpflege, Säuglingspflege, Erziehung, Schularbeitenhilfe, Lehrergespräche, Chauffieren, Schreibmaschine, Buchhaltung, Büroarbeiten, Telefonseelsorge, Therapie, Sexualität, Verhütung, Gartenarbeiten, usw., usw., wobei Stichworte wie z. B. ‚Erziehung', ‚Krankenpflege', ‚Einkaufen' ihrerseits wieder zahlreiche spezielle Untertätigkeiten umfassen. Verblüffend ist, dass hinter diesem beeindruckenden Arsenal von – zugegebenermaßen idealen – Fertigkeiten trotzdem das (Menschen-)Bild eines selbstlosen, opferwilligen, bescheidenen, gesichts- und letztlich ich-losen Wesens steckt, das als Persönlichkeit nicht existiert bzw. nicht interessiert (vgl. hierzu auch von Braun, 1988, S. 210f). Es wird je länger je unübersehbarer, dass eine derartig komplexe Verbindung von kompetenten und flexiblen Aktionen und Reaktionen in den modernen, hochgradig durch Spezialisierung und Arbeitsteilung gekennzeichneten Patriarchaten nun wirklich nicht mehr durch das ‚Naturwesen' der instinktgeleiteten Mutter und ihrer einschlägig angeborenen Fähigkeiten und Neigungen zu erklären ist. Ein derartig umfassender Katalog von speziellen wie generellen Anforderungen verlangt den intelligenten Einsatz völlig gegensätzlicher Fähigkeiten und Maßnahmen zu verschiedenen Anlässen und Zeiten und das ständige Aushalten von Ambivalenzen und Widersprüchen. Z. B. werden in der Schularbeitenhilfe Geduld, Freundlichkeit, Festigkeit, Fachwissen und Selbstbeherrschung verlangt, beim Spielen mit den Kinder Spontaneität, Kreativität, Sportlichkeit, Frohsinn, Ausgleich von Streitigkeiten, Flexibilität und Ideenreichtum, im Umgang mit Lehrern Klugheit, Menschenkenntnis, Mut, Überzeugungskraft und Interessenvertretung des Kindes. Für jeden weiteren der o. a. Aufgabenbereiche ließen sich ähnlich komplexe Fähigkeitsprofile erstellen.

Es ist höchst unwahrscheinlich, dass diese alle aus der unerschöpflichen ‚Natur' des weiblichen Wesens und seiner mütterlichen Instinkte quellen, sondern hierin sind vielmehr Beweise für hochgradig sozial und kulturell geformte Sozialisations- und Selbstsozialisationsprozesse zu sehen, denen die Frauen und Mütter in patriarchalen Gesellschaften sich permanent unterziehen. Diese Anforderungen sind keineswegs ‚instinktiv' und ‚gefühlsmäßig' zu erledigen. Und es ist nicht nur die Quantität und Komplexität der erwarteten Leistungen und Aufgabenerledigungen, sondern es ist darüber hinaus auch die interne Widersprüchlichkeit des Verlangten und seiner ideologischen Begründung, das die Adressatinnen dieser Weltanschauung physisch wie psychisch überstrapaziert.

Wie soll eine Ehefrau abends schön, gepflegt, entspannt, anschmiegsam und sexuell einladend sein, wenn sie tagsüber sportlicher Kumpel, pedantischer Hauslehrer, gründliche Putzfrau, geduldige Mutter, kühl rechnende Haushälterin, kreative Köchin, strenge Handwerkeraufsicht, flinke Sekretärin und Packesel für Einkaufstüten gewesen ist?

Bügelt das Selbstetikett ‚Mutter' alle hierin enthaltenen Widersprüche glatt? Die alten Sprüche von kräftigen Männern und schwachen Frauen, von aktiv – passiv, Befehlen – Gehorchen, Verstand und Gefühl usw., usw. werden in jedem ‚normalen' Familienhaushalt täglich ad absurdum geführt.

Die amerikanische Stressforschung hat seit Mitte der 1970er Jahre wiederholt festgestellt, dass der Stress durch bestimmte belastende Lebensereignisse bei Ehefrauen doppelt anfällt: durch den ‚eigenen' Stress, den sie durch die Belastungen der eigenen Person erfahren und zusätzlich durch den ‚mitertragenen' Stress, den der jeweilige Ehemann produziert bzw. mit nach Hause bringt. Interessant ist, dass dieses „contagion of stress from husband to wife" (Wilkins, 1974) nur in *einer* Richtung stattfindet. Überhaupt berichten Ehefrauen über eine höhere Anzahl von Stress erzeugenden Ereignissen, die für sie dadurch anfallen, dass sie durch die Belastungen und Unglücksfälle ihrer näheren (Familie) wie weiteren Umgebung (Freunde, Verwandte) automatisch und recht aktiv in Mitleidenschaft gezogen werden (Dohrenwend, 1973, 1976). Ergänzend dazu fand die Forschung über ‚social support' heraus, dass Frauen auf allen Ebenen des alltäglichen Lebens, privat wie beruflich, ständig mehr ‚social support' für andere bereitstellen, als sie selbst erhalten. Dies beinhaltet nicht nur den breiteren und anstrengenderen Bereich der Pflege und Versorgung von kleinen Kindern, sondern bezieht sich zusätzlich auf Ehemänner, männliche Chefs, Klienten und Kunden. Diese unsymmetrische Verteilung der für jeden Menschen notwendigen gegenseitigen sozialen Anteilnahme und Unterstützung bezeichnet Deborah Belle (1982) als ‚support gap': Die Tatsache, dass Frauen ständig mehr soziale Unterstützung leisten, als sie selbst erhalten, ist eine dauerhafte Quelle von Überanstrengung und Stress. Dieser Stress erhöht sich für Frauen noch ganz beträchtlich dann, wenn sie außer ihren Haushalts- und Kindererziehungspflichten noch berufstätig sind, und wenn sie, wie die Mehrzahl der berufstätigen Frauen, sich am unteren Ende der Lohn- und Gehaltsskala befinden. Dass die Ehe weniger ein ‚sicherer Hafen' für Frauen ist, wo man sich an eine starke Schulter anlehnen kann und männlichen Schutz genießt, belegen auch eindeutige Zahlenverhältnisse: Verheiratete Frauen riskieren höhere Raten an Depressionen und psychischen Störungen als alleinlebende Frauen (vgl. Bernard, 1971; Radloff, 1975) und umgekehrt: Verheiratete Männer zeigen geringere Raten an psychischen Störungen, Suizid und Alkoholismus als alleinlebende Männer; verheiratete Frauen aber weisen an all diesen Störungen höhere Anteile auf als verheiratete Männer (vgl. Gove, 1976, 1979). Ehe und Familie scheinen somit für Frauen eher gesundheits*beeinträchtigend* zu sein, für Männer dagegen gesundheits*förderlich* (vgl. auch Kap. 14). Die patriarchale Familienform ist demnach eher eine Einrichtung zum Nutzen und Wohlergehen des Mannes auf Kosten des Familienspezialisten ‚Frau', die qua Familie zur patriarchalen ‚Mutter' wird.

Der Mann braucht offensichtlich die reproduktiven und die sozialen Fähigkeiten der Frau; diese braucht ihn dagegen nur dann, wenn man sie systematisch von allem abschneidet – Geld, Arbeit, Bildung –, was heute zum Leben nötig ist. Erst dann ‚brauchen' Frauen einen Mann: als Vermittler dessen, was ihnen vorenthalten wird, um durch ihn – vermittelt, stellvertretend identifikatorisch – am Leben teilzunehmen: selbstverständlich nur gegen Bereitstellung ihrer weiblichen Qualitäten.

Werfen wir im folgenden einen Blick auf die *Kosten* dieses von den Frauen bereitzustellenden Familienglücks. Es ist auch offiziellen Stellen nicht verborgen geblieben, dass ‚die' Familie nicht mehr so gut funktioniert, wie es die Ideologie glauben machen will – jedenfalls nicht mehr nach außen. Familienkonflikte werden seit den letzten Jahren nicht mehr nur als ‚Entgleisungen' diskutiert, sondern es setzt sich langsam die Erkenntnis durch, dass strukturelle Gründe für die zunehmende Häufung gewisser Barbarismen – die gewiss auch eine Häufung der *Sichtbarkeit* ist – nicht mehr abzustreiten sind. Allein, dass es zusätzlich zu den vielen sozialwissenschaftlichen Familien-Fachzeitschriften seit 1986 auch noch ein spezielles „Journal of Family Violence" gibt, spricht Bände.

Der spektakulärste Familienkonflikt ist mit Sicherheit die Körperverletzung von Frauen durch ihre Ehemänner. Es werden zahlreiche Gründe aufgeführt, warum dieses unschöne, vor allem die Familienideologie so brutal zerstörende Delikt so sprunghaft zugenommen hat. Genannt werden Arbeitslosigkeit, Alkoholismus, Verelendung und nicht zuletzt: die zunehmende Emanzipation der Frauen, die die Ehemänner so verunsichere und reize. Andere Gründe sprechen allerdings dafür, dass dieses Phänomen – physische Gewalt gegenüber dem eigenen ‚Besitz', der ‚eigenen' Frau – nicht nur im Patriarchat schon immer gang und gäbe gewesen ist, sondern dass es auch ein speziell für die patriarchale Ehe *typisches Recht* des Ehemannes gegenüber der Frau gewesen ist.

Das ‚Züchtigungsrecht' der Ehefrau findet im Volksbrauchtum und in der Spruchweisheit aller patriarchalen Gesellschaften eine ausdrückliche und positive Erwähnung, und es gibt bezeichnenderweise auch viele genaue Anleitungen, *wie* es zu handhaben sei. Das britische „Rule of the Thumb" bedeutete beispielsweise, dass der Ehemann ‚seine' Frau schlagen durfte „with a stick no thicker than a thumb" – natürlich *seines* Daumens. Als überkommenes Gewohnheitsrecht verletzt das Prügeln der Ehefrauen also ‚nur' die modernen Interpretationen der Ehe als ‚gleichberechtigter' Partnerschaft, aber nicht die dieser (nach wie vor ungleichen) Partnerschaft zugrunde liegenden Konstruktionen. So scheint denn auch die physische Gewalt gegen Frauen zur Beugung ihres Willens eine weitaus größere Rolle gespielt zu haben und noch zu spielen, als bislang angenommen wurde. Oft scheinen patriarchale Ideologie und Ökonomie doch nicht auszureichen, sondern es muss handfest nachgeholfen werden, um sie durchzusetzen oder aufrechtzuerhalten.

Eine prinzipiell ähnliche Konfliktlage ergibt sich für das Phänomen der Vergewaltigung in der Ehe. Nach einer repräsentativen Umfrage des Allensbacher Instituts für Demoskopie wurden noch 1976 18 % der befragten Ehefrauen von ihrem Ehemann zur ‚ehelichen Pflicht' mit Gewalt gezwungen, 64 % fühlten sich von ihrem Ehemann sexuell bedrängt; das macht zusammen noch vor einer Generation einen Verstoß gegen das sexuelle Selbstbestimmungsrecht der Frauen in 82 % der deutschen Ehen aus! Nimmt man hinzu, dass bis vor kurzem (1997) Vergewaltigung nach § 177 StGB *innerhalb* der Ehe nicht strafbar war – selbst wenn die Ehepartner getrennt lebten –, kommt das alte Anspruchs- und Besitzdenken, das gegenüber den Frauen in patriarchalen Familien herrschte, noch immer klar zum Vorschein. Ein zeitgleicher Blick auf das Scheidungsrecht, das bisher eine Scheidung je nach Einvernehmlichkeit nach einem, nach drei oder nach fünf Jahren Getrenntlebens vorsah, ergab hier ungeahnte Freiräume für scheidungsunwillige Ehemänner. Sie konnten bei gewaltsamer Erzwingung der ehelichen Pflicht noch fünf Jahre nach (!) der Trennung nicht wegen Vergewaltigung bestraft werden, sondern höchstens wegen ‚Nötigung' (§ 240 StGB) – jedenfalls bis 1997.

Typische, durch die Konstruktion der patriarchalen Familie hervorgerufene ‚Krankheitssymptome' bei Frauen zeigen sich aber nicht nur in so klaren Verstößen gegen das Recht auf körperliche Unversehrtheit, sondern auch in typischen psychosozialen Störungen, deren familienbedingter Ursprung für die Betroffenen in der Regel nicht durchschaubar ist (vgl. Kap. 14). Hier ist an erster Stelle das Hausfrauensyndrom zu nennen, das durch eine breite Palette somatischer, psychosomatischer wie psy-

2. Die Kinder der Männer – Patriarchale Familien als Denk- und Lebensform

chischer Beeinträchtigungen gekennzeichnet ist (von Kopf- und Rückenschmerzen unklarer Herkunft über Erschöpfungszustände, Gleichgewichtsstörungen, Schlaflosigkeit, Gereiztheit, Depressionen bis zur Medikamentenabhängigkeit). Aber auch halbwegs ‚verstehbare' Ängste und Zwänge gehören hier noch dazu (Waschzwang, Kontaktängste, Klaustro- und Agoraphobie).

Es liegt auf der Hand, dass Mütter und Ehefrauen, die durch das System Familie in ihren fundamentalen Rechten auf Selbstbestimmung und Freiheit mehr oder weniger eingeschränkt sind, die ständig mit widersprüchlichen Anforderungen, Stress, finanzieller Abhängigkeit und Missachtung ihrer geleisteten Arbeit konfrontiert sind, ohne eine Aussicht auf eine wesentliche Veränderung, keineswegs die idealen Erziehungspersonen kleiner oder halbwüchsiger Kinder sein können, die das patriarchale Familienidyll in ihnen sehen will. Die Störungen, die Kinder *solcher* Mütter aufweisen, sind jedoch Legion und sollen hier keineswegs komplett aufgelistet werde. Sie reichen über Bettnässen, Stottern, Schulangst, Lernstörungen, Lügen, Stehlen, Aggressionen, Magersucht, neurotische Ticks und alle möglichen Ängste bis zur Verwahrlosung. Es ist ganz klar: patriarchale Mütter sind nicht nur Opfer, sie sind auch Täterinnen. Die De-facto-Machtlosigkeit und Abhängigkeit der Frauen sucht sich Wege und Techniken des indirekten, versteckten Einfluss-Nehmens und Dampf-Ablassens (vgl. Kap. 12). Da offene und direkte Kontrolle des eigenen Lebens nicht möglich ist, wird das indirekte Kontrollieren der eigenen Kinder und des Ehemannes zum einzig möglichen Ventil und Betätigungsfeld. Die Möglichkeiten, über Vorhaltungen, Klagen und Erzeugung von Schuldgefühlen doch noch ‚eigene' Ziele durchsetzen zu können und Macht ausüben zu können, werden durchaus genutzt. Sowohl durch negative Strategien (Nörgeln, Vorwürfe, Gereiztheit, demonstratives Leiden, Szenen) wie durch positive Strategien (Bestechung, Einsatz von Charme, Koketterie, Schmeicheleien) lässt sich eigene Ohnmacht teilweise kompensieren. Die Verhaltensweisen decken sich haargenau mit jenen Eigenschaften und Tätigkeiten, die patriarchale Denker und Dichter seit jeher als wahlweise Vor- oder Nachteile ‚des' weiblichen Charakters beschrieben haben. Die Ironie besteht darin, dass sie etwas beschrieben haben, was sie tatsächlich beobachtet haben, ohne zu ahnen, dass die von ihnen gepriesenen oder geschmähten Eigenschaften gerade die Folgen des von ihnen und ihresgleichen geschaffenen, aufrechterhaltenen und verteidigten patriarchalen Familiensystems sind.

Aber es gibt auch direktere Wege für Frauen, eigenem Stress und eigener Überlastung ein Ventil zu schaffen: ihren Zorn und ihre überforderten Nerven an den Kindern auszulassen, die noch weniger Macht haben als sie. Dies sind – zusammen mit der relativ kleinen Gruppe der ihre Kinder sogar misshandelnden Mütter – die wahrhaft ‚bösen Mütter' (vgl. Kap. 12). Sie beweisen nämlich, dass Mutterliebe nicht qua Geschlecht angeboren ist, sondern genauso erworben werden muss, wie andere Einstellungen und Haltungen auch, und dass sie sich nicht oder nur schlecht unter ungünstigen Bedingungen entfalten kann (vgl. Kap. 3). Zur Realisierung der so oft als ‚grenzenlos' besungenen Mutterliebe gehören nicht nur kulturelle Formung, sondern vor allem die Schaffung von Lebensumständen, die ihre Entfaltung nicht unmöglich machen.

Es gibt aber noch eine dritte Strategie, die mütterlich-weibliche Ohnmacht und ‚Besitzlosigkeit' zu kompensieren. Dies ist der ‚Besitz' der Kinder, die Möglichkeit, sie durch ‚Liebe' an sich zu fesseln. Die natürliche Anhänglichkeit des Kindes und seine Abhängigkeit von Hilfe und Schutz in den ersten Lebensjahren legitimiert viele Mütter zu einem weit über diese frühe Phase hinausgehenden Anspruch auf Kontrolle, Überwachung und Gängelung ihrer Kinder. Dieses Syndrom ist schon oft als ‚overprotection' beschrieben worden und erweist sich außer in der physischen überängstlichen Kontrolle des Kindes gerade als psychische Konditionierung bis ins Erwachsenenalter als fatal. Die oft bespöttelten erwachsenen ‚Mamasöhnchen' sind nicht nur männlichen Geschlechts. Sie fallen nur eher auf, weil sie dem männlichen Geschlechtsrollenklischee nicht entsprechen. Doch auch bei sehr ‚männlichen' Männern lässt sich beobachten, wie sie noch als erwachsene Mittvierziger in der Gegenwart ihrer 70jährigen Mütter wieder zu kleinen Buben zusammenschnurren. Und über die teilweise verheerenden und lebenslangen Konditionierungen von Töchtern durch ihre Mütter ist in den letzten Jahren schon genug berichtet worden...

Diese *psychischen* Bindungen und Deformierungen müssen eigentlich der patriarchalen Ideologie am suspektesten sein, enthüllen sie doch am peinlichsten und am schärfsten den Widerspruch zwischen Anspruch und Wirklichkeit. Man kann eben den Frauen nicht Freiheit, Gleichheit und Kinder wegnehmen und ihnen nachträglich nur die Kleinkinderpflege als Hauptbeschäftigung und Lebenszweck wieder aufhalsen, ohne die Folgekosten für die Kinder, und hier vor allem für die so wichtigen Söhne, einzukalkulieren. Konsequentere Patriarchate haben daher die Söhne schon relativ früh, direkt nach der lästigen Kleinkindphase, dem ‚verweichlichenden' Einfluss ihrer Mütter entzogen. Über die psychischen Folgekosten dieser Gesellschaften ist relativ wenig bekannt, sie ließen sich aber sicher herausfinden.

Modernere westliche Patriarchate spezialisieren sich lieber auf die Inszenierung des Stückes „Mutter ist an allem schuld" und legen insbesondere seit den Anfängen der Psychologie und der Pädagogik immer neue Erkenntnisse für diese These vor. Sie werden nicht müde, für alle psychischen Defekte, Devianzen und Delinquenzen die Mutter als letzte Ursache auszurufen. Dadurch wird zweierlei erreicht: Die strukturelle Natur des Problems, dass die meisten Kinder in einem engen emotionalen Treibhaus mit dem Namen Kleinfamilie aufwachsen, wird vertuscht, indem nur die als störend auffallenden Symptome dieser Familienstruktur als die Folgen eines eher zufälligen ‚Pechs' dargestellt werden. Man hat halt die ‚falsche Mutter' gehabt – die ‚prinzipielle Mutter' bleibt tabu. Zweitens wird das Problem und seine Lösung individualisiert und personalisiert: Es ist eine jeweils einzelne Person – nicht zufällig eine Frau –, die ‚schuld' an den Störungen ist. Selbstzufrieden wird dann auch meistens noch hinzugefügt, dass alleinerziehende Mütter noch höhere Prozentsätze an ‚gestörten' Kindern aufweisen. Somit ist bewiesen, was zu beweisen war: Die Mutter braucht einen Vater für ihre Kinder, weil sie mit ihren Kindern allein nicht fertig wird; die Kinder brauchen einen Vater, der ihnen sagt, wo ‚es langgeht', und der die falschen Einflüsse von Mutter kompensiert. Nur eine Frage wird meist übergangen: Was bringt Mütter dazu, ihre Kinder falsch zu erziehen, wo Mütter doch ‚geborene' Kindererzieherinnen sind? Die Antwort auf diese Frage könnte für die patriarchale Familie, die diese ‚Mutter' erfunden hat, ungünstig ausfallen.

8. Denkgefängnisse: Unsichtbarkeit von Alternativen

Bleibt eine letzte Überlegung anzustellen: Was bringt die meisten Frauen dazu, diese Art von Familienleben zu führen und auch weiter führen zu wollen? Die Strafen der westlichen Patriarchate sind nicht mehr so drakonisch wie ehedem, die Maschen des Netzes sind hier weiter geworden. Warum schlüpfen nicht mehr Frauen hindurch?

Einige Gründe sind im Laufe der bisherigen Ausführung schon genannt worden. Es waren dies vor allem
- die geltenden gesetzlichen Bestimmungen, die auch heute noch alleinerziehende, geschiedene, verwitwete Frauen diskriminieren; hier wären besonders das Familienrecht und das Rentenrecht zu nennen;
- die immer noch bestehende Präsenz physischer Gewalt gegenüber Frauen, wirksam bereits durch ihre Androhung;
- die Erpressbarkeit von Frauen durch die Existenz von Kindern, insbesondere in Kombination mit den beiden erstgenannten Punkten;
- das ideologische Verbundsystem zur Aufrechterhaltung der Ausschließlichkeit patriarchaler Programmierung, wie Kunst, Unterhaltung, Bildung, Religion, Wissenschaft, Medien etc.

Die Wirksamkeit dieser Faktoren hinsichtlich Bewusstsein und Verhalten von Frauen in patriarchalen Gesellschaften ist andernorts ausführlich und anschaulich beschrieben worden und soll deshalb hier nicht weiter ausgeführt werden. Es kommen aber zwei weitere Einflussfaktoren zu den obigen noch hinzu, deren Wirksamkeit speziell hinsichtlich der von Frauen zu treffenden Entscheidung, ein Leben innerhalb der herkömmlichen patriarchalen Familie zu führen oder nicht, beachtet werden muss. Es ist dies einmal
- der Mangel an anschaulichen und plastischen Alternativen und Modellen, in einer anderen als einer patriarchalen Familie gut leben zu können, und dementsprechend
- der Glaube, dass Bedürfnisse nach Liebe, Wärme, Sicherheit u. ä. nirgendwo und nirgendwie anders erfüllt werden können als in dem bekannten Funktionieren einer Familie vom konventionell-patriarchalen Typus.

Die Menschen, die in einer konventionellen Familie aufgewachsen sind, glauben in der Regel, dass sie später selbst als Mutter oder als Vater ‚alles besser' machen werden, als was sie selber erfahren haben. Dies ist begreiflich, da sie doch die Nachteile des familiären Systems nur in Gestalt konkreter Personen erlebt haben, die sich ‚falsch' oder ‚unmöglich' verhalten haben. Da sie gleichzeitig in einer Kultur aufgewachsen sind, wo die Familie als ‚die' Form des privaten Glücks verherrlicht wird, und jede Familie danach trachtet, ihre Probleme hinter eben dieser Fassade nach außen zu verbergen, kann selbst von ‚familiengeschädigten' Individuen der strukturelle Ursprung ihrer negativen Erfahrungen in und mit Familie nur schwer erkannt werden. Das gleiche gilt erst recht für Personen aus Heimen oder unvollständigen Familien.

Da es zur bekannten Familienform keine sichtbaren, konkreten Alternativen gibt, kann das berechtigte Argument von der Schutzbedürftigkeit der Kinder bequem als

Allzweckmittel benutzt werden, alles bei den altbekannten und deswegen Sicherheit suggerierenden Verhältnissen zu belassen.

Die gerade den Frauen unmittelbare Evidenz der Schutzbedürftigkeit des Neugeborenen führt durch die ideologische Überhöhung des „Mutterns" zu einer Ausweitung von Schutz- und Sicherheitsdenken, das ab einem gewissen Radius mehr durch Gewohnheit und Zwanghaftigkeit gekennzeichnet wird als durch gesunden Menschenverstand. Die fatale Gleichsetzung von patriarchaler Familie mit Schutz, Geborgenheit und privater Abgeschirmtheit vor einer rauen, unpersönlichen und oft feindlichen Öffentlichkeit speist sich aus dem Mangel an Sichtbarkeit heute schon existierender neuer Formen des privaten Lebens und aus reiner Ideologie. Denn nicht ‚die Familie' spendet der Frau Sicherheit, Geborgenheit und Glück, sondern die Frau der Familie und vor allem dem Mann. Die legitimen menschlichen Bedürfnisse nach Vertrautheit, Anteilnahme, Umsorgtsein, Freundlichkeit, Liebe, Solidarität und Hilfe hat in erster Linie die Frau (für Mann und Kinder) zu erfüllen und nicht der Vater – *obwohl* bzw. *weil* er die materielle Grundlage der Familie bestreitet. Es ist also nicht die Familie, die all diese Annehmlichkeiten für Frauen bereithält, sondern es ist die patriarchale Mutter, die sie für andere bereithält – und zwar ohne Gegenleistung in Geld oder in ‚support'. Wenn man probeweise immer dann, wenn ‚Familie' gesagt wird, das Wort ‚Mutter' oder ‚Frau' einsetzen würde, würde viel deutlicher werden, welche ‚Werte' für wen, auf wessen Kosten bewahrt werden sollen.

Aus dem bisher Gesagten lässt sich folgendes resümieren:
Der Mythos von der Keimzelle Familie mit der ‚natürlichen' Arbeitsteilung zwischen den Geschlechtern produziert die Schäden, zu deren Linderung er gepriesen wird. Die patriarchale, bürgerliche Kleinfamilie basiert ebenso wie andere patriarchale Familienformen und trotz ihrer scheinbaren Modernität auf den gemeinsamen Grundlagen aller vaterrechtlichen Sozialstrukturen: Frauen können und dürfen sich und ihre Kinder nicht unabhängig von Männern durchs Leben bringen. Sie werden zu Spezialistinnen des Kinderbewahrens (‚Mütter') – auf Kosten nennenswerter gesellschaftlicher Teilhabe an Wissen, Macht, Entscheidung und Verantwortung. Ihre Zurichtung auf den engen häuslichen Bereich schafft – bei aller Wertschätzung dieses Rückzugsreservoirs für Mann und Kinder – ein emotional hochgradig aufgeladenes, bedeutsames, anspruchsvolles, leistungsfähiges wie auch belastendes Klima. Die Tatsache der Zweiteilung der Gesellschaft in öffentlich-männlich und privat-weiblich ermöglicht überhaupt erst die Kälte und rücksichtslose Effizienz professioneller und politischer Strukturen, da diese nur durch die komplementäre private Sphäre erträglich gehalten werden. Die Abdrängung, die Isolation und die Spezialisierung der Frauen als Mütter in und für die Privatheit der bürgerlichen Kleinfamilie macht die öffentlichen Umgangsformen (unpersönlich, hierarchisch, in weiten Teilen auch aggressiv und ausbeuterisch) erst möglich, die sonst von Menschen auf Dauer nicht ausgehalten werden würden.

Die Angst vor dem Verlust dieses privaten Rückzugs- und Erholungsreservoirs ist daher verständlich und realistisch, insbesondere was die Bereitstellung von Nischen für die Kinderaufzucht angeht. Aber: eine Nische ist nicht mit einem Käfig zu verwechseln, auch nicht mit einem goldenen.

9. NEUE ERFAHRUNGEN

Die Angst vor dem „Verlust der Geborgenheit" (vgl. Packard, 1984) ist ein mächtiges und berechtigtes Gefühl, das aus bestimmten Gründen mit dem Verlust der Familie/der versorgenden Mutter gleichgesetzt wird. Angst kann man nicht mit rationalen Argumenten ausräumen, da sie ein Gefühl ist. Die Entwicklung und Veränderung von Gefühlen ist in erster Linie durch gemachte Erfahrungen möglich. Welche neuen Erfahrungen sind heute schon möglich?

Es gibt heute eine zunehmende Zahl alleinerziehender Mütter, die nicht zufällig überwiegend der gehobenen, d. h. gebildeten Mittelschicht angehören und im engeren oder weiteren Interessentenkreis der Zweiten Frauenbewegung zu verorten sind. Sie haben sich für ein Kind entschieden, um die positiven Erfahrungen des Zusammenlebens und -lernens mit Kindern machen zu können, ohne sich an einen oder ihren Mann durch einen schriftlichen Vertrag binden zu wollen.

Die Kombination ‚gebildete Mittelschicht' und ‚Feminismus' ist für diese Gruppe nicht zufällig: Sie steht für Aufklärung durch Bildung, für eine zumindest gewisse finanzielle Sicherheit oder Flexibilität, für Engagement für die Rechte der Frauen und für die Bereitschaft, sich mit anderen Frauen zu gemeinsamen Aktivitäten zusammenzuschließen. Es ist zu bemerken, dass diese Möglichkeit ‚neuer Erfahrung' weniger den Frauen, eher aber den Männern noch Angst macht – wird so doch überdeutlich, dass ‚Väter' dann entbehrlich sind, wenn man Frauen nicht isoliert und ihnen nicht Bildung und materielle Ressourcen abschneidet.

Nun lassen sich neue Formen des Zusammenlebens nicht verordnen, sie müssen sich entwickeln. Versuche, traditionell lebenden Zeitgenossen alternative Lebensformen propagandistisch aufzudrängen, sind wenig überzeugend, bisweilen lächerlich und in der Vergangenheit auch nicht besonders erfolgreich gewesen (vgl. das Schicksal der Kommune 2). Die oben beschriebenen Entwicklungen sind eben deswegen hoffnungsvoll, weil sie von keinem politischen Programm und aus keiner starren Theorie ‚von oben' entwickelt *worden* sind, sondern weil sie sich selbst entwickelt *haben*, und zwar in Wechselwirkung von aufgeklärten Wünschen und der Realität abgetrotztem verantwortlichen Handeln. Sie sind natürlich auch nur möglich gewesen, weil – im Sinne von Ruth Benedict – die patriarchale bürgerliche Familie in einem schon unübersehbaren Grad zum Fossil geworden ist. Außer den ‚alleinerziehenden Müttern' gibt es noch andere Versuche des zufriedenstellenden Zusammenlebens, die heute alle relativ unspektakulär möglich sind. Diese ‚alternativen' Modelle des Familienlebens kommen nicht mit großen deklamatorischen und theoretischen Ansprüchen einher und funktionieren recht undramatisch. Sie sind – gemessen am Leitbild der heilen Familie – weder in den Medien, noch in Unterhaltungsliteratur und Kunst, noch in rechtlichen Erörterungen adäquat repräsentiert. Trotzdem stellen sie keine zu vernachlässigende Minderheit dar, wie die offizielle Familienpolitik es behauptet. Schon 1986 standen den 29 Millionen BundesbürgerInnen, die in verheirateten Gemeinschaften lebten, immerhin 24 Millionen von in anderen Sozialformen zusammenlebenden Menschen gegenüber. Was angesichts dieser Zahlen, aber vor allem angesichts des desolaten Zustands der ‚heilen' Familien sinnvoll und gerecht erschiene, wäre, dass diese neuen Lebensformen nicht aktiv behindert oder totgeschwiegen würden, sondern eine auch nur annähernd gleichberechtigte Förderung erfahren könnten.

So bleibt vorerst aufmerksam zu beobachten, ob sich das Spektrum positiver Alternativen zur klassischen Familie behaupten wird und sich neue Vorbilder für eine gerechtere und freiere Art des Zusammen-Lebens und -Aufwachsens bewähren. Nur eins lässt sich mit Sicherheit schon jetzt feststellen: Nur wenn auch der öffentliche Bereich der Berufe sich soweit verändert, dass dort Frauen ihren Lebensunterhalt unter Bedingungen erwerben können, dass sie materiell unabhängig bleiben und – falls sie es wollen – auch Kinder haben können, nur dann werden mehrere Personen auch auf Dauer private Strukturen aufrechterhalten können, die auf der Basis von Neigung, von Freiwilligkeit, von materieller wie geistiger Ebenbürtigkeit beruhen und nicht auf Machtgefälle, Gewalt, Ausnutzung und psychischer Abhängigkeit.

Nur wenn diese Lebensformen sich als ebenso angesehen und selbstverständlich behaupten können, werden auch die ideologischen Denkbarrieren zum Schutz der patriarchalen Familienform in Wissenschaft, Kunst, Recht und Politik als überflüssig entfallen.

3. Die Frau ohne Schatten –
der Kinderwunsch und ‚die Natur' der Frau

Als Margarete Mitscherlich, Psychoanalytikerin und Autorin des Buches „Die friedfertige Frau", am 15.12.1986 in einer Talkshow des ZDF zum Thema „Keine Lust auf Kinder?" die Meinung artikulierte, dass man in ihren Augen die Gefahr des Aussterbens der Deutschen angesichts ihrer bisherigen völkermordenden Aktivitäten eigentlich nicht so bedauerlich finden könne, brach eine Lawine national-chauvinistischer Empörung über sie herein. Die ‚Bildzeitung' brachte ihre wörtliche Äußerung „Wissen Sie, dass die Deutschen aussterben, so wie sie bisher waren – zwei Weltkriege haben sie vom Zaun gebrochen, millionenfachen Völkermord haben sie hinter sich gebracht... in ihrer besonderen Art des Nationalgefühls –, das kann man eigentlich nicht bedauern" zwei Tage später auf die vier Zentimeter hohe Überschrift: „Deutsche können ruhig aussterben". Die rechte ‚Die Welt' und die ultrarechte ‚Deutsche Nationalzeitung' meinten, noch Öl ins Feuer gießen zu müssen: „Die Endlösung und eine Rassentheorie im ZDF" (Die Welt, 20.12.1986) und „Deutsches Volk, stirb!" (DNZ, 27.12.1986) wurden jetzt der „Hetzerin" Margarete Mitscherlich als Parolen zugeschrieben. Nach dieser Information des deutschen Volkes hielt es dasselbige nicht mehr auf den Stühlen: Telefonterror über Wochen sowie Drohbriefe, die Lynchjustiz, phantasievolle Hinrichtungsarten, Salzsäure, Aids und baldiges Ableben auf Frau Mitscherlich herabwünschten. Margarete Mitscherlich hatte sich übrigens in der Sendung lediglich dafür ausgesprochen, der immer wieder geschürten Angst vor Überfremdung entgegenzutreten und sich für mehr Offenheit gegenüber der Kultur und der Mentalität anderer Völker eingesetzt (vgl. Köhler, 1987). Welcher heiligen deutschen Kuh war sie zu nahe getreten?

1. „Mein eigen Fleisch und Blut"

Die Tugenden des Deutschtums liegen offenbar noch immer im ‚Blut', sprich im ‚eigenen' Kind. Nur so lässt sich verstehen, warum so viele Deutsche sich in ihrem Innersten bedroht fühlen und ihre eigene Identität, ihre eigene Existenz(-berechtigung) und Selbstliebe erschüttert wähnen, wenn selbige Eigenschaften und Werte sich nicht qua direkter blutsverwandter Nachkommenschaft verewigen lassen – wenigstens für das nächste Jahrtausend.

Zwar lernen Kinder und Jugendliche heute auch in Deutschland schon in der Schule, dass Fähigkeiten, Neigungen, Leistungen und Persönlichkeit maßgeblich angewiesen sind auf soziale Anregungen, auf Förderung, Vorbilder sowie Angebote aus Tradition und Kultur, um sich überhaupt ausbilden zu können. Vor diesem Hintergrund sind ja auch ernstzunehmende Vorschläge zu hören, dass man der deutschsprachigen Kultur keinen größeren Dienst erweisen könne, als ein reichhaltiges und gut ausgestattetes Bildungs- und Erziehungsangebot für ausländische Mitbürger und ihre Kinder bereitzustellen. Trotzdem wird nach wie vor von sehr vielen Menschen – auch aufgeklärten – die Überzeugung geteilt, dass nur die Erzeugung eines eigenen Kindes die natürlichste, die befriedigendste, beglückendste und moralisch einwandfreieste Form der eigenen Selbstverwirklichung wie der Bestandssicherung unseres Volkes, unserer Kultur sei. Wer die in dieser Annahme steckende Ideologie – Erhalt von Selbstwert und Kultur nur durch die Verewigung in eigenen Kindern – entlarvt, berührt bei vielen Leuten einen neuralgischen Punkt: die brüchige Grundlage ihres eigenen Selbstwertgefühls.

Ich habe Margarete Mitscherlich nicht gefragt, wie sie als erfahrene Psychoanalytikerin die ihr entgegengebrachten Reaktionen individuell-lebensgeschichtlich deutet. Mich interessierten die hassvollen Tiraden an dieser Stelle vornehmlich aus Gründen einer in ihnen überspitzt zum Ausdruck kommenden allgemeineren Ideologie. Ich betrachte die emotionsgeladenen und extremen Beschimpfungen als Ausdruck eines politischen Klimas, das einerseits in Deutschland eine lange und besonders katastrophale Tradition hat, das aber in seinen ‚milderen' politischen Ausformungen heute wieder Konjunktur hat. In einem allgemeinen Klima, in dem von der Überfremdung des deutschen Volkes, von Aussterben und Überalterung der Deutschen, von ungesicherten Renten bei gleichzeitiger Ausländerfeindlichkeit die Rede ist, vernimmt man auch zunehmende Klagen über die mangelnde Gebärfreudigkeit deutscher Frauen, über Karrieristinnen, die sich ihren Mutterpflichten entziehen, usw., usw.

So ist es sicher kein Zufall, dass im verstärkt geführten Kampf der Politiker und ihrer ideologischen Hilfstruppen gegen die sinkenden deutschen Geburtenraten Frauen nicht nur mit wohlfeilen Versprechungen zurück in die Familie gelockt werden sollen, sondern dass gleichzeitig verstärkt auf einen ideologischen Klassiker des Patriarchats zurückgegriffen wird, der uns allen noch in den Knochen und im Gehirn steckt: die ‚Natur' der Frau, ihre ‚natürliche' Bestimmung. Wenn es in der Natur der Frau liegt, Kinder bekommen zu können, dann ist es nun wieder auch ihre ‚natürlichste Pflicht', diese Fähigkeit zu realisieren.

2. Zur Erinnerung: die patriarchale Neuerfindung der Frau

Es ist bereits in Kap. 2 dargestellt worden, dass die grundlegende und gemeinsame Funktion patriarchaler Gesellschaften in Vergangenheit und Gegenwart – vielleicht sogar auch ihr ursächliches Entstehungsmoment – die Aneignung der von Frauen geborenen Kinder durch Männer, eben der ‚Väter' ist (daher auch der Name ‚Patriarchat' – Herrschaft des Vaters; vgl. Bornemann, 1975). Die Kinder werden als Eigentum der sie zeugenden Männer betrachtet und somit deren Verfügungsgewalt unterstellt. Dazu ist es unbedingt notwendig, die Gebärfähigkeit und die Sexualität der Frauen unter männliche Kontrolle zu bringen. Sämtliche das weibliche Leben überhaupt regulierenden Moralvorstellungen patriarchaler Kulturen konzentrieren sich auf diesen Punkt und bekommen nur dadurch einen Sinn: angefangen von einer väterlichen Abstammungszählung, über das Gebot der Jungfräulichkeit vor der Ehe, den Keuschheits- und Monogamiegeboten für Ehefrau(en), Ausgangs-, Kleidungs- und Sprechverboten, die für Frauen Kontakte mit der Außenwelt erschweren oder

3. Die Frau ohne Schatten – der Kinderwunsch und ‚die Natur' der Frau

verhindern, bis zu Abtreibungsverbot, Verhütungsverbot, Scheidungsverbot, Bestimmungen über eheliche ‚Pflichten', Vorherrschaft des männlichen Haushaltsvorstands, Züchtigungsrecht der Ehefrau, Bestimmung des Aufenthaltsortes von Frau und Kindern, Ächtung und Sanktionen gegen uneheliche Mütter und ihre Kinder, etc., etc. Dieser – in verschiedenen patriarchalen Gesellschaften unterschiedlich breit und unterschiedlich streng ausfallende – Gesetzes- und Moralkodex, der sich wohlgemerkt nur auf die weiblichen Mitglieder bezieht, sichert Exklusivität und Sicherheit der Männer an ‚ihren' Kindern. Er funktioniert aber nur unter zwei aufeinander bezogenen zusätzlichen Bedingungen: Er bedarf zur Aufrechterhaltung seiner Spielregeln *ökonomischer* Zwänge, und zur Legitimierung dieser ökonomischen Zwänge der entsprechenden *Ideologie*, die diese Verhältnisse als ‚natürlich', gottgewollt und einzig mögliche Lebensform erscheinen lässt. Nur wenn man Frauen mit Kindern systematisch die materiellen Möglichkeiten entzieht, sich selbst und ihre Kinder zu ernähren, sind sie ökonomisch auf einen Mann – ihren Mann – angewiesen. Nur wenn man sie von Ausbildung und ökonomischer Selbständigkeit fernhält (sei es durch männliche Erb- und Besitzrechtsregelungen, sei es durch Wissens- und Bildungsmonopole für Männer, sei es durch Verbote selbständiger Erwerbstätigkeit und Geschäftsfähigkeit für Frauen), nur dann sind sie tatsächlich von einem ‚Ernährer' abhängig. Die dazugehörende Ideologie ist maßgeschneidert: Es liegt in der *Natur* der Frau, ihre Erfüllung in einem Mann zu sehen und ihm ‚ein Kind zu schenken'.

Ihre Gebärfähigkeit macht die Frau zur Natur(-ressource), als weibliche Natur wird dann gleich all das abgeleitet, was für Frauen in patriarchalen Gesellschaften daraus folgt: hegen, pflegen, schützen, nähren, sich bescheiden, dienen, gehorchen, sich unterwerfen, sich opfern und vor allem – der Kinderwunsch! Diese Eigenschaften werden zur *biologischen* Natur der Frau erklärt. Aber: Diese Natur wird auch noch zur Pflicht. Frauen, die sich ihrer weiblichen Pflicht entziehen, gelten als widernatürlich. Diese Ideologie sitzt dreifach tief und fest in unser aller Köpfen – einmal, weil sie ebenso in den Köpfen der Frauen nistet wie in denen der männlichen Propagandisten und Kontrolleure, zum zweiten, weil das Argument ‚Natur' gerade heute durch die assoziative Rückendeckung der prestigeträchtigen ‚Natur'wissenschaften noch immer höchste Glaubwürdigkeit beansprucht (funktional analog zum Argument ‚Gott' in theokratischen Gesellschaften), und drittens, weil es so alt ist wie das Patriarchat selbst.

Es darf als eine der Glanzleistungen patriarchaler Dressurkunst gelten, dass die Auffassung von der weiblichen Natur sich so profund in die Hirne seiner Mitglieder hat einprägen lassen. Aus einer weiblichen Potenz (Kinder zu gebären) wird eine Pflicht (die dem Mann/den Männern/dem Staat geschuldet wird). Diese äußerst merkwürdige und verräterische Verquickung von ‚Natur' und ‚Pflicht' (natürliche Strebungen müssten eigentlich nicht extra zur Pflicht erklärt werden) wird klarer, wenn man ihr ehrwürdiges historisches Alter für einen kurzen Rückblick auf Äußerungen exponierter Patriarchats-Vertreter nutzt. Dabei zeigt sich, dass die Natur der Frau ein erstaunlich flexibles Ding ist, das doch stets demselben Zweck dient. Die folgende Aufzählung ist weder systematisch noch annähernd repräsentativ (was angesichts der vielen berufenen Männer zu diesem Thema auch unmöglich wäre), soll aber einen kleinen Eindruck von der Handhabung dieses Arguments im Laufe des Patriarchats hinterlassen.

Aristoteles (um 350 v. u. Z.) entwickelte bekanntlich die Auffassung, dass der Vater der Lieferant des kompletten Menschen in klein sei, der lediglich von der Mutter als nährendem und schützendem Gefäß ausgetragen werde – eine Auffassung, die sich fast zweitausend Jahre als ‚Natur'ideologie halten sollte, bis sich zwischen dem 18. und dem 19. Jahrhundert die Erkenntnis der Existenz des weiblichen Eis langsam durchsetzte. Darüber hinaus vertrat der Athener Aristoteles ausdrücklich (wie viele seiner philosophischen Kollegen nach ihm) die Auffassung, dass die Frauen den patriarchalen Gesetzen unterworfen werden müssten, weil sonst der Staat militärisch nicht überleben könne (vgl. Kap. 2). Für ihn ist es vorrangiges Ziel, „den Staat mit Männern [zu] bevölkern", was ja wohl heißen soll, dass die Frauen Soldaten, Arbeiter und Sklaven produzieren sollten. Offensichtlich war die freiwillige Produktion nicht ausreichend, was Aristoteles am abschreckenden Beispiel Spartas, wo die Frauen seines Erachtens zu frei und zügellos waren, demonstriert. Die ‚Natur' der Frau ist bei ihm noch sehr deutlich eine, die unbändig und chaotisch ist, und die durch ordnende männliche Hand gezähmt und unterworfen werden muss – zum Wohl des männlichen Staates.

Schenken wir uns die Kirchenväter mit ihren höchst unchristlichen und hasserfüllten Ansichten über den weiblichen Menschen und die satanischen (Natur-)Kräfte, die in ihm stecken und die fromme Männer in fleischliche Verstrickung schlagen. Für viele von ihnen ist die Frau ‚die Einfallspforte des Teufels' (natürlich nur für den Mann) – ein Überfall, der lediglich durch den höheren Zweck des Kinderzeugens entschuldbar ist (Näheres s. Kahl, 1968). Die Natur der Frau ist dem Teufel näher verwandt als die Natur des Mannes, eine Einschätzung, die sich bis zum Frauenpogrom der Hexenverfolgung steigern sollte – nach Meinung vieler Autoren übrigens nicht zufällig der Verfolgung jener Frauen, die über Wissen und Techniken zur Verhütung von Schwangerschaften verfügten (vgl. Heinsohn u. a., 1979; Heinsohn & Steiger, 1985; Wetterer & Walterspiel, 1983).

Blicken wir stattdessen auf den Protestanten Martin Luther – hatte er dieser urchristlichen Einschätzung der Frauen, ihres Wesens und Daseinszwecks einen Protest entgegenzusetzen?

Leider nein, wie Joachim Kahl beschreibt:

> „Gegenüber den Frauen pochte der Reformator rüde auf die Herrschaftsrechte des Mannes (einschließlich Prügelstrafe). ‚Die Frau gehört ins Haus': Diese Wendung hat Luther geprägt. Ihre höchste Ehre ist die Mutterschaft. Möglichst viele Kinder soll sie gebären, damit um so mehr Menschen zum Evangelium geführt werden können. Die Mutterschaft ist die wahre Gesundheit der Frau, auch wenn sie durch viele Geburten sich verausgabt und erschöpft stirbt: ‚Ob sie sich aber auch müde und zuletzt tot tragen, das schadet nicht, laßt nur tot tragen, sie sind darum da.'" (Kahl, 1968, S. 58)

Da klingt es bei Napoleon Bonaparte doch ehrlicher androzentrisch, ohne Umweg über Gott und Evangelium:

3. Die Frau ohne Schatten – der Kinderwunsch und ‚die Natur' der Frau

> „Die Natur bestimmte die Frauen zu unseren Sklaven ... Sie sind unser Eigentum, nicht wir ihres. Sie gehören uns, geradeso wie ein Baum, der Früchte trägt, dem Gärtner gehört. Was für eine verrückte Idee, Gleichheit für Frauen zu verlangen! ... Frauen sind lediglich Gebärmaschinen." (zit. n. Zimbardo, 1983, S. 654)

Etwas kürzer, aber nicht viel höflicher drückte Friedrich Hebbel seine Ansichten über die natürliche Bestimmung der Frau aus: „Ein Weib ist ein Nichts; nur durch den Mann kann sie etwas werden: Sie kann Mutter werden (in: „Judith", 1840). Hier nun ist die Drohung unüberhörbar: weibliche ‚Natur' als Pflicht – bei Nichterfüllung Aberkennung der Existenz(-berechtigung). Die Auflösung des stets leiser oder lauter anklingenden Widerspruchs zwischen der Natur der Frau, die sie zur Mutterschaft und zum Kinderwunsch treibt, und dem offensichtlichen Druck, den mann doch anwenden muss, um Frauen zu ihren natürlichen Pflichten zu bewegen, deutet sich bei Hebbel schon an. Es gibt zwei Sorten Frauen: die ‚Nichts' sind und die ‚Wer' sind – ein Rationalisierungsversuch des offensichtlichen Widerspruchs zwischen ‚Natur' und Un-Natur (sprich Pflichtverweigerung) bei den im realen Leben beobachteten Frauen – mit anderen Worten: die Umdeutung der mit der ‚Natur der Frauen' nicht zu vereinbarenden Abweichungen in eine Frauen-Typologie. Dazu zwei markante Beispiele.

Bekanntlich hatte Lombroso Ende des 19. Jahrhunderts mangels einschlägiger weiblicher Kriminalität als Pendant zu seinem ‚geborenen Verbrecher' männlichen Geschlechts die *Prostitution* als das typisch weibliche angeborene Verbrechen kreiert (eine Theorie, die übrigens bis heute noch in manchen Köpfen und Fachzeitschriften der Kriminalistik herumirrt). Die geborene Verbrecherin ist also die Prostituierte. Begründung: „Die geborene Prostituierte zeigt sich uns ohne Muttergefühl, ohne Liebe zu ihren Angehörigen, skrupellos nur auf die Befriedigung ihrer Gelüste bedacht und zugleich als Verbrecherin auf dem Gebiet der kleinen Kriminalität ..." (1884, S.16). Der Umkehrschluss sei erlaubt: Muttergefühle schützen vor Verbrechen; die guten Frauen werden Mütter, die bösen Prostituierte.

Bei seinem jüngeren Zeitgenossen Otto Weininger (1905) liest sich das deutlicher, aber differenzierter:

> „Es bleibt demnach nichts übrig, als zwei angeborene, entgegengesetzte Veranlagungen anzunehmen, die sich auf die verschiedenen Frauen in verschiedenem Verhältnis verteilen: die absolute Mutter und die absolute Dirne. ... Das Wesen der Mutterschaft besteht, wie schon die erste und oberflächliche Analyse des Begriffs ergibt, darin, dass die Erreichung des *Kindes* der Hauptzweck des Lebens der *Mutter* ist, indessen bei der absoluten Dirne dieser Zweck für die Begattung gänzlich in Wegfall gekommen scheint. ... Zunächst scheiden sich beide, Mutter und *Dirne,* durch der ersteren Verhältnis zum Kinde. Der absoluten Dirne liegt nur am Manne, der absoluten Mutter kann nur am Kinde gelegen sein. ... Die absolute Mutter, der es allein auf das Kind ankommt, wird Mutter durch jeden Mann... Der absoluten Dirne hingegen sind, schon als Kind, Kinder ein Greuel. ... Sie ist das Weib, das *allen* Männern zu gefallen das Bedürfnis hat, und da es keine absolute Mutter gibt, wird man in jeder Frau mindestens noch die *Spur* dieser allgemeinen Gefallsucht entdecken können..." (S. 287/288)

„Die Mutter empfindet den Koitus nicht *weniger,* sondern *anders* als die Prostituierte. Das Verhalten der Mutter ist mehr annehmend, hinnehmend, die Dirne fühlt, schlürft bis aufs äußerste den Genuß. ... Die Dirne... will nicht wie die Mutter das Dasein überhaupt erhöht und gesteigert fühlen, wenn sie vom Koitus sich erhebt; sie *will vielmehr im Koitus als Realität verschwinden, zermalmt, vernichtet, zu nichts, bewußtlos werden vor Wollust.* ... Der Schrei der Mutter ist darum ein kurzer, mit schnellem Schluß; der der Prostituierten ist langgezogen, denn alles Leben, das sie hat, will sie in diesem Moment *konzentriert, zusammengedrängt* wissen. Weil dies nie gelingen kann, darum wird die Prostituierte in ihrem ganzen Leben nie befriedigt, von allen Männern der Welt nicht." (S. 307, alle Hervorhebungen im Original)

Bleibt noch der Gerechtigkeit halber anzumerken, dass Weiningers Sympathie eher auf Seiten der Prostituierten liegt:

„Die Mutterliebe schaltet die Individualität aus, indem sie wahllos und zudringlich ist. Das Verhältnis der Mutter zum Kinde ist in alle Ewigkeit ein System von reflexartigen Verbindungen zwischen diesem und jener. ... Die Mutter, die ganz in Pflege und Kleidung von Mann und Kind, in Besorgung oder Aufsicht von Küche und Haus, Garten und Feld aufgeht, steht fast immer intellektuell sehr tief. Die geistig höchstentwickelten Frauen, alles, was dem Manne irgendwie *Muse* wird, gehört in die Kategorie der Prostituierten ... (S. 296/7)
Die so verbreitete, so ausschließliche und geradezu ehrfürchtige Wertschätzung der mütterlichen Frau, die man dann gerne noch für den alleinigen und einzig echten Typus des Weibes auszugeben pflegt, ist nach alledem völlig unberechtigt... Ich gestehe, dass mir die Prostituierte, nicht als Person, sondern als Phänomen weit mehr imponiert." (S. 298)

Hier ist es also nicht so eindeutig wie gewohnt die ‚gute' kinderliebe Mutter („Heilige") und die ‚böse' kinderlose Dirne („Hure") – das bisherige patriarchale Stereotyp zur Einschüchterung und Diffamierung ‚schlechter', d. h. nicht familien- und aufzuchtorientierter Frauen. Vielmehr blitzt einen Moment lang schockierende Ehrlichkeit auf: die tatsächliche Geringschätzung der Mutter durch patriarchale Männer, die in ihr das dumpf brütende, nur auf Begattung lauernde Mutter-Tier sehen.

„Die Individualität des Kindes ist der Mutterliebe ganz gleichgültig, ihr genügt die bloße Tatsache der Kindschaft: und diese ist eben das Unsittliche an ihr. ... nur die Mutterliebe erstreckt sich wahllos auf alles, was die Mutter je in ihrem Schoß getragen hat ... dass gerade hierin sich offenbart, wie vollkommen unethisch die Mutterliebe eigentlich ist." (S. 295/6)

Die Ehrlichkeit Weiningers in diesem Punkt – überwiegende Geringschätzung der Frau als Mutter, weil sie sich sittlich-menschlich nicht über die nackte, instinktgeleitete Natur erhebt wie der Mann – verletzt ein wichtiges patriarchales Tabu: das der Heuchelei bzgl. der patriarchalen Mutter, insbesondere hinsichtlich der Mutterliebe und deren grenzenloser Opferbereitschaft, die seit der ‚Polarisierung der Geschlechtscharaktere' (Hausen, 1976) eine der zentralen ideologischen Säulen für die geistige und moralische Zuweisung der Frauen an ‚ihren' Platz ist und war. Er spricht gleichzeitig das aus, was Millionen von Männern seiner Generation dachten und fühlten, aber nicht zu sagen wagten – wenn sie scharenweise vor ‚Muttern' in die Bordelle der Mittel- und Oberschicht flohen, um sich dort bei den scheinbar kinderlosen Nutten zu erholen.

3. Die Frau ohne Schatten – der Kinderwunsch und ‚die Natur' der Frau

Von dieser Ehrlichkeit Weiningers haben aber nur die entlastet lächelnden Männer etwas – sie können nun zwischen der ‚Natur' *zweier* Frauentypen wählen (oder besser noch: pendeln). Für die Frauen gilt weiterhin: Sie sind noch immer ganz Natur, bestenfalls ein bestimmtes Mischungsverhältnis aus zwei Naturen. Trotz Weiningers relativer Aufwertung des Typus der Prostituierten bleibt klar: Auch letztere folgt nur ihrer triebhaften Natur. Ihre bewusste Kinderlosigkeit wird in seinen Augen durch ihre ‚natürliche' sexuelle Fixierung auf den Mann kompensiert. An einem aber lässt auch Weininger keinen Zweifel: Für ihn sind beide Frauennaturen überwiegend negativ. Die Frage, wie eine überwiegend negative Bewertung von Frauen berechtigt sein kann, wenn diese doch nur ihrer Natur folgen, stellt sich ihm nicht. Die relativ milde Bewertung der bewusst kinderlosen, sexuell aktiven Frau bleibt ein seltener Ausrutscher.

Spätestens zum Ersten Weltkrieg hören wir dann wieder die alte Doppelleier von ‚Natur und Pflicht' – diesmal leider auch von vielen gebildeten Frauen. Selbst eine Lily Braun verstieg sich zu Sentenzen wie:

> „Hier handelt es sich ... um Sein oder Nichtsein des Staates ... Je höher das Einkommen, desto niedriger ist die Kinderzahl. Es ist das Luxusweibchen, es ist die Frau, die das Vergnügen zu ihrem Lebensinhalt machte, die sich durch Mutterpflichten darin nicht stören lassen will ... Der Krieg hat den Luxus, zu einem guten Teil wenigstens, ausgemerzt. Jetzt ist es an den Frauen, sich über sich selbst zu erheben, - nein, zu sich selbst, dem heiligsten Gesetz ihrer Natur zurückzukommen ..." (zit. n. Thiersch, 1987, S. 199/200)

Schon vorher hatte Theodore Roosevelt (1908) klargestellt:

> „Die Frau, die sich ihrer Pflicht als Ehefrau und Mutter entzieht – ob aus Feigheit, Egoismus oder weil sie einem falschen und leeren Ideal folgt –, diese Frau verdient zu recht unsere Verachtung, genau wie der Mann, der ... Angst davor hat, im Kampf seine Pflicht zu erfüllen, wenn das Vaterland ruft." (zit. n. Schmitz-Köster, 1987, S. 28)

Kinderlosigkeit als Fahnenflucht oder Desertation – bei Adolf Hitler wird das lapidar heißen: „Das Kindbett ist das Schlachtfeld der Frau". Heute gelten die von den Nationalsozialisten nur konsequent weiterentwickelten Maßnahmen wie ‚Mutterkreuz' (ab vier Kindern aufwärts) und ‚Lebensborn' oft nur noch als Geschmacklosigkeiten oder als sittliche Verfehlungen (‚Familienfeindlichkeit'), und weniger als das, was sie darüber hinaus in erster Linie sind: das Zuende-Denken der Auffassung, dass Frauen Gebärmaschinen für die Zwecke des Staates oder der Männer (oft ja identisch) sind, oder höflicher ausgedrückt: dass die Frau durch ihre Natur dazu bestimmt, ja vorprogrammiert sei, Kinder zu wollen, zu kriegen und freudig aufzuziehen – und zwar stets im Dienste eines höheren Ziels, das dem dumpf weiblichen Naturtrieb erst die ethische Weihe verleiht.

3. ABSCHIED VON DER GEBÄRPFLICHT?

Wir sind heute an einem historischen Punkt angelangt, wo es erstmals möglich ist, diesen naturgegebenen Zusammenhang für Frauen fundiert in Frage zu stellen und das Netz an ‚angeborenen Pflichten' angesichts unseres Wissens und der zusammengetragenen Erfahrungen zu zerreißen. Dieses Wissen speist sich aus vielen Quellen, die erstmals als gesammelte Evidenzen gegen eine auf automatischen Gebär- und Kinderwunsch programmierte Natur von Frauen sprechen. Vier der wichtigsten sollen kurz genannt werden:

Zunächst die für mindestens drei aufeinanderfolgende Frauengenerationen zugänglichen Erfahrungen mit zwei mörderischen Weltkriegen, die in der bisherigen Geschichte der patriarchalen Kriegskunst einen vorläufigen End- und Höhepunkt darstellten, der alle vorherigen vaterländischen Kriege und ihren Verschleiß an Heldensöhnen in den Schatten stellte. Mit der ‚natürlichen Pflicht', „den Staat mit Männern zu bevölkern", konnte nun kein Politiker und kein Philosoph mehr den Frauen ideologisch unter die Augen treten. Das hässliche Wort vom ‚Kanonenfutter', zu dem die Kinder der Frauen missbraucht worden waren, ließ sich nicht mehr aus der Welt schaffen. Dies konnte ja wohl kaum die ‚natürliche' Bestimmung sein, die sich aus der Gebärpflicht der Frauen ableitete.

Der zweite wichtige Beitrag zum Zweifel an der Einheitsnatur der Frau stammte und stammt aus den Kämpfen der Zweiten Frauenbewegung. Die sich verbreitende Einsicht, dass alle Unterdrückung, Ausbeutung und Diskriminierung der Frau von Seiten der Männer stets ebenfalls mit den natürlichen Wesenseigenschaften der Frau begründet worden war und wird, sorgte gerade in den Bereichen Sexualität, Partnerschaft und Mutterschaft für geistigen Sprengstoff.

Drittens hat sich durch die politische Schubkraft und die intellektuelle Herausforderung der Frauenbewegung in den letzten 40 Jahren ein zunehmendes Interesse an der Erforschung von Bedingungen des Frauenlebens entwickelt, das sowohl auf dem historischen wie auf dem sozialwissenschaftlichen wie kulturwissenschaftlichen Sektor einen Zuwachs an neuen Erkenntnissen brachte, der vergangenen Generationen nicht im entferntesten zugänglich, geschweige denn vorstellbar gewesen wäre.

Schließlich ist als vierter Einfluss nehmender Faktor auf die selbstverständliche Gleichsetzung von Frau = Natur = Kinderproduktion die in den 1960er Jahren (wieder-)erlangte mögliche Trennung von Sexualität und Schwangerschaft/Mutterschaft für Frauen zu nennen.

Werfen wir einen näheren Blick nur auf die beiden letztgenannten Punkte. Die durch die neuen biochemischen Antikonzeptiva ermöglichte Sicherheit der Empfängnisverhütung einerseits und die durch die Diskussionen der Frauenbewegung in Frage gestellte Zwangsläufigkeit androzentrischer Penetrationssexualität andererseits (vgl. Kap. 13) gaben Anstöße für die Entwicklung einer souveräneren weiblichen Sexualität, die nicht länger der schicksalhaften männlichen Sichtweise von weiblicher Natur und Fortpflanzungsergebenheit unterworfen blieb. Erstmals konnten nun breiteste Kreise der weiblichen Bevölkerung wählen zwischen Alternativen, die nicht mehr automatisch der Wahl zwischen Pest und Cholera, sprich der zwischen Kriminalisierung/Lebensgefahr (Abtreibung) und Armut/Überlastung (überhöhte Kinderzahl)

3. Die Frau ohne Schatten – der Kinderwunsch und ‚die Natur' der Frau

gleichkam. Der relativ freie und undramatische Zugang zu zuverlässigen Verhütungsmitteln bedeutete ein Stück Wiedererlangung von Selbstbestimmung über den eigenen Körper und ein Stück Souveränität über die eigene Lebensplanung bezüglich der Kinderfrage. Diese Veränderungen hatten weitreichende Konsequenzen hinsichtlich der herrschenden Auffassung, dass es der weibliche Körper sei – die Natur der Frau –, dem ihr Lebensschicksal unterworfen sei. Viele Feministinnen gingen in ihren Erkenntnissen sogar noch einen Schritt weiter, indem sie klärten, dass es wohl eher eine kulturspezifisch geprägte männliche Sexualität (gewesen) sei, die – ausgehend von der jederzeitigen und ungeschützten Dienstbarkeit von (Ehe-)Frauen zur heterosexuellen Penetration – jene zwangsläufigen Resultate dauernden Schwangerschaftsrisikos inklusive jahrelangen Mutterns großer Kinderscharen als weibliche ‚Natur' produziert habe.

Obwohl letztere Sichtweise vom Gros der weiblichen Bevölkerung noch nicht geteilt wird, sondern die männliche Sexualität immer noch als etwas betrachtet wird, das ein vorrangiges Anrecht auf unmittelbare Befriedigung habe, damit Schäden von der Männerpsyche (Impotenz!), von der ehelichen Harmonie (Fremdgehen!), der Familie (Inzest!) oder der Gesellschaft (Vergewaltigung!) abgewendet werden, so ist doch heute jeder Frau in westlichen Industrieländern klar, dass sie keine Kinder haben muss, wenn sie nicht will und dass sie nicht mehr Kinder haben muss, als sie will.

Damit ist aber auch zum ersten Mal möglich, dass Frauen bewusst und vorab darüber nachdenken können, ob sie *überhaupt* Kinder wollen, d. h., dass auch die Frage des *Kinderwunsches* generell als von der weiblichen Natur getrennt gesehen werden kann.

Der heute zunehmend bewussten Planung und Entscheidung, wann, wie viele und ob überhaupt Kinder gewünscht werden, entspricht die zeitgleich stattfindende Erforschung von Mutter-Kind-Beziehungen vergangener Epochen. Spätestens seit den Arbeiten von Aries (1976), Hausen (1976), Stone (1979) und Badinter (1981) ist deutlich geworden, dass die emotionale Beziehung zwischen Müttern und ihren Kindern durchaus nicht immer das war, was wir heute als natürliche Mutterliebe oder natürlichen Kinderwunsch der Frau erachten. Die Geschichte der Kindheit als einer zunehmend abgeschirmten und emotionalisierten Lebensphase, die zunehmende Spezialisierung des weiblichen Sozialcharakters auf Häuslichkeit, Mütterlichkeit und zwischenmenschliche Sensibilität seit dem 17. Jahrhundert und die für uns heute erschreckend sorglosen und lieblosen Umgangsformen weiter Kreise bürgerlicher Frauen mit ihren Neugeborenen im 17. Jahrhundert sprechen eine deutliche Sprache gegen die Annahme einer triebgesteuerten weiblichen Natur, deren Mutterinstinkte sie gradlinig zu Kinderwunsch und Mutterliebe geleiten.

Die Entdeckung der uns heute als Gefühlsrohheit und Widernatürlichkeit erscheinenden Praktiken von Frauen und Müttern vergangener Jahrhunderte bedeutet ja keineswegs eine Verteidigung dieser Verhaltensweisen, sondern nur die schlichte Einsicht, dass Mutterliebe und Kindeswunsch den Frauen wohl weniger angeboren sind, sondern sozial erzeugt werden und sich entwickeln müssen – analog zu anderen ‚typisch menschlichen' Fähigkeiten und Bedürfnissen wie Sprache, Geschmack, Bildung oder Körperhygiene. In der Tat wird diese soziale Erzeugung in den meisten

Gesellschaften auch dadurch gewährleistet, dass die weibliche Sozialisation gezielt wie ungezielt Kinderwunsch und Kinderliebe bei Frauen entwickelt. Dies passiert zweigleisig – einmal durch explizite Erziehung von Mädchen und jungen Frauen auf ein positives Ideal hin von Mütterlichkeit und Kinderliebe (samt der Vermittlung von Techniken der Kinderpflege), zum anderen geschieht dies durch indirektes Lernen an positiven Vorbildern im engeren sozialen Umfeld sowie in Kultur und Medien. Auch hier lassen sich wieder *allgemeinere* Einstellungen (Fürsorglichkeit, Freundlichkeit, Geduld, Verantwortungsgefühl) als erstrebenswert vorgelebte weibliche Grundtugenden mit *konkreteren* Vorbildern (z. B. Idealisierung der glücklichen sympathischen mütterlichen Frau mit vielen lustigen und herzigen Kindern in Kunst und Medien) kombinieren. Auch die praktische Einübung solcher Eigenschaften und Fähigkeiten in Kindheit und Jugend der Frauen (z. B. Puppen, jüngere Geschwister) spielt eine wichtige Rolle dabei.

Diese erfolgreiche Kombination von direkter Erziehung und indirektem Modell-Lernen, von bewusst vermittelter Doktrin und von Weitergabe unbewusster Ideologie lässt den Kinderwunsch dann als ‚natürlich gegeben' erscheinen – besonders in patriarchalen Gesellschaften, wo Frauen ausschließlich als Kinderlieferantinnen definiert werden.

Dass etwas so scheinbar Selbstverständliches und Natürliches wie der Kinderwunsch sozial erzeugt werden muss, erhält seine besondere Brisanz heute angesichts der Tatsache, dass es zunehmend schwieriger bis unmöglich wird, Kinderaufzucht und ein einigermaßen menschliches und selbstbestimmtes Leben (für Frauen *und* für Kinder) miteinander zu vereinbaren. Dass angesichts wachsender Widrigkeiten der Kinderaufzucht der Kinderwunsch sinkt, spricht gerade *für* seine soziale Erzeugbarkeit bzw. Manipulierbarkeit. Die Gründe des abnehmenden Kinderwunsches liegen einerseits in der zur Genüge beklagten Kinderfeindlichkeit, worunter von der Unwirtlichkeit unserer Städte über die mangelnde Duldsamkeit von Hauswirten bis zu fehlenden Kindergärten alles verstanden wird, was die Lebensbedürfnisse von Kindern ignoriert. Hinzu kommen aber zusätzliche Faktoren, die die Aufzucht von Kindern in unserer hochkomplizierten Leistungsgesellschaft zum undankbaren, aber verschleißenden 24-Stunden-Job für Mütter machen:

> „Das Kind darf immer weniger hingenommen werden, so wie es ist, mit seinen körperlichen und geistigen Eigenheiten, vielleicht auch Mängeln. Es wird vielmehr zum Zielpunkt vielfältiger Bemühungen. Möglichst alle Mängel sollen korrigiert werden (nur kein Schielen, Stottern, Bettnässen mehr), möglichst alle Anlagen sollen entwickelt werden (Konjunktur für Klavierstunden, Sprachferien, Tennis im Sommer und Skikurs im Winter). Ein neuer Markt entsteht, mit immer neuen Programmen für das allseitig zu fördernde Kind. Und schnell nehmen die neuen Möglichkeiten den Charakter neuer Pflichten an. Denn die Eltern können nicht nur, nein: sie sollen nun auch das Kind mit Zahnspange und orthopädischen Einlagen, mit Skikurs und Sprachferien versorgen." (Beck-Gernsheim, 1985, S. 272)

Angesichts solcher Belastungen, die über die allgemeine Kinderfeindlichkeit und über fehlende Kindertagesstätten noch hinaus die Aufzucht von Kindern zu einer jahrelangen Strapaze machen, die in der Regel von Frauen ertragen werden und ihnen zudem Abstinenz bzw. Zurückstecken von Berufstätigkeit abverlangt, ist es eigentlich nicht verwunderlich, dass viele Frauen sich ‚ihren' Kinderwunsch lange Zeit gut überlegen, aufschieben und manchmal auch gar nicht realisieren.

Vielleicht ist es nun nur bezeichnend, dass in der anfangs erörterten, inzwischen 20jährigen Klage über den Geburtenschwund in der Bundesrepublik außer einem obligatorischen Lippenbekenntnis gegen die ‚allgemeine' Kinderfeindlichkeit gerade nicht diese anspruchsvolle und überfordernde, jahrelang notwendige ‚Arbeit' an Kindern und die völlig unzureichenden öffentlichen Betreuungsangebote als Ursachen für den Geburtenrückgang genannt werden, sondern einseitig die Ursachen bei jenen Frauen gesucht werden, die gar keine Kinder wollen. Dabei gerät neben dem an erster Stelle stehenden Feindbild der *abtreibenden* Frau die *bewusst kinderlose* Frau in die Schusslinie der Argumente. Obwohl statistisch gut belegt ist, dass der seit Ende des 19. Jahrhunderts einsetzende Geburtenrückgang eindeutig auf eine Senkung der *durchschnittlichen Familienkinderzahl* zurückgeht, und nicht auf eine überproportionale Zunahme kinderloser Frauen (ebenso wie die Abtreibungsstatistiken belegen, dass den größten Anteil auch hier die Frauen mit 2-3 Kindern stellen, und nicht junge Mädchen oder kinderlose Frauen), so provoziert doch gerade das Stereotyp der freiwillig kinderlosen Frau die heftigsten Anklagen. So befasste sich im Jahr 2005 ein Kongress der Konrad-Adenauer-Stiftung „Kinder: Wunsch und Wirklichkeit" ausdrücklich „weniger mit ökonomischen Rezepten oder Anreizen, sondern mit den mentalen Ursachen und Blockaden des faktischen ‚Nein zum Kind'" in Deutschland (Kongressprogramm, S. 2).

Obwohl die Gründe für die Kinderlosigkeit von Frauen (bzw. Ehepaaren) wenig erforscht sind und die Gründe für *bewusste* Kinderlosigkeit bisher überhaupt nicht systematisch von der Bevölkerungswissenschaft untersucht worden sind, gibt es seit dem erneuten Rückgang der Bevölkerungszahlen eine Flut von Urteilen über genau diese Gruppe von Frauen – Urteile, die mehr als Projektionen denn als realitätsbezogene Aussagen zu werten sind. Diese Frauen gelten als Schmarotzer und Egoistinnen, deren wahlweise Feigheit oder Konsumgier sie von ‚ihrer Natur' und ‚ihrer natürlichen Pflicht' abhält. Meist wird mit dem Vorwurf der ‚Perversion' der der ‚Emanzipation' verbunden, d. h., die ‚eigennützige' Befreiung von Mann und Familie wird als eigentliche Ursache angeklagt. Es erscheint sehr merkwürdig, dass die Gruppe der kinderlosen Frauen, die an dem seit ca. 100 Jahren zu beobachtenden Rückgang der Kinderzahlen nur einen geringen Prozentsatz stellt, stellvertretend für das gesamte Phänomen verantwortlich gemacht und verurteilt wird – und nicht jene durchschnittliche Familienmutter, die heute nur noch ein bis zwei Kinder bekommt statt 5, 6 oder 7 oder sogar 15 oder 18, wie noch in der Generation unserer Urgroßmütter.

4. „KINDER ODER KEINE ..." WERDEN SOZIAL GEZEUGT

Im Rahmen einer größeren Untersuchung sind von meinen Mitarbeiterinnen und mir (Queisser, Schmerl & Ziebell, 1989) 40 bewusst kinderlose Frauen von 40 Jahren und älter zu ihrer Sichtweise der Dinge befragt wurden, wobei es im Sinne des bisher Gesagten besonders auf zwei Bereiche ankam: zum einen auf die von den Frauen selbst genannten Gründe für ihre Entscheidung für ein Leben ohne eigene Kinder, zum anderen auf die lebenslängsschnittliche Entwicklung dieser Entscheidung. Bei letzterer interessierte uns speziell, ob diese Frauen früher als Kinder und junge Mädchen einen Kinderwunsch hatten und ihn aus bestimmten Erfahrungen wieder abgelegt hatten, oder ob sie nie einen Kinderwunsch entwickelt hatten.

Bei der Betrachtung des Entstehungsschicksals des Kinderwunsches fanden wir bei den von uns befragten Frauen beide denkbaren Variationen: Frauen mit der früher selbstverständlichen Vorstellung von eigenen Kindern, die sie allmählich wieder aufgaben, sowie Frauen, für die nie eine solche selbstverständliche Annahme existiert hatte.

Während die erste Gruppe sich noch differenzieren ließ in Frauen mit eher selbstverständlichem früheren Kinderwunsch und mehr ambivalentem Kinderwunsch, die sich dann *beide* in Richtung einer sicheren Entscheidung für ein Leben ohne Kinder hinein entwickelten, fanden wir die Existenz der zweiten Gruppe deswegen interessant, weil sie sich nicht entlang des klassischen weiblichen Sozialisationsmusters entwickelt haben konnte. Letzteres hatten wir bei der ersten Gruppe noch deutlich aufgespürt, besonders in seinen teilweise konfliktreichen und schmerzlichen Ambivalenzen, wenn zunehmend eigene Erfahrung, Lebensplanung und Überzeugung sich gegen diese Automatik wendeten und zu einer immer wieder stattfindenden Überprüfung der eigenen Haltung zwangen.

Die deutliche Existenz der zweiten Gruppe spricht in meinen Augen – und das ist eine vorläufige Interpretation – nicht nur *gegen* einen ‚angeborenen' Kinderwunsch bei Frauen, sondern vor allem gegen die ungebrochene Fortdauer einer bisher homogenen weiblichen ‚Normalsozialisation zum Kind'. Die Frauen, die in diese zweite Gruppe fallen, sind altersmäßig jene Töchter, die die Nachkriegszeit mit den oft fehlenden Vätern und/oder den oft zwangsläufig berufstätigen Müttern als eine Generation miterlebt haben, wo erstmalig *beides* an Erfahrungen für Frauen erhältlich, beobachtbar, überprüfbar war: das selbstverständlich noch wirksame Weiblichkeits- und Mütterlichkeitsideal einerseits und gleichzeitig die – oft erzwungene – Selbständigkeit und Berufstätigkeit ihrer Mütter bzw. anderer Frauen dieser Generation. Meiner Meinung nach könnte diese markante Mischung aus ‚offiziellem' und ‚inoffiziellem' Lehrplan die Wahrscheinlichkeit (und nur darum geht es hier, nicht um eine Zwangsläufigkeit) enorm gesteigert haben, dass jene Frauen, die Ende der 1980er Jahre Anfang/Mitte Vierzig waren, sehr früh ihre eigenen Vorbilder/Ideale entwickeln konnten, die nicht mehr automatisch die ihrer Mütter oder die der klassischen Weiblichkeit sein mussten.

Wenn meine Vermutung zutrifft, wäre dies ein lebendiger Beleg für die ‚Selbstsozialisation' von Frauen, die aktiv aus ihrer sozialen Umgebung jene Erfahrungen auswählen, die für die eigene Persönlichkeitsentwicklung relevant werden. Überlegenswert wäre, ob das potentielle Erfahrungsspektrum jener Nachkriegsfrauen für die heute heranwachsenden Mädchen wieder gezielt zurückgeschraubt wird, wo Frauen verstärkt wieder auf traditionelle Weiblichkeitsideale (und das damit verbundene Ethos der Selbstlosigkeit) verwiesen werden.

Wenn Frauen heute ein Leben ohne Kinder führen, werden sie allzu schnell und pauschal als faule Luxusweibchen, als konsum- und leistungsorientierte Karrierefrauen verurteilt: sie wollten sich der Verantwortung entziehen, ihren Beruf nicht

3. Die Frau ohne Schatten – der Kinderwunsch und ‚die Natur' der Frau 69

aufgeben, ihr Leben ohne zusätzliche finanzielle und zeitliche Einbußen genießen usw. (Und wenn es so wäre, was spräche dagegen?). Zwar spielen diese Aspekte bei den von uns Interviewten zu unterschiedlichen Zeitpunkten und mit unterschiedlicher Gewichtung eine Rolle, doch wenn die Frauen über Verlust und Gewinn von Kinderlosigkeit nachdenken, wird deutlich, dass die vorschnelle Festlegung von Ursache und Wirkung der Komplexität der Entscheidungsfindung nicht gerecht wird.

Insgesamt lässt sich feststellen, dass die Motive der befragten Frauen nicht von Abartigkeit, von Konsumgier, von mangelnder Weiblichkeit geprägt waren. Auch von Leichtsinn, Oberflächlichkeit und mangelndem Verantwortungsgefühl ließ sich bei der interviewten Altersgruppe auch zwischen den Zeilen nichts finden. Viel häufiger war von der Verantwortung sich selbst und einem Kind gegenüber die Rede.

Allerdings müssen wir zugeben, dass die lange und gut reflektierten Überlegungen, die uns mitgeteilt wurden, sicher auch ein Reflex auf die von vielen gemachte Erfahrung einer gesellschaftlichen Tabuverletzung sind. Die interviewten kinderlosen Frauen haben sich nicht nur wiederholt für ihre Entscheidung ‚verteidigen' müssen – eine Erfahrung, die Müttern erspart bleibt –, sondern sie haben auch gegenüber sich selbst (den verinnerlichten Normalitätserwartungen) gelernt, ihre Haltung oft genug zu überdenken und sich immer wieder Klarheit über sich selbst zu verschaffen. Denn so ganz ohne Einbrüche verläuft auch das Leben vieler Kinderloser nicht. Sie können sich an Zeiten erinnern, in denen ein längst der Vergangenheit angehörender Kinderwunsch auf einmal wieder auftaucht. So soll z. B. ein Kind eine auseinanderbrechende Ehe retten; bei einer anderen Frau ihrer depressiven Mutter neuen Lebenswillen geben; einer Dritten die Leere nach einem Ortswechsel füllen. Es sind nicht beglückende, befriedigende Lebenssituationen, die den Gedanken an ein Kind aufleben lassen, sondern den Frauen wird sehr schnell klar, dass das Kind Mittel zum Zweck sein soll, um eigene Unzulänglichkeiten zu verdecken und Leerräume zu füllen.

5. ANGST ESSEN VERSTAND AUF?

Bleibt also die Frage, woher speist sich dieses immer noch bestehende Tabu – das auch die von uns befragten Frauen zu einem Mehr an bewusster Reflexion zwang –, das Frauen ohne Kinder und ohne Kinderwunsch als widernatürlich und pflichtvergessen begreift, das aber für Männer, die keine Kinder haben (wollen), nichts Vergleichbares kennt? Die absoluten wie prozentualen Zahlen bewusst kinderloser Frauen sind so klein, ihre Anwesenheit unter lauter ‚kinderwilligen' Eltern so relativ selten, dass sich die Auseinandersetzungen wahrhaftig nicht an ihrem scharenweisen Auftreten entzünden können. Selbst Stammtischpolitiker müssten eigentlich begriffen haben, dass es die sinkenden Kinderzahlen *innerhalb* der Familien mit Kindern sind und nicht die kinderlosen Frauen, die für ‚die aussterbenden Deutschen' verantwortlich sind. Schließlich wollen sie selbst ja auch keine acht bis zehn Kinder mehr aufziehen. Bleibt also nur die Phantasie (wovor hat man eigentlich Angst?) und die Bequemlichkeit eines extremen Feindbildes (Jagd auf Minderheiten), die diese irrationalen Vorwürfe erklären können.

Es wurde bereits in Kap. 2 darauf hingewiesen, dass es ein konstituierendes Merkmal patriarchaler Gesellschaftsformen ist, dass die Verfügungsgewalt der eindeutig aus den Frauen ‚hervorgehenden' Kinder in die Hände der Männer übergeht und Frauen nicht mehr frei über ihre Fruchtbarkeit und ihre Kinder verfügen können. Dazu muss ein System aus komplizierten kulturellen, moralischen, religiösen, rechtlichen und ökonomischen Regeln errichtet und aufrechterhalten werden, um die Rechte und die Gewissheit des Vaters an ‚seinem' Kind zu sichern. Erst die Verfügungsgewalt des Mannes über die Gebärfähigkeit und oft genug Gebärpflicht seiner Frau garantiert ihm ‚seine' Kinder. In vielerlei Gestalt ist diese grundlegende Motivation des patriarchalen Gesellschaftssystems heute noch lebendig und funktional: Ein Heer von männlichen Gesetzgebern, Politikern, Richtern, Ärzten, Priestern, Funktionären und Ideologen wacht auch in modernen Patriarchaten darüber, dass Frauen unter dem Etikett ‚natürliche Pflicht' ihr prokreatives Potential nicht nach eigenem Gutdünken nutzen oder verweigern. Bewusst kinderlose Frauen – wie auch die Freigabe der Abtreibung oder die Zunahme ‚alleinerziehender' Mütter – erschüttern dieses heilige Prinzip durch ihre bloße Existenz, nicht durch ihre Zahl. Dies gilt sowohl für die generelle Ebene – dass das Entscheidungsmonopol über Fruchtbarkeit und sexuelle Spielregeln in männlicher Hand bleibt –, wie auch auf der individuellen privaten Machtebene. Frauen, die keine Kinder wollen, sind weniger beherrschbar, weniger erpressbar und kratzen damit auch im Privatleben vielen Männern an ihrem Souveränitätsgefühl, wie folgende Passage aus einem Interview mit einer sterilisierten Frau erhellt:

> „Die einzigen (negativen) Reaktionen, die kommen, das sind Reaktionen von Männern, die es nicht fassen können, dass ich glücklich darüber bin, kein Kind zu haben, die auch nicht fassen können, dass ich keine Trauer darüber empfinde, dass ich kein Kind mehr kriegen kann. Vielleicht, weil sie glauben, sich dann nicht mehr als Mann beweisen zu können? Weil ich ja von dem Mann nicht schwanger werden kann. Ich nehm ihm ja auch ein Stück weit eine Möglichkeit weg. Also ich glaube nicht, dass die Männer der Ansicht sind, mir fehle das Schönste im Leben einer Frau, nämlich das Mutterglück, sondern ich denke, dass das ihre ureigenste Angst ist, dass sie nämlich kein Kind machen können. Da ein Defizit zu spüren, nicht mein Defizit, sondern ihr eigenes." (Schmitz-Köster, 1987, S. 182/183)

Nun hat es zu allen Zeiten in Patriarchaten Frauen gegeben, die keine Kinder hatten bzw. haben sollten (z. B. Nonnen, Beginen, Krankenschwestern, Lehrerinnen), und die in der Regel den Männern ihrer Gesellschaft keine vergleichbaren Ängste machten. Dies aber nur, weil sie gleichzeitig auf Sexualität verzichteten, sich ‚dienenden' und selbstaufopfernden Tätigkeiten verschrieben hatten und in der Regel auch unter männlicher Oberaufsicht blieben. Dies machte daher keine Angst und wurde keineswegs als Verstoß gegen die Fortpflanzungspflicht angesehen. Erst die ‚freie' Frau ohne Kinder, die sich nicht für andere opfert und nicht auf ihre Sexualität verzichtet – sie macht Angst. Dies kann man auch aus dem zentralen Vorwurf heraushören, den bewusst kinderlose Frauen am häufigsten zu hören bekommen: es sei die ungezügelte Freiheit, ihr Egoismus, kurzum die Emanzipation, die sie von ihrer Natur, sprich von ihrer Pflicht, entferne. Hierin liegt das am meisten befürchtete und verurteilte Motiv: frei durch die Abwesenheit von patriarchal legitimierten/kontrollierten Kindern sich der Verfügungsgewalt der Männer zu entziehen.

3. Die Frau ohne Schatten – der Kinderwunsch und ‚die Natur' der Frau

Die in den letzten Jahren sich häufenden Versuche, die unehelichen Kinder ‚alleinerziehender' Mütter trotzdem per Gesetz ihren biologischen Vätern zu unterstellen bzw. letzteren weitgehende Rechte an ihren Kindern zu erkämpfen, sprechen eine deutliche Sprache (vgl. Erler, 1986; Stein-Hilbers, 1994). Hier ist ein altes Tabu – das der perfekten Diskriminierung unehelicher Mütter und Kinder – so weit entkräftet worden, dass es nun gesetzlicher Schritte bedarf, um diese immer häufiger von Frauen genutzte ‚Lücke' der weiblichen Unabhängigkeit zu schließen.

Die meisten Männer in patriarchalen Gesellschaften haben sehr wohl eine dumpfe Ahnung, wie anstrengend, besitzergreifend und mühsam die Erziehung von Kindern ist – andernfalls würden sie sich trotz Partnerschaftsideologie in ‚fortschrittlichen' Gesellschaften nicht so hartnäckig und flexibel der Teilhabe an dieser Aufgabe entziehen. Insofern ist es doppelt aufschlussreich, dass die männlichen Klagen über die sinkenden Geburtenzahlen gerade nicht an der Verbesserung dieser Kinderaufzuchtbedingungen – die ja Bedingungen für Frauen sind – mit ernsthaften Änderungen ansetzen. Praktische und ausgearbeitete Vorschläge dazu gäbe es genug: Verkürzung der täglichen Arbeitszeit, Vereinbarkeit von Beruf und Familie für *beide* Eltern, Verbesserung der kommunalen Infrastruktur hinsichtlich Kindergärten, Verkehrsmitteln, nahen Ganztagsschulen, kleinen Klassengrößen (die z. B. einen Unterricht mit weniger Hausaufgabenhilfe ermöglichen), usw., usw. Stattdessen wird, wie gesagt, an den angeblich falschen und egoistischen Motiven der Frauen der Hebel angesetzt! Dabei haben sich die Argumente seit Lombroso und Weininger nur scheinbar versachlicht. Über die geborene Verbrecherin/Prostituierte Lombrosos, die sich durch die skrupellose Befriedigung ihrer Gelüste und die Abwesenheit von Muttergefühl auszeichne, über die mannstolle, kinderabweisende Hetäre Weiningers als Frauentyp schlechthin, die feige Frau, die auf ‚ihrem' Schlachtfeld Wehrverweigerung betreibt, über das flatterhafte Luxusweibchen und die genusssüchtige Konsumentin landen wir schließlich bei der modernen Emanze, der eine falsch verstandene Selbstverwirklichung und die Sucht nach Berufskarriere anzulasten sei.

Elisabeth Beck-Gernsheim hatte schon 1984 (S. 118/119) beschrieben, wie die bevölkerungspolitischen Überlegungen von Bevölkerungswissenschaftlern und Bundesregierung darin kulminierten, zu überlegen, „wie der Kinderwunsch selbst beeinflusst werden kann – und gegebenenfalls beeinflusst werden muss", wie auf „nachhaltige Wertekorrekturen" hinzuwirken sei, und dass insbesondere ein fehlverstandener Emanzipationsbegriff kritisiert werden müsse. Zwanzig Jahre später werden von Politik und Medien vor allem ‚die' kinderlosen Akademikerinnen als Hauptursache des Bevölkerungsschwundes vorgeführt (vgl. Schmitt & Winkelmann, 2005; Biller-Adorno, 2005). Die Drohungen, die von den Politikern gegen die als ‚Ursache' des Geburtenrückgangs diagnostizierten Emanzipationsbestrebungen und die damit verbundene Berufstätigkeit von Frauen gerichtet sind, sprechen eine deutliche Sprache. So hieß es bereits im Dritten Familienbericht der Bundesregierung von 1979:

> „Der Staat wäre ... legitimiert einzugreifen, ... wenn die Wirkungen der individuellen Entscheidungen mit gesellschaftlichen und/oder gesamtwirtschaftlichen Zielen nicht zu vereinbaren sind. In diesem Zusammenhang wäre in erster Linie die Auswirkung einer verstärkten Erwerbstätigkeit auf das Geburtenverhalten zu untersuchen. Könnte man nachweisen, dass die verstärkte Erwerbstätigkeit verheirateter Frauen, während der Zeit, in der die

größte Zahl der Kinder geboren wird, zu einem Geburtenrückgang führt, der die Erhaltung der Bevölkerungszahl in Frage stellt, wäre der Staat legitimiert, einer solchen Entwicklung entgegenzutreten." (S. 31)

Es könnte sein, dass sich der Staat mit solchen Überlegungen selbst keinen Gefallen getan hat, gehen sie doch von einer dreifach falschen Analyse aus, die nicht dadurch richtiger wird, dass sie eine historisch stattliche Ahnengalerie hat:
- Erstens ist heute weniger denn je gesichert, dass alle Frauen qua Natur einen ‚Kinderwunsch' haben, der nur durch Beseitigung materieller Hindernisse (z. B. Erziehungsgeld, Anerkennung von Rentenjahren für Kindererziehung, Hilfen zur Wiedereingliederung ins Berufsleben oder durch moralischen Druck etc.) schnell und erfolgreich wieder ‚reinstalliert' werden kann. Es könnte vielmehr sein, dass Frauen keinen Kinderwunsch entwickelt haben, oder dass sie andere – nicht mit solchen Maßnahmen zu behebende – Gründe haben, ihn nicht zu realisieren.
- Zweitens: Auch Frauen mit Kinderwunsch können Berufswünsche haben, die sie realisieren wollen und die ihnen eine Einschränkung ihrer Kinderzahl nahe legen, genauso wie auch reine Familienfrauen ihre Kinderzahl schon beschränkt haben, und zwar aus Gründen, die in beiden Fällen sich nicht primär aus der Berufstätigkeit ergeben, sondern aus dem genannten emotionalen und pädagogischen Aufwand, den man heute für Kinder betreiben muss – insbesondere angesichts mangelnder öffentlicher Kinderbetreuungs-Einrichtungen. Man investiert mehr Zuwendung und Zeit in weniger Kinder, zu denen man ein engeres Verhältnis hat, als früher zu acht oder zehn. Auch dies ist eine relativ einfache Regel, die die „Menschenproduktion des Patriarchats" nicht begreifen will.
- Drittens unterschätzen Vorschläge vom obigen Typ die Berufsmotivation von Frauen. Die Chance, mit einer interessanten und verantwortungsvollen Tätigkeit außer Haus seinen Lebensunterhalt zu verdienen und ein Stück ökonomische Unabhängigkeit zu erhalten, ziehen Frauen *nur dann* einem Kinderwunsch vor, wenn ihnen beides als *unvereinbar* dargestellt wird. Der Mangel an öffentlicher Kinderbetreuung und die Struktur der Berufsanforderungen ist aber von Männern gemacht und daher im Prinzip auch änderbar. Die Berufstruktur als unverrückbar zu setzen, allgemein zugängliche Kinderbetreuung als nicht finanzierbar zu erklären und die Frauen zu zwingen, sich darauf mit ihrem Kinderwunsch einzustellen, könnte zu einem Bumerangeffekt führen: Derart unter Druck gesetzt, entscheiden sich eventuell noch mehr Frauen ganz gegen Kinder – statt für wenige –, weil ihnen Unvereinbarkeit und Verzicht gepredigt werden.

Auch im Jahr 2005 wird wieder ‚der Staat' im Zusammenhang mit der diagnostizierten „Generation Kinderlos" angerufen. „Der Staat könnte viel mehr Unterstützung anbieten" (Bonstein u. a., 2005, S. 62): nämlich die längst vorliegenden Erkenntnisse über „die miserable Betreuungssituation in Deutschland", über den dagegen volkswirtschaftlich profitablen Ausbau von schulischer Betreuung und über die in europäischen Nachbarländern seit über 30 Jahren erfolgreichen kostenfreien Vorschulen auch in Deutschland endlich umzusetzen. „Die Politik hätte bereits vor 25 Jahren handeln müssen." (a. a. O., S. 68)

Wenn dann die Deutschen noch ein paar Jahre eher ausgestorben sein werden, kann die neue Streitfrage lauten: Waren daran die kinderlosen Frauen oder die gedankenlosen Politiker schuld?

4. ALLES UNTER KONTROLLE?
EMANZIPATION DER FRAUEN VERSUS KONSERVATISMUS DER MÄNNER

Die Mitte November 1992 gefallene Entscheidung der anglikanischen Kirche, ihre rein männliche Priesterkaste prinzipiell für Frauen zu öffnen, war erst nach einem fast 20jährigen Diskussionsmarathon zustande gekommen. Während die progressiven Christinnen und Christen sich freuten, die progressiven Atheistinnen und Atheisten den Kopf schüttelten, gab es (außer Zorn und Entsetzen bei den Reaktionären) noch eine dritte mögliche Perspektive auf dieses Ereignis. Nämlich: was verrät eine solche historische Zäsur über den Emanzipationsstand beider Geschlechter, bzw. des Geschlechterverhältnisses einer Gesellschaft? Sind alle anderen, ökonomischen und menschenrechtlichen Fragen soweit geklärt, dass nur noch solche alten Zöpfe fallen müssen? Was verraten die scharfen Reaktionen der katholischen Amtskirche – immerhin der langlebigsten Institution des Patriarchats – symptomatisch über Befindlichkeit und Bewusstseinsstand der heutigen Emanzipationsgegner allgemein? Im folgenden will ich versuchen, zu diesen Fragenkomplexen einige klärende Punkte zusammenzutragen.

1. EIN NEUANFANG MIT VORGESCHICHTE

Der Emanzipationsgrad *beider* Geschlechter wurde bisher hauptsächlich von *einem* Geschlecht, dem weiblichen, vorangetrieben. Das Geschlechterverhältnis wurde dementsprechend – wenn überhaupt – von Frauen der Frauenbewegung in Frage gestellt. In den Ländern der westlichen Welt begann die Zweite Frauenbewegung Ende der 1960er, Anfang der 1970er Jahre und stand – wie schon so oft in der Geschichte, wenn Frauen Menschenrechte einforderten – in unmittelbarem Zusammenhang mit einer umfassenden Kritik an verkrusteten gesellschaftlichen Zuständen und dem Versuch ihrer revolutionären Überwindung – in diesem Falle durch eine Jugend, die nach dem 2. Weltkrieg aufgewachsen war, im demokratischen Geist erzogen, aber nicht geübt war, und die in breiterem Maße als zuvor Zugang zu Bildungsprivilegien hatte. Große Teile einer jungen Frauengeneration, die mit fortschrittlichen Überzeugungen aufgewachsen war, teilten die Kritik ihrer männlichen Kommilitonen an der Restauration der Nachkriegsjahre. Als Frauen aber sahen sie sich seitens ihrer männlichen Mitstreiter einer Haltung ausgesetzt, die offensichtlich Revolutionäre erster und zweiter Klasse unterschied: für Männer die Theorie, die Strategie, die Initiative, die Leitungs- und Entscheidungsfunktionen sowie die Repräsentation, für Frauen die Schreib-, Abzugs- und Kaffeemaschine, Abwasch, Windeln und den – nun ‚befreiten' – Sex.

Die Frauen, die damals die ersten Tomaten warfen – nachdem ihre inhaltlichen Argumente anhaltend unerwünscht und unverstanden blieben – wussten nicht, dass es 120 Jahre zuvor eine Erste Frauenbewegung in Europa, in den USA und in Deutschland gegeben hatte, die immerhin 60 bis 70 Jahre lang gekämpft hatte. Sie konnten weder an deren geistiger Tradition, noch an ihren Argumenten und Erfahrungen anknüpfen, noch aus ihren Fehlern gelernt haben. Eine einseitig männliche Geschichtsschreibung und ihr Widerhall in den Schulbüchern hatte die historischen Kämpfe der Frauen um Menschenrechte, um Bildung, um Rechte am eigenen Leib, um Zugang zur Erwerbsarbeit, um Teilhabe an Kultur und Politik unterschlagen. Wie so viele Anläufe von Frauen fingen also auch die Frauen Anfang der 1970er Jahre wieder bei Null an. Sie wussten nichts von Christine de Pizan (1405) und Flora Tristan (1845) in Frankreich, von Mary Astell (1700), Mary Wollstonecraft (1791) und Emmeline Pankurst (1908) in England, von Louise Otto (1849), Hedwig Dohm (1874) oder Anita Augspurg (1907) in Deutschland, und auch nichts von Elizabeth Cady-Stanton (1895) in den USA oder Alexandra Kollontai (1926) in der UdSSR. Sie wussten nichts von den Forderungen, den Programmen, den Richtungskämpfen und dem Zusammenbruch der Ersten Frauenbewegung auf deutschem Boden. Sie konnten somit auch nicht wissen, auf wessen Schultern sie standen, d. h. dass der ihnen selbstverständlich erscheinende Zugang zu Bildung, Stimmrecht, Rechtsfähigkeit und Berufstätigkeit hart und lange von Frauengenerationen vor ihnen erkämpft werden musste. Ein Anfang bei Null, d. h. naiv, ungeduldig, ohne Überlieferung, ohne Vorbilder, ohne Erfahrung, Förderung, Strategie, Lobby, ohne erprobte Werkzeuge und Kampfformen und ohne Analyse und entwickelte Begriffe. Erst so eine Art von Start zeigt, was eine Person, eine Gruppe, eine Bewegung in der Lage ist zu leisten, und wie berechtigt ihr Anliegen sein muss, wenn sie auf allen diesen Gebieten innerhalb kürzester Zeit grundlegende Arbeiten und Erkenntnisse vorlegt.

2. DIE DOPPELTE GRETCHENFRAGE DER FRAUENBEWEGUNG

In der Tat waren die Frauen, die sich in der neu entstehenden Frauenbewegung engagierten und sie vorantrieben, in der Lage, in atemberaubend kurzer Zeit zu genau jenen zwei Kernpunkten vorzudringen, die seit jeher in patriarchalen Gesellschaften die Stellung der Frau definieren und ihre Diskriminierung garantieren: der Frage nach den Rechten am eigenen (Frauen-)Körper und der Frage nach den Rechten des eigenen Lebensunterhalts (und wie beide miteinander zusammenhängen). Nicht zufällig wurde von den überwiegend gut ausgebildeten Frauen der Zweite Frauenbewegung Punkt eins zuerst aufgegriffen und zum Brennpunkt ihres Engagements. Und ebenso wurde er zum effektiven Punkt der Ausbreitung und Multiplikation ihrer Sichtweisen in andere als nur Bildungsschichten hinein. An der Frage des § 218 zeigte sich, dass von dem mangelnden Verfügungsrecht über den eigenen Körper und seine reproduktive Potenz alle Frauen betroffen waren. So wurde der politische Kampf gegen den damaligen § 218 zum ersten antreibenden, vereinigenden und stärkenden Anliegen der neuen Frauenbewegung – aber ebenso auch zum Brennglas für Erkenntnisse und Analysen über die Funktionsprinzipien patriarchaler Gesellschaften überhaupt.

2.1 Die Rechte am eigenen Leib

Die Kontrolle der weiblichen Fruchtbarkeit und die Verfügung über die Leibesfrüchte der Frau und die somit nötige Überwachung der weiblichen Sexualität wurde zunehmend als eine der grundlegenden patriarchalen Triebfedern erkennbar – quasi als eine Art patriarchaler Urknall, der bis heute sein klar vernehmliches Hintergrundrauschen abstrahlt (vgl. Kap. 2 und 3). Noch immer sind die von den heutigen Gegnern des Selbstbestimmungsrechts der Frau vorgebrachten Argumente in dieser Hinsicht verräterisch, und hier besonders die von den Vertretern der Männerbünde (z. B. Klerus) geäußerten Gründe.

Frauen, die ungewollt schwanger werden und ihre Leibesfrucht nicht austragen wollen, bzw. Frauen, die diese Wahlfreiheit als Selbstbestimmungsrecht einfordern, wird unterstellt, dass sie leichtfertig, gewissenlos und verantwortungsscheu sind, dass sie ihre natürlichen Pflichten ablehnen, egoistisch nur an Genuss, Karriere, Wohlstand und Selbstverwirklichung interessiert seien. Ein denkwürdiger Katalog an Vorwürfen, der sich eher wie eine Liste männlicher Projektionen liest, wenn man bedenkt, dass hinter jeder ungewollt geschwängerten Frau ein ‚fahrlässig penetrierender' Mann steht, dessen Person und Motive aber in der ganzen Diskussion diskret ausgeblendet bleiben. Liest man dagegen die Berichte der Beratungsstellen für Schwangerschaftskonflikte, ergibt sich eher ein Bild von den betroffenen Frauen als verzweifelt, schuldbewusst, verantwortungsvoll, langfristig abwägend und nachdenklich denn als oberflächlich, leichtfertig und genusssüchtig. Die Statistiken zeigen zudem, dass der Großteil der abbrechenden Frauen jene sind, die bereits mehrere Kinder haben (d. h., die ihre Kinderzahl zugunsten der schon vorhandenen beschränken wollen) und nicht die kinderlosen Karrierefrauen oder die sexuell zu freizügigen jungen Mädchen.

Obwohl diese Tatbestände jedem zeitungslesenden Menschen einigermaßen geläufig sind, werden die Vertreter des mächtigsten Männerbundes aller Zeiten, der katholischen Kirche, nicht müde, die allgemein diffamierenden Argumente noch zu übertrumpfen: abtreibende Frauen wurden von katholischen Bischöfen mit Mörderinnen und Nazi-Schergen gleichgesetzt; die Freigabe der Abtreibung wurde mit der organisierten Massentötung der Juden im Holocaust verglichen. Während die neuen *realen KZ*s des Kriegs auf dem Balkan mit vergewaltigten Frauen und Mädchen angefüllt waren – viele von ihnen geschwängert, physisch wie psychisch lebensgefährlich verletzt –, waren diese dem Vatikan keine Stellungnahme wert; wurden vielmehr seine Funktionäre nicht müde, abtreibende Frauen mit Henkern in Vernichtungslagern gleichzustellen.

Solche wüsten Anschuldigungen sagen mehr über die Motive der sie Äußernden und über den grundlegenden Charakter des Konflikts aus, als über die Beschuldigten selbst. Denn genau dies hat der Kampf um das reproduktive Selbstbestimmungsrecht der Frau seit seinen Anfängen bis heute geleistet: die zunehmend klare Erkenntnis, dass der Gedanke der Entscheidungshoheit der Frau über ihren eigenen Körper und über ihre reproduktive Kraft für patriarchal strukturierte Gesellschaften das Böse schlechthin sein muss, weil es an ihre Grundlagen rührt: die männliche Verfügungsgewalt über den von Frauen produzierten Nachwuchs. Den natürlichen Vorteil der

Frauen – dass sie Kinder haben können und Männer nicht – durch männliche Kontrolle zu eliminieren, ist wie wir heute wissen, das Fundament vaterrechtlicher Gesellschaftsordnungen, und war diesen in ihren Anfängen auch klar bewusst, wie wir z. B. bei Cato (ca. 200 v. u. Z.) oder Aristoteles (350 v. u. Z.) nachlesen können (vgl. Kap. 2). Nicht erst das Abtreibungsverbot selbst, sondern bereits lange in seinem Vorfeld haben alle sexualpolitischen wie familienrechtlichen Regelungen in vaterrechtlichen Gesellschaften die gemeinsame Funktion, dem Mann die Entscheidung über und den Zugriff auf die Kinder zu sichern und dies als natürliches Recht auszugeben: Die Rechnung der menschlichen Abstammung nach einer ‚nicht sichtbaren' väterlichen Linie gegenüber einer eindeutig weiblichen Herkunft, die dies sicherstellenden Gebote von weiblicher Jungfräulichkeit, weiblicher Monogamie, weiblichem Scheidungsverbot, das Verdikt außerehelicher Beziehungen für Frauen, weiblicher Gebärzwang, Verbot von Verhütungsmitteln, weibliche Verbannung aus der Öffentlichkeit, Sanktionen bei unehelicher Mutterschaft *und* schließlich das weibliche Abtreibungsverbot, dies alles dient zum Schutz männlicher Kontrolle über das, was sie – bisher – nicht selbst beherrschen: die Kinderherstellung.

Die Erkenntnis, dass es Männern und anderen Abtreibungsgegnern um das Prinzip männlicher Macht und Entscheidung geht, und keinesfalls um geborene Kinder, lebende Mütter und ihre Familien, führte – zusammen mit der Einsicht, dass Frauen nicht leichtfertig abtreiben – dazu, dass der Anspruch auf die rechtliche Anerkennung der Frau als verantwortlich entscheidende Person über die Belange ihres eigenen Körpers ohne Entmündigung durch selbsternannte männliche Ethikkommissionen eine der zentralen Kräfte für die Konsolidierung der Zweiten Frauenbewegung war und es weiterhin bleibt (vgl. den Memminger Prozess, das Mahngeläut der Katholischen Kirche, die abermalige Anrufung des Bundesverfassungsgerichts gegen die parlamentarisch beschlossene Liberalisierung des § 218 im Jahr 1993).

Doch der lang anhaltende Kampf um die weibliche Autonomie über den eigenen Körper ist nicht nur ein aktuelles Barometer männlichen Konservatismus, sondern diente vielmehr als Anstoß zur Erforschung eines ganzen Syndroms weiblicher Zweitrangigkeit und Unterdrückung auf den unterschiedlichsten Ebenen (von Sexualität, Partnerschaft, Familie, Recht, Ausbildung, Beruf und Kultur). Die Zweite Frauenbewegung hat ein ganzes Panoptikum von miteinander zusammenhängenden Faktoren und Facetten aufgedeckt, die alle auf die Entmündigung der Frau als Mensch hinauslaufen. In direktem und engerem Zusammenhang mit der Problematik der Legalisierung des Schwangerschaftsabbruchs standen zunächst Kämpfe um Aufklärung über Verhütungsmethoden in Schulen und Öffentlichkeit, sowie der legale Zugang zu schonenden und sicheren Verhütungsmitteln. Im weiteren Zusammenhang standen der Abbau von Unwissen, Vorurteilen und Ängsten in Sachen weiblicher Sexualität und Sexualmoral generell. Und schließlich wurde sehr bald der unübersehbare Zusammenhang dieser Themen mit der Frage männlicher Gewalt entdeckt und praktisch wie theoretisch bearbeitet. Zunächst wurde das enorme, bisher verborgene Potential von physischer, dann auch psychischer Gewalt in anscheinend ganz normalen Ehen aufgedeckt. Nach dem ersten Anstoß durch schutzsuchende Frauen Mitte der 1970er Jahre bekam das Problem der geschlagenen Frauen eine derartige Eigendynamik, dass es zunehmend eine nichtfeministische Öffentlichkeit beschäftigte. Erst über den ‚Umweg' der körperlichen Gewalt in der Ehe – klarer erkennbar, benennbar, abgrenzbar und in Form von Frauenhäusern mehr und mehr unübersehbar – wurde zunehmend klar, wie sehr die Gewalt gegen Frauen ein fixer gesellschaftlicher Bestandteil ist, und wie erstaunlich eng sie mit dem Thema Sexualität verknüpft ist: von sexueller Gewalt in der Ehe, über die sexuelle Gewalt in Kindheit und Familie, Vergewaltigung und sexuelle Nötigung, bis zu deren kultureller und ideologischer Überhöhung in Pornographie und Kunst.

Auch hier gelang es der Frauenbewegung durch Öffentlichkeitsarbeit wie durch Forschungsarbeiten den Nachweis zu liefern, dass die alten Mythen (z. B. Frauen genießen und provozieren Vergewaltigung, sexueller Missbrauch ist kindliche Wunschphantasie) nicht nur nachweislich falsch sind, sondern der Stützung und Kaschierung der gewalttätigen Verhältnisse dienen und vor allem dem Schutz der Täter. Der weiterhin anhaltende Streit um den ‚Körper Frau', die erneute Runde in der Abtreibungsgesetzgebung, neueste Versuche der Aneignung des weiblichen Uterus durch experimentierfreudige Mediziner (‚Erlanger Modell': Künstliche Belebung eines weiblichen Leichnams zum Austragen eines Fötus) im Verein mit männlichen Ethikkommissionen zeigen, dass der Kampf um das Menschenrecht am eigenen Körper und an eigener Fruchtbarkeit als Thema nicht erledigt ist.

2.2 Das Recht auf ökonomische Unabhängigkeit

Den zweiten zentralen Punkt – das Recht, den eigenen Lebensunterhalt durch Zugang zu Berufen und Erwerbstätigkeit zu sichern, fanden die Frauen der Zweiten Frauenbewegung schon vor – prinzipiell jedenfalls. Es war eine Art spätes Geschenk der Ersten Frauenbewegung, die es in Gestalt des Art. 3 GG durch eine ihrer lebenden Nachfahrinnen, Elisabeth Selbert, der neuen Republik 1949 ins Grundgesetz schreiben ließ. Erst auf den zweiten Blick merkten viele Frauen, dass die verbotene Diskriminierung aufgrund des Geschlechts sich weiterhin in vielerlei wirksamer Gestalt abspielte, in rechtlicher, ökonomischer und sozialer Hinsicht. Sie merkten es vor allem durch die Ausweitung der Frauenbewegung und den dadurch bedingten stärkeren Kontakt zwischen Frauen unterschiedlichster sozialer Herkunft. Hatte eine Studentin oder junge Akademikerin es nicht durch Jobs in der Fabrik gelernt, so erfuhr sie es spätestens durch die gemeinsamen Aktionen und die nun stärkere Konfrontation mit Frauen aus anderen Berufs- und Einkommensverhältnissen, dass Frauen weniger Lohn bekamen als Männer, dass sie geringere Ausbildungs- und Aufstiegschancen hatten als Männer, dass sie eher gekündigt und eher arbeitslos wurden als Männer, und dass sie in leitenden und verantwortungsvollen Positionen sehr viel seltener anzutreffen waren.

Inzwischen haben viele der besser ausgebildeten und beruflich höher qualifizierten Frauen diese Erfahrung längst auch am eigenen Leib machen können. Das Thema der qualifizierten Ausbildung und des gleichberechtigten Zugangs zur Erwerbsarbeit – um das Familieneinkommen aufzubessern, die eigenen Kinder durchzubringen, oder um im Ernstfall vom Partner nicht abhängig oder erpressbar zu sein, aber auch ‚nur', um gleichberechtigt zu sein – hat in den letzten Jahrzehnten einen enormen Zuwachs an Selbstverständlichkeit gewonnen.

Dass dies so ist, ist nicht eine *automatische* Folge des Gleichberechtigungsparagraphen von 1949, sondern das Ergebnis seiner *systematischen Einklagung* und Anmahnung über Jahre hinweg, inklusive vieler Gesetzesinitiativen und -änderungen im Dunstkreis der Zweiten Frauenbewegung. Von der Abschaffung der Leichtlohngruppen und Aufhebung des Nachtarbeitsverbots für Frauen, der Änderung des § 1356 BGB („Die Frau ... ist berechtigt, erwerbstätig zu sein, soweit dies mit ihren Pflichten in Ehe und Familie vereinbar ist"), über die wiederholten Versuche zur Verabschiedung eines Gleichberechtigungsgesetzes, der Anstöße zur Frauenförderpolitik bis hin zu den gegenwärtigen Initiativen zur Ergänzung des Art. 3 GG ist die Frauenbewegung ein anschauliches Beispiel anhaltender Kämpfe um ökonomische und rechtliche Gleichberechtigung mit dem Mann, wobei die Erfolgsbilanz höchst unsicher ist. Einerseits haben die Frauen in dieser Zeit bildungs-, ausbildungs- und beschäftigungspolitisch enorm aufgeholt, so dass die bequemste aller Diskriminierungslegitimationen – die der mangelnden weiblichen Qualifikation und Motivation – heute weniger denn je zu halten ist. Mit 52,6 % waren mehr als die Hälfte des Abiturjahrgangs 2003/2004 weiblich. Der Anteil der weiblichen Studierenden stieg von 22,6 % im Wintersemester 1960/61 auf 47,4 % im Wintersemester 2003/04, die Erwerbsquote der Frauen zwischen 15 und 65 Jahren ist zwischen 1972 und 2003 von 47 % auf über 65 % gestiegen. Andererseits bleiben Frauen trotzdem weiterhin weitgehend ausgeschlossen von den verantwortungsvollen und entscheidungsträchtigen Positionen in Wirtschaft, Wissenschaft, Politik und Kulturbetrieb. 2003 gab es nur 1 % weibliche Führungskräfte in Vorständen der deutschen Wirtschaft, 8,6 % C4-Professorinnen an deutschen Universitäten und nur ein Drittel weibliche Abgeordnete im deutschen Bundestag. In deutschen Ehen und in deutschen Kinderstuben ist Haushalts- und Erziehungsarbeit weiterhin so gut wie ausschließlich Frauensache: selbst berufstätige Frauen sind fast ausschließlich allein für den Haushalt zuständig, 87 % der Alleinerziehenden sind weiblich, und für nur 3 % aller Kinder unter drei Jahren stehen in Westdeutschland Tagesbetreuungsplätze zur Verfügung. Die ehrenamtliche Arbeit in den Bereichen Gesundheit, Behinderten-, Alten- und Familienhilfe wird zu 80 bis 90 % von Frauen geleistet. Und gerade die materielle Kluft zwischen Männern und Frauen bleibt beachtlich: Frauen verdienen durchschnittlich konstant weniger als Männer: eine Arbeiterin verdiente 2004 im Schnitt nur drei Viertel vom Bruttolohn eines männlichen Kollegen; ähnliche Verhältnisse herrschen im Angestellten-Bereich. Frauen sind mit 19 % Arbeitslosigkeit fast doppelt so stark betroffen wie Männer (10 %), und mit über 65 Jahren verfügen sie nur über 48 % des Einkommens ihrer männlichen Altersgenossen (Quellen: Statistisches Bundesamt, 2004; Frankfurter Rundschau, 22.8.2005).

3. Die Frage nach dem Erfolg

Was lässt sich nach einer solchen holzschnittartigen Betrachtung der Aktivitäten und Einsichten der Zweiten Frauenbewegung als mögliche Erfolgs- oder Misserfolgsbilanzierung festhalten? Zunächst nur eins: die Antwort ist hochgradig abhängig vom jeweiligen Hintergrund, vor dem die Frage formuliert wird. Ist die Zweite, ja noch aktive Frauenbewegung an ihren *Ansprüchen* und *Zielen* zu messen? Ist sie an den

4. Alles unter Kontrolle? Emanzipation der Frauen versus Konservatismus der Männer

auf diesem Weg erreichten *Etappensiegen* zu messen? Oder sollte man ihre Erfolge und Misserfolge vor dem *historischen* Hintergrund der Ersten Frauenbewegung beurteilen? Versuchen wir der annähernden Gerechtigkeit halber Antworten auf allen drei Ebenen sukzessive.

3.1 Die ‚harten' Ziele: gleiche Menschenrechte

Gemessen an ihren Ansprüchen – volle Menschenrechte für Frauen in den Kernbereichen körperlicher Integrität und Selbstbestimmung und die gleichberechtigte Absicherung des Lebensunterhalts – hat die Zweite Frauenbewegung ihre Ziele bisher noch nicht erreicht. Für beide Kernbereiche der Emanzipation von Frauen aus quasifeudaler körperlicher und ökonomischer Abhängigkeit von Männerrecht haben es die Feministinnen bisher nicht erreicht, die strukturelle rechtliche Diskriminierung abzuschaffen. Anders herum formuliert: die männlichen Funktionsträger haben die eingeforderten Menschenrechte nicht zugestanden – ein Formulierungsunterschied, auf den ich zurückkommen werde. Es gibt keine ersatzlose Streichung des § 218, es gibt – bisher – keine Änderung des Sexualstrafrechts, keine Abschaffung der steuerlichen Privilegierung der Hausfrauenehe, kein berufliches Frauenförderungsgesetz auf Bundesebene, und es gibt noch immer kein Gleichberechtigungsgesetz und – zumindest bis 2005 – keine Einigung über entsprechende Zusätze zum Grundgesetz. Die ökonomische und die arbeitsmarktpolitische Situation für Frauen hat sich weiter verschärft, und die gegen Frauen gerichteten Gewaltakte (Vergewaltigung, sexueller Missbrauch, Körperverletzung in der Ehe) zeigen keine sinkende Tendenz. Es werden von politischer Seite keine Mittel für mehr Kinderbetreuungsplätze oder für Ganztagsschulen zur Verfügung gestellt – zwei zentrale Voraussetzungen für weibliche Chancengleichheit im Beruf (vgl. Kap. 3).

3.2 Etappensiege und ‚weiche' Ziele

Wenn die Frauenbewegung ihre selbstgesetzten Ziele nicht in vollem Umfang erreicht hat, welche *Teilziele* hat sie dann erreicht, und wie sind diese emanzipationspolitisch zu bewerten? In den letzten 30 Jahren sind einige Gesetzesreformen erfolgt, die durch das von der Frauenbewegung miterzeugte liberalere öffentliche Klima ermöglicht wurden, wie z. B. die oben genannte Abschaffung der ehefraulichen Alleinzuständigkeit für Haushaltsführung und der davon abhängigen ‚Erlaubnis' zur Erwerbstätigkeit, die Reform der Scheidungsgesetze (vom Schuld- zum Zerrüttungsprinzip), die Abschaffung des Kuppeleiparagraphen und des Zwangs zum männlichen Familiennamen, die Strafbarkeit ehelicher Vergewaltigung, die rechtliche Gleichstellung unehelicher Kinder mit ehelichen, der Ausbau von beruflichem Mutterschaftsschutz und Erziehungsurlaub u. ä. – Etappenerfolge, manche auch zweischneidig, noch keine feministische Rechtsrevolution.

Doch die Frauenbewegung hat nicht nur reagiert, sie hat aus der Kritik und Analyse der vorgefundenen Verhältnisse selbst Neues entwickelt. Da die Frauenbewegung in weiten Teilen gleichzeitig eine *Frauenbildungsbewegung* war und ist, haben Frauen zum ersten Mal in der Geschichte in einem zuvor nie gekannten Ausmaß Zugang zu Wissen, Bildung und Ausbildung erlangt, und sie haben dieses Wissen kritisch wie konstruktiv genutzt. Sie haben in allen Disziplinen der Humanwissenschaften (und ansatzweise auch in den Naturwissenschaften) die einseitig männliche Wissensproduktion einer Neubetrachtung unterzogen, Ideologie- und Methodenkritik geleistet und eigene Fragestellungen, eigene wissenschaftliche Forschungsarbeiten und Theorien entwickelt (vgl. Kap. 5). In den vergangenen 30 Jahren ist in Europa und in Nordamerika ein unglaublicher Schub an wissenschaftlicher kreativer feministischer Arbeit in den Bereichen Geschichtswissenschaft, Soziologie, Philosophie, Psychologie, Ethnologie, Sprach- und Literaturwissenschaften, Kunstgeschichte, Pädagogik, Rechtswissenschaften, Medienwissenschaften, Theologie, Archäologie, Medizin- und Gesundheitswissenschaften geleistet worden. Diese enorme Wissensproduktion ist eine klare Leistung der Zweiten Frauenbewegung – die landläufig viel eher mit alternativen Praxisprojekten, feministischer Sozialarbeit, feministischer (Sub-) Kultur, neuen Familienformen und Lesbianismus assoziiert wird, weil diese praktischen Seiten des feministischen Lebens für die Öffentlichkeit sichtbarer (und oft auch anstößiger) sind als die Fortschritte auf theoretischem Gebiet.

Beide Aktionsfelder der Frauenbewegung aber – die oft von identischen Akteurinnen beackert werden – wirken in dieselbe Richtung: Seit den 1980er und 90er Jahren haben sich die allgemeinen Vorstellungen über Frauen und Männer und beider Zusammenleben in einem Ausmaß von Vorstellungen und Vorurteilen der 1950er und 60er Jahre entfernt (und befreit), das unvorstellbar war und heute kaum mehr bewusst reflektiert wird: Die Vorstellungen über ‚richtiges' Verhalten, Handeln und Leben von Frauen (und Männern) haben sich grundlegend gewandelt.

3.3 GLEICHHEIT ODER DIFFERENZ?

Der Zuwachs an Wissen und Aufklärung zusammen mit der Möglichkeit zu weniger rigiden Lebensformen für breitere Frauenschichten als je zuvor führte gleichzeitig auf Seiten der Frauen zu einer schärferen und umfassenderen Wahrnehmung dessen, was in unserer Gesellschaft am Geschlechterverhältnis nicht im Lot ist. Ein Mehr an Urteilsfähigkeit und begründetem Unrechtsempfinden konnte so gleichzeitig – verständlicherweise – bei vielen Frauen auch zu einem Mehr an Enttäuschung und Resignation führen, da sie die Unbeweglichkeit vieler rechtlicher und ökonomischer Hindernisse für Frauen erkannten (vgl. Unmüßig, 2005). Angesichts des Erreichten wie des (noch immer) nicht Erreichten stellt sich die Frage nach der Einschätzung des ‚Erfolgs'. Ist das Glas halbvoll oder halbleer? Die unnachgiebige Härte der männlich geprägten Gesellschaftsstrukturen – aber auch die Haltung der vielen Männer, die diese aufrechterhalten – führt zusammen mit den immer weniger übersehbaren Krisen und Folgekosten einer auf rücksichtslose wirtschaftliche Ausbeutung setzenden, patriarchalen Ökonomie bei vielen Feministinnen zu der Auffassung, dass nicht länger der Kampf um Rechtsgleichheit für Frauen im Vordergrund stehen solle, sondern das Beharren auf einer weiblichen Differenz zum Mann, auf den von Frauen entwickelten Eigenschaften der Fürsorglichkeit, Mitmenschlichkeit und der zwi-

4. Alles unter Kontrolle? Emanzipation der Frauen versus Konservatismus der Männer

schenmenschlichen Verantwortlichkeit. Gleiche Rechte im Beruf und am eigenen Körper erscheinen nun als ‚Gleichmacherei' mit dem männlichen Erfolgs- und Konkurrenzmodell, die den Frauen und der Gesellschaft langfristig nur schaden könne. Viele Frauen wollen nun nicht mehr ‚gleiche' Rechte, sondern andere Rechte. Wenn sich die männliche Zivilisation mit ihrer Katastrophenpolitik nicht durch Gleichberechtigung, Teilhabe und Mitspracherecht der Frauen ändern lässt – und das erscheint vielen Frauen nach über 30 Jahren vergeblicher Bemühungen erwiesen –, dann scheinen Veränderungen eher mit einer Strategie der weiblichen Gegenkultur zu erzielen, die auf die Stärken des weiblichen Andersseins setzt.

Beide Strategievorstellungen innerhalb der Zweiten Frauenbewegung stehen momentan unverbunden, teils sich voneinander abgrenzend, nebeneinander. Die *Strategie der Gleichberechtigung* im persönlichen wie im öffentlichen Leben setzt auf die Menschenrechte und ihre noch ausstehende volle Anwendung auf die Frauen in den Bereichen des Rechts am eigenen Leib (Selbstbestimmung in Sachen Verhütung, Schwangerschaft, Sexualität und Freiheit von physischer und psychischer Gewalt) und des Rechts auf Teilhabe an allen gesellschaftlichen Bereichen (Bildung, Beruf, Kultur, Politik). Die *Strategie der Differenz* setzt auf Mütterlichkeit/Weiblichkeit, weibliche Gegenkultur und auf zwischenmenschliche Moral, Verweigerung der Angleichung an männliche Prinzipien in Beruf und Ökonomie.

Während die abschließende Erfolgsbewertung für beide Strategien noch aussteht, so scheint doch z. Zt. deutlich zu sein, dass beide Positionen ihrerseits für gegensätzliche Erfolgseinschätzungen stehen: die Differenzposition will den weiblichen Kulturanteil deshalb stärken, weil die Gleichberechtigungsstrategie in ihren Augen nichts oder zu wenig gebracht hat; die Gleichberechtigungsposition glaubt die erreichten Fortschritte durch anhaltende Hartnäckigkeit und Verhandlungsgeschick (z. B. im Fall von § 218) vor Rückschlägen bewahren zu können, und durch Forderungen, Kampagnen und Rechtsargumente (Frauenförderung, Frauenquoten, Gender Mainstreaming) sich ihren politischen Zielen schrittweise annähern zu können. Beiden Positionen fehlt aber erstaunlicherweise die Fähigkeit, sich dialektisch mit den eigenen Schwachpunkten zu konfrontieren, nämlich die in der jeweiligen Gegenposition enthaltenen Wahrheitsanteile aufzugreifen (z. B. Differenzforderungen sind berechtigt und erfolgversprechend, aber nur, wenn man von bereits erreichten Zugangsrechten ausgehen kann).

Dieser nicht stattfindende konstruktive Streit der politischen Auseinandersetzung innerhalb der Zweiten Frauenbewegung hat bei einigen Beobachterinnen Déjà-vu-Erlebnisse erzeugt (Klinger, 1986, 1988; vgl. auch Kap. 6), nämlich hinsichtlich der in mancher Hinsicht ähnlichen Argumentationen in der Ersten deutschen Frauenbewegung und auch hinsichtlich der Nachteile, die dieser Umgang für beide Frauenbewegungen (gehabt) haben könnte.

3.4 Rückblick und Vergleich

Ein Vergleich zwischen Erster und Zweiter deutscher Frauenbewegung ist aus mehreren Gründen unfair, aber trotzdem interessant. Interessant ist er deshalb, weil die Erste Frauenbewegung durch zweimalige Abspaltung ihrer Organisationen sich erst von den Arbeiterinnen und dann von den radikalen Bürgerlichen trennte (und diese von ihr). Die verbliebenen sogenannten ‚gemäßigten' Bürgerlichen konzentrierten sich auf die Bildungs- und Stimmrechtsfrage und erreichten mit ihrer Propagierung der ‚geistigen Mütterlichkeit' und eines besonderen ‚weiblichen Wesens' als kultureller Ergänzung und Veredelung der Männerwelt die Zulassung zu ‚weiblichen' Berufen und zur Hochschulbildung. Die von den Proletarierinnen und von den Radikalen zusätzlich vertretenen Forderungen nach Gesetzesänderung bezüglich der Probleme Prostitution, Sexualität, Verhütung, Abtreibung, Scheidung etc. erschienen ihnen als inopportun und dem Ansehen (und dem Erfolg) der bürgerlichen Frauenbewegung schädlich (ausführlicher hierzu siehe Heymann & Augspurg, 1941; Schenk, 1980; Gerhard, 1990a und b). Das aktive und passive Wahlrecht für Frauen erreichte die Erste Frauenbewegung – im Gegensatz zu ihren Kolleginnen in den europäischen Nachbarländern – trotz jahrelanger Kämpfe nicht, sondern bekam es erst nach dem 1. Weltkrieg von der Weimarer Verfassung ‚geschenkt'. Der Auflösung bzw. Gleichschaltung durch die Nationalsozialisten kam der Bund deutscher Frauenvereine nur durch Selbstauflösung zuvor. Der Nationalsozialismus hatte nichts Eiligeres zu tun, als die erkämpften Frauenrechte auf Bildung und Beruf wieder auszuhebeln – mit einer Beschränkung der Studentinnenzahl auf 10 % und der Entfernung der Beamtinnen aus dem öffentlichen Dienst, wobei zynischerweise genau mit den Argumenten vom Wesen, der Bestimmung und den besonderen Aufgaben der Frau argumentiert wurde, wie denn auch die Nationalsozialistinnen sich nicht scheuten, einzelne der ‚Gemäßigten' für sich zu vereinnahmen (vgl. Gerhard, 1990b, S. 383).

Bleibt zunächst festzuhalten, dass sich die verschiedenen Flügel der Ersten Frauenbewegung nicht konstruktiv gestritten, sondern destruktiv ausgegrenzt haben (vgl. Kap. 5). Das führte dazu, dass sie sich aufsplitterten und dann einzeln zerrieben wurden – die Proletarierinnen von der eigenen Männerpartei, die Radikalen von den ‚Gemäßigten' und die ‚Gemäßigten' von den Faschisten. Das Stimmrecht konnte *keine* Richtung allein erkämpfen, und die so wichtigen Erfolge in den Bereichen Bildung und Berufstätigkeit wurden mit genau denselben Argumenten hinweggefegt, mit denen sie erkämpft worden waren – so gründlich, dass nicht einmal eine Erinnerung in den Geschichtsbüchern an diese Kämpfe übrig blieb.

Außer der verblüffenden *Ähnlichkeit* zwischen Erster und Zweiter Frauenbewegung – Ausdifferenzierung in Vertreterinnen von Menschenrechten und Vertreterinnen eines besonderen weiblichen Wesens (und der nicht stattgefundenen Klärung, dass und wie beides zusammenhängen müsste) – gibt es natürlich eine Menge zentraler *Unterschiede* zwischen beiden Bewegungen, deren wichtigste gerechterweise genannt werden müssen, gerade auch um eventuelle Erfolge der jetzigen Frauenbewegung mithilfe dieser zusätzlichen Perspektive einschätzen zu können. Die Zweite Frauenbewegung hatte im wesentlichen völlig andere Start- und Arbeitsbedingungen als die Erste: sie konnte von ihren – zwar ebenso revolutionären – Anfängen an doch von unvergleichlich besseren rechtlichen Bedingungen ausgehen. Und sie konnte mit einem wesentlich breiteren Spektrum an gut ausgebildeten Frauen rechnen, das ansprechbar und mobilisierbar war. Somit standen potentiell wie realiter größere Mitglieder- und Sympathisantenzahlen zur Verfügung, die in breitere Bevölkerungsschichten hinein ausstrahlten. Dementsprechend war der Zweiten Frauenbewegung eine viel umfangreichere Palette an Themen und Projekten aufgegeben, die sie verfolgen musste und konnte, als es je der Ersten Frauenbewegung möglich gewesen war. Ihren Mitgliedern wurde und ist klar, dass es praktisch kein einziges gesellschaftliches Gebiet gibt, das nicht von der Geschlechterfrage berührt ist. Diese Einsicht ist allerdings auch der bitteren Erkenntnis geschuldet, dass es heute ein Gros an *zusätzlichen* Problemen und eine *Ausweitung* bestehender Probleme um Weltdimensionen gibt, die zu Anfang dieses Jahrhunderts so nicht existierten oder nicht erkannt werden konnten (z. B. atomare Bedrohung/Verseuchung, Umweltzerstörung, weltweite ökonomische Krisen und forcierte Ausbeutung der Dritten Welt, globale Kriege und Flüchtlingsprobleme, zusätzliche Enteignung und Bedrohung des weiblichen Körpers durch Gen- und Embryonaltechnologie etc.). All dies zusammengenommen bescherte der Zweiten Frauenbewegung ein unvergleichliches Mehr an politischer Auseinandersetzung und an wissenschaftlicher Herausforderung bezüglich des Geschlechterverhältnisses und seiner Auswirkungen in den unterschiedlichsten Feldern von Praxis und Theorie.

4. Versuch einer Zwischenbilanz

Die Erste Frauenbewegung ist nicht mehr dazu gekommen, ein Resümee ihrer Erfahrungen zu ziehen; die Zweite ist dagegen noch lebendig und kann überdies aus ihren eigenen Erfahrungen wie aus denen der Ersten noch Schlüsse ziehen. Sie hat außerdem die Chance, bei der Diskussion der weiblichen Differenz zum Mann strategisch die rechtlich bessere Ausgangsposition als die Erste Frauenbewegung zu besitzen. Sie hat zumindest potentiell die Werkzeuge in der Hand, ihren internen Streit um Gleichheit versus Differenz der Geschlechter dialektisch zu führen und nicht dogmatisch – wenn sie es nur will.

Beide Frauenbewegungen haben in der Tat ihre größten Erfolge auf den ‚weichen' Gebieten von Bildung, Aufklärung, Kultur- und Ideologiekritik vorzuweisen – wobei die Zweite hier eindeutig qualitativ und quantitativ mehr leisten konnte. Auf den ‚harten' Gebieten von rechtlichen und strukturellen Gesellschaftsveränderungen waren beide Bewegungen nicht sehr erfolgreich – wobei nur die Zeit zeigen wird, ob die ‚weichen' Erfolge auf die Dauer nicht doch ‚harte' Ergebnisse zeitigen. Doch ist gleichzeitig äußerste Vorsicht angebracht: die eher ‚weichen' Erfolge von Bildung und Wissenszuwachs waren in der Ersten Frauenbewegung schwach abgesichert, und für die Zweite Frauenbewegung steht ein nur annähernd vergleichbarer Härtetest wie der Hitlerfaschismus zum Glück bisher aus. Im Rahmen eines massiven ‚back lash' für den Feminismus zumindest in den USA seit der Reagan-Bush-Ära (Faludi, 1993) und des auch in Europa wieder hoffähig werdenden Faschismus und Rechtsextremismus gibt es jeden Grund zu höchster Wachsamkeit. Antisemitismus, Ethnozentrismus und Faschismus hatten noch immer in Geschichte und Gegenwart als 4. Bundesgenossen den Sexismus. Somit sind massive Versuche, Frauen auch unter Androhung von Gewalt die Teilhabe an Menschenrechten wieder zu versagen oder zu erschweren, nicht auszuschließen.

Außerdem muss für die deutsche Situation registriert werden, dass die erreichten Erfolge a) nur in *bestimmten* inhaltlichen Bereichen getätigt wurden, die *nicht* an die patriarchale Substanz gingen, und außerdem b) sich nur in bestimmten Regionen – z. B. Bundesländern, Städten – etablieren konnten unter völliger Aussparung anderer: z. B. bei Frauengleichstellungsstellen, § 218-Beratungsstellen oder medizinischer Versorgung mit schonenden Abbruchmethoden. Viele Errungenschaften sind überdies nur ‚geduldet' und gehen manchen Männern schon jetzt entschieden zu weit. Im Falle härter werdender ökonomischer Konkurrenz oder von knapper werdenden Ressourcen werden sie per Machtgebrauch storniert: beispielsweise die bescheidenen Anstrengungen, Frauen in der Politik, auf dem Arbeitsmarkt, in der Wissenschaft wenn schon nicht zu fördern, so doch angemessen zu beteiligen. Die derzeitigen beschäftigungspolitischen Vorgänge in den neuen Bundesländern – immerhin zu verantworten auch von westlichen Männern – sind ein schamloses Beispiel für die kostengünstige Vertreibung von Frauen aus ihnen zustehenden Arbeitsbereichen. Alle bisherigen Erfolge stehen also auf noch immer unsicherem Terrain (vgl. Unmüßig, 2005).

5. DIE ROLLE DER MÄNNER

Wir haben uns daran gewöhnt, sowohl die Unsicherheit erreichter Positionen als auch das Nicht-Erreichen von wichtigen Zielen des Feminismus durch negative Wendungen zu beschreiben wie: „gelang es der Frauenbewegung nicht, XYZ durchzusetzen ..., verfehlten die Feministinnen ihr gesetztes Ziel..., scheiterten die Frauen, ihre Vorstellungen zu realisieren ..." und dgl. mehr. Ein gutes Beispiel hierfür sind die Kämpfe um das Frauenstimmrecht in der Ersten deutschen Frauenbewegung: trotz aller Kämpfe hat „sie es aus eigener Kraft nicht erreicht" (siehe vorn). Das klingt immer fatal danach, als ob die Frauen eben nicht genug gekämpft hätten. Schließlich waren ihre europäischen Schwestern doch erfolgreicher – wenn man nur an die englischen Suffragetten denkt ... usw.

Man kann diese Zuschreibung aber auch umkehren und sagen: die *deutschen Männer* waren ganz besonders hartherzig und im Vergleich mit den anderen europäischen Männern noch viel reaktionärer. Das wäre eine völlig andere Perspektive auf dieselbe Sache. Da die Männer de facto die Macht hatten, das Stimmrecht ‚zu gewähren' oder nicht (wie sie auch heute die Macht haben, den Abtreibungsparagraphen gegen eine demoskopische Mehrheit der Bevölkerung, nicht nur der Frauen, zu verschärfen oder seine Reform zu verhindern), ist diese Betrachtungsweise mehr als legitim. Bittsteller können so überzeugend sein wie sie wollen, wenn der Machtinhaber ‚nein' sagt, gibt es keine legalen Mittel mehr. Wie ist dieser hartnäckige Einsatz von schierer Macht zu erklären? Werfen wir einen Blick auf die *Erscheinungsebene*, auf die *funktional machterhaltende* Ebene und auf die *individuell psychologische*.

5.1 Die Arroganz der Macht

Zunächst ist erstaunlich, wie wenig selbst die gebildeten Repräsentanten einer patriarchalen Gesellschaft – seien ihre Arbeitsfelder nun in Kultur, Wissenschaften, Rechtsprechung oder Politik – die von der Frauenbewegung jeweils bearbeiteten Themen überhaupt zur Kenntnis nehmen. Während sie sonst auf jedem dieser Gebiete auf dem Laufenden sein müssen, leisten sich viele Bildungsbürger hier arrogante Ignoranz. Auch ist ihr Unrechtsbewusstsein angesichts der eindeutigen Statistiken über physische und sexuelle Gewalt oder hinsichtlich sexueller Übergriffe und Diskriminierungen im Berufsleben oder von weiblicher Armut nicht besonders tangiert. Noch ist ihr ethisches Bewusstsein sonderlich sensibilisiert, wenn über fundamentale körperliche und Verfassungsrechte von Frauen durch männliche Gremien (,Ethikkommissionen') oder überwiegend männliche Verfassungsgerichte und -kommissionen entschieden werden soll.

Auch das Bedürfnis, die wissenschaftlichen Leistungen der Frauenforschung zur Kenntnis zu nehmen, ist erstaunlich gering ausgeprägt. Nur wenige männliche Wissenschaftler interessieren sich etwa dafür, was in ihrer eigenen Disziplin Kolleginnen zum Thema Geschlechterverhältnis/Geschlechterideologie geforscht haben, sei dies nun in Psychologie, Literaturwissenschaften, Künsten, Geschichtswissenschaften oder Rechts- und Wirtschaftswissenschaften. Hier ist Ignoranz die Regel und Informiertheit die Ausnahme. Dies hat seine Entsprechung natürlich auch in vielen Praxisfeldern des Alltags, wo traditionellerweise Leistungen und Beiträge von Frauen nicht wahrgenommen werden.

5.2 Der Erhalt der Macht

Auf einer strukturellen Makroebene sind solche Verhaltensweisen noch am ehesten verständlich – einfach weil sie funktional für den Erhalt des Status quo sind, und damit für die bestehenden, männlichen Privilegien bei Arbeits- und Ressourcenaufteilung. Außer der reinen Beharrungsträgheit eines etablierten Systems sind es selbstverständlich die immanenten Ziele und Zwecke des Systems selbst – hier also die Kontrolle über Frauen durch Männer auf verschiedensten Ebenen, insbesondere über weiblichen Arbeitseinsatz und Reproduktionstätigkeit, durch effektives Fernhalten von Frauen aus substantiellen politischen Entscheidungen, wie auch Kontrolle über die bewusstseinsbildenden Sphären des Kulturbetriebs, der Medien und des Klerus. Für diese patriarchale Makroebene liegen inzwischen umfassende Analysen vor (z. B. u. a.: Janssen-Jurreit, 1978; Keller, 1986; von Braun, 1988; French, 1988, 1992; Honegger, 1991).

Schon auf dieser Ebene lässt sich die eingangs gestellte Frage beantworten: der Frauenausschluss aus dem Bereich des Kultus in Form des Ausschlusses vom Priesteramt (und durch das Zölibat auch aus dem Privatleben des männlichen Priesters) ist eine der ältesten und sinnbildlichsten Formen für männliche Kontrolle qua Frauenausschluss (hier: von der geistigen/geistlichen Macht). Diese Form des Machtanspruchs definiert sich tatsächlich, so der Pontifex Maximus wörtlich, nur ex negativo: „Durch die Zulassung von Frauen ist die eigentliche Natur des Priesteramtes direkt berührt" (Frankfurter Rundschau, 13.11.1992, S. 1 u. 3). Die ‚Natur' des Amtes ist der Ausschluss von Frauen. Dieses recht hohe Selbstverständnis ist seit der Säkularisierung zwar zunehmend lächerlich, dafür aber in andere gesellschaftliche Männerbünde wirkungsvoll eingesickert.

5.3 Angst vor Kontrollverlust

Aber werfen wir abschließend einen Blick auf die Ebene der *individuellen* Motivation jener Männer, die die Rettung patriarchaler Prinzipien vor Frauenanmaßung auf ihre persönlichen Fahnen geschrieben haben. Natürlich geht es auch hier – frau hätte es voraussagen können – um die Aufrechterhaltung bzw. den Verlust von liebgewordenen Privilegien. Wenn die Frau beispielsweise ebenso berufstätig ist wie der Mann, könnte es passieren, dass er mit Hand anlegen müsste bei Haushalt und Kinderversorgung, oder dass er auf sie als Konkurrentin am Arbeitsmarkt trifft. Beide Gefahren sind z. Zt. recht gering und auch rein abstrakt, da selbst berufstätige Frauen bekanntlich überwiegend die Organisation von Haushalt und Kindererziehung leisten, und da die finanziell interessanten Berufe statt ehrlicher Konkurrenz de facto eine Männerquote praktizieren. Daher scheint es zusätzlich noch um mehr zu gehen, wie wir den vielen individuellen Fallgeschichten ‚ganz normaler' Männer wie auch denen expliziter Emanzipationsgegner entnehmen können.

So begründeten die militanten Pro-Life-Kämpfer in den USA ihr Engagement (Anzünden und Demolieren von Kliniken, Zusammenschlagen von Schwestern und Ärzten, Kidnapping von Patientinnen mit Abbruch-Terminen) damit, dass sich das Recht auf Schwangerschaftsabbruch gegen den Vater richte (es ist nicht „ihr" Baby, sondern „seins"), dass die Frauen ihre Männer nicht liebten, wenn sie „sein" Baby abtrieben, und dass die Frauen nicht allein entscheiden dürften, bzw. solche Fragen überhaupt nicht entscheiden dürften. Schließlich wurde noch moniert, dass Frauen keine Gefahren mehr riskieren würden, wenn sie legal, und d. h. medizinisch überwacht, abtreiben könnten (s. Faludi, 1993).

In weniger militanten Fällen, wo nur öffentlich agitiert und diffamiert oder ein bisschen das Recht gebeugt wurde, kommen motivational ebenfalls merkwürdige Details zum Vorschein: Ein deutscher Richter, im Memminger Prozess einschlägig aktiv, hat seine Freundin in der Vergangenheit selbst zum Abbruch animiert; ein amerikanischer Pro-Life-TV-Star erhält durch seine Auftritte endlich die Anerkennung, die ihm jahrelang als Versager auf anderen Feldern nicht gezollt wurde. Ein irischer Bischof hat privat Geliebte, einen illegitimen Sohn und veruntreute Gemeindegelder zu verbergen, wenn er die offizielle Abtreibungspolitik seiner Kirche vertritt. Deutsche Juristen und Politiker, die sich öffentlich für das ungeborene Leben einsetzen, haben ebenfalls im Privatleben Schwangerschaftsabbrüche und/oder unalimentierte Kinder aufzuweisen.

Auf der Prominentenleiter nach unten steigend erfahren wir, dass auch ganz normale Männer sich häufig durch ein auffällig distanziertes bis manipulatives Verhältnis gerade gegenüber den Frauen, die ihnen nahe stehen, auszeichnen. Viele deutsche und österreichische Männer berichten in Interviews (Benard & Schlaffer, 1992), dass sie ihre Freundinnen, Geliebten und Ehefrauen oft mit emotionaler Distanziertheit verletzen, dass sie sich vor gemeinsamer Verantwortung (z. B. für Schwangerschaften, Abbrüche, Kinderaufzucht) drücken, sie ihre Partnerin zwanghaft vor den Kopf stoßen (mit Affären, Verlassen und Gefühlskälte) – alles, wenn sie jeweils zu große ‚Nähe' befürchten und so die emotionale Distanz wahren wollen. Wenn sie zuviel eigenes Gefühl, zuviel Involviertsein, zuviel Engagement ihrerseits befürchten, kurz, wenn sie meinen, nicht mehr ‚die Kontrolle' über sich selbst und über die Gefühlsbeziehung zu haben.

Sie sind zwar leicht zu begeistern für starke und partnerschaftliche Frauen, können es mit ihnen aber nicht lange aushalten, weil sie nicht gelernt haben, zwischen starken Gefühlen zu einer Frau als gleichwertiger Erwachsener *und* dem Gefühl, von einer starken Frau bemuttert und damit womöglich kontrolliert zu werden, zu unterscheiden. Die Autorinnen führen dies durchgängige Muster in den Biographien ihrer Interviewpartner nicht auf das klassische Klischee der dominanten Mutter zurück, sondern darauf, dass diese Männer als Kinder durch das Verhalten ihrer *Väter* (gegenüber ihren Müttern – nämlich kalt, sich entziehend bis verweigernd, durch Unansprechbarkeit und Abwesenheit glänzend) ihre eigene Mutter nur in der Mutterrolle, *aber nicht in der Rolle der Partnerin eines Mannes* erleben konnten. Dementsprechend fehlt diese Vorstellungskombination später in ihrem Frauenbild, und sie nehmen *jede* Frau, zu der sie eine *Gefühls*beziehung aufnehmen, gleichzeitig als (mütterliche) Bedrohung und Kontrolle wahr. Man mag dieser interessanten Interpretation zustimmen oder nicht, auf jeden Fall bringt sie eine neue Perspektive in die Debatte der ‚neuen Väter'. Diese hätten nämlich demnach nicht nur den unschätzbaren Wert, die Ehefrauen endlich zu entlasten und ihren Söhnen als Väter wertvolle Vorbilder zu liefern, sondern außerdem die wichtige Funktion, ihren Söhnen Beispiele zu liefern, wie man ‚Männlichkeit' nicht durch Dominanz und Verweigerung gegenüber einer Frau definiert, sondern dadurch, dass man starke und attraktive Frauen auch als Gefährtinnen behandeln kann (und nicht nur als managende und notwendigerweise kontrollierende Mutter).

Die Interviewergebnisse zeigen aber auch ohne diese Interpretation klar und eindeutig, was das Problem der Männer mit ihren Frauen ist: verblüffenderweise ist es dasselbe wie auf der Makroebene des Patriarchats – Angst vor Kontrollverlust! Der militante Abtreibungsgegner, der bigotte Richter, der zwanghafte Bigamist, der frauenverschleißende Macho, der gegen Quotenregelung kreuzfahrende Politiker und ebensoviele normale, gefühlskontrollierte Männer – ihnen allen geht es nicht ‚nur' ums Prinzip. Es geht ihnen ebenfalls auch ganz persönlich um ihre Angst vor zu viel Involviertsein, vor Kontrollverlust ihrer eigenen emotionalen Befindlichkeit. Wenn die Frauen ihres Alltagslebens von ihnen mehr als Menschen ernstgenommen würden, und sie selbst als Partner, nicht nur als Dominanzträger oder Verweigerer auftreten müssten, wäre es um ihr Selbstwertgefühl, aber auch um ihr Gefühlskorsett geschehen.

6. KLEINER VORSCHLAG ZUR STRATEGIEBEREICHERUNG

Bliebe eine letzte strategische Überlegung anzustellen. Wenn, wie angedeutet, sich die Hauptmotive patriarchaler Systeme ‚Ausschluss und Kontrolle von Frauen' als psychologische Entsprechungen auch auf der individuell-biographischen Ebene vieler emanzipationsblockierender Männer wiederfinden lassen, dann sollten diese Motivationen im Kampf um Frauenemanzipation in Zukunft auch klarer herausgearbeitet werden, und zwar um ihren unreifen Egoismus, ihre pubertäre Dürftigkeit klarzustellen.

Beide Frauenbewegungen haben die glatte machtpolitische Weigerung der jeweiligen männlichen Machtinhaber gegenüber ihren Forderungen nicht als verursachenden Faktor ‚ihrer' Misserfolge analysiert, sondern sie als gegeben vorausgesetzt. Sie haben sich viel stärker selbstkritisch nach ihren eigenen Fehlern und nach einer verbesserten Strategie gefragt. Vielleicht sollte der bewusste Blick auf die männlichen Verursachungsfaktoren bei künftigen Strategieüberlegungen doch ein zusätzliches Gewicht bekommen. Nach den vielen hehren Prinzipien, die Gleichberechtigung fordernde Frauen sich haben um die Ohren schlagen lassen müssen (Rettung der Familie, Kindeswohl, Achtung des Lebens etc.), kann es nicht nur entlarvend und entlastend, sondern auch erhellend und orientierend wirken, wenn außer der analysierten und kontinuierlich berannten Festung der Makroebene ‚Patriarchat' und der Erörterung der eigenen Fehler zusätzlich die weniger edlen privaten Beweggründe und Lebensläufe patriarchaler Mandatsträger ins öffentliche Bewusstsein gerückt werden. Warum also die hier erarbeiteten Erkenntnisse nicht auch als solche stärker in den Public Relations des politischen Kampfes mit einsetzen? Es würde vielleicht letztlich – nicht zu verachten – in breiterem Maße die Unterstützung derjenigen Männer mobilisieren, die die o. a. Mechanismen in Theorie und Praxis nicht mehr oder noch nie nötig hatten.

Teil II

Feministische Erkenntnisproduktion und herrschende Wissenschaft: Werkzeuge und Methoden, Streit und der Wechsel von Perspektiven

5. SISTERS IN CRIME? – SISTERS IN SCIENCE!
DEN DENKFABRIKEN IN DIE WERKSTATT GESCHAUT

Vor über 30 Jahren, am 7.7.1969, veröffentlichte eine Gruppe junger radikaler Feministinnen in New York City das *Redstockings Manifesto* und löste damit gewaltiges Aufsehen und innerhalb der ‚neuen' sozialen Bewegungen[1] einen Skandal aus: Sie hatten knallhart und kurz behauptet, dass „alle Männer" Frauen unterdrückten – also auch unsere Ehemänner, Väter, Brüder, Liebhaber, Freunde und politischen Genossen.

> „We identify the agents of our oppression as men ... Men have controlled all political, economic, and cultural institutions and backed up this control with physical force. They have used their power to keep women in an inferior position. *All men* receive economic, sexual and psychological benefits from male supremacy. *All men* have oppressed women." (S. 109)

Es waren nicht mehr in erster Linie ‚das Kapital', ‚das System' oder die historisch entstandenen ‚ungerechten Verhältnisse', wie es die Neue Linke sah, nicht mehr nur ‚die Kultur', ‚die Gesellschaft' oder ‚die Institutionen', wie es kritische Liberale formuliert hatten. Das Patriarchat bekam Namen und Adresse. Männer waren nicht nur Opfer und Handlanger ‚des' Systems, sondern sie waren außerdem Nutznießer und aktive Gestalter.

Auch für Feministinnen wie z. B. Betty Friedan waren diese ‚Radikalen' unbequem, weil sie den Feminismus als männerfeindlich und ideologisch verbohrt erscheinen ließen, also als politisch unklug oder sogar falsch. Viele zeitgenössische Feministinnen hielten vielmehr in erster Linie rigide ‚Geschlechterrollen', frauenfeindliche ‚Einstellungen', antiquierte und diskriminierende Gesetzgebung und Erziehungspraktiken für die primären Ursachen der Frauenunterdrückung, nicht den Mann auf der Straße oder den in der Familie.

Weiterhin interessant ist, dass im *Redstockings Manifesto* nicht nur eine Einladung an aufgeklärte und kritische Männer enthalten war, die interessiert waren, „to give up their male privileges and support women's liberation in the interest of our humanity and their own" (S. 111) – also kein universeller Männerhass –, sondern auch Strategievorschläge, die für die vorliegenden Zwecke besonders beachtenswert erscheinen:

> „We regard our personal experience, and our feelings about that experience, as the basis for the analysis of our common situation. We cannot rely on existing ideologies as they are the products of male supremacist culture." (S. 110)

---

1 Civil Rights Movement, New Left- und Anti War Movement, Women's Liberation Movement.

Was macht den Rückblick auf ein mehr als 30 Jahre altes programmatisches Manifest aus den Anfängen der Zweiten Frauenbewegung – die damals noch nicht von der Existenz einer ‚Ersten' Frauenbewegung im selben Jahrhundert wusste – so interessant für die aus der Frauenbewegung hervorgegangenen feministischen Wissenschaften, die Frauen- bzw. Geschlechterforschung? Zwei Punkte scheinen über die zeitliche Distanz hinweg aufschlussreich: Die damals so schockierende, ‚radikale' Einbeziehung aller konkreten Männer ins patriarchale Profiteure-System legt heute keine trennenden Schneisen mehr durch die Mitte des feministischen Spektrums, sondern findet, wenn überhaupt noch, als Randgeplänkel mit sympathisierenden Frauen statt, die sich beeilen festzustellen, keine Männerhasserinnen zu sein. Die Frauenbewegung insgesamt wie auch die feministischen Wissenschaftlerinnen haben inzwischen genügend breite Erfahrungen sowohl mit Männern als Individuen, als auch mit männlichen Institutionen gesammelt, um sich gelassen darüber klar zu sein, dass beide Einsichten sich keineswegs widersprechen: Männer sind ‚auch' Opfer des Systems, in der Regel aber zugleich seine Stützen, Verteidiger, Täter und Nutznießer. ‚Doing gender' findet selbstverständlich auch auf der Ebene des individuellen Männchens der Spezies Mensch statt. Radikale Positionen der Frauenbewegung/Frauenforschung können offensichtlich innerhalb einer Generation zu allgemein geteilten Einsichten werden; die Grenze zwischen ‚radikal' und ‚mainstream' ist beweglich.

Die im zweiten Zitat der *Redstockings* formulierte Devise scheint dagegen programmatisch wie strategisch durchgängig stabil gewesen zu sein: Die persönliche Erfahrung von Frauen als Ausgangspunkt der Wissensfindung und -erarbeitung zu benutzen, die eigenen Reaktionen/Gefühle/Reflexionen dieser Erfahrungen für eine gemeinsam neu zu entwickelnde Analyse der weiblichen Situation einzusetzen, den Rückgriff auf existierende Ideensysteme der männlichen Dominanzkultur bewusst zu verweigern.

Dieser Appell richtete sich damals vorrangig auf die pragmatische Erkenntnis der alltäglichen Lebensbedingungen von Frauen im Patriarchat und sollte gemeinsame Erkenntnisse ermöglichen, die nicht schon von patriarchalen Deutungen des Frauenlebens kontaminiert waren. Die nach diesen Prinzipien arbeitenden Consciousness-Raising-Groups konnten denn auch einen nicht zu unterschätzenden Erkenntniszuwachs bei den in ihnen sprechenden und analysierenden Frauen erzeugen bezüglich der eigenen und der Situation von anderen Frauen – eine erste Art alltagssoziologischer Handlungsforschung. Spätestens mittels dieser Art von systematisierter Erfahrung/Empirie war den beteiligten Frauen klar, dass und warum das Persönliche politisch ist.

Programmatisch analog hieß dieses Vorgehen für die *Wissenschaftlerinnen* innerhalb der Frauenbewegung aber noch viel mehr: Skepsis und Kritikfähigkeit gegenüber den herrschenden Traditionen der eigenen Disziplin; eigene Forschungsfragen; eigene Empirie, die nicht nur von den männlich geprägten wissenschaftlichen Vorgaben ausgeht; Suche nach und reflektierter Einsatz von wissenschaftlichen Methoden, die den Lebensbedingungen des ‚zweiten Geschlechts' angemessen Rechnung tragen; Reflexionen des eigenen Standorts bei der Analyse von Erkenntnissen.

Was diese beiden zentralen Punkte – Kritik/Infragestellung des bisherigen Wissenschaftskanons, selbstbestimmte Forschungsfragen und -methoden – tatsächlich

5. Sisters in Crime? – Sisters in Science!

für die Entwicklung feministischer Wissenschaft bedeuten würde, ließ sich damals nur ansatzweise ahnen. Erst mit wachsendem Zeitabstand und angesichts der unterdessen entwickelten Erkenntnisse, Konzepte, Diskurse und Selbstreflexionen kann die Kühnheit wie die überfällige Berechtigung eines solchen Aufbruchs angemessener eingeschätzt werden – in erster Linie durch das an Volumen wie an Qualität beeindruckende vorgelegte wissenschaftliche Werk.

1. DIE GESCHLECHTERPERSPEKTIVE IN DEN EINZELWISSENSCHAFTEN: ARBEITEN AUF DREI BAUSTELLEN ZUGLEICH

1.1 PRÜFUNG DER FUNDAMENTE: KRITIK UND DEKONSTRUKTION

Tatsächlich konnten die ab den 1960er und 70er Jahren vermehrt in den Wissenschaftsbetrieb eindringenden Frauen in ihren jeweiligen Disziplinen die von den *Redstockings* formulierten Einsichten direkt auf ihre eigenen Erfahrungen übertragen. War es zunächst in erster Linie um Zugang und gerechte Teilhabe für beide Geschlechter an Wissen und Erkenntnisproduktion gegangen, so zeigte sich bald, dass sowohl das vorhandene Wissen als auch das zu seiner Erzeugung benutzte Werkzeug deutliche Spuren des Herstellungsprozesses zeigte: Es war in zunehmend sichtbar werdendem Umfang von Männern für Männer gemachtes Wissen, hervorgegangen aus männlicher Perspektive und aus dem Werkzeug- und Methodengebrauch von männlichen Akteuren. Das damit erlangte Wissen war keineswegs objektiv und wertfrei entdeckte Wahrheit, sondern ein Konstrukt, das die Zeichen seiner Herstellung trug – die seiner Hersteller, seiner Herstellungsmethoden und die der Interessen seiner Hersteller.

Der erste grundlegende Schritt in dieser unerwarteten Konfrontation mit ‚der' Wissenschaft bestand für die Novizinnen im Wissenschaftsprozess also in sorgfältigen exemplarischen wie übergreifenden Kritiken an den androzentrischen Fragestellungen, Forschungsdesigns, Methodeneinsätzen und Ergebnisinterpretationen ihrer Disziplinen. Diese unter dem Stichwort ‚Androzentrismuskritik' zusammengefasste Auseinandersetzung mit dem vorgefundenen – und bis heute noch vorfindbaren – male main stream in den Wissenschaften war der erste und grundlegende Schritt in der Auseinandersetzung mit der bis dato unter Frauenausschluss funktionierenden Bildungs- und Wissensfabrikation. Er ist in über 30 Jahren nicht überflüssig geworden.

Bis heute sind Androzentrismuskritik und Wissenschaftsdekonstruktion nur möglich gewesen durch die *Zusammenarbeit* von Frauen *in den Wissenschaften* und durch ihren Einsatz von *Logik* und von *Perspektivwechsel*. Sie sind nach wie vor die schärfsten Waffen gegen jene sich als objektiv und wertfrei gerierende Wissensproduktion geblieben, die Mensch gleich Mann setzt. Sie weisen am schnellsten und am eindeutigsten Einseitigkeit, Blindheit und Interessengeleitetheit betreffender Arbeiten nach, indem sie die Standards der Wissenschaft gegen ihre eigenen Konstrukteure wenden, nämlich sachlich, logisch, vorurteilsfrei in Fragestellung, Methodenumgang und Interpretation zu sein.

1.2 Neue Grundlagen, Kampf gegen Altlasten, Prüfung eigener Konstruktionen: Innovation, Transformation, Selbstreflexion

Der zweite, daran notwendig sich anschließende Schritt war allen Beteiligten klar: Er bedeutete, den Prozess der Wissensherstellung zu verändern, und zwar durch Frauen: also jener menschlichen Hälfte, die potentiell mit anders strukturierten Sichtweisen ausgestattet ist – zusätzlich zu den in den Wissenschaften entwickelten, die von ihnen ebenfalls beherrscht wurden. Dies hieß, nach neuen Konzepten zu suchen oder sie zu entwickeln, andere Fragestellungen zu formulieren, andere Methoden einzusetzen, bzw. den Umgang mit den vorhandenen zu reflektieren und zu verändern. Es hieß ebenso, Frauen zu höheren Anteilen als Produzentinnen am Wissenschaftsbetrieb zu beteiligen, sie für den Zugang dahin auszubilden, zu fördern *und* die dazugehörigen Differenzen *zwischen* Frauen (nach Herkunft, sozialer Position, Ressourcen, Interessen, Neigungen, Strategien, Alter usw.) so einzubinden, dass sie sich produktiv und nicht lähmend oder zerstörerisch auswirken. Ein Mammutprogramm, wenn nicht sogar ein Sisyphos-Programm. Vor allem, wenn man hinzunimmt, dass diese in Angriff genommenen Aufgaben nicht im neutralen Raum stattfanden und -finden, sondern in der Regel im Widerspruch zu dem bereits eingespielten Wissenschaftsbetrieb. Und das heißt, gegen den Widerstand der dort etablierten und durchaus zufriedenen Männer – mit ihrem dreifachen Vorsprung: an Definitionsmacht, an Positionsmacht und (nicht zu unterschätzen) an Macht durch eine hautnah zugeschnittene Interessen- und Biographie-Kongruenz zwischen Wissens-Inhalten, Wissens-Herstellungsmaschinerie und Wissens-Hohepriestern.

Dieser zweite Schritt – weiterführende Kritik durch eigene Forschungskonzepte, die die Geschlechterfrage in die Wissenschaft hineintragen – ist seit 30 Jahren trotz aller Widrigkeiten, Rückschläge und Behinderungen in vollem Gange und hat in dieser Zeit zu eigenen wissenschaftlichen Diskursen innerhalb der Disziplinen, aber auch zu disziplinübergreifenden geführt. In den Sozialwissenschaften (wie Soziologie, Kulturanthropologie, Psychologie, Pädagogik, Geschichtswissenschaften) bzw. den Geistes- und Textwissenschaften (wie Sprach- und Literaturwissenschaften, Philosophie, Kunstgeschichte) ist es innerhalb nur einer Generation sehr schwer geworden – zumindest auf einem internationalen Niveau – Kritiken und Arbeiten der Frauen- und Geschlechterforschung zu ignorieren oder zu desavouieren.

Feministische Forschungen auf diesen Gebieten stimmen weitgehend darin überein, dass die Absetzbewegungen von der einen herrschenden Perspektive auf ‚die' Wahrheit zu einer mehrfacettigen Sichtweise von komplexeren ‚Wahrheiten' führen kann (und muss), die sich nicht notwendigerweise ausschließen, sondern ergänzen, weil sie z. B. Standpunktabhängigkeiten der Forschenden nutzen und nicht dogmatisch verengen. Die aktive Berücksichtigung des Standorts (sprich der Erfahrungen, Eigenschaften, Interessen) der forschenden Personen und ihrer Blickunterschiede wie -überschneidungen bringt aufschlussreichere und den sozialen Wahrheiten besser angenäherte Ergebnisse (wie auch Korrekturmöglichkeiten) mit sich als das kanonische Vorgehen entlang der als ‚klassisch' etablierten Fragen und Methoden der jeweiligen Disziplin.

5. Sisters in Crime? – Sisters in Science!

Die feministische Infragestellung des einen, richtigen (männlichen) Wissenskanons und dessen konstruktive Transformationsversuche haben allerdings seit den späten 1960er und den 70er Jahren Unterstützung erfahren durch die zeitgleiche Krise in den Sozialwissenschaften, die ebenfalls die positivistischen Grundsätze und das daraus abgeleitete Erkenntnis-Procedere als alleinigen Königsweg der wissenschaftlichen Forschung aus anderen Erwägungen[2] in Frage gestellt hatte und andere, der flexiblen Natur sozialer wie kultureller Gebilde Rechnung tragende Methoden propagiert hatte (vgl. Glaser & Strauss, 1967; Freire, 1970; Geertz, 1973; Reason & Rowan, 1981; Reinharz, 1981). Interessant ist, dass feministische Forscherinnen sich dieser Ansätze und ihrer ‚weichen' Methoden durchaus empirisch wie argumentativ bedient haben, andererseits die männlichen Vertreter dieser neuen Richtungen in den Sozialwissenschaften nur in den wenigsten Fällen ihrerseits die wachsende Evidenz an Fruchtbarkeit und Ergiebigkeit einer feministischen Forschung und Wissenschaftstheorie gewürdigt haben. Bisweilen wurde sogar versichert, die feministische Wissenschaft habe ja ‚nur' für ihren eigenen – schmalen – Bereich dankbar nachvollzogen, was andernorts schon vorgedacht und gebrauchsfertig bereitgestellt worden sei.

Dessen ungeachtet haben feministische Wissenschaftlerinnen sowohl inner- wie außerhalb akademischer Einrichtungen inzwischen so vielfältige und originäre Forschungsfelder in 30 Jahren eröffnet und bearbeitet, dass diese sich weder unter einem bescheidenen ‚Beitrag zu ...' (ihrer jeweiligen Herkunftsdisziplin) noch unter der bloßen (Rezepte-) ‚Anwendung von ...' (Anstößen großer Denker) verstecken lassen. Feministische Arbeiten zu vorher ‚unsichtbaren' Problemen wie: Gewalt in der Ehe, Diskriminierung am Arbeitsplatz, sexuelle Übergriffe, Abtreibungsverbote, Alleinerziehende, Ess-Störungen, weibliche Armut, weibliche Moral, weibliche Kulturschaffende, Geschlecht und Sprache, Geschlecht und Politik, Frauenberufe, weiblicher Umgang mit Macht, usw. sind nicht nur als seriöse wissenschaftliche Forschungsfragen geachtet, die die zuvor bestehende Blindheit für diese Phänomene nachträglich unbegreiflich erscheinen lassen, sondern sie verdeutlichen außerdem ein typisches strategisches wie methodisches Merkmal feministischer Forschung, nämlich jenes eines ernstgenommenen interdisziplinären Vorgehens, das an Problemstellungen und Problemlösungen orientiert ist und weniger an Fächergrenzen.

Dadurch wurden zentrale sozialwissenschaftliche Forschungsfelder wie Familie, Staat, Arbeit, Kriminalität, Sexualität entscheidend verändert: Familiensoziologische Forschungen z. B. können heute Macht und Geschlecht als zentrale Kategorien nicht mehr übersehen; arbeitswissenschaftliche Untersuchungen sind in ihren Analysen nicht nur auf die formelle und informelle Ökonomie angewiesen, sondern ebenso auf die der Hausarbeit; Devianz- und Kriminalitätsstudien kommen ohne die Einbezie-

---

2 Diese Kritiken hatten ihrerseits eine Vorgeschichte (z. B. Chicago School, Handlungsforschung), die einerseits hoffnungsvoll stimmen kann – auch aus einem dominanten Wissenschaftskanon können sich neue Gegenströmungen entwickeln –, als auch zu heilsam desillusionierenden Einsichten führen kann: Selbst die rebellierenden Söhne und Brüder sind sich in ihrer Blindheit gegenüber den Rechten, Talenten und Leistungen ihrer Schwestern/Partnerinnen/Töchter merkwürdig ähnlich.

hung öffentlicher wie privater Gewalt gegen Frauen und gegen Kinder nicht mehr aus, Gesundheitswissenschaften und Medizin können Geschlechterfragen nicht mehr ausblenden (vgl. Kap. 14), usw.

Zwei übergreifende Merkmale dieser Expansion feministischer Wissenschaft auf etablierten wie auf neuen Forschungsfeldern bleiben noch hervorzuheben: der Umgang mit Methoden und die Reflexion und Weiterentwicklung von eigenen Forschungsansätzen aus dem feministischen Spektrum.

Die Kritik feministischer Wissenschaftlerinnen hat sich – ganz im Sinne der *Redstockings* – von Anfang an auf die in ihren Disziplinen herrschenden Untersuchungsmethoden gerichtet: als einseitig und verengt auf *quantifizierbare* Daten, die wichtige *Qualitäten* der eigentlichen Forschungsfragen nicht aufspüren können, sie verzerren, ignorieren oder unzugänglich machen. Die Bevorzugung qualitativer Verfahren wie Interviews, teilnehmende Beobachtung, Erhebung biographischer und historischer Daten und textanalytische Ansätze haben überzeugende Ergebnisse, aber auch heftige Debatten über ‚genuin' feministische Forschungsmethoden ausgelöst. Trotz engagierter Debatten pro und contra ‚weiche' Methoden als ‚typisch' feministisch sind aber mit wachsender Erfahrung und Zeit mehr Flexibilität und Gelassenheit in dieser Frage eingekehrt (vgl. Zentraleinrichtung zur Förderung von Frauenstudien, 1984; Reinharz, 1993; Stanley, 1993; Diezinger u. a., 1994; Matlin, 2000). Feministische Geschlechterforschung benutzt neben qualitativen Methoden dort, wo es inhaltlich (und ethisch) vertretbar ist, heute selbstverständlich auch quantifizierende und standardisierte Verfahren[3] (vgl. z. B. Kolip, 1997). Für Fragen feministischer Wissenskonstruktion und Epistemologie hat sich inzwischen der Schwerpunkt der Debatte auf die zentrale Frage verlagert, *wie* Wissens-Herstellungsprozesse überhaupt ablaufen, und welchen Einfluss dieser Prozess auf die Art und Gültigkeit des Wissensprodukts hat (vgl. Harding, 1987; Stanley, 1993).

Der Verlauf der Debatte um feministische Methoden in den Sozialwissenschaften zeigt bis heute, dass feministische Forscherinnen eigene methodische Wege gegangen sind, diese aber flexibel und undogmatisch gehandhabt haben, je nach Problemstellung und auch in Berücksichtigung der mit verschiedenen Methoden über die Jahre gesammelten Erfahrungen.

Eine spezifisch feministische Bereicherung der Methodendebatte scheinen die positiven Erfahrungen mit und die Wertschätzung von ‚Feminist Research Support Groups' (Reinharz, 1984) zu sein, die den Forschungskontext durch wechselseitigen Support unterstützen und die ganz bewusst als Weiterführung der klassischen feministischen Tradition der Erkenntnisgewinnung durch Consciousness-Raising-Groups gesehen werden (vgl. MacKinnon, 1983). Zusätzlich werden für die Methodenfrage inzwischen von vielen Feministinnen die Einbeziehung von historischen Kontexten (auch solche der eigenen Disziplin) als unverzichtbar angesehen. „Feministische Forscherinnen aller Disziplinen engagieren sich bei der Suche nach ihren Vorfahrin-

---

3 Die Frage ethischer Vertretbarkeit stellt sich für alle qualitativen Verfahren selbstverständlich ebenso.

nen – einer anderen Version der Suche nach Schwestern" (Reinharz, 1993, S. 432; vgl. auch Reinharz, 1989a, 1989b). Um patriarchale Wissensstrukturen zu überwinden, bedarf es eben auch der Anknüpfung an unterbrochene Traditionen und des aktiven Bewusstseins für die Auswahl, Weiterführung und Nutzung von periodisch immer wieder abgebrochenen weiblichen Wissenskulturen (vgl. Carroll, 1976; Lerner, 1993; Honegger & Wobbe, 1998).

Schließlich bleibt als letzter Punkt zur Charakterisierung von über 30 Jahren feministischer Wissenschaftsbaustellen zu betonen – durchaus in Fortführung des letztgenannten Punktes –, dass die Forschungsarbeiten entlang bestimmter Konzepte und Fragestellungen sich über den beobachtbaren Zeitraum deutlich weiterentwickeln und verändern.

Frühe widerständige feministische Konzepte aus den 1970er Jahren sind in den 1980er und 90er Jahren ihrerseits weiter der Kritik, der Präzisierung und der Umstrukturierung unterworfen worden – also aktiv benutzt, bestritten, korrigiert oder neu formuliert worden. Als bekannteste Beispiele mögen hier die vielzitierten Arbeiten von Martina Horner zur weiblichen ‚Furcht vor Erfolg' (Horner, 1970, 1972) und deren Weiterführung und überzeugende Neuinterpretation durch Monahan et al. (1974), Condry & Dyer (1976) und Mednick & Thomas (1993) gelten (vgl. auch Kap. 11) und die Arbeiten von Carol Gilligan. Sie hatte in ihrer Auseinandersetzung mit den von ihrem Lehrer Kohlberg behaupteten Entwicklungsstufen menschlicher Moralentwicklung eine ‚weibliche Moral' erforscht, deren Bestreitung und kritische Weiterentwicklung durch jüngere Autorinnen und auch durch sie selbst hin zur neuen Perspektive *verschiedener* moralischer Haltungen führte, die von *beiden* Geschlechtern eingenommen werden können (vgl. Gilligan, 1984, 1991; Nunner-Winkler, 1991). Ähnliches gilt auch für die vielbeachteten Arbeiten von Sandra Bem über ‚Androgynie' als mögliches Persönlichkeitsmerkmal beider Geschlechter (1974, 1975) hin zu einer von ihr selbst revidierten Analyseform der Geschlechterspezifik unter der Perspektive einer ‚Geschlechter-Schema-Theorie' (Bem 1987, 1993).

Feministische Forschung ist also ihrerseits an einer selbstkritischen Reflexion ihrer Fragen und Ergebnisse interessiert, an einer Streitkultur um bessere, d. h. stimmige Erkenntnisse und Deutungen, an Selbst- und Fremdkritik. Die bis heute vorgelegten Arbeiten weisen nicht nur die Entwicklung disziplinärer und interdisziplinärer Wissenstraditionen und -diskurse auf, sondern auch eine aktive und reflexive Streitkultur, für die gesichert erscheinende Erkenntnisse und renommierte Autorinnen nicht per se sakrosankt sind. Schwesternstreit in diesem Sinne kann zwar anstrengend sein, hat sich bisher aber überwiegend konstruktiv ausgewirkt, und sei es in der Rückversicherung sinnvoller Konzepte auch durch ‚überflüssigen' Streit – für die jeweils *nächste* Forscherinnen-Generation.

1.3 Weitere Stockwerke? Implementation und Integration der Geschlechterforschung

Was lässt sich nun nach gut 30 Jahren über den derzeitigen Stand der wissenschaftsinternen Akzeptanz, der Integration der Impulse der Frauenforschung in die Einzelwissenschaften bzw. in den Mainstream der Wissenschaften sagen? Und: anhand welcher Kriterien könnte sich eine solche Fragestellung überprüfen lassen? Am Anteil von Frauenforscherinnen am wissenschaftlichen Personal? Der Anzahl der von ihnen besetzten akademischen Lehrstühle? Der Berücksichtigung von Konzepten und Ergebnissen der Geschlechterforschung in den Standardlehrbüchern? Der Einrichtung von interdisziplinären Frauenstudiengängen bzw. der von Pflicht- und Wahlfächern in regulären Studiengängen? Am Umfang von eingeworbenen Forschungsgeldern für wissenschaftliche Projekte? Oder an der Anzahl der Veröffentlichungen zur Geschlechterforschung in Fachzeitschriften und ihrer Teilhabe am Zitierindex? In all diesen Bereichen möglicher Kriterien sind unbestreitbar Einflüsse und Veränderungen feststellbar. Gemessen an dem, was vor 30 Jahren als Ausgangsbasis vorhanden war und was bei allem radikalen Elan realistischerweise erreichbar erschien, ist das inzwischen Geleistete ein immenser Erfolg und ein unglaublicher Schritt in Richtung einer neuen Wissenschaftskultur. Gleichzeitig wissen alle daran beteiligten Frauengenerationen, dass gemessen an dem, was inhaltlich und strukturell notwendig, geschlechterpolitisch gerecht und systemverändernd wäre, die feministische Forschung ein marginales Leben im Rahmen des gesamten Wissenschaftsbetriebes führt – mit gewissen nationalen Unterschieden. Und dass vor allem bestimmte Bereiche (v. a. technische und naturwissenschaftliche Disziplinen) sich völlig unberührt von feministischer Kritik geben und erst recht von epistemologischen Fragen des Feminismus[4].

Angesichts der Verteilung realer materieller Macht in Wissenschaft und Forschung scheint es derzeit offen, ob feministische Geschlechterforschung weiterhin ein freundlich geduldeter Randbereich des Wissenschaftsbetriebs bleibt – Sigrid Weigel nannte ihn „Frauenforschung als Quarantäne-Station" (1993) –, den Mann sich gönnerhaft, aber gefahrlos leisten kann. Es scheint fraglich, ob sie nicht sogar vielerorts durch feststellbare Backlash- und Überdruss-Phänomene in ihrem Bestand vielmehr gefährdet ist, oder ob eine geistige und intellektuelle Infiltration durch ‚gute' bzw. ‚bessere' feministische Wissenschaft bereits zu neuen Selbstverständlichkeiten geführt hat, hinter die anspruchsvolle Wissenschaft in Zukunft nicht mehr zurück kann.

---

4 Die als ‚hart' bezeichneten Naturwissenschaften (v. a. Physik, Chemie, Astronomie) verhalten sich national wie international gegenüber feministischer Wissenschaftskritik völlig unzugänglich, obwohl sie im gegenwärtig tobenden ‚Science War' durchaus angefasst reagieren – auf die Argumente *männlicher* Vertreter der klassischen Geistes- und Textwissenschaften (vgl. u. a. Silvers, 1996; Horgan, 1997; Latour, 1999). Vorsichtige Berührungen gibt es lediglich in einigen Bereichen von Architektur- und Ingenieurwissenschaften, sowie in manchen Gebieten der Biologie.

5. Sisters in Crime? – Sisters in Science!

Wie könnte sich vor diesem ambivalenten Hintergrund des ‚Viel-erreicht-aber-noch-lange-nicht-genug' eine so wichtige aber auch schwierige Frage wenigstens ansatzweise ins Auge fassen lassen? Die Frauenbewegung hat bereits in ihren Anfängen klar erkannt, dass ihre Positionen, Diskussionen, Aktionen, Strategien, Erfolge und Analysen der *Dokumentation* bedürfen, um aus der absoluten Traditionslosigkeit, der Geschichts- und Erfahrungs-Enteignung immer neuer Frauengenerationen herauszukommen. D. h., dass Möglichkeiten bereitgestellt werden müssen, um Wissen, Erfahrung und eigene Geschichte nutzen und weiterentwickeln zu können. Seit 30 Jahren – und das gilt besonders für die in den Wissenschaften arbeitenden Feministinnen – hat daher die Publikation ‚weiblicher' Stimmen, ‚weiblicher' Sprache und ‚weiblicher' Erkenntnis eine zentrale Rolle gespielt, gerade angesichts des für Frauen erschwerten Zugangs zu männlich dominierten Publikationsorganen. Die Publikation der von Frauen geschaffenen Erkenntnis war und ist somit eins der Fundamente feministischer Forschung: die Berichterstattung und der schriftliche Austausch über Erreichtes, Fragestellungen, Kontroverses. Seit den Anfängen gibt es daher in regelmäßigen Abständen Zwischenbilanzen, Übersichten, Anthologien und Resümees über den Stand der inhaltlichen Auseinandersetzungen, über zentrale Probleme feministischer Projekte und Politik. Von daher liegt es nahe, vor allem dorthin – auf einschlägige Veröffentlichungen – zu schauen, wenn es um diese Frage gehen soll: Haben sich wissenschaftliche Fragestellungen und Konzepte durch die Arbeiten der Frauen- und Geschlechterforschung verändert und wenn ja, wie? Gibt es Anzeichen für gelungene exemplarische Einzelfälle oder für übergreifende strukturelle Tendenzen, wo das Einbringen einer feministischen Geschlechterperspektive innerhalb der Einzeldisziplinen die Vorgehensweisen und das disziplinäre Selbstverständnis dergestalt neu strukturieren, dass sowohl die jeweilige Disziplin nach eigenem wohlverstandenem Interesse davon profitiert, als auch die eingeführten feministischen Perspektiven (von Geschlecht, Macht, Interessen, Ressourcen u. ä.) als organische und notwendige wahrnehmbar sind, und zwar für alle mit der jeweiligen Fragestellung Vertrauten?

Tatsächlich gibt es heute solche feministischen Forschungsarbeiten, die zumindest innerhalb ihrer jeweiligen Fächer als selbstverständlich und berechtigt gelten – nicht zufällig sind dies Disziplinen, die aus inhaltlichen Gründen mit der Zweigeschlechtlichkeit der menschlichen Kultur besonders konfrontiert sind, wie z.B. die Geschichtswissenschaften, die Gesundheitswissenschaften oder die Kulturanthropologie/Ethnographie, wo Probleme anfallen, die den Umgang mit Macht, den Umgang mit Körper(n) oder Fragen des Alltagshandelns betreffen.

Hier sind in der Tat häufig feministische Arbeiten anzutreffen, die selbstverständlicher als in manchen anderen Nachbardisziplinen die Geschlechterfrage als wissenschaftlich legitim verfolgen, und die die teilweisen Transformationsprozesse innerhalb ihrer Disziplin als Konsens voraussetzen können, ohne marginalisiert oder ideologisiert zu werden. Bezeichnenderweise sind diese Arbeiten in Einzelwissenschaften angesiedelt, die das Thema ‚Geschlecht' und ‚Frauen' weniger bequem ausgrenzen können und in denen sich deutlicher als anderswo auch bei männlichen Gate-Keepern Reflexion und Veränderungswillen ansatzweise entwickelt haben. Diese Beispiele sind bisher zwar selten, aber es gibt sie – und das ist hier der interessierende Punkt. Sie kommen unangestrengt überzeugend daher. Ob sie eine Vorreiterfunktion für die Implementation und Integration feministischer Wissenschaft in die bereits etablierten Wissenschaften haben werden – im Sinne einer Impulsgebung für inhaltliche und strukturelle Veränderungen dieser Unternehmen auf lange Sicht –, ist zur Zeit offen. Auszuschließen ist es nicht, wenn man an die bisherige Entwicklung denkt, die vor 30 Jahren so auch nicht für möglich gehalten wurde. Konkrete Beispiele dafür finden sich u. a. in von Braun & Stephan (2000) und in Dausien et al. (1999).

2. SISTERS IN SCIENCE

Den Nutzen wissenschaftlicher Erkenntnis für die – selbst bestimmten – Interessen und Problemlösungen der ‚anderen' Hälfte der Menschheit zugänglich zu machen, hat nicht als Heldentat großer Einzelkämpferinnen funktioniert. Vereinzelte berühmte Ausnahme-Frauen hat es in den Wissenschaften schon immer (mal) gegeben – ohne Folgen für die strukturelle oder konzeptionelle Veränderung einer Disziplin. Erst eine wachsende und vielfältige Teilnahme von Frauen hat einen qualitativen Wechsel an inhaltlichen und methodischen Herausforderungen ermöglicht, an radikaler wissenschaftstheoretischer Kritik und an innovativen Forschungszugängen. Diese Entwicklung war in den vergangenen 30 Jahren nur möglich durch eine Form solidarischer, wenn auch streitbarer Kooperation und Förderung von Frauen untereinander innerhalb der Wissenschaften. Dabei ging es sowohl um Zusammenarbeit im Sinne wechselseitiger Unterstützung und Bekräftigung, als auch um einseitige Forderungen wie Förderungen zwischen Frauen versetzter Generationen und Positionen, vor allem aber um intellektuelle Anregung, Kritik, Rückmeldung, Austausch, Streit, Abgrenzung, Beharrungsvermögen und Kompromissfähigkeit. Für diese besonderen Qualitäten passt noch immer am besten die klassische Metapher der ‚sisterhood' der Zweiten Frauenbewegung. Bei allen mit dieser Metapher gemachten ambivalenten, ernüchternden wie beflügelnden Erfahrungen bleibt sie doch nach wie vor ‚powerful', weil sie die spezifischen Eigenschaften von unterstützenden, meist wechselseitigen Beziehungen zwischen Frauen bündelt. Diese bauen nicht auf Hierarchie, Autorität, Macht- und Altersvorsprung auf, sondern trotz aller möglichen zeitgebundenen Erfahrungs- und Positionsunterschiede auf der Gleichwertigkeit an Fähigkeiten und Engagement, wie sie bei Schwestern unterschiedlichen Alters, aber mit gemeinsamem Familienhintergrund vorkommen. Schwestern sind ähnlich, aber nicht gleich; es gibt sogar extrem unähnliche Schwestern. Das Bild von gegenseitig sich unterstützenden und anleitenden Schwestern scheint auf Wissenschaftlerinnen verschiedener Generationen besser zuzutreffen als die im Wissenschaftskanon vorherrschenden Bilder von ‚Vätern' und ‚Müttern', die erfahrungsgemäß zentnerschwer sind, und wo selbst der befreiende Vater- oder Muttermord wie Pech haften bleibt. Mit älteren wie jüngeren Schwestern kann frau gelassener umgehen – Unterschiede und Streit sind im Bild enthalten, lebenslange Loyalitäten und Erbansprüche werden nicht erwartet. Schwestern braucht man im Zweifelsfall nicht umzubringen, man kann zwischen ihnen wechseln oder sie verlassen; mit Müttern und Vätern bleibt man lebenslang verstrickt – auch posthum. Wenn schon Altersunterschiede, dann lieber schwesterliche, und: unter Schwestern kann man auswählen.

Eine in den Anfängen der Frauenbewegung benutzte und durch Erfahrungen handlich gewordene Metapher für die Arbeits- und Unterstützungsbedingungen für Frauen im Wissenschaftsbetrieb wieder nützlich zu machen, hat den Vorteil, dass besonders den Frauen in diesem Arbeitsbereich deutlich bleibt, dass Wissenschaft – auch unter Männern – in der Regel keinesfalls von einsamen Genies gemacht wird, sondern von gut eingespielten Teams. Dies gilt umso mehr für Frauen, die unter erschwerten Bedingungen antreten und umso kritischer auf Netzwerke, Förderung und Vorbilder angewiesen sind, wie sie für ambitionierte Männer so beiläufig bereitstehen. Das ausdrückliche Bewusstsein, dass Frauen in den Wissenschaften für ihr erfolgreiches Arbeiten mangels kritischer Masse stärker auf wohlwollende wie inspirierende Förderung und Ermutigung angewiesen sind (die eben nicht en passant bereitstehen), kann die Metapher der Schwester – ähnlich, nicht gleich; jünger/älter, aber nicht gleichgültig – anschaulich transportieren: auf kleinere Schwestern passt frau auf; auf größere kann frau sich verlassen; Schwesternstreit ist kein Weltuntergang; Stafetten können an mehr als nur eine weitergegeben werden. Und: die Frage der Geschwisterposition ist stets eine von Zeit *und* eine, die sich auswächst.

3. SISTERS IN CRIME

1975 hatte die Kriminologin Freda Adler in ihrem aufsehenerregenden Buch ‚Sisters in Crime' behauptet, dass die steigenden Kriminalitätsraten von Frauen eine direkte Folge der Frauenbewegung seien. Frauen würden durch die vom Feminismus geförderte Ablehnung weiblicher Moral und weiblicher Eigenschaften auch den Ehrgeiz entwickeln, ‚männliche' Verbrechen zu begehen. Ihr weit zitiertes Buch wurde in der Folge gründlich zerpflückt: Kriminelle Frauen zeigten eindeutig keine Vorlieben für Women's Lib, sondern hingen konservativen Geschlechtsrollen an.

Korrelationen sollten also nicht automatisch mit Kausalitäten gleichgesetzt werden: Wenn Frauen – via Emanzipation – erstmalig Zugang zu eigenem Bankkonto und bezahlter Berufsarbeit bekommen, stehen damit auch neue Betätigungsfelder offen (z. B. Scheckbetrug, Firmendiebstahl), die sonst exklusiv Männern vorbehalten waren. Nicht die Ideen der Frauenbewegung hatten sie dazu angestiftet, sondern nur die neuen Gelegenheiten.

Gilt dies auch für den Zugang und die Aktivitäten von Frauen in die/den Wissenschaften? War (und ist) es für Frauen in patriarchalen Gesellschaften nicht lange genug ebenso ein ‚Verbrechen', wie die Männer Wissen anzustreben und zu produzieren? („Ein Kind mit eines Riesen Waffen – halb vom Menschen, halb vom Affen" (Friedrich Schiller); „Der Frau aber gestatte ich nicht, zu lehren" (Apostel Paulus), usw., usw.). Hat der ertrotzte Zugang zu den heiligen Hallen des Wissens und Denkens neue Gelegenheiten für die Entwicklung ketzerischer krimineller Gedanken geschaffen? Ist hier ein männliches Walhall (‚Wissenschaft') mit männlichen Spiel- und Ausschlussregeln frevlerisch anverwandelt worden?

Vermutlich ist es noch viel schlimmer, als die Kriminologin Adler befürchtete: Frauen begehen im neuen Terrain der Wissenschaft nicht einfach die *gleichen* Verbrechen wie Männer, sondern ihre eigenen. Hier sind ganz andere ‚Sisters in Crime' am Werk, wie es auch der – zufällig? – gleichnamige Club der anglo-amerikanischen

Kriminalroman-Schriftstellerinnen signalisiert: Aus der Erkenntnis heraus, dass das inzwischen auch literaturwissenschaftlich als seriöser Untersuchungsgegenstand geltende Genre der Kriminal-/Detektivliteratur lange genug von den ‚hard boiled' Autoren dominiert und definiert wurde (wie z. B. Raymond Chandler, Dashiell Hammett u. a.), hat sich inzwischen nicht nur herausgestellt, dass weibliche Autoren schon jahrhundertelang dieses Genre erfolgreich betrieben (vgl. Reddy, 1990; Keitel, 1998), sondern dass sie trotz Publikumserfolgs und trotz großer ‚Ausnahmen' (z. B. Agatha Christie, Dorothy Sayers u. a.) als Autorinnen für dieses Genre als ungeeignet galten, belächelt und totgeschwiegen wurden.

Die seit den 1980er Jahren verstärkt neu einsetzende – und enorm erfolgreiche – weibliche Kriminalschriftstellerei durchbricht dieses lächerliche Klischee und zeigt verblüffende Analogien zu der Entwicklung einer ‚weiblichen' Wissenschaftskultur. Auch hier war das Fundament der Ausschluss von Autorinnen aufgrund der männlichen Definitionsmacht über das Feld; die Maskulinisierung des Genres durch vorgegebene Spielregeln (nach Motiven, Themen, Subkulturen und Stil) verschwieg und unterband die vorhandenen weiblichen Traditionen. Auch hier stehen die Wiederentdeckung und die Wiederaneignung dieser Tradition im Zusammenhang mit der „fundamentalen Subversivität" (Reddy, 1990, S. 8) der Zweiten Frauenbewegung. Die neuen Krimiautorinnen schaffen andere Heldinnen, andere Motive, Verwicklungen und Perspektiven für die Entstehung und Aufklärung von Verbrechen, *und* sie haben Erfolg damit. Die Rollen der Akteurinnen sind vielfältig: Amateurinnen, Polizistinnen, Detektivinnen, Hausfrauen, Fachfrauen, Einzelgängerinnen – der ‚tough guy' vom Dienst als Träger von Handlung und Spannung hat spürbar Konkurrenz bekommen.

Zuviel – analoge – Zukunftsmusik für die ‚Sisters in Science'? Bleiben wir vorerst auf dem Teppich: Der 1986 von Sara Paretsky für weibliche Krimiautoren gegründete Club ‚Sisters in Crime' hält immerhin in seinen Statuten fest: „Das Ziel von Sisters in Crime ist es, die Diskriminierung von Frauen im Bereich der Kriminalliteratur zu bekämpfen, Verleger und Publikum für die Ungerechtigkeiten im Umgang mit weiblichen Autoren sensibel zu machen und das Aufmerksamkeitsniveau für deren Beiträge zu diesem Genre zu erhöhen." (zitiert nach Keitel, 1998, S. 112; Übers. v. V.)

Wenn Frauen erfolgreich das als männliches Monopol definierte Genre ‚Kriminalroman' um- und neuschreiben, so ist dies vielleicht spektakulärer als analoge Prozesse im Wissenschaftsbetrieb, aber diese erscheinen als nicht minder befriedigend, als nicht minder gefährlich. Also dann doch: Sisters in Crime and Science!

6. „Nur im Streit wird die Wahrheit geboren ..."
Gedanken zu einer prozessbezogenen feministischen Methodologie*

1. Zum Stand der Dinge

Die Frauenforschung des 20. Jahrhunderts hat neben einer Fülle inhaltlicher Forschungsergebnisse (auch interdisziplinärer Natur) vor allem für zwei zentrale Voraussetzungen dieser Forschungen erste klärende Arbeit geleistet: Sie hat die grundlegenden androzentrischen Mechanismen der etablierten Humanwissenschaften herausgearbeitet und sie einer gründlichen Ideologiekritik unterzogen, und sie hat – selbst gewarnt durch die Ergebnisse dieser Kritik – eine ausführliche Methodenkritik geführt, um zu klären, wie feministische Forschung zu arbeiten habe, wenn sie bessere und relevantere Arbeit leisten will, die zu anderen Konsequenzen führen wird als die konventionell androzentrische.

Die aus der bisher geleisteten Androzentrismus-/Ideologiekritik und Methodendiskussion entwickelten Grundlagen für feministische Forschung und feministische Wissenschaft lassen sich folgendermaßen charakterisieren:

a) Methode und Inhalt sind nicht zu trennen. Ziele und Motive der Forschenden sind in die Forschung(-smethoden) mit einzubeziehen. Obwohl diese Einsichten bereits im Kontext älterer Wissenschaftskritik ähnlich formulieren worden waren (vgl. Frankfurter Schule, Aktionsforschung), hat die Frauenforschung sie als einzige in der jüngeren Vergangenheit theoretisch wie praktisch vorangetrieben. Sie hat überdies gezeigt, dass diese von ihr formulierten Ansprüche logische Folgerungen sind aus den im einzelnen aufgezeigten Androzentrismusnachweisen der nur angeblich wertfrei und objektiv betriebenen Humanwissenschaften. Dies waren im einzelnen:
- der Ausschluss bzw. die Desavouierung von Frauen aus der Produktion und Entwicklung von wissenschaftlicher Forschung und Fragestellung,
- die Konzentration auf Bedingungen, Charakteristika und Lebenszusammenhänge männlicher Menschen in der Planung und Durchführung von Forschungsarbeiten, verbunden wahlweise mit einer unzulässigen Verallgemeinerung dieser Ergebnisse für weibliche Menschen oder einer ausgrenzenden Betrachtung von Frauen als von dieser Norm abweichende Fälle,
- die vorurteilsvolle Interpretation von Forschungsergebnissen, wo Daten über männliche wie weibliche Aspekte zwar eingeholt wurden, die Diskussion die gefundenen Unterschiede der weiblichen Seite aber kausal falsch einordnet, als minderwertig diskreditiert oder biologistisch affirmiert, sowie oft genug schließlich

---
* zusammen mit Ruth Großmaß verfasst

– die Vorlage nachweisbar falscher oder einseitiger Forschungsergebnisse, die klar durch wissenschaftlich unseriöse Fragestellungen und/oder methodische Fehler bei der Datenbeschaffung zustande kamen.

Der Nachweis von verborgenen androzentrischen Forschungsstrategien bedeutete auch, dass deren Ergebnisse weder durch ‚Verdoppelung' (Ergänzung um die vergessene weibliche Hälfte) noch durch ‚Halbierung' (Einschränkung des universellen Geltungsanspruchs auf Männer) zu sanieren sind, sondern nur solche Forschungsansätze angemessen sein können, die die hierarchische Struktur des Geschlechtsverhältnisses in Planung, Frage- und Hypothesenformulierung, Methodeneinsatz und -inventar, Erhebungsmodus, Auswertung und Interpretation angemessen berücksichtigen.

Der Nachweis von vielfältigen Androzentrismen in den sich objektiv und wertfrei verstehenden positivistischen Humanwissenschaften machte ersichtlich, dass der feministische Anspruch auf Einbeziehung von Zielen und Motiven in die Forschungsplanung und -durchführung nur scheinbar neu und regelverletzend war, weil er etwas offen legte und damit kritisierbar machte, was vorher sehr wohl auch schon vorhanden war – nämlich eine durch die in diesem Fall männlichen oder sonstigen Gruppeninteressen bestimmte Anlage von Forschungsfragen, eine von männlicher Weltsicht borniert Auswahl und Interpretation von Forschungsthemen. Hier hat die feministische Kritik in vielen exemplarischen Einzelfällen nachgewiesen, wie sehr die Postulate von Objektivität und Wertfreiheit durch die männliche Forschungspraxis selbst ständig verletzt und unterlaufen wurden.

Interessant (und bezeichnend) war nun, dass das Offenlegen dieser Mechanismen und die Forderung, sie *für* den Forschungsprozess durch bewussten und reflektierten Umgang nutzbar zu machen, den dies postulierenden Forscherinnen als unseriös und wissenschaftsinadäquat angelastet wurde. Ihre aus der Kritik entworfenen Forderungen wurden so verstanden, als ginge es ihnen um eine Weltanschauungsforschung, die sich nur von Ideologie leiten ließe und keine überprüfbaren Kriterien von Wahrheitsfindung anerkenne, sondern nur noch die weibliche empathische Intuition. Bestenfalls wurde ihnen unterstellt, nun dieselben Fehler bewusst machen zu wollen, die vorher eine androzentrische Wissenschaft unbewusst gemacht hatte; schlimmstenfalls bekamen sie zu hören, dass sie nach Nazi-Manier Forschungspolitik betreiben wollten – auch Projektionen erzählen ihre Geschichte (vgl. Frauengeschichte, 1981).

Abgesehen von manchen irrtümlichen Auffassungen feministischer Forschungsstrategien durch einige Frauenforscherinnen selbst (vgl. z.B. Thürmer-Rohr, 1987) lässt sich inzwischen aber als weitgehend geklärt vermerken, dass mit diesen – mittlerweile in unzähligen Forschungsprojekten erfolgreichen – Strategien tatsächlich der einlösbare Anspruch verbunden ist, Forschungsinhalte und Forschungsmethoden als Einheit zu verstehen, die vorhandenen Ziele und Motive der Forschenden offen zu legen und zu reflektieren, statt sie zu ignorieren, wegzuretuschieren oder abzustreiten.

Wenn man diese Position grundsätzlich ernst nimmt, wäre es also nicht nur fruchtbarer, Motive und subjektive Interessen der jeweiligen Forschung als allgemein in *jedem* Forschungsprozess wirkende Faktoren wahrzunehmen (vgl. Devereux, 1984) und sie durch Reflexion durchschaubar, hoffähig und somit nutzbar zu machen, als sie als Kuriosum der feministischen Wissenschaft abzustempeln. Zum anderen wurde bisher von Kritikern dieser feministischen Plattform nicht gewürdigt, dass feministische Forschung keineswegs mit dem Programm angetreten ist, nun dieselben Fehler seitenverkehrt machen zu dürfen, sondern dass sie vielmehr durch die bewusste Offenlegung ihrer Forschungsmotive (Veränderung von Wissenschaft und Gesellschaft) und ihrer Forschungsinteressen (Verwendung ihrer Ergebnisse für die Verbesserung der Lage der Frauen) ihre eigenen Ergebnisse einer viel offeneren und klareren Kritikmöglichkeit darlegt, als wenn sie ihr Forschungsinteresse hinter ‚wertfreien' Bastionen verschanzen würde, wie dies landläufig die männliche Tradition tat.

Im Grunde genommen steckt also hinter den Forderungen der feministischen Analyse keineswegs ein Plädoyer für eine wissenschaftliche Pseudo-Wissenschaft, sondern die doppelte Einladung, Forschungsarbeiten transparenter, damit angreifbarer, besser begründbar aber auch besser begründet zu machen *und* die – immer existente – ‚persönliche' Beziehung der Forscher zu ihren Objekten sowohl als Wissensquelle wie auch als Quelle von Blindheit zu erkennen.

b) Die feministischen Erkenntnismethoden selbst unterscheiden sich nicht grundsätzlich von den Methoden der etablierten Wissenschaften. Sie unterscheiden sich von den konventionellen Techniken allerdings durch die besondere Reflexion ihres Einsatzes: eben jener Reflexion des Bezugs zwischen Forschungstheorie und Forschungsmethode, des Verhältnisses zwischen Erkenntnisinteresse und Interessen/Auswirkungen bzgl. der beforschten Subjekte (Praxisbezug) und des Verhältnisses zwischen Forschungsmethode und Forschungsobjekt (vgl. Müller, 1984). Sie unterscheiden sich von dem etablierten Methodenkanon insofern, als sie die mit methodischen Reinheitsregeln verbundenen Denkverbote nicht unbedingt beachten (z. B. in theoretischen Diskursen bildliches Denken verwenden, Paradoxien und Brüchen Erkenntniswert zubilligen). Feministische Forschung erlaubt sich zudem, mit Perspektiven zu experimentieren, die nicht bereits im Wissenschaftskanon etabliert sind.

Schließlich favorisiert feministische Forschung Interdisziplinarität – nicht nur aus politischen und programmatisch-pragmatischen Gründen, sondern weil Erfahrungen mit bereits geleisteten Forschungsarbeiten sichtbar gemacht haben, dass an den Grenzen der etablierten Wissenschaftsdisziplinen weiterführende relevante Fragen und produktive Erkenntnisse häufig ruhiggestellt werden. Auch diese Punkte sind nicht inhärent und exklusiv feministisch, sondern könn(t)en ebenso von anderen ‚Minderheiten'gruppen aktiviert werden, die sich gleichermaßen vom ‚male stream' der weißen, eurozentrischen Wissenschaftstradition nicht oder falsch vertreten fühlen.

Festzuhalten bleibt also bis hierher, dass nach einer längeren Zeit teils tastenden, teils drängenden Suchens, Ausprobierens und Debattierens keine genuin feministischen Erkenntnismethoden gefunden, ausprobiert oder entwickelt worden sind – wenn man einmal Pluralismus, Eklektizismus und Interdisziplinarität neben einer grundlegend ‚offeneren' Herangehensweise an alte und neue Inhalte nicht schon per se als ‚neu' im Sinne von vorher nicht existent interpretiert.

2. ALTER WEIN IN NEUEN SCHLÄUCHEN? ODER GIBT ES SPEZIFISCHE FEMINISTISCHE BEITRÄGE ZUR METHODOLOGIE?

Gibt es nun über das Gesagte hinaus – Androzentrismus-/Ideologiekritik, reflektierte Einbindung/Anwendung vorhandener Methoden im Rahmen einer neuen Methodologiediskussion – nichts Kennzeichnendes, Neues an feministischer Erkenntnismethodologie, das auf einer allgemeinen Stufe erkenntnisleitend angewendet werden könnte? Wir glauben doch. Wir glauben überdies, dass diese von uns ins Auge gefassten Leitlinien sich zwar für den hier vorliegenden Interessenzusammenhang klar aus feministischen (Forschungs-)Zusammenhängen ableiten lassen, dass sie andererseits aber keineswegs spezifisch feministisch sind, sondern sich ebenso allgemein erkenntnisbringend einsetzen lassen und schon ließen – wenn man sie ernst nimmt und bestimmte Bedingungen beachtet. Sie lassen sich außer aus feministischen Erfahrungen ebenso aus anderen Beobachtungen herleiten und sind es auch schon worden. Wir haben sie hier für den Feminismus ‚neu entdeckt'.

Ausgehend von gemeinsamen Seminar-Erfahrungen mit der Auseinandersetzung über patriarchale Theorieproduktion (sei sie nun offen frauenfeindlich oder zunehmend verdeckt frauenfeindlich), aber vor allem mit verschiedenen feministischen Theorieproduktionen, die die Fehler und blinden Flecken der patriarchalen Theorieangebote zu überwinden oder zu vermeiden angetreten waren, ist uns etwas aufgefallen, was wir zunächst das ‚Virginia-Woolf-Phänomen' genannt haben und das sich für unseren Diskussionszusammenhang auf die Theorieproduktionen und -diskussionen von feministischen Autorinnen untereinander (auch gegeneinander) bezog: Die Tatsache, dass wir nicht nur – wie gewohnt – mehr oder weniger chauvinistischen Theoriepatriarchen von Weber, Parsons, Luhmann etc., etc. regelmäßig ihre mehr oder weniger großen blinden Flecken am Hinterkopf nachweisen konnten, sondern dass dieses Phänomen sich auch bei feministischen Theoretikerinnen – wenn auch anders – wieder finden ließ. Virginia Woolf hatte dieses Phänomen (allerdings für das Verhältnis *zwischen* den Geschlechtern) wie folgt beschrieben:

> „Denn da gibt es einen Fleck am eigenen Hinterkopf, so groß wie ein Markstück, den man nie selbst sehen kann. Es ist einer der guten Dienste, den ein Geschlecht dem anderen leisten kann, diesen markstückgroßen Fleck am Hinterkopf zu beschreiben." (Woolf, 1981, S. 104)

Wir fanden nun, dass sich dieser gegenseitige Dienst des mehr oder weniger hilfreichen Hinweisens auf die gegenseitigen (blinden) Flecken am (theoretischen) Hinterkopf auch auf die feministische Theorieproduktion und -verbesserung übertragen ließe.

Die Tatsache, dass man die theoretischen und methodischen Schwächen eine/s/r Autor/s/in schneller und schärfer erkennen kann, als die der eigenen Theorie, kann jede/m/r anhand der Androzentrismuskritiken feministischer Autorinnen an den etablierten ‚male chauvinist' Erkenntnisproduktionen auffallen. Aber – in einem zweiten Schritt – bemerkten wir eben in unseren Seminardiskussionen, dass auch die theoretischen Arbeiten feministischer Autorinnen ‚blinde Flecken' enthielten, die wir nicht erwartet, aber ziemlich schnell geortet hatten – und die unserer Meinung nach auch von zentraler Bedeutung waren, was die feministische Erkenntnis- und Theorieproduktion betraf. Beispiele dafür liefern die aus unseren Seminaren entstandenen kritischen Auseinandersetzungen mit Luce Irigaray und Mary Daly (vgl. Busch, 1989; Großmaß, 1989a). Sie zeigen deutlich – so glauben wir –, dass die feministische Erkenntnisproduktion, gerade auch in ihrer Kritik und Überwindung patriarchaler Fehler, ihrerseits der kritischen Begleitung, der Weiterentwicklung oder Korrektur bedarf.

Auf der Suche nach einem zufriedenstellenden feministischen Theorieentwurf mussten wir im Laufe der Zeit feststellen – und das war angesichts so vieler schnell und eindeutig zu kritisierender männlicher Theorieangebote oft mit Enttäuschungen verbunden –, dass es diesen feministischen Theorieentwurf bislang offenbar nicht gab, bzw. uns die vorliegenden Entwürfe in keiner Weise befriedigten. Es wurde somit allmählich klar, dass die Theorieproduktion der Frauenbewegung – jedenfalls in der gegenwärtigen Phase – dringend jenes Prozesses bedurfte, den Virginia Woolf oben beschrieben hat und der u. E. auch für ‚forschende' Feministinnen gilt, uns selbst eingeschlossen. Um dieses Prinzip im folgenden etwas plastischer und handhabbarer zu machen, sollen einige Konkretionen versucht werden.

3. ICH SEHE WAS, WAS DU NICHT SIEHST ...
ZUR PRODUKTIVITÄT VERSCHIEDENER SICHTEN INNERHALB EINER BLICKRICHTUNG

Wenn man den ‚Blick auf den Hinterkopf' als eine Blickrichtung auffasst, die in die gleiche Richtung geht, aber eine zusätzliche Perspektive erlaubt (z.B. eine *komplexere*, weil sie den/die erste/n Betrachter/in *mit* umfasst, oder eine mit *mehr Abstand*, weil sie noch hinter dem/der Betrachter/in steht, oder eine *reflektiertere*, weil sie den *Standpunkt* des/der Betrachter/s/in berücksichtigt), so ergibt sich, dass bei gleichem Erkenntnis- und Veränderungsinteresse Austauschprozesse über die sich überschneidenden Perspektiven möglich sind, die das Bild an Tiefenschärfe und Dreidimensionalität gewinnen lassen und die andererseits perspektivische Verkürzungen und optische Täuschungen eliminieren können.

Die Tatsache, dass es ‚innerhalb' einer Bewegung, also bei Vertretern der gleichen Blickrichtung unterschiedliche oder gar gegensätzliche Perspektiven gibt, ist nicht neu – so auch nicht für Vertreterinnen der Frauenbewegung. Um mit dieser – oft als unerfreulich empfundenen – Tatsache konstruktiv, d. h., erkenntnisproduzierend umgehen zu können, soll zunächst an zwei programmatischen Beispielen ein Zugang versucht werden, den man ‚Blick zurück und Blick über die Grenzen' nennen könnte:

Blinde Flecken lassen sich bekanntlich aus der räumlichen und zeitlichen Distanz klarer erkennen. Damit soll hier gefragt werden, wie sich aus schon gemachten Erfahrungen an anderem Ort und zu anderer Zeit Hinweise, eventuell sogar Wegweiser für den eigenen Umgang mit blinden Flecken und kontroversen Perspektiven innerhalb eines Spektrums finden lassen. Im folgenden soll also versucht werden, aus einigen Auseinandersetzungen der Ersten Frauenbewegung – aus ihren theoretischen wie politischen Erfolgen und Misserfolgen – erkenntnisanleitende bzw. erkenntnisbehindernde Prinzipien zu destillieren. Ungeachtet des etablierten Pessimismus auf diesem Feld (nach dem Motto „Aus der Geschichte lässt sich nichts lernen") sind wir der Auffassung, dass sich zwar keine platten Kochrezepte, wohl aber Sensibilitäten für Problemlösestrategien erlernen lassen, die es wert sind, verfolgt zu werden.

Damit ist keineswegs beabsichtigt, eine verkürzte Geschichte der Ersten und Zweiten Frauenbewegung zu liefern. Es soll darum gehen, ob sich aus bestimmten Kontroversen inhaltlicher Art aus der zeitlichen und räumlichen Distanz solche Prinzipien des Umgangs mit theoretisch unterschiedlichen Positionen, mit Widersprüchen und Gegensätzen erkennen lassen, die eher zu konstruktivem Erkenntnisfortschritt oder zu destruktivem Rückschritt geführt haben. Die genannte Distanz des Blicks, der uns heute mögliche „Abstand bei gleicher Blickrichtung" ist dabei keinesfalls mit einer überlegenen Attitüde der Besserwisserei zu verwechseln, sondern soll schlicht als die Nutzung eines natürlich gegebenen Vorteils im Sinne einer bewusst gewählten Analyse-Methode geschehen, nämlich aus Erfahrungen insofern zu lernen, als konkrete Fragen an vorliegendes Material gerichtet werden. Dies zu betonen ist wichtig, da es sich nicht um ‚selbstgemachte' Erfahrungen handelt.

3.1. Historischer Abstand:
Ein Blick auf zentrale Kontroversen der Ersten deutschen Frauenbewegung

Die deutsche Frauenbewegung des 19. Jahrhunderts wurde in ihren Anfangsgründen von bürgerlichen Frauen initiiert und getragen, die im Umkreis der Ideen des Vormärz die dort diskutierten Forderungen auch für die Frauen entdeckten und weiterentwickelten. Wichtig erscheint, dass die beispielsweise von Louise Otto oder von Auguste Schmidt vertretenen Positionen keineswegs nur die Verbesserung der Lage der bürgerlichen Frauen zum Ziel hatten, sondern dass sie nachdrücklich – beeinflusst vom Gedankengut der 1848er Revolution und der französischen Sozialisten – auch das soziale Elend der Frauen niederer Stände (Arbeiterinnen, Dienstbotinnen) im Auge hatten. Ihre Vorstellungen von Bildung und Berufsarbeit für Frauen sowie die Abschaffung von Elend und Unwissenheit proletarischer Frauen war gleichzeitig eingebettet in eine starke politische Aufbruchstimmung zur Humanisierung und Verbesserung der gesamten Gesellschaft, insbesondere der Milderung des sozialen Elends der Klassengegensätze. Diese frühen Ansätze der Frauenbewegung, die sich in der Frauenfrage global um Bildung, Persönlichkeitsrechte und Abschaffung sozialen Elends engagiert hatten, wurden durch die Reaktion der 1850er Jahre zunichte gemacht, insbesondere was die Bildungsvereine für Arbeiterinnen betraf; erhalten blieben nur wenige karitative Wohltätigkeitsvereine.

In den späten 1860er und 70er Jahren konzentrierte ein zweiter Schub der bürgerlichen Frauenbewegung seine Aktivitäten und Forderungen eher enger und nachdrücklicher auf die Ziele der Erwerbstätigkeit für Mittelschichtfrauen und auf die (dafür notwendige) Bildung für Mädchen und Frauen. Ab diesem Zeitpunkt lässt sich eine Auseinanderentwicklung der Politik der bürgerlichen Frauenbewegung von den Interessen der (von ihnen gegründeten) Arbeiterinnenvereine beobachten. Diese Entwicklung hatte ihre Grundlagen natürlich in den unterschiedlichen Problemen und Klassenlagen beider Gruppen: Die bürgerlichen Frauen kämpften angesichts steigender Zahlen unversorgter und vermögensloser Frauen des Mittelstands für das Recht auf Arbeit (und die dafür nötige Bildung und Rechtsmündigkeit); die proletarischen Frauen kämpften gegen zuviel und zu anstrengende Arbeit und gegen zu geringen Lohn. Während die bürgerlichen Frauen sich stärker auf die Bildungsziele ihrer eigenen Klasse konzentrierten (Reform der höheren Mädchenschule, Zugang zu den Universitäten, Reform der Lehrerinnenausbildung, Zugang zu sozialen und Dienstleistungsberufen), entwickelten sie zunehmend politische Berührungsängste zu den Frauen der Arbeiterklasse, deren Kampfformen nicht die ihren waren und mit denen sie von den Männern der herrschenden Klassen nicht in einen Topf gesteckt, d. h. abgelehnt werden wollten.

Noch in den 1860er Jahren hatten sich lediglich die Frauenbildungs- und Erwerbsvereine für die Probleme der Arbeiterinnen engagiert, wohingegen der Allgemeine deutsche Arbeiterverein selbst in den Arbeiterinnen nur eine lohndrückende Konkurrenz sah und grundsätzlich gegen weibliche Lohnarbeit polemisierte. Obwohl aber viele der Arbeiterinnenvereine von bürgerlichen Frauen initiiert worden waren und die Arbeiterinnen von den Männern ihrer Klasse politisch nicht unterstützt wurden, entwickelte sich doch in der Folge des Verbots der sozialistischen Arbeiterpartei und der zunehmend auf Distanz und ‚eigene' Ziele bedachten bürgerlichen Frauenbewegung bei den Arbeiterinnen eine wachsende Solidarität mit den Männern ihrer Klasse, was insbesondere durch die Verfolgungen im Zuge der ‚Sozialistengesetze' gestärkt wurde.

Durch diesen doppelten Abstoßungseffekt wurden sie zunehmend von der Priorität des Klassenkampfes überzeugt. Der notorische Antifeminismus der Arbeiterpartei auf der einen Seite, das Erscheinen von August Bebels Werk ‚Die Frau und der Sozialismus' 1879 auf der ‚theoretischen' Seite bestärkten die Arbeiterfrauen darin, dass sie nur *innerhalb* der Partei ihre Lebensbedingungen verbessern könnten. Das ging so weit, dass selbst ein Zusammengehen mit den bürgerlichen Frauenverbänden bei eindeutig gleichen Zielen (z. B. dem Frauenstimmrecht, das die sozialdemokratische Partei seit 1891 im Programm führte), abgelehnt wurde.

Neben diesem Auseinanderdriften der Frauenbewegung in ‚bürgerliche' und ‚proletarische', das zwischen 1894 und 1896 zur endgültigen Spaltung führte, gab es auch *innerhalb* der bürgerlichen Frauenbewegung profunde Unterschiede in den theoretischen Positionen, so dass hier ein zusätzlicher Blick auf die kontroversen Standpunkte und ihre Behandlung angebracht erscheint. In den 1880er und 90er Jahren erhielten die o. g. klassischen Themen der Frauenbewegung (Bildung, Recht, Soziales, Berufe) ‚radikalen' Zuwachs in Gestalt der Themen ‚Sittlichkeit' (dahinter verbarg sich die Frage des Umgangs mit Prostitution/Prostituierten), ‚Neue Ethik' (hier ging es um die Frage freier weiblicher (Hetero-)Sexualität, Aufklärung, Verhütung, Scheidung und Abtreibung) sowie des schon erwähnten Frauenstimmrechts. Obwohl der sogenannte ‚gemäßigte' Flügel der bürgerlichen Frauenbewegung allein schon die öffentliche Diskussion dieser Themen für (die Ziele der Frauenbewegung) schädlich hielt, konnten sich die radikalen bürgerlichen Frauen in diesen Jahren mit ihren Themen durchsetzen und die interne wie die öffentliche Diskussion bestimmen. Sie machten damit natürlich auch die inhaltliche Nähe zu Problemen der Proletarierinnen deutlich – wie ja auch der gesamte radikale Flügel grundlegende Gesellschaftsveränderungen als Ziele artikulierte – im wachsenden Gegensatz zum ‚gemäßigten' Flügel. Gegen diesen Einfluss der ‚radikalen' Frauen, die mit ihren Forderungen in vielem den Problemen der proletarischen Frauen nahe standen und die durch die wachsende Stimmrechtsbewegung zunehmenden öffentlichen Druck erzeugten, mobilisierten die ‚gemäßigten' Vertreterinnen eine steigende Zahl von Eintritten konservativer Frauengruppen in den Bund deutscher Frauenvereine (BDF), dem Dachverband der Frauenbewegung. Diese verhinderten in der Folge durch ihre Opposition nicht nur erfolgreich den Beitritt weiterer radikaler Frauengruppen (z. B. des Bundes für Mutterschutz 1910 – nachdem bereits Helene Lange 1894 dafür gesorgt hatte, dass die Arbeiterinnenvereine nicht zum Beitritt in den BDF aufgefordert wurden), sondern sie stimmten mit ihrer wachsenden Mehrheit ebenso erfolgreich gegen progressive Vorlagen der radikalen Frauen, wie z. B. 1908 gegen deren Antrag auf Straffreiheit der Abtreibung.

Die zunehmende Stimmstärke konservativer Frauengruppen im BDF führte nun auch dazu, dass sich die Frauenstimmrechtsbewegung in mehrere Vereine aufsplitterte, von denen jeder für sich zum Scheitern verurteilt war. (Die deutsche Frauenbewegung setzte im Gegensatz zu anderen Ländern das Frauenstimmrecht nicht selbst durch, sondern bekam es bekanntlich erst durch die Weimarer Verfassung ‚geschenkt'). Bereits vor dem Ersten Weltkrieg war damit der Niedergang der Frauenstimmrechtsbewegung besiegelt und so auch der Niedergang des radikalen Flügels der bürgerlichen Frauenbewegung.

Der programmatische Weg wurde nun frei für eine zunehmend konservative ‚Wesens'auffassung der Frau: Mutterschaft oder zumindest geistige Mütterlichkeit als weibliche Bestimmung und Leitidee der bürgerlichen Frauenbewegung. Als sich prominente Vertreterinnen des radikalen Flügels wie Anita Augspurg und Lida Gustava Heymann auch noch während des Krieges in der internationalen Frauenfriedensbewegung engagierten und gegen den Krieg agitierten, wurden sie kurzerhand aus dem BDF ausgeschlossen, der sich inzwischen der Unterstützung des vaterländischen Kriegs mit fliegenden Fahnen verschrieben hatte.

Auch den Frauen, die sich innerhalb der sozialistischen Frauenbewegung gegen den Krieg aussprachen, ging es nicht besser: Clara Zetkin und Rosa Luxemburg treten aus der SPD aus und gründen die USPD. Zetkin wird 1917 aus der Redaktion der ‚Gleichheit', dem Organ der sozialistischen Frauenbewegung ausgeschlossen, die sie 25 Jahre lang geleitet hatte! Durch diese Spaltung hörte auch die sozialistische Frauenbewegung auf zu existieren, es verblieben lediglich parteieigene Frauengruppen von SPD und USPD (später KPD). Das Frauenbild und -programm der sozialdemokratischen Partei nahm danach ebenfalls eine Wende hin zum konservativ-bürgerlichen Familienideal, das der Partei für die nächsten 40–50 Jahre unverändert erhalten bleiben sollte.

Aus dieser – äußerst komprimierten – Zusammenschau der zentralen Widersprüche innerhalb der Ersten Frauenbewegung (ausführlicher und tragischer nachzulesen u. a. bei Heymann & Augspurg, 1941; Bölke, 1971; Tornieporth, 1979; Schenk, 1980;

Gerhard, 1990b) lassen sich mit heutigen Augen einige Einsichten ablesen, die etwas über den konstruktiven bzw. destruktiven Umgang mit politischen, aber auch mit erkenntnis- und theorieleitenden Fragen aussagen.

Die erste Phase der Ersten Frauenbewegung beinhaltete – vor dem Hintergrund der 1848er Revolution und den dort rezipierten Vorstellungen der utopischen Sozialisten – ein breites, durchaus klassenübergreifendes Spektrum frauenspezifischer *Forderungen*, d. h. damit auch von *Erkenntnissen* über frauenspezifische Diskriminierung und Elend sowie deren gesellschaftliche Ursachen. Diese breiten, vielleicht teilweise noch global formulierten, sozialpolitischen Diagnosen und Forderungen (die gleichzeitig stets auch politische Aktionen zur Veränderung waren – was hier nur wegen der speziellen Fragestellung an zweiter Stelle erscheint) wurden im zweiten Schub der Frauenbewegung des 19. Jahrhunderts gezielter, thematisch konkreter/enger und organisierter vorgetragen, nicht zuletzt durch die Erfahrung der massiven politischen Reaktion. Dass sie auch politisch ‚vorsichtiger' und bescheidener wurden, mag angesichts der politischen Lage und der damit zusammenhängenden Erfolgseinschätzungen verständlich erscheinen.

Der zunehmende *Verzicht* auf die Erfahrungen der Arbeiterinnen, die Einengung des Blicks und des Problembewusstseins der Bewegung auf die bürgerliche Frau führte jedoch zum Verzicht auf eine wesentliche Informationsquelle, eine wesentliche Perspektive, die den bürgerlichen Frauen zentrale Einsichten und Erkenntnisse über die reale Situation der Frauen hätte liefern können, beispielsweise über das Geschlechterverhältnis der Gesellschaft insgesamt, über zeitgenössische Geschlechterideologien und ihren Zusammenhang mit anderen Ideologien, über klassenübergreifende Männerstrategien, sowie eine Menge Fragezeichen über das ‚natürliche' Wesen, die ‚natürlichen' Fähigkeiten der Frau, die ‚Natürlichkeit' des bürgerlichen Familienideals, etc., etc.

Auf Seiten der Arbeiterinnenvereine und der sozialistischen Frauenbewegung fehlten nicht nur die Unterstützung und der Protest der bürgerlichen Frauen gegen das Verbot ihrer Vereinigungen. Vielmehr gingen auch sie – durch die Ausgrenzung seitens der ‚gemäßigten' Frauen, wie durch ihre eigenen Vorbehalte – ebenso potentiell wichtiger Erkenntnisse verlustig (z. B. hinsichtlich der klassenübergreifenden Prinzipien männlicher Hegemonie, der Einschätzung der Bedeutung von Bildung nicht nur als Privileg, sondern als Gebrauchswert und Machtmittel, der Gemeinsamkeiten zwischen bürgerlichen und proletarischen Männern hinsichtlich Familien- und Sexualitätsfragen etc.).

Schließlich entging beiden Seiten, den bürgerlichen wie den sozialistischen Frauen, die Wichtigkeit der Erkenntnis, dass der ‚vaterländische Krieg' nicht nur ein Wahnsinn und Unglück für eben dieses Vaterland war, sondern dass er ganz speziell eine Veranstaltung jenes ‚Feindes' war, gegen den sie sich jeweils organisiert hatten (nämlich der ‚ausbeutenden Klasse' einerseits, wie ‚der' Männer andererseits). Das Bezeichnende (und Tragische) dieser Desavouierung an Erkenntnis war, dass diese Position sehr wohl *innerhalb beider* Frauenbewegungen und unabhängig voneinander formuliert worden war, sie aber per Mehrheitsmacht jeweils ausgegrenzt wurde: Clara Zetkin verließ aus diesem Grunde die SPD; die radikalen bürgerlichen Feministinnen Heymann, Augspurg, Stöcker wurden wegen pazifistischer Betätigung aus dem BDF geworfen: Das heißt, ihre Positionen wurden nicht durch Argumente, Diskussionen und Überzeugungen entkräftet, sondern durch den Gebrauch von Macht zum Ausschluss, bis zur physischen Entfernung der Vertreterinnen dieser Richtung. (Ähnlicher ‚Machteinsatz‘ war schon vorher im BDF betrieben worden, und zwar bei der Ausgrenzung anderer unliebsamer ‚Erkenntnisse‘, wie z. B. zur Abtreibungs-, zur Sexualitäts- und zur Stimmrechtsfrage).

Der hier interessierende Punkt des Umgangs mit kontroversen Positionen und Einsichten ist dabei nicht, ob die bürgerliche Frauenbewegung oder die Sozialistinnen eine erfolgreichere Politik auf der Grundlage ‚besserer‘ Erkenntnisse hätten treiben können und getrieben hätten (vermutlich ja, vielleicht aber auch nein angesichts der damals tatsächlich ‚herrschenden‘ Ideologie), sondern es soll hier nur darum gehen, wie bessere bzw. ‚richtige‘ Erkenntnis hätte gewonnen werden können, bzw. durch welche Mechanismen sie verhindert wurde. Das Rückschrittliche i. S. von Erkenntnisentwicklung war für beide Frauenbewegungen offenbar, dass sie nicht zusammengearbeitet haben: d. h., sich nicht auseinandergesetzt, gestritten, um Positionen gerungen haben, und dass sie sich nicht unterstützt haben. Dies gilt sowohl für die politische wie für die theorieproduzierende Seite. Während jedoch die Erfolgsfrage einer solcherart angeleiteten (Bündnis- oder Tolerierungs-)*Politik* sich von heute aus nicht mit Sicherheit beantworten lässt, so muss für die *Erkenntnisfrage* klar festgehalten werden, dass hier Fortschritte in die richtige Richtung einer komplexeren, adäquateren und radikaleren Analyse des Patriarchats durch dialektische Austausch- und Streitprozesse auf jeden Fall möglich und fruchtbar gewesen wären.

Jede Seite hat, teils aus bornierten, teils aus verständlichen Motiven, die Erkenntnisse der ‚anderen‘ Seite der Bewegung ausgeschlossen und ist mit ihrer einseitigen Sicht der Dinge – ihrer Erkenntnis – gescheitert, d. h., von der übergreifenden Ideologie des Patriarchats wieder eingeholt worden – trotz Teilerfolgen auf der politischen Ebene (wie z. B. der Mädchenbildung oder der weiblichen Professionalisierung). Die Frauen des Proletariats ‚sahen‘ die Ausbeutung durch die Männer der eigenen Klasse nicht, bzw. durften sie nicht sehen im Dienste des Klassenkampfes gegen die Kapitalisten. Nach dem Weggang von Clara Zetkin wandelte sich das Frauenbild der SPD von dem einer kämpferischen und gebildeten Arbeiterin zu dem einer familienorientierten Mutter und Ehefrau.

Die zunehmend ‚gemäßigten‘ bürgerlichen Frauenrechtlerinnen manövrierten durch die zweimalige Abspaltung radikaler Perspektiven (erst in Gestalt der Proletarierinnen, dann der radikalen Feministinnen) ihren theoretischen Horizont in die ideologische Sackgasse der zwar aufgewerteten, aber verordneten Mütterlichkeit als wesensmäßiger Berufung ‚der‘ Frau – mit den bekannten Folgen der geistigen Wegbereitung für das brutalste aller Patriarchate – die NS-Diktatur. Es ist heute kaum auszudenken, was hätte passieren können, wenn die Erste Frauenbewegung über den Ersten Weltkrieg und die Weimarer Republik hinaus in ihren theoretisch-analytischen Ansätzen stark und provokant geblieben wäre und ihre Ideen weiter verbreitet worden wären (bei dem enorm hohen Anteil von Lehrerinnen an der Frauenbewegung nicht zu unterschätzen). Der Faschismus wäre vermutlich in der Art nicht akzeptabel gewesen. Seine Ideologie, die fundamental auf der patriarchalen Polarität Mann/Krieger – Frau/Gebärmutter basierte, hätte seine geistige Macht nicht so in den Köpfen der Menschen ausbreiten können. Die nicht stattgefundene, nicht möglich gewesene Streitkultur zwischen den proletarischen und bürgerlichen Frauenbewegungsfrauen, zwischen den gemäßigten und radikalen Feministinnen sowie die bewusste politische Ausblendung/Entfernung jeweils gegenläufiger Erfahrungen, Argumente und theoretischer Positionen, der Gebrauch von Ausschluss-Macht anstatt von Wettstreit der Argumente oder zumindest von Offenheit und Toleranz bei gegensätzlichen Positionen, all dies ist ein Negativ-Kanon erkenntnisfördernder Prinzipien, der sich mit Sicherheit ins Positive übersetzen ließe.

3.2 Geographischer Abstand: Ein Blick nach Grossbritannien

Ein Blick auf die theoretischen Kontroversen der Feministinnen anderer Nationen kann nicht nur durch beobachtete Gemeinsamkeiten, sondern auch durch Unterschiede in Inhalten und Schwerpunkten Erkenntnisse bereitstellen, die sich ebenfalls für methodologische Schlüsse verwerten lassen.

Der hier gewählte *räumliche* Abstand (in Vergleich/Ergänzung zum rein zeitlichen Abstand des 1. Beispiels) steht natürlich für unterschiedliche politische Entwicklungen des Feminismus in Großbritannien und auch für eine andere geistes- und sozialgeschichtliche Einbettung seiner Ersten und Zweiten Frauenbewegung. Auch hier soll keineswegs ein Gesamtüberblick über ‚die' britischen Frauenbewegungen versucht werden, sondern es sollen wiederum nur anhand einer zentralen Kontroverse exemplarisch Stadien defizitärer und konstruktiver feministischer Erkenntnisproduktion herausgearbeitet werden.

Großbritannien hat bekanntlich seit den Zeiten John Locke's und der Aufklärung eine starke liberale Tradition. Einsichten und Forderungen der Aufklärung auf die Rechte der Frauen anzuwenden, kam zwar den männlichen Aufklärern nicht in den Sinn – da sie Frauen unter ‚Natur' und nicht unter Gesellschaft subsumierten –, aber einigen gebildeten Frauen sehr wohl. So fragte bereits 1700 Mary Astell in ihrem Buch „Reflections upon Marriage": „If all Men are born free, how is it, that all Women are born Slaves? ... If Absolute Sovereignity be not necessary in a State how comes it to be so in Family?"

Knapp hundert Jahre später erschien Mary Wollstonecraft's „A Vindication of the Rights of Women" (1792), in der sie gleiche Rechte auf Bildung und auf ökonomische Unabhängigkeit für Frauen forderte. 1869 erschien das klassische Essay von John Stuart Mill „The Subjection of Women", das – schon ein Jahrzehnt zuvor mit seiner Frau Harriet Taylor Mill verfasst – durch sein gestochen scharfes Plädoyer für die Ansprüche der Frauen auf alle bürgerlichen Rechte der Männer einschließlich der Übernahme öffentlicher Verantwortung zu einer der wichtigsten Grundlagen der britischen Frauenbewegung wurde.

Wie in Deutschland auch, war die britische Frauenbewegung, die sich seit 1850 entwickelte, eine bürgerliche Frauenbewegung, die sich allerdings – neben den für bürgerliche Frauen so zentralen Forderungen nach Bildung, Erwerbstätigkeit und bürgerlichen Rechten – sehr stark für die Belange von Frauen der Arbeiterklasse einsetzte (z. B. Solidarisierung mit Prostituierten der Arbeiterklasse, Kampagnen gegen Alkoholismus und Brutalitäten der Ehemänner von Arbeiterfrauen, Aktionen für Fabrikarbeiterinnen etc.).

Die Erste britische Frauenbewegung, die nach zunehmend militanten Kampfformen (für die sie berühmt wurde) 1918 das Stimmrecht für Frauen erreicht hatte, hatte zwar auch während des Ersten Weltkriegs ihre Aktivitäten auf Eis gelegt, war aber zwischen den Kriegen weiterhin aktiv, so dass man in Großbritannien eigentlich von einer ‚andauernden' Frauenbewegung sprechen kann. Interessant für unseren Kontext ist hier, dass nach der ersten Frauenbewegungswelle – die am Paradefall der unversorgt ledigen bzw. verarmten Mittelklassefrau für Bildung und Erwerbstätigkeit gestritten hatte, und die ihre Kämpfe um das Stimmrecht *zusammen* mit der vehementen Unterstützung der Arbeiterinnen geführt hatte –, dass nun in einer zweiten Welle ab den 1920er Jahren stärker die Probleme der Arbeiterfrau in die politischen wie die theoretischen Auseinandersetzungen der Feministinnen gerieten.

Der ‚neue Feminismus' der 1920er Jahre konzentrierte sich auf die Mütterfrage, und dies geschah am eindringlichsten in Gestalt der Frage nach den Lebensbedingungen der Unterschichtmutter, deren Anliegen (Familienplanung/Verhütungsmittel, Scheidung, Schwangerschaftsvorsorge, Geburtshilfe, Familienfürsorge) nun als *das* zentrale Thema der Frauenbewegung formuliert wurde. Damit wurde aber – über die stets starke soziale Tradition der britischen Frauenbewegung – in Gestalt der Klassenfrage zum ersten Mal in aller theoretischer Klarheit die Frage nach ‚Gleichheit versus Differenz' als Kontroverse des Feminismus formuliert. War es zuvor – in der geistigen Tradition des Liberalismus – um die Forderung nach ‚Gleichheit' der Frau mit dem Mann gegangen, i. S. von Gleichberechtigung, ging es nun um die Besonderheit der Frau, die Differenz zum Mann, die für sie andere Rechte, andere Bedingungen erforderten als ‚nur' gleiche Rechte mit den Männern. Diese Differenz (zum Mann) wurde vor allem an der Mutterschaft festgemacht. Hatten die Feministinnen der ersten Generation sich gehütet, das Thema Mutterschaft aufzubringen, da dies als Mittel der konservativen Stimmrechtsgegner gefürchtet wurde, sie weiter an den Herd zu fesseln, galt es nun den neuen Feministinnen als rückständiges, beschränktes Mittelstandsdenken, gleiches Recht auf bezahlte Arbeit für Frauen zu fordern. Anne Phillips beschreibt diese Entwicklung folgendermaßen:

> „Feminism's identification with middle-class professional women had been shattered, and the working-class mother had emerged as the new symbol of oppressed womanhood. Women in the labour movement organisations... were focussing their campaigns on the needs of women and children, and now they were being joined by their more exclusively middle-class sisters. The blindspot had been illuminated. The notion that liberation meant the freedom to compete on equal terms with men had been revealed in all its inadequacies. For most women, equal competition was a farce, and at least the movement had admitted this.
>
> ... In the nineteenth century feminism was most typically concerned with women as workers; now it was most typically concerned with women as mothers. What was needed then (as it is needed now) was a way of cutting through such oppositions, for women are both, regardless of their class. But the battle for women as workers had been too closely associated with the struggles of middle-class women, and was now discredited as such. Going on about equal rights only revealed your class position. Invoking the name of the working-class mother, feminists reversed their position. A mirror image, unfortunately, rarely corrects the vision. The fact that working-class women also needed the right to work – a point so forcibly made by the radical suffragists before the war – dropped from view. In the in-

creased class awareness of these years, those who continued to campaign around women's right to a job were all too easily dismissed as the single, childless, professional women." (1987a, S. 102/103)

Diese einseitige, undialektische Position rächte sich bitter, als in den 1940er Jahren jene Frauen, die Mütter waren *und* arbeiteten, massenweise ihre Stellungen verloren, als Kindergärten und Kindertagesstätten schlossen und als aufgrund sinkender Geburtsraten und des ‚Kriegsverbrauchs' an Männern eine pronatalistische Kampagne startete. Aufgrund der zuvor selbst geschaffenen theoretischen Einseitigkeit (‚Frauenunterdrückung als Mütterunterdrückung') waren die britischen Feministinnen argumentativ wie politisch schlecht auf diesen Ansturm vorbereitet: Die Mutter ins Haus, der Mann in die Fabrik, jede/r auf den richtigen Platz! Und Frauen hatten angesichts der o. a. Krise ihre Mutterschaftskapazitäten gefälligst zu realisieren: Vier Kinder mindestens wurde nun als Norm erwartet. Anne Phillips resümiert dies lakonisch: „Feminism had temporarily lost the language in which to assert women's equal right to work" (1987b, S. 20).

Die britische Frauenbewegung hat die in dieser historischen Erfahrung enthaltene Grundfrage des Feminismus nach ‚Gleichheit versus Differenz', nach gleichen Rechten versus besonderen Eigenschaften/Rechten der Frauen bis heute wesentlich heftiger, länger und gründlicher diskutiert als die Zweite deutsche Frauenbewegung – obwohl diese durchaus an konkreten Punkten mit der Frage befasst war (u. a. z. B. Sexualität, Karriere, Mütterdebatte, Sozialisation u. v. m.).

Der Blick ‚von außen' auf diese britische Debatte weckt nicht nur *Verwunderung*, sondern auch Interesse. *Verwunderung* insofern, als die *theoretischen* Grundpositionen deutscher Feministinnen – von konkreten politischen Scharmützeln um jeweilige inhaltliche Prioritäten mal abgesehen – global darin übereinstimmen, dass Frauen und Männer verschiedene Eigenschaften und Bedürfnisse haben oder haben können, zugleich aber gleiche politische und staatsbürgerliche Rechte haben müssen – vermehrt um bestimmte Sonderrechte, um die stets im einzelnen gekämpft und theoretisiert wurde (z. B. Mutterschaftsgeld, Lohn für Hausarbeit, Kündigungsschutz, Arbeitsschutz etc.). Diese jeweiligen thematischen Auseinandersetzungen führten aber nicht zu theoretischen Grundsatzdebatten fundamentaler und dauerhafter Natur.

Interesse für die hier vorliegende Frage des methodischen Vorgehens zur Erlangung oder Verbesserung feministischer Erkenntnis weckt die theoretische Auseinandersetzung der Britinnen aber allemal. Welche inhaltlichen Positionen stehen gegeneinander, wie wird mit Argumenten umgegangen und welche theoretischen Einsichten werden dabei gewonnen?

Juliet Mitchell hatte Mitte der 1970er Jahre festgestellt, dass eine rein formelle gesetzgeberische ‚Gleichheit' keine wirkliche Gleichheit zwischen Frauen und Männern herstellt: die sozialen und ökonomischen Unterschiede entlang der Geschlechtergrenze seien trotz formeller Gleichberechtigung enorm: Das Frauenstimmrecht habe Frauen keineswegs Teilhabe an politischer Macht gebracht, und das Recht auf Bildung und Beruf habe Frauen keine gleichen Berufs- und Verdienstmöglichkeiten gesichert. Trotzdem sei die formale Gleichberechtigung eine bessere Ausgangsbasis für weitere Kämpfe als eine offen diskriminierende Gesetzgebung (vgl. Mitchell, 1976).

Die an diesen Konsens anschließende Frage lautete: Welche Art von Gleichheit soll das Ziel solcher weiterer Kämpfe sein? Da die Männer dieser Gesellschaft untereinander nicht gleich sind, sondern durch Klassen- (und Rassen-)Schranken getrennt sind, welche Männergruppe gilt dann als Bezugspunkt für die Gleichheitsbestrebungen der Frauen? Ist es der weiße Mittelschichtsmann als Norm, auf den hin sich Frauen aller Klassen (und Rassen) emanzipieren sollen, oder ist es jeweils der Mann ihrer Klasse/Rasse? An diesem Punkt der Argumentation wird deutlich, dass die Unterschiede zwischen den Frauen von Bedeutung werden. Eine farbige Engländerin oder eine schwarze Amerikanerin wird nicht unbedingt den sozialen Status des Mannes ihrer Rasse (und damit einer bestimmten Sub-Klasse) als erstrebenswertes Emanzipationsziel anerkennen, noch wird sie dies bzgl. des weißen Mittelschichtmannes tun. Nur solange den Frauen einer Gesellschaft qua Geschlecht als gesamter Gruppe Rechte verweigert und Diskriminierungen auferlegt werden, sind sie tatsächlich in dieser Hinsicht gleich und haben gleiche (Mindest-)Ziele.

Dies gab und gibt Feministinnen unterschiedlicher Klassen eine gemeinsame Basis des Kampfes, der Betroffenheit und der Solidarität. Sind diese grundlegenden Diskriminierungen abgeschafft oder gelockert, kommen vorhandene soziale Unterschiede zwischen den Frauen wieder stärker zum Tragen, so auch in den Zielen ihres Kampfes. Nicht ohne strategischen Grund hatten die sozialistischen Feministinnen in Großbritannien nach der Erlangung des Stimmrechts die ‚Mutterschaft' als neues vereinendes Problemfeld aller Frauengruppen erkannt und aufgegriffen, in der Einschätzung, dass dies ein neuer solidarisierender gemeinsamer Nenner der Bewegung sein werde. Der undialektische Umgang mit dem Wechsel von ‚Gleichheits'- zu ‚Differenz'-Postulaten, mit den tatsächlich bestehenden Unterschieden zwischen Frauen der Mittelklasse und der Arbeiterklasse, zwischen Frauen mit und ohne Kinder/n und der Verkennung der Tatsache, dass der Großteil der Frauen normalerweise beides verbinden muss, führte zu den beschriebenen Effekten.

Die britische Diskussion heute ist demgegenüber nicht weniger engagiert, aber wesentlich differenzierter. Es wird die Notwendigkeit gesehen, dass nach Erreichen verschiedener weiterer Erfolge in der Bekämpfung von frauen*übergreifenden* Diskriminierungen (z.B. bzgl. Arbeitsplatzzugang, Abtreibungsgesetze, Antidiskriminierungsgesetz) notwendigerweise eine *Differenzierung* unter den Frauen der Frauenbewegung einsetzen wird, die nach Klassenzugehörigkeit, aber auch nach Rasse, nach ethnischer Zugehörigkeit und Sexualität unterschiedliche Ziele von ‚Gleichheit' und Emanzipation haben wird und muss.

Die enge Verknüpfung der britischen Feministinnen mit der sozialistischen Bewegung hat sie gelehrt, dass das marxistische Argument gegen die liberalen Theorien von Emanzipation (Zersplitterung der Kräfte im Kampf gegen die allgemeine menschliche Ausbeutung durch die Verfolgung von Gruppenemanzipation) sich auf die verschiedenen Emanzipationsinteressen von Frauengruppen innerhalb der Frauenbewegung übertragen lässt, dass aber andererseits die Einordnung der Frauenemanzipationsziele in die sozialistische Bewegung keineswegs gezeigt hat, dass die Interessen der Frauen, nicht einmal die der Arbeiterfrauen, dort gut aufgehoben waren.

Wenn dies für die heute deutlich werdende Verschiedenheit der Frauengruppen innerhalb der gesamten Frauenbewegung analog gelten soll, so ist daraus die Folgerung zu ziehen – und sie wird von einigen Britinnen gezogen (z.B. in Mitchell & Oakley, 1986) –, dass die Frauenbewegung nicht nur für eine Interessengruppe sprechen und agieren kann, nicht nur für eine Interessengruppe ihre theoretischen Analysen entwickeln kann (schon gar nicht für die weiße heterosexuelle Mittelschichtfrau als ‚Leitbild'). Vielmehr wird anzuerkennen sein, dass es verschiedene ‚Feminismen' geben kann, die im Bewusstsein ihrer Verschiedenheit keinen Alleinvertretungsanspruch entwickeln, die aber um der Schlagkraft der Bewegung willen sich womöglich politisch unterstützen und in ihren theoretischen Entwürfen sich hart miteinander auseinandersetzen (d. h., keine dogmatischen Gebäude errichten).

Dies nicht nur als politische Strategie zu entwickeln, um trotz anderer gleichzeitiger Diskriminierungen Frauenunterdrückung bekämpfen zu können, sondern auch als dialektischen Weg der theoretischen Analyse und Erkenntnisentwicklung einzusetzen, scheint für viele Denkerinnen der heutigen britischen Frauenbewegung eine ausdrücklich verfolgte Methode.

4. SICH STREITEN – ABER WIE? EIN VERSUCH, KONSEQUENZEN ZU FORMULIEREN

Vergangene theoretische Kontroversen samt der aus ihnen resultierenden Aktionen haben den Vorteil, dass man durch den Abstand, aber auch durch den Ausgang der Debatte deutlicher die Pros und Contras beider Seiten erkennen kann. Gerade wenn es sich um sehr heftig und überspitzt vorgetragene Standpunkte handelte, ist für die zeitlich außerhalb stehende Beobachterin – aber oft genug auch für die räumlich außerhalb stehende Beobachterin (die bestimmte regional oder national konditionierte Geisteshaltungen nicht teilt) – überdeutlich, dass und wo *beide* ‚Lager' Fehleinschätzungen, blinde Flecken aufweisen. Oft genug scheint es sogar so, als ob keines von beiden in seiner Einseitigkeit richtige Erkenntnisse liefern konnte, sondern nur die dialektische Integration beider Positionen.

Für unsere ‚Methodenfrage' nun scheint insbesondere der Verlauf der Auseinandersetzungen interessant und sein Verhältnis zum Resultat: Welche Mittel zur Behauptung der eigenen Position werden eingesetzt: Argumente, Mehrheitsbeschaffung, Ausschluss? Setzt sich eine Seite auf Kosten der anderen durch, gibt es einen Kompromiss, ist es ein ‚fauler' oder ein ‚integrativer' Kompromiss? Welche Rückschlüsse liefern die politischen Resultate für die Richtigkeit des Kompromisses oder der Durchsetzung einer Seite?

Aus den von uns geschilderten Beispielen aus Deutschland und Großbritannien wird deutlich, dass Ausschluss und Abspaltung – im deutschen Fallbeispiel – den Verlust politischer Durchsetzungskraft (gegen Krieg, für Stimmrecht) bedeutete. Und – fast schlimmer noch – durch den Ausschluss von wesentlichen theoretischen Positionen wurde die politische wie die theoretische Erkenntnisfähigkeit der gesamten Frauenbewegung erst dogmatisiert, dann paralysiert. Die Folge waren Selbstauflösung und Vereinnahmung durch patriarchale Ideologie. Die Erste deutsche Frauenbewegung hatte daher auch keine Möglichkeiten mehr, aus ihren Fehlern und Erfahrungen zu lernen.

Das britische Beispiel zeigt, dass Auseinandersetzungen um unterschiedliche Positionen (hier: liberale vs. sozialistische Tradition) solange fruchtbar blieben, als sie sich nicht gegenseitig zu vernichten oder auszuschließen trachteten, sondern punktuell oder übergreifend zusammenarbeiteten und somit auch ein Erfahrungs- und Theorieaustausch stattfinden konnte.

Nach dem Erfolg des gemeinsam erkämpften Stimmrechts, sowie weiterer bürgerlicher Rechte zur Gleichstellung mit dem Mann, erscheint uns heute das damalige Zurückschlagen des Pendels in die Richtung ‚Differenz zum Mann' normal und vorhersagbar. Ein Verharren auf der Antithese aber ist noch keine dialektische Erkenntnis, in der die Ausgangsthese aufgehoben ist. Der analytische Fehler bestand hier im Übersehen der zweiseitigen Realität der Frauen als Mütter *und* Berufstätige. Diese Kurzsichtigkeit hätten die Britinnen vermutlich selbst korrigiert, wenn ihnen Zeit dazu geblieben wäre. Außer Krieg und ökonomischer Krise kam jedoch erschwerend dazu, dass es sich beim Thema ‚Mütterlichkeit' und ‚Differenz zum Mann' ausgerechnet um ein bereits vom Patriarchat besetztes Thema (vgl. Kap. 2) handelte, das – bei aller inhaltlichen Berechtigung – geradezu dazu einlud, es gegen die Frauen zu verwenden, wie geschehen. Oft ist es also nicht nur das Verhalten der Kontrahenten allein, das darüber entscheidet, ob eine neue, integrierte Erkenntnisposition gefunden wird, sondern es sind auch äußere Umstände, die eine einseitige Entwicklung bestimmen können.

Auf jeden Fall erscheint die Schaffung und Tolerierung einer aktiven Kultur des Meinungsstreits für das Funktionieren der soweit beobachtbaren dialektischen Erkenntnisprozesse eine notwendige Voraussetzung. Dies bedeutet insbesondere ein Klima des gegenseitigen (persönlichen oder schriftlichen) Umgangs, wo Argumente ausgetauscht und gehört werden, und diese nicht nur Waffen sind, um Personen zu verletzen. Es scheint so zu sein, dass jeweils weiterführende Erkenntnis nur im (Wett-)Streit geboren werden kann (wo es um ‚besser' oder ‚schlechter' geht), aber nicht im Kampf, wo es um ‚Sieger' und ‚Besiegte' geht.

Aus unseren Beispielen lassen sich noch weitere Erkenntnishinweise beziehen. Wir hatten oben gesagt, dass man durch oder nach dem Ausgang von ‚Streit', nach dessen eingetretenen Konsequenzen, besser entscheiden kann, welcher Wahrheitswert den verschiedenen Positionen zukam, was von ihnen jeweils zu halten war – oder von einem erst daraus entstandenen Dritten. Es ist nicht neu, dass „die Eule der Athene in der Dämmerung fliegt" – will heißen, dass nach Ablauf des Tages (Dämmerung) dessen vergangene Ereignisse klarer sind als zu Tagesanfang. Hierin steckt aber mehr als nur ein ‚Nachher sind alle klüger'. Es wird nämlich außerdem klar, dass sich bestimmte Positionen nur durch ‚Ausprobieren', d.h. nur durch Praxis überprüfen lassen: viele Erkenntnisfragen sind durch Theorie allein nicht zu entscheiden oder zu entdecken. Die Richtigkeit alternativer Theorien kann sich oft *nur* durch die Praxis erweisen; viele neue Erkenntnisse kommen erst durch praktische Veränderungen zustande. Häufig muss man „eine Sache verändern, um sie zu erkennen". Gerade die Zweite Frauenbewegung ist voll positiver Beispiele für die Ergiebigkeit dieses Prinzips:

- Die – primäre – Änderung der Situation misshandelter Frauen durch die Schaffung konkreter Zufluchtsmöglichkeiten (Frauenhäuser) machte überhaupt erst das Erkennen der Gewalt der patriarchalen Ehe und Familie in ihrem Umfang wie in

6. Gedanken zu einer prozessbezogenen feministischen Methodologie 121

ihrer grundlegenden strukturellen Qualität möglich. Prügelnde Ehemänner waren vor dieser Erkenntnis nur als psychopathische Sonderfälle gehandelt worden; durch die Untersuchung des Ausmaßes und der Verflechtung physischer Gewalt gegen Frauen mit weiteren Themen (Sexualität, ökonomische Abhängigkeit etc.) wurden in der Folge dieser praktischen Aktionen und ihrer unvorhergesehenen Inanspruchnahme neue Erkenntnisse über Ehe und Familie in patriarchalen Gesellschaften möglich und wurde Argumentationsmacht für weitere politische Forderungen entwickelt.

- Die offenen Abtreibungsbezichtigungen im Kampf um den § 218 und die damit verbundenen Aktionen der Zweiten Frauenbewegung machten erstmalig seit der Weimarer Zeit in breitem Ausmaß die Existenz, die Funktion und das Ausmaß des Elends dieses Verbots sichtbar. Außerdem schaffte der Umfang der Mobilisierung breitester, nicht-feministischer Frauenschichten gegen den § 218 eine Widerlegung der in den 1960er Jahren herrschenden linken Doktrin vom ‚Nebenwiderspruch' der Frauendiskriminierung insofern, als die Anti-§ 218-Bewegung durch alle Frauenschichten ging und der neuen Frauenbewegung die sinnliche Erkenntnis vermittelte, dass dieses Problem kein Nebenwiderspruch war, und dass die Möglichkeit breitester Frauensolidarität bei bestimmten Themen möglich ist. Schließlich setzten die um das Abtreibungsverbot herum entstehenden Folgediskussionen über weibliche und männliche Sexualität überhaupt eine ganze Lawine von explosiven neuen Erkenntnissen, Debatten und Aktionen frei (vgl. Kap. 14).

Insofern sind es gerade die ureigensten Erfahrungen der Zweiten Frauenbewegung mit der Erkenntnisproduktion aus ihren eigenen, auf Veränderung zielenden Aktionen, die dieses Prinzip auch für eine gezielte ‚wissenschaftliche' Anwendung im Rahmen von Forschung und Theorieproduktion prädestinieren. Das Prinzip selbst ist nicht neu (siehe das obige Mao-Tse-Dong Zitat), aber die Frauenbewegung verfügt selbst über eine besonders breite und anschauliche Palette von erfolgreichen Anwendungen dieser Erkenntnismethode. Sie sollte sie auf jeden Fall *bewusster* auch in Zukunft für Erkenntnisfragen anwenden.

Noch eine weitere erkenntnisfördernde Methode möchten wir aus dem Umgang mit ‚distanten' Erkenntniskämpfen herausdestillieren. Während bis hierher primär die politischen und theoretischen Seiten von Erkenntnismethoden im Blickpunkt standen, soll hier an dritter Stelle eine psychologische Ebene möglicher Erkenntnisproduktion angefügt werden, die in der Tat ein Spiegelbild des bisherigen dialektischen ‚Streit-Prinzips' aus Politik und Theoriebildung darstellt. Uns fiel beim Studium vergangener Kämpfe und Richtungsstreits der Frauenbewegung auf, dass man nicht nur in der Lage ist, *beide* Positionen aus heutiger Sicht als ‚zu einseitig' abzulehnen, sondern – wenn man sich ehrlich fragt, was man selber unter den Bedingungen der damaligen Situation befürwortet hätte –, man genauso in der Lage ist, sich wechselweise in beide Positionen hineinzuversetzen und sie psychologisch nachzuvollziehen. Es besteht häufig eine psychologische Herausforderung, sich kognitiv wie emotional mit den jeweils gegensätzlichen Positionen zu identifizieren und sie in Gedanken zu rechtfertigen.

Offensichtlich ist es möglich, theoretische und politische Widersprüche auch in sich selbst mit wechselnden Solidaritäten nachzuvollziehen. Interessanterweise kann dieses Prinzip auch bei aktuellen Kontroversen der heutigen Frauenbewegung ‚funktionieren': man übernimmt wechselweise aus Überzeugung, aus Neugier, als Mittel der eigenen Meinungsbildung verschiedene Positionen, um ‚Einsicht' in beide Standpunkte für sich selbst zu gewinnen. Überflüssig zu sagen, dass dies ‚einfach passiert' und nicht ein künstlich inszeniertes Rollenspiel oder ein relativistisches Glasperlenspiel gelangweilter Intellektueller ist. Es ist eine Art *innerer Dialog*, der für die Gewinnung eines eigenen Standpunktes geführt wird. Dass dieses Phänomen vielerorts existiert und Einsichten über das Funktionieren von innerer Dialektik liefert und zudem eine gegen Ideologie und Dogmatik gerichtete Erkenntnismethode eigener Art ist, fanden wir bei Susan Griffin (1982):

> „Who are these two in me? The ‚I' with whom I identify, the ‚you' whom I define as the not ‚I'. They always shift; they are never the same two. One day ‚you' is the nag, the dictator, the time and motion expert, the boss, the destroyer. And on that day ‚I' am the dreamer, the seeker, the poet, the visionary thinker, the daring questioner ... At other times ‚I' am the authority, the good girl, the stable and predictable one, whereas ‚you' are a secret thought, a hidden memory, a long-buried desire. ... (S. 274)
>
> (And one of the two) ... is a martinet. She wants me to produce a comprehensive world view so that nothing in the world is unexplained. She is a Prussian soldier in the world of intellect. She is not interested in unanswered questions, uncertainties, intuitions, barely grasped insights, hunches. Moreover she wishes every idea to be consistent, to conform to an ideal. ... This is the way of all ideology. ... But when a theory is transformed in ideology, it begins to destroy the self and self-knowledge. ... (S. 279/280)
>
> Here then is another aspect of ideological structure. Dialogue which is finally perhaps the form of all thought - must become a war. One must lose and the other win. There must be a dear victor. One must be shown to be wrong. ... (S. 283)
>
> Difference. Conflict. Trouble. Separation. These exist in and out of our minds. But we need not experience these through the old paradigm of warfare. What I know from the political theory of liberation is that where an old paradigm exists, a new paradigm can come into being. I think, for example, of the paradigm of diversity instead of the paradigm of struggle". (S. 289)

Die Möglichkeit, sich in gegensätzliche theoretische oder politische Positionen hineinzuversetzen (wohlgemerkt: *innerhalb* eines übergreifenden Spektrums), eröffnet die Möglichkeit, Widersprüche nachzuvollziehen und beide Seiten zu ‚verstehen'. Es ermöglicht dem Selbst, Widersprüche nicht als ‚Krieg', sondern als Streit wahrzunehmen und zu bewerten: dann muss es nicht in erster Linie darum gehen, wer ‚siegt', sondern welche Wahrheitsanteile beider Positionen zu bewahren und aufzuheben sind. Durch die wechselweise Einnahme beider Positionen lassen sich überdies negative emotionale Auflagen (z. B. Verteufelung, Hass auf den Vertreter der abweichenden Position) abbauen, die irrationale oder schädliche Auseinandersetzungsformen begünstigen. Und es schafft – vielleicht – beim Selbst eine größere Fähigkeit, sich durch Kontroversen nicht aus der Fassung bringen zu lassen, sondern sie als normal und konstruktiv zu begreifen. Uns erschiene es sinnvoll, bei der Entwicklung einer Kultur des (Theorien-)Streits auch diese psychologische Ebene der

6. Gedanken zu einer prozessbezogenen feministischen Methodologie

Streitenden mit zu berücksichtigen, da eine solche Kultur ja letztlich von Individuen getragen werden muss, die es verstehen, intelligent zu streiten, wenn etwas Neues dabei herauskommen soll.

Simone de Beauvoir hat in ihrem „anderen Geschlecht" die menschlich-männliche Erkenntnismethode der Setzung und Ausgrenzung eines ‚Anderen' – hier der Frau – beschrieben, durch die Männer seit jeher Transzendenz und vor allem eigene Identität erlangen. Die männliche Erkenntnismethode, ein Gegenüber als (Forschungs-) Objekt auszugrenzen, um über diese Methode Erkenntnis und Macht zu gewinnen, und gleichzeitig über diesen Abgrenzungsprozess sich eine überlegene Identität zu schaffen, ist in der Folgediskussion als typisch männliche Erkenntnismethode eingekreist worden (vgl. Keller, 1986). Noch heute profilieren sich Männer gerade in der Wissenschaft vorrangig gegen oder auf Kosten anderer. Wenn Feministinnen dies als Erkenntnismodus übernähmen, erlitten sie vermutlich die gleichen Schiffbrüche damit wie die männliche Wissenschaft.

Vielleicht wäre die Möglichkeit, gegensätzliche Auffassungen durch ‚innere Dialoge' durchzuspielen, um sie ‚außen' dann fairer, gelassener und kreativer zu betreiben, eine Erkenntnismethode, die Frauen z. Zt. noch eher möglich ist, da sie bisher weniger zwanghaft dem Mechanismus unterworfen waren, eigene Identität durch Abgrenzung erlangen zu müssen.

Aus den auf der psychologischen Ebene auffindbaren und kultivierbaren Streitformen lässt sich eine letzte methodische Konsequenz entfalten. Denn der innere Dialog konträrer Positionen – wie er sich im Denkprozess spontan herstellt oder individuell als Denkhaltung eingeübt werden kann – ist für die Auseinandersetzung mit theoretisch-politischen Kontroversen auch methodisch wendbar, indem man in die Analyse einen Kanon von Fragen einbezieht, die in den vorgetragenen Argumenten und Bewertungen so nicht angestoßen, sondern eher verdeckt werden. Hierzu gehören Fragen wie:
– Artikuliert sich in der anderen Position eine differente Gruppe von Frauen (different in Bezug auf Generationszugehörigkeit, soziale Klasse, Lebenskonzept, politischen Hintergrund, sexuelle Orientierung...)?
– Gibt es eine für beide Positionen gemeinsame Diskursgeschichte?
– Lassen sich die gegeneinander stehenden Entweder/Oder-Positionen probeweise auch als Ambivalenzen gleicher Problemstellungen lesen?

Dieser Fragenkatalog ist nicht vollständig, macht aber vielleicht deutlich, um welche Art von Annäherung es geht: weder um Harmonisierung noch um die Auflösung von Kontroversen in ein laues Sowohl-als-auch, sondern um das Nachvollziehbar-Machen der anderen Position, mit dem Gewinn, differente Interessen von Unklarheiten und Fehleinschätzungen trennen zu können und sich dennoch vorhandener Gemeinsamkeiten zu versichern, um auf dieser Basis um Erkenntnisgewinn zu streiten.

5. ZUSAMMENFASSUNG

Ein abschließender Überblick über die von uns aus Beobachtungen und Diskussionen destillierten Prinzipien, feministische Erkenntnisse durch einen bewussteren Einsatz dialektischer Methoden zu gewinnen, lässt sich vielleicht durch einige bekannte, von uns hier willkürlich verfremdete Wissenschaftsslogans verdeutlichen.[1]
Feministische Erkenntnis- und Theorieproduktion sollte u. E.:

- „AUF ZWEI BEINEN GEHEN"
  Damit ist das bewusste Einkalkulieren von Widersprüchen und Gegenpositionen zur jeweils eigenen Erkenntnisposition gemeint. Nur eine offene und akzeptierende ‚Streit-Kultur' sorgt für eine genügend große Diversifikation von Ideen, Theorien, Meinungen und Erkenntnissen. Nur durch Gegenrede können blinde Flecken erkannt und eliminiert, Einseitigkeiten gegengesteuert, sich einschleichende Ideologien und Dogmen verhindert werden. Nur das ständige Austragen von Spannungen gegensätzlicher Positionen, das Widersprechen gegen die jeweilige Blindheit des anderen im Tausch gegen die Rückmeldung über die eigenen ‚black outs' können bessere und neue Einsichten produzieren. Dazu gehört ein Verständnis von Argumenten als Instrumenten und nicht als Waffen.

- „LEARNING BY DOING"
  Damit ist außer ‚Lernen durch Erfahrung', ‚Lernen durch Erfolg', außer empirischer Forschung, Experiment und praktischem Ausprobieren noch mehr gemeint: systematische Analyse von gemachten (frauenpolitischen) Erfahrungen, Einsatz von veränderndem Handeln, um ein Problem zu erkennen, wechselseitige Austauschprozesse zwischen Praxis und Theoriebildung, sowie die Einsicht, dass viele Fragen nicht im voraus durch theoretische Analysen zu lösen sind, sondern nur durch das Eingehen des praktischen Risikos, Thesen und Theorie durch reale Aktionen zu erproben und zu revidieren.

- „TAKING THE ROLE OF THE OTHER"
  Darunter verstehen wir die Möglichkeit, sich probeweise in die Argumente des Gegenübers hineinzuversetzen, bzw. sich in die Positionen zweier sich gegenüberstehender Auffassungen hineinzudenken und den Widerspruch auch in sich selbst mit wechselnden Solidaritäten nachzuvollziehen. Zusätzlich möglich wäre dadurch eventuell ein positiver emotionaler Effekt, der der Versuchung der ‚Verteufelung' des Gegners (Abgrenzung, Ausgrenzung, Besiegung) entgegenwirkt und der die – ja notwendige – Kontroverse versachlicht und frei von ablenkendem oder kräfteverschleißendem Psychoterror hält.

Wichtig erscheint uns, abschließend noch einmal zu betonen, dass diese ‚Maximen' nur unter *zwei* Voraussetzungen Chancen auf Erfolg haben:

Sie gelten einmal unserer Erfahrung nach nur für die vorne so genannte ‚gleiche Blickrichtung', d. h. für Menschen, die ein gesellschaftliches Erkenntnis- und Veränderungsinteresse von annähernd gleichem Verständnis haben. (So wäre bspw. ein ‚dialektischer Austauschprozess' zwischen einem Nazischergen und einer Pazifistin,

---

1 Mao Tse Dong, Edward Lee Thorndike und George Herbert Mead mögen es uns verzeihen!

zwischen einem islamischen Fundamentalisten und einer europäischen Feministin undenkbar, und zwar – mindestens – aus dem hier folgenden Grund:)

Zweitens kann eine anvisierte Kultur des Streits und des dialektischen Umgangs mit Widersprüchen nur dann sich bewähren, wenn von den Kontrahenten auf die Ausübung von Zwang, Gewalt, Machtpolitik, Ausschluss und Dogmatismus als Mittel der Durchsetzung der eigenen Position verzichtet wird.

6. Schlussfolgerung für feministische Theoriebildung: Abschied vom Traum ‚der' feministischen Gesellschaftstheorie?

Die hier zur Diskussion gestellten methodologischen Überlegungen zur feministischen Forschung und Theorieproduktion sind weniger am logisch-instrumentellen Methodeninventar zum Aufbau theoretischer Systeme orientiert, als vielmehr an Theoriebildungs*prozessen* feministischer Erkenntnis. Sie beziehen sich auf die Auseinandersetzungen und Fortschritte der Frauenbewegung und die daran gebundenen Untersuchungen, Analysen und Reflexionen, favorisieren also ein fortschreitendes Klären von Fragen und Problemen. Theoreme und Theorien entstehen dann durch die Reflexion von Einzelerkenntnissen und den immer wieder neu zu unternehmenden Versuch, erarbeitetes Wissen zu integrieren und zu systematisieren.

Damit befinden wir uns in deutlicher Differenz zu Vorstellungen und Konzepten, die die Forderung einschließen, feministische Forschung müsse zu einem eigenständigen, umfassenden Entwurf einer Gesellschaftstheorie gelangen und in der theoretischen Arbeit vorrangig auf einen solchen Entwurf ausgerichtet sein. Diese Vorstellungen haben zwar in zweierlei Hinsicht ihre Berechtigung: zunächst einmal in Bezug auf die vorne genannten kritischen Implikationen. Denn hierin drückt sich die wiederholte Erfahrung feministischer Wissenschaft aus, dass jede Theorieproduktion des bisherigen Wissenschaftssystems dem Verdacht des male bias ausgesetzt ist und frau in jedem Wissensbereich fündig wird, wenn sie diesem Verdacht folgt – somit keine der landläufig ‚übergreifenden' Theorien unbeschadet für die eigene Arbeit übernehmen kann.

Eine entsprechende Vorstellung ergibt sich z. B. aus den Ergebnissen der bisher geleisteten Theoriearbeit zur Kategorie ‚Geschlecht': Diese Kategorie liegt quer zu den strukturierenden Kategorien aller bisher vorliegenden Entwürfe zur Erfassung gesellschaftlicher Realität. Das bedeutet, dass die Kategorie ‚Geschlecht' zur Veränderung (im Sinne von Umbau, nicht von Ergänzung) aller grundlegenden sozialwissenschaftlichen Theoreme führen müsste.

Die Vorstellung, feministische Wissenschaft führe zu einer so grundlegenden Umstrukturierung unseres Wissens über Kultur und Gesellschaft, dass in der Konsequenz von einer *neuen* Gesellschaftstheorie die Rede zu sein habe, ist also durchaus berechtigt. Hieraus aber das Postulat abzuleiten, feministische Sozialwissenschaft habe eine solche übergreifende Gesellschaftstheorie (möglichst umgehend) selbst zu entwickeln und sei zudem nur anhand dieses Kriteriums in ihrer wissenschaftlichen Potenz einzuschätzen, ist jedoch äußerst problematisch.

Problematisch z. B. deshalb, weil der Entwurf einer *umfassenden* Gesellschaftstheorie inzwischen selbst suspekt geworden ist. Denn nicht nur feministische Kritik, sondern auch z. B. die Arbeiten Foucaults und die Ergebnisse der Ethnopsychoanalyse haben sichtbar gemacht, dass sich die Komplexität sozialen Geschehens in den ‚großen' Gesellschaftstheorien zu einer nicht mehr begreifbaren, d. h. unangreifbar abstrakten Reduktion verdünnt – eine Verdünnung, die unser Wissen von Gesellschaft nicht zufällig genau *um die Komplexität reduziert*, die erst ein Wissen von den Produktionsmechanismen von Androzentrismus/Sexismus ermöglicht.

Zum anderen scheint ein solches an feministische Forschung gerichtetes Postulat aufgrund bisheriger Erfahrungen unrealistisch: Alle diesbezüglichen Erfahrungen mit dem Gebot übergreifender Theorieproduktion waren für den Feminismus bisher negativ. Entweder behinderten sie sich durch das Gebot von Linientreue und Denkverbote selbst, oder scheiterten – durch überzogene Ansprüche – entweder an vorschnellen Pauschalisierungen oder an der Blockierung kreativen und unorthodoxen Denkens. Wobei zur Zeit noch unentschieden ist, ob diese Ansprüche scheiterten, weil

– die Erwartungen zu hoch und zu früh waren (z. B. ohne ausreichende Empiriebasis waren wegen des immensen Nachholbedarfs an grundlegenden feministischen Forschungen),
– sie zu stark ‚von oben nach unten' gerichtet waren nach dem Modell männlicher Theorieproduktion,
– sie am ‚falschen', entweder zu sperrigen oder unergiebigen Problem als ‚Hauptproblem' ansetzten (wie z. B. die Hausarbeitsdebatte),
– oder ob alle vier Faktoren gleichzeitig zutrafen und in die gleiche fruchtlose Richtung wirkten.

Schließlich bleibt noch die Möglichkeit, dass es vielleicht eine grundlegende Fehleinschätzung ist, der patriarchalen Obsession der ‚einen übergreifenden Gesellschaftstheorie' zu folgen, um einen spiegelbildlich feministischen Abklatsch dieser Denkungsart zu versuchen (siehe oben). Handlungs- und Prozessorientierung bei der Theoriebildung scheinen daher aus inhaltlichen wie aus pragmatischen Gründen vorzuziehen. Das Projekt einer feministischen Gesellschaftstheorie kann dann nur das schrittweise Vorwärtsgehen im Begreifen sozialer Prozesse bedeuten.

7. Geschlechterbilder im Wissenschaftsspiel, Warnung: Genutzte Chancen versus verlorene Selbstachtung

Nach über 100 Jahren Zulassung von Frauen zum Universitätsstudium in den europäischen Ländern bleiben wir mit der leidigen Frage konfrontiert: warum gibt es konstant so wenig Frauen im Lehr- und Forschungsbetrieb der Hochschulen? Warum stagnieren die Prozentsätze für Frauen auf der mittleren Ebene bei 15 %, auf der höheren Ebene bei maximal 9 %, und das angesichts von durchschnittlichen Studentinnenzahlen von fast 50 %? Über 30 Jahre Zweite Frauenbewegung und feministische Kritik an Wissenschaftsinhalten und Wissenschaftsstrukturen haben eine Menge Erkenntnisse zutage gefördert, die sich um die Aufklärung dieser Frage bemühen. Die bisherigen Antworten sind nicht monokausal, sondern umfassen ein ganzes Bündel an zusammenwirkenden Gründen, und zwar sowohl auf der Seite der 85 %–90 % Männer, als auch auf Seiten der Frauen. Viele davon sind durch empirische Forschungen gut belegt und bekannt; ich benenne aus Gründen des Aufwärmens nur einige zentrale: Für die Seite der Männer werden nach wie vor harte und weiche Diskriminierungstechniken genannt, die auf Macht-, Status- und zahlenmäßigen Vorteilen beruhen, sowie auf Gewohnheit, Konkurrenzängsten und Vorurteilen. Letztere reproduzieren sich mittels Strukturen, die auf männliche Lebensführung, männliche Psyche und männliche Kommunikationsnetze zugeschnitten sind. Auf weiblicher Seite werden fehlende Vorbilder, fehlende Förderung, mangelnde Netzwerke und eine Unvereinbarkeit der Prioritäten weiblicher Lebensführung (Kinder, Ehe, Haushalt, Zwischenmenschliches) mit den harten Anforderungen des Wissenschaftsbetriebs genannt. So weit, so schlecht.

Ein Drittel Jahrhundert Zweite Frauenbewegung und eine fast ebenso lange Zeit feministischer Auseinandersetzung mit Wissenschaft und ihren internen Spielregeln haben aber auch einen berechtigten Überdruss hervorgebracht, sich mit immer denselben stagnierenden Zahlen und Argumenten abzugeben. Viele feministische Wissenschaftlerinnen der zweiten und inzwischen dritten Generation wenden sich daher anderen Fragen zu, z. B.: Wie reproduzieren die an den Universitäten arbeitenden Wissenschaftlerinnen selbst das von ihnen kritisierte System? Wie gehen sie selbst mit Macht und Status um? Wie erhalten sie die Strukturen zwischen den Geschlechtern durch eigenes Zutun? Wie funktionieren auch auf Frauenseite Mechanismen von Ausgrenzung, von Inszenierung von Differenzen? Diese neuen und zusätzlichen Perspektiven sind notwendig und vielversprechend. Nur wenn sich die an den Universitäten arbeitenden Frauen auch mit Fragen ihres eigenen Rollen- und Arbeitsverständnisses auseinandersetzen, werden sie in ihrem eigenen Feld entwicklungsfähig bleiben. Wenn ich mich im vorliegenden Beitrag diesem neuen Forschungsfeld *nicht* zuwende, dann nicht aus Gründen mangelnder Wertschätzung. Im Gegenteil. Ich möchte lediglich zeigen, dass wir Erkenntnisse für beide Richtungen brauchen, und dass wir wegen der noch immer so einseitigen Macht- und Zahlenverhältnisse zwischen Männern und

Frauen an unseren Forschungs- und Ausbildungsstätten die erste grundlegende Kritik- und Analyseebene noch nicht vernachlässigen können. Ich werde also in diesem Kapitel weiter dem anhaltend lästigen ‚Warum so wenig Frauen?' nachgehen.

Wie gesagt, wissen wir heute von einem ganzen Bündel von Ursachen, die sich gegenseitig stützen und verstärken. Ich möchte aus diesem Bündel zwei Faktoren einer genaueren Betrachtung zuführen, und zwar aus Gründen der Symmetrie je einen Mechanismus auf Männerseite und einen auf Frauenseite. Beginnen wir mit dem Blick auf das Verhalten einiger sehr berühmter Wissenschafts-Männer.

1. DIE PATRIARCHALE VERSUCHUNG

Es gibt eine zunehmende Zahl von gut recherchierten Fällen in der jüngsten Wissenschaftsgeschichte, wo die wissenschaftlichen Leistungen einer Frau dem Konto und dem Genie eines männlichen Kollegen gutgeschrieben werden. Dies passiert durch bestimmte, für den männlichen Wissenschaftler günstige Umstände, die dieser aktiv für seine Karriere nutzt.

Ich beginne mit dem relativ bekannten Fall der Entdeckung der molekularen Struktur der DNS durch James Watson und Francis Crick auf der Grundlage der röntgenkristallographischen Aufnahmen von Rosalind Franklin (1920–1958) im Jahr 1953. Watson hat seine Version der Geschichte in seinem seit 1968 immer wieder aufgelegten Buch „Die Doppel-Helix" beschrieben. Ich habe Watson's Selbstinszenierungstechniken an anderer Stelle analysiert (Schmerl, 1996) und beschränke mich hier auf das Skelett der Geschichte. In diesem Buch gibt er zu, dass er von einem mit Rosalind Franklin verkrachten Kollegen unter der Hand Kopien von Franklin's Röntgenbildern erhält, die dieser heimlich gemacht hat. Erst diesen Bildern entnimmt er die entscheidenden Hinweise, um endlich die richtige chemische Struktur der Eiweiß-Molekülketten der DNS im Modell-Bau zu erstellen. Er und seine zwei Kollegen erhalten 1962 dafür den Nobelpreis in Chemie; Rosalind Franklin starb schon 1958 mit 37 Jahren, ohne bis zu ihrem Tod gewusst zu haben, dass ihre Bilder und ihre exakten Messungen Grundlage für Watsons wissenschaftlichen Erfolg waren. Watson rechtfertigt seine Handlungen damit, dass
a) Franklin mit ihren eigenen Aufnahmen der DNS nicht das Richtige anzufangen gewusst habe,
b) dass sie von Anfang an *gegen* eine mögliche Spiralform (Helix) der Molekülkette voreingenommen gewesen sei, und
c) sie sei überdies unkooperativ, aggressiv und zu wenig hübsch gewesen.

Die mit Franklin befreundete Schriftstellerin Anne Sayre und Franklin's ehemaliger Assistent Aaron Klug haben in jahrelangen Recherchen ein anderes Bild von Franklin und ihrer Arbeit zusammengetragen, das Watson in allen wesentlichen Punkten der Lüge überführt. Trotzdem wird bis heute in Lexika und Lehrbüchern Watson als Entdecker der DNS genannt, Franklin gar nicht oder nur als Zuarbeiten liefernde ‚Assistentin' erwähnt.

Die österreichische Physikerin Lise Meitner (1878–1968), Kollegin und enge

Mitarbeiterin Otto Hahns, des bis heute gefeierten Entdeckers der Kernspaltung, wurde 1933 als Jüdin aus dem Berliner Forschungsinstitut Hahns entfernt und musste unter Lebensgefahr nach Schweden emigrieren, wo sie keine vergleichbaren Arbeitsmöglichkeiten mehr erhielt. 1938 fand sie auf Hahns schriftliche Anfrage hin die richtige Interpretation seiner für ihn selbst unerklärlichen Forschungsergebnisse, nämlich die der Zertrümmerung des Atomkerns. Nach dem Ende der Naziherrschaft bekam Hahn 1946 den Nobelpreis für das Gesamt seiner wissenschaftlichen Arbeit verliehen, an denen bei vielen entscheidenden Experimenten eindeutig Meitner die geistige Urheberschaft besaß. Hahn hat es nie für nötig gehalten, auf diese Tatsachen hinzuweisen und folgerichtig sah die wissenschaftliche Öffentlichkeit in Meitner bis vor kurzem nur die ‚Mitarbeiterin' Hahns.

Mileva Einstein-Maric (1875–1947), Mathematikerin, Serbin und erste Frau Albert Einsteins, ermöglichte wesentliche Teile seiner Arbeiten zur Relativitätstheorie erst dadurch, dass sie die dafür nötigen mathematischen Berechnungen anstellte – Einstein war kein Mathematiker. Nachdem Einstein sich von ihr und den gemeinsamen Kindern getrennt hatte, wiederverheiratet war und den Nobelpreis bekam, fühlte auch er sich nicht mehr verpflichtet, diese Tatsache bekannt zu machen.

Clara Immerwahr (1870–1915), promovierte Chemikerin und Frau des Nobelpreisträgers Fritz Haber, verfolgte entsetzt die auf der Entwicklung von chemischen Kampfgasen aufbauende Karriere ihres Mannes im Ersten Weltkrieg. Sie büßte ihre Ambitionen, weiterhin wissenschaftlich zu arbeiten und Chemie als humane Wissenschaft zu betreiben, nicht nur durch die damals von Professorengattinnen erwarteten Haushaltungs- und Repräsentationspflichten ein, sondern zusätzlich durch die wissenschaftliche und politische Kaltstellung seitens ihres Mannes. Obwohl sie seine Lehrbücher mitverfasste, durfte sie sein Labor nicht mehr betreten und wurde von ihm aufgrund ihrer pazifistischen Position zunehmend als politisch unzuverlässig und naiv kritisiert. Sie bekam als Chemikerin den Einsatz der von ihrem ehrgeizigen Mann vorangetriebenen Massenvernichtungstechnologie im Ersten Weltkrieg genauestens mit. Als sie seine Arbeiten und den Einsatz des Chlorgases an Tieren und Menschen trotz intensiver Bemühungen nicht verhindern kann und sie von ihm als Vaterlandsverräterin bezeichnet wird, schreibt sie Briefe und Stellungnahmen an einflussreiche Personen und öffentliche Institutionen und setzt ein verzweifeltes letztes Signal: sie erschießt sich. Alle von ihr hinterlassenen Schreiben wurden komplett vernichtet; ihre Protest-Tat als der Suizid einer erblich vorbelasteten Geisteskranken dargestellt.

Worin liegen die gemeinsamen, hier interessierenden Strukturen solcher und ähnlicher Geschichten von Wissenschaftlerinnen, ihren Ambitionen und Leistungen? Dass diese Frauen auf dem Höhepunkt ihrer wissenschaftlichen Karrieren um die Anerkennung ihrer außergewöhnlichen Leistungen gebracht wurden (Franklin, Meitner), bzw. nach dem erfolgreichen und vielversprechenden Start ihrer wissenschaftlichen Arbeit durch die Ehefrau-plus-Kinder-Falle aus der Wissenschaft wie aus dem öffentlichen Bewusstsein entfernt wurden (Maric, Immerwahr), hat nichts mit mangelnden Leistungswillen oder fehlenden Ambitionen zu tun. Die hatten sie längst unter Beweis gestellt. Nicht ihre Rolle als Opfer ist hier interessant, sondern die günstige, unwiderstehliche Konstellation' für den Täter. Die Tatsache der *Entfernung* der

Frau – physisch oder räumlich – nicht ihre Opfer*haltung* – bietet dem männlichen Wissenschaftler unverhoffte Vorteile. Diese *nicht* für sich zu verbuchen oder womöglich fair zu teilen kommt ihm angesichts einer (Ehe-)Frau überhaupt nicht in den Sinn – ich möchte präzisieren: angesichts *seines Bildes* von Frauen, nämlich des kulturell dominanten Frauenbildes als Gehilfin und Assistentin.

Die hier beschriebenen Männer haben nicht das geringste Unrechtbewusstsein, das sie gegenüber einem männlichen Kollegen hätten, schon weil die Rolle des subalternen Gehilfen, des klaglos sich Opfernden nicht zu einem wissenschaftlich ebenbürtigen Wesen männlichen Geschlechts passt. Im Falle Watson's, der Franklin von vornherein nur als Assistentin wahrnimmt und tituliert – die sie definitiv nicht war – ist bezeichnend, dass er sich zusätzlich genötigt fühlt, zur Rechtfertigung seines Verhaltens ein *neues* und äußerst negatives *Bild* von Rosalind Franklin zu publizieren: sie ist nicht nur die renitente Assistentin, die ihrem Meister die geschuldeten Hilfsarbeiten verweigert, sondern in seinen Augen auch verbohrt, aggressiv und unattraktiv. Ihr wird posthum – wie auch Clara Immerwahr – auch noch ihre Persönlichkeit geraubt: die eine wird als fanatische Männerhasserin denunziert, die andere als geistig umnachtet etikettiert.

Diese dramatisch und auch tragisch zugespitzten Fälle zeigen ein allgemeineres, sonst eher hintergründig wirkendes Prinzip in Reinkultur: das Frauenbild einer männlich strukturierten (Wissenschafts-)Kultur, die gleiche Förderung als auch gleiche Anstandsregeln gegenüber geistigem Eigentum bei Frauen außer Kraft gesetzt sieht und dies als ‚natürlich' und keineswegs als unfair empfindet. Dieses Frauenbild lässt sich als rechtfertigender und antreibender Mechanismus dingfest machen, auf den Frauen gefasst sein sollten und über den Männer aufgeklärt werden sollten.

2. DAS VERLORENE SELBSTBILD

Ich möchte symmetrisch den zweiten Blick auf die Seite der Frauen werfen, d. h. auf ihre Gründe, im Wissenschaftsspiel scheinbar nicht das gleiche Maß an Zielstrebigkeit und Durchhaltevermögen aufzubringen wie die Männer. Ich möchte verdeutlichen, dass es keineswegs die für uns alle so naheliegenden weiblichen Eigenschaften sein müssen wie Bescheidenheit, Mangel an Ehrgeiz und Energie, die qua weiblicher Natur oder weiblicher Sozialisation schnell als einleuchtende Erklärungen akzeptiert werden.

Da es schwierig bis unmöglich ist, jene Frauen repräsentativ zu befragen, die als Studentinnen oder als Wissenschaftlerinnen der Universität den Rücken kehren, möchte ich stellvertretend den Blick auf zwei Arten von Fallbeispielen werfen, die zum einen aus den Analysen meiner Kollegin Ruth Großmaß aus der Beratungsstelle für Studierende der Universität Bielefeld stammen und zum anderen aus Interviews meiner eigenen Forschungsarbeiten aus den 1980er Jahren an Wissenschaftlerinnen aus Nordrhein-Westfalen, unter denen auch frisch ‚ausgestiegene' Frauen waren.

Das erste – studentische – Fallbeispiel steht stellvertretend für viele jener Beratungsfälle, wo Studentinnen bereits erfolgreich das Grundstudium absolviert haben, den Universitätsbetrieb mit Leistungsnachweisen und Prüfungen schon gut kennen und plötzlich mit Arbeitsstörungen und Selbstzweifeln konfrontiert werden. Sie suchen

deshalb die Beratungsstelle auf, weil sie das Studium glauben abbrechen zu müssen.
Die Studentin Petra hat ihr Grundstudium zügig durchlaufen und steht am Anfang ihrer Magisterarbeit. Plötzlich scheint alles schief zu gehen: Krankheiten, Beziehungsprobleme, Arbeitsschwierigkeiten und panikartige Angstanfälle beim Betreten der Uni. Nach längeren Beratungsgesprächen bekommt sie ihre Arbeitsstörungen in den Griff, aber die panischen Angstzustände bleiben. Offensichtlich konzentrieren sie sich auf die zentrale Uni-Halle. Die weiteren Analysen ergeben, dass Petra lange Zeit anonyme Anrufe erhalten hat, in denen eine Männerstimme sie zum Telefonsex aufforderte. Die Stimme beschreibt ihr immer wieder, wie sie durch die Uni-Halle geht und beobachtet wird, welche Kleidung sie trägt usw. Petra ist mehrfach panisch aus der Uni gerannt und konnte tagelang nicht ans Telefon gehen. Schließlich ist sie krank geworden. Petra ist es nicht nur peinlich, über diese Begebenheit zu sprechen; sie hatte sie längst vergessen und nicht mit ihren Problemen in Verbindung gebracht. Sie ist auch verlegen, weil sie findet, dass eine emanzipierte Frau mit solchen Dingen allein fertig werden müsste. Ruth Großmaß resümiert die psychischen Auswirkungen von Petras Erfahrungen:

„Petra ist massiven sexuellen Belästigungen ausgesetzt, die ... mit ihrem Gesehenwerden in der Uni-Halle, dem wichtigsten öffentlichen Ort der Hochschule verknüpft sind. Diese Belästigungen mittels Telefon haben durchaus bedrohlichen Charakter. Der Mann kennt ihre Telefonnummer und kann durch Beschreibung ihrer Kleidung deutlich machen, dass er präsent ist, wenn sie durch die Halle geht. Petra muß sich bei jedem Weg durch die Halle seiner möglichen Präsenz bewußt sein, sich seinem sie entblößenden Blick ausgesetzt fühlen. Massivere Übergriffe sind möglich.
Diese Bedrohung erfolgt zu einem Zeitpunkt, an dem Petra schwierige (auf ihre Arbeit bezogene) Entscheidungen treffen muß, die mit ihren Chancen an der Uni zu tun haben ... Die massive Irritation, die sie erlebt, bezieht sich genau auf ihre Anwesenheit im öffentlichen akademischen Raum. Ihre Reaktion heißt: Verlassen des Ortes, zunächst im unmittelbar räumlichen Sinne, dann in der – eher unbewußten – Verarbeitung dieser Erlebnisse auch psychisch und sozial. ... Petra vermeidet den entblößenden Blick des obszönen Anrufers und ist damit aus der akademischen Öffentlichkeit verbannt." (Großmaß, 1995, S. 17/18)

Das zweite Beispiel betrifft eine ehemalige Kollegin, die als promovierte Assistentin aus ihrer Fakultät gerade freiwillig ausgeschieden war, obwohl sie eine Reihe anerkannter Veröffentlichungen vorzuweisen hatte und eigentlich ihre Habilitation geplant hatte. Angesichts der Vorstellung aber, bei einer Betreuung/Begutachtung dieser größeren Arbeit wiederum mit jenem einzigen Fachvertreter und zuständigen Professor konfrontiert zu sein, der schon bei ihrer Dissertation sexuelle Avancen mit seinem gutachterlichen Wohlwollen verknüpft hatte, und angesichts der Tatsache, dass sie bereits als Studentin vom damaligen Gutachter ihrer Diplomarbeit mit sexuellen Attacken bedacht worden war, graut ihr davor, sich zum dritten Mal einer so demütigenden Gratwanderung auszusetzen, die Jahre dauern kann. Um sich selbst ihr Ausscheiden als nicht endgültiges, vielleicht noch reversibles glaubhaft zu machen, gibt sie im Interview an, nur eine ‚Pause' von der Uni machen zu wollen und ihre künstlerischen Neigungen auszuloten – vielleicht fange sie danach an der Uni wieder an. Auch findet sie vorbeugend den gesamten Uni-Alltag ziemlich abstoßend – obgleich sie eben dort seit Jahren glänzende Leistungen erbracht hat, auf die sie eigentlich stolz ist. Obwohl sie Anfang der 1980er Jahre, als sie ausschied und das Interview stattfand, nur eine kleine Pause und einen gewissen Abstand von der anstehenden Habilitation beabsichtigte, ist sie bis heute nicht mehr an die Uni zurückgekehrt und wird es auch nicht mehr können. Zwar kann sie im Interview den – vorgeblich momentanen – Grund ihres Ausscheidens (gehäufte Erfahrungen mit sexuellen Erpressungen) benennen, unterschätzt aber selbst dessen psychische Auswirkungen auf sich. Sie selbst scheint ihre wissenschaftlichen Leistungen als ebenso gering zu achten wie ihre ehemaligen männlichen Gutachter, die sie in erster Linie als gefügiges Sexualobjekt sehen und weniger als Wissenschaftlerin und Kollegin anerkennen. Sie scheint in ihrem Selbstbild so irritiert, dass sie ihre wissenschaftlichen Arbeiten nicht der Fortführung für wert hält, obwohl sie Lust dazu hätte.

Ich will durch das beispielhafte Herausgreifen dieser beiden Fälle keineswegs behaupten, dass hinter jedem Ausstieg von Frauen aus einer wissenschaftlichen Ausbildung oder Karriere stets und notwendig sexuelle Übergriffe stehen *müssen*. Wir kennen inzwischen eine Menge anderer und zusätzlicher Gründe, wie z. B. extreme fachliche Isolierung, mangelnde Unterstützung und Förderung, rigide Altersgrenzen auf Qualifikationsstellen, Verweigerung von Betreuung und Begutachtung bestimmter Themen usw. Außerdem stecken viele Frauen bei sexuellen Übergriffen keineswegs zurück, sondern kämpfen, wie sie es auch bei anderen, nicht geschlechtsspezifischen Behinderungen tun. Mein Anliegen ist es vielmehr zu zeigen, dass es *Gründe* für Rückzug und Resignation auf Seiten von Frauen gibt, die nicht per se im weiblichen Sozialcharakter liegen und somit von vornherein als potentielle Schwäche vorhanden sind. Dass es Gründe *hinter* der Abkehr von dem Uni-Leben sind, die sehr konkret etwas mit den *dortigen* Erfahrungen zu tun haben. Auch wenn sexuelle Übergriffe nicht der einzige Grund für das Verschwinden von Frauen aus der Wissenschaft sind, so sind sie doch weniger exotisch, als bisher angenommen, und sie signalisieren darüber hinaus eine wesentlich breitere Grauzone von verbalen und atmosphärischen Zweideutigkeiten, die für Frauen *aversiv* sind und die für Männer *nicht* existieren. Hierin liegt ganz einfach ein erhöhtes statistisches Risiko, das strukturell *alle* Frauen betrifft und überdies *nur* Frauen.

Was sexuelle Übergriffe als möglichen Rückzugsgrund aufschlussreich macht, ist, dass das Phänomen einen Wirkmechanismus verdeutlicht, der das Selbstwertgefühl, das Selbstbewusstsein von der eigenen Leistungsfähigkeit und ihrer fairen Beurteilung angreift: es bedeutet das Risiko der Entwertung des eigenen Selbstbildes (von konkreten Nachteilen wie Verlust der Betreuung, des Arbeitsthemas oder der Denunziation ganz zu schweigen). Die – kulturell bereitstehenden – Frauenbilder, die bei betroffenen Frauen nach einer solchen Erfahrung gegen ihren Willen aktualisiert werden, sind das *der Beobachteten*, des durch einen fremden Willen *taxierten Objekts* sowie das des Klischees vom Weibchen, das nicht durch Leistung, sondern durch *sexuelle Unterwerfung avanciert*. Das Verlassen dieses beschämenden Blickfeldes erscheint als ‚saubere' Lösung insofern akzeptabel, als sowohl der Definitionsmacht des beschmutzenden Blickes als auch dem Risiko, von einer breiteren Öffentlichkeit ebenso gesehen zu werden, entkommen werden kann – qua eigener Entfernung. Sexuelle Übergriffe auf Frauen sind die extreme, handlungsbezogene Zuspitzung eines allgemeineren Wahrnehmungsklimas, das die Minderheit der Frauen an diesen Orten immer noch mit anderen Bildern befrachtet und konfrontiert als die

Gruppe der männlichen Studierenden und männlichen Wissenschaftler. Dieses Klima ist an manchen Instituten und Fakultäten schon fast verschwunden. An anderen ist es noch ungebrochen, ermutigt die Täter und entmutigt die potentiell Betroffenen.

Ich hatte anfänglich von einem ganzen Bündel von Faktoren gesprochen, die die Unterrepräsentanz von Frauen in den Wissenschaften bedingen. Ich habe zwei Stränge aus diesem Bündel näher zu beleuchten versucht, sowohl auf Seiten der Männer wie auf Seiten der Frauen. Meine Vorstellung vom Zusammenwirken und dem Sich-gegenseitig-Stützen dieser Faktoren ist ein kumulatives, zuweilen auch multiplikatives. Mein Plädoyer geht in die Richtung, aus diesem Kumulus, diesem verknäulten Haufen einige stützende Elemente gezielt herauszugreifen und ihre Funktion öffentlich zu benennen, d. h. sichtbar zu machen. Da die Machtfrage zur Zeit immer noch im Verhältnis von mindestens 85 : 15 im akademischen Mittelbau eindeutig geregelt ist, müssen zumindest die erkennbaren Mechanismen des Machtgefüges angreifbar gemacht werden.

Teil III

Geschlecht und Wissenschaft, erste Anwendung: Früchte vom Baum der Erkenntnis – selbst gepflückt

8. Einige Gedanken zur Sozialisation von Frauen

1. Zur Orientierung

Im vorliegenden Beitrag über die Sozialisation weiblichen Sozialverhaltens wird der Schwerpunkt weniger auf den gängigen und wiederholt vorgetragenen Sozialisationsunterschieden und Sozialisationstheorien liegen, sondern mehr auf jenen Aspekten dieses Prozesses, die in klassischen und neueren Darstellungsweisen relativ unterbelichtet bzw. unterbewertet blieben.

Im folgenden sollen daher die sattsam bekannten Standardfakten nur kurz in Erinnerung gerufen werden, um von da aus einige weitere Überlegungen anzuschließen.

Die meisten deutschsprachigen Überblicke referieren noch immer aus dem Sammelwerk von Maccoby & Jacklin: „The psychology of sex differences" (1974), das die Trends englischsprachiger Untersuchungen aus der diesem Datum vorangehenden Dekade zusammenfasste, und geben die dort herausdestillierten, als relativ gesichert geltenden Trends mehr oder weniger kommentiert wieder. Nach dieser Darstellung gilt als Fazit, dass Unterschiede zwischen den Geschlechtern bezüglich Eigenschaften, Fähigkeiten und Fertigkeiten sich nur für relativ wenige Bereiche nachweisen lassen. Jungen werden größere Aggressivität, bessere mathematische Fähigkeiten und ein besseres räumliches Orientierungsvermögen zugeschrieben; Mädchen gelten als sprachlich gewandter und ausdrucksfähiger. Meist wird noch betont, dass diese Unterschiede sich überwiegend gegen Ende der Kindheit oder erst in der Pubertät herauskristallisieren, und dass an der stärkeren männlichen Aggressivität vermutlich eine hormonelle Grundlage beteiligt sei. Für sehr viele andere untersuchte Eigenschaften und Fähigkeiten konnten entweder überhaupt keine Unterschiede (beispielsweise bezüglich Intelligenz, Leistungsmotivation, Beeinflussbarkeit u.a.) oder lediglich unklare und uneindeutige Resultate (z. B. bei Aktivität, Dominanz, Nachgiebigkeit u. a.) zusammengetragen werden. Soweit das Fazit von Maccoby & Jacklin, das in deutschssprachigen Überblicken weitergereicht wurde (z. B. Bierhoff-Alfermann, 1977; Schmerl, 1978b; Degenhardt, 1979; Schenk, 1979; Allemann-Tschopp, 1979a; Bilden, 1980; Parlee, 1983; Hagemann-White, 1984), und das auch dem heutigen Forschungsstand noch immer entspricht (vgl. Matlin, 2000).

2. Erklärungsansätze

Die angebotenen *theoretischen* Erklärungen für die Herausbildung geschlechtstypischer Eigenschaften orientieren sich hauptsächlich an lerntheoretischen oder kognitionstheoretischen Ansätzen. Je nach Standpunkt werden demnach unterschiedliche Eigenschaften und Verhaltensweisen der Geschlechter entweder als Folge differentieller Bekräftigung bzw. Bestrafung sozial erwünschten und unerwünschten Verhaltens betrachtet. Oder es wird – aus kognitionstheoretischer Sicht – die Aneignung von ‚femininen' oder ‚maskulinen' Verhaltensweisen auf der Basis der frühkindlichen kognitiven *Selbstdefinition* (als männlich oder weiblich) und der darauf aufbauenden selektiven *Selbstsozialisation* erklärt, im Sinne eines aktiven Aneignens und Herausbildens der dem eigenen Geschlecht ‚zugehörigen' Interessen und Eigenschaften.

Den meistversprechenden Erklärungsansatz für die Entwicklung geschlechtstypischen Verhaltens stellt die sozialkognitive Lerntheorie von Bandura (1976;1979b) dar, die in gewisser Weise eine Integration und Weiterentwicklung von lerntheoretischen wie kognitionstheoretischen Sozialisationsansätzen leistet. Die von ihm entwickelte soziale Lerntheorie erklärt außer jenen Unterschieden, die nach dem Prinzip der differentiellen Verstärkung entstehen (die unbestritten vor allem im Säuglings- und Kleinkindalter von Bedeutung sein dürfte), besonders komplexere Verhaltensweisen und -unterschiede, die durch selektives Beobachten und Nachahmen von sozialen Modellen (Erwachsenen und Gleichaltrigen) gelernt werden können (vgl. hierzu auch Perry & Bussey, 1979). Die (stellvertretende oder direkte) Verstärkung ist nach dieser Sichtweise nicht mehr notwendige Bedingung für das Lernen selbst, sondern vielmehr Voraussetzung für die Aufmerksamkeit der Wahrnehmung, die sich auf von Modellen dargebotene, neu erlernbare Verhaltensweisen richtet. Sie ist weiterhin Voraussetzung für die Motivation, dieses Verhalten auszuprobieren und zu beherrschen, wie auch informierender Hinweis auf jene situativen Bedingungen, unter denen das neu gelernte Verhalten Erfolg verspricht.

Durch diesen Erklärungsansatz rücken für den Sozialisationsprozess stärker als bisher sowohl die Bedeutung des gesamten sozialen Mikrokosmos als permanentem Lernfeld in den Vordergrund als auch die Tatsache des ständigen Weiterlernens im Jugend- und Erwachsenenalter, wo ja der/die Lernende sein/ihr Verhalten zunehmend selbst strukturiert. Besonders aber wird durch diesen Ansatz der mächtige Einfluss der visuellen Massenmedien deutlich (Fernsehen, Film, Werbung), der in der permanent gleichgerichteten Vorführung von (überwiegend konservativen) geschlechtstypischen Anschauungsmodellen in millionenfacher Auflage besteht.

3. HERKÖMMLICHE GESCHLECHTSUNTERSCHIEDSFORSCHUNG IN ZWEI BEISPIELEN

Betrachtet man psychologische Ausführungen über Eigenschafts- und Fähigkeitsunterschiede über die vergangenen Jahrzehnte hinweg, so fällt auf, dass die als jeweils ‚gesichert' geltenden psychologischen Geschlechtsunterschiede offensichtlich einem ständigen Wechsel unterliegen. Unterschiede, die einst als wissenschaftlich belegt galten (beispielsweise größere Abhängigkeit, Ängstlichkeit und Beeinflussbarkeit bei Frauen), gelten heute aufgrund empirischer Untersuchungen nicht mehr als geschlechtsspezifisch. Man kann darüber streiten, ob sich hier im Laufe der letzten 40 bis 50 Jahre in den westlichen Industrieländern tatsächliche Angleichungen der psychischen Eigenschaften der Geschlechter vollzogen haben, oder ob durch eine zunehmende Orientierung der Sozialwissenschaften an empirischen Untersuchungsmethoden die überholten Vorannahmen einer einst geisteswissenschaftlich ausgerichteten Psychologie zunehmend an der Wirklichkeit korrigiert werden konnten.

8. Einige Gedanken zur Sozialisation von Frauen

Demgegenüber scheint für die heutige Diskussion eine andere Tatsache bedeutsamer, nämlich dass es bei einer sehr großen Anzahl von sowohl älteren als auch jüngeren Untersuchungen Vorurteile, methodische Fehler und blinde Flecke seitens der untersuchenden Wissenschaftler waren, die oft zu recht verzerrten Ergebnissen im Sinne etablierter kultureller Stereotype geführt haben. Es ist das Verdienst engagierter und wissenschaftlich qualifizierter Frauen, die gängigen Standards der objektiven Wissenschaft einmal auf dieses Feld wissenschaftlichen Erkenntnisdranges angewandt und gezeigt zu haben, wie vieles hier im argen liegt (vgl. hierzu Weisstein, 1973; Bierhoff-Alfermann & Rudinger, 1979; sowie Bamberg & Mohr, 1982). Angefangen vom schlichten Weglassen weiblicher Versuchspersonen, über zweifelhafte oder unzureichende Operationalisierung von Variablen bis zu unzulässigen Verallgemeinerungen und falschen Interpretationen von Untersuchungsergebnissen zeigt diese Richtung wissenschaftlicher Bemühungen ein buntes Bild der Beeinflussbarkeit von Wissenschaft durch die jeweils herrschenden Zeit- und Modeströmungen, vor allem aber auch durch das bestehende gesellschaftliche Machtgefälle zwischen männlichen Forschern und ihren weiblichen Wissenschaftsobjekten (vgl. hierzu auch Kap. 12).

Diese erfahrungsgemäß mächtigen Einflüsse gesellschaftlicher Stereotype auf Fragestellungen, Methoden und Ergebnisse geschlechtsspezifischer Untersuchungen sowie die durch gesellschaftliche Widersprüche möglichen Veränderungen ‚gesicherter' Geschlechtsunterschiede und diesbezüglicher Entstehungstheorien müssen daher stets mitbedacht werden, wenn - wie im folgenden auch - über die Sozialisation der Geschlechter diskutiert wird. Wie sehr beispielsweise gerade die Begrifflichkeit der untersuchten Eigenschaften selbst – im Sinne von als existent gedachten Essenzen – die Denk- und Forschungsstrukturen über geschlechtstypische Eigenschaften beeinflusst und welche Konsequenzen sich daraus für die Sichtweise von Sozialisationsprozessen überhaupt ergeben, soll am Beispiel zweier Persönlichkeitsmerkmale aufgezeigt werden, die auch heute noch als eher männliche Qualitäten gelten: Leistungsmotivation und Aggressivität.

Zur Leistungsmotivation: Zunächst lässt sich feststellen, dass hier verschiedene theoretische und begriffliche Annahmen bereits vorausgesetzt werden, bevor von geschlechtsspezifischen Untersuchungsbefunden überhaupt die Rede sein kann – die aber die Art der Ergebnisse sehr wohl beeinflussen müssen. Betrachten wir zunächst die wissenschaftliche Definition des Konstrukts ‚Leistungsmotivation':

Heckhausen (1965) verstand unter Leistungsmotivation „das Bestreben, die persönliche Tüchtigkeit in allen jenen Tätigkeiten zu steigern oder möglichst hoch zu halten, in denen man einen Gütemaßstab für verbindlich hält und deren Ausführung deshalb gelingen oder mißlingen kann" (S. 604). Es handelt sich bei psychologisch untersuchter Leistungsmotivation um ein individualistisches Leistungsstreben, das – situations- und aufgaben*unspezifisch* konzipiert – in erster Linie der eigenen Profilierung dient. Doch es werden noch weitere Vorannahmen gemacht:

> „Um überhaupt von Leistungsmotivation reden zu können, muß die Aufgabentätigkeit gelingen oder mißlingen können. Der Schwierigkeitsgrad muß zwischen den Randbereichen des zu Leichten und des zu Schwierigen liegen. Was mühelos gelingt, ist keine Leistung ... Bei diesen Voraussetzungen können viele berufliche Routinefertigkeiten, die letztlich nur

weder auf besonderer Fähigkeit noch auf besonderer Arbeit und Mühe beruhen, im engeren Sinne nicht als Leistung bezeichnet werden." (1974, S. 12). „Da ein ernsthafter Aufgabencharakter vorliegen muß, fallen schon viele Tätigkeiten, die eigentlich keinen Anfang und kein Ende haben, die sich typisch im Beruf, im Haushalt, in der Freizeit immer wiederholen, nicht unter diesen engeren psychologischen Leistungsbegriff." (ebd., S. 11).

Nach dieser Definition von Leistung wären also sich stets wiederholende Arbeiten im Haushalt, am Fließband, alle monotonen und nervtötenden Arbeiten in Leichtlohngruppen, Arbeiten in der Landwirtschaft, in Kindergärten, Krankenhäusern, Altenheimen, Büros, alle ‚schmutzigen' Arbeiten (Putzen, Müllabfuhr usw.) keine ‚Leistungen'!

Bei diesem Vorverständnis von Leistung und Leistungsmotivation scheint es denn auch kein Wunder, wenn Frauen oder Mädchen von der Leistungsmotivations-Forschung eine geringere bzw. keine eigentliche, nämlich ‚intrinsische' Leistungsmotivation zuerkannt bekamen (vgl. Hoffmann, 1975). Lange Zeit war die Sozialisation ‚der' Leistungsmotivation vorwiegend an männlichen Kindern untersucht worden; Mädchen wurden – wenn überhaupt – in ihrer Motivationsentwicklung als davon ‚abweichend' dargestellt.

Nachdem es einige Zeit aufgrund unterschiedlicher Befunde strittig war, ob weibliche Kinder und Jugendliche nun weniger oder gleich viel Leistungsbereitschaft aufwiesen wie männliche, andererseits aufgrund der immer wieder berichteten besseren Schulnoten der Mädchen sich die weibliche Leistungsmotivation nicht mehr übersehen ließ, wurde darüber räsoniert, dass Mädchen wohl eher eine minderwertige Art von Leistungsmotivation hätten, da sie sich bei Aufgaben mehr dem Lehrer zuliebe anstrengten als die Jungen, die es angeblich nur um der Aufgabe willen taten (vgl. Kagan, 1964). Schließlich wurde ab Anfang der 1970er Jahre ein spezielles Modell des typisch weiblichen Leistungsverhaltens kreiert: das „Furcht-vor-Erfolg-Motiv" (Horner, 1970). Demnach gebe es ein spezifisch weibliches Motiv, das Frauen daran hindere, so erfolgreich zu sein wie Männer: sie fürchten, durch Erfolg unweiblich zu werden. Dass die diesen Interpretationen zugrunde liegenden eigentlichen Ergebnisse (Frauen mussten angefangene Geschichten über erfolgreiche Frauen nach Art projektiver Verfahren zu Ende erzählen; meist erzählten sie ein negatives oder ungünstiges Ende) sich genauso gut als gesellschaftlich realistische Einschätzung der negativen Konsequenzen für erfolgreiche Frauen auffassen ließen statt als Projektionen eines eigenen Furcht-vor-Erfolg-Motivs, ist dann mit einigen Jahren Verzögerung von kritischen AutorInnen angemerkt worden (Condry & Dyer, 1976; Tresemer, 1976; Schnitzer, 1977; Schmerl, 1978a und b). Inzwischen gilt als relativ klar, dass Frauen unter *Wettbewerbs*bedingungen weniger Neigung verspüren, hohe Leistungsmotivation zu entwickeln und sich zurückhaltender und ‚bescheidener' bezüglich ihrer eigenen Leistungseinschätzung äußern als Männer. Hier scheinen also mehr die sozialen Erwartungen und die – sozial bedingte – Einschätzung der *Geschlechtsangemessenheit* der jeweiligen Aufgabe eine Rolle zu spielen, als eine wie immer geartete, früh programmierte, ‚reifere' kognitive Struktur der Jungen, sich mit Leistungsanforderungen erfolgreich auseinanderzusetzen. Dass hier auch zeitbedingte Entwicklungen auf Seiten der Männer stattfinden, zeigten Nachuntersuchungen zu Horner, wo auch die ‚positiven' Geschichten über leistungsmotivierte Männer sehr zurückgingen (vgl. dazu Monahan, Kuhn & Shaver, 1974).

Festzuhalten bleibt also für die psychologische Variable Leistungsmotivation – die ja immerhin als Erziehungsprodukt und nicht als angeboren konzipiert war –, dass die Sichtweise eines durch Sozialisation erworbenen psychologischen Merkmals als eines situations- wie aufgabenunspezifischen generellen Motivs wenig sinnvoll ist, wenn es darum geht, es als ‚Mehr' oder ‚Weniger', als ‚Vorhanden' oder ‚Nicht-vorhanden' auf die Geschlechter zu verteilen. Hierin scheinen sich eher kulturelle Erwartungen (in Gestalt von Verhaltenskodizes und Selbstattribution) zu spiegeln als durchgehende Persönlichkeitsunterschiede der Geschlechter oder als womöglich ‚die' Ursache für die geschlechtsspezifische Berufe- und Statushierarchien im Erwachsenenalter (vgl. hierzu auch Kap. 11).

Zur Aggression: Folgende Aggressionsarten werden in deutschsprachigen Fachbüchern als Beispiele aus der Realität (im Gegensatz zum psychologischen Labor) genannt: Trotz, Wutanfälle, Schimpfen, Beleidigen, Bestrafen, Möbel zerschlagen, Ohrfeigen, Messerstiche, Schüsse, Raub, Mord, Erpressung, Aufruhr, Studentenkrawalle, Krieg, Bomben werfen, Kriminalität und ‚gelegentlich übersteigerte Reaktionen der Gesetzeshüter'. In experimentellen Laboruntersuchungen werden demgegenüber als Messwerte für aggressives Verhalten meist Austeilen von Elektroschocks, Zerstörung von Spielzeug, Bevorzugung von aggressivem Spielzeug, Schlagen auf Gegenstände und Personen oder hohe Werte in Aggressivitätstests (Fragebogen und projektive Tests) verwendet. Diese und weitere Verhaltensweisen werden alle unbesehen als ‚Aggressionen' bezeichnet, obwohl durch die Aufzählung deutlich wird, dass sie eigentlich schwer auf einen Nenner zu bringen sind und demzufolge auch nicht zu erwarten wäre, dass ein gemeinsamer Oberbegriff das Verständnis fördert. Aufgrund dieser Heterogenität von Aggressionshandlungen werden immerhin einige Aggressionsarten voneinander unterschieden: zum Beispiel direkte und indirekte, verbale und physische, aktive und passive, feindselige und instrumentelle. Diese letztere Unterscheidung trägt dem wichtigen Umstand Rechnung, dass aggressive Handlungen nicht nur durch Wut, Ärger oder einen anderen starken negativen Affekt gekennzeichnet sein müssen (‚feindselig'), sondern dass sie auch völlig kaltblütig zur Beseitigung eines Hindernisses oder zur Erlangung eines Vorteils eingesetzt werden können (‚instrumentell').

Diese Unterscheidung ist vor allem deswegen wichtig, weil sie für den Humanbereich – und hier besonders für das unterschiedliche Verhalten von Männern und Frauen – ersichtlich macht, dass hier nicht emotionale und hormonelle Zustände, wie sie einer starken Erregung entsprechen, den Hauptfaktor für aggressives Verhalten liefern müssen, sondern vielmehr die sozialen Umstände und Konsequenzen, die damit verquickt sind.

Trotz der breiten Streuung der realen Aggressionshandlungen wurde von Aggressionsforschern immer wieder versucht, Aggressionen durch *eine* umfassende Definition auf einen gemeinsamen Nenner zu bringen. Nach überwiegend geteilter Übereinkunft besteht dieser in der ‚Schädigung' eines Organismus sowie in der ‚Absicht' einer solchen Schädigung. Beide Definitionsmerkmale sind jedoch nicht objektiv fassbar, d.h. nicht unabhängig von *Werturteilen* (was ist schädlich für wen?) und von *Interpretationen* (Absichten sind nicht beobachtbar). Von dieser Schwierigkeit aber ganz abgesehen, dürfte aus der Diskrepanz zwischen der Aufzählung der realitätsbezogenen Aggressionen und der im Experiment dafür stellvertretend untersuchten Aggressionsarten klar geworden sein, welche Probleme sich hier automatisch ergeben, wenn dergestalt gemessenes aggressives Verhalten in psychologischen Untersuchungen bei Jungen und Mädchen untersucht wird und daraus Verallgemeinerungen über das aggressive Verhalten bzw. Potential beider Geschlechter abgeleitet werden.

In der schon erwähnten Zusammenstellung von Maccoby & Jacklin zum Thema Aggressionsunterschiede der Geschlechter ergab sich bei knapp 100 angeführten Vergleichsuntersuchungen, dass etwas mehr als die Hälfte der Aggressionsunterschiede zugunsten von männlichen Kindern ausfielen, während in ca. 40 % keine Unterschiede auftauchten. Konzentriert man sich in den von ihnen gesichteten Vergleichen nur auf die realitätsnäheren *Beobachtungs*studien (ohne *Labor*- und *Fragebogen*untersuchungen), so steigt die Zahl der fehlenden Aggressionsunterschiede auf 50 %, während noch immer die knappe Hälfte der Untersuchungen Aggressionsunterschiede ‚zugunsten' der männlichen Versuchspersonen (Vpn) aufwies. Bei einer ähnlichen Überblicksstudie von Frodi, Macaulay & Thome (1977) an Erwachsenen, die sich auf einen vergleichbaren Zeitraum bezog, zeigte sich bei immerhin 61 % von 72 Untersuchungen keine höhere Aggression bei Männern als bei Frauen. Die Autorinnen dieser Überblicksstudie kamen zu dem Schluss, dass es jeweils ganz *verschiedene* Aggressionsarten sein können, in denen Frauen oder Männer höher abschneiden; ein Hinweis, der auch schon von anderen Forschern (wie z. B. Buss, 1966; Feshbach, 1969) gegeben worden war. Insbesondere Bandura (1979a) hatte darauf hingewiesen, dass die verschiedenen Arten von Aggressionen, die die Geschlechter möglicherweise zeigen, damit zusammenhängen, was für Männer und Frauen jeweils als sozial erlaubt gilt (vgl. hierzu auch Kap. 12).

Nichtsdestoweniger wird wegen der höheren Aggressionswerte männlicher Vpn in jenen Untersuchungen, die Unterschiede erbrachten – ungeachtet der Aggressionsart, die dort untersucht wurde – von vielen Autoren bis heute für recht wahrscheinlich gehalten, dass die größere Häufigkeit ‚der' Aggression bei Männern die Beteiligung von bzw. die Verursachung durch männliche Hormone nahe lege, wobei unterstrichen werden muss, dass diese Annahme lediglich durch Analogieschlüsse unterschiedlicher Qualität gestützt wird (Tiervergleiche, Hormonforschung) und keineswegs durch eine direkt nachgewiesene physiologische Verknüpfung des höheren Testosteronspiegels männlicher Personen mit dadurch eingeleiteten aggressiven Verhaltensakten – was wohl bei der Heterogenität all jener als ‚aggressiv' etikettierter Handlungen (s. o.) auch ziemlich schwierig sein dürfte.

Offensichtlich hat bei beiden hier exemplarisch herausgegriffenen Eigenschaften – sowohl Leistungsmotivation wie Aggression – die Konzeption einer durchgängigen zugrunde liegenden ‚Eigenschaft' im Sinne eines Persönlichkeitszugs einen zentralen Einfluss auf die Erforschung der Geschlechtsunterschiede gehabt (vgl. Mischel, 1973). Das jeweilige gedankliche Konstrukt ‚Leistungsmotivation' oder ‚Aggression', das als abstrahierender Begriff ganz verschiedene Verhaltensausprägungen unter ein allgemeines Etikett zusammenfasst, hat sich verselbständigt zu einem als real gedachten Merkmal, einer Essenz, die den solcherart zusammengefassten Verhaltensweisen als *Ursache* zugrunde liegt.

Diese Gedankenspielerei führt dann dazu, dass man sich die einmal so geschaffene Eigenschaft nicht nur als situations*unabhängig* übergreifend, sondern auch als mehr oder weniger *lebenslängsschnittlich konstant* vorstellte: im Falle der Leistungsmotivation als durch bestimmte Erziehungstechniken vorprogrammiert und damit quasi ‚geprägt', im Falle der Aggression vorwiegend als geschlechtstypisch hormonell vorgegeben (‚angeboren') und sich lediglich situations- und erziehungsmodifiziert entfaltend. Der geschlechtsspezifischen Sozialisation von Mädchen und Jungen bzw. von Frauen und Männern käme nach dieser Sichtweise entweder die Funktion des frühen Programmierens von sich allmählich verfestigenden und dann konstant bleibenden Verhaltensweisen zu oder die Sichtweise des sozialen Überformens und kulturspezifischen Ausdifferenzierens angeborener Unterschiede. Dies wäre auf jeden Fall eine Sichtweise von Sozialisationsprozessen, in denen lebensgeschichtlich frühe Einflüsse gegenüber späteren in einer als irreversibel gedachten Form dominieren, und in denen den Individuen selbst für eine eigene und relativ bewusste Selbstmodifizierung im Sinne von Selbstsozialisation wenig Möglichkeiten verblieben.

Schließlich würde es auch bedeuten, dass demgegenüber die konkreten gesellschaftlichen Strukturen wie Arbeitsteilung der Geschlechter, Erfahrungen im Erwachsenenalter bezüglich Beruf, Ehe, Status und Macht weniger bis gar keinen Einfluss auf die Eigenschaften von Frauen und Männern nehmen (bzw. ihn nur vermittelt über die Erziehungsstile von Eltern und Lehrern nehmen würden) gegenüber den früh sozialisierten oder angeborenen Dispositionen.

4. NEUERE ÜBERLEGUNGEN ZUR SOZIALISATION VON FRAUEN

Wenn im folgenden einige Überlegungen über in unserer Kultur bestehende psychologische Geschlechtsunterschiede angestellt werden, so von dem Hintergrund aus, dass es sehr wohl einige Unterschiede geben mag, die sich deutlicher entlang der Geschlechtergrenze als an möglichen anderen Grenzen (individuellen, sozialstrukturellen) verteilen. Dies scheint aber mit Sicherheit nicht jene Art von Eigenschaften zu betreffen, wie sie oben charakterisiert wurden, also keine ‚grundlegenden' Eigenschaften wie Fähigkeiten, Kapazitäten, Sinnes- und Verstandesleistungen, Charakter- und Temperamentausprägungen. Vielmehr scheint es sich eher – wenn überhaupt – um subtilere soziale Unterschiede qualitativer Art wie Vorlieben, Interessen, Selbstbewusstsein, Zuständigkeits- und Verantwortungsgefühl, Selbstbild, Selbstdarstellungsstil, soziale Wahrnehmung, Geschmack etc. zu handeln, die hochgradig gegenstands-, themen-, situations- und berufsspezifisch sind. Eine Frau kann beispielsweise mehr Ehrgeiz und Verantwortungsgefühl gegenüber den Dingen ‚ihres' Haushalts aufweisen, ein Mann bei der Pflege ‚seines' Automobils oder ‚seiner' Karriere, *falls* die Frau und der Mann jeweils der Überzeugung sein sollten, dass diese Gebiete für ihre persönlichen Belange von *zentraler Bedeutung* sind – ohne dass man sagen könnte, Frauen seien *generell* ehrgeizig oder Männer *generell* sachorientiert, nur weil sie es auf Gebieten waren oder nicht waren, die gerade in ‚ihren' geschlechtsspezifischen Aufgabenbereich fielen.

Zunächst hatte es einen großen theoretischen wie praktischen Fortschritt bedeutet, beobachtbare Geschlechtsunterschiede im Denken und Verhalten, in Gewohnheiten und Interessen mit den sozial unterschiedlichen Erfahrungen, Lernangeboten und Erziehungshaltungen gegenüber männlichen und weiblichen Kindern in Verbindung zu bringen und unter diesem Blickwinkel Fragestellungen zu formulieren und Untersuchungen durchzuführen, statt von angeborenen unterschiedlichen Dispositionen der Geschlechter auszugehen und alle denkbaren Unterschiede hierauf zurückzuführen. Obwohl diese letztere Sichtweise keineswegs ausgerottet scheint – sie im Gegenteil immer wieder in Vorstellungen über geschlechtspezifische Hirnprogrammierungen fröhliche Urständ feiert (Goleman, 1979; Kimura, 1992; Bischoff-Köhler, 2004) –, so gilt doch unter den meisten ernsthaften Sozialisationsforschern als Konsens, dass psychologische Unterschiede zwischen den Geschlechtern in der Regel überwiegend das Ergebnis sozialer Bedingungen sind, mit denen die jeweiligen Individuen sich auseinandergesetzt haben.

Die Erforschung dieser sozialen Einflüsse, besonders in Gestalt von Erziehungspraktiken und Interaktionen mit Eltern und Lehrern hat denn auch eine große Menge an interessanten Details zutage gebracht, die deutlich machen, dass es sehr wohl mehr oder weniger systematische, wenig bewusste Unterschiede im Verhalten von Erwachsenen gegenüber Kindern und Jugendlichen gibt, je nachdem, ob es sich um Jungen oder Mädchen handelt. Um nur einige Beispiele zu nennen: Kinder bekommen von frühester Kindheit an geschlechtsspezifisches Spielzeug geschenkt, das bereits im Alter von 1,10 Jahren (bei Jungen) und 2,4 Jahren (bei Mädchen) dazu führt, dass die Kinder auch ihrerseits das jeweilige Spielzeug ‚ihres' Geschlechts deutlich vor dem des anderen bevorzugen (vgl. Dannhauer, 1973). Dass der Umgang mit Spielzeug nicht nur bestimmte Interessen weckt, Fertigkeiten trainiert, sondern auch Sichtweisen von der ‚männlichen' und ‚weiblichen' Welt vermittelt, dürfte allgemein einsichtig sein. Weitere Beispiele aus dem breiten Feld dieser Untersuchungen wären, dass Jungen in westlichen Industrieländern mit mehr physischen Strafen erzogen werden als Mädchen, und meist ihre *außer*familialen physischen Aggressionen gebilligt, wenn nicht sogar positiv unterstützt werden. Mädchen werden demgegenüber mehr zu Ordnung und Sauberkeit und einer weniger platzgreifenden Motorik angehalten. Während ab dem Schulalter die überwachende Kontrolle der Jungen durch die Eltern sukzessive abgebaut wird, hält sie für Mädchen unvermindert an, oder sie wird noch verstärkt. Sie müssen mehr Rechenschaft ablegen, wohin sie mit wem und warum gehen, ihr Ausgang und ihre außerhäuslichen Aktivitäten werden von den Eltern stärker überwacht als bei den Jungen (vgl. Newson & Newson, 1968; Fischer et al., 1981).

Es gibt einige Anzeichen dafür, dass Jungen hinsichtlich eines ‚angemessenen' männlichen Verhaltens mehr unter Druck stehen als Mädchen: ihre motorischen Aktivitäten werden stärker stimuliert wie unterstützt (besonders durch Väter), ihre unerwünschten Aggressionen werden härter und eher physisch bestraft, ‚unadäquates' (mädchenhaftes) Verhalten wird stärker problematisiert und sanktioniert als es umgekehrt bei Mädchen der Fall ist (Lansky, 1967). Dies hängt sicher damit zusammen, dass insgesamt die männliche Rolle höher bewertet wird als die weibliche. Wenn Eltern, besonders die Väter, Unterschiede in Zuwendung und Interaktion mit ihren Kindern machen, dann fallen diese eher zugunsten der männlichen Kinder aus (Gewirtz & Gewirtz, 1968). Jungen erhalten im Positiven wie im Negativen durchschnittlich mehr Aufmerksamkeit als Mädchen. Schließlich führen auch streng nach Geschlecht unterschiedene Namensgebung, Kleidung und Haarfrisur – für die soziale Wahrnehmung zentrale Faktoren – dazu, dass nicht nur jeder potentielle Interaktionspartner, sondern auch der Träger selbst lange vor der eigentlichen Geschlechtsreife sich stets darüber im klaren ist, dass sie/er Angehöriger eines bestimmten sozialen Geschlechts ist.

Gefundene Unterschiede dieser Art sind meist auf das frühe Kindesalter bezogen. Sie fallen insgesamt zwar geringer aus als erwartet, zeigen aber andererseits, dass entscheidende Unterschiede tatsächlich bestehen, dass sie bereits *sehr früh* vorhanden sind und dass sie von den Kindern beiderlei Geschlechts auch *aktiv* betrieben werden (vgl. Maccoby, 2000).

Nun ist es aber bemerkenswert festzuhalten, dass gerade in neueren Abhandlungen immer wieder mit Erstaunen vermerkt wird, dass der hypostasierte Zusammenhang zwischen geschlechtstypischen Erziehungspraktiken samt den vermutlich daraus resultierenden psychologischen Unterschieden im Kindes- und Jugendalter sowie dem geschlechtstypischen Verhalten im Erwachsenenalter keinesfalls die erwarteten Konsistenzen aufweist:

Die wenigen tatsächlich empirisch auffindbaren Geschlechtsunterschiede und die durch Untersuchungen erfassten geschlechtsspezifischen Erziehungsunterschiede entsprechen sich nur recht mäßig (vgl. bereits Wesley & Wesley, 1978). Die aus früheren Untersuchungen der 1940er Jahre berichteten Unterschiede in Still- und Pflegepraktiken bei männlichen und weiblichen Säuglingen, aus denen weitreichende Schlüsse bezüglich späterer Verhaltensunterschiede gezogen wurden, sind heute kaum noch nachweisbar. Unterschiedliches Spielzeug für Mädchen und Jungen wird noch immer geschenkt, doch gelten viele der früheren reinen Jungenspiele heute als geschlechtsneutral und werden auch von Mädchen gespielt (umgekehrt jedoch nicht).

Einerseits erwiesen sich berichtete und beobachtete Sozialisationspraktiken für Jungen und Mädchen häufig als ähnlicher als erwartet; andererseits harmonierten die tatsächlich gefundenen geschlechtsspezifischen Sozialisationspraktiken der Eltern nur gering mit den wenigen gefundenen Geschlechtsunterschieden im Kindes- und Jugendalter: Die konstatierten Sozialisationsunterschiede konnten eigentlich weder die (noch) festgestellten Geschlechtsunterschiede bezüglich Aggression, verbaler und räumlich/mathematischer Fähigkeiten erklären, ganz zu schweigen von den immensen Unterschieden im erwachsenen Sozialverhalten beider Geschlechter.

Diese Inkonsistenzen haben vermutlich ihre Gründe in den zuvor beschriebenen statischen Eigenschaftskonzeptionen und den damit zusammenhängenden typischen Untersuchungsmethoden der Psychologie der Geschlechtsunterschiede.

Zum einen haben ihre Untersuchungen der globalen Grundausstattung, wie z. B. der kognitiven Fähigkeiten (z.B. Intelligenz) oder der sozioemotionalen Reaktionsweisen (z. B. Ängstlichkeit), wenig einschneidende Unterschiede erbracht und damit die überkommenen Vorurteile von der grundsätzlichen Wesensverschiedenheit der Geschlechter (und insbesondere von der Minderwertigkeit der Frau) widerlegt. Andererseits gibt es offensichtlich Geschlechtsunterschiede, die entweder so subtil sind, dass sie sich dem willkürlichen und künstlichen Methodenraster psychologischer Untersuchungen entziehen, oder die so umfassend sind, dass sie in ihrer

Selbstverständlichkeit nicht untersucht werden. Beispielsweise haben einige Sozialwissenschaftler darauf hingewiesen, dass man mit den lange Zeit verachteten qualitativen Verfahren (z. B. Interviews, biographischen Befragungen etc.) gerade subtilere qualitative Merkmale besser erfassen kann als mit den üblichen vorfabrizierten Eigenschaftslisten, Fragebogen und Ratingskalen etc. Insbesondere lassen sich mit solchen Verfahren auch eher dynamische Entwicklungen und Veränderungsprozesse nachzeichnen als mit den auf Erfassung statischer Eigenschaften gerichteten Verfahren. Außerdem sind so selbstverständliche Unterschiede zwischen Männern und Frauen, wie sie sich aus unterschiedlicher Arbeitsteilung, unterschiedlichen Berufen oder unterschiedlicher Machtverteilung ergeben, kaum untersucht worden. Männer und Frauen entwickeln aber nicht nur aufgrund unterschiedlicher frühkindlicher Erziehung verschiedene Eigenschafts- und Verhaltensmerkmale, sondern vermutlich verändern sie sich vielmehr durch die Berufsausbildung, durch den unterschiedlichen Bildungsgrad und die unterschiedlichen Tätigkeiten, die sie ihr Leben lang ausüben.

Offensichtlich sind es Veränderungen und Entwicklungen dieser Art, die für das Zustandekommen geschlechtypischer Unterschiede im *Erwachsenen*alter stärker verantwortlich sind als die vielerseits überstrapazierten *frühkindlichen* Erziehungsunterschiede, die zudem gegenüber früher in wichtigen Bereichen stark zurückgegangen sind.

Das bevorzugte Festhalten an frühkindlichen Erziehungsunterschieden führt jedoch dazu, dass überwiegend Elternverhalten untersucht wird. Untersuchungen, die sich mit geschlechtsspezifischen Sozialisationseinflüssen beschäftigen, nehmen hauptsächlich erfragtes oder beobachtetes Erziehungsverhalten von Eltern ins Visier. Zwar wird auf andere Sozialisationsfaktoren wie Gleichaltrige, Lehrer, Medien usw. hingewiesen, diese werden aber nicht in dem Ausmaß wie die Eltern untersucht. Diese Sichtweise bedeutet natürlich zusätzlich eine Vernachlässigung der vorne erwähnten *aktiven Selbstsozialisation* der Kinder und Jugendlichen anhand von Modellpersonen und Vorbildern, die über den familialen Raum hinausgehen, und anhand von jenen sozialen und gesellschaftlichen Erfahrungen, die man nicht nur erleidet, sondern selbst aktiv aufsucht. Zwar baut die Selbstsozialisation auf der familialen Sozialisation auf, sie macht sie aber ab einem bestimmten Punkt überflüssig, da die geschlechtsspezifischen Ordnungsprinzipien in unserer Gesellschaft so viele Bereiche eindeutig strukturieren, dass es unwahrscheinlich ist, dass sich Heranwachsende ihnen entziehen können oder wollen, indem sie den in ihnen enthaltenen positiven Anreizen widerstehen (z. B. gerade in geschlechtsspezifischen Konsumangeboten wie Mode, Make-up, Medien, Life Style, Sport u. v. a.).

Diese Einengung der Betrachtung von Sozialisationseinflüssen hat zur Folge, dass die erwähnten Mechanismen der Selbstsozialisation, die vermutlich erst ab dem Kleinkindalter auftreten, zum großen Teil unterschätzt und gar nicht erfasst werden. Andererseits – und das ist wesentlich schwerwiegender – werden wichtige geschlechtsspezifische Sozialisationseinflüsse, die nach der Kindheit im engeren Sinne liegen, überhaupt nicht erfasst. Es ist bisher von der Psychologie kaum untersucht worden, was mit Jungen und besonders mit Mädchen zwischen 11 und 14 Jahren in dieser Hinsicht passiert, einer Zeit, in der sich die später als ‚gesichert' feststellbaren Geschlechtsunterschiede gerade zu zeigen beginnen!

Es deutet aber vieles darauf hin, dass in diesem Alter – aufbauend auf den Maßnahmen der Eltern und den frühen Erfahrungen der Selbstkategorisierung und Selbstsozialisierung als Junge oder Mädchen – ein weiterer massiver Sozialisationsschub erfolgt, der wesentlich stärker geschlechtstypisch orientiert ist als die ersten grundlegenden Lektionen. In dieser Zeit entwickeln sich einerseits äußerlich wahrnehmbar die sekundären Geschlechtsmerkmale (Pubertät), die die bisherige Differenzierung durch Kleidung, Namen und Frisur nun auch körperlich ‚beweisen'. Zum anderen fällt in diese Zeit meist die für das spätere Erwachsenenleben wichtige Entscheidung für einen Beruf oder einen bestimmten Ausbildungszweig. Ein vergleichbarer Schub ließe sich möglicherweise auch für die ersten Jahre der eigentlichen – meist geschlechtsspezifischen – Berufstätigkeit feststellen, beispielsweise zwischen 15 und 25 Jahren.

5. GESCHLECHTSSPEZIFISCHE SOZIALISATION: EIN LEBENSLANGER PROZESS

Es lässt sich sehr gut vorstellen, wie nun diese äußeren Ereignisse und Notwendigkeiten die schon erfolgte Sozialisation und Selbstsozialisation von geschlechtstypischem Verhalten weiter vorantreiben. Mit Sicherheit ist es mit diesem Alter zunehmend die gesellschaftliche Realität der vorhandenen Teilung der Lebens- und Arbeitsbereiche in männlich und weiblich, die das jetzt verstärkt an der Erwachsenenwelt ausgerichtete Lernen von geschlechtsadäquatem Verhalten reguliert. Natürlich gibt es einen Spielraum, innerhalb dessen die individuellen Vorstellungen der eigenen Zukunft erheblich streuen; so lassen sich vor allem soziale Schichtunterschiede feststellen. Aufgrund der relativ freieren Sozialisationsbedingungen in der Mittelschicht finden sich hier z. B. weniger stark ausgeprägte Geschlechtsklischees als in der Unterschicht (vgl. schon Lehr, 1972).

Es ist also nun die gesellschaftliche Realität, deren direkte und (via kognitive Prozesse) indirekte Auswirkungen für die Sozialisation als Frau oder als Mann ausschlaggebend werden. Dies wird in den meisten Sozialisationsuntersuchungen in dieser Plattheit nicht begriffen. Hier sind es überwiegend elterliche Erziehungsstile, Sprachstile usw., die eine Person lebenslang dazu disponieren, sich so oder so zu verhalten oder mit der Umwelt auseinanderzusetzen. Diese Einflüsse bestehen natürlich und erklären teilweise interessante individuelle Unterschiede. Aber dass es in erster Linie für Heranwachsende und junge Erwachsene die realen Lebensbedingungen selbst sind (bzw. die konkrete Aussicht darauf), die ihr geschlechtstypisches Verhalten entscheidend beeinflussen, wird nicht als ‚Sozialisationseinfluss' untersucht. Gewiss gibt es bestimmte ‚Stile', sich mit der Realität auseinanderzusetzen, die auf frühere konsistente Sozialisationserfahrungen zurückgehen. Der größere Zwang und die erhöhte Aufmerksamkeit im positiven wie im negativen Sinn, die häufigeren Strafen und Belobigungen für Jungen begünstigen mit Sicherheit das Entstehen jener aggressiv-durchsetzungskräftigen, rücksichtslosen Männlichkeit, die in unserer Gesellschaft in vielen Berufen so erfolgversprechend ist. Da Frauen in dieser Hinsicht oft weniger ‚zwanghaft' erzogen werden, haben sie in direkten Konkurrenzsituationen mit solchen ‚Persönlichkeiten' häufig wenig Lust, sich auf diesen Auseinandersetzungsstil einzulassen, was ihnen dann als Durchsetzungsschwäche oder fehlende Leistungsmotivation (aufgrund weiblicher Sozialisation) ausgelegt wird. Wenn aber der besagte ‚männliche' Stil ‚erfolgreicher' ist, sind es in erster Linie *sozialstrukturelle* Gründe, durch die ein solches Verhalten von den gesellschaftlich mächtigen Institutionen eben positiv sanktioniert wird.

Auch Untersuchungen über die *Schichtabhängigkeit* der geschlechtsspezifischen Sozialisation bringen diese weniger mit der sozialen Realität der Unter- oder Mittelschicht in Zusammenhang, sondern ziehen sich auf ‚schichtspezifische' Erziehungsstile zurück. Diese bestehen zwar und haben entsprechende Auswirkungen. Aber spätestens ab 14 Jahren wirken in der Unterschicht auch die direkten gesellschaftlichen Bedingungen – ohne den Umweg über den elterlichen Erziehungsstil – für Mädchen sozialisierend, z. B. die ökonomisch notwendige Kalkulation zwischen Geldverdienen, Ausbildungskosten und -zeit; die Aussicht, einem unterbezahlten und nervtötenden Beruf nur durch Heirat zu entfliehen; unmittelbare Modelle ihrer Schulkameradinnen in ähnlichen Situationen. Diese Bedingungen sind nicht nur sozialisierend für ein späteres Leben, sie sind das Leben selbst.

An dieser Stelle wird deutlich, wie willkürlich die Unterscheidung zwischen sozialisierenden Bedingungen und Lebensbedingungen ist. Hört für Kinder aus den unteren Schichten die Sozialisation demnach mit 14 Jahren auf, für Mittel- und Oberschichtkinder erst später, mit dem Abitur (19 Jahren) oder mit dem Hochschulabschluss (ca. 25 Jahren)? Sicherlich macht es für die geschlechtsspezifisch sozialisierenden Erfahrungen von Männern und Frauen einen Unterschied, ob die Notwendigkeit zur Berufstätigkeit und/oder Heirat sich früher oder später einstellt. Ob der durch das Schulsystem zumindest teilweise vorgegebene Gleichheitsanspruch früher oder später aufhört, kann durchaus einen entscheidenden Einfluss für die Sozialisation von Frauen haben. Ob dieser länger genossene Freiraum größerer Gleichheit jedoch für das spätere Berufs- und Familienleben von Frauen und Männern Konsequenzen haben wird, entscheiden in erster Linie jene Faktoren, die *nach* Beendigung der relativ egalitären schulischen Ausbildungszeit für Frauen lebensbestimmend sind und erst sekundär die mehr oder weniger ‚günstig' verlaufene geschlechtsspezifische Sozialisation in Kindheit und Jugend. Beispielsweise können Frauen, die eine liberale und egalitäre Erziehung und Ausbildung erhielten, zeitweise oder dauerhaft in ihren gleichberechtigten Ansprüchen und Gewohnheiten zurückstecken bzw. resignieren, wenn ein sexistisches und autoritäres Betriebsklima dies erzwingt und keine anderen beruflichen Alternativen in Sicht sind. Andererseits können konventionell erzogene Frauen mit relativ geringer Ausbildung an den ihnen übertragenen Aufgaben wachsen und sich sehr weit von ihrem ursprünglichen Erziehungsmilieu wegentwickeln, wenn die Umstände es ermöglichen. Die verstärkt wirksam werdende *lebenslange* Sozialisation in Beruf und Familie entscheidet mehr über typische Verhaltensweisen der beiden Geschlechter als mögliche frühe geschlechtsspezifische Sozialisationspraktiken von Eltern und Lehrern, die damit in keiner Weise unterschätzt werden sollen.

Dass tatsächlich eine stärkere Ausprägung in klassisch männliche und klassisch weibliche Verhaltensweisen erst im Erwachsenenalter stattfinden kann, und zwar in Abhängigkeit von den vorhandenen Lebensverhältnissen, wies bereits eine Vergleichsstudie von Allemann-Tschopp (1979a und b) nach, die das geschlechtstypi-

8. Einige Gedanken zur Sozialisation von Frauen

sche Verhalten erwachsener Männer und Frauen jeweils in Abhängigkeit davon verglich, ob sie alleinstehend, verheiratet ohne Kind oder verheiratet mit Kind waren. Tatsächlich erwiesen sich die Männer und Frauen, die verheiratet waren und Kinder zu versorgen hatten, als am ausgeprägtesten ‚geschlechtstypisch' in ihrem Sozialverhalten. So aufschlussreich diese Befunde für eine ausgewogenere Beurteilung frühkindlicher Erziehungsunterschiede und der daraus abgeleiteten psychologischen Unterschiede zwischen Männern und Frauen sind, so bedauerlich ist es andererseits, dass dieselbe Autorin diesen Befund zum Grundstein einer von ihr kreierten ‚funktionalen Theorie' der Geschlechtsunterschiede machte. Danach bestehe „die wichtigste Funktion geschlechtstypischen Verhaltens in der Sicherung der Pflege und der Erziehung von Kindern" (ebd., 1979a, S. 166f.). Dass die Geburt des ersten Kindes die Annahme der Geschlechtsrolle (besonders der Frauen) provoziert, ist nach ihrer Meinung notwendig und funktional für die Aufzucht der nächsten Generation und für den Bestand der Gesellschaft, da „die durch Schwangerschaft, Geburt und Stillen entstandene emotionale Bindung zwischen Mutter und Kind ... die Frau zur Weiterführung der Betreuung prädestiniert". (ebd., S. 33). „Der Mann eignet sich in dieser Phase besser für die Versorgerposition, da er nicht mit vergleichbaren ‚Mängeln' behaftet ist, so dass er sich besser an die Erfordernisse des Berufslebens anpassen kann" (ebd., S. 32). Sie geht von einer für „den [!] Menschen typische(n) Arbeitsteilung zwischen Kinderaufzucht und Nahrungsbeschaffung" (ebd., S. 190/1) aus und vertritt die Auffassung, dass „Frauen ... ohne die Hilfe der Männer ökonomisch unselbständig" sind (ebd., S. 180).

Hier hätte ein Blick auf die Lebensbedingungen von Jäger- und Sammlervölkern genügt (wo Frauen bis zu 80 % des täglichen Nahrungsbedarfs sicherstellen; vgl. Slocum, 1975) oder auf die Lage unzähliger Frauen in Lateinamerika (die in den Slums der Millionenstädte sich allein mit ihren Kindern durchschlagen und dies noch relativ besser, als wenn sie noch einen mit notorischer Arbeitslosigkeit und ‚Machismo-Komplexen' behafteten Ehemann/Freund durchbringen müssen; vgl. Troeller & Deffarge, 1981), um eine solche Aussage als absurd und ethnozentrisch zu entlarven. Im übrigen muss natürlich festgehalten werden, dass die heutigen Berufsstrukturen der ‚zivilisierten' Nationen – die den vollen Tageseinsatz eines Menschen verlangen und keine Zeit für die eigene Reproduktion und die von Kindern lassen, somit einen unbezahlten und persönlich verfügbaren Reproduktionsarbeiter zur arbeitsteiligen Erledigung dieser notwendigen Dinge erforderlich machen –, dass diese Strukturen auch nicht gottgegeben, sondern höchst irdisch-menschlichen, sprich profitgebundenen Ursprungs sind.

Dieses Beispiel zeigt aber, dass Analysen von Geschlechtsunterschieden, selbst wenn sie deren Ausprägung erst unter entsprechenden sozialen Bedingungen im Erwachsenenalter nachweisen, dann unvollkommen bleiben, wenn sie sich nur an der Oberfläche greifbarer Eigenschafts- und Verhaltensdimensionen bewegen und sie verkürzt auf entweder ‚biologische', ‚sozialisierte' oder gar ‚funktionale' Faktoren zurückführen wollen. (Wenn man schon funktionale Gesichtspunkte einführt, sollte man zumindest die profitablen Funktionen für die Männer nicht aus dem Blick verlieren.) Vielmehr muss in diesem Zusammenhang stets die Frage nach den gesellschaftlichen Machtstrukturen gestellt werden, die eine solche Aufteilung anleiten, aufrechterhalten und von ihr profitieren. Frauen haben in der Mehrzahl weniger

Macht, Entscheidungsbefugnis und gesellschaftliche Verantwortung als Männer, und *einige* Männer haben sehr viel mehr davon als die große Anzahl aller übrigen.

Dass sich Machtstrukturen nicht nur auf irgendwelchen abstrakten politischen und wirtschaftlichen Ebenen abspielen, sondern eine sehr handfeste und direkte Wirkung *sowohl* auf Sozialisationsereignisse der klassisch-frühkindlichen Art *wie auch* auf lebenslange Sozialisationseinflüsse im Jugend- und Erwachsenenleben der Geschlechter haben, möchte ich abschließend an einigen Beispielen auf unterschiedlichen Sozialisations,ebenen' darstellen.

6. Die Einflüsse gesellschaftlicher Machtstrukturen: drei Beispiele

Um bei der klassischen Sozialisationsinstanz *Familie* anzufangen: Seit die Frauenbewegung Häuser für misshandelte (Ehe-)Frauen eingerichtet hat, ist durch die starke Inanspruchnahme solcher Einrichtungen die Existenz und die allgemeine Verbreitung von physischer und psychischer Gewalt gegen Frauen selbst von Politikern nicht mehr wegzudiskutieren. Was hier jedoch mehr interessiert, ist die Tatsache,
– dass gewalttätige Aktionen vorwiegend von männlichen Familienmitgliedern (Ehemännern, Verlobten, Freunden, Verwandten) gegen die eigenen Frauen und Kinder eingesetzt werden, also gegen statusniedrigere ,leichte' Gegner,
– dass sie in allen Gesellschaftsschichten verbreitet sind und dass sie durch meist langjährige, oft lebenslange Praktizierung gekennzeichnet sind – also keine einmaligen ,Ausrutscher' darstellen (vgl. Clausen, 1981).

Diese Art von tatsächlich ,geschlechtsspezifischen Aggressionsunterschieden' ist kaum wissenschaftlich untersucht, obwohl sie durchaus den gängigen Klischees von Aggression (physische Angriffe mit sichtbaren Verletzungen) und auch allen wünschbaren Anforderungen abstrakter wissenschaftlicher Definition entspricht (Schädigung eines Organismus, beabsichtigt, beobachtbar etc.). Die Ausbrüche solcher aggressiver Aktionen haben meist ihren Anlass in Gefühlen der Unterlegenheit und der tatsächlichen oder nur befürchteten Bedrohung des Status des Mannes in der Familie; es handelt sich um Macht, die wiederhergestellt, die bewiesen werden muss. Dass hier sozialstrukturelle und verinnerlichte Machtstrukturen am Werke sind und nicht ein biologischer Aggressionstrieb der Männer, belegt auch die Tatsache, dass sich diese ,innerartlichen' Aggressionen durchweg gegen die ,Weibchen' und den eigenen Nachwuchs richten, eine für den analog zum Tierreich konzipierten Aggressionstrieb höchst untypische Ausprägung. Nach dieser Analogie dürfte sich der männliche Aggressionstrieb eigentlich – von pathologischen Irrtümern abgesehen – nur gegen männliche Artgenossen im Kampf um Rang, Weibchen und Territorium richten – nicht gegen die eigene Brut. Für den hier besonders interessierenden Sozialisationszusammenhang ist aber festzuhalten, dass die als Kind erlittenen und befürchteten männlichen Aggressionen oder die als Jugendliche und Ehefrau erfahrenen physischen Angriffe und Bedrohungen mit Sicherheit beeindruckende Sozialisationserfahrungen darstellen, die – über individuelle Verletzungen und Kränkungen hinausgehend – als wirksame generelle Strukturen begriffen wer-

8. Einige Gedanken zur Sozialisation von Frauen 151

den, die den Mann nicht nur als das starke, sondern auch als das mächtige Geschlecht bestimmen.

Das zweite Beispiel bezieht sich auf einen Teil jener Ideologiefabrikationen, die solche und andere Machtausübung vorbereiten, absichern und verschleiern: die *öffentlichen Medien* und ihre Darstellungen von Frauen bzw. des Verhältnisses zwischen Frauen und Männern. Verschiedene umfassende Studien in der Bundesrepublik Deutschland, den USA und Großbritannien haben beispielsweise für das einflussreiche Massenmedium Fernsehen recht übereinstimmend erbracht, dass Frauen dort quasi ‚ausgelöscht' (d. h. unterrepräsentiert bis nicht existent in der Darstellung) und ‚trivialisiert' werden (d. h. wenn sie auftauchen, dann meist in untergeordneten oder unwichtigen Zusammenhängen). Die Darstellung der berufstätigen Frau existiert ebenfalls entweder gar nicht oder beschränkt sich auf Klischees wie ‚Krankenschwester', ‚Sekretärin' oder sogenannte Traumberufe (vgl. Küchenhoff et al., 1975; Gerbner, 1972; Tuchmann, 1978; Schmerl, 1984, 2003, 2005b; Weiderer, 1993).

Immerhin hatten zumindest für den Bereich des Fernsehens einige wissenschaftliche Untersuchungen bereits nachgewiesen, was sich der gesunde Menschenverstand auch so vorstellen konnte, nämlich dass Kinder bzw. Erwachsene mit *mehr* Fernsehkonsum oder mit *einschlägigem* Konsum (Werbung) konservativere Einstellungen gegenüber Frauen haben als Kinder, die wenig fernsehen (vgl. Frueh & McGhee, 1975), oder als Erwachsene, die solche Werbung nicht sehen (Jennings & Brown, 1980).

Fernseh- und Rundfunkprogramme, aber auch Presseerzeugnisse werden noch immer zu überwiegenden Anteilen von männlichen Redakteuren gemacht. Dafür dürfte auch hier kaum zu übersehen sein, dass in den inhaltlichen Darstellungen der erwähnten Art neben den geschlechtstypisch sozialisierenden Einflüssen auf Denken und Verhalten von Zuschauern und außer den geschlechtstypischen Konsumbedürfnissen letzterer sich an zentraler Stelle die Mentalität und die Macht der Programmgewaltigen widerspiegeln, die die vielen Vorstöße von Frauen hinsichtlich mehr Einflussnahme auf Herstellung und Inhalte der Sendungen bisher relativ kalt gelassen haben. So waren beispielsweise in Baden-Württemberg 1998 in den Führungspositionen des öffentlichrechtlichen Rundfunks nur 12 % Frauen vertreten, in denen des Fernsehens sogar nur 5 % (Aktiv, 1998). In Nordrhein-Westfalen waren im Jahr 2005 nur 30 % der Programmbereichsleiter Frauen (Auskunft WDR, 2005).

Am deutlichsten lässt sich die Notwendigkeit, die gesellschaftlichen Machtverhältnisse zwischen den Geschlechtern in die Frage nach den geschlechtsspezifischen Unterschieden und deren Sozialisation miteinzubeziehen, am letzten Beispiel demonstrieren. Seit einigen Jahrhunderten ist der Kampf um *gleiche Bildung* für Frauen der zentrale Hebel für ihre Gleichberechtigung mit dem Mann und für ihre freie Entfaltung als Mensch. Dass dies eine nicht nur berechtigte, sondern auch gut begründbare und eminent bedeutungsvolle Einsicht und Forderung ist, braucht hier nicht abgeleitet zu werden. Ohne Werkzeuge des Verstandes, des Bewusstseins und des Wissens können menschliche Kapazitäten nur schwer eingesetzt und kaum entfaltet werden. In den 1970er und 80er Jahren wurde die These von der Notwendigkeit gleicher Bildung als Voraussetzung für die Gleichberechtigung der Frauen um eine sozialisationsspezifische Variante bereichert: Es war nun mehr oder weniger verblümt zu hören, dass es doch eine gewissermaßen ‚defizitäre' Sozialisation der Frau sei, die es zu überwinden gälte, wolle sie mit dem Mann gleichziehen: wenn sie erst weniger abhängig, ängstlich und beeinflussbar, dafür unabhängiger, leistungsmotivierter und berufsorientierter geworden sei, dann würde die Gleichberechtigung mit dem Mann nicht auf sich warten lassen. Frauen müssten daher mehr männliche Eigenschaften entwickeln und ‚motivierter' sein, mit dem Mann gleichzuziehen.

Inzwischen lässt sich tatsächlich ein Aufholen der Frauen beobachten, was diese gerühmten Eigenschaften (Bildung, Berufstätigkeit, Selbstbewusstsein etc.) betrifft. Viele Frauen sind sogar selbstbewusst genug, um die These von der defizitären Sozialisation zu kritisieren und ihr die Positiva einer weiblichen Sozialisation entgegenzusetzen, die mehr am Mitmenschen, mehr an Rücksichtnahme, Einfühlungsvermögen, Zuhören-können, Solidarität und ähnlichem orientiert sei als an den männlichen Erfolgsschlagern von Konkurrenzdenken, Statusneid, Profitstreben, Selbstdarstellung und ähnlichen Dingen, die man für einen verantwortungsvollen Posten offensichtlich braucht. In der Tat haben Frauen nicht nur rechtlich gleichen Zugang zu allen Formen von höherer Bildung und gehobenen Berufslaufbahnen, sondern auch ihre sozialen Fähigkeiten und psychischen Eigenschaften scheinen sich gegenüber früheren Zeiten nicht mehr einschneidend von denen der Männer zu unterscheiden. Die großangelegten deutschen Jugendstudien von 1981 bis 2002 (vgl. Fischer et. al., 1981; Apel & Fischer, 1992; Hurrelmann, 2002) erbrachten mit einer Quotenstichprobe von über 1000 Jugendlichen zwischen 15 und 24 Jahren keine einschneidenden Geschlechtsunterschiede mehr in den Durchschnittsbiographien. Beispielsweise gehen Mädchen etwas früher emotionale Beziehungen ein und ziehen früher von zu Hause aus, während Jungen zwischen 15 und 17 Jahren eher und ausgiebiger weggehen dürfen als Mädchen, und sie bis zum 20. Lebensjahren zu höherem Anteil ein eigenes Auto fahren; Mädchen helfen mehr beim Hausputz. Sicher typische, aber keine „dramatischen Verschiedenheiten", wie die Autoren schon Anfang der 1980er Jahre resümierten (Fischer et al., 1981, S. 280), denn in allen anderen Bereichen der umfassend erhobenen biographischen Merkmale zeigten sich keine durchgehenden Unterschiede.

Wenn man also von der Annahme ausgeht, dass zum heutigen Zeitpunkt Frauen und Männer sich bildungsmäßig und wohl auch in ihren sozialen Fähigkeiten mehr gleichen als je zuvor, dann bedarf es einer zusätzlichen Erklärung für die immer noch bestehenden Ungleichheiten am *Arbeitsplatz*, im *technischen, politischen* und *wissenschaftlichen* Sektor, sowie in allen verantwortungsvollen und privilegierten Positionen unserer Gesellschaft. Im Jahr 2004 waren 49 % aller Studienabsolventen Frauen, dagegen nur 8,6 % aller C4-Professoren (in 2003) und nur 10 % aller Führungskräfte in deutschen Firmen (ebenfalls 2004; vgl. Statistisches Bundesamt, 2005 und Frankfurter Rundschau, 16.9.2005). Die Tatsache der Erfüllung des Emanzipationspostulats ‚mehr Bildung' hat nicht zu gleicher Entlohnung, Verantwortung, Entscheidungsbefugnis geführt. Von konservativer Seite ist hier zu hören, dass alle Versuche, durch höhere Bildung, spätere Heirat, weniger Kinder und alternative Wohnformen zu größerer Gleichberechtigung zu kommen, nachweislich gescheitert seien, weil eben das naturgegebene biologische Geschlechterverhältnis all diesem trotze. Dieses angebliche Scheitern beweist aber nun gerade nicht die Untauglichkeit der tatsächlich in gewissem Ausmaß geänderten Variablen obigen Typs, sondern es beweist die Existenz einer – *außer* Bildung, *außer* Sozialisation – zusätzlichen, wichtigen Variablen, nämlich der Verfügung über gesellschaftliche Macht. Konkret heißt das: die Mehrheit der Männer ist nicht bereit, diese mit Frauen in wesentlichem Ausmaß, und schon gar nicht zur Hälfte, zu teilen. Dies lässt sich auf den unterschiedlichsten Ebenen beobachten und belegen: Wer die Lebensläufe von – recht seltenen – Karrierefrauen mit denen von – recht zahlreichen – Karrieremännern vergleicht, stolpert darüber allerorts (vgl. Henning & Jardim,1978 bis zu David & Woodward, 1998). Männer protegieren und fördern männlichen Nachwuchs; diese Männernetzwerke sind die informellen Garanten der Kontinuität männlicher Geschäftspolitik. Frauen fallen durch diese Netze meist hindurch – von einem systemimmanent tolerierbaren Prozentsatz an Ausnahmen abgesehen. Sowohl für den Bereich *naturwissenschaftlich-technischer* Berufe als auch für den Bereich der *Politik* und den der *Wissenschaft* gibt es hier detaillierte Ergebnisse über frappierend übereinstimmende Mechanismen seit über einer Generation (Astin & Bayer, 1973; Babey-Brooke, 1975; Joachimsen, 1978; Memorandum, 1981; Bock, Braszeit & Schmerl, 1983; Faber & Kowol, 2003).

Die Konsequenz aus alledem kann allerdings keineswegs heißen: also bleiben Frauen lieber ungebildet und eignen sich auch nicht die positiven der ‚männlichen' Eigenschaften an. Sondern vielmehr heißt das: Bildung und Kompetenz allein genügen nicht und genügen vor allem nicht automatisch, um das Machtgefälle und die Ausbeutung zwischen Männern und Frauen aufzugeben und beide Geschlechter einander ebenbürtiger zu machen. Es ist vielmehr eine Frage des Anteils an der gesellschaftlichen Verantwortungs- und Entscheidungsbefugnis (dem überwiegenden Monopol der Männer) und eine Frage des menschenangemessenen Umgangs damit – was zumindest voraussetzt, dass diese von Männern und Frauen zu gleichen Teilen wahrgenommen wird. Das bedeutet, dass sie nur dann menschenangemessener verwaltet und eingesetzt werden kann, wenn auch Männer andere Fähigkeiten und Bereitschaften erwerben als bisher, wenn Frauen ihre Fähigkeiten einsetzen und verwirklichen können, wenn dementsprechend die interne Struktur der Berufe (Arbeitszeit und -bedingungen) für Männer und Frauen verändert wird, und die dann noch anfallenden Reproduktionsarbeiten vergesellschaftet bzw. geteilt werden. Erst dann werden Sozialisationsbedingungen für Frauen so ausfallen, dass die dadurch vermittelten sozialen Kapazitäten auch gelebt, das heißt aufrechterhalten und entfaltet werden können.

9. CONSUETUDO EST ALTERA NATURA – ODER WARUM ESSENZEN FLÜCHTIG SIND*

1. VORBEMERKUNG

Was wird aus Mitgliedern der Spezies Homo, die in ihrer frühen Kindheit keine geistigen und sozialen Angebote erhalten? Offensichtlich keine Menschen, obwohl ihre Körper so aussehen. Ob man diese für die Menschwerdung unerlässlichen Angebote als ‚Sozialisation' bezeichnen soll oder besser mit einem anderen Begriff, ändert nichts an der Tatsache selbst. ‚Unsozialisierte' Menschen, die ohne den Einfluss von sozialen Beziehungen, Sprache und kulturellen Techniken aufwachsen, sind nicht typisch ‚menschlich', ihnen mangelt die ‚menschliche Natur', die stets eine soziale ist. Beeindruckende Beispiele hierfür sind die dokumentierten Fälle von ‚wilden Kindern', die ohne menschliche Pflege und Kontakte aufwuchsen. Sie konnten bei ihrer Entdeckung weder aufrecht laufen, sprechen oder sich sonstwie artikulieren; meist konnten sie dies auch durch intensives Training nach ihrer Rückkehr zu den Menschen nicht mehr lernen (vgl. Malson et al., 1974). Solche Fallstudien belegen eindringlich, dass alle typisch menschlichen Eigenschaften erworben werden müssen, dass Deprivation von sozialen Interaktionen zum Ausbleiben grundlegender Fertigkeiten führt und darüber hinaus irreparable Schädigungen geistiger Art hinterlässt, die ab einem gewissen Zeitpunkt (die berichteten Fälle waren bei ihrem Auffinden zwischen 8 und 15 Jahre alt) nicht mehr ausgeglichen werden können. ‚Sozialisation' ist also weniger ein Anpassungs- und Kontrollvorgang, um ungezügelte Lebensäußerungen zu zivilisieren, sondern in aller erster Linie die Voraussetzung für den Erwerb grundlegender menschlicher Eigenschaften und Fähigkeiten.

Dass der Mensch ein Kulturwesen ist, hatte schon 1958 Arnold Gehlen herausgearbeitet. Er wies darauf hin,

> „dass wir alles Natürliche am Menschen nur in der Imprägnierung durch ganz bestimmte kulturelle Färbungen erfahren können. Dies ist ein weitgehend zugestandener, aber selten ausgewerteter Satz. Wenn die Kultur dem Menschen natürlich ist, so bekommen wir auch umgekehrt seine Natur nie als solche, sondern nur in der Durchdringung mit ganz bestimmten kulturellen Zusammenhängen zu Gesicht." (S. 113)

Dies bedeutet aber, dass es *die* Natur des Menschen *ohne* oder *vor* irgendeiner Art gesellschaftlicher Formung nicht nur nicht anzutreffen gibt – da Menschen immer innerhalb irgendeiner gesellschaftlicher Struktur aufwachsen –, sondern dass es sie *überhaupt* nicht gibt, auch nicht als abstrakte Denkmöglichkeit. Es gibt keine denkbare ‚primäre', ‚erste' Natur des Menschen, da dieser nur dann und nur dadurch

---

* Koreferat zu Andrea Maihofer „Geschlecht und Sozialisation" (2002); erweiterte Fassung

menschliche Eigenschaften ausbilden kann, dass er sie in Interaktion mit und von anderen Mitgliedern einer bereits vorhandenen Gemeinschaft übernimmt oder abwandelt. Dies bedeutet nicht eine unbegrenzte und beliebige Formbarkeit von Menschen. Da der Mensch ein biologischer Organismus ist, gibt es bestimmte physiologische Grundbedürfnisse, die zu seiner Lebensfähigkeit erfüllt sein müssen, die er aber mit tierischen Organismen teilt, und die somit als biologische Bedürfnisse nicht genuin menschlich sind. Alle die ‚menschliche Natur' auszeichnenden Wesenszüge (Sprache, Geselligkeit, Kreativität, Arbeit, Imagination etc.) werden erst *durch* Interaktion, *durch* Sozialisation ermöglicht. Keins der wilden Kinder hat bei seiner Entdeckung das Bedürfnis nach Geselligkeit, Kommunikation oder gar nach Arbeit gezeigt. Diese die kulturelle Natur des Menschen kennzeichnenden Eigenschaften müssen nicht nur durch ‚Sozialisation' geweckt oder erschaffen werden, sondern ihre Herausbildung ist notwendige Voraussetzung und Grundlage für die Entwicklung menschlichen Selbstbewusstseins sowie menschlicher Verhaltensweisen. Was bedeutet die Anwendung dieser Sichtweise auf die Frage von Geschlecht und Sozialisation?

Andrea Maihofer stellt in ihrem Aufsatz ‚Geschlecht und Sozialisation' (2002) fest, dass die in den 1970er Jahren entwickelten Erkenntnisse über geschlechtsspezifische Sozialisation seit den 1980ern und 90ern zunehmend dafür kritisiert wurden, dass solche Sozialisationsergebnisse zu quasi feststehenden ‚Wesenszügen', zu Essenzen der Geschlechter geraten. (Sie unterschlägt dabei, dass diese Erkenntnisse sowohl für die erste Generation feministischer Sozialwissenschaftlerinnen, wie auch für die mit deren Argumenten arbeitende Frauenbewegung eine ungeheure Schubkraft gegen die nativistischen Positionen männlicher Wissenschaftler und Politiker hatten, die die bestehende, Frauen diskriminierende gesellschaftliche Arbeitsteilung zwischen den Geschlechtern mit den *angeborenen* psychischen Eigenschaften von Frauen ‚erklärten' und somit legitimierten). Sie führt weiter aus, die nun seit den 1980er Jahren vorgebrachte Kritik, jede qua Sozialisation erworbene Neigung, Eigenheit oder Fähigkeit könnte ebenso als ‚Wesenszug' aufgefasst und folglich zu Legitimierungszwecken eingesetzt werden, sei von der Sozialisationstheorie nicht beantwortet worden, sondern diese sei quasi verstummt. Andrea Maihofer beargwöhnt diese wissenschaftliche Engführung als ein Forschungstabu und begehrt mit gezielten Fragen dagegen auf. Ich möchte ihren Verdacht unterstreichen und noch zuspitzen, weil ich glaube, dass er nicht ‚radikal' genug ist, d. h. nicht nach den *Ursachen* des von ihr klar benannten Dilemmas fragt.

2. FRAUENBEWEGUNG TRIFFT SOZIALWISSENSCHAFTEN

Blicken wir zunächst auf die Anfänge der geschlechtsspezifischen Sozialisationsforschung Ende der 1970er Jahre. Der Befreiungsschlag gegen die traditionelle Annahme von wesensmäßigen, weil *anlagebedingten* psychischen Eigenschaften von Frauen (und Männern) war von wissenschaftlich ausgebildeten, feministische Psychologinnen ausgegangen, weil die Psychologie diejenige Fachdisziplin war, die psychische Eigenschaften operationalisierte, um sie empirisch untersuchen zu können, d. h. ‚objektiv' messen zu können. Immerhin konnten die feministischen Forscherinnen so mit den ‚angeborenen' Eigenschaften der Geschlechter aufräumen, indem sie nachwiesen, dass Eigenschaftsunterschiede zunehmend verschwanden, wenn man Untersuchungsdesigns seriös plante und durchführte und sie nicht mit patriarchalen Vorannahmen und Methodenfehlern kontaminierte. Sie konnten überdies zeigen, dass und wie einige noch bestehende psychische Differenzen zwischen den Geschlechtern durch unterschiedliche Sozialisation zustande kommen konnten.

Natürlich gab es Vertreterinnen des Sozialisationsansatzes, die ein eher mechanistisches und deterministisches Modell vertraten vom Typus „männliche Säuglinge werden ausgiebiger gestillt als weibliche, und deshalb sind Frauen später ..." (z. B. Belotti, 1975; Scheu, 1977). Hier wurden „Frauen gemacht" und „die weibliche Rolle in den ersten Lebensjahren zwanghaft herausgebildet". Die Hauptrichtung der Veröffentlichungen lag aber keineswegs auf den qua Sozialisation ‚fixierten' Eigenschaften, sondern vielmehr auf dem Nachweis, dass die überlieferten geschlechtstypischen Eigenschaften neuerdings immer weniger nachweisbar waren (so u. a. Bierhoff-Alfermann, 1977; Schmerl, 1978b; Schenk, 1979; Bilden, 1980; Hagemann-White, 1984).

Spätestens ab dieser Zeit wagte in den Sozialwissenschaften kaum noch ernsthaft jemand zu behaupten, dass beide Geschlechter mit unterschiedlichen Fähigkeiten ‚begabt' seien. Blieb also für die Erklärung unterschiedlicher gesellschaftlicher Positionen der Geschlechter nur noch Erziehung bzw. Sozialisation. Dafür gab es zwar einerseits theoretisch vielversprechende Erklärungsansätze (z .B. die diversen Lerntheorien, die kognitiven Theorien, auch die Rollentheorie und spezielle Angebote wie die Gender-Schema-Theorie), gleichzeitig wurde aber aus neueren Eltern-Untersuchungen immer deutlicher, dass Kinder immer weniger eine rigide klassische Mädchen- oder Jungensozialisation erfuhren.

Diese Inkongruenz zwischen der Tatsache gleicher ‚Fähigkeiten' beider Geschlechter nebst den sich angleichenden Erziehungsstilen und der später aber ungleichen Teilhabe an gesellschaftlich verantwortungsvollen und privilegierten Positionen war bereits von Autorinnen der 1970er Jahre mit gesellschaftlichen *Macht*-Strukturen erklärt worden und nicht mit ‚geronnenen' geschlechtstypischen Eigenschaften (vgl. Bierhoff-Alfermann, 1977, S. 113; Schmerl, 1978b, S.158ff; Schenk, 1979, S. 208). Offensichtlich war den Autorinnen dieser Zeit noch aufgrund ihrer eigenen Biographie anschaulich klar, dass sie selbst niemals in den 1970ern zu professionellen und querdenkenden Wissenschaftlerinnen hätten werden können, wenn sie durch ihre in den 1950er Jahren erfahrene Mädchensozialisation wesensmäßig oder essenziell geprägt worden wären.

3. ‚SOZIALISATION' VERSTEHEN – ABER WIE?

Wie aber wurde der o. a. Widerspruch – der ja mit ‚Macht' und ‚Gesellschaft' zunächst nur abstrakt beantwortet war – in der Folgezeit bearbeitet? Bekanntlich gab es drei verschiedene Erklärungsrichtungen, die Maihofers Beitrag auch benennt:
- Erstens: Die Frauen arbeiten – trotz gleicher Befähigung – an ihrer eigenen Diskriminierung mit, weil sie eine Art Surplus-Fähigkeit haben, nämlich *das weibli-*

che Arbeitsvermögen, das andere (vor allem Männer) von ihnen erwarten, benutzen und ausbeuten, und das sie selbst ‚gern' und selbstverständlich ‚anbieten' – beides ist aber gleichberechtigungs- und karrierehinderlich.

– Zweitens: Frauen werden durch etablierte, männlich ausgerichtete Macht-*Strukturen und* durch macht- und konkurrenzbewusste männliche *Individuen* an der gleichberechtigten Teilhabe in jenen Berufen gehindert, die höher qualifizierte Ausbildungen voraussetzen und gesellschaftliche Privilegien wie auch Einfluss gewähren. Ein weibliches Arbeitsvermögen wird als essentialistisch und reifizierend abgelehnt.

– Drittens: Als TeilhaberInnen unserer zweigeschlechtlich konstruierten Kultur sind wir so in die Inszenierung von Geschlecht verstrickt, dass wir als MitakteurInnen keinen Standpunkt ‚außerhalb' des Systems der Zweigeschlechtlichkeit einnehmen können, was v. a. daran liegt, dass wir immer noch von der Existenz zweier Geschlechter-Körper überzeugt sind, während in Wirklichkeit doch das körperliche Geschlecht ein Kontinuum ist, auf jeden Fall etwas mit unscharfen Grenzen, das erst durch kulturelle Setzung eindeutig polarisiert wird.

Andrea Maihofer macht deutlich, dass sie die früh geäußerte Kritik am ersten Erklärungsansatz teilt – aber nicht recht weiß, wie sie das Positive daran bewahren kann, gleichzeitig jedoch den Vorwurf des Essentialismus nicht entkräften oder relativieren mag; dass sie den zweiten Entwurf – inzwischen – für zu dogmatisch bzw. allzu einseitig hält, und dass sie dem dritten Ansatz (es gibt keine Geschlechterkörper, alles ist unsere kulturelle Inszenierung) hilflos bis affirmativ gegenübersteht – bloß keinen Essentialismus-Vorwurf riskieren! Um Maihofers berechtigtes Unbehagen an der stagnierenden, von Denk-, Sprach- und feministischen Korrektheitsgeboten besetzten Debatte zur Geschlechtergenese (um das Wort Sozialisation mal zu vermeiden) zu überwinden, möchte ich einige Klärungsschritte vorschlagen.

Die o. a. ersten beiden Ansätze wurden in der feministischen Diskussion bisher als sich ausschließende gehandelt. Wie wir aber spätestens seit Jane Flax (1992) wissen, enthält jede Erklärungstheorie mit Haupt- oder Alleinvertretungsanspruch automatisch die Unsichtbarmachung von möglichen Alternativerklärungen. Ich würde vorschlagen, dass man diese Erkenntnis für eine oft beschworene, aber selten praktizierte feministische Streitkultur fruchtbar macht (vgl. Kap. 6): Was sind die – zur Erklärung von Geschlechtergenese, von Geschlechterverhältnissen – jeweils fruchtbaren Anteile der These vom weiblichen Arbeitsvermögen? Was die der auf Statusverteidigung basierenden Machttheorie? Schließen beide sich wirklich aus, wenn es darum geht, berufliches Handeln von erwachsenen Männern und Frauen mit dem offensichtlichen Anschein vom Geschlechtertypik zu erklären? Wie kann man beide Ansätze miteinander kombinieren, ohne sie nur zu addieren?

Eine Anregung dazu liefern die Forschungsergebnisse von Christel Faber: Ihre Untersuchungen in Industrie-Unternehmen wie der Deutschen Bank, Gerling und Karstadt ergaben, dass Frauen dort trotz hoher Qualifikation aus bestimmten Gründen beruflich nicht vorankommen. Die Vorgesetzten nehmen an, die Frauen würden wegen möglicher Kinder bald aus dem Betrieb wieder aussteigen und geben ihnen deshalb keine interessanten, wichtigen Aufgaben, wo sie sich profilieren und aufsteigen können. Folglich tritt nach einiger Zeit genau diese Vorhersage ein: Die Frauen entscheiden sich für eine Erziehungspause, *weil* der Berufsalltag für sie unbefriedigend bleibt (vgl. Faber & Kowol, 2003). Wären sie ihren Ansprüchen und Fähigkeiten nach eingesetzt worden, hätten sie einiges in Bewegung gesetzt, Beruf *und* Familie zu vereinbaren.

Dieses Beispiel verdeutlicht in exemplarischer Weise die perfide Verquickung zweier als getrennt gehandelter Thesen: Weil Frauen durch männliche Optik – nun qua unterstellter Kinderpause, nicht mehr qua mangelndem Verstand oder weiblichem Arbeitsvermögen – Karriere nicht zugetraut wird, kriegen die Männer die anspruchsvollen Posten. Erst *nachdem* Frauen ihre hohen Ansprüche blockiert sehen, greifen sie – *kontextabhängig* – auf jene weiblichen ‚Vermögen' (s. o.) zurück, die ihnen qua Biologie (Gebärfähigkeit) offen stehen, und die ihnen qua Kultur (Babypause, Karriereknick) nahegelegt werden. Wir sehen also, auch angeblich ‚feste' Eigenschaften wie das weibliche Arbeitsvermögen (oder beliebig andere angebliche Essenzen) lassen sich als interaktive Prozesse begreifen, zu denen beide theoretische Positionen Erkenntnisse beisteuern.

Womit wir beim dritten Punkt angelangt wären, dem Vorwurf des Essentialismus/Biologismus, der in all jenen Erklärungsansätzen stecke – und so angeblich auch in den Sozialisationsansätzen der 1970er Jahre –, die weiter ein biologisches Geschlecht unabhängig von einem sozialen Geschlecht bestehen lassen. Obwohl die berechtigte Kritik zunächst nur lautete, dass unsere zweigeschlechtliche Kultur nicht ‚allein' durch klassische Sozialisationstechniken in Kindheit und Jugend erzeugt werde, sondern durch einen lebenslang aktiven Prozess (den der lebenslangen Aufführung und Neuinszenierung von zwei Geschlechtern, einschließlich ihrer Vorstellungen, Wahrnehmungen und Selbst-Zuschreibungen an natürliche Körper und deren natürliche Sexualität), gerieten nun *alle* durch Sozialisation erzeugten Aspekte (Eigenschaften, Fähigkeiten, Neigungen, Präferenzen) in den Sog des Essentialismus-Verdachts. Hier ist Maihofers Diagnose unbedingt zuzustimmen, dass Erfahrungen und Prozesse sehr wohl zeitweise Ergebnisse produzieren können, die nicht schon per se in den Verdacht von Wesenszügen geraten müssen, die anders gesagt die Folge von Gewohnheit sein können und nicht von festen Geschlechts-Charakteren oder -Dispositionen.

4. SOZIALISATION UND KRITIK ALS PROZESS

Festzumachen sind aber zwei zentrale Schwachpunkte, deren Einfluss Andrea Maihofer nur z. T. sieht, weil sie selbst im ‚Chor der Gefangenen' mitsingt (so schon 1995), statt diesem den Dienst zu verweigern:
– das Abstreiten eines Geschlechtskörpers, der auch kultur-*unabhängige* Eigenschaften besitzen könnte, mit dem Argument, alle körperlichen Eigenschaften seien nur kulturell vermittelt erkennbar, und überdies gebe es keine klare Trennlinie zwischen beiden Geschlechterkörpern, sondern nur eine kulturell-willkürliche;
– die Behauptung, alle Aussagen über (nach Geschlecht verschieden verteilte) Eigenschaften seien vom essentialistischen Übel, da ‚Eigenschaften' automatisch Aussagen über das ‚Wesen' ihrer Träger bedeuten müssten.

Beide Behauptungen sind vom Typ eines Dogmas – Zweifel und Nachfragen machen sich der essentialistisch-biologistischen Häresie verdächtig. Beide sind bis heute zwar gebetsmühlenhaft wiederholt worden, wie wir aus einer Flut von affirmativen Texten seit den 1990er Jahren wissen – sind aber bisher keinesfalls belegt. Behauptungen sollten aber begründet und bewiesen und nicht nur nachgebetet werden. Beide Aussagen scheinen mir in ihrem pauschalierend-zugespitzten Ausschließlichkeitsanspruch falsch, wobei sie gleichzeitig ihre eigenen positiven Anteile verdunkeln.

Zum ersten Argument: Das Ableugnen aller Körperunterschiede ist nicht nur falsch, sondern auch gefährlich, weil es gerade die an Frauen*körpern* andockenden patriarchalen Machtstrukturen ausblendet. Wie wir am Beispiel der (potentiellen) weiblichen Gebärfähigkeit sehen, war und ist sie *der* funktionale Ansatzpunkt in *allen* patriarchalen Gesellschaften für *Gewalt*: dass nämlich Frauen gegen ihren Willen geschwängert werden können (Vergewaltigung) und gegen ihren Willen zum Austragen einer Schwangerschaft gezwungen werden können (Verhütungsverbot, Abtreibungsverbot, ungewollte Kinder; vgl. Kap. 2). Solange Frauen sich aufgrund dieser körperlichen Potenz ‚gleichen', im Sinne von körperlich potentiell ‚gleich benutzbar' sind, solange noch spielt dieser Tatbestand in patriarchalen Gesellschaften eine für Sozialisationsfragen wichtige Rolle – und zwar ebenso für die männliche Sozialisation: Wenn unsere spätpatriarchale Kultur noch immer (oder wieder verstärkt) Frauen als ‚Sex' (hier im doppelten Sinn) definiert, dann haben auch *männliche* Kinder und Jugendliche entsprechende Körperpraxen zu gegenwärtigen (vgl. Kap. 13), die sich im Geschlechterverhältnis niederschlagen – und damit wiederum auch die Erfahrungen von Frauen strukturieren.

Vielleicht wäre es anspruchsvoller und auch herausfordernder, gegebene Körpermerkmale in Sozialisationsforschungen so zu integrieren, dass bei Anerkennung von Körper*potenzen* gerade nicht automatisch eine biologisch fixe Bedeutung strapaziert wird, sondern vielmehr registriert wird, wie von der jeweiligen Kultur und Zeitgeschichte diese Funktionen erst für bestimmte Interessen *instrumentalisiert* und dann als ‚natürliche' verkleistert werden.

Die zweite Behauptung ist deshalb falsch, weil das bloße Vorhandensein von Eigenschaften noch nichts über die ihnen innewohnende Dauer oder Konsistenz aussagen *muss* – es kann sich um Gewohnheiten, kontextabhängige Neigungen, trainierte Fähigkeiten usw. handeln, die Verhalten in bestimmten Situationen benennen und ‚erklären'. Auch sind damit noch keineswegs Aussagen/Annahmen über das ‚Wesen' einer Person eingeschlossen, und schon gar nicht über ihre Identität. Es gibt jede Menge denkbare Eigenschaften bei beiden Geschlechtern, die vielleicht gelegentlich als ‚typisch' imponieren, die aber weder überdauernd, noch wesens- oder identitätsstiftend sein müssen. Wer sagt, dass Menschen überhaupt so etwas wie Identität aus Eigenschaften ableiten?[1] Und vielleicht sollten wir noch weiter gehen und gleich die Nützlichkeit des bisher verwendeten Identitätsbegriffs grundsätzlich anzweifeln, um

---

1 Sogar Joanne Rowling lässt ihrem Zögling Harry Potter von seinem Internatsdirektor einschärfen: „Viel mehr als unsere Fähigkeiten sind es unsere Entscheidungen, die zeigen, wer wir wirklich sind." (1999, S. 342)

ihn – Vorschlag! – durch präzisere und weniger starre Begriffe wie ‚Kohärenz' oder ‚Kontinuität' zu ersetzen (so Schmid, 1996).

Wenn Eigenschaften (der Geschlechter) nicht automatisch zu ‚Essenzen' mit verursachendem Wert hochstilisiert werden, sondern wenn man sie auf der *Verhaltensebene* als das begreift, was sie zunächst sind – nämlich Handlungen –, dann kommen wir auch für die von Andrea Maihofer wieder ins Auge gefasste Sozialisationsforschung der Geschlechter vielleicht dorthin, wo wir seit den Vorschlägen der feministischen Psychologie (vgl. Kap. 11) auch als Soziologinnen, Pädagoginnen und Textwissenschaftlerinnen schon mal hätten sein können: Zu der Erkenntnis, dass die Geschlechter sich in den zentralen psychischen Eigenschaften (intellektuelle, soziale, emotionale) gleich sind; dass Neigungen, Interessen und Bedürfnisse Produkte individueller Biographien sind; dass Geschlecht eine sogenannte Stimulus-Variable ist, d.h., dass es als äußerlich sichtbarer ‚Stimulus' beim jeweiligen Gegenüber Erwartungen und Zuschreibungen auslöst, die soziale Folgen haben – auch für die Sozialisation der/s Stimulusträgers/in (vgl. Kap. 11).

Deshalb brauchen wir nicht gleich eine neue und allumfassende Super-Theorie zur Klärung der Genese von Geschlecht(-sidentität). *Wie* wir uns in das vorgefundene Kultur-System der zwei Geschlechter einklinken und es adaptieren, *wie* wir unseren Körper darin selbst-definitorisch verankern, unseren Geist darin entweder bequem einrichten oder ihn zum Überfliegen anstacheln – das können wir für die *allgemeine* Ebene mit dem schon vorhandenen Handwerkszeug, wie den Gesetzen des Lernens (Verstärkung, Selbst-Verstärkung, stellvertretende Verstärkung und Modell-Lernen) und mit den schon erforschten kognitiven Entwicklungsprozessen (Aufmerksamkeit, Gedächtnis, Attribution, Motivation) erklären.

Auf der *subjektiven* Ebene der aktiv ihr Leben konstruierenden Individuen braucht es dazu noch andere Zugänge und Methoden, die sensibler sind und bereits jetzt neue Perspektiven auf die hier interessierenden Prozesse liefern: z.B. die der ethnographischen Feldforschung (vgl. z.B. Kelle, 1999) oder der Biographieforschung (vgl. z.B. Dausien, 2000). Die Konstruktion von Geschlecht durch interaktives Handeln und die Konstruktion von Geschlecht durch biographisches Handeln versorgt uns mit qualitativ anderen (und neuen) Erkenntnissen über das Terrain der Geschlechterverhältnisse. Mit *biographischer* Geschlechterforschung kann sowohl das Allgemeine im Besonderen rekonstruiert werden, als auch die biographisch längsschnittliche Konstruktion von Geschlecht sichtbar gemacht werden. Die *ethnographische* Geschlechter-Analyse kann interaktive und situationsgebundene Handlungsanteile der kulturellen Geschlechterkonstruktion und ihrer Akteure aufspüren. Von beiden Ansätzen dürfte sich eine – reanimierte/verjüngte? – Geschlechter(sozialisations)forschung einiges zu versprechen haben, vor allem das frühzeitige Registrieren von Bewegung und Veränderung im gesellschaftlichen Geschlechterverhältnis. Ob man das dann noch „geschlechtsspezifische Sozialisationsforschung" nennen wird, ist nicht mehr der springende Punkt.

10. MENSCHLICHKEITSBILDER ODER GESCHLECHTERDIVISIONEN?
EINE PLÜNDERUNG DES FEMINISTISCHEN FAMILIENALBUMS*

1. REDE UND GEGENREDE

Im letzten Jahrzehnt unseres Jahrhunderts zeichnet sich ein merkwürdiges Paradox ab, ein gegenläufiger Trend zweier gleichzeitiger wissenschaftlicher wie öffentlicher Diskussionsstränge: Auf der einen Seite hören und lesen wir in den theoretischen Geschlechterdebatten des dekonstruktiven und postmodernen Feminismus, dass die Zweigeschlechtlichkeit des Menschen nicht nur hinsichtlich des sozialen Geschlechts (gender), sondern sogar hinsichtlich des biologischen Geschlechts (sex) letztendlich eine gesellschaftliche Konstruktion sei, die demzufolge bewusst veränderbar sei. Da diese Konstruktion der Zweigeschlechtlichkeit die Basis der Ungerechtigkeit zwischen „den Geschlechtern" sei, könne und müsse sie überwunden werden, z. B. dadurch, dass mann und frau endlich aufhöre, sie im Alltag wie in der Wissenschaft ständig zu reproduzieren – sei es durch wissenschaftliche Kategorien, sei es durch Zuschreibung von psychischen oder biologischen Eigenschaften, sei es durch Insistieren auf Geschlechterdifferenz, sei es durch Kleidung, Frisuren, Make-up oder sonstige Signale. Es wird darauf hingewiesen, dass auch das biologische Geschlecht nicht immer eindeutig eins von beiden sei, und dass sich die künstliche Geschlechterkonstruktion am besten durch konsequente Verweigerung des ‚doing gender' oder durch die Ausrufung von drei oder mehreren Geschlechtern abschaffen ließe (stellvertretend für viele dieser Autorinnen vgl. Lorber & Farrell, 1991; Butler, 1991; Gildemeister & Wetterer, 1992; Vinken, 1992). Diese relativ neue Sichtweise auf die Lösung der Geschlechterproblematik erfreut sich derzeit unter feministischen Sozialwissenschaftlerinnen noch immer großer Beliebtheit.

Im Gegensatz dazu erfolgt sowohl in großen Teilen der sichtbaren Öffentlichkeit wie auch in einigen zentralen Wissenschaftsdisziplinen (z. B. Medizin, Psychologie, Biologie) eine Wiederaufnahme und Erneuerung des alten polarisierenden Diskurses von der Gegensätzlichkeit der Geschlechter im physischen, physiologischen, ethologischen und ästhetischen Bereich. Wir erfahren seit einigen Jahren zunehmend von Forschungsarbeiten, die auf anatomische wie hormonell bedingte Unterschiede zwischen weiblichem und männlichem Gehirn abheben (und den daraus abgeleiteten kognitiven sozialen Fähigkeiten; vgl. Kimura, 1990, 1992; Bischoff-Köhler, 2004). Wir hören von Seiten der selbsternannten Wissenschaft ‚Soziobiologie', dass es erwiesenermaßen der Evolution der menschlichen Spezies diene und in unserer genetischen Ausstattung begründet liege, wenn Männer sich aggressiv und promisk, Frauen sich

---
* zusammen mit Ruth Großmaß verfasst

dagegen sozial und monogam verhielten. Die ‚selbstsüchtigen Gene' beider Geschlechter würden genau dies zur Maximierung des eigenen Fortpflanzungserfolges vorprogrammieren (vgl. Hemminger, 1994). Und schließlich sehen wir im Bereich der Populärkultur (Film, Fernsehen, Musikvideos, Werbung, Pornographie und Computersexprogramme) enorme kommerzielle Anstrengungen, auf einer sinnlichen, d. h. hier: audio-visuellen Ebene die körperlichen und mentalen Unterschiede zwischen beiden Geschlechtern als extreme Gegensätze zu inszenieren, zu legitimieren und zu ästhetisieren (vgl. z. B. Kap. 15 und 16).

Es lässt sich auf jeden Fall feststellen, dass die postmodernen feministischen Auflösungsversuche des ‚natürlichen' Geschlechtergegensatzes dem erneuten Ansturm konventionell-reaktionärer Geschlechterperspektiven in ihrer geballten Präsenz nichts Vergleichbares entgegenzusetzen haben. Dies ist nicht nur auf der Ebene struktureller, finanzieller wie medialer Macht festzustellen, sondern darüber hinaus betrifft es vor allem die Ebene des *anschaulichen* Denkens, der Vor-*Bilder*, der Schaffung und Besetzung von Metaphern, die anleiten und orientieren, wenn über *das* (oder ein neues, anderes) Geschlechterverhältnis gestritten wird.

Aber auch ohne den Blick auf die aktuelle theoretische Auseinandersetzung um den Dekonstruktivismus wäre die Frage höchst interessant, welche Chancen derzeit feministische Positionen und Diskurse überhaupt haben, angesichts des wieder erstarkenden patriarchalen Zugriffs auf die Definition und die Reinstallation von überwunden geglaubten Geschlechterarrangements, diese durch eigene Sichtweise, eigene Argumente und Metaphern zu konterkarieren und zu entkräften? Welche Rolle können *Bilder* (materielle wie sprachliche) haben, um das Denken über die Geschlechter mit progressiven Inhalten zu versorgen? Auch um die Art, *wie* darüber nachgedacht wird, positiv zu verändern?

Erinnern wir uns: es hat – und das verlangt angesichts der neueren o. a. theoretischen Entwicklung ein ausdrückliches Festhalten – im feministischen Diskurs in Europa und Nordamerika *mehrere* aufeinanderfolgende, teils zeitgleiche, teils zeitversetzte feministische Ansätze gegeben, um das patriarchale Geschlechterverhältnis zu kritisieren, zu analysieren und zu verändern. Ungeachtet verschiedener Etikettierungsvorschläge und -traditionen[1], scheint es uns für die hier beabsichtigte Betrachtung (nämlich der in feministischen Ansätzen steckenden Geschlechterbilder) sinnvoll und legitim, für diese Bildebene *drei* unterschiedliche Strömungen festzuhalten:
– Frauen können genauso viel wie Männer; sie sind genauso begabt, lern- und leistungsfähig, *wenn* ihnen gleiche Chancen, Rechte und Verantwortung wie Männern gegeben werden;
– Frauen sind *anders* als Männer und können anderes. Dieses ‚Andere' ist genauso viel wert, bzw. für die Menschheit sogar wertvoller und wichtiger;

---

1 Wie z. B. liberaler versus sozialistischer Feminismus, radikale oder kulturfeministische Positionen. Wechselnde Etikettierungs-, Einordnungs- und Benennungsvorschläge dienen natürlich verschiedenen – legitimen – Erkenntnisinteressen und sind abhängig davon, *was* frau jeweils verdeutlichen möchte.

– die Bilder von beiden Geschlechtern wie von der Beziehung zwischen ihnen sind Teil der kulturellen Konstruktion der Zweigeschlechtlichkeit. Unsere Kultur gibt die Existenz zweier exklusiver Geschlechter vor, denen sich die Menschen anpassen. Wenn diese Konstruktion (entlarvt und) verweigert wird, erledigt sich das Problem von selbst.

Wir wollen im folgenden der Frage nachgehen, *wie* diese für die Verwendung von Geschlechterbildern im Geschlechterdiskurs so zentralen drei unterschiedlichen Argumentationsstränge mit ihren verwendeten Bildern und Metaphern umgehen, wo ihre Stärken und Schwächen liegen und welche Fazits für die feministische Geschlechterdebatte und ihre Strategien daraus gezogen werden können. Bevor wir diese drei Ansätze auf ihren Bildereinsatz befragen, muss vorab zur Bestimmung des noch immer dominanten patriarchalen Hintergrunds ein kurzer Blick auf *seine* Bildproduktion geworfen werden – denn daran kommt keine der drei von uns befragten Richtungen vorbei. Stellen wir kurz zusammen, welches die Frauenikonen des mediengewaltigen Patriarchats waren und noch immer sind, um nicht der Täuschung anheim zu fallen, Feministinnen könnten mit eigenen Geschlechterbildern bei Null anfangen.

1.1 Zur Einstimmung und zur Rekapitulation: patriarchale Geschlechterbilder

Alle Geschlechterbilder der uns bekannten patriarchalen Gesellschaften zeichnen sich durch Polaritäten aus, d. h. sie definieren die Geschlechter über eine fundamentale Gegensätzlichkeit. Im positiven, schmeichelnden Sinn wird dies als wechselseitige Ergänzung, als naturnotwendige Komplementarität oder gottgewollte Aufgabenteilung verherrlicht. Im – stets gleichzeitig mitgedachten – negativen Sinne wird die Polarität der Geschlechter auch als Gegensatz von gut/böse, hoch/niedrig, überlegen/unterlegen gedacht und verstanden. Fast alle bildlichen Geschlechterpolaritäten sind also gleichzeitig Vexierbilder[2].

So ist uns allen geläufig – sowohl in der Sprache, als auch in der Bebilderung unserer Unterrichts- und Bildungsliteratur –, dass der Mann als legitimer Repräsentant für ‚den' Menschen steht, die Frau eher für die Abweichung davon, für das Besondere, das ‚Andere'. Der Mensch wird in der Regel nicht als männlich *oder* weiblich gedacht, sondern eher als männlich-allgemein. Dies schafft im neuzeitlichen Europa die Ausgangsgrundlage für weitere, anschaulicher ausgefüllte Bilder. Der Mann ist Mensch, die Frau Natur; der Mann ist Geist, die Frau Materie, Leib, Ressource, Sexualität, Fleisch, Pflanze, Tier, Trieb. Der Mann ist Ordnung, Klarheit, Licht – die Frau Chaos, Verworrenheit, Dunkel und Geheimnis. Sprachliche Metaphern wie

---

2 Von lateinisch ‚vexare': es heißt nicht nur hin- und herziehen, -stoßen, -schütteln, sondern auch quälen, verletzen, strapazieren. Ein Vexierbild zieht unsere Wahrnehmung hin und her, aber es beschädigt auch oft die wahrzunehmenden Bildinhalte.

künstlerische Darstellungen, die diese Visionen transportieren, überschneiden und unterstützen sich gegenseitig. Nehmen wir daher drei dieser Be-Deutungsbündel stellvertretend für viele heraus:
- die patriarchale ‚Mutter' als Pendant des ‚Haus- und Familienvaters',
- die Frau als ‚Körper' gegenüber dem Mann als ‚Geist', und
- die Frau als Inbegriff von Verunreinigung/Unordnung gegenüber dem Mann als Träger von geistig-kultischer Klarheit/Reinheit.

Das Bild der *patriarchalen Mutter* ist besonders langlebig und zäh; es veranschaulicht die vexierbildhafte Ambivalenz von positiv und negativ am besten. Seit den ‚Madonna-mit-Kind'-Bildern des Mittelalters verfügen wir über ein vor allem visuell höchst ansprechendes Leitbild, das das Ideal-Wesen der Frau exklusiv in der Mutterschaft und den dazugehörigen Eigenschaften verwirklicht sieht. Hierzu gehören Vorstellungen von der ‚reinen Magd' ihres Herrn und Sohnes, von der demütigen, opferbereiten Dulderin im Dienste eines höheren (göttlichen, familiären oder später auch völkischen) Prinzips. Die Hausväter-Literatur des 18. und 19. Jahrhunderts fügt dem die Attribute der züchtigen und unermüdlich Schaffenden, der dem Mann sanft aber fest zur Seite stehenden Gehilfin, des die Kinder umsichtig und unermüdlich führenden und versorgenden Engels hinzu. Erst einem Otto Weininger (1905) blieb es vorbehalten, ein entsprechendes Negativ-Pendant öffentlich zu formulieren: das des dumpf brütenden, nur seinem Instinkt folgenden Mutter-Tieres, das seine triebhafte Mutterliebe wahllos und zudringlich auf alles richtet, was seinem Schoß entsproß (vgl. Kap. 3). Die moderneren Varianten dieses negativen Mutter-Bildes sind uns Heutigen mehr als geläufig: die ‚overprotecting mother', die ihr Kind mit Affenliebe erstickt, die schizophrenogene Mutter, die ihre Kinder durch affektive Wechselbäder in den Wahnsinn treibt oder die bloß neurotisierende Alltags-Mutter, die in jeder Therapie dingfest zu machen ist. Als Negativ-Schablone verdunkelt dieses Frauenbild höchst wirksam jene sozialen, *menschlichen* Eigenschaften, die ja ebenfalls als ‚weiblich' bzw. ‚mütterlich' etikettiert werden, als da sind: Verantwortungsgefühl, Fürsorglichkeit, Selbstlosigkeit, Geduld, Freundlichkeit, Hilfsbereitschaft etc. (vgl. Kap. 2).

Das männliche Gegenüber zur ‚Mutter' ist dagegen merkwürdig blass und unausgeführt. Die für Männer eigentlich vorgesehene Selbstdefinition ‚Vater' als positives, komplementäres Bild-Pendant wird heute zur Selbst-Definition qua Negation: ‚Männer' sind all das *nicht*, was (solche) ‚Mütter' darstellen. Sie sind lediglich stolz, ihnen endlich entkommen zu sein.

Die *Frau als Körper*, das zweite Bild, das wir herausgreifen wollen, ist eines der mächtigsten Bilder des Patriarchats, weil es die bildliche Kombination von zwei zentralen gesellschaftlichen Kräften schafft: die Verbindung von Sexualität (für den Mann) und von Versorgt-werden (mit allem, was lebensnotwendig ist: von Zuwendung, Gefühl, Anerkennung, Nahrung, Wärme bis zu Nachkommen, Prestige, Macht). Das Bild des Frauen*körpers* gerät dabei zum Symbol für die Natur samt ihren materiellen Ressourcen, die durch den Mann zu entdecken, anzueignen und auszubeuten sind. Wichtig ist hier das perfekte Funktionieren des Gegenbildes: der männliche *Geist*, der diesem Frauenkörper überlegen, entgegengesetzt und deshalb ganz anders ist. Bildlich kommt das Wesen des Mannes daher durch seinen *Kopf*, durch sein charaktervolles Gesicht zum Ausdruck (Intellekt, Rationalität, Genie, Individualität), das der Frau durch ihre standardisierte Ideal-*Figur* (Animalität, Wärme, Sinnlichkeit, aber auch Jugend, Schönheit, Liebe und Romantik – als einzuklagende Erwartung). So ist es kein Zufall, dass nicht nur in der Malerei seit der Renaissance, sondern auch in den heutigen Massenmedien Männer auf Abbildungen eher durch ihre Köpfe repräsentiert werden, Frauen eher durch ihren Körper oder durch einen deutlich höheren Körperanteil (vgl. Archer et al., 1989[2]; Schmerl, 2004).

Die *Frau als Inbegriff für Verschmutzung und Verunreinigung* – dieses Bild fungiert ausschließlich als Abgrenzungsfolie. Frauen gelten in patriarchalen Religionen aufgrund ihrer bedrohlichen Körperlichkeit und ihrer mangelnden Geistigkeit als mit dem Geistlichen, dem Transzendentalen unvereinbar. Die zugrundeliegende Metapher ist die weibliche Unreinheit. Dies wurde früher vorrangig körperlich verstanden (Menstruation, Geburt, Stillen, Sexualität – alles ‚befleckende' Vorgänge); heute wird es vornehmer auf die irritierende physisch-räumliche Anwesenheit von Frauen bezogen. Frauen in Männerräumen (Pubs, Clubs, Klerus, Seefahrt, Wissenschaft, Politik etc.) „verunreinigen durch ihr Geschwätz" – d. h. durch ihre nicht-rationalen Äußerungen – die klare Welt des Männerdiskurses (vgl. Haste, 1993, S. 79); zumindest stören[3] sie sie, d. h. sie verursachen Unordnung im geistigen Sinne. Die Schmutz-Metapher ist im Vergleich zu den beiden anderen komplementär gebauten Bildern nicht nur ausschließlich negativ, sondern sie ist außerordentlich mächtig in einem funktionalen Sinne. Wenn Stören und Beunruhigen – etwa durch Fragen, Kritik oder gegenteilige Meinung – als ‚Verschmutzung' oder als Chaos, Sumpf, Morast verstanden werden, erübrigt sich jede Auseinandersetzung. Schmutz kann man nur ‚säubern', und zwar durch Entfernen, nicht durch Argumentieren. Die Selbst-Legitimierung des ‚männlichen' Lichtes, qua Ausschluss des ‚Anderen' als Unrat, ergibt sich von selbst. Vermischt mit Elementen des Körper-Bildes entstehen hieraus die Klischees von der unsachlichen emotionalen Frau, die nicht zu klarem, abstrakten oder unparteilichem Denken fähig und die ihrem chaotischen Gefühlsleben ausgeliefert ist. Emotionen (weiblich) sind schlecht, Intellekt (männlich) ist gut.

Bei allen drei exemplarisch herausgegriffenen patriarchalen Geschlechterbildern schimmert bereits hindurch, dass solche ‚Bilder' nicht nur inhaltlich machtvoll sind (z. B. indem sie andere differenziertere Bilder blockieren), sondern es zeigt sich, dass sie gleichzeitig durch ihre spezielle Technik des Ausschluss- und Gegensatz-Denkens die *Art* unseres Denkens vorstrukturieren: Denken in Polarisierungen und Gegensätzen, Denken, das sich durch Abgrenzung, Ausschluss und Negationen bestimmt und nicht durch Inhalte. Und grundsätzlich gilt für patriarchale Metaphern von Frauen wie auch für materielle visuelle Bilder das, was schon John Berger (1972) und Renate Berger (1996) über Bilder als Kunstwerke sagten: Sie verraten durch ihre Perspektive, d. h. ihre vorgegebene Blickrichtung und ihren Aufbau we-

---

3 Stören – englisch to stir – bedeutet eigentlich umrühren, durcheinanderwirbeln.

sentlich mehr über den – nicht sichtbaren – Schöpfer, den nicht sichtbaren Betrachter als über das Abgebildete. Werfen wir vor diesem Hintergrund einen Blick auf die im Feminismus entwickelten (Gegen-)Bilder von den Geschlechtern:

1.2 FEMINISTISCHE (BILD-)DISKURSE DER GESCHLECHTER

1.2.1 Geschlechterbilder der Gleichberechtigung

Dieser Argumentationsstrang ist der älteste in der westlichen Welt und hat seit den Zeiten der französischen Revolution vielfache Zusammenschlüsse von Frauen bis zur Ersten Frauenbewegung inspiriert, aber auch – wie wir heute wissen – schon ‚feministische' Autorinnen früherer Jahrhunderte. Die Argumentation ist von bekannter, bestechender Einfachheit und Klarheit: Gibt man Mädchen und Frauen die gleichen Möglichkeiten, Geist und Verstand zu schulen, den gleichen Zugang zu Bildung, ökonomischer Unabhängigkeit, Rechtsmündigkeit und Verantwortung, können sie die gleichen Fähigkeiten wie Männer entwickeln und sind zu ebenbürtigen Leistungen in der Lage. Diese Argumente finden wir im 15. Jahrhundert bei Christine de Pizan, Ende des 17./Anfang des 18. Jahrhundert bei Mary Astell, Ende des 18. Jahrhunderts bei Mary Wollstonecraft, im 19. Jahrhundert z. B. bei Flora Tristan, Charlotte Perkins Gilman, Hedwig Dohm sowie weiteren Mitgliedern der Ersten deutschen Frauenbewegung. Auch die Bilder, die zur Unterstützung dieser These verwendet werden, ähneln sich über die Jahrhunderte. Christine de Pizan (1405) z. B. argumentiert mit großen Frauenfiguren der Geschichte (Königinnen, Fürstinnen, Heiligen, tatkräftigen Witwen ‚großer' Männer etc.), die ebenbürtige Leistungen vollbracht haben; Mary Astell (1703) zieht ebenfalls große weibliche Persönlichkeiten aus der Geschichte für ihre Argumente heran; Flora Tristan (1838) vergleicht ihre quasi ethnologischen Beobachtungen an den ‚freien' Frauen von Lima (Peru) mit denen, die sie in der französischen Restauration machen muss.

Schon seit den Tagen Mary Astells wird immer wieder versucht, das Bild der ‚gebildeten Frau', des ‚gelehrten Frauenzimmers' mit positivem Leben zu füllen, und es dem der unmündigen, in Unwissenheit gehaltenen Nur-Ehefrau oder dem des negativ bewerteten ‚Blaustrumpfes', der ‚Spinster' entgegenzusetzen. Mit Erstarken der Ersten Frauenbewegung Ende des 19./Anfang des 20. Jahrhunderts werden in den europäischen Ländern und in Nordamerika diese Bilder von gleichberechtigten und rechtlich/ökonomisch unabhängigen Frauen noch plastischer und facettenreicher, vor allem zahlreicher. Seit Anfang des 20. Jahrhunderts gibt es neben dem Bild von Lehrerinnen und Sozialarbeiterinnen zunehmend das von Studentinnen und von Frauen mit Universitätsabschlüssen in Medizin, Jura und in Naturwissenschaften. In den ‚roaring twenties' gibt es Bilder von Schriftstellerinnen und Journalistinnen, es gibt bestaunte ‚Exotinnen', die Autorennen fahren oder Flugzeuge steuern. Vor allem aber gibt es nun den öffentlich sichtbaren Gestaltwandel der Frau, der sich durch ihre Befreiung von Korsagen, Schnürtaillen, hoch geknöpften Stiefeletten, schleppenden Röcken und monströsen Hüten vollzieht. Der neue, als Sinnbild für die ‚befreite' Frau geltende Frauenkörper ist schlank, sportlich, trägt einen kurzen Rock oder sogar

Hosen, eine kurze, weniger aufwendige Frisur und erfüllt somit zumindest *eine* wichtige physische Grundlage von Frauenbefreiung: die der erhöhten Bewegungsfreiheit und der Kraft des eigenen Körpers. Die Revolution der Kleidungsvorschriften für Frauen in den 1920er Jahren wird von uns Heutigen sowohl hinsichtlich ihrer physischen, wie ihrer bildlich-signalhaften Auswirkungen auf beide Geschlechter kaum noch erahnt.

Obwohl auch die Zweite Frauenbewegung Ende der 1960er Jahre durch die Einklagung von Chancengleichheit in Bildung, Rechten und Ökonomie ihre stärksten inhaltlichen Argumente entwickelte, gelang ihr auf bildlich-körperlicher Ebene nur eine vergleichsweise bescheidene Revolte durch egalitärere Körper- und Kleidungsvorschriften: der Siegeszug der (Männer-)Jeans für Frauen, die Ausmusterung (bzw. Verbrennung) von einschnürenden Büstenhaltern und die ominösen lila Latzhosen. Die letzteren sind inzwischen verschwunden. Die ersteren beiden stellen schon längst kein exklusives Signal mehr für explizite Gleichheitsforderungen dar. Allerdings ist heute die mehr oder weniger ausgeprägte Übernahme von und Angleichung an ein ausgesprochen männliches Outfit (z. B. Springerstiefel, schwarze Motorrad-Kluft) noch immer ein weibliches Körper-Ausdrucksmittel, mit dem sich provokativ prächtig spielen lässt – vor allem zur Verunsicherung der älteren Generation.

Viel ausdrucksvoller und vermutlich auch einflussreicher dagegen sind die Bilder weiblicher Hochleistungssportlerinnen und ihrer massenmedial sichtbar inszenierten Körperformen, die der männlichen Silhouette stark angenähert sind: breite Schultern, schmale Hüften, flache bis nicht vorhandene Brust, stark abgesetzte, männlich konturierte Muskeln. Am ‚gleichberechtigten' Eintritt der Frau in die männlichen Hochleistungssportarten zeigt sich übertrieben, aber höchst anschaulich die Gefahr einer *einseitigen* Auslegung von Frauengleichberechtigung: der bedingungslosen Angleichung an den Mann. Die „Angleichung und Nivellierung der Körperbilder von Männern und Frauen geht stärker in die Richtung der Vermännlichung weiblicher Körper ... der Produktion eines neutralen, aber doch im männlichen Körperschema gedachten Körpers" (Woesler de Panafieu, 1983, S. 67).

Wenn schon der moderne Hochleistungssport auch für Männer kein Ort ist, sich zu ‚emanzipieren' (unmenschlicher Leistungsdruck, soziale Isolation, psychische Deprivation, pharmakologische Manipulation etc.), so zeigt doch seine Öffnung für Frauen als gefeiertes Zeichen errungener Gleichberechtigung am sinnhaftesten die gesellschaftlichen Auswüchse eines oberflächlichen Gleichheitsverständnisses (vgl. Klein, 1983; Rose, 1994): das Recht und die Verpflichtung, sich bis in Körper und Persönlichkeit hinein an einem einseitig männlichen, (auch für Männer) unmenschlichen System zu orientieren und dessen Zwänge als neue Freiheit misszuverstehen. Die suggestive Ästhetik des neuen, starken und vor allem obligatorischen Frauenkörpers als eher knabenhaft, pubertär oder männlich, wie ihn die Medien auch für andere Bereiche (Spielfilme, Werbung, Frauenzeitschriften; vgl. Kap. 15 und 16) als ideal verbreiten, ist der visuelle Anschauungsunterricht für ein immer wieder neu inszeniertes, naheliegendes Missverständnis, dass nämlich die ‚gleichen' Rechte der Frauen eine einseitige Angleichung der Frau an die von und für Männer durchgesetzten Lebens- und Zeitstrukturen bedeuten müssten (vgl. Faber & Kowol, 2003). Dass diese mögliche Entwicklung von den Theoretikerinnen der Frauengleichberechtigung weder gewollt, noch mitbedacht wurde, steht auf einem anderen Blatt.

1.2.2 Geschlechterbilder der Differenz

Nicht nur die Kritik der Männergesellschaft an den Gleichheitsbestrebungen der Frauen hat sich von Beginn an (in Polemiken und Karikaturen) am drohenden Verlust von Weiblichkeit festgehalten und wahre Monstren vermännlichter Frauengestalten konstruiert (vgl. z. B. den berühmten Karikaturisten des 19. Jahrhunderts Honoré Daumier). Auch die Feministinnen selbst haben die Debatte um Gleichheit oder Differenz in ihren Überlegungen und Auseinandersetzungen immer geführt (vgl. Kap. 6, Abschnitt 4). Der Kultivierungszuwachs, den entfaltete Weiblichkeit für eine Gesellschaft darstellt – bedeutet sie doch Sorge und Zärtlichkeit für Kinder, Sublimierung männlicher Sitten zu Ritterlichkeit, die Ästhetisierung des Alltags und die Kultivierung von Frieden und Genuss statt der Ausdehnung von Krieg und Gewalt – erscheint in Gefahr, sobald Frauen beanspruchen, den Männern gleich(gestellt) zu werden. An dieses Argument knüpfen die Differenztheoretikerinnen der Ersten Frauenbewegung an (v. a. Helene Lange und Gertrud Bäumer), wenn sie fordern, Frauen im öffentlichen Leben wirksam sein zu lassen. Zugrunde liegt die Vorstellung einer *gleichwertigen Verschiedenheit* der Geschlechter, wobei der Frau auf Grund ihrer weiblichen Eigenart Fähigkeiten zugesprochen werden wie: Mitgefühl zu empfinden, zu pflegen und zu fördern, kulturelle Traditionen zu bewahren und weiterzugeben, die Bereitschaft zu geistiger und sozialer Mütterlichkeit, sowie Ganzheitlichkeit im Denken und Handeln, verbunden mit der Fähigkeit, dem Individuell-Konkreten gerecht zu werden. Diese „weibliche Eigenart" sollte in der veränderungsbedürftigen, technisch-kalten Kultur (des ausgehenden 19. und beginnenden 20. Jahrhunderts) öffentliche Geltung erlangen und so zur Veredelung der Gesellschaft beitragen.

Doch nicht nur die geistig-ethischen Werte kultivierter Weiblichkeit sind Ansatzpunkte, um die Differenz zwischen den Geschlechtern positiv zu bewerten, auch die unmittelbar körperliche Gestalt der Frau trägt dazu bei. Denn seit dem 18. Jahrhundert hat sich in der europäischen Kultur Anmut, Sinnlichkeit und Schönheit des männlichen Körpers verflüchtigt. Schönheit und Anmut werden mit dem Weiblichen verbunden und bildlich gestaltet. Und auch die meisten Individuen – Männer wie Frauen – empfinden, allen männlichen Posen zum Trotz, den weiblichen Körper als schöner und ansprechender als den männlichen. Zu werden wie ein Mann ist daher auf der Ebene der Körperbilder eine eher abschreckende Vorstellung. Nimmt man beides zusammen, weibliche Schönheit und Anmut und die spezifisch weiblichen geistig-moralischen Fähigkeiten, dann werden Visionen von vollendeter Menschlichkeit in einer rein weiblichen Kultur möglich. Christine de Pizans „Stadt der Frauen" (1405) trägt Züge einer solchen Vision, und Charlotte Perkins Gilmans Sciencefiction Roman „Herland" (1915) entwirft eine Gesellschaftsordnung, die ohne Männer auskommt und Frauen individuelle Entfaltung und Würde gestattet, die eine hohe menschliche Kultur entwickelt sowie auf Krieg, Gewalt und auf Expansion gleichermaßen verzichtet.

10. Menschlichkeitsbilder oder Geschlechterdivisionen?

Mit den Erfahrungen der *Zweiten* Frauenbewegung verändert sich die Argumentation der Differenz-Position. Denn der Kampf um Gleichberechtigung und der schmale, aber inzwischen immerhin vorhandene Zugang zu öffentlichen Funktionen und Einflussmöglichkeiten haben den feministischen Blick auf patriarchale Macht geschärft: Macht manifestiert sich – so die Erfahrung – nicht nur durch Ausschluss, sondern Macht (re)produziert sich in den kulturellen und sozialen Institutionen auf eine Weise, die auch das (erkämpfte ‚gleichberechtigte') Beteiligt-sein für die bis dahin ausgegrenzten Frauen problematisch macht. Denn die Formen der Einflussnahme und der politischen Interaktionen sind selbst gewaltsam und deformieren somit die in ihnen tätigen Individuen. Will man sie effektiv nutzen (auch im Interesse von Frauen), dann setzt dies außerdem voraus, dass Familienarbeit und reproduktive Versorgung bereits unsichtbar erledigt sind (von Dritten oder als persönliche Surplus-Arbeit), bevor man (und auch frau) in der Öffentlichkeit wirkt. Dort angekommen, wird unübersehbar: Die Kommunikationsformen der öffentlichen Politik unterliegen den Prinzipien von Konkurrenz und Verdrängung/Ausgrenzung. Für kooperative Formen ist im Alltagsgeschäft kein Raum. Und dies alles ändert sich nicht dadurch, dass einige Frauen daran beteiligt sind und die Trennung von Öffentlichkeit und Privatheit im persönlichen Spagat zu überbrücken suchen. Die patriarchalen Strukturen von Ökonomie, Politik und Kultur holen die Frauen bereits im zivilisierten Alltag unerbittlich ein. Die feministische Patriarchatskritik hat nachgewiesen, dass ökonomische Ausbeutung und die Normalisierung von Gewalt, Sexismus und Rassismus eng miteinander verknüpft sind; auch auf der individuellen (Personen)Ebene ist eine klare Affinität von Aggression/Gewalt und Männlichkeit deutlich (vgl. Kap. 7 und Kap. 12). Gewalt ist daher in der Erfahrung von Frauen doppelt mit Männlichkeit verknüpft: Zum einen ist Gewalt Ausdruck einer Gesellschaft, die Männer privilegiert und Frauen diskriminiert; zum anderen sind die *Personen*, durch die Frauen Gewalt erfahren, Männer.

Lässt frau sich auf diese Sicht kompromisslos ein, dann sind Selbstausgrenzung von Frauen aus der patriarchalen Kultur und ihren politischen Institutionen sowie die Rückbesinnung auf ein spezifisch Weibliches (wie die Produktion von Leben, Kooperation und Fürsorge) naheliegende Reaktionen. Nicht zufällig sind die schärfsten Kritikerinnen patriarchaler Gewalt (z.B. Mary Daly, 1981, 1986 oder, von einem ganz anderen Ausgangspunkt ausgehend, Maria Mies, 1980) zugleich die deutlichsten Vertreterinnen eines Konzeptes der weiblichen Differenz, einer ganz anderen, weiblichen Menschlichkeit, der Entfaltungsraum und Einfluss zu verschaffen somit Ziel feministischer Politik ist. Eine solche Position muss nicht biologistisch mit der körperlich-anatomischen Differenz zwischen den Geschlechtern argumentieren. Mary Daly (1981) etwa entwickelt ihr Konzept frauenidentifizierten spirituellen Lebens aus einer radikalen Kulturkritik. Maria Mies legt eine historisch-materialistische Argumentation zugrunde, innerhalb derer die Aneignung der eigenen Körperlichkeit (weibliches Gebären und Stillen versus männlicher Werkzeuggebrauch) als Voraussetzung geschlechtsspezifischer Produktionsformen fungiert. Unterschiedliche Produktionserfahrungen mit dem eigenen Körper führen dann zu verschiedenen Formen von Wissen, Kunstfertigkeit und Kultur. Auf der männlichen Seite entsteht so eine Spezialisierung von Werkzeuggebrauch in Technik und Kriegsführung (Mies, 1980).

Weniger auf die destruktive Seite patriarchaler Kultur fixiert ist die Position Luce Irigarays und in ihrer Folge der „Mailänderinnen" (Irigaray, 1989; Libreria delle donne di Milano, 1989). Ihre Kritik, dass Subjektwerdung im Patriarchat auf dem Ausschluss von Weiblichkeit basiert und auf der Verwandlung der Frau in einen symbolischen Raum, führt zur Rückbesinnung auf ein (älteres) mit Weiblichkeit verknüpftes Recht, das Vielgestaltigkeit im Bereich des Symbolischen zulässt und das Entstehen von Frauen-Tradition(en) fördert.

Für alle Denkrichtungen, die auf der Differenz zwischen den Geschlechtern basieren, ist die Dichotomie Frau/Mann in *allen* gesellschaftlichen Bereichen grundlegend: Ökonomie, Politik, Kultur, Wissenschaft und soziale Orientierungen – alle Bereiche unterliegen dieser Zuordnung. Abgeleitet daraus lassen sich dann auch Begriffspaare wie zerstörerisch/lebensproduzierend, Verstand/Gefühl, abstrakt/konkret, Recht/Gerechtigkeit, Naturausbeutung/Ökologie jeweils eindeutig der Gegenüberstellung männlich/weiblich zuordnen. Nicht nur positive Visionen einer ganz anderen, weiblich geprägten Kultur sind aus solchen (aus der Kritik entwickelten) Gegensätzen dann wieder ableitbar, sondern auch die dazugehörigen Geschlechterbilder: Der Mann erscheint als das menschliche Wesen, zu dem Konkurrenz, Aggression und Gewaltbereitschaft gehören („male the hunter"). Er entwickelt Technik und Kriegswerkzeug, produziert Hierarchien und auf Gewalt beruhende Macht; Krieg und Naturausbeutung sind seine Erfindung. Die Frau dagegen bevorzugt Kooperation, sorgt für Schwächere, nimmt Emotionen ernst, fühlt sich auf Grund ihrer eigenen Periode zyklischen Rhythmen verwandt und versteht sich als Teil der Natur. Entsprechend entwickelt sie ganzheitliche Konzepte von Wissen, Kunst und Transzendenz und fördert ausgewogene Entwicklungsprozesse. Den so imaginierten Frauengestalten fehlen alle Anzeichen von Schwäche, Unterlegenheit und Opferstatus; vielmehr gehören Stärke und Einfluss, Wissen und Sinnlichkeit, Erotik und Spiritualität zu ihren Insignien.

Solche Frauenbilder sind zweifellos attraktiv, ob das Leitbild der Großen Göttin entworfen wird (vgl. die Visionen von Heide Göttner-Abendroth, 1980, 1982) oder das der frauenidentifizierten Sphären-Reisenden bzw. Hexe (Daly, 1986). Für das Bild der in einer Mutter-Genealogie verwurzelten Tochter (Irigaray, 1992; Muraro, 1993) gilt dies genauso wie für das der lesbischen Rebellin (Gissrau, 1993). Selbst die weniger visionären, wirklichkeitsnäheren Bilder aus den polit-ökonomischen Entwürfen von Maria Mies – Frauen als autonom auf Subsistenzorientierung Setzende, weltpolitisch verantwortlich Handelnde – haben eine vergleichbare Ausstrahlung.

Solche Frauenbilder sind nicht nur attraktiv, sondern sie ermöglichen individuellen Frauen auch eine Orientierung in Bezug auf ihre persönliche und politische Entwicklung. Kritisches zu diesen Geschlechterbildern entwickelt sich aber sofort, wenn sie in Beziehung gesetzt werden zu denen des Patriarchats. Die Ähnlichkeit ist auffällig: Mutterrolle und Körperlichkeit, Emotionalität und Ganzheitlichkeit, Technikferne und Spiritualität – dies sind ebenfalls Elemente der Weiblichkeitsimaginationen des Patriarchats (vgl. Bovenschen, 1979; Martin, 1989; Honegger, 1991). Geschlechtspolar konstruierte Vorstellungen von Männlichkeit und Weiblichkeit passen gut in die ideologische Begleitmusik geschlechts*hierarchischer* Arbeitsteilung. Sie sind leicht zu vereinnahmen und taugen zur Modernisierung althergebrachter Rollenaufteilungen. So hat z. B. der größte Erfolg der Ersten deutschen Frauenbewegung, die Professionalisierung weiblicher Beziehungsarbeit zu Sozialarbeit und Lehrberuf, zwar zur Feminisierung dieser Berufsfelder geführt, nicht aber zur Hochachtung dieser Professionen, noch zur Höherbewertung der in ihnen praktizierten menschlichen Fähigkeiten und Leistungen – ganz zu schweigen von einer stärkeren gesellschaftlichen Durchdringung mit ‚weiblichen' Eigenschaften und Werten.

1.2.3 Dekonstruktion der Zweigeschlechtlichkeit

Sowohl die Gleichheit zwischen Männern und Frauen als auch die Differenz zwischen ihnen lässt sich – das ist bis hierhin deutlich geworden – zum Ausgangspunkt nehmen, um *neue* Bilder von den Geschlechtern zu entwerfen, an denen sich sowohl die politische Auseinandersetzung orientiert, die aber auch zu Leitbildern individueller Identität werden. Die Kontroverse darum, welche dieser Orientierungen für das Anliegen der Frauen am nützlichsten ist, hat sich jedoch in den Auseinandersetzungen der Feministinnen nicht auflösen lassen, sondern ist – jeweils mit Akzentverschiebungen – historisch immer wieder neu entstanden (vgl. Kap. 6).

Der Verlauf dieser Auseinandersetzungen und die Erfahrungen der feministischen Androzentrismuskritik, dass nämlich auch sehr abstrakte, scheinbar neutrale Begriffe wie ‚Subjekt', ‚Wahrheit' und ‚Wissen' keineswegs geschlechtsneutral, sondern Teil des kulturellen Systems sind, das Frauen ausschließt und entrechtet – diese beiden Erfahrungen haben einige Theoretikerinnen dazu geführt, die den feministischen Positionen selbst zugrundeliegende Begriffe – Geschlecht, männlich/weiblich, Sex/Gender – in Frage zu stellen (vgl. Flax, 1992). Nicht nur die Fragen, ob es politisch sinnvoll ist, Gleichstellung mit Männern anzustreben, oder ob es nicht klüger ist, auf die Seite der Differenz zu setzen, stellen sich dann; sondern die Konstruktion ‚der' Frau und die Gegenüberstellung Mann – Frau als solche werden problematisch. Die oben angesprochene radikale Kultur-Kritik Luce Irigarays z. B. (vor allem in „Speculum" 1980) hatte ja bereits die Entgegensetzung von Weiblichkeit und Männlichkeit als Produkt einer Subjektivität sichtbar gemacht, die reale Frauen als Subjekte ausschließt. Hieraus kann nicht nur die Forderung einer weiblichen Subjektrepräsentanz abgeleitet werden (wie bei Irigaray selbst, s. o.), sondern auch – radikaler in der entgegengesetzten Richtung –, dass die Zweigeschlechtlichkeit selbst als kulturelle „Konstruktion" erkannt, in Zweifel gezogen und dekonstruiert werden muss.

Die Sozialisationstheorie, innerhalb der Feministinnen seit den 1970er Jahren eigenständige Positionen entwickelt haben (vgl. Kap. 8 und 11), hatte hierfür bereits eine Menge konkretes Material produziert: Untersuchungen über den Erwerb von Geschlechtesrollen und -identitäten (von Belotti, 1975 bis Chodorow, 1985) hatten deutlich gemacht, dass das, was englisch „gender" und deutsch „Sozialcharakter" heißt, weniger mit dem anatomischen Geschlecht (sex) zu tun hat als vielmehr mit kulturellen Prägungen und Bedeutungen, mit Interaktionsmustern und Rollenzuschreibungen. Und auch die Zuordnung von Sex und Gender, d. h. die Sicherstellung, dass anatomische Mädchen auch zu soziokulturellen Frauen werden, erfolgt in einem komplexen Sozialisations- und Identifikationsprozess im Rahmen der den Individuen vorgegebenen kulturellen Zweigeschlechtlichkeit (Hagemann-White, 1984).

,Geschlecht' als Einheit von anatomischer Geschlechtsausprägung und soziokulturellem Geschlecht kann daher zu recht als ausschließlich gesellschaftlich produziert (rechtlich, sozial und kulturell) verstanden werden.

Diese „Konstruktion" stellt mit der Zuordnung von Sex (= anatomisches Geschlecht) und Gender (= soziokulturelles Geschlecht einschließlich der Geschlechtsidentität) Eindeutigkeit her, sie sichert die kulturell eindeutige Ausformulierung der beiden Reproduktionsgeschlechter ab und verleiht beiden Gender-Ausprägungen (da sie als körperlich-anatomische legitimiert werden) den Anschein von Natur. Soziokulturelle Eigenschaften wie Aufgaben der beiden Reproduktionsgeschlechter werden so mit nur minimalen Abweichungen kontrolliert und garantiert.

Diese Erkenntnis wurde innerhalb des Feminismus Ausgangspunkt für Forschungen in zwei Richtungen: Die feministische Psychoanalyse beschäftigte sich mit der Frage, wie die Gender-Bedeutungen in der individuellen Geschlechts-Identität verankert werden (s. Chodorow, 1985; Schmauch, 1987; Rohde-Dachser, 1991; Flaake & King, 1992). Dazu wurden mikrokulturelle Prozesse der Kernfamilie und ihrer Internalisierungen untersucht. Poststrukturalistische Autorinnen setzten sich mit der kulturellen Produktion von Geschlechterbedeutungen und der sozialen Konstruktion von Geschlecht auseinander (vgl. Hagemann-White, 1988; Butler, 1991; Vinken, 1992): „Doing gender" – die Erzeugung von Geschlecht in sozialen Interaktionen und kulturellen Praktiken wurde Untersuchungsgegenstand. Wichtigstes Fazit: Sowohl die kulturellen Geschlechtsbedeutungen als auch die individuellen Geschlechtsidentitäten funktionieren nicht durch Prägung und Vorprogrammierung allein. Sie werden vielmehr zusätzlich in kulturellen Praktiken immer wieder reproduziert und bestätigt. Jede soziale Interaktion schafft einen kulturellen Raum, in dem Geschlechtsbedeutungen verteilt/produziert werden und in dem Identitäten sich bewähren. Geschlecht, so die Konsequenz der radikalsten Position – ist eine „performative Konstruktion" (Butler, 1991), d.h. eine Konstruktion durch permanente Leistung/ Aufführung. Damit ergeben sich neue/andere Ansatzpunkte für die Veränderung des Geschlechterverhältnisses: Der binäre Rahmen des Denkens über die Geschlechter, die polare heterosexuelle Matrix sind – so die Botschaft Butlers – außer Kraft zu setzen. Und anzusetzen ist auf der Ebene des „doing gender", der Aufführung/Performanz von Geschlecht.

Welche Geschlechterbilder lassen sich aus einer solchen Position ableiten? Keine – jedenfalls keine, die als Identitätsleitbilder für männliche/weibliche Individuen taugen könnten, denn „doing gender" soll ja gerade unterlaufen werden. *Bildlich* entworfen wird auch *kein Drittes* – jenseits der binären Struktur heterosexueller Zweigeschlechtlichkeit. Dagegen werden subversive Praktiken anvisiert: Inszenierungen *zwischen* den Geschlechterbildern, die diese selbst irritieren (sollen). Die Travestie und die „Praktiken der Geschlechtsidentität in schwulen und lesbischen Kulturen" sollen – als Parodie inszeniert – die performative Konstruktion von Geschlecht aufdecken und dadurch unterlaufen (Butler, 1991, S .9). Identität als geschlechtliche soll nicht mehr Voraussetzung politischen Handelns sein, sondern per sozialer Inszenierung zur Disposition gestellt, unglaubwürdig gemacht werden.

Betrachtet man die *Bilderwelt*, aus der die von Butler verwendeten Metaphern stammen, dann ist deutlich: Wir bewegen uns in der Welt des Theaters, des Karnevals, des Varietés und des Kabaretts. Es geht um eine Aufführung und um Selbstinszenierungen, um das bewusste Spiel mit der (ansonsten ernsthaft betriebenen) sozialen Geschlechter-Welt. Es geht um eine Verwandlung von Performanz in Performance. Die politisch bewusste Inszenierung soll die Alltagsszene als Szene sichtbar machen und die jeweilige kulturelle Szene in eine Bühne verwandeln. Damit wird das Produzierte des scheinbar Naturwüchsigen sichtbar – was die Möglichkeit eröffnet, dass in diesem Theater auch ganz andere Stücke gespielt werden als die heterosexuelle Oper und das bürgerliche Trauerspiel. Als explizites Bild für die Ausdrucksmöglichkeiten des Kulturellen sind diese Visionen ansprechend und erhellend. Was jedoch bieten sie den an Veränderung interessierten Individuen? Geht es um Selbsterfahrung an der Geschlechtergrenze? Geht es darum, die geschlechtsbezogene Identität allmählich aufzulösen und durch eine Spielidentität zu ersetzen? Oder soll die Beliebigkeit möglicher Identitäten entlang dem je individuellen Begehren etabliert werden? Doch welches Begehren drückt sich aus – jenseits von Geschlechtsidentitäten?

Das Konzept bleibt merkwürdig abstrakt, setzt nicht Phantasie frei, sondern wirft auf die Abstraktion der Begriffe zurück. Damit ist auch der – unter dem Gesichtspunkt der Geschlechter*bilder* – wichtigste Kritikpunkt bereits formuliert: Der von Butler vertretene Dekonstruktivismus bleibt letztlich im Aufruf zur Subversion stecken, es entsteht nichts verändernd Neues. Die Travestie als Inszenierung bleibt auf jene Geschlechterbilder der heterosexuellen Matrix angewiesen, die außer Kraft zu setzen sie angetreten war.

1.2.4 Wie geht es weiter?

Angesichts der Stärken, aber auch angesichts der Schwächen und Risiken, die alle drei von uns vorgestellten feministischen Denk- und Strategieansätze aufweisen, und vor allem angesichts der Tatsache, dass patriarchale Geschlechterinszenierungen schon immer mit mächtigen *Bildern* zur Absicherung ihrer Interessen gearbeitet haben (und natürlich das geistige und emotionale Terrain stets *als erste* besetzt halten), stellt sich die Frage: welche Chancen haben derzeit feministische Geschlechter-Entwürfe, feministische Geschlechterbilder überhaupt, eine wirkungsvolle eigene Sicht gesellschaftlich zu Gehör und zu Gesicht zu bringen?

Die drei genannten feministischen Ansätze zeigen unterschiedliche, sich unserer Meinung nach jedoch nicht ausschließende Wege auf, diese Differenzen und ihre einseitige Bedeutung aufzulösen bzw. zu verändern. Der erste und der dritte Weg (Gleichberechtigungsansatz und Undoing-Gender-Ansatz) wollen die Differenzen entlang der Geschlechtergrenze nivellieren bzw. ganz abschaffen. Für diejenigen, die die Gleichstellung von Männern und Frauen fordern, ist dabei klar, dass Frauen die gleichen Möglichkeiten und die gleichen Fähigkeiten wie Männer bekommen/erbringen müssen. Weniger bis keine Beachtung wird der Frage geschenkt, ob, was und wie viel sich dabei auf Seiten der Fähigkeiten und der Lebensbedingungen herkömmlicher Männer würde ändern müssen. Die Dekonstruktivistinnen scheinen eher davon auszugehen, dass die meisten Unterschiede, die heute als geschlechtsspezifische wahrgenommen werden, auch als individuelle Merkmale bewertet werden können – sie dann allerdings in einer solchen Vielfalt untergehen, dass sie für Hierarchisierungen nicht mehr taugen.

Der zweite Ansatz (Differenzansatz) will die Geschlechterdifferenzen, besonders die derzeitig spezifisch weiblichen Fähigkeiten und Zuständigkeiten in bedeutenden Teilen erhalten, und will daraus für Frauen auch differente Rechte ableiten. Während dieser Ansatz seine unbestreitbar größten Erfolge als politische Strategie während der Ersten Frauenbewegung hatte, indem er zumindest Ausbildung und Berufstätigkeit für Frauen in ‚weiblichen' Berufen durchsetzte (Lehrerin, Sozialarbeiterin) – und damit auch an seine Grenzen stieß –, erreichte der erste und zugleich älteste Ansatz seine größten vorzeigbaren Erfolge durch die Zweite Frauenbewegung, als Frauen in großer Zahl gleiche und bessere Bildungsabschlüsse als Männer erreichten. Als zusätzlich wichtige rechtliche Diskriminierungen zum Teil abgebaut wurden (z. B. die ‚Hausfrauenehe', teilweise Bewegung in der § 218-Debatte), und bestimmte Tabu-Themen von Frauen zum ersten Mal auf die öffentliche Tagesordnung gesetzt wurden (Gewalt gegen Frauen, sexueller Missbrauch etc.), konnten Frauen erstmalig in quantitativ sichtbaren Größenordnungen in eine Reihe wichtiger beruflicher Tätigkeitsfelder aufrücken. Obwohl auch der Gleichberechtigungs-Ansatz seine Ziele bei weitem noch nicht erreicht hat, stößt auch er bereits jetzt ständig an Grenzen: Zum einen werden Grenzen da deutlich, wo die gängigen Berufsbedingungen sich als – für *beide* Geschlechter – unmenschlich erweisen, und dort, wo die kostenneutrale Reproduktion durch Familienfrauen nicht mehr ohne weiteres vorausgesetzt werden kann. Zusätzlich wird dem Gleichberechtigungsstreben der Frauen inzwischen eine neue Form von Widerstand entgegengesetzt durch den Unwillen männlicher Individuen zur Selbstveränderung und durch organisierte Interessenvertreter patriarchaler Strukturen (vgl. Kap. 4).

Die Veränderung des gegebenen Geschlechterverhältnisses zugunsten der Frauen kann sich – dies zeigt die bisherige Erfahrung – also auch politisch-praktisch nicht auf die beiden bisher wirksamen politischen Richtungen des Feminismus verlassen. Eine Erweiterung des Spektrums und neue Impulse täten gut. Für den dritten, den poststrukturalistischen Ansatz des Feminismus stehen vergleichbare Erfahrungen und Bewährungsproben noch aus. Es ist jedoch absehbar, dass er nicht die Auflösung aller Schwierigkeiten bringen wird. Denn so sympathisch die Aufforderung ist, das Geschlechter-Spiel einfach nicht mitzuspielen und nicht jedes „Begehren" in Gender-gemäße Formen zu gießen, so ist doch zweierlei unmittelbar deutlich: Der spielerische Umgang mit Symbolen und mit Interaktionsmöglichkeiten findet an realer gesellschaftlicher Macht, an Gewalt und an der Reproduktion seine Grenzen. Die Dekonstruktion etablierter Bedeutungen und die Inszenierung verwirrender Geschlechterbilder ist das Geschäft kleinerer Subkulturen und Szenen. Die Forderung nach Abschaffung aller Tätigkeiten und Äußerungsformen, die Geschlechterdifferenzen ausdrücken, kultivieren und aufrechterhalten, wäre vermutlich nicht einmal unter großen Teilen der Frauen selbst konsensfähig (und wir wissen aus der Geschichte, dass der Anstoß zur Veränderung bisher noch immer zuerst von ‚den' Frauen, d. h. von einer genügend großen Anzahl von zeitweise einmütig handelnden und Druck ausübenden Frauen ausgehen musste).

Unser Anliegen wird es daher im folgenden sein, die drei genannten Ansätze in ihren Stärken versuchsweise zu kombinieren – und sie nicht als sich ausschließende und rivalisierende Strategien zu betrachten – und darüber hinaus eine weitere Strategie zu diskutieren, die einige der berechtigten Kritikpunkte an allen Ansätzen konstruktiv berücksichtigt, und die außerdem die vorhandene Vorherrschaft der patriarchalen Geschlechterinszenierungen im Bereich sprachlicher, argumentativer (Persönlichkeits-) Bilder einkalkuliert und sie angreift.

Konkret gesagt, wollen wir eine *zusätzliche vierte* Strategie verfolgen, die dafür plädiert, von den derzeit zwei Geschlechtern, wie sie das breite Alltagsverständnis unserer Kultur vorgibt, zunächst zwar auszugehen, die aber auf die *interne* Erweiterung von Variationsbreite und Heterogenität beider Geschlechterbilder setzt. Indem an anschaulichen Beispielen gezeigt wird, wie unterschiedlich, wie wenig eindeutig typisch weiblich (oder typisch männlich) bestimmte Individuen sind und sein können, soll die *menschliche* Bandbreite *innerhalb* beider biologischer wie sozialer Geschlechter vorgeführt werden. Daraus ergibt sich eine zunehmende Relativierung und die Sichtbarkeit einer breiten Überschneidung der als ‚männlich' oder als ‚weiblich' definierten Eigenschaftsbereiche. Unser Ziel wäre die anschaulich gemachte Überwindung der orthodoxen Trennung (und der orthodoxen Bilder) des Denkens in zwanghaften Polaritäten hin zu heterogenen *menschlichen* Eigenschaften für *beide* Geschlechter durch den Einsatz von Geschichten bzw. Bildgeschichten. Dies sollte vorhandenes Wissen, vorhandene Phantasien, vorhandene Biographien wie auch vorhandene Bestands- wie Fehlanalysen einbeziehen, um der Frage nachzugehen: wo gibt es bereits heute Formen von Überschreitung des polaren Geschlechterdenkens, die dies nicht nur qua Negation oder qua Umkehrung leisten, sondern die in einer konstruktiven Überwindung durch Ausweitung oder Integration von polaren Eigenschafts-, Interessen- und Lebensmöglichkeiten bestehen, und auf die die alten klischeehaften Etiketten einfach nicht mehr passen? Die trotzdem inspirierend, orientierend oder einfach nur umstrukturierend wirken, was eigene Vorstellungen angeht?

Wir haben fünf verschiedene Felder für unsere Denk- und Strategie-Experimente ausgewählt, um unserer zentralen Frage „Menschlichkeitsbilder oder Geschlechterdivisionen?" nachzugehen und daraus Fazits zu ziehen: Es gibt einen kulturanthropologischen Blick auf das für nordamerikanische Indianerstämme überlieferte Phänomen des (unblutigen) Geschlechtswechsels (Berdache) und seiner möglichen Anregung für heutige Modelldiskussionen. Es folgt ein historischer Blick auf mittelalterliche Versuche, die patriarchale Religion des Christentums als Hebel des sich Ausklinkens aus der weiblichen Geschlechterfalle zu nutzen (Heilige, Mystikerinnen). Daran anschließend widmen wir uns drittens der impertinenten Frage, die an alle weiblichen Naturwissenschaftler gestellt wird, ob sie denn geistige Männer seien, oder was man sonst von ihnen als Geschlechtswesen zu halten habe, und der passenden Antwort darauf: nämlich wie irrelevant diese Frage ist (am Beispiel der Biologin und Nobelpreisträgerin Barbara McClintock). Darauf folgt viertens eine Inspektion der heute schon vorliegenden Phantasieproduktionen weiblicher Utopistinnen hinsichtlich unserer Geschlechterpolarität (am Beispiel von Ursula LeGuins „Winterplanet") und schließlich werden wir – nach einem kurzen Exkurs, warum wir die Androgynie-Forschung für die hier verfolgten Absichten für unergiebig halten – fünftens jene Autorinnen der ‚Neue-Männer'-Forschung befragen, die u. E. am ehesten kreative Ideen und Forderungen für die Menschlichkeit der Männer aus der gegenwärtigen Defizit-Analyse entwickeln: die Befunde von Cheryl Benard und Edit Schlaffer liefern uns einiges an konstruktiven Hinweisen.

2. REVUE DER GESCHLECHTERBILDER AUS VERSCHIEDENEN DISZIPLINEN

Das kulturelle Wissen, dass es mehr als zwei exklusive und invariable Geschlechter geben *kann*, ist älter als die postmoderne Diskussion über die gesellschaftliche Konstruktion der Geschlechterkategorien. Es entstammt unterschiedlichen wissenschaftlichen Disziplinen (z. B. Philosophie, Ethnologie, Psychologie, Sexualwissenschaft), aber auch einer literarisch-geisteswissenschaftlichen Tradition, die die Genres der gesellschaftlichen Utopie, der Science-Fiction wie auch der Biographieforschung umfasst. Selbst die ehemalige ‚Königin' der abendländischen Wissenschaften, die christliche Theologie, hat ihrerseits lange Zeit mit dem ‚Streit um das Geschlecht der Engel' verbracht, um sich dennoch in ihren bildlichen Vorstellungen unmerklich von einem alttestamentarischen *männlichen* Boten Gottes in kriegerischem Habitus samt flammendem Schwert zu einem lieblichen *weiblichen* Schutzgeist des 19. Jahrhunderts zu wandeln.

Von den ursprünglich drei menschlichen Geschlechtern des Aristophanes in Platons „Gastmahl" bis zu den erstaunten Berichten weißer Europäer des 18. und 19. Jahrhunderts über nordamerikanische Indianerstämme und die bei ihnen hochgeachteten ‚Berdache', von den ‚Urningen' bzw. dem ‚dritten Geschlecht' der frühen Sexualwissenschaften bis zu den moderneren Sexualforschern, die inzwischen vier, fünf oder sechs Geschlechter[4] zählen, von den historischen Untersuchungen über Heilige, Asketen und Transvestiten des Mittelalters bis zu den verkleideten weiblichen Soldaten und Seemännern im 17./18. Jahrhundert gibt es jede Menge ernsthafter Hinweise auf ‚mehrere' Geschlechter bzw. die Möglichkeit, sein Geschlecht zu wechseln. Auf der literarischen Ebene lässt sich von ‚Gustav Adolfs Page' bis zur feministischen Science-Fiction, von den Biographien ‚großer' Frauen der Weltgeschichte bis zu den Persönlichkeiten weiblicher Nobelpreisträger für die, die es wirklich wissen wollen, ein Kaleidoskop an Einsichten und Wissen aufblättern, das auch innerhalb der abendländischen Zivilisation das Denken von mehr als nur zwei polaren Geschlechtern erlaubt – und das völlig unabhängig davon, ob man das Wort ‚Geschlecht' nur als biologisch-phänotypisch, als sexuell-orientiert, als sozial-definiert, selbst-definiert oder wechselweise als eine Kombination von zweien oder mehreren dieser Kriterien setzt. Dieses vorhandene Wissen ist von Feministinnen gelegentlich, aber sparsam für ihre Debatten angezapft worden. Unsere im folgenden herausgegriffenen und interpretierten Beispiele aus diesem Wissenspool können diese bisherige Zurückhaltung nicht kompensieren. Vielmehr wollen sie den bisherigen relativen Mangel für die Geschlechterdiskussion bewusst machen und zu weiterer gezielter Schatz-

---

4 Je nach Berechnung: heterosexuelle Frauen und Männer, homosexuelle Frauen und Männer, bisexuelle Frauen und Männer (vgl. Rubin, 1961; Robbins, 1967; Philips, 1969).

hebung inspirieren. Wir greifen also im folgenden einige Bilder heraus, die schon gelegentlich lose zwischen den Seiten der feministischen Familienalben herumflogen, die unserer Meinung aber einen breiteren Raum, vielleicht auch einen festen Platz mit Goldrahmen beanspruchen könnten, wenn es um die bildliche Verankerung von bestimmten Denktraditionen des Feminismus über das Problem der Geschlechter und der Ausformulierung ihrer menschlichen Rollen geht.

2.1 Bilder aus der Kulturanthropologie/Ethnologie

„Was für ein komisches Land, wo Männer die Kleidung und die Aufgaben von Frauen übernehmen, und Frauen zu Männer werden und ihr eigenes Geschlecht heiraten" schrieb 1855/56 ein weißer Autor über die nordamerikanischen Crow-Indianer (Denig in Katz, 1976, S. 10). Berichte über ‚Geschlechtswechsler' bei den nordamerikanischen Indianerstämmen (und auch in Sibirien, Polynesien, Indien, Madagaskar etc., vgl. Kessler & McKenna, 1978; Martin & Voorhies, 1975; Bleibtreu-Ehrenberg, 1984; Grahn, 1986) dringen seit dem 18. und 19. Jahrhundert durch Forschungs- und Reiseberichte, seit dem 20. Jahrhundert auch durch Feldforschung und Dokumentenanalysen über diese Völker in die weiße, westliche Zivilisation. Wie wir heute wissen, beschreiben sie ein Phänomen, das auf dem ganzen amerikanischen Kontinent bei fast allen Stämmen in unterschiedlicher Ausformung anzutreffen war, und das die Europäer – unzutreffend, aber erfolgreich – mit ‚Berdache'[5] bezeichneten. Die Tatsache, dass einzelne Mitglieder eines Volkes ungeachtet ihres ‚angeborenen' biologischen Geschlechts ihre Geschlechtsrolle wechseln konnten, erschien den männlichen weißen Kolonisatoren so widernatürlich, pervers und unerträglich, dass sie nichts eiligeres zu tun hatten, als diese Tradition überall dort, wo sie mit ihr in Berührung kamen, blutig auszurotten (vgl. Grahn, 1986).

Aufgrund heutiger Forschungen wissen wir aber so viel, dass diese Möglichkeit bei vielen namentlich bekannten Stämmen von Alaska bis nach Mexiko sozial etabliert war. Jacobs (1968) benennt in einer Literaturrecherche an über 99 Stämmen 88, die eine solche Tradition hatten, darunter die Inuit, Apache, Navajo, Cheyenne, Cherokee, Crow, Zuni, Creek, Mohave, Oglala, Aleut, Naskapi, Aztec, Maja u. v. m. Die Berichte über diese Stämme ergeben, dass der Geschlechtswechsel sowohl bei der Geburt – durch Entscheidung der Eltern oder eines Schamanen – als auch erst in der Pubertät oder später durch eigene Wahl vollzogen werden konnte. Alle erwähnten Stammeskulturen hatten für den Akt des Geschlechts-Wechsels etablierte und akzeptierte Strukturen entwickelt, die dem/der Betreffenden entweder die Tätigkeiten und Funktionen des ‚anderen' Geschlechts zuwiesen, oder die beider, oder neue, zusätzliche – was sowohl für männliche wie weibliche Berdache galt. Es gab keine Diskriminierung, vielmehr eine soziale Hochachtung, was sich vor allem darin ausdrückte, dass diese Berdache in den meisten Fällen Schamanen wurden – also Personen mit ritueller Macht, heilenden, weissagenden und zeremoniellen Funktionen, die sie

---

5 Ein ursprünglich persisch-arabisches Wort, das ins Französische übernommen, soviel wie ‚Knabenprostituierter' bedeutet – eine völlig irreführende Bezeichnung.

nicht nur als integriert, sondern als besonders geschätzt und einflussreich auswiesen. Berichtet wird für viele Stämme, dass ihre eigenen Bezeichnungen für diese Personen Verschiedenes ausdrücken konnten: z. B. ‚Nicht-Mann, Nicht-Frau' oder ‚Mann-Hexe-Frau', ‚Edelstein', ‚Halb-Mann-Halb-Frau', ‚sanfter Mann', ‚Männer-Frauen', ‚Frau mit dem Herzen eines Mannes' u. ä. (vgl. Grahn, 1986; Kessler & McKenna, 1978).

Jacobs (1968) listet für 21 Stämme exakte Funktions-, Verhaltens- und Aufgabenbeschreibungen auf, häufig jene des ‚cross-dressing' (Kleidung, Haartracht etc. des neu übernommenen Geschlechts), das auch mit der Übernahme der Aufgaben und der sozialen Position der anderen Geschlechtsrolle einherging, einschließlich der Ehe mit dem eigenen (Herkunfts-)Geschlecht. Männliche wie weibliche Berdache waren geschätzte Zeremonienmeister, Heiler und Seher; männliche brillierten oft zusätzlich in den Künsten des Webens und Töpferns (eine weibliche Arbeit), weibliche in den Aufgaben der Jagd, der Kriegsführung und als Gesandte/Unterhändler und Kuriere ihres Stammes (vgl. Katz, 1976). Von vielen weiblichen Berdache wird berichtet, dass sie keine Männerkleidung anlegten, vielmehr die männlichen Berdache überwiegend Frauenkleidung, was mit der höheren Wertschätzung für die weibliche spirituelle Rolle erklärt wird (Grahn, 1986). Für einige Kulturen wird berichtet, dass Cross-Dressing und homosexuelles Verhalten bei Jugendlichen zu einem ‚Pool' von möglichen Initianden führte, aus dem die Priester und Schamanen ihre ‚Lehrlinge' auswählten (Grahn, 1986). In der Regel wurde der offizielle Wechsel durch eine feierliche Initiation vollzogen und gewürdigt. Berdache waren nicht nur kulturell hervorgehobene Mitglieder ihres Stammes, sondern in der Regel aufgrund ihrer besonderen handwerklichen und Schamanen-Künste auch wohlhabend und mächtig.

Interessant ist uns heutigen Körper- und Natur-Fixierten, dass die indianischen Völker sehr wohl den männlichen oder weiblichen Körper nicht ‚übersahen', aber ihn völlig anders bewerteten. Z. B. unterschieden die Navajo zwischen echten und unechten „Nadle" (ihr Wort für Berdache), womit sie zum Ausdruck brachten, dass ‚echte' jene sind, die bei ihrer Geburt aufgrund ihrer körperlichen Ausstattung nicht eindeutig einem Geschlecht zugeordnet werden konnten. ‚Unechte' Nadle sind für sie jene, die einen männlichen oder weiblichen Körper haben, aber aufgrund *eigener* Entscheidung ihr Geschlecht ändern wollen und somit Nadle *werden* – was im übrigen ihrer kulturellen, sozialen und sonstigen Wertschätzung nicht den geringsten Abbruch tut (Hill, 1935). Die Navajo kannten also ausdrücklich drei physische Geschlechter und drei Geschlechter-Rollen (die aber einander nicht unbedingt entsprechen mussten). Ebenso wird bei ihnen die physische ‚Natur' eines Körpers nicht zur absoluten Definition der Geschlechtsrolle benutzt. Die indianische Forscherin Paula Gunn Allen (aus dem Stamm der Laguna) begründet dies damit, dass für die amerikanischen Ureinwohner die Beziehung zur Geisterwelt wichtiger und zentraler war als die zu ‚Familie', ‚Körper' und Blutsverwandtschaft. Geister, Gottheiten und metaphysische Kräfte, v. a. die richtige Verbindung zu ihnen bestimmen zentral das individuelle wie das Stammesleben. Geister haben genauso viel zu bestimmen wie lebende Personen. Wenn also – z. B. in der Jugend – in Träumen, Visionen, Riten u. ä. diese Geister jemandem sagen, er oder sie solle Kleider und Rolle des anderen Geschlechts annehmen, wird die Person dies tun und der Stamm es akzeptieren. Dieser

Anweisung *nicht* zu folgen, hätte einen Bruch mit dem eigenen kulturellen Wertsystem bedeutet (Allen, 1981).

Welche vorsichtigen Schlussfolgerungen können wir für unsere Zwecke aus dem bisher über das Phänomen des Berdache Bekannten ziehen? Zunächst: viele der interessanten und engagierten Berichte über die Tradition des Berdache sind in dem Bemühen verfasst, diese Tradition für die (Vor-)Geschichte des Lesbianismus, der männlichen Homosexualität oder des Transsexualismus und des Transvestismus zu vereinnahmen. Der Versuch, die heutige Diskriminierung von Lesben, Schwulen, Transsexuellen und Transvestiten durch die Konfrontation mit einer humaneren, liberaleren Praxis in früheren Ethnien aufzubrechen, ist zwar als neue Perspektive erhellend und bereichernd. Es muss jedoch angemerkt werden, dass sie nicht unbedingt der Sicht und der Interpretation der indigenen Völker selbst entspricht, sondern von ihnen in andere – religiöse, spirituelle und kulturelle – Bezüge eingebettet war. Überdies waren Berdache-Personen keineswegs *immer* homosexuell, kleideten sich längst nicht immer in die Kleider des anderen Geschlechts, und die überwiegende Mehrheit von ihnen dürften keine ‚Intersexe' (biologisch androgyne Zwischenformen) gewesen sein (diese betragen konstant in jeder Bevölkerung nur zwischen 2 bis 3 pro Mille; vgl. Money, 1967). Aus dem bisher gesagten wird überdies deutlich, dass manche Ethnien ihre Berdache als ‚drittes' Geschlecht auffassten, andere sie als zwar sozial definiertes, aber gleichwertig männliches oder weibliches ansahen, manche sie als ein ‚weder-noch-Geschlecht' betrachteten, und andere wiederum als eine *dritte* und *vierte* Geschlechts*rolle*, die für Personen mit männlichem und weiblichem Körper außer den beiden herkömmlichen Rollen zusätzlich möglich war (als Mann-zu-Frau-Rolle, Frau-zu-Mann-Rolle). In keinem dieser Möglichkeiten spielten lesbisches oder schwules oder transvestitisches Verhalten *allein* die ausschlaggebende Rolle, auch wenn sie oft dazugehörten.

Unsere Schlussfolgerungen beziehen sich daher auf eine dritte Perspektive, die im Mainstream der Berdache-Forschung nur selten betont wird (z.B. bei Kessler & McKenna, 1978; Martin & Voorhies, 1975): auf die Frage *mehrerer* Geschlechts*rollen* (bei Beibehaltung zweier Reproduktionsgeschlechter), auf die Frage des möglichen *Ausstiegs* aus (zwei vorgegebenen und dominanten) Geschlechterrollen, natürlich ebenso auf die Frage des schlichten Rollen-*Wechsels* und schließlich auf die *Normalität* eines solchen Vorgangs als eines erlaubten und denkbaren freien Aktes eines Individuums (ohne Drama und ohne Stigmatisierung). Dies scheint uns – bei aller Vorsicht der Interpretation – zumindest ein erstes Fazit, das überdies einen hohen Anschaulichkeitswert hat: eine kulturell mögliche, vorgegebene Lösung, bei Unverträglichkeiten zwischen persönlichem Temperament/Neigung und Geschlechtsrolle letztere zu wechseln oder aufzugeben, ohne sich durch chirurgische Eingriffe beweisen zu müssen (‚Transsexueller'), ohne mit entsprechend erwarteten sexuellen oder Kleidungs-Präferenzen identifiziert werden zu müssen (‚Homosexueller', ‚Transvestit'). Es bedeutet also den Nachweis des prinzipiellen Funktionierens der kulturellen, sozialen Akzeptanz von Geschlecht als einer sozio-kulturell orientierenden Kategorie (sei es in Form von mehr als zwei Rollen, sei es in Form von Rollenabgabe), die nicht auf ‚Körper-, oder ‚Natur'-Definitionen besteht, sondern die großzügigere, d.h. humanere Definition anbietet. Es bedeutet, dass es dafür überdies soziale Modelle und Institutionen geben kann, die in die jeweilige Kultur so integriert sind, dass die dies beanspruchenden Personen nicht als Stigmatisierte oder Monster gehandelt werden. Zumindest dies scheint uns eine von der Kulturanthropologie geförderte Erkenntnis, dass es bei vielen nicht-westlichen Kulturen und Völkern die Einsicht gab, dass die kulturell ausgearbeitete Stilisierung der zwei Reproduktions-Geschlechter für manche ihrer Mitglieder unzutreffend, unerträglich und unproduktiv ist, und somit ehrenwerte und tradierte Möglichkeiten der Grenzüberschreitung oder des freiwilligen und akzeptierten Aussteigens aus einer exklusiven Zwei-Teilung der Menschenrollen möglich sein müssen – und zwar nicht irgendwie und diffus (ohne positive Selbstwahrnehmung oder Identitätsangebote) als Außenseiter und Isolierte, sondern durch Bereitstellen bestimmter Traditionen, die Sicherheit sowohl für die Betreffenden, wie auch für die soziale Gemeinschaft anbieten.

Diese Erkenntnis scheint uns – wiederum mit aller Vorsicht – auf die Geschlechterprobleme unserer heutigen Gesellschaft nur insoweit übertragbar zu sein, indem wir auf eine Rollenerweiterung *innerhalb* beider bei uns vorgegebenen Geschlechterrollen dringen (mehrere Frauenrollen, mehrere Männerrollen). Angesichts einer über zweitausendjährigen indo-europäischen Verfolgungsgeschichte von Minderheiten, die aufgrund ihrer sexuellen Präferenzen wie aufgrund eines ihrem Geschlecht unangemessenen Habitus' verfolgt und ausgerottet wurden (vgl. Bleibtreu-Ehrenberg, 1984), scheint eine Strategie erfolgversprechender, die zunächst mehrere, sehr verschiedene Rollen für jedes der beiden (Reproduktions-)Geschlechter vorgibt und auf solcherart erreichbare, größer werdende Überschneidungssegmente abzielt, die gesellschaftlich positiv sanktioniert sind. Überschreiten und schrittweises Auflösen dieser sozialen Grenzen wird sich dann für viele Bereiche von selbst ergeben – und auch aktiv vorangetrieben werden können. Dies scheint sinnvoller und weniger riskant, als in der Debatte um ‚Undoing Gender' auf die biologisch angeblich so unscharfe Grenzziehung zu setzen, d.h. auf das *biologische* Argument angeblich körperlicher uneindeutiger Geschlechterausprägungen, um daraus einen Beleg auch für die *soziale* Unsicherheit der Zuordnung ableiten zu können. Wer sich in die biologistische Falle begibt (hier: die wenigen körperlich ambivalenten Fälle), bleibt darin kleben – es gibt lediglich eine verschwindende Minderheit von 2 bis 3 pro Mille Intersexe, s.o. – und verstärkt so die biologische Definitionsmacht. Überzeugender bleibt da das Vorbild jener Kulturen, die klar veranschaulichen, dass sie den Wechsel der Geschlechterrollen oder den Einstieg in ein ‚anderes, drittes' Geschlecht in der Regel gerade *nicht* an der körperlichen Ausstattung festmachen, sondern an sozial und kulturell definierten Rollen, die dem Individuum nach Neigung und Eingabe offen stehen und nicht nur nach der (genetisch, hormonell oder morphologisch) eindeutigen Ausstattung seines Körpers.

Obwohl wir dafür plädieren, in den realen soziokulturellen Veränderungen von den beiden Reproduktionsgeschlechtern auszugehen, ist doch auf der bildlichen Ebene – so unsere eigene Erfahrung – die Auseinandersetzung mit einem möglichen Dritten (in diesem Falle Geschlecht) so produktiv und anregend, dass eine intensivere inhaltliche Auseinandersetzung und Ausarbeitung solcher kulturellen Nischen/Visionen nur als nützlich empfohlen werden kann.

2.2 Aussteigen aus der Geschlechterpolarität – Beispiele aus der europäischen Kulturgeschichte

Nicht nur der Blick in andere Ethnien, auch der Blick in die europäische Geschichte zeigt Beispiele von Lebensformen und Identitäten jenseits der Geschlechterpolarität. In Europa sind solche Möglichkeiten christlich geprägt, was es dem feministischen Blick schwer macht, sie zu entdecken. Denn der Feminismus der Zweiten Frauenbewegung – in seinen Ausgangspunkten der Aufklärung verpflichtet – hat die religiösen Lebensformen und spirituellen Praktiken von christlichen Frauen immer unter dem Gesichtspunkt ihrer Einbindung in patriarchale Ideologie und Unterdrückungsformen gesehen und entsprechend bewertet:

Die Weltsicht des Christentums und die Institution der Kirche sind historisch wie aktuell sichere Bastionen der Männerherrschaft und (von den „Bekenntnissen" Augustins bis zu den heutigen Verlautbarungen zu Fragen von Schwangerschaft und Familie) Horte der Frauenverachtung. Weibliche Religiosität scheint zudem innerhalb der Kirchen vornehmlich auf Innerlichkeit und demütiges Dienen festgeschrieben zu sein. Die historische Frauenforschung – gerade zum europäischen Mittelalter und zur Neuzeit – hat inzwischen ein differenzierteres Bild produziert: die klösterlichen Lebensformen und Bewegungen wie z. B. die der Beginen stellten z. T. auch Möglichkeiten selbständigen Lebens für Frauen dar und einen, wenn auch begrenzten Zugang zu Bildung. Gerda Lerner hat die „Entstehung des feministischen Bewusstseins" (1993) auf diesem Hintergrund ins Mittelalter datiert: Unter den „Bedingungen der patriarchalen Hegemonie im Denken, in den Wertvorstellungen, in den Institutionen und bei der Verfügung über materielle Ressourcen" (S. 30) ist feministisches Bewusstsein in erster Linie Wissen um diese Situation und Selbstautorisierung zu eigenständigem Denken und Handeln. In einer kulturellen Umgebung, die Frauen qua Geschlecht die Fähigkeit zu rationalem Denken und verantwortungsvollem Handeln abspricht, ist eine solche Selbstautorisierung nur in Ausnahmesituationen und auf Sonderwegen möglich. Die christliche Mystik scheint einen solchen kulturellen Sonderweg darzustellen:

> „Es gab aber eine alte aus der vorchristlichen Zeit stammende und sich von Anfang an im Christentum entwickelnde Tradition, die eine andere Art des Verstehens und Erkennens zuließ. Die Mystik in ihren verschiedensten Formen bestätigte, dass transzendentes Wissen nicht das Ergebnis rationalen Denkens sei, sondern sich aus einer bestimmten Lebensweise, individueller Inspiration und plötzlichen Offenbarungen herleite." (ebd. S. 88)

Quantitativ stärker als in anderen religiösen Richtungen und an herausgehobener Stelle sind Frauen in der Mystik vertreten. Frauen wie Hildegard von Bingen (1098–1179) erreichten es, sich zu religiösen, philosophischen und politischen Fragen zu äußern (und gehört zu werden!),

> „indem sie sich von der Rolle der Gattin und Mutter freimachte(n), das Leben im Dienst der Religion wählte(n) und dann ihre Autorität auf mystische Offenbarung und eine direkte Beziehung zu Gott stützte(n)." (ebd. S. 78)

Religiöses Leben im Zeichen der Mystik scheint etwas gewesen zu sein, das aus der Geschlechterpolarität heraushebt – und zwar Männer wie Frauen. Die Tätigkeit, transzendentes Wissen zu produzieren und auf dieser Basis gesellschaftliche Bedeutung zu erlangen, ist außerhalb der durch das Geschlecht bestimmten Aufteilung von Welt angesiedelt und ermöglicht es den Personen, die diese Autorität erfolgreich geltend machen, Ansehen zu erwerben und Einfluss auszuüben. Die soziale Stellung der Frauen, die die Autorität mystischer Erkenntnis für sich in Anspruch nahmen, war unterschiedlich. Z. T. waren sie außerordentlich erfolgreich und sozial angesehen (wie Hildegard von Bingen oder Roswitha von Gandersheim); z. T. waren sie umstritten, sozial randständig und in Gefahr, der Ketzerei verdächtig zu werden – in die Geschlechtsrolle gezwungen wurden sie nicht. Damit sind die Mystikerinnen zugleich die Personifizierung der Möglichkeit geistig aktiven Lebens für Frauen und konnten entsprechende Orientierungspunkte für Widerständigkeit gegen eine ansonsten unentrinnbare weibliche Geschlechterrolle sein.

Ein Element des der Religion geweihten, „heiligen" Lebens hat in der Geschichte des weiblichen Widerstandes gegen das christlich-patriarchale Rollendiktat eine besondere Bedeutung gehabt: das Fasten bzw. die Askese. Christina von Braun (1992) hat gezeigt, dass das Fasten über lange Zeit der europäischen Geschichte bei weltlichen wie geistlichen Frauen als „Kloster im Kopf" fungiert hat, das es ihnen ermöglichte, sexuellem Zugriff, (Zwangs-)Verheiratung und Mutterschaft zu entgehen, oft um den Preis des eigenen Lebens. Ausgangspunkt der Analyse von Brauns ist die Legende der Heiligen Wilgefortis (von virgo fortis), die zwischen 700 und 1000 n. Chr. in Portugal entstand und sich von da aus in Europa ausbreitete:

> „Wilgefortis war die siebte Tochter des Königs von Portugal – eines tyrannischen Herrschers, der für seine Grausamkeit gefürchtet war. Als Wilgefortis zwölf wurde, versprach ihr Vater die Hand seiner Tochter einem sizilianischen Sarazenenfürsten. Wilgefortis hatte sich jedoch geschworen, ihr Leben nicht einem Mann, sondern Gott zu weihen – ein Wunsch, der, nach einigen Versionen der Legende zu schließen, mit den ‚inzestuösen Aufmerksamkeiten' ihres Vaters zusammenhing. Um ihrer Weigerung zu heiraten Nachdruck zu verleihen, unterwarf sich Wilgefortis einer strengen Askese und nahm kaum mehr Nahrung zu sich. Gleichzeitig betete sie zu Gott, er möge sie aller Schönheit berauben. Gott erhörte sie: Er ließ ihr einen Bart wachsen. Der Bräutigam zog sich zurück, verständlicherweise. Wilgefortis' Vater aber ließ seine widerspenstige Tochter ans Kreuz schlagen. Am Kreuz betete sie, dass die Menschen der ‚Passion gedenken mögen, der alle Frauen unterworfen sind'." (v. Braun, 1992, S. 213)

Alle wichtigen Bedeutungen, die das weibliche Fasten von Caterina von Siena bis zur heutigen Anorexie behalten hat, sind hier bereits anzutreffen: Nahrungsverweigerung zur Verhinderung heterosexueller Zwangsbindung; inzestuöse Übergriffe als möglicher Hintergrund; der Versuch, die Sexualität auszulöschen, indem die weibliche Körperlichkeit und Attraktivität zum Verschwinden gebracht wird; und das In-Kauf-Nehmen des eigenen Todes (ebd. S. 214). Dies alles im Zusammenhang betrachtet, zeigt, worum es bei dieser Verweigerungsstrategie letztendlich geht. Es geht um „die Befreiung vom weiblichen Körper ... oder genauer: das Entweichen aus den Zuschreibungen, in denen dieser befangen ist" (ebd. S. 214). Eine solche Widerstandsform setzt voraus, dass der kulturelle Kontext, in dem sie notwendig ist, die weiblichen Lebensaufgaben (heute: Gender) und die weibliche Körperlichkeit (heute: Sex) so eng miteinander verknüpft, dass sie fast identisch sind und ein Entrinnen nur durch zum Verschwinden-Bringen dieser Körperlichkeit selbst möglich ist. Als

Mittel wird eine hoch angesehene christliche Tugend gewählt, die Askese – hierin liegt das Paradox und zugleich die Voraussetzung für den Erfolg dieser Strategie.

Die Heiligenlegenden, in denen dieser ‚Ausweg' bildlich gestaltet wird, drücken die beiden Seiten dieses Modells unmittelbar sinnlich aus: Es sind Leidens- und Widerstandsgeschichten von – sehr wohl femininen – Frauen, denen Gott die Gnade eines Bartes gewährte, was gleichbedeutend ist mit der Verunstaltung von Weiblichkeit. Sie tragen Namen, die das Thema ausdrücken, für das sie stehen: Wilgefortis, Hl. Kümmernis, St. Liberata, St. Ontkommena, St. Uncumber[6] (ebd., S. 213 f.). Und ihre Beziehung zur weiblichen Normalbiographie drückt sich darin aus, dass sie von unglücklichen Ehefrauen angerufen werden, die unter gewalttätigen oder tyrannischen Ehemännern leiden.

Mit den geistesgeschichtlichen Veränderungen des 15. und 16. Jahrhunderts, die im Feld der Religion zur Verinnerlichung der christlichen Lehren (bis hin zur Reformation) und zur Säkularisierung, d. h. zur Ausdehnung geistlicher Rituale und Praktiken auch auf die nicht geistlichen Stände führte, verbreitete sich auch das weibliche Fasten in größeren Bevölkerungskreisen. In Reaktion darauf bekam die kirchliche wie die beginnende medizinische Auseinandersetzung mit der weiblichen Askese einen neuen Akzent: Möglichkeiten des Betrugs durch heimliches Essen wurden erörtert und entsprechende Prüfungen eingeführt – Umgangsformen mit dem Phänomen, die sich bis in den heutigen psychotherapeutischen Diskurs über die Anorexie erhalten haben und – unter umgekehrtem Vorzeichen – bis in die Praktiken der Bulimie. Die Umdeutung des Fastens von einer religiösen Praxis in eine Krankheit beginnt genau zu dem Zeitpunkt, an dem sich das Widerstandsmodell Fasten auch unter Frauen ausbreitet, die eine geistliche Lebensform weder praktizieren noch anstreben. Christina von Braun verfolgt in ihrer weiteren Analyse die Umdeutungsprozesse, denen sowohl die Geschlechterbilder als auch die Formen des Fastens seit dem 18. Jahrhundert unterliegen. Für unseren Zusammenhang reicht es, das Resultat festzuhalten: Die weibliche Askese lässt sich durchgängig als eine paradoxe Verweigerung der weiblichen Geschlechtsnorm interpretieren; paradox deshalb, weil sie das Weiblichkeitsideal, gegen das die Frauen ihre Autonomie behaupten, zugleich bejaht, benutzt und am eigenen Körper bedeutungslos macht.

Weder die Lebensform der Mystikerinnen noch die Praktiken der „heiligen Anorexie" können uns heute als Modell dienen; dazu sind sie zu deutlich an klerikale Macht gebunden und in ihrer Todesnähe zu selbst-destruktiv. Dennoch geht von ihnen eine deutliche Faszination aus, eine Faszination, die in der *Unbeirrtheit* begründet ist, mit der diese Frauen ihr jeweiliges Anliegen verfolgt haben. Das Anliegen selbst war in den verschiedenen geistesgeschichtlichen Phasen unterschiedlich: Bei den Mystikerinnen ging es um göttliche Inspirationen und ein diesen gemäßes Leben; die Nachfolgerinnen der Wilgefortis wollten ein Leben ohne Sexualität und Reproduktionszwänge; den Humanistinnen ging es um die Freiheit, den eigenen Geist

---

6 Wortschöpfung aus engl.: „encumberment" = Behinderung, „encumbrance" = Familienanhang und „uncumbered" = unbelastet

zu schulen; und die Anoretikerinnen des 20. Jahrhunderts bekämpfen die Selbst-Losigkeit des idealen Frauenkörpers dadurch, dass sie den eigenen Körper durch Selbst-Beherrschung zum Verschwinden bringen.

Dennoch haben diese verschiedenen Anliegen etwas gemeinsam: sie lassen sich nur verwirklichen *jenseits* des dem Frauenkörper zu- und eingeschriebenen Geschlechterbildes. In einer Kultur wie der christlichen, die Körper (Sex) und Geschlechtsbild (Gender) über die Klammer des Gottgewolltseins und später des Naturzwecks in eins setzt, ist dies nur möglich durch Bekämpfung/Zerstörung des individuellen Frauenkörpers.

Eigene Anliegen, Tätigkeiten und Aufgaben zu verfolgen, unabhängig von den Geschlechtszuschreibungen gar nicht erst den Versuch zu machen, durch Kompromissbildung Kompatibilität zu erreichen – darin kann das bildlich Orientierende dieser Tradition liegen. Interessant ist, dass sie *ohne* Anleihen bei einer komplementär gedachten Männlichkeit auskommt: Der Bart macht Wilgefortis zu einer unattraktiven Frau, nicht zu einem Mann.

Da das Wissen darum, dass Anatomie nicht Schicksal ist und Sex und Gender nicht identisch sind, inzwischen zum kulturellen Bestand gehört, muss die in diesem Bild ausgedrückte Unbeirrbarkeit heute vielleicht nicht mehr so verzweifelt sein. Es gibt aber in unserer Kultur noch immer viele (junge) Frauen, die trotzdem genau diese/n gefährliche/n Weg/Lösung suchen. Dies sagt einerseits eine Menge aus über die noch immer bestehenden, harten Zwänge zur verordneten „idealen Weiblichkeit" bzw. zur verordneten weiblichen Geschlechtsrolle in eben dieser Kultur – die trotz Modernisierung und Frauenemanzipation weiter oder neu bestehen. Außerdem sagt es über den Grad der Verzweiflung junger Frauen etwas aus, denen – trotz Säkularisierung und zunehmendem Unverständnis für Selbstdisziplin/Askese – das Derangieren des eigenen Körpers das einzig wirksame oder das einzig übrigbleibende Mittel scheint, um den Zumutungen einer weiblichen Rolle zu entkommen. Es bleibt zu vermuten, dass heute evtl. außerdem das Bild/Modell der harten, asexuell/androgynen Powerfrau aus Sport oder Wirtschaft mit ins Spiel kommt, die durch überdurchschnittliche Leistungen/Leistungsmotivation die Frage der Geschlechtsrolle für sich obsolet macht. Insofern könnte der heutige Fetisch ‚Leistung' den mittelalterlichen Ausweg ‚Mystik' für Frauen abgelöst haben.

Zu hoffen bliebe, dass – analog der mittlerweile verbreiteten Aufklärung über das Bild und den Mechanismus der Hysterie oder des Kriegszitterers – die Analyse der auslösenden Motive wie der psychosomatischen Wirkmechanismen das Bild/den Ausweg der Anorektikerin als zu selbstzerstörerisch und zu kostenintensiv erkennen lässt, so dass es als möglicher Ausweg aus der Geschlechterfalle an Attraktivität verliert.

2.3 Biographieforschung: Das Beispiel Barbara McClintock

Biographien ‚großer' Frauen und Männer lassen sich besonders gut für die Frage nach der Stimmigkeit typisch weiblicher, typisch männlicher Eigenschaften nutzen, weil sie den Vorteil haben, auf gewissen, nachprüfbaren Fakten zu beruhen, und weil sie besser recherchiert und dokumentiert sind als die Lebensgeschichten gewöhnlicher Sterblicher. Die Biographie der Biologin und Nobelpreisträgerin Barbara McClintock (1902–1992) ist für unsere Zwecke deshalb besonders geeignet, weil sie die Leistungen, Denkweisen und Eigenheiten einer Person unseres eigenen Jahrhunderts und unserer eigenen westlichen Kultur widerspiegelt, die zudem als Frau lebenslang in einer männlich orientierten und beherrschten Institution äußerst produktiv arbeitete, und die nach eigenem Bekunden sich sowohl in der Wissenschaft als auch in der Geschlechterfrage als Außenseiterin sah. Seit sie 1983 – mit fast 40 Jahren Verspätung – für ihre Forschungsarbeiten den Nobelpreis erhielt und im gleichen Jahr ihre Biographie von Evelyn Fox Keller veröffentlicht wurde, sind ihre Forschungsarbeiten zur Pflanzengenetik und Zytologie ebenso wie ihre ungewöhnliche Lebensgeschichte so weit ins öffentliche Bewusstsein gedrungen, dass hier einige zusammenfassende Hinweise genügen können.

Barbara McClintock wurde 1902 geboren, konnte nach einer für ein Mädchen der damaligen Zeit sehr untypischen und freien Kindheit bei ihren relativ aufgeschlossenen Eltern ein Studium durchsetzen und fiel schon in den 1920er Jahren der Fachwelt durch ihre brillanten wissenschaftlichen Arbeiten auf. In den 1930er Jahren hatte sie sich durch die Qualität ihrer Forschungsarbeiten zur Genetik der Maispflanzen eine für eine Frau ungewöhnliche Anerkennung als führende Wissenschaftlerin ihres Fachs erworben. Trotz ihrer fachlichen Spitzenleistungen blieb sie aber sehr lange Jahre ihres Lebens auf befristete Stipendien und finanzielle Hilfs- und Überbrückungskonstruktionen in Projekten und Laboratorien von befreundeten Kollegen angewiesen, während viele ihrer männlichen, eindeutig geringer qualifizierten Kollegen an ihr vorbei auf feste Professorenstellen zogen. Erst 1942, mit 40 Jahren, bekommt sie auf Interventionen von befreundeten Wissenschaftlern hin eine bescheidene, aber feste Stelle, die sie nie wieder verlässt. Die wissenschaftlichen Fragen, die sie nun verfolgt, führen sie in sechsjähriger, einsamer Arbeit zu ihrer wichtigsten Entdeckung, für die sie mit 81 Jahren den Nobelpreis erhalten wird: der Entdeckung, dass genetische Elemente, die auf den Chromosomen in einer bestimmten Regelhaftigkeit angeordnet sind, von einer Stelle zur anderen ‚springen' können, und dies offenbar auch noch nach einem koordinierten Muster. Die Möglichkeit, dass Gene ihre Position vertauschen können (sogenannte genetische Transpositionen), führt sie auf bestimmte Veränderungen in der Umgebung der Zellen zurück (z.B. Strahlenbelastung oder andere Arten von ‚Stress') – ein Konzept, das evolutionstheoretisch äußerst wichtig ist, in der damaligen Zeit aber als Häresie, also als Abfall vom Dogma der genetischen Variation nach Zufall und einer rein außengesteuerten Auslese (‚Zuchtwahl') gilt. Hinzu kommt, dass damals die meisten Zell-Genetiker nur noch an Einzellern (Bakterien, Bakteriophagen) ihre Forschungen betreiben, und daher nur noch wenige ihr in ihrem über 20 Jahre angesammelten Wissen über die Genetik der Maispflanze fachlich folgen können. Als 1953 die chemische Struktur der DNS als Träger wie als Kontroll-Agens der genetischen Information durch James Watson, Francis Crick und Rosalind Franklin entschlüsselt wird (vgl. Kap. 7), scheint jedes wissenschaftliche Verständnis und Interesse für eine biologische Forschung geschwunden, die – an vielzelligen höheren Organismen – zwischen Zelle und Zellkern/genetischen Elementen einen *zweiseitigen* Informationsfluss und eine gewisse Selbstorganisation aufweisen kann. Das Dogma vom elegant, mechanisch und hierarchisch agierenden ‚Master-Molekül' der DNS ist so zwingend, dass dem Mainstream der Forschung so etwas wie die Transposition von Genen undenkbar und unakzeptabel erscheint. McClintock wird endgültig zur Außenseiterin, deren Forschungsergebnisse nur noch von sehr wenigen Kollegen überhaupt verstanden werden.

Die Tatsache, dass Barbara McClintock's Arbeiten 30 Jahre später zunehmend wieder auf Interesse und Akzeptanz stießen, lag nicht an ihren eigenen Arbeiten, sondern an den Ergebnissen jüngerer Genetiker, die nun aufgrund der zunehmend als begrenzt erkannten Einseitigkeit des bisherigen DNS-Dogmas zu ähnlichen Ansichten kamen wie sie. Obwohl McClintock also noch spät wissenschaftliche Genugtuung erfahren konnte, sie heute wieder als Genie gefeiert wird und bis zu ihrem Tode noch mit akademischen Ehren überhäuft wurde, bleibt doch die Frage, wie ihre eigene Denk- und Arbeitsweisen zu dieser erstaunlichen und zweischneidigen Geschichte von Außenseitertum und wissenschaftlichem Erfolg beigetragen haben. Hatte sie einen besonderen ‚männlichen' Verstand und ebensolches Beharrungsvermögen, dass sie die Wahrheit so früh, klar und unnachgiebig verfolgte? Hatte sie eine besonders ‚weibliche' Intuition, ein Gefühl für die Selbstorganisation des (pflanzlichen) Organismus und die Komplexität der Natur, dass sie diese eher ‚sah' als ihre männlichen Kollegen, die nur auf Zahlen und mechanische Hierarchien fixiert waren? Oder keins von beidem? Oder beides?

Aus den langen Interviews, die Evelyn Fox Keller von 1978 bis 1979 mit Barbara McClintock führte und auch aus vielen Gesprächen mit Geschwistern, Freunden und Kollegen (vgl. Keller, 1983, 1986) ergibt sich ein interessantes Bild von den Eigenschaften und dem besonderen wissenschaftlichen Arbeitsstil dieser Frau. Barbara McClintock hatte bereits früh schon als Kind und als Jugendliche ein deutliches Gespür für ihre *eigene* ‚Differenz': Sie ist kein typisches Mädchen ihrer Zeit (Spiele, Kleidung, Interessen, Temperament), sie gilt auch innerhalb ihrer eigenen Familie als ‚anders' und etwas Besonderes - *und* sie wird darin unterstützt. Sie kann sich bis zur Selbstvergessenheit stundenlang in sie interessierende Themen/Fragen/Bücher versenken und sich völlig allein beschäftigen; sie treibt leidenschaftlich gern Mannschaftssport in den Jungengruppen ihres Viertels. Beide Eltern unterstützen auf unterschiedliche Art ihre damals ungewöhnlichen Neigungen. Ab einem bestimmten Alter wird sie jedoch von den Jungen als ‚anders' (kein Junge!) aus dem Mannschaftssport ausgegrenzt. Spätestens ab dem (gegen die besorgte Mutter) erkämpften Collegebesuch und dem wachsenden Spaß und Erfolg, den sie am Studium hat, ist ihr selbst klar, dass sie kein typisches Frauendasein ihrer Zeit führen wird, wenn sie ihre höchste Freude, das wissenschaftliche Arbeiten, beibehalten will.

Ihre überaus genaue Beobachtungsfähigkeit und ihre integrative Wahrnehmungs- und Interpretationsfähigkeit des Beobachteten bringen ihr bereits als Studentin erste Erfolge, Anerkennung und Förderung ein. Außerdem besticht sie viele Kollegen und Professoren durch technische und methodische Eleganz bei der Lösung von schwierigen Mess- und Beobachtungsverfahren. Am meisten wird aber – auch von ihr selbst rückblickend – die ihr eigene Wahrnehmungsfähigkeit, -genauigkeit und Strukturierungsfähigkeit des Wahrgenommenen hervorgehoben. Sie sind es, die sie ein Gespür für die *Bedeutung* von Differenz, von Abweichung vom Erwarteten, vom Normalen entwickeln lässt. Für sie sind individuelle Ausnahmen (z. B. in der Färbung und Musterung ihrer Maiskörner und -blätter) nicht ‚missing data' oder Verunreinigungen des Materials, sondern Phänomene, die eine eigene Ursachenerforschung verlangen. Sie entwickelt daher Fragestellungen und überprüft mögliche Zusammenhänge, die anderen Forschern nicht als erforschungswürdig imponieren. Durch ihren Sinn für Abweichungen und durch die ihr eigene Hartnäckigkeit und ihren Einfallsreichtum an Methoden kommt sie schließlich der Tatsache des ‚Springens' von Genen auf die Spur und auch dessen möglichen Ursachen. Sie erklärt die ihr eigene Wahrnehmungs- und Kombinationsgabe durch ihren ‚Computer' (d. h. ihr Gehirn, das unterschwellig weiter an der Lösung eines Problems arbeitet), durch ihre intensive Fähigkeit, in dreidimensionalen, plastischen *Bildern* zu denken (sie begibt sich in die mikroskopischen Bilder der Zellkerne quasi *hinein*, um sie wie von innen zu ‚sehen' und zu ‚kennen'), und sie erklärt ihre scharfe Beobachtung und gute Intuition durch ihr ‚Gefühl für den Organismus' (der Pflanze), d.h. durch die ihr eigene Perspektive auf ihren Forschungsgegenstand als ‚lebendig' und zur Selbstorganisation fähig (im Gegensatz zur mechanischen und verdinglichten Betrachtungsweise vieler ihrer Kollegen).

Wenn wir diese für Barbara McClintock charakteristischen – und offensichtlich erfolgreichen – Eigenschaften im willkürlichen Fadenkreuz der als geschlechtstypisch geltenden Eigenschaften überprüfen, können wir im ersten Durchgang festhalten, dass manche von ihnen (analytische Schärfe und Genauigkeit, Hartnäckigkeit, Kreativität, Strukturierung und Umstrukturierung von Daten und Wahrnehmungen) als eher ‚männlich' gelten, andere (Sinn für Differenz, Berücksichtigung des Individuellen, Intuition, Gefühl für den Organismus, Denken in Bildern) als typisch ‚weiblich'. Bei genauerem Hinsehen aber ergibt sich, wie unangemessen und schief eine solche Zuweisung ist. Erfolgreiche Wissenschaftler und Wissenschaftlerinnen haben stets das ganze Spektrum dieser Fähigkeit bewiesen und auch gebraucht, um zu ihren Leistungen zu kommen. Viele der berühmtesten männlichen Physiker und Mathematiker (also Vertreter von Disziplinen, die als besonders hart, d. h. männlich, abstrakt, exakt etc. gelten), haben ihre eigenen Erkenntnisprozesse als angeleitet und vorangetrieben durch eine ihn selbst unerklärliche *Intuition* und vor allem durch das Denken und Problemlösen in *Bildern* beschrieben, *bevor* sie zur mathematisch-abstrakten Fassung in Formeln, zu den ‚Beweisen' ihrer Lösungen kamen (so z. B. die Physiker Einstein, Perrin, Millikan und der Mathematiker Feynman; vgl. Holton, 1974; Dyson, 1980). Daher müssen auch alle Versuche scheitern, Barbara McClintock für eine ‚weibliche' Wissenschaft vereinnahmen zu wollen. Dies umso mehr, als sie sich selbst stets strikt gegen solche Ansinnen gewehrt hat. Ihr eigenes Ziel und Ideal war es, die Frage der Geschlechtszugehörigkeit für die Bewertung ihrer Person und ihrer Leistung irrelevant werden zu lassen, zu transzendieren. Ihr Sinn für Differenz – durch die ihr eigene Art ihrer Wissenschaft geschult und durch Erfolg gekrönt – war bereits lange zuvor etabliert in Bezug auf die Selbsteinschätzung ihrer eigenen Persönlichkeit, so dass sie auch für sich selbst mit Fug und Recht erwartete, als *Mensch* über die ihr eigenen Fähigkeiten und Leistungen wahrgenommen und geschätzt zu werden, und nicht als ‚Typ' (etwa als vermännlichte Frau, als Bannerträgerin einer weiblichen Wissenschaft oder als geschlechtsloses Monstrum).

Barbara McClintock wusste gleichzeitig nur zu genau aus eigener leidvoller Erfahrung, dass es ihr *Status* als Frau war, der ihr eine ebenbürtige Laufbahn wie die ihrer männlichen, oft jüngeren und weniger ausgewiesenen Kollegen verwehrte. Sie weigerte sich, in die von ihr als Frau damals in der Wissenschaft erwarteten Rollen zu schlüpfen: die der Lehrerin an einem Frauencollege, die der zuarbeitenden Laborgehilfin, die der dankbaren und unterwürfigen ‚Geduldeten'. Bei aller persönlichen Bescheidenheit war sie verletzt über die vorurteilsvolle, wissenschaftlich ungerechtfertigte Verweigerung einer ihrem exzellenten Ruf entsprechenden Anstellung. Dies trug ihr den Ruf einer ‚schwierigen' Person ein – sie war nicht wie erhofft weiblich-dankbar und zufrieden mit den für sie zurechtgebastelten Hilfskonstruktionen.

Wenn sie in ihren eigenen Augen auch keine typische Frau war und sein wollte, so war sie doch auf jeden Fall kein Mann. Nur insofern spielt ihre Geschlechtszugehörigkeit eine Rolle: indem sie zu beruflich diskriminierenden Konsequenzen führte, indem es ihr Erfahrungen ermöglichte (z. B. Aufmerksamkeit und Respekt für Differenzen), die Männer wahrscheinlich eher seltener erwerben, und indem sie eine *menschliche*, nicht eine typisch männliche Wissenschaft betrieb. McClintock's Eigenschaften imponieren somit als die einer Wissenschaftlerin, die – im idealen Sinne – ihre besten menschlichen Eigenschaften voll entfalten konnte, ohne unter einem Mangel an ‚männlichen' Eigenschaften zu leiden (oder ihnen nachzulaufen), noch im Bewusstsein genuin weiblicher Eigenschaften, die sie (qua Sozialisation oder Anlage) zu einer besonderen Einsicht und Methode beflügelten. Es sind ihre eigenen, unverwechselbaren persönlichen Eigenschaften und Leistungen, die ihren wissenschaftlichen Erfolg verursachten, und von denen sie erwartete, dass diese als solche bewertet und geschätzt werden. Die Tatsache, dass sie als weiblicher Mensch von ihrer wissenschaftlichen Subkultur den Männer*status* verweigert bekommt (d. h. Arbeit in gesicherter Position), ist ein Problem, dass ihr *bereitet* wird, keins, dass sie selbst qua Eigenschaften erzeugt. Ihr Paradox besteht darin, dass ihre unkonventionelle, sachbezogene Art von der für sie relevanten wissenschaftlichen Subkultur als ‚boyish' und nicht ‚ladylike' eingestuft wird – einer Kultur, die gleichzeitig auf höchsten Objektivitäts- und Erkenntnisansprüchen besteht und ihr im selben Atemzug adäquate Arbeitsmöglichkeiten verweigert, *weil* sie eine Frau ist.

Die informelle Aktennotiz eines Funktionärs der Rockefeller Foundation von 1935 beschreibt das damals 33jährige „Fräulein McClintock" als von „schmächtiger, knabenhafter Figur mit dem zerzausten Haarschnitt eines Jungen ... und sie ist auch sonst ihrem Aussehen und Verhalten nach mehr Junge als Mädchen ..." (zitiert nach Keller, 1983, S. 75). Für den selben Zeitraum (zwischen 1929 und 1947) sehen wir Fotos von Barbara McClintock – im Labor, in Gesellschaft von Kollegen –, auf denen uns eine zierliche, schlanke Frau anschaut, die zarte Gesichtszüge, ausdrucksvolle dunkle Augen, modisch geschnittenes welliges Haar hat und mal Kniebundhosen, Wolljacke und flache Schuhe (offensichtlich wegen des Maisfeldes) trägt, meist aber weiße, spitz ausgeschnittene Blusen mit breitem Kragen, Rock und Laborkittel anhat. Ihr Gesicht ist hübsch, klar und ernsthaft, der Gesamteindruck eindeutig weiblich. Was 1935 als ‚boyish' vermerkt wurde, erscheint heute als für eine Frau völlig normal, weder als besonders feminin, noch als jungenhaft. Offensichtlich hat sich im Verlauf des 20. Jahrhunderts das tolerierte Spektrum für ‚weibliche' Menschen gewaltig erweitert – zumindest äußerlich. Für das Spektrum ‚innerer' Weiblichkeit/

10. Menschlichkeitsbilder oder Geschlechterdivisionen? 191

Menschlichkcit bleibt Barbara McClintock vorerst noch ein nach wie vor erstrebenswertes Vorbild.

2.4 Sich-Spiegeln im Fremden: Geschlechter-Utopien von Utopistinnen

Obwohl die Science-Fiction-Literatur ihre Geschichten in Zeiträumen der Zukunft ansiedelt, geht es nicht wirklich um Antizipationen zukünftiger Entwicklungen. Häufig stehen aktuelle Zeitfragen im Zentrum der fiktiven Konflikte, und in dem ganz anderen Umgang mit diesen Fragen in anderen Zeiten und Welten spiegelt sich höchst Gegenwärtiges und Irdisches.

1969, zu Beginn der neuen Frauenbewegung, als die Fundierung des sozialen Geschlechterarrangements durch die unterschiedlichen Rollen von Männern und Frauen bei der Fortpflanzung genau so heiß diskutiert wurde wie die Frage, ob die Emanzipation der Frau eine Befreiung von Schwangerschaft und Geburt voraussetzt, publiziert Ursula LeGuin den Roman „Winterplanet" (deutsch 1974). Dieser Roman stellt die aktuelle Auseinandersetzung ins Zentrum – nicht in Form einer Debatte, sondern durch Ausmalen einer ganz anderen Gestaltung der menschlichen Reproduktion:

Der Planet Gethen (deutsch „Winter") wird von Menschen bewohnt, die weder männlich noch weiblich, aber auch nicht geschlechtsneutral sind, sondern die sich den überwiegenden Teil der Zeit in einer Art Latenzzustand („Somer' genannt) befinden. Es gibt einen Sexualzyklus von ca. 26 Tagen (dem Mondzyklus entsprechend). Am 18. Tag beginnt die sexuelle Aktivierung, die Kemmerphase, die nur dann vollständig entfaltet wird, wenn mensch auf ein Gegenüber trifft, der/die auch in Kemmer ist. In der erotischen Begegnung entwickelt sich ein sexueller Dimorphismus, innerhalb dessen die ‚weibliche' Person empfängnisfähig und die ‚männliche' zeugungsfähig wird. Nach einer zwei- bis fünftägigen Phase der sexuellen Aktivität erfolgt die Rückkehr in den Latenzzustand. Hat eine Befruchtung stattgefunden, erreicht ‚die Frau' nach Schwangerschaft, Geburt und Stillphase (insgesamt ca. 16 Monate) wieder den Zustand der hormonellen Inaktivität. Diese Differenz zur sexuellen Konstitution von Erdenmenschen hat vielfältige Auswirkungen auf die soziale und politische Organisation von Gethen (so zeichnet sich z. B. das öffentliche Leben durch eine nüchterne Ernsthaftigkeit aus, frei von jeglicher Erotisierung). Für den Besucher von Gethen, den terranischen Gesandten Ai Genly stellt sie jedoch in erster Linie eine Wahrnehmungsirritation dar:

> „Obwohl ich schon zwei Jahre auf Winter lebte, war ich noch lange nicht in der Lage, die Planetenbewohner so zu sehen, wie sie sich sahen. Immer wieder versuchte ich es, doch meine Bemühungen endeten alle damit, dass ich die einzelnen Gethenianer unbewußt zuerst als Mann und dann als Frau sah, und sie somit in eine jener Kategorien zwang, die für sie so irrelevant, für mich dagegen so wesentlich sind." (LeGuin, 1974, S. 14)

Die immer wieder eintretenden Enttäuschungen der Wahrnehmungserwartung ist eine erhebliche Belastung für die Beziehung zu Ai Genly's gethianischem Begleiter Estraven:

> „So dachte ich jetzt, als ich mein dampfendes, herbes Bier schlürfte, dass Estravens Verhalten bei Tisch ganz und gar weiblich gewesen war, ganz Charme, Takt und Oberflächlichkeit, liebenswürdig und gewandt. War es vielleicht sogar diese sanfte, subtile Weiblichkeit, die ich an ihm nicht mochte, und der ich mißtraute? Denn es war unmöglich, in ihm, in dieser dunklen, ironischen, machtvollen Persönlichkeit neben mir in der vom Feuer erleuchteten Dunkelheit, eine Frau zu sehen, und dennoch spürte ich, sobald ich in ihm einen Mann zu sehen versuchte, etwas Unechtes, einen Betrug: in ihm, oder in meiner eigenen Einstellung zu ihm? Seine Stimme war weich und volltönend, doch keineswegs tief, bestimmt keine ausgesprochene Männerstimme, doch ebensowenig eine Frauenstimme ..." (ebd., S. 14 f.)

Auch nachdem dieses persönliche Misstrauen zu schwinden beginnt, bleibt Distanz. Die dem Terraner möglichen Formen liebevoller Zuwendung sind geschlechtsbezogen: gegengeschlechtliche Erotik und gleichgeschlechtliche Freundschaft. Beides passt für den Umgang mit Estraven nicht.

> „Ein Freund. Was ist ein Freund in einer Welt, wo jeder Freund bei einer neuen Mondphase zum Geliebten werden kann? Ich konnte das nicht sein, ich, der ich in meiner Männlichkeit gefangen war: weder für Therem Harth (= Estraven, d. V.) noch für einen anderen seiner Rasse konnte ich ein Freund sein. Diese Menschen, weder Mann noch Frau, keines von beiden und doch beides, zyklusabhängig, mondabhängig, sich verwandelnd bei der Berührung einer Hand, Wechselbälger in der Wiege der Menschheit – diese Menschen waren nicht Fleisch von meinem Fleische, waren für mich keine Freunde: zwischen uns konnte keine Liebe sein." (ebd., S. 191 f.)

Und auch für den Gethianer Estraven entsteht eine entsprechende Irritation, als die beiden Angehörigen so unterschiedlicher Kulturen allein auf einer Gletschertour sind und Estraven in Kemmer kommt. Estraven schreibt:

> „Da ich in Kemmer bin, wäre es einfacher für mich, Ais Gegenwart ganz und gar zu ignorieren, doch das ist in einem Zweimannzelt so gut wie ausgeschlossen. Das Problem liegt natürlich darin, dass er auf seine merkwürdige Art ebenfalls in Kemmer ist: immer in Kemmer ist. Es muß ein sonderbares, vielleicht nur schwaches Begehren sein, dass es sich über das ganze Jahr erstrecken kann und keine Geschlechtswahl zuläßt, aber es ist da. Und ich bin da. Heute abend kann ich mich des überwältigenden Bewußtseins seiner unmittelbaren körperlichen Nähe nur schwer erwehren, und bin zu müde, es zu Untrance (= eine Meditationstechnik, d. V.) oder zu einer anderen Ausweichübung zu sublimieren. Schließlich fragte er mich, ob er mich gekränkt habe. Ein wenig verlegen erklärte ich ihm mein Schweigen. Ich fürchtete, er werde mich auslachen, denn schließlich ist er kein größeres sexuelles Unikum als ich es bin: Hier oben auf dem Eis ist jeder von uns beiden der einzige seiner Art, ist einer so isoliert wie der andere, bin ich ebenso von meiner Rasse, von meiner Gesellschaft mit ihren Regeln abgeschnitten wie er von seiner. Und darin sind wir uns nun gleich – isoliert, fremd, allein." (ebd., S. 209 f.)

Erst die Kommunikation über diese unüberbrückbare Fremdheit ermöglicht eine persönliche Beziehung. Der Terraner Ai Genly schreibt:

> „Wir schwiegen beide, bis er mich mit einem offenen, freundlichen Blick ansah. Sein Gesicht wirkte in dem rötlichen Licht so sanft, verletzlich und fern wie das Gesicht einer Frau, die mitten aus ihren Gedanken heraus aufschaut, nichts sagt, nur schaut.
> In diesem Augenblick sah ich wieder einmal, sah ich endgültig, was zu sehen ich immer gefürchtet, und was nicht zu sehen ich immer vorgegeben hatte: dass er sowohl ein Mann

als auch eine Frau war. Jedes Bedürfnis, die Quelle dieser Furcht zu ergründen, verschwand zusammen mit der Furcht selbst; was übrig blieb, war die Erkenntnis, dass ich ihn endlich so akzeptierte, wie er war. Bis dahin hatte ich ihn zurückgestoßen, hatte ihm seine eigene Realität verweigert. Er hatte ganz recht gehabt, als er sagte, dass er, der einzige Mensch auf Gethen, der mir vertraute, der einzige Gethenianer war, dem ich mißtraute. Denn er war der einzige, der mich vollkommen als Mensch akzeptiert hatte: der mich persönlich gern gehabt und mir seine ganze persönliche Loyalität geschenkt, und der darum von mir ein gleiches Maß an Anerkennung, an Akzeptierung gefordert hatte. Das aber war ich nicht zu geben bereit gewesen. Ich hatte mich davor gefürchtet, es zu geben. Ich wollte mein Vertrauen, meine Freundschaft keinem Mann schenken, der eine Frau war, wollte sie keiner Frau schenken, die ein Mann war.

Er erklärte mir, steif, aber mit schlichten Worten, dass er in Kemmer sei und mir deswegen so weit aus dem Weg zu gehen versuche, wie es unter den gegebenen Umständen möglich war. ‚Ich darf Sie nicht berühren‘, sagte er äußerst beherrscht. Und wandte dabei den Kopf zur Seite.

Ich antwortete: ‚Ich verstehe. Ich bin vollkommen einverstanden.‘

Denn mir schien – und ich glaube, ihm ging es ebenso –, dass aus dieser zwischen uns bestehenden sexuellen Spannung, die jetzt eingestanden und von uns verstanden und akzeptiert wurde, dass aus ihr die große Sicherheit der gegenseitigen Freundschaft erwuchs: einer Freundschaft, so notwendig für uns beide in unserem Exil, und in den Tagen und Nächten unseres bitteren Marsches bereits so gut erprobt, dass man sie, jetzt und später, ebenso gut Liebe nennen könnte. Doch diese Liebe entstand aus dem Unterschied zwischen uns, nicht aus der Affinität und Ähnlichkeit; sie entstand aus dem Unterschied und war die Brücke, die einzige Brücke über das, was uns beide trennte. Eine sexuelle Begegnung wäre für uns nur wieder eine Begegnung zwischen Fremden gewesen. Wir hatten uns auf die einzige Art berührt, in der wir uns berühren konnten. Und dabei beließen wir es. Ob wir recht damit taten, weiß ich nicht." (ebd., S. 221 f.)

Eine solche Veränderung der Sicht bleibt nicht folgenlos. Nach Beendigung der abenteuerlichen Mission erlebt Ai Genly, als er wieder auf seine eigenen Leute trifft, eine neue Irritation:

„... sie wirkten alle fremd auf mich – alle, Männer und Frauen, so gut ich sie auch alle kannte. Und auch ihre Stimmen klangen fremd: die einen zu tief, die anderen zu schrill. Sie kamen mir vor wie eine Herde großer, fremdartiger Tiere zweier verschiedener Gattungen: große Affen mit klugen Augen, und alle in Brunst, alle in Kemmer ... Sie ergriffen meine Hand, berührten mich, umarmten mich.

Es gelang mir, die Beherrschung nicht zu verlieren und Heo Hew und Tulier während der Schlittenfahrt nach Erhenrang in kurzen Worten alles Wichtige über die Situation zu erklären, die sie hier antreffen würden. Als wir jedoch den Palast erreichten, mußte ich mich sofort in mein Zimmer zurückziehen.

Der Arzt von Sassinoth kam herein. Seine ruhige Stimme und sein Gesicht – ein junges, ernstes Gesicht, nicht das Gesicht eines Mannes, und nicht das Gesicht einer Frau, sondern einfach ein Menschengesicht – waren eine Erleichterung für mich; sie waren mir vertraut, erschienen mir richtig ..." (ebd., S. 265)

Die hier nachgezeichnete Entwicklung ist in einen Erfahrungsprozess von über drei Jahren eingebettet, sie ist Nebenprodukt einer Handlung, in der es um Intrigen, Abenteuer, Macht und Kampf geht; die mögliche friedliche Lösung (der interstellare Staatenbund) immer in Sichtweise, aber gefährdet – das komplette Science-Fiction-Set ist vorhanden.

Was eher nebenbei und für die Vorstellung nachvollziehbar transportiert wird, sind wichtige feministische Einsichten:
- Personen empfinden ihre eigene sexuelle Identität jeweils als ‚natürlich' und ein anderes Geschlecht als Abweichung, in die sie sich nur sehr begrenzt einfühlen können.
- Die geschlechtsfixierte Wahrnehmung der anderen Person verdeckt/verformt die Möglichkeit menschlich-persönlichen Kontakts.
- Beziehungsmöglichkeiten und -modelle werden geschlechtsspezifisch strukturiert.
- Die ästhetische Empfindung anderen Menschen gegenüber ist geschlechtsstereotyp.
- Veränderungsprozesse in Bezug auf die (kulturelle) Zweigeschlechtlichkeit sind langwierig und leicht irritierbar.
- Die gemeinsame Menschlichkeit ‚hinter' (oder über?) dem jeweils anderen Geschlecht des Gegenübers zu sehen, fällt unendlich schwer; bzw. ist nicht geübt.

Diese Einsichten werden nicht gelehrt oder vermittelt – das wäre 1969 in dieser Klarheit auch noch gar nicht möglich gewesen. Sie werden vielmehr durch Selbsterfahrung der Vorstellungskraft nahegelegt bzw. als ein fortwährender Perspektivenwechsel inszeniert. Möglich wird dies durch die Fiktion einer anderen biologisch-hormonellen Verfasstheit der Menschen (wobei im Roman offen bleibt, wie diese entstanden ist). Da der Fiktionscharakter der Geschichte bei der Lektüre präsent bleibt – eine Stärke von Science-Fiction-Literatur –, ist die bei einem solchen Denkmodell naheliegende Gefahr des Biologismus zunächst einmal gebannt.

Der Roman bietet, so lässt sich zusammenfassen, eine Antizipationsmöglichkeit, die in den bisherigen Beispielen noch nicht vorgekommen ist, nämlich das bildliche Erproben von theoretisch noch nicht ausgearbeiteten Denkmöglichkeiten.

2.5 EXKURS: UND WARUM NICHT ANDROGYN?

Lebensformen wie die der Mystikerinnen oder Personen wie Barbara McClintock, die die Geschlechtsrollen und die dazugehörenden Identitätsvorschriften zu ignorieren scheinen, werden oft als androgyn beschrieben. In dieser umgangssprachlichen Formulierung steckt allerdings weniger ein neues Menschenbild als vielmehr eine systematisierende Reaktion auf Ungewohntes: Der in der Wahrnehmung von Geschlechtspolaritäten geübte Blick sortiert die Eigenarten und Besonderheiten der Personen und Lebensweisen nach dem Schema männlich/weiblich und findet Männliches *und* Weibliches, bzw. Merkmale und Fähigkeiten, die sonst, getrennt voneinander, bei Männern oder Frauen festzustellen sind. In der Bezeichnung ‚androgyn' versichert sich – so könnte man sagen – die Alltagswahrnehmung noch in der Irritation der Geschlechterpolarität. Der Begriff ‚Androgynie' hat durch diese Verwendungsart etwas Zweischneidiges. Dennoch taucht er in Diskussionen über mögliche Veränderungen der Geschlechterdifferenzen immer wieder auf, sozusagen als Grenzbegriff zur Benennung der Annäherung der Geschlechter bzw. des Ausgleichs zwischen ihnen.

So hat sich z. B. die psychologische Androgynie-Forschung (vgl. Bem, 1985;

Bierhoff-Alfermann, 1989) kritisch mit der in der psychologisch-empirischen Wissenschaft verbreiteten Gleichsetzung von gesunder Entwicklung mit erreichter Geschlechtsrollen-Konformität auseinandergesetzt. Als Ergebnis entsprechender Untersuchungen wurde herausgearbeitet, dass die unterschiedlichen Dimensionen einer Persönlichkeit (Kognitionen, Interessen, Einstellungen) nicht en bloc durch die Geschlechtsrolle bestimmt sind, sondern unterschiedliche Ausprägungen und Kombinationen zulassen. Als männlich bewertete Eigenschaften (wie durchsetzungsfähig, sachorientiert) kommen kombiniert mit Eigenschaften vor, die als weiblich eingeschätzt werden (wie expressiv, zugewandt), und zwar bei Personen beiderlei Geschlechts. Solche als ‚androgyn' bezeichneten Personen haben ein größeres Verhaltensrepertoire, ein flexibleres Kommunikationsverhalten und ein höheres Maß an emotionaler Ausgeglichenheit als streng geschlechtsstereotyp entwickelte Menschen. Die Geschlechtsrollenfestlegung kann folglich auch auf dem Hintergrund solcher psychologisch-empirischer Untersuchungen als Einschränkung der menschlichen Möglichkeiten gewertet werden.

Diese Ergebnisse sind für die Psychologie zwar nicht völlig folgenlos geblieben (sie haben zu einer weiteren Differenzierung der in der Persönlichkeitsforschung verwendeten Merkmale und Untersuchungsdimensionen geführt); das mit ihnen verknüpfte Androgynie-Konzept jedoch – die Vorstellung von individuell differenzierten und in der Gesamtpalette ihrer Verhaltensmöglichkeiten vielfältiger werdenden Männern und Frauen –, dieses Menschenbild blieb abstrakt und für die weitere Diskussion wenig anregend. Es sind keine neuen bildlichen Orientierungen entstanden und es wurden keine innovativen Phantasien freigesetzt. Vom heutigen theoretischen Stand aus gesehen, lässt sich die Sterilität dieses Konzeptes damit erklären, dass eine Kritik der eigenen wissenschaftlichen Kategorien begonnen, aber nicht zu Ende geführt wurde, wodurch sich auch keine neue Perspektive ergeben kann. Werden doch durch die Androgynitätsstudien einige bis dahin in der Zuordnung von Persönlichkeitsmerkmalen zu Geschlecht wirksame Stereotype aufgelöst, ohne dass diese Zuordnung selbst, die mit dem metaphorischen Gebrauch von männlich/weiblich operiert, ganz aufgegeben würde. An der geschlechtsbezogenen Begrifflichkeit wird festgehalten; ein neuer Personen‚typ' wird geschaffen, eine Mischform, die sich allerdings als überlegen erweist.

Sind Androgynie-Vorstellungen also ein Übergangsphänomen? Einiges scheint für eine solche Sicht zu sprechen. Macht man sich z. B. auf die Suche nach bildlichen Ausgestaltungen dieses Konstruktes, dann wird sein Übergangscharakter relativ schnell deutlich: Die Annäherung der Körpergröße und die inzwischen deutlich gleiche Leistungsfähigkeit von Männern und Frauen galten noch bis vor kurzem als Hinweise für Androgynie; Modisches (Haarlänge, Ohrschmuck, Hosen) wurde als Beleg genauso herangezogen wie Habituelles (Gang, Gestik) und Lebensgewohnheiten (Autofahren, Rauchen, Single-Wohnform) – die Geschlechter gleichen sich in dem Maße an, in dem sich ihre Lebensbereiche überschneiden (vgl. hierzu die ‚Unisex'-Befürchtungen von Ivan Illich, 1983). Solche Beschreibungen sind als bildliche nicht nur dürftig, sondern bescheren nach relativ kurzer Zeit auch eine Erfahrung, die an Science-Fiction-Filme der 1960er Jahre erinnert: sie wirken altmodisch, der Zeitgeschmack hat sie längst überholt, ohne dass die Geschlechterpolarität durch die auf dieser Ebene erfolgten Veränderungen in Frage gestellt würde.

Ähnliches gilt auch für die mit Androgynitätsvorstellungen verknüpften Utopien einer neuen Erotik zwischen den Geschlechtern. Sowohl die Visionen der Frühromantik, die durch die Frauenbewegung wieder aufgegriffen worden sind (vgl. Dischner, 1979), als auch psychohistorisch begründete Theorien über die „neue Beziehung" zwischen Mann und Frau (vgl. Badinter, 1987) operieren letztendlich mit dem alten Komplementaritätsmodell: die erotische Begegnung zwischen Mann und Frau sucht im Gleichen (Menschen) das Andere (Geschlecht). Da Autorinnen wie Elisabeth Badinter sehr wohl bewusst ist, dass Komplementarität auch als anthropologisches Argument zur Absicherung von Herrschaft über Frauen benutzt wird, fungiert in ihrer Geschichte der Geschlechterbeziehung die Androgynitätsvorstellung als Garant für die Anerkennung der Gleichrangigkeit von Mann und Frau. Androgynie in Beziehungen heißt dann: Angleichung der Geschlechter aneinander als ein Prozess, der von beiden Seiten ausgeht und die individuellen Beziehungsmöglichkeiten von Männern und Frauen erweitert. Beiden soll Zärtlichkeit und Leidenschaft, Spiegelung und Individuation, Abenteuer und Verantwortlichkeit, Unabhängigkeit und Bezogensein möglich sein. Attraktiv wird das Gegenüber in der erotischen Beziehung dadurch, dass diese Ähnlichkeit im Fluidum des je anderen Geschlechts stattfindet. Damit ist zugleich deutlich, dass es auch bei diesen Konzepten um eine Verfeinerung der bekannten Geschlechterpolarität geht, dass „androgyn" für die Aufhebung der stereotypen Einseitigkeiten steht, für mehr Unschärfe an den Rändern der Geschlechterbilder, dass das Bezogensein der beiden Geschlechter aufeinander jedoch nicht aufgehoben, sondern eher verstärkt wird, muss sich doch das eine am anderen (als androgyn) bewähren. Die polare Relation der Begriffe männlich/weiblich wird auch hier in eine Beziehungsrelation zwischen Personen übersetzt.

Androgynitätskonzepte sind daher nicht zufällig wenig ergiebig in Bezug auf die Erweiterung der bildlichen Orientierung für Männer und Frauen; sie thematisieren Veränderung und betreiben die Auflösung von starren Grenzen; dadurch weisen sie auf die Möglichkeit anderer Bilder hin. Sie tun dies aber entlang den polar konstruierten Geschlechterbildern und setzen insofern auch keine davon abweichenden Bilder frei. Eine Erweiterung von bildlichen Orientierungen für Männer und Frauen – sehr wohl auch im Sinne von wählbaren Vor-Bildern – kommt nur dann zustande, wenn Vielfältigkeit von Bildern an die Stelle von Dualität tritt – wie verfeinert und differenziert Dualität auch gestaltet sein mag.

2.6 MÄNNLICHKEITSFORSCHUNG: MÄNNER, NEUE MÄNNER, MENSCHEN ODER WAS?

Was die feministische Science-Fiction schon 1969 aussprach – die Möglichkeit weiblicher Qualitäten als ‚menschliche' auch bei Männern – ist mit jahrzehntelanger Verspätung endlich ins Zentrum feministischer und männerbewegter Diskussionen gerückt. Endlich geht es nicht mehr immer nur darum, was *Frauen* alles aufholen, lernen und entwickeln müssten, sondern um die erschreckenden – menschlichen – Defizite im Verhalten und den psychosozialen Fähigkeiten von *Männern*. Wir werden nun überschüttet mit feministischer wie mit Männerliteratur, die uns die Entstehung männlicher Gefühlsabspaltung und -kälte erklären wollen und zudem die

‚weiblichen Aspekte' im Mann entdecken und ‚zulassen' wollen. Von Chodorow (1978, deutsch 1985) und Benjamin (1988, deutsch 1990) bis Badinter (1993), von Wieck (1988, 1990) bis Hollstein (1990, 1991, 1992) wird den Gründen für die mangelnden weiblichen Eigenschaften bei Männern – wie: Einfühlungsvermögen, Bindungsfähigkeit, Verantwortungsgefühl, Rücksicht, Nähe, Liebesfähigkeit etc. – nachgegangen. Die Literatur zu den neuen Männlichkeiten ist inzwischen so angeschwollen, dass eine Übersicht hierzu schon eine Abhandlung für sich verdiente, die wir hier nicht leisten wollen.

So verdienstvoll die vielen neuen Einsichten zweifellos sind, so begrüßenswert vor allem die endlich öffentlich stattfindende Debatte über die mangelnde, aber dringend einzufordernde Weiblichkeit bei Männern ist, so verkürzt, prägungsgläubig und vor allem verhaftet im überlieferten Geschlechterdiskurs ‚männlicher' und ‚weiblicher' Eigenschaften erscheint sie uns. Wenn man die Debatte holzschnittartig zusammenfasst, so favorisieren die in dieser Diskussion engagierten feministischen Theoretikerinnen das psychoanalytische Modell frühkindlicher Erfahrungen mit der Rolle der ‚mutternden' Frau: die Mädchen dürfen beim weiblichen Vorbild bleiben und sich identifizieren, die Jungen müssen – um männliche Identität zu entwickeln – sich davon abgrenzen und zu diesem Zweck auch und gerade weibliche Verhaltensweisen und Eigenschaften ablehnen. Die neue Männerbewegung sieht das ähnlich. Die Jungen brauchen daher – zur richtigen männlichen Selbstfindung – einen Mann und Vater, am besten einen ‚neuen' Vater, der sich kümmert und der die männliche Elternrolle ausfüllt. Die Mütter müssen vor allem ‚loslassen', damit der Junge seine Männlichkeit solcherart auch ‚finden' kann – „nicht Herrscher, aber kräftig" (Hollstein, 1991). Beide Richtungen – Feministinnen und ‚Neue Männer'-Forscher – sehen die *Ursachen* der klassisch männlichen Defizite (Identität qua Abspaltung von Gefühlen und Negation von Weiblichkeit) in der frühkindlichen Exklusivität weiblichen Mutterns, und sie sehen die *Lösung* in der (stärkeren) Beteiligung und Einbindung von Vätern/Männern an der – Vorbild und Identität liefernden – Erziehungsarbeit der Söhne.

Schwierig erscheint an diesem Modell, dass der letztendliche und hauptsächliche Verursachungsfaktor männlicher Persönlichkeit und männlichen Verhaltens auf eine frühkindliche Prägungskonstellation komprimiert und reduziert wird. Sämtliche späteren, viel elaborierteren ‚Vermännlichungseinflüsse' (Peers, Schule, Hierarchien, Kultur, Politik, Berufe etc.) geraten zu Anhängseln dieser frühkindlichen Situation. Dies wurde an anderer Stelle schon ausführlich als zu schmalspurig kritisiert (vgl. Großmaß, 1989). Auch die Korruption von Männern durch Macht kommt selten in den Blick (vgl. Stein-Hilbers, 1994). Und die ‚neuen Väter', so sehnlich auch immer herbeibeschworen, sind – nicht nur qua Glanz durch Abwesenheit, sondern auch – aus Gründen ihrer merkwürdig undefinierbaren spezifischen Männlichkeit noch nicht überzeugend gesichtet worden. Was genau ist an einem Vater so eindeutig ‚männlich', dass es den einseitig ‚weiblichen' Einfluss des Mutterns kompensieren und ergänzen könnte? Technikverständnis? Sportbegeisterung? Bart und Pfeife? Wilde Spiele nachts im Wald? Das Männlichkeitsangebot boomt zwar – vor allem auf der Kommerzebene –, aber inhaltlich überzeugende Antworten für ein positives Identitätsangebot an männliche Kinder in Form von lebendigen Vorbildern sind eher rar und wenig plastisch.

Woran liegt diese merkwürdige Schwäche und Blässe, sowohl ‚Weiblichkeit' wie ‚Männlichkeit' im Mann aufzuspüren, zu prägen und durch Vorbilder zu fördern? Wir vermuten, dass es vorrangig die Schwäche und Ungenauigkeit der Begriffe (‚Männlichkeit') ist, und dass es gleichzeitig eine Schwäche der Anschauung und der Vor-Bildlichkeit ist, die im *Alltag* – vor allem im Alltag der Kindererziehung, um die es ja hier gehen muss – von entscheidender Macht ist, *wenn* sich an der *menschlichen* Bandbreite der Eigenschaften des *männlichen* Geschlechts etwas ändern soll.

Bei unserer Suche nach konstruktiven Antworten auf die Frage der möglichen Verbreiterung des Spektrums menschlicher Eigenschaften für beide Geschlechter (und hier besonders für Männer) fielen uns die Recherchen, Beobachtungen und Befragungen von Cheryl Benard & Edit Schlaffer (1992, 1994) als weiterführend (und als wohltuend abweichend vom modischen Mainstream der Männerforschung) auf. Sie stellen sich die Frage, was einen aufgeschlossenen, sozial sensiblen, anhänglichen und gefühlvollen kleinen Jungen von fünf oder von neun Jahren im Lauf der Jahre in einen typischen männlichen Erwachsenen verwandelt, der Einfühlsamkeit und Verantwortungsgefühl als ‚unmännlich' betrachtet, der seine Gefühle und seine Mitmenschen zu kontrollieren sucht, und der Selbstdisziplin, Härte und Aggressivität für einen normalen, wünschenswerten Bestandteil seiner Lebensführung hält.

> „In manchen Hinsicht gilt das für alle Menschen, aber für männliche Menschen gilt es umso mehr: Sie sind als Kinder besser, unbeschädigter, ganzheitlicher als später im Erwachsenenalter. Jede Frau weiß es – ein 9jähriger ist immer charmanter, hilfreicher, gesprächiger, interessanter, fairer und „partnerschaftlicher" als ein 35jähriger." (Benard & Schlaffer, 1994, S. 11)

In ihren Untersuchungen können Benard & Schlaffer weder die Einseitigkeit/Exklusivität des frühkindlichen Mutterns noch die Abwesenheit der Väter als eindeutige Ursachen dieses Entwicklungsverlaufs bei männlichen Individuen ausmachen. Im Gegenteil. Sie finden auf Seiten der Mütter eine durchgehend eher skrupulöse Haltung, ihre Söhne nicht zu stark emotional an sich zu binden, sowie die ständige Selbstermahnung, diese schon in frühester Kindheit gefühlsmäßig ‚loszulassen' und in ihnen vor allem die künftigen Männer zu sehen, die sie einmal werden müssen. Mütter antizipieren heute bereits die Kritik einer zu starken Bindung an ihre Söhne und übergeben diese pflicht- und schuldbewusst an die – doch ziemlich oft eingreifenden – Väter und an die Jungengruppen der Gleichaltrigen und Älteren. Auf Seiten der Väter finden beide Autorinnen überwiegend ‚harte' Vorstellungen von einer ‚richtigen' Jungenerziehung und besonders die Furcht, ihre Söhne könnten verweichlichen und sich nicht zu vollwertigen Männern entwickeln (vgl. hierzu auch Schnack & Neutzling, 1990, S. 59–85; Badinter, 1993, S. 134–143). Gerade physisch eher selten anwesende Väter üben diese Haltung sehr wirksam aus:

> „Die Beziehung zwischen sehr vielen Vätern und ihren Söhnen ist von einer rätselhaften Aggression, Abwertung und Boshaftigkeit seitens des Vaters gekennzeichnet. Die Ursachen liegen wohl in der Kindheit des Vaters und in einer tiefen Unzufriedenheit des Mannes mit seiner Situation. In der Entwicklung männlicher Kinder spielt diese väterliche Aggressivität jedoch eine sehr verletzende Rolle." (ebd., 1994, S. 75)

10. Menschlichkeitsbilder oder Geschlechterdivisionen?

Dass die Mütter diese erzieherischen Eingriffe ihrer Partner schweigend dulden, erklären Benard & Schlaffer mit der heute modischen Abwertung der Mutterrolle im allgemeinen und mit der psychologischen Drohung an die ‚Sohnesmutter' speziell, dem Sohn durch ihre erzieherische Dominanz eine männliche Identifikation zu erschweren:

> „Die Kritik an der Mutter, wie sie uns heute mittlerweile ganz normal und selbstverständlich erscheint, ist in Wahrheit kulturgeschichtlich auffallend und ein absolut neues Phänomen ... (S. 117) ... die Frauen haben sich überzeugen lassen, dass sie zum Besten des Sohnes so früh wie möglich beginnen müssen, einen Abstand zu ihm einzuhalten, ihn von sich wegzustoßen, um ihn nicht zu verweiblichen ... Damit wird die Welt für Söhne nicht nur kälter und härter, sondern auch einsamer. Wenn es auch nicht artikuliert wird, so spüren sie den inneren Rückzug ihrer Mütter und ihre eigene Auslieferung an die »andere Seite« (S. 121) ... Die Mütter „kollaborieren" in dem Bestreben, ihre kleinen Söhne abzuhärten und den Erwartungen ihrer Umgebung oder ihrer Väter gerecht zu werden. (S. 121) ... Er wird dem Vater, der „Männlichkeit", der Jungengruppe oder sich selbst überlassen." (ebd., S. 124)

Die Autorinnen verfallen nicht in den beliebten Fehler, diesen Mechanismus als ‚Schuld' der Mütter zu definieren, wie es so oft schon durchexerziert wurde. Vielmehr sehen sie auf den *gesellschaftlichen* Mechanismus, der hier am Werk ist, wo Mütter sich – oft gegen ihre innere Stimme – zurückhalten, um das Feld der geforderten ‚männlichen' Erziehung den Vätern, Lehrern und vor allem den älteren Jungen zu überlassen.

> „Die soziale Abwertung einer über Jahrhunderte gewürdigten und gepriesenen Frauenrolle ist verdächtig ... Eine ungebildete, gefügige Frau konnte man gefahrlos loben und ihr die Kinder anvertrauen ... Heute kann das gefährlich sein, denn heute kann man sich nicht mehr darauf verlassen, dass Frauen gehorsame Bürger und patriarchale Männer erziehen. Heute muß man dieses Erziehungsziel anders verfolgen. Man muß die potentiell aufmüpfigen Mütter bei der Stange halten, indem man sie pädagogisch verunsichert; man muß ihre Position unterminieren, indem man ihre Erziehungsbefugnis gesetzlich schwächt; außerdem muß man ihnen den Vater, und zwar einen konventionellen, angepaßten Vater, der sich im Ernstfall für die bestehende Ordnung entscheidet und nicht für das individuelle Glück seiner individuellen Familienmitglieder, erneut als männliches Kontrollorgan vorsetzen." (ebd., S. 118)

Dass Mütter sich wirksam verunsichern lassen durch die ‚modernen' Ansprüche, die Jungen bloß früh genug mit Modellen und Anforderungen der ‚Männlichkeit' zu konfrontieren, resultiert nach Olga Silverstein & Beth Rashbaum (1994) aus mehreren Gründen: Der Sohn soll vor Spott und Missbilligung durch die Umwelt geschützt werden; die feste Überzeugung von unterschiedlichen Eigenschaften bei Männern und Frauen lässt eine Kontamination der jungen Männer mit zuviel weiblichen Eigenschaften befürchten; der Wunsch, den eines Tages anstehenden Trennungsschmerz durch frühzeitige Distanz geringer halten zu können; das mangelnde Selbstvertrauen der Frauen, das sie glauben lässt, kein ‚gutes' Vorbild für ihren Sohn sein zu können und die Angst, ein männliches Kind als Frau nicht wirklich verstehen zu können; weiterhin die Angst, den Sohn durch die eigene ‚Weiblichkeit' zu neurotisieren; die Wertüberhöhung eines männlichen Kindes und die Vorstellung, dass er eigentlich ‚den Männern' gehöre bzw. einen weiblichen Tribut an den Vater darstelle;

und schließlich die Befürchtung, der Sohn könne durch weiblich-mütterliche Zuwendung homosexuell werden (nach Benard & Schlaffer, a.a.o. S. 122/23).

Einen weiteren Mechanismus der zwangsweisen Übernahme aggressiver Verhaltensweisen und der dafür notwendigen Gefühlsabstumpfung bei Jungen unter dem Etikett ‚männlich' konnten Benard & Schlaffer durch die Befragungen und Selbstbeschreibungen von männlichen Schülern der 5. (Sexta) und 9. (Obertertia) Klassen herausarbeiten: Die gewalttätigen Übergriffe der ‚Großen' gegen die ‚Kleinen' haben nicht nur ein erschreckendes Maß an Allgegenwärtigkeit und Alltäglichkeit, sondern bewirken bei den Jüngeren außer den anfänglichen Gefühlen von Zorn, Ungerechtigkeit und Hilflosigkeit im Lauf der Jahre Resignation, Abstumpfung und die fast zwangsläufige Tendenz, sich später ebenso zu verhalten, d. h. die Übergriffe ‚nach unten' weiter- bzw. zurückzugeben. Was gelernt wird, ist das Recht des Stärkeren und Größeren, die stillschweigende Legitimation solchen Verhaltens durch ihren ‚Erfolg', die Definition von rüden und gefühllosen sozialen Übergriffen als ‚männlich' und die Bestätigung durch die anderen Jungen. Sich Heraushalten aus Gewalt-„Spielen" mit Kleineren/Schwächeren erfordert schon ein großes Maß an Selbstsicherheit. Die eigentlich erforderliche Zivilcourage – das Eingreifen zugunsten der Schwächeren – scheint nicht einmal als Möglichkeit präsent. Dieser Lernprozess des Abhärtens und des Austreibens von rücksichtsvollem oder sensiblem Verhalten bleibt den Mädchen erspart; jene Jungen, die es weiterhin zeigen oder womöglich mit Mädchen befreundet sind oder mit ihnen spielen, werden als ‚unmännlich' gehänselt und ausgegrenzt.

Vor dem Hintergrund dieser Beobachtungen erscheint die männliche Normal-Sozialisation eher als ein aktives *Verlernen* und Ablegen gewisser menschlicher Qualitäten (die ein männliches Kind in der Regel noch hat) denn als eine autonome Entfaltung einer typisch männlichen ‚Natur', die sich (womöglich durch Hormone oder genetische Ausstattung) doch immer wieder durchsetzt. Die stärkste Einflussnahme auf die Herstellung einer ‚natürlichen Männlichkeit' sehen die beiden Autorinnen in der „Geschlechterpolizei", d. h. jenen Jungen- und Erwachsenengruppen, die bestenfalls unter Koedukation und Emanzipation einen Nachhilfekurs für unselbständige Frauen und Mädchen verstehen, damit jene sich die gepriesenen Eigenschaften von Jungen und Männern erarbeiten können, die andererseits diese Eigenschaften (Durchsetzungsfähigkeit, Härte etc.) als die Norm erwachsener Männlichkeit/Menschlichkeit ansehen und sie in allererster Linie und um jeden Preis bei den Jungen selbst durchgesetzt sehen wollen:

> „Aus Beobachtungen von Müttern wissen wir, dass Jungen von der Umwelt und auch von anderen Jungen sehr stark kontrolliert werden im Hinblick auf ihre Anpassung an die Normen der Männlichkeit. Es gibt so etwas wie eine selbsternannte Geschlechterpolizei, eine freiwillige Miliz aus besonders eifrigen kleinen Männlichkeitsadvokaten, die andere Jungen vor dem Ausscheren bewahren. Mit einer Strenge, die an die Revolutionswächter des fundamentalistischen Iran erinnert, kontrollieren sie das Verhalten ihrer jungen Mit-Männer. Mit derselben Unerbittlichkeit, mit der erstere eine unter dem Kopftuch hervorlugende Haarsträhne ahnden, achten auch letztere auf geringfügige Abweichungen. Ihre Sanktionen: Spott, Ausschluß aus der Jungengruppe, Gewalt (S. 209/210). ... Bei unseren Exkursionen in die Welt junger Männer sind wir auf die massivsten Interventionen gestoßen.

10. Menschlichkeitsbilder oder Geschlechterdivisionen?

Keineswegs wurden männliche Menschen in ihrem Naturzustand belassen; deutlich zeichnete sich zwischen dem Alter von Null bis Neunzehn der Prozeß ab, der sie in eine harte und kalte Welt hineinzog. Der männliche „Naturzustand", wo er sich überhaupt manifestieren konnte, war eher sehr ermutigend. Um so bedrückender war es mitzuerleben, wie ihre Vielseitigkeit und ihre Sensibilität ihnen weggenommen wurde, wie sie begrenzt und verhärtet wurden durch Spott, Zwang und Abwertung. Die Kinder lehnten sich dagegen auf, aber der Druck war übermächtig und kam von so vielen Seiten." (ebd., S. 247)

Aus den Untersuchungsergebnissen von Benard & Schlaffer lassen sich einige für unsere Zwecke interessante Fazits ziehen: Erwünschte menschliche Tugenden bei Männern müssen nicht mühsam an männliche Wesen mit aufwendigen Erziehungsprogrammen herangetragen werden, und sie müssen – zumindest als Kinder – nicht mühsam dazu gebracht werden, ‚ihre Weiblichkeit zuzulassen', nur damit aus ihnen ein ganzheitliches menschliches Wesen wird. Ihre spezifische Männlichkeit ist auch nicht primär durch die Dominanz der Mutter in der Kleinkinderziehung bedroht, sondern ihre *Menschlichkeit* wird reduziert – durch die späteren Eingriffe männlicher Jugendlicher und Erwachsener. Es gilt offensichtlich viel eher, den verunsicherten Söhne-Müttern Mut zu machen, die Beziehung zu ihren Söhnen nicht künstlich auf Sparflamme zu halten, sie vielmehr zu ermutigen, jene menschlichen Eigenschaften, die ihnen selbst als Frau eher möglich sind, auch bei ihren Söhnen nicht austreiben zu lassen (von wem auch immer). *Wenn* Männer und Väter zu Vorbildern werden, dann aufgrund bestimmter erwünschter *menschlicher* Eigenschaften, nicht aufgrund ihres bloßen ‚Mann-Seins'.

„Ein Mann kann zum Rollenmodell werden, weil er gute Eigenschaften hat, und nicht, weil er ein Mann ist. Einen Vater zum Rollenmodell zu stilisieren, der lediglich seine Geschlechtszugehörigkeit anzubieten hat, ist ein propagandistischer Trick, mit dem Väter sich aus der Verantwortung stehlen wollen. Sie müssen sich nicht bemühen, sie müssen charakterlich nichts vorweisen, sie müssen nichts tun, sie müssen bloß Männer sein (S. 132) ... die vielgepriesenen „männlichen Vorbilder" erweisen sich bei ehrlichem Hinsehen als menschliche Vorbilder, mit dem Spezifikum, dass es zufällig Männer sind, die im konkreten Fall jeweils wünschenswerte Eigenschaften vorweisen." (ebd., S. 131)

Daraus lässt sich folgern, dass zur Herstellung von menschlich wünschenswerten Eigenschaften bei Männern eher verschiedene positive erwachsene Vorbilder für männliche Kinder erfolgreich sein werden, als ihre Hinführung auf ein von Weiblichkeit zwanghaft abgegrenztes, aber ansonsten relativ inhaltsleeres Mann-Sein.

Vor den Attacken von Männlichkeitsfanatikern der Peer Groups können Eltern ihre Kinder nicht bewahren; sie können sie aber unterstützen, indem sie die Partei des Kindes ergreifen und ihm erklären, was hier geschieht, wieso es im Recht ist, und dass sie auf *seiner* Seite sind, nicht auf der der Männlichkeit.

Für die hier interessierende Bildebene können wir festhalten, dass ein falsches, weil ebenso unzeitgemäßes wie hohles Bild-Klischee einer ‚alten' (wie auch krampfhaft ‚neuen') Männlichkeit ein umfassenderes, reichhaltigeres und überzeugenderes Bild von humanen Eigenschaften, von Menschlichkeit (für männliche Erwachsene) verdeckt und blockiert. Alte wie neue Männlichkeitsbilder kennt jeder aus Film, Werbung, Belletristik, Ratgeberliteratur und dem Alltag. Sie bieten vordergründig scheinbare Sicherheit und – geborgte – Identität an. Die anspruchsvolleren, lebendigeren und vielfältigeren Vor-Bilder von ‚echter' Menschlichkeit (auch) bei Männern, die es ja durchaus anzutreffen gibt, werden dadurch verdunkelt. In diesem Fall geht es daher um die *Demontage* eines falschen und schädlichen Männlichkeitsbildes sowie um die gleichzeitige *Verhinderung* des ständigen Nachwachsens neuer papierigerner Männlichkeiten. Benard & Schlaffer bringen dies folgendermaßen auf den Punkt:

> „Können wir uns nicht, anläßlich der Jahrtausendwende, überhaupt von Männlichkeit verabschieden und ganz einfach als Menschen in eine neue Ära eintreten? (1992, U4) Wollen wir Menschen sein, menschliche Individuen mit all den Freiräumen und Eigenarten und Einschränkungen und Widersprüchlichkeiten, die zu unseren vielfältigen Persönlichkeiten gehören? Oder wollen wir uns ewig gegenübertreten als Stereotypen, einmal mit Rock, einmal mit breiten Schultern, wie die Schablonen auf der WC-Tür? Frauen haben diese Frage beantwortet – und sich enorm verändert. Jetzt sind die Männer am Zuge." (1992, S. 237/238)

3. Fazit

Wenden wir uns wieder unseren Ausgangsfragen zu: Welche Chancen haben derzeit feministische Argumente und Positionen, die herrschenden Geschlechterarrangements weiter aufzubrechen und die Versuche ihrer rückwärtsgerichteten Neu-Befestigung in Gestalt mächtiger Einflüsse aus Wissenschaft und Politik abzuwehren, zu entkräften und die eigenen Vorstellungen öffentlich zu Gehör zu bringen? Welche strategische Rolle können dabei reale und metaphorische (Vor-)Bilder haben, um das herrschende Denken über die Geschlechter, ihre Eigenschaften und Bestimmungen mit progressiven Inhalten zu versorgen? Nicht zuletzt auch, um das ‚Wie' dieses Denkens zu verändern und flexibler zu machen?

Unser Vorschlag war, das Wissen, die Erfahrung und vor allem die vorhandenen Bilder zu nutzen, die in den letzten Jahrzehnten von der Zweiten Frauenbewegung teils wiederentdeckt, teils neu erworben und entwickelt worden sind. Unser Plädoyer zielt darauf, die vorhandenen Theorien und Strategien, die vorliegenden wissenschaftlichen und politischen Erkenntnisse und die feministischen Erfolge auf dem Gebiet der Geschlechter-Gegenbilder, der Bild-Demontagen und der Neubegründung von Menschenbildern anzuzapfen und produktiv ins öffentliche Spiel zu bringen.

Wir hatten die Stärken und die Schwächen der drei heute identifizierbaren feministischen Theorie- und Strategierichtungen versuchsweise bilanziert und die Vermutung bekräftigt, dass es lohnend für die Ziele der Beendigung der Geschlechterdiskriminierung sein dürfte, wenn man diese drei Perspektiven nicht als sich ausschließende und sich bekämpfende betrachtet, sondern als im Prinzip verschiedene, aber durchaus zu kombinierende. Wenn man davon ausgeht, dass jede der drei wichtige genuine Erkenntnisse enthält und zudem in der Lage ist, die von den jeweils anderen Richtungen favorisierten Positionen in ihren Schwachpunkten scharfsichtiger kritisieren zu können als diese sich selbst, bedeutet dies im Prinzip nicht ihre gegenseitige Ausschließlichkeit – trotz aller gelegentlicher Polemiken und Profilierungs-Scharmützel auf der Personen-/Autorinnenebene. Vielmehr lassen sich die diversen Einsichten auch bündeln (statt sie gegeneinander zu wenden), um an dem kleinsten

10. Menschlichkeitsbilder oder Geschlechterdivisionen?

gemeinsamen Nenner – der Verminderung/Abschaffung von geschlechtsbedingter Diskriminierung – die verschiedenen Stärken, wenn auch vielleicht mit verteilten Rollen, zum Einsatz zu bringen. Gelänge dies in besserem oder reflektierterem Maße als bisher, wäre es ganz nebenbei auch ein imponierendes Exempel für den Respekt vor Differenz *zwischen* verschiedenen Strömungen des Feminismus (vgl. Kap. 6).

Wir können festhalten, dass der *Ansatz der Gleichberechtigung* seine unbestreitbaren Erfolge für Frauen auf dem Gebiet der bürgerlichen Freiheiten und der ökonomischen Unabhängigkeit hatte; hier liegen auch nach wie vor seine stärksten Potenzen der konkreten und anschaulichen Leitbilder, die er jeder Frauengeneration durch seine schrittweisen Erfolge liefert: Was Frauen alles erreichen können, wie verschieden sie von anderen Frauen werden können, *wenn* sie frei und unabhängig leben können, etc. Überdies ist – das wird allzu oft vergessen – seine teilweise Realisierung *die* Grundlage dafür, dass sich die beiden anderen Ansätze überhaupt entwickeln konnten. Er ist Vorbedingung dafür, dass weitere Ziele ins Auge gefasst werden können: Ohne rechtliche Absicherung (z. B. für Bildung, Freiheit auf Meinungsäußerung etc.) können weder die weiblichen Qualitäten der Frauen sich angemessen entwickeln, noch können sie eine breitere gesellschaftliche Wirksamkeit entfalten, noch hätten Frauen die Möglichkeit, differente und dekonstruktive Ideen zu denken und zu verbreiten. Zudem machen die Entlarvung und Abschaffung des sozialen und des biologischen Geschlechts als soziale Willkür erst und nur dann Sinn, wenn die rechtliche Gleichheit und die Gleichheit der Entfaltung individueller Differenzen zuvor gesichert und verwirklicht sind.

Die Stärken des *Differenzansatzes* liegen in erster Linie in seiner kritischen Sicht auf den Gleichberechtigungsansatz, besonders auf dessen oft platte und oberflächliche Version als einer Angleichung von Frauen, ihrer Fähigkeiten, Eigenschaften und ihrer Körperlichkeit an die durch Männer vorgegebenen Standards. Das Insistieren auf jenen ‚weiblichen' Eigenschaften, die sich als für das Zusammenleben *und* die Aufzucht des Spezies homo als förderlich und notwendig herausgestellt haben, ist ein zentraler Punkt, dessen Vernachlässigung sich zunehmend rächt. Obwohl Vertreterinnen dieses Ansatzes ihr Beharren auf einer weiblichen ‚Natur', die dem Agieren des Mannes als entgegengesetzt und überlegen anzusetzen wäre, teilweise an eine biologische Weiblichkeit anbinden, so ist doch trotzdem festzuhalten, dass bereits in der Ersten Frauenbewegung dieser Flügel eine positive Beeinflussung und Veredelung der Männerwelt durch weibliche Sozialtugenden erwartete und anstrebte. Auf diesem Terrain hat der Differenzansatz seine stärksten und identitätsstiftenden Vorbilder hervorgebracht. Aus dieser – damals gescheiterten – Strategie lässt sich aber folgerichtig auch die Perspektive ableiten, dass man ‚weibliche', d. h. menschlich-sozial verantwortliche Eigenschaften auch direkt, qua Erziehung und Sozialisation bei männlichen Menschen entwickeln und keimen lassen kann, ohne nur auf den späteren Weg der ‚Umerziehung' oder Missionierung durch weibliche Mitwirkung in der Öffentlichkeit zu setzen. Anderseits kann daraus die sympathische Folgerung gezogen werden, dass wenn man den Differenzansatz nur konsequent anwendete – d. h., dass die ‚anderen' Qualitäten der Frauen sich qua Erziehung oder Ansteckung auf Männer übertragen ließen –, er im Falle seines Erfolges sich letztendlich selbst überflüssig machen wird.

Der *dekonstruktive Ansatz* des Feminismus hat seine Stärken ebenfalls im Bereich der Kritik an vordergründigen Gewissheiten – auch denen des Feminismus. Er bezweifelt nicht nur die feministische Errungenschaft der Unterscheidung zwischen Sex und Gender im Sinne einer Demontage *beider* Begriffe, sondern er entlarvt – vor allem auf den Gebieten von Literatur, Sprache und Philosophie – gleich die gesamte Kultur als von willkürlicher Geschlechtersetzung durchtränkt und arbeitet besonders den ständigen unbewussten, aber aktiven Anteil jedes einzelnen Mitgliedes dieser Kultur daran heraus. Damit betont er Perspektiven, die in den anderen beiden Ansätzen zwar auch schon enthalten waren, die aber viel subtiler und weitergehend sind. Wenn Zweigeschlechtlichkeit unsere gesamte Alltagskultur, -sprache und -handlung durchdringt, bedarf es zu ihrer Abschaffung einer wesentlich größeren Anstrengung und einer viel schärferen Wahrnehmung. Kulturelle Zweigeschlechtlichkeit als permanente aktive Aufführung und Inszenierung, die wir alle ständig aufrechterhalten, bedeutet als feministische Erkenntnis ein deutliches Mehr an Sensitivität, Selbstkritik und Reflexion, als die bisherigen Sozialisationsansätze schon geleistet hatten. Der dekonstruktive Feminismus arbeitet auf der Bildebene entweder mit ‚Bildstörungen', d. h. mit einer Art Mattscheibe der Geschlechterbild-Verweigerung und/oder mit Parodien, Vexier- und Umkehrbildern, indem wechselweise ‚keines' oder ‚mehrere' mögliche Geschlechter propagiert werden.

Betrachtet man die drei verschiedenen Ansätze gemeinsam, so bauen sie einerseits – zeitversetzt und auch argumentativ – aufeinander auf oder setzen einander voraus – insofern ‚gehören' sie zusammen, trotz gegenseitiger Profilierung durch Abgrenzung. Daher halten wir es für möglich, ihre positiven Einsichten und Stärken auch miteinander zu kombinieren, ihre Schwächen und Irrtümer aber bewusst zu eliminieren (vgl. Kap. 6). Letztere seien der Deutlichkeit halber nochmals benannt:
- die Gefahr der Vereinnahmung der Gleichberechtigung bei schleichender Angleichung beider Geschlechter an unmenschlich-„männliche" Lebensformen, d. h. *keine* Veränderung der Männer in Richtung Menschlichkeit;
- die Vereinnahmung der ‚weiblichen' Differenz unter „weibliche Natur" und biologische Prädestination auf die bekannte patriarchal-faschistoide Art; und
- eine gefährliche Vernachlässigung der Machtfragen (zwischen den Geschlechtern) und die Ignorierung von vorhandenem Wissen (z. B. bei 998 von 1000 Menschen ist das Reproduktionsgeschlecht eindeutig; eine biologische ‚Begründung' der Dekonstruktion von Sex auf 2 pro Mille Intersexe dürfte nicht nur zu schmal, sondern ihrerseits biologistisch sein).

Unser Vorschlag, die konstruktiven, weiterführenden Anteile aus den drei Ansätzen in eine Art offensive Strategie gegen die derzeitigen Roll-back-Bewegungen in der Geschlechterfrage zu integrieren, plädiert daher für ein Procedere, das das derzeitige Alltagsverständnis von zwei Reproduktionsgeschlechtern zunächst voraussetzt, und zwar auf jenem Diskussionsstand, den es heute – nach über 30 Jahren Debatten Zweiter Frauenbewegung – in der Öffentlichkeit hat: Die ‚idealen' Geschlechterklischees sind bekannt, die zahlreichen mittelmäßigen Abweichungen davon sind bekannt und akzeptiert, die exotischen Ausnahmen sind – Talkshow sei dank – ebenso bekannt. In der Regel ist klar, wer im Alltag und im TV „Mann" und „Frau" ist. Dieses Anknüpfen an ein bekanntes Geschlechterverständnis hat den Vorteil, dass man Sprachprobleme und spitzfindige Grundsatzdebatten vermeidet, wenn man darauf aus ist, diese Alltagsgrenzen durch Anschauung zu erweitern, zu verschieben und evtl. auch erodieren zu lassen. D. h. durch die Verbreiterung, Differenzierung und Heterogenisierung der Bildpalette für *beide* Geschlechter lassen sich die Unterschiede *innerhalb* jedes Geschlechts vergrößern und betonen, wodurch die bestehenden klassischen Unterscheidungen *zwischen* den Geschlechtern sich relativieren, verwischen und konterkarieren lassen. Dabei ließe sich gut – ganz im Sinne unserer drei Strömungen – veranschaulichen, dass inhaltliche Veränderungen der Geschlechterbilder

a) nur durch garantierte Rechts- und Chancengleichheit beider Reproduktionsgeschlechter möglich sind, dass

b) das Bestehen auf Differenz niemals ‚verordnete' Differenz für eine Gruppe, sondern vielmehr Respekt vor Differenz von Individuen bedeutet und dass

c) unsere derzeitige Mainstream-Kultur in einem Dekonstruktions- und Umbauprozess ist, der die Zuweisung von sozialen Kategorien zu biologischen Tatsachen in einem nie gekannten Ausmaß in Frage stellt und damit in einem nie zuvor erreichten Umfang sichtbar macht.

Dieses Sichtbarmachen bedeutet einen Zuwachs an Sensibilität und an Erkenntnis für Fragen der Legitimation sozialer Kategorien, auch der der Geschlechter. Die Erosion der Geschlechtergrenzen und -klischees *von innen*, d. h. die Grenzen zu durchlöchern, durchgängig zu machen, zu verschieben und durch interne Auflösung zum Verschwinden zu bringen, gelingt durch grenzüberschreitende, Trennungen ad absurdum führende *Bilder* besser, als durch verordnete dogmatische Prinzipienstreits von außen. Man kann es sich auch ruhig leisten, das herkömmliche Verständnis von Reproduktionsgeschlecht stehen zu lassen, wenn zunehmend klar ist, dass es für weiterführende Zuschreibungen jenseits reiner Reproduktionsfragen irrelevant geworden ist. Erst dann kann auch die Machtfrage als ebenso irrelevant abgehakt werden.

Dies wird mit Sicherheit nicht morgen eintreten. Aber die nötigen Bildvorlagen für diese Strategie sind heute schon vorhanden. Unser Vorschlag ist, sie stärker zu nutzen, gezielter für die Aufklärungs- und PR-Aktionen der feministischen Anliegen einzusetzen – wie wir hier an einigen Beispielen vorgeführt haben. Unserer Meinung nach sind diese Beispiele aus der Bandbreite feministischen Wissens um die gesellschaftliche Willkürlichkeit des Geschlechterdenkens gerade *nicht* die exotischen Ausnahmen, die die Regel doch nur bestätigen (vgl. Lorber & Farrell 1991, S. 1). Es sind die Ausnahmen, die mit wachsender Zahl *zur Regel werden.*

Unsere Bild-Beispiele zeigen, dass es immer schon *persönliche* Lösungsmöglichkeiten gegeben hat für Frauen, den einengenden Geschlechtervorschriften zu entkommen: meist zu einem hohen Preis. Es gab jeweils etwas, das wichtiger war oder wurde als die Konformität mit der Geschlechtsrolle. Für die Mystikerinnen war es ein eigener Zugang zu Erkenntnis und Wissen; beim Fasten ging und geht es um das widerständige Wahren einer sonst qua Geschlechtsrolle zum Erlöschen gebrachten Subjektivität. Die heiligen Frauen und Asketinnen des Mittelalters wie auch die wachsende Zahl der heutigen Leistungsmotivations-Anorektikerinnen (‚Kloster im

Kopf') ließen/lassen somit ihr Geschlecht und ihren dies ‚beweisenden' Körper quasi verschwinden. Dieser Preis wird heute allgemein als zu hoch oder als zu gefährlich erachtet; doch es gibt Individuen, die ihn auch heute noch lieber zahlen, als sich den Zumutungen des gesellschaftlichen Frauenideals zu unterwerfen.

Die Wissenschaftlerin Barbara McClintock verfolgte gegen den wissenschaftlichen Trend und gegen die Rollenvorschriften für Frauen im Wissenschaftsbetrieb ihr Interesse an Differenz und an Differenzierung. Es gibt und gab schon immer große Einzelkämpferinnen und ‚Heldinnen' wie sie, die ihre Differenz und Menschlichkeit dann auch öffentlich ‚beweisen' konnten, wenn sie Erfolge vorweisen konnten, die in den Augen der Gesellschaft hochgeschätzt sind – Kunst, Wissenschaft, Politik, Finanzen. Sie sind wesentlich häufiger anzutreffen und biographisch-bildlich auch gut zu veranschaulichen als uns die offizielle Genie-Buchhaltung von Nobelpreisträgerinnen als vereinzelten ‚geistigen Männern' weismachen will (vgl. Kap. 17). Hier tut eindeutig eine stärkere feministische Öffentlichkeitsarbeit mit anschaulichem und anstiftendem biographischen ‚Bildmaterial' not.

Schließlich gibt es in der Realität (Ethnologie) wie in der Phantasie (Utopie) erdachte wie gelebte Alternativen zu unserer heutigen Geschlechterordnung, die auf mehr Liberalität, auf erweiterte wie alternative Möglichkeiten hinauslaufen. Sie zeigen, dass gesellschaftlich geschätzte Tugenden nicht geschlechtsgebunden sein müssen. Das Berdache-Phänomen beweist, dass Gesellschaftsmitgliedern, die mit angetragenen Gender-Zuordnungen nicht einverstanden sind, Auswege und Wahlfreiheiten zugestanden werden. Es zeigt außerdem, dass sogar ein ‚Aussteigen' aus der nahegelegten Einteilung nach Reproduktionsgeschlecht noch mit Respekt und Anerkennung begleitet werden kann, statt mit Abscheu und Verunsicherung. Die Fiktion des „Winterplanet" entwickelt das utopische Element, dass menschliches Interesse an Verständigung und Kommunikation sogar jene Irritationen überwinden kann, die durch die Verletzung gewohnter und Sicherheit garantierender Geschlechterbilder ausgelöst werden.

Utopie und Phantasie können aus diesen Anregungen lustvolle und spannende Stoffe weben, die ihrerseits Toleranz und Offenheit für reale Differenzen und Idiosynkrasien beflügeln. Beide zusammengenommen zeigen aber vor allem für Phantasie wie auch für Erfahrung eins: Irritationen in der Geschlechterfrage führen nicht zum Weltuntergang, sie können vielmehr Phantasie wie Realität bereichern.

Die Erkenntnisse von Benard & Schlaffer schließlich verdeutlichen, dass die sympathischen Qualitäten von männlichen Kindern kein abzulegendes Durchgangsstadium auf dem Weg zu einem mystifizierten Mannestum sein müssen, sondern vielmehr die anschauliche Idee vermitteln, dass ‚Männlichkeit' im besten Sinne ‚menschliche Qualitäten' bedeuten müsste und nicht weiterhin als hohle Fassade gerade diese menschlichen Eigenschaften abwertet und verdunkelt.

Teil IV

Geschlecht und Wissenschaft, weitere Folgen: Von der Kritik zur Konstruktion – Vier Beispiele

11. Der Prinz und die Kröte.
Feminismus und (deutsche) Psychologie –
Versuch einer Zwischenbilanz

Als die Wiener Philharmoniker, eines der Spitzenorchester dieser Welt, auf einer Pressekonferenz im Sommer 1996 erklärten, sie würden es auch im 154. Jahr ihres Bestehens kategorisch ablehnen, Frauen als Musikerinnen in ihre Reihen aufzunehmen, weil der „mutterschaftsbedingte Leistungsabfall" und die „Babypause die musikalische Qualität mindere" (Der Spiegel, 1996, 33, 146–148), war die öffentliche Empörung groß.

Könnte man – so meine hypothetische Frage – die Elitemusiker in Wien mithilfe wissenschaftlicher Argumente aus der Psychologie – jener Wissenschaft vom menschlichen Verhalten, die sich streng an den Naturwissenschaften orientiert – eines besseren belehren? Würde uns die akademische Psychologie wertfreie und objektive Ergebnisse über die berufliche Leistungsfähigkeit und Leistungsmotivation schwangerer Frauen liefern? Ich fürchte: Nein. Zwar gibt es einige Untersuchungen über die Lernleistungen trächtiger Ratten, aber über die Leistungsqualität schwangerer Menschenfrauen gibt es – wie eine Literaturübersicht für englischsprachige Literatur zeigte (Matlin, 2000) – so gut wie nichts und schon gar nichts über die musikalischen Höchstleistungen Schwangerer. Dies ist recht erstaunlich, da es über die *emotionale* und über die *körperliche* Befindlichkeit schwangerer Frauen jede Menge psychologischer Untersuchungen gibt. So bleiben wir auf Selbstzeugnisse und Befragungen schwangerer Frauen angewiesen – eigentlich unschön, da schwangere Frauen bekanntlich nicht objektiv sind. Immerhin, bei anstrengenden Berufen (wie z. B. Assistenzärztinnen) sagte in einer Studie (Klevan et al., 1990) ein Viertel der Frauen, die Verbindung von Beruf und Schwangerschaft verliefe angenehm, die Hälfte meinte, sie sei erträglich und ein Viertel fand sie schlecht. Nebenbei gesagt, einer der vielen Hinweise, wie unterschiedlich Menschen desselben Geschlechts – trotz gleicher Hormonlage – reagieren können, doch davon später.

Auch bei der musikalischen Leistungsfähigkeit bleiben wir auf die subjektiven – also unzuverlässigen – Aussagen der Musikerinnen selbst angewiesen. Weltspitzenmusikerinnen wie z. B. die Klarinettistin Sabine Meyer kennzeichnen ihre eigene Leistungsfähigkeit unter Bedingungen der Schwangerschaft als besser denn je – Sabine Meyer hat bis zum 8. Monat auf der Bühne gestanden. Immerhin haben Musikerinnen wie Meyer oder wie Anne Sophie Mutter – endlich kommt hier ein hartes und objektives Leistungskriterium ins Spiel – trotz (oder wegen) mehrerer Kinder eine international erfolgreiche Karriere vorzuweisen. Tausende von Musikkritikern und Millionen von Zuhörern können sich nicht irren – aber dieses harte externe Validitätskriterium stammt leider nicht aus der Psychologie.

1. DIE OBJEKTIVE PSYCHOLOGIE UND DIE FRAUEN

Bleiben wir also bei der Psychologie. Wieso eigentlich liefert uns die wissenschaftliche Psychologie keine objektiven Daten über mögliche Leistungsfähigkeit schwangerer Frauen? Selbst die Sportmedizin hat schon Erkenntnisse über die förderlichen Einflüsse der ersten Schwangerschaftsmonate auf die sportlichen Leistungen von Athletinnen geliefert. Schließlich ließen sich alle körperlichen Parameter wunderbar kontrollieren und konstant halten: Schwangerschaftsalter, diverse Hormonspiegel, Körpergewicht, Lebensalter etc., etc. Immerhin wimmelt es in der Psychologie andererseits seit Jahren von entsprechenden Untersuchungen vergleichbarer Art zu Menstruation und Menopause! Wir bleiben somit auf die Annahme struktureller Gründe verwiesen. Böse Zungen würden hier vermuten: weil Interesse und Geld für die Erforschung eventueller weiblicher Defizite bei Menstruation und Menopause vorhanden ist: immerhin menstruieren Frauen alle vier Wochen und die Menopause erwischt alle; Forschungsergebnisse könnten somit für Pharmaindustrie und natürlich für Wiener Philharmoniker von Nutzen sein. Da Frauen in westlichen Industrieländern aber nur noch ein- bis zweimal im Durchschnitt schwanger werden (und ihre Abwesenheit vom Arbeitsplatz als Leistungsnachteil ja bereits ausreicht), sind wissenschaftliche Daten über weibliche Leistungsabfälle bei Schwangerschaft unnötig, für Menstruation und Menopause dagegen viel besser zu verwerten.

Die Idee, den Erkenntnisstand der Psychologie zum Thema Frau kritisch zu befragen, ist von der Zweiten Frauenbewegung Ende der 1960er, Anfang der 1970er Jahre erneut angestoßen worden. Das Thema Psychologie und Frauen, Psychologie für Frauen, Psychologie über Frauen oder sogar feministische Psychologie verfolgt die etablierte Psychologie wie der legendäre Frosch die unwillige Prinzessin: er mäkelt ständig an ihr herum, will auf gleichberechtigter Ebene als Partner behandelt werden und benutzt sogar ihren Vater, den König – übersetzen wir ihn hier als das Überich der Prinzessin –, um ihr mit berechtigten Vorhaltungen ein schlechtes Gewissen zu machen. An dieser Stelle der Metapher möchte ich das grammatikalische Geschlecht der Protagonisten den wahren Verhältnissen anpassen: sprechen wir von einer feministischen Kröte, die einen Psychologie-Prinzen verfolgt. Sehen wir uns also die Vorwürfe der feministischen Kröte genauer an. Da Kröten klug sind, hat sie herausgefunden, dass die Prinzen nicht erst seit den 1960er Jahren unfair zu Kröten sind. Mit anderen Worten: die Frauenbewegung und die feministischen Psychologinnen fanden heraus, dass ihr Prinz, die reine und objektive Wissenschaft Psychologie, schon seit ihren Anfängen gegen die eigenen Regeln verstieß und Frauen nicht als Hälfte der Menschheit sah und erforschte, sondern eher als – na eben *Kröten*: erdverbunden, dunkel, naturhaft.

Recherchen feministischer Psychologinnen in den letzten 30 Jahren haben deutlich gemacht, dass die Voreingenommenheit ‚großer' psychologischer Forscher gegenüber Frauen auf eine lange Tradition zurückblicken kann (z. B. u. a. Stanley Hall, Lewis Terman, James McKeen Catell, Edward Lee Thorndike), und dass auch in der jüngeren Vergangenheit der Psychologie Verhalten, Leistungen, Einstellungen und Probleme von Frauen nicht mit der gleichen Selbstverständlichkeit und der gleichen

Unvoreingenommenheit und Sensibilität erforscht und in Lehrbüchern abgehandelt wurden, wie die Psychologie des Mannes, der als Mensch schlechthin gesetzt wird. Schon seit über einem Vierteljahrhundert verfügen wir über gut dokumentierte und brillante Veröffentlichungen von Psychologinnen, die nachweisen, dass der Androzentrismus der Psychologie zu eklatanten wissenschaftlichen Kunstfehlern geführt hat (stellvertretend für viele: vgl. Carolyn Sherif, 1977).

Ich nenne hier der Prägnanz wegen nur die zentralen und bekanntesten Kritikpunkte wie: Unterrepräsentanz weiblicher Versuchspersonen, dementsprechend falsche Verallgemeinerungen anhand männlicher Stichproben, Setzung der männlichen Ergebnisse als die Norm, der von weiblichen als die der defizitären Abweichung, konzeptionelle wie methodische Festschreibung von konservativen Frauenrollen und ihrer wissenschaftlichen Bekräftigung durch die Art des Untersuchungsdesigns, durch einseitige Methodenauswahl und tendenziöse bis falsche Interpretation von Forschungsergebnissen, Vergrößerung von Geschlechterdifferenzen durch einseitige Suche nach Geschlechtsunterschieden und deren bevorzugter Publikation durch Autoren und Herausgeber (vgl. Matlin, 2000). Praktisch gibt es keinen einzigen Forschungsschritt, der nicht potentiell – und leider durch viele nachgewiesene Negativbeispiele auch faktisch – für eine schiefe bis falsche Handhabung von Frauen- und Geschlechterfragen anfällig wäre und anfällig bleibt.

Viele der methodischen und konzeptionellen Kritikpunkte an der nach naturwissenschaftlichem Vorbild ausgerichteten Forschungspraxis der Psychologie und ihren negativen Effekten für die Qualität ihrer Forschung am Menschen wurden nicht nur von feministischer Seite formuliert. Auch die kritische Sozialpsychologie, die humanistische Psychologie, die Kritische Psychologie der Holzkamp-Schule, die radikale Psychologie sowie die Kritiken von Seiten der sogenannten ethnischen und sexuellen Minderheiten an einer unreflektierten und kontextisolierten Selbstmodellierung psychologischer Forschung nach dem Vorbild physikalischer Experimente teilen diese Sicht auf die akademische Psychologie.

Die feministische Kritik, die eine Psychologie für Frauen im Blick hat, geht aber in zwei Punkten über diese von anderen Sozialwissenschaften geteilte Kritik noch hinaus: sie stellt fest, dass die konventionelle psychologische Forschung für den Fall gefundener Verhaltensunterschiede von Frauen besonders schnell zu *biologischen* Erklärungen greift. Die oft bereitwillig abgelieferte Erklärung, dass abweichende weibliche Daten auf neuronale oder hormonelle Faktoren zurückzuführen seien, hat keine vergleichbare Parallele für männliche psychologische Daten. Gleichzeitig wird nicht im mindesten für notwendig gehalten, plausibel zu machen, worin denn die behaupteten neuronalen oder hormonellen Wirkmechanismen für die Erzeugung des weiblichen Verhaltens bestehen sollen (ganz abgesehen davon, dass solche gefundenen Unterschiede trotz statistischer Signifikanz oft in absoluten Größen sehr klein ausfallen). Interaktionistische oder kognitionspsychologische Hypothesen werden dagegen als Interpretation weder verfolgt noch geprüft (vgl. Unger, 1983).

Biologie spielt im psychologischen Denken über Frauen also eine unvergleichlich größere Rolle als für Männer und scheint so selbstevident zu sein, dass es nicht einmal einer Erklärung, geschweige denn eines Beweises bedarf. Frauen sind – das von der Psychologie bevorzugte biomedizinische Modell legt es nahe – wesentlich mehr von ihrer Natur und ihrer Biologie gesteuert als Männer; oder: sie *sind* mehr Natur und Biologie als Männer.

Diese Beobachtung unterstützt eine zweite Einsicht, die die feministische Psychologie von der Wissenschaftssoziologie übernommen hat, nämlich dass das positivistische Modell der Erkenntnisproduktion selbst, das die Psychologie von den Naturwissenschaften adaptiert hat, mit Geschlechterideologie beladen und durchsetzt ist. Evelyn Fox Keller (1986), Biologin und Physikerin, und Sandra Harding, Philosophin und Wissenschaftssoziologin (1990, 1994), haben dies für den Bereich der Natur- wie Sozialwissenschaften in mehreren Büchern historisch wie forschungspolitisch aktuell nachgezeichnet. Für die Entwicklung der abendländischen Naturwissenschaften bedeutet dies, dass Natur und Materie als Metapher wie als Essenz für Weiblichkeit und Chaos gelten (und umgekehrt), die durch das männliche Denkprinzip durchdrungen, kontrolliert, beherrscht und geordnet werden müssen (vgl. Kap. 10). Für den Bereich der Psychologie, die ja gerade keine Naturwissenschaft ist, sondern es mit interagierenden und wahrnehmenden Personen zu tun hat, bedeutet dies, dass das Modell des objektiven rationalen Forschers, der seine Forschungsobjekte, die Versuchspersonen (Vpn), ohne Reflektion seiner eigenen Rolle, seines eigenen Status und Sozialgeschlechts und ohne die damit verbundenen kulturellen Hintergründe und Wertsysteme glaubt testen und beforschen zu können, ein schlechtes und falsches Modell ist, weil es die wesentlichen konkomitanten Variablen nicht sehen, geschweige denn berücksichtigen will. Wenn das Geschlechterverhältnis und die Psychologie von Frauen als der Hälfte aller möglichen Vpn für die Forschungsinteressen männlicher Institutsleiter und die Lehrpläne universitärer Psychologieausbildung als irrelevant, störend oder sogar ideologieverdächtig und somit als unwissenschaftlich eingestuft werden, dann ist nach Auffassung dieser Kritikerinnen die Psychologie dabei, ihren Anspruch als ernstzunehmende Wissenschaft vom Menschen zu verspielen.

2. EIN DRITTELJAHRHUNDERT FEMINISTISCHE PSYCHOLOGIE

Die feministische Psychologie hat nun in den über 30 Jahren ihrer Existenz keineswegs nur in der kritischen Schmollecke verharrt. Im Gegenteil: sie hat in dieser Zeit ihrerseits gezeigt, dass sie empirische Forschung über die Situation und die Erfahrungen von Frauen und über das Geschlechterverhältnis betreibt, und dass sie – ungeachtet interner Meinungsdifferenzen innerhalb des breiten feministischen Spektrums, das es natürlich gibt – nicht grundsätzlich bestimmte Forschungsinstrumente per se ausschließt. Natürlich gibt es wesentlich weniger Berührungsängste zu sogenannten ‚weichen' qualitativen Verfahren, die von der etablierten Psychologie für eher suspekt oder weniger prestigevoll gehalten werden. Insgesamt sind die eingesetzten Forschungstechniken breiter, methodisch und konzeptionell kritischer reflektiert und die Interpretation der Ergebnisse ist sorgfältig und vorsichtig (vgl. Peplau & Conrad, 1989). Wichtig scheint, dass feministische Arbeiten sich darüber klar sind, dass die unabhängige Variable ‚Geschlecht' nicht nur eine ‚Subjekt'-Variable[1] ist, sondern gleichzeitig auch immer eine ‚Stimulus'-Variable (vgl. Grady, 1977, 1981). Entsprechend vermeiden feministische Empirikerinnen den häufig anzutreffenden Fehler, Geschlechtsunterschiede schlicht als personen- und subjektbezogen zu interpretieren, sogar dann, wenn sie eine biologische Komponente nicht per se ausschließen. So bemerkt z. B. Nora Newcombe, dass selbst möglicherweise biologisch gegebene oder biologisch erscheinende Unterschiede sich nicht starr und unbeeinflusst von sozialen Interaktionen entfalten. Für das oft zitierte Lieblingsbeispiel der wenigen, z. Zt. noch nachweisbaren psychologischen Geschlechtsunterschiede der räumlichen Fähigkeiten sagt sie, dass möglicherweise

> „a) ein biologisch gegebener Geschlechtsunterschied in räumlichen Fähigkeiten potenziert und vergrößert werden kann durch kulturelle Umstände; b) dass ein biologischer Geschlechtsunterschied im Aktivitätsniveau zu Geschlechtsunterschieden in einschlägigen Erfahrungen führt, die ihrerseits Geschlechtsunterschiede in räumlichen Fähigkeiten verursachen; c) dass die biologisch unterschiedlichen Genitalien unterschiedliches Verhalten der Pflegepersonen hervorrufen und dass diese treatment-Unterschiede zu Unterschieden in räumlichen Fähigkeiten führen." (Newcombe, 1980, S. 807; Übersetzung v. V.)

Darüber hinaus lässt sich feststellen, dass feministische Psychologie weniger Berührungs- und Austauschängste mit Nachbardisziplinen wie Soziologie, Linguistik, Geschichte, Philosophie, Ethnologie, politische Wissenschaften usw. hat, und daher wesentlich stärker interdisziplinär orientiert ist als die Mainstream-Psychologie – sowohl methodisch, als auch theoretisch-diskursiv.

Ich muss spätestens an dieser Stelle darauf hinweisen, dass ich mich bisher wie auch im folgenden ausdrücklich auf die Situation in den anglophonen Ländern beziehe: Großbritannien, USA, Kanada, Australien, Neuseeland: Ab den 1970er Jahren expandierte die feministische Psychologie in diesen Ländern beeindruckend. Allein zwischen 1974 und 1976 erschienen neun neue allgemein einführende Werke über die Psychologie der Frau (Matlin, 2000). In den 1970er Jahren wurden vor allem jene Gebiete bearbeitet, die zuvor vernachlässigt oder ausgespart worden waren: z. B. Leistungsmotivation bei Frauen, Gewalt in der Ehe, Aggression bei Frauen u. ä. Ende der 1970er Jahre gab es ein verstärktes Interesse an der historischen Rolle von Frauen als Pionierinnen in der psychologischen Disziplin. Es wurde entdeckt, dass viele der frühen klassischen Untersuchungen auf Frauen zurückgingen (z. B. Helen Thompson Woolley (1903) über mentale Unterschiede und Ähnlichkeiten zwischen

---

[1] Die psychologische Fachterminologie versteht unter ‚Variablen' solche variierbaren Merkmale, die in psychologischen Experimenten ‚kontrolliert' werden – also entweder konstant gehalten oder systematisch variiert werden –, um verschiedene Auswirkungen dieser Merkmale gezielt zu untersuchen. Die Variable ‚Geschlechtszugehörigkeit' ist aber immer zweierlei gleichzeitig: ein der Versuchsperson (‚subject') zukommendes Merkmal, die ‚Subjektvariable' (auf das viele Psychologen im Sinne einer Eigenschaft automatisch andere beobachtete Veränderungen im Experiment fälschlich zurückführen), *als auch ein sichtbarer* Reiz (‚stimulus'), der das Verhalten der *anderen* Interaktionspartner im Experiment kulturkonform beeinflusst.

den Geschlechtern oder Leta Stetter Hollingworth (1914) zur empirischen Widerlegung des Vorurteils, dass die Menstruation die weibliche Intelligenz beeinträchtige, um hier nur zwei zu nennen). Die 1980er Jahre brachten eine enorme Verbreitung der Palette an Themen und Untersuchungen, wobei zwei Beobachtungen verdienen, als interessant festgehalten zu werden: erstens, es wurde immer deutlicher, dass eigentlich keine der Subdisziplinen der Psychologie von der Geschlechterfrage ausgenommen werden konnte, sondern dass die interessanten und bisher vernachlässigten Fragestellungen eher komplexer wurden, als zunächst angenommen worden war. Der einfache Ansatz des „Add women and stir", wo es manchen zunächst so schien, als ob sich die bislang vernachlässigten Fragen relativ schnell würden nachholen und aufarbeiten lassen, erwies sich als irrig.

Zweitens wurde klar, dass eigentlich alle Forschungen und Konzepte, die von spezifischen Persönlichkeitseigenschaften von Frauen als der Ursache für ihre mangelnde Gleichberechtigung oder Chancengleichheit ausgingen, in z. B. die gleichen (Spitzen-)Positionen wie Männer vorzudringen, konzeptionell unzulänglich bis falsch waren. Und zwar aus dem eben schon erwähnten Grund, dass die Variable Geschlecht nur als Subjekt-Variable gesehen worden war, nicht aber auch als Stimulusvariable. Mit anderen Worten: Wenn die Gründe, dass Frauen keine verantwortungsvollen und qualifizierten Tätigkeiten übernehmen, ihrem typisch weiblichen Mangel an Leistungsmotivation und Selbstsicherheit zugeschrieben wurden, und nicht jenen speziell anderen Bewerbungs- und Berufs-Situationen, auf die sie stießen, wurden ganz wesentliche Variablen (wie z. B. diskriminierende Institutionen, old boys networks etc.) einfach ignoriert.

Seit den 1990ern hat die Breite der Forschungsarbeiten solche Ausmaße angenommen, dass eine neuere Übersicht für den englischsprachigen Bereich für den Zeitraum von 1972 bis 1987 an die 100.000 einschlägige Artikel und Bücher zum Thema ‚Psychology of Women' schätzt und allein für die Jahre 1993-1996 zusätzliche 400 neue Bücher zum gleichen Themenbereich zählt (vgl. Matlin, 2000). Selbstverständlich spiegelt sich in dieser enormen Breite an Forschungs- und Publikationsaktivitäten sowohl ein *breites* inhaltliches wie auch *unterschiedliches* Verständnis von feministischer Psychologie und/oder von der Psychologie für/von/über Frauen. Noch immer lassen sich radikalere von weniger radikalen, integrationswillige von separatistischen Ansätzen unterscheiden. Daran hat sich seit den letzten Übersichten von Ende der 1980er Jahre nichts geändert (vgl. Schmerl, 1989a; Squire, 1989). Es wäre auch eher verwunderlich, wenn das Bild anders, d.h. stromlinienförmig homogen wäre.

3. SCHWERPUNKTE FEMINISTISCH-PSYCHOLOGISCHER FORSCHUNG: EIN INTERNATIONALER ÜBERBLICK

Werfen wir also, um einen gewissen Eindruck wenigstens von der inhaltlichen Breite dieses Spektrums zu bekommen, einen Blick auf das, was inzwischen an Frauen- und Geschlechterthemen von der feministischen Psychologie bearbeitet wird und worden ist. Als Strukturierungshilfe greife ich dazu auf ein renommiertes, 700 Seiten starkes amerikanisches Lehrbuch zurück, das 2000 in der vierten Überarbeitung er-

schien und für die Qualität seiner Didaktik eine Menge Preise geerntet hat, das ‚Psychology of Women' von Margaret Matlin.
- Wir erfahren dort an erster Stelle etwas über die umfangreiche Forschung zu Geschlechterstereotypen in der *Sprache und den Medien*: wie diese Stereotype das Verhalten beeinflussen, wie sie Wahrnehmungskontraste von ‚männlich' und ‚weiblich' vergrößern können.
- Forschungen über *frühe und späte Kindheit* bei beiden Geschlechtern untersuchen das unterschiedlich reaktive Verhalten von Eltern auf männliche und weibliche Kinder, untersuchen Faktoren, die Geschlechtstypisierungen herausformen (Peers, Schule, Medien) und untersuchen geschlechtstypisches Spielverhalten, prosoziales Verhalten wie Wissen und Vorstellungen über Geschlecht und Geschlechterverhältnisse bei Jungen und Mädchen selbst.
- Für den Bereich der *Adoleszenz* gibt es Untersuchungen über die Bedeutung von Menstruation im Zusammenhang mit Leistung und Attribution, über Selbstkonzepte, Zufriedenheit mit dem eigenen Geschlecht, über weibliche Kompetenz, frühe Erfahrungen mit Wissenschaft und Mathematik, eigene Lebens- und Berufsvorstellungen und über den wichtigen Bereich der emotionalen Beziehungen zu weiblichen und männlichen Peers.
- Nach wie vor ein zentraler Bereich bleibt die Forschung über *kognitive Fähigkeiten* und über *Leistungsmotivation* bei *Frauen*. Es gibt eine anhaltende Debatte über hormonelle, genetische und zerebrale Ursachen für die heute noch verbliebenen geringfügigen Geschlechtsunterschiede (v. a. in bestimmten mathematischen und räumlichen Aufgaben) und eine anhaltende Tradition, die die methodische Schwäche und die ideologischen Kurzschlüsse dieser Debatte analysiert.
- Weiterhin finden wir nach wie vor Untersuchungen über *soziales Verhalten* und sogenannte Persönlichkeits-Eigenschaften, wie v. a. Altruismus, Empathie, moralisches Urteil etc., sowie über Aggressivität, Selbstsicherheit, Führungsqualitäten und Beeinflussbarkeit.
- Andere Bereiche untersuchen die *Berufswelt von Frauen* und beschäftigen sich dort mit Hintergrunderfahrungen wie z. B. Job-Diskriminierung und Einstellungs-Praktiken, aber auch mit geschlechtsspezifischen Erfahrungen am Arbeitsplatz oder Vereinbarkeit von Beruf, Kindern und Ehe.
- Ein breites Forschungsgebiet stellen die Arbeiten über Liebe und *zwischenmenschliche Beziehungen im Erwachsenenleben* dar: Hier geht es u. a. um Machtverteilung in Liebesbeziehungen, Gesprächsverhalten zwischen Partnern, Erfahrungen mit Ehe, Freundschaft, Scheidung und Alleinleben, um Gemeinsamkeiten und Unterschiede zwischen heterosexuellen, lesbischen und bisexuellen Frauen.
- Der Bereich *Sexualität* stellt ein eigenes, sehr großes Forschungsfeld dar, auf dem viele neue Ergebnisse vorgelegt wurden: u. a. über sexuelles Rollenspiel, sexuelle Erziehung der Geschlechter, Doppelmoral und sexuelle Aktivität, die Bedeutung von Geburtenkontrolle und Abtreibung, sowie über Sexualität im Alter. Auch der Bereich *Schwangerschaft, Geburt* und *Mutterschaft* ist traditionell breit ausgewiesen (mit den anfangs erwähnten thematischen Ausfällen bei Schwangerschaft und ‚Leistung').
- Schließlich gibt es viele neue Erkenntnisse in den Bereichen *Frauen und physische Gesundheit, Frauen und psychische Gesundheit,* die auch bei uns ihre Reso-

nanz haben, wenn ich nur Stichworte wie Drogen, Alkohol, Aids, Essstörungen, Depressionen und feministische Therapie nenne.
– Was deutlich aus dem klassischen psychologischen Untersuchungskanon herausfällt, ist der Komplex *Frauen und Gewalterfahrungen*. Dieser ist seit seinen Anfängen ein zentrales Anliegen der Frauenbewegung gewesen und spiegelt sich somit nicht nur in entsprechend feministisch-psychologischen Untersuchungen, sondern eröffnet von seiner Perspektive her eine völlige neue theoretische und empirische Herangehensweise an alle damit zusammenhängenden Probleme. So werden z. B. Vergewaltigungen nicht als sexuelles Problem definiert, sondern als ein Gewaltproblem. Dies gilt natürlich auch für andere damit zusammenhängende Fragen, wie z. b. sexuelle Belästigung, eheliche Vergewaltigung, sexuellen Kindesmissbrauch, physische Gewalt und psychischen Terror in Ehe und Familie.
– Relativ neu für den Bereich Psychologie ist die Berücksichtigung der speziellen Situationen von *Frauen im Alter*. Hier gibt es inzwischen ein stattliches Forschungsfeld, das sich nicht nur mit der obligatorischen Menopause beschäftigt, sondern auch mit den Auswirkungen der ökonomischen Situation älterer Frauen, mit den Einstellungen ihnen gegenüber und ihrer Präsentation in den Medien, mit ihren Familienarrangements, den Erfahrungen des Verwitwetseins und Alleinlebens, aber auch mit ihrer Lebenszufriedenheit und mit interkulturellen Vergleichen.

Anhand der von mir hier nur überblicksartig vorgeführten äußerst breiten Palette an Forschungsfragen und -ergebnissen zur Psychologie von Frauen und zur feministischen Psychologie lässt sich ermessen, wie weit das Selbstverständnis, aber auch die Selbstverständlichkeit einer weiblichen Psychologie inzwischen entwickelt worden ist, die sich mit der Realität, den Problemen und Sichtweisen von Frauen genauso ernsthaft beschäftigt wie mit der von Männern. Von größter Bedeutung erscheinen mir daher die Schlussfolgerungen, die sich für uns aus diesem bisher akkumulierten Wissen ergeben. Als zentrale Fazits der empirischen Ergebnisse der feministischen Psychologie lassen sich (nach Matlin, 2000) festhalten:
1. Psychologische Geschlechtsunterschiede sind generell klein und inkonsistent. Wenn sie überhaupt auftauchen, dann in der Regel in Settings, wo Personen sich selbst beschreiben sollen und/oder wissen, dass ihre Reaktionen von anderen bewertet werden. Geschlecht als Subjekt-Variable ist im allgemeinen unerheblich.
2. Menschen reagieren unterschiedlich auf Frauen und Männer. Geschlecht ist also eher als Stimulus-Variable ausschlaggebend bei der Produktion von unterschiedlichen Reaktionen der Umwelt. „Ironischerweise ist eine der Ähnlichkeiten der Geschlechter, dass sie beide, Frauen wie Männer, an Geschlechtsunterschiede glauben." (Matlin, 2000, S. 20)
3. Frauen unterscheiden sich untereinander sehr stark. Dies erscheint mir persönlich fast als das wichtigste aller Fazits. Frauen zeigen eine beeindruckend große Variationsbreite in allen ihren psychologischen Eigenschaften, ihren Lebenserfahrungen und Lebensentscheidungen – gerade auch in ihren Reaktionen auf jene biologischen (!) Tatsachen und Zustände, wo nach allgemeinem Klischee die Hormone, die Gene oder die Hirnhälften das weibliche Verhalten vorprogrammieren. Manche Frauen *haben* Probleme mit Schwangerschaft, Menstruation, Entbindun-

gen, Stillen und Menopause; andere haben *keine* oder sie empfinden diese Erfahrungen vielmehr als angenehm.

4. KRITIK UND SELBSTKRITIK FEMINISTISCHER PSYCHOLOGIE: EIN BEISPIEL

Ich möchte die Wichtigkeit dieser abstrakten Fazits an einem klassischen Beispiel illustrieren. Es soll überdies zeigen, dass feministische Psychologie nicht dogmatisch vorgeht, sondern ihrerseits zu Selbstkritik und Weiterentwicklung fähig ist. Werfen wir einen Blick auf das klassische Gebiet der Leistungsmotivations-Forschung.

Die frühen Untersuchungen zur Leistungsmotivation waren – wenn sie sich überhaupt mit weiblichen Vpn abgaben – davon ausgegangen, dass Frauen eine niedrigere Leistungsmotivation als Männer aufwiesen. Dies schien auch dadurch ‚verifiziert' zu werden, dass Frauen trotz durchschnittlich gleicher Intelligenzleistungen wie Männer keine vergleichbaren Positionen in Wissenschaft, Wirtschaft oder Politik einnahmen (Alper, 1974; McClelland et al., 1953). Obwohl es eine Reihe von Untersuchungsergebnissen gab, die keine oder wechselnde Unterschiede zwischen den Geschlechtern feststellen konnten, wandte man doch bevorzugt zur Erklärung der fehlenden oder geringeren weiblichen Leistungsmotivation die inzwischen entwickelte Typologie des ‚Erfolgsmotivierten' versus ‚Misserfolg-Vermeiders' auf die Geschlechter an: danach tendieren Männer eher dazu, Erfolg ihren eigenen Fähigkeiten, Misserfolg dagegen fehlendem Glück zuzuschreiben, während Frauen angeblich eine ungünstigere Selbstattributionsstrategie verfolgen, nämlich eigenen Erfolg auf Glück oder Zufall zurückzuführen, Misserfolg aber auf einen Mangel an eigenen Fähigkeiten.

In den 1970er Jahren setzte Martina Horner (1970, 1972) dem einen anderen Erklärungsansatz entgegen. Anhand von projektiven Geschichten, die über erfolgreiche Frauen oder Männer erzählt werden sollten, stellte sie fest, dass weibliche Vpn die Folgen von akademischen Höchstleistungen für Frauen überwiegend durch negative persönliche und soziale Konsequenzen beschrieben. Aus diesen und folgenden Untersuchungen wurde bei Frauen auf ein ‚Motiv, Erfolg zu meiden' geschlossen, weil sie die negativen zwischenmenschlichen Auswirkungen von zu großem weiblichen Erfolg fürchteten. Erst eine Neuinterpretation ihrer Daten sowie Vergleiche mit männlichen Vpn, die die Erfolgskonsequenzen für Frauen genauso negativ einschätzten wie die Frauen selbst, gab der Erkenntnis Raum, dass es sich hier weniger um ein spezifisch weibliches Motiv im Sinne eines Persönlichkeitszugs handelte, sondern eher um die – realistische – Einschätzung der sozialen Konsequenzen für erfolgreiche Frauen, die ihre Erfolge kaschieren oder verheimlichen müssen, um nicht unangenehm aufzufallen oder gar ‚unweiblich' zu wirken (vgl. Monahan et al., 1974; Condry & Dyer, 1976). Außerdem wurde kritisiert, dass durch die Zuschreibung einer geschlechtsspezifischen Subjekt-Variable (‚Furcht vor Erfolg') das eigentliche gesellschaftliche Problem (des erschwerten Zugangs von Frauen in verantwortungsvolle Positionen) dem weiblichen Individuum angelastet wird und nicht den sozialen Umständen, auf die es trifft, bzw. die es als realistisch antizipiert (vgl. Schmerl, 1978a, 1989a). Mithilfe neuer Forschungsdesigns kamen anschließende Untersuchungen zu dem Ergebnis, dass sich Männer und Frauen eher ähnlich sind in ihrer ‚Furcht vor Erfolg' (vgl. Mednick & Thomas, 1993).

Viele weitere Anschlussuntersuchungen zum Thema Leistungsmotivation, Selbsteinschätzung und Selbstvertrauen/Selbstattribution aus den 1980er und 90er Jahren gehen die gesamte Fragestellung wesentlich differenzierter an und vermeiden Erklärungen vom Typ des ‚blaming the victim': Wir wissen heute, dass der Typus der zu *leistenden Aufgabe* ein entscheidende Rolle spielen kann und der Typus des *sozialen Settings*, in dem er gemessen wird. *Wenn* Geschlechtsunterschiede in Leistungsmotivation und Leistungsattribution überhaupt auftreten, dann zeigen sie sich abhängig von diesen beiden Variablen: Männer halten sich für fähiger in ‚männlichen' Aufgabentypen wie Mathematik oder Manageraufgaben, Frauen manchmal für fähiger bei ‚weiblichen' Aufgaben wie z. B. jemandem erfolgreich zu helfen oder zu trösten. Frauen neigen dazu, wenn andere ihre Antworten hören können, ‚bescheiden' zu sein und ihre Erfolge nicht ihren Fähigkeiten zuzuschreiben. Wenn die Antworten dagegen anonym oder privat abgegeben werden, zeigen sie die gleiche Neigung wie Männer, ihre persönlichen Fähigkeiten als Ursache für ihre guten Erfolge anzugeben. Generell gibt es heute für geschlechtsneutrale Aufgaben und für Aufgabentypen, die ein klares Feedback über die eigene Leistung beinhalten, keinerlei systematische Geschlechtsunterschiede mehr. Vielmehr gibt es interessante Unterschiede *zwischen* Frauen im Bereich der Leistungsmotivation.

Der – hier im Eiltempo zusammengefasste – Verlauf von ca. 40 Jahren Leistungsmotivations-Forschung und ihrer kritischen Überprüfung, Ausdifferenzierung und auch selbstkritischen Neubewertung durch feministische Psychologinnen kann exemplarisch veranschaulichen, wie psychologische Forschung, die die Lebensumstände und Erwartungen weiblicher Menschen ernsthaft als Forschungsherausforderung aufgreift, zu überzeugenderen Aussagen und neuen Forschungsansätzen kommen kann. Diese haben offensichtlich den Vorteil, der komplexen Situation, in der sich die beiden Geschlechter in modernen Gesellschaften befinden, angemessener zu begegnen, als so manche konventionelle Psychologie, die sich noch immer der klassischen Geschlechtertypologie oder der biologischen Funktionalität psychologischer Geschlechtsunterschiede verpflichtet fühlt oder dem moderner verkleideten Diskurs der Soziobiologie. Ähnliche Entwicklungsverläufe feministischer Kritik, von neuer Empirie und auch kritischer Selbstkorrektur lassen sich für viele andere Bereiche ebenso nachzeichnen: so z. B. die Androgynie-Forschung von Sandra Bem und ihre Überwindung (Bem, 1974, 1993; Cohen, 1995), die Forschungsarbeiten von Carol Gilligan zu weiblicher Moral und deren Weiterentwicklung und Präzisierung (Gilligan, 1984, 1991; Gilligan & Attanucci, 1988; Nunner-Winkler, 1991) oder auch die Ansätze von Nancy Chodorow zur Genese weiblicher und männlicher Sozialcharaktere durch die frühkindliche Betreuungs-Konstellation und deren heutiger Beurteilung durch jüngere Forscherinnen und Kritikerinnen (Chodorow, 1985; Großmaß, 1989b; Benard & Schlaffer, 1994).

Nun wachsen allerdings auch die feministisch-psychologischen Bäume der von mir geschilderten Bereiche nicht in den Himmel. Zwar ist wahr, dass feministische, frauenspezifische und Geschlechter-Fragen inzwischen in den englischsprachigen Ländern zum festen Ausbildungsstand der universitären Psychologie gehören. Forschungspolitisch und unter Prestige-Gesichtspunkten betrachtet, sind sie aber mit Sicherheit noch immer nicht als ‚gleichberechtigt' mit dem Male Mainstream der akademischen Psychologie zu betrachten und auch die vorne angeführten inhaltlichen und methodischen Kritiken an diesem Mainstream sind noch längst nicht obsolet. Insbesondere britische Psychologinnen klagen heftig über den Sexismus ihrer männlichen Kollegen (vgl. Ussher, 1990, 1992; Nicolson, 1992). Trotzdem muss festgehalten werden, dass es für die Hochschulpsychologie der englischsprachigen Länder eine in Lehrplänen, Prüfungsordnungen, Kursangeboten und einschlägigen Lehrbüchern fest etablierte ‚Women's bzw. Feminist Psychology' oder ‚Psychology of Gender' gibt, dass es inzwischen eine beachtliche Anzahl etablierter psychologisch-feministischer Fachzeitschriften gibt und die englischen, kanadischen und US-amerikanischen Psychologie-Gesellschaften seit über 20 Jahren eigene offizielle Frauensektionen etabliert haben. Der akademische Psychologie-Nachwuchs – Studentinnen wie Studenten –, aber auch die männlichen Hochschulkollegen kommen nicht umhin, diesen Bereich der Psychologie zumindest zur Kenntnis zu nehmen. Die *Studentinnen* erfahren ihn von Anfang an als einen wichtigen Forschungs- und Wissensbereich, der die Lebenslagen und Erfahrungen von Frauen als gleichermaßen ergiebig und wichtig erachtet wie die des sprichwörtlichen Durchschnittsmenschen = Mannes.

5. DEUTSCHE UNIVERSITÄTS-PSYCHOLOGIE UND FEMINISMUS? FEHLANZEIGE

Ich betone dies deswegen so ausdrücklich, weil all diese in über 30 Jahren erkämpften und etablierten Selbstverständlichkeiten der deutschen Hochschulpsychologie noch immer abgehen. Es gibt ein paar deutschsprachige Bücher und Zeitschriftenartikel, die sich mit Geschlechtsunterschieden, mit Geschlechterrollen oder mit weiblicher Sozialisation befassen. Feministische Psychologie, Psychologie des Geschlechterverhältnisses oder auch nur Psychologie und Frau(en) gehören jedoch nicht zum Ausbildungs-, Prüfungs- oder Spezialisierungskanon deutscher psychologischer Institute. Aus den Interna vieler deutscher Psychologie-Institute wissen wir, dass sie sogar aktiv ausgeschlossen, bekämpft und diffamiert werden. Junge Wissenschaftlerinnen, die in diesen Themenbereichen forschen und sich qualifizieren wollen, wechseln in weniger engstirnige Nachbardisziplinen oder kehren der Universität ganz den Rücken. Auch die wissenschaftlichen wie die Mehrzahl der praxisorientierten Berufsverbände haben bis heute keine eigenen Frauensektionen zugelassen/gegründet (vgl. Schmerl, 1983, 1989a und b, 1999). Die blühenden feministisch-psychologischen Landschaften, wie wildblumenhaft bescheiden, aber omnipräsent sie auf den Äckern der anglophonen male-stream-psychology auch imponieren mögen, zu deutschen Studierenden finden sie nur als Ansichtspostkarten ihren Weg. Selbst ein auf über 60 % angewachsener Frauenanteil an deutschen Psychologie-Studierenden kann an diesen Verhältnissen nicht rütteln. Vielmehr fühlte sich 1994 der Vorsitzende der Deutschen Gesellschaft für Psychologie angesichts solcher erschreckender Zahlenverhältnisse in seinem Rechenschaftsbericht zur Lage der Psychologie zu der öffentlichen Klage motiviert, den drohenden Qualitäts- und Prestigeverfall seiner Wissenschaft an die Wand zu malen, falls die Psychologie weiterhin proportional zu viele Frauen ausbilde (Baumann, 1995). Somit kann ich eigentlich für die deutsche Psychologie keine direkte inhaltliche Bilanz ziehen, was ihr Verhältnis zum Feminismus und seinen Anregungen und Kritiken angeht, außer ex negativo. Erst aus der Schilderung des andernorts sowohl Möglichen, als inzwischen auch Selbstverständlichen lässt sich der Mangel- oder Minuszustand der deutschen Psychologie in dieser Hinsicht definieren und richtig würdigen. Die Vorstellung ‚Feminismus und Psychologie' findet in Deutschland vorerst nicht statt – jedenfalls nicht an den obligatorischen Ausbildungsinstituten der akademischen Psychologie, die den Nachwuchs heranzüchtet und über Forschungsschwerpunkte entscheidet. Sie findet allerdings *andernorts* statt, nämlich in den interessierten *Nachbardisziplinen* wie Soziologie, Pädagogik, Linguistik, und sie findet in den psychologischen *Praxisfeldern* statt. Hebt man den Blick über den Schrebergartenzaun der deutschen Hochschulpsychologie und ihrer Prüfungslektüren, so erlebt man plötzlich multidisziplinäre Überraschungen angesichts einer Vielzahl von Publikationen, die sich wissenschaftlich und wissenschaftskritisch mit Fragen zum Thema Frauen und Psychologie auseinandersetzen. Man entdeckt Arbeiten von Niveau, die sich mit zweifellos psychologischen Aspekten des Frauenlebens beschäftigen: mit Problemen der Arbeitslosigkeit von Frauen, Fragen der weiblichen Sexualität, weiblichem Alkoholismus, Menstruationsproblemen, weiblicher Berufsarbeit, älteren Frauen, Frauen in Erziehungsberufen, feministischer Therapie, sexueller Gewalt, Frauenmisshandlung, Erziehungs- und Familienproblemen, mütterlichem Verhalten, weiblicher Hausarbeit, Mütter-Töchterbeziehungen, u. v. m. Zusätzlich gibt es eine Menge Arbeiten, die sich – für die Psychologie ebenso relevant wie für andere Sozialwissenschaften – mit Fragen der Forschungsethik, der Forschungsmethoden, des Wissenschaftsbetriebs, mit Perspektiven wissenschaftlicher Paradigmenwechsel, Kriterien der Frauenforschung usw. beschäftigen – alles Fragen, die unmittelbar auch die Psychologie als Wissenschaft und als empirisches Forschungsgebiet betreffen.

Abschließend drängen sich somit zwei Fragen auf:
1. Warum ist das so? Und:
2. Was sind die vermutlichen Konsequenzen dieser denkwürdigen Situation?

Die amerikanische Psychologin Mary Brown Parlee hatte schon 1979 die erste Frage sehr schlicht mit der Gegenfrage beantwortet: „Wer profitiert von dieser Situation?" Die Fixierung der Hochschulpsychologie auf harte experimentelle und kontextisolierte Daten macht Untersuchungen des Geschlechterverhältnisses und der Psychologie von Frauen unmöglich bzw. von vornherein suspekt. Bei psychologischen Untersuchungen, die sich diesen Fragen widmen, könnte ja herauskommen, dass das Persönliche, das Psychologische politisch ist, d. h. von Machtstrukturen durchdrungen. Die Verweigerung, Ignorierung oder sogar Leugnung dieser Art von Forschungsfragen hat also eine klare Funktion – auch wenn sie manchem ihrer Vertreter nicht bewusst sein mag: sie dient dem Erhalt der eigenen Sichtweise, dem Erhalt und der Legitimation des eigenen Machtvorsprungs. Damit ist auch die Frage für die Wiener Philharmoniker beantwortet, wenn auch vielleicht gründlicher als anfangs gedacht. Mir ist seit 1979 keine neue, keine bessere Antwort begegnet, außer der inzwischen notwendigen Einschränkung, dass dies nur noch für die deutschsprachige Psychologie und ihre Funktionäre gilt, nicht mehr in Reinkultur für die internationale Situation.

Die zweite Frage scheint schwieriger zu beantworten, da sich eine Palette von mehreren Möglichkeiten anbietet. Am leichtesten ist vorherzusagen, dass die feministische Psychologie in Deutschland, wenn überhaupt, weiterhin *außerhalb* der Hochschulpsychologie stattfinden wird. D. h. sie wird multidisziplinäre und anwendungsbezogene Schwerpunkte setzen. Psychologie-Lehrlinge werden sich mit den psychologischen Aspekten der Geschlechterfrage *nicht* befassen, außer sie entwickeln während und nach dem Studium eigene Initiativen. Weiterhin denkbar wäre auch, dass die Überzahl weiblicher Studierender und deren Forderungen nach einer Behandlung von Frauenthemen im Psychologiestudium langsam zu einer Änderung in Richtung einer stärkeren Berücksichtigung dieser Inhalte zumindest in der Psychologie-Ausbildung führen werden. Schließlich gäbe es als eine dritte Möglichkeit die schon von Max Planck beschriebene Strategie des Paradigmenwechsels in einer Wissenschaft, wenn sich deren regierende Lehrstuhlpäpste als unzugänglich für neue Erkenntnisse zeigen: man wartet, bis sie das Zeitliche segnen und sich das Blockade-Problem auf biologisch-natürliche Weise von selbst löst und der nächsten wissenschaftlich besser erzogenen Generation Platz schafft. Und last but not least gäbe es noch die Möglichkeit, dass sich die deutsche Psychologie international als so provinziell blamiert, dass sie zumindest bei Renommier-Veranstaltungen – Kongressen, Tagungen, Überblicks- und Standardwerken – händeringend nach ein paar feministischen Psychologinnen suchen muss, um nicht auf diesem Parkett als allzu rückständig aufzufallen.

Ich muss gestehen, dass ich gegenüber all diesen denkbaren Möglichkeiten ziemlich skeptisch bin: Die erste Perspektive (feministische Psychologie außerhalb der Universität) ist zwar bereits real, verändert aber am Charakter der Hochschulpsychologie nichts: nicht an der Ausbildungssituation von weiblichen wie männlichen Psychologen und zusätzlich nichts an einseitig kontextisolierten Forschungsmethoden und -projekten. Die zweite Möglichkeit (Psychologie-Studentinnen setzen Frauenthemen durch) lässt mich ebenfalls skeptisch, weil Studierende zu wenig Macht im Vergleich mit Hochschullehrern haben, überdies von ihnen persönlich – durch Prüfungen und Gutachten – abhängig sind und alle paar Semester eine neue Generation wieder von vorne anfangen muss. Trotzdem schiene mir diese Veränderungsstrategie die sympathischste, weil sie die gerechteste und demokratischste wäre. Die dritte Möglichkeit (Aussterben der psychologischen Gerontokratie) beurteile ich ebenfalls nicht sehr aussichtsreich, weil unter den Fittichen der alten Päpste ständig neue nachwachsen, die nicht viel anderes gelernt haben und die die gleichen Interessen vertreten – siehe oben. Die Angst vor Blamage schließlich vor einer internationalen scientific community und ihren Erwartungen war bei den deutschen Psychologen bisher noch nicht sehr ausgeprägt, obwohl sie bei anderen Humanwissenschaften wie z. B. Soziologie und Pädagogik schon kleinere Wunder vollbracht hat – warten wir es also ab.

Ich möchte meine insgesamt eher skeptische Einschätzung der zu erwartenden Konsequenzen metaphorisch zusammenfassen: Ich erwarte, dass unser teutonischer Prinz eher seinen *Vater* – sein personifiziertes schlechtes Gewissen – an die Wand werfen wird statt der feministischen Kröte, und zwar um wenigstens *ihn* zum Schweigen zu bringen. Ich vermute weiterhin, dass er die Kröte vielmehr in einem Wetterfroschglas abstellen wird, zur gelegentlichen Verwendung als Sturmwarndienst, und um nicht ganz die Kontrolle über sie zu verlieren.

Aber andererseits – da es sich bei der deutschen Psychologie um ein kleines provinzielles Königreich am Ende der Welt handelt – vielleicht braucht uns das gar nicht groß zu kümmern? Die Krötenmetamorphose *andernorts* ist in vollem Gange...

12. Wann werden Weiber zu Hyänen?
Weibliche Aggressionen
aus psychologisch-feministischer Sicht

– Eine 53jährige Frau alarmiert die Polizei: Sie hat soeben ihren Ehemann mit dem Hammer erschlagen. Bei der Tataufnahme stellt sich heraus, dass ihr Oberkörper, ihre Arme und Beine mit Stichwunden übersät sind – ihr Mann war mit dem Messer auf sie losgegangen, sie hatte sich einen Hammer geholt ... (Frankfurter Rundschau, 25.3.1998)
– Genüsslich zelebriert Der Spiegel in zwei aufeinanderfolgenden Ausgaben (1998b, 11 und 1998c, 12) seine neue Lieblingsmetapher von „stutenbissigen Damen" (gemeint sind Frau-Frau-Scharmützel); die Tabakwerbung beglückt uns mit blonden Furien, die sich um denselben Mann prügeln, und die seriöse Presse berichtet, dass in deutschen Großstädten schon erste Mädchengangs zuschlagen und „immer mehr Mädchen prügeln und foltern" und töten – nämlich andere Mädchen (Frankfurter Rundschau, 11.9.1991; Der Spiegel, 1998a, 11).
– Auch auf kulturellem Gebiet dürfen wir uns seit einigen Jahren über einen Zuwachs an aggressiven Frauen gruseln. Filme wie ‚Fatal Attraction' und ‚Basic Instinct' lehrten uns, dass weibliche Aggressionen noch perfider und hemmungsloser als männliche sind. Romane wie ‚Katzenauge' (Margaret Atwood, 1990) und ‚Schmutziges Wochenende' (Helen Zahavi, 1992) ließen uns anschaulich fantasieren, was wir schon immer ahnten: Frauen sind bereits als kleine Mädchen von tödlicher Grausamkeit gegeneinander und als Erwachsene in ihren Mordgelüsten vollends gnadenlos gegen Männer, die ihnen dumm kommen.

Seit den Anfängen der Zweiten Frauenbewegung traktieren uns die Medien regelmäßig mit Horrorgeschichten von aggressiven Frauen – wie übrigens auch schon zu Zeiten der Ersten Frauenbewegung. Dabei werden meist zwei Erklärungsmuster mitgeliefert: Infolge der Emanzipation ziehen Frauen zunehmend mit Männern gleich, also auch mit deren bisherigem Monopol an Gewalttätigkeit, und zeigen wahlweise a) erst jetzt das wahre Potential ihrer (bisher gezähmten) Aggressivität, oder b) sie werden durch falsche Vorbilder und verrohte Sitten ihrer wahren, friedlichen Natur entfremdet.

Die auf der Hand liegenden Fragen wären also: Stimmt die behauptete Tatsache wachsender weiblicher Aggression? Stimmen die suggerierten Ursachen, oder gibt es andere, differenziertere Erkenntnisse? Und: Welche Funktion hat und welche Botschaft transportiert die kommerzielle Vermarktung weiblicher Aggression?

Bei der Beantwortung dieser Fragen sollen uns die Erkenntnisse der sozialpsychologischen Aggressionsforschung und vor allem die innerhalb dieser Wissenschaft durch die Frauenbewegung angestoßenen Diskussionen und Erkenntnisse weiterhelfen. Bei der Sichtung dieser Fragen lege ich jenen Aggressionsbegriff zugrunde, auf den sich die empirische Aggressionsforschung seit den 1960er Jahren geeinigt hat: als Aggression gilt jenes *Verhalten*, das eine andere *Person* (oder ihr Eigentum) mit *Absicht schädigt, verletzt* oder *zerstört*. Darunter fallen sowohl körperliche wie verbale Angriffe, direkte wie indirekte, kaltblütig-instrumentelle wie emotionale, offensive wie defensive. Aggressive Wünsche, Träume und Phantasien sollen *nicht* darunter fallen, auch nicht die oft missverständlich ebenso als ‚aggressiv' gehandelten Akte der Selbstbehauptung, des Ehrgeizes, der Aktivität oder der Kreativität.

1. Menschliche Aggression aus der Sicht psychologischer Theorien des 20. Jahrhunderts

Die Psychologie hat im 20. Jahrhundert sehr unterschiedliche Aussagen zum Thema Aggression und Geschlecht gemacht. Für Freud (1915) und seine Zeitgenossen war Aggression ein Trieb, der auf die Sicherung des menschlichen Lebens durch Kampf (Führung, Auslese) und Sexualität (Fortpflanzung) gerichtet ist, und zwar ausschließlich beim Mann. Frauen waren das friedfertige Geschlecht, das keinen Aggressionstrieb brauchte, weil es ja seinen natürlichen Anlagen durch Pflege (des Nachwuchses) und Nachgiebigkeit (gegenüber den sexuellen Avancen des Ehemanns) nachkommen sollte. Ausnahmen bestätigten die Regel und wurden zufriedenstellend unter ‚Penisneid' abgelegt.

Erst 1939 wurde in Weiterverwendung des schon bei Freud auftauchenden Begriffs ‚Frustration', also eines Hindernisses, das eine zielgerichtete Aktivität behindert oder unterbricht, ein neuer, anscheinend geschlechtsneutraler Zugriff auf die menschliche Aggression versucht: Aggression war nun kein spontaner Trieb mehr, sondern stets eine *Folge* von Frustration, also eine Re-Aktion, die durch ein vorangegangenes Ereignis ausgelöst wird (Dollard et al., 1939). Geschlechtsdifferenzierende Annahmen wurden nicht gemacht, die „Frustrations-Aggressions-Theorie" bezog sich auf menschliches Verhalten generell.

In den 1960er Jahren wurden die Erkenntnisse der behavioristischen Lerntheorien – alles menschliche Verhalten ist durch seine positiven und negativen Folgen formbar – von Bandura und seinen Mitarbeitern weiterentwickelt: und zwar gerade anhand empirischer Untersuchungen von aggressiven Verhaltensweisen. Sie konnten zeigen, dass aggressive Akte nicht nur durch ihre zufälligen oder systematischen positiven Folgen geformt und aufrechterhalten werden, sondern dass menschliche *Vorbilder* mit sichtbaren positiven Aggressions-Erfolgen bei Beobachtenden aggressives Verhalten lernen und nachahmen lassen. In der Folge können auf Beobachterseite entsprechende Erwartungen als Anreize wie als Rechtfertigungen wirken, selbst aggressives Verhalten einzusetzen, auszubauen und beizubehalten (Bandura, 1979a; Bandura & Walters, 1963). Dieser als ‚sozial-kognitive Lerntheorie' bezeichnete Ansatz zur Erklärung auch aggressiven Verhaltens hat sich inzwischen durch unzählige empirische Studien als der am breitesten akzeptierte in der sozialpsychologischen Aggressionsforschung bewährt (Bandura, 1986; Eron, 1994). Er ist zudem durch Längsschnittuntersuchungen, die v.a. den potentiell aggressionsfördernden Einfluss der drei Faktoren ‚Familie', ‚Peers' und ‚Medien' als entscheidend herausgearbeitet haben, auch auf breiter multinationaler Basis belegt (vgl. Huesmann & Eron, 1986).

Seine Wirkmechanismen sind geschlechtsneutral formuliert, können aber Unterschiede im aggressiven Verhalten der beiden Geschlechter aus deren unterschiedlich verlaufenden Lerngeschichten und den unterschiedlichen Vorbildern und Idealen für beide Geschlechter erklären.

2. DIE GESCHLECHTERFRAGE IN DER EMPIRISCHEN AGGRESSIONSFORSCHUNG

Systematische *empirische Geschlechtervergleiche* aggressiven Verhaltens gibt es seit den 1970er Jahren, erste feministische Analysen von Aggressionsfragen stammen aus derselben Zeit. Die Zweite Frauenbewegung motivierte viele Psychologinnen dazu, ihre eigene Wissenschaft hinsichtlich Forschungsmethoden, Fragestellungen und Ergebnissen zu den Eigenschaften, Fähigkeiten und Verhaltensweisen beider Geschlechter zu befragen. Außer zu interessanten Einsichten in den Androzentrismus ihrer eigenen Disziplin (vgl. Sherif, 1977; Parlee, 1979) führten diese Fragen vor allem dazu, alle bis dato für wissenschaftlich ‚erwiesen' gehaltenen psychischen Geschlechtsunterschiede in den Bereichen intellektueller, kognitiver und leistungsbezogener Fähigkeiten, wie auch in denen des sozialen Verhaltens (Emotionalität, Abhängigkeit, Aggression, Kooperation etc.) nachhaltig zu erschüttern. Einschlägige Übersichtsarbeiten zu psychischen Geschlechtsunterschieden zeigten bereits ab den 1970er Jahren immer eindeutiger, dass sich keine konsistenten und keine großen Unterschiede nachweisen lassen (vgl. Kap. 11). Wenn überhaupt Unterschiede gefunden wurden, waren sie geringfügig und häufig *innerhalb* jedes Geschlechts größer als *zwischen* beiden – ein Fazit, das sich in den letzten 30 Jahren zunehmend bestätigt hat und heute als allgemein gesichert gilt (vgl. Maccoby & Jacklin, 1974; Walsh, 1987, 1997; Matlin, 2000; Maccoby, 2000). Der einzige Unterschied in diesen Analysen und Übersichtswerken, der nicht völlig verschwand, war ‚die' Aggression[1] – auch wenn sie als Begriff, als Messgröße wie auch als genereller Unterschied zunehmend kritisiert und differenziert wurde (z.B. schon Macaulay, 1985).

Seit den 1970er Jahren lassen sich drei aufeinanderfolgende, bis heute aber auch parallel laufende Argumentationsstränge in der Debatte um die empirisch gesicherten Aggressionsunterschiede der Geschlechter verfolgen, die sich zudem nicht ausschließen müssen:
1. Frauen sind weniger aggressiv als Männer (so z.B. Maccoby & Jacklin, 1974; Hyde, 1984; Eagly & Steffen, 1986);
2. Frauen sind anders aggressiv als Männer (d.h. auf der Verhaltensebene; so z.B. Frodi, Macaulay & Thome, 1977; Macaulay, 1985; Lagerspetz, Björkqvist & Peltonen, 1988; Björkqvist & Niemelä, 1992);
3. Frauen haben andere Motive, andere Wahrnehmungen und andere Attributionen bezüglich ihrer Aggressionen als Männer (z.B. Campbell, 1995).

---

[1] Neben kleineren, zunehmend verschwindenden Unterschieden in räumlichen und mathematischen Leistungen, vgl. Kap. 11.

Werfen wir im folgenden einen näheren Blick auf alle drei Argumentationsstränge.

2.1 Zeigen Frauen weniger Aggressionen als Männer?

In ihrer oft zitierten Übersichtsarbeit über den Stand der psychologischen Forschung zum Thema Geschlechtsunterschiede hatten Eleanor Maccoby & Carol Jacklin 1974 zwar gründlich mit überkommenen ideologischen Vorurteilen über die Existenz von Wesensunterschieden zwischen den Geschlechtern aufräumen können, hatten aber einen offensichtlich bleibenden Unterschied[2] zwischen den Geschlechtern in Untersuchungen (an *Kindern*) gefunden: weibliche Subjekte stellten sich in der Mehrzahl der überprüften Studien als weniger aggressiv heraus als männliche – wenn auch keineswegs in allen. Dies wurde durch Vergleiche mit Hilfe des exakteren Verfahrens der Meta-Analyse in den 1980er Jahren weiter bestätigt (Eagly & Steffen, 1986).

Obwohl die Gültigkeit dieses aus den wissenschaftlichen Daten extrahierten Trends – wegen seiner Übereinstimmung mit dem alltäglichen Augenschein dominanter männlicher Aggression – nicht bezweifelt wurde, so regte sich bereits in den 1970er Jahren Zweifel an der von Maccoby & Jacklin angebotenen Erklärung, dass die höheren männlichen Aggressionswerte doch irgendwie biologisch bedingt sein müssten. Das Augenmerk wurde nun stärker auf die Unterschiedlichkeit der untersuchten Aggressions*arten* gelegt – vor allem auf die geringe Vergleichbarkeit der in zahllosen Untersuchungen verwendeten Messmethoden, und ihre mangelnde Nähe zur Realität.

2.2 Zeigen Frauen Aggressionen anders als Männer?

Ann Frodi und ihre Kolleginnen (1977) sichteten 314 einschlägige Studien, die sich nur auf die Aggression *erwachsener* Frauen und Männer konzentrierten und fassten ihr Fazit unter dem bezeichnenden Titel „Sind Frauen immer weniger aggressiv als Männer?" zusammen. Sie konnten zeigen, dass sich in bestimmten Untersuchungen überhaupt keine Unterschiede zwischen den Erwachsenen beider Geschlechter zeigten – nämlich dort, wo es nicht mehr (wie bei Studien an *Kindern*) um *körperliche* Aggressionen wie Schlagen, Treten, Sich-Prügeln etc. ging. Gleich hohe Aggressionswerte bei Frauen waren, wenn sie auftraten, stets abhängig von der jeweiligen Untersuchungs*situation* und der untersuchten Aggressions*art*: Waren es Aggressionen, die *nicht* gegen weibliche Rollenerwartungen verstießen (z. B. Mitleid oder Einfühlungsvermögen für das ‚Opfer' zu haben) oder die eine *neutrale* Vergeltung (z. B. Geldstrafen statt körperlicher Strafen) zuließen, zeigten Frauen sich nicht weniger aggressiv als Männer. Wurden die Versuchspersonen (Vpn) geärgert und konnten mit Aggressionen (Elektroschocks) reagieren, die keinen handgreiflichen Einsatz erforderten, zeigten sich ebenfalls keine Geschlechtsunterschiede. Offensichtlich kann es für *beide* Geschlechter legitim und rollenkonform sein, auf Ärger aggressiv zu reagieren. Bei nichtgeärgerten Vpn sah es aber anders aus: Frauen verteilten in einer

---

2 Vgl. Fußnote 1

(vorgetäuschten) Lernsituation dem ‚schlechten Schüler' deutlich weniger aggressive Strafreize (Elektroschocks) als Männer. ‚Weibliches' Einfühlungsvermögen und Mitgefühl schienen hier aggressives Verhalten gar nicht erst aufkommen zu lassen. Auch die Art aggressiver Anreize konnte eine geschlechtsspezifische Rolle spielen: auf verbale Beleidigungen reagierten Frauen weniger aggressiv als Männer, ebenso in Situationen, wo Waffen als Hinweisreize auftauchten. Desgleichen neigten Männer eher dazu, in Selbstbeschreibungen und projektiven Tests offen eigene Aggressionen bzw. Aggressionsabsichten darzustellen als Frauen. Wenn dagegen die Versuchsanordnung so angelegt war, dass aggressives Verhalten gerecht(-fertigt) erschien, oder es um die – distanziertere – Geschmacksangabe zu aggressivem Humor, bzw. um Billigung von fiktivem aggressiven Verhalten ging, zeigten sich keine Geschlechtsunterschiede.

Die Interpretation, die Ann Frodi und ihre Kolleginnen anbieten, lautet, dass Geschlechtsunterschiede in experimentellen Aggressionsuntersuchungen dann selten werden, wenn das jeweilige aggressive Verhalten ein für Frauen sozial erlaubtes ist. Sie glauben, dass Geschlechtsrollenerwartungen, die von Kindheit an konsistent gelernt werden, sich bis ins Erwachsenenalter als wirksam erweisen. Sie können ihrer Meinung nach aber nicht als eherne biologische Regel betrachtet werden, die gegenüber Situationsveränderungen oder Umlernen resistent wären.

2.2.1 Methodenabhängigkeit empirischer Aggressionsforschung

Was sich in der Übersicht von Frodi et al. schon andeutete, geriet in der folgenden Dekade noch stärker ins Visier feministischer Psychologinnen und ihrer Kritik an den Methoden der Aggressionsforschung (vgl. Macaulay, 1985). Ein ganzes Bündel von Forschungsgewohnheiten hatte bislang quasi selbstverständlich die möglichen weiblichen Aggressionsweisen nicht nur ignoriert, sondern sie als Ausnahme von der männlichen Regel betrachtet und auch gleich qua Forschungs-Design bestätigt: Aggressionsexperimente waren in der Überzahl von *männlichen* Experimentatoren mit bevorzugt *männlichen* Vpn als ‚der Norm' durchgeführt worden. Die am häufigsten angewandte Messmethode bestand im ‚Ärgern' der Vpn und der Aufforderung zum Austeilen von Elektroschocks als ‚Aggressionsabfuhr'. Das stillschweigend dahinterstehende Aggressionsmodell ist das eines ‚gegnerzentrierten' instrumentellen Ausagierens situativ provozierten gerechten Zorns – ein sehr männliches Modell, John Wayne lässt grüßen.

Natürlich soll nicht übersehen werden, dass auch das ethische Problem, ‚echte' Aggressionen im Labor zu untersuchen, zur Dominanz dieser Erhebungsmethoden geführt hatte: Um aggressives Verhalten im Labor überhaupt glaubhaft hervorzulocken, wurden die Vpn meist ‚frustriert' (d.h. geärgert oder wütend gemacht), in der Annahme, dass ‚normalerweise' Frustrationen zu Wut und Wut zu Aggressionen führe. Wenn weibliche Vpn – wesentlich seltener – auch mal untersucht wurden, galt dieses Modell als Vorannahme für sie ebenso. Qualitativ *andere* Reaktionen auf Frustration als die erwarteten konnten bei Frauen dann aber nur unter ‚nicht aggressiv' registriert werden.

Die andere bevorzugte Vorgehensweise bestand in der Art der Messung: Da man im Labor Menschen sich nicht tätlich angreifen lassen kann, wenn man *physische*

Aggressionen untersuchen will, wurde bevorzugt das von Buss (1961) entwickelte Lehrer-Schüler-Vorgehen angewandt: Die echte Vp bekommt die Aufgabe, eine andere (eingeweihte) Vp für schlechte Lernleistungen mit Elektroschocks zu bestrafen; die Stärke der applizierten Schocks gilt als quantifizierbares Maß für ‚die Aggression' der echten Vp. Es ist klar, dass durch eine solche Versuchsanordnung Menschen, die Hemmungen haben, unbekannten Dritten Schmerzreize zuzufügen, die Mitgefühl oder Angst vor Vergeltung haben, ‚nicht' oder ‚wenig' aggressiv erscheinen. Wenn Frauen in solchen experimentellen ‚Strafaktionen' mehrheitlich anders reagieren als Männer, d. h. wenn ihre vielleicht durchaus vorhandenen Aggressionsneigungen oder -angewohnheiten anders ausgelöst werden und anders aussehen als die des durchschnittlichen Mannes, dann ist ihnen mit solchen Experimenten nicht auf die Spur zu kommen.

Noch problematischer scheint die Gleichsetzung oder Verallgemeinerung dieser Art von künstlich herbeigeführter Aggression mit Alltagsaggressionen in Familie, Beruf und Öffentlichkeit. Von Männern für Männer entwickelte Aggressions-Paradigmata und Messmethoden („Ein Mann wird wütend/aggressiv, wenn ..."; „Ein Mann wehrt sich, wenn ..."; Aggressive Vergeltung ist im Einklang mit der eigenen Geschlechterrolle) dürften es schwer machen, weibliche Aggressionen, so sie denn existieren, zu erfassen. Was bedeutet es, wenn Frauen in solchen Versuchsanordnungen zögerlicher oder weniger Elektroschocks austeilen? Hat die gesamte Versuchsanordnung für sie eine andere Bedeutung oder sind sie tatsächlich ‚nur' weniger aggressiv als Männer?

In der Folge solcher Kritik, aber vor allem unter dem Einfluss der Frauenbewegung, die Frauen nicht länger nur als wehrlose Opfer, als Unschuldslämmer oder als unfähig zu gerechtem Ärger, zu Selbstverteidigung und Angriff sehen konnte, wurden in den 1980er Jahren zunehmend Studien durchgeführt, die methodisch anders vorgingen, indem sie anteilmäßig stärker auf systematische Beobachtung in realen Situationen, auf Peer-Beurteilungen und auf den Einfluss von Rollenerwartung und Situationsdeutung setzten, um die unterschiedlichen Aggressionsformen bei beiden Geschlechtern fassbar zu machen. Außerdem wurden nun von psychologischer Seite zunehmend auch Ergebnisse aus Nachbardisziplinen zur Kenntnis genommen, wie z. B. kulturvergleichende und kriminologische Studien. Vor allem Beobachtungsstudien und Peer-Einschätzungen fanden nun überdeutlich, was sich bereits bei Maccoby & Jacklin's Analyse von ‚Nur-Kinder-Studien' gezeigt hatte: Aggressionsunterschiede zwischen den Geschlechtern sind nur dann deutlich ausgeprägt, wenn es sich um die körperlichen Aggressionen bei Kindern und Heranwachsenden handelt, also um Schlagen, Raufen, Treten, Schubsen. Hierin sehen z. B. Björkqvist, Österman & Kaukiainen (1992) einen entwicklungsbedingten Unterschied: Je mehr die Kinder mit zunehmender Reife über verbale und andere Mittel verfügen, ihre Konflikte auszudrücken und zu regeln, desto mehr schwinden die direkten, körperlichen Methoden und die Unterschiede zwischen den Geschlechtern. Mädchen haben allerdings auch hier einen Entwicklungsvorsprung: sie lernen offensichtlich früher und strikter, Aggressionen und Konflikte mit nicht-körperlichen, sondern sprachlichen und vor allem mit indirekten Mitteln auszutragen. Eins der durchgängigsten Ergebnisse seit den 1980er Jahren aus der finnischen Forschergruppe um Kirsti Lagerspetz ist, dass

a) mit steigendem Lebensalter der deutliche männliche Vorsprung an körperlichen Aggressionen verschwindet, und dass b) weibliche Kinder und Jugendliche *indirekte* Aggressionen bevorzugen (Manipulationen, üble Nachrede, Entzug von Freundschaft u. ä.). Das heißt, weibliche Kinder und Jugendliche sind nicht weniger aggressiv als männliche, sondern sie sind mit anderen, indirekten Mitteln genauso aggressiv oder sogar aggressiver (vgl. Lagerspetz, Björkqvist & Peltonen, 1988; Björkqvist, Lagerspetz & Kaukiainen, 1992). Im Alter von 8, von 11 und von 15 Jahren sind sie *verbal genauso* aggressiv wie Jungen, *körperlich weniger* aggressiv, und ihre *indirekten* Aggressionen sind denen der Jungen gleich oder teilweise überlegen (Björkqvist, Östermann & Kaukiainen, 1992). Der Trend dieser Ergebnisse wird durch neuere amerikanische (Cairns et al., 1989; Crick et al., 1997) und deutsche Studien (Werner, Bigbee & Crick, 1999; Schäfer & Wellman, 1998) bestätigt.

2.2.2 Kulturvergleiche weiblicher Aggressionen

Systematische Kulturvergleiche an mehreren hundert Ethnien haben in den letzten Jahrzehnten die in den westlichen Ländern gesammelten Beobachtungen durch eine breitere Datenbasis entscheidend bestätigt. Auch hier soll der Blick nur auf die Aggressionen erwachsener Frauen gerichtet werden. Victoria Burbank (1987) analysierte in einem vielbeachteten Vergleich von 317 nicht-westlichen Gesellschaften *Formen*, *Ziele* und *Motive* weiblicher Aggressionen.

Sie fand, dass die Fälle insgesamt berichteter weiblicher Aggressionen die volle Breite menschlicher Möglichkeiten ausschöpfte. Trotzdem ergaben sich übergreifende charakteristische Muster für Frauen, die mit deren typischen Lebensbedingungen zusammenhängen: Konflikte um Ressourcen (meist Nahrung, Land, Geld, aber auch Männer), Schutz von Kindern, Konflikte mit Ehemännern (Untreue, Faulheit, Eifersucht), Ärger mit der Verwandtschaft.

– Die bei weitem häufigste *Form* weiblicher Aggression ist verbale Aggression (beleidigen, verspotten, streiten). Das für Frauen typische Spektrum umfasst weiterhin die Verweigerung von Pflichten (wie Nahrung bereitstellen oder kochen, Aussperren von fremdgehenden Ehemännern), die Zerstörung von Eigentum (Hütten, Gärten, Kochgeschirr), das Bedrohen mit Gegenständen (eher mit eigenen Werkzeugen als mit ‚richtigen' Waffen) und schließlich Schlagen, Kratzen, Haarereißen.
– Das häufigste *Ziel* einer weiblichen Aggression ist eine andere Frau, das zweithäufigste der eigene Ehemann. Danach richtet sich auch die Form der bevorzugten Aggression: Ehemänner werden beschimpft, ausgesperrt oder nicht mehr mit Essen versorgt; Gegnerinnen werden ebenfalls in erster Linie verbal attackiert; ihr Eigentum wird beschädigt, bevor persönliche Angriffe erfolgen. Letztere werden häufiger mit bloßen Händen als mit Waffen ausgetragen und erzeugen typischerweise nur geringfügigen Schaden bei den Opfern. Vor allem gegenüber Ehemännern wählen Frauen lieber verbale und passiv/indirekte Aggressionsformen als körperliche.
– Das häufigste *Motiv* für weibliche Aggressionen sind Männer und ihr Verhalten.

Sowohl für ‚halb-modernisierte' (vgl. Archer & McDaniel, 1995; Hines & Fry, 1994; Heyne, 1993) wie auch für vorindustrielle Gesellschaften (Knauft, 1987; Schuster,

1985; Burbank, 1987) lässt sich festhalten, dass Frauen sehr wohl über den vollen Bereich menschlicher Aggressionsmöglichkeiten verfügen (einschließlich Mord, Folter, Waffengebrauch, Kindesmisshandlung). Sie geben aber quantitativ wie strukturell überall den verbalen, den indirekten, den weniger verletzenden und vor allem den nicht organisierten Aggressionsformen den Vorzug, um Interessen zu verfolgen und Konflikte auszutragen. Dies darf allerdings nicht vergessen machen, dass sich die einzelnen Kulturen und Gesellschaften viel stärker *untereinander* in ihrem Aggressionsausmaß und in ihren Aggressionsmitteln unterscheiden als dies kulturübergreifend ihre beiden Geschlechter tun! In Kulturen ohne scharfe männliche Statusunterschiede, ohne strukturelle männliche Dominanz über Frauen und ohne Verherrlichung von Kriegertum, von ‚big-men'-Hierarchien, von Vergewaltigung und von konkurrenter Güteranhäufung sind schwere Gewalttaten überhaupt extrem selten, systematische Gewalt *zwischen* Männern und Frauen nicht existent und demzufolge auch Geschlechter*unterschiede* in aggressivem Verhalten irrelevant (vgl. Sanday, 1981; Knauft, 1987; Lepowsky, 1994).

2.3 Haben Frauen und Männer unterschiedliche Motive zu aggressivem Verhalten?

Wenn wir den Blick zurückführen auf unsere eigenen, als ‚zivilisiert' bezeichneten westlichen Gesellschaften, so ist unbestreitbar, dass all diese eindeutig aggressionsfördernden Bedingungen bei uns seit langem irreversibel etabliert sind, und sie somit das Geschlechterverhältnis in seinen typischen Aggressionsformen bestimmen. Daher lohnt es sich – wenn die realen Quantitäten und die potentiellen Kapazitäten beider Geschlechter geklärt sind –, noch mal einen genaueren Blick auf die spezielle Ethnologie der Motive und Formen aggressiven Verhaltens in unseren westlichen Gesellschaften zu werfen. Dazu soll exemplarisch auf die Arbeiten der britischen Psychologin Anne Campbell (1990, 1995) zurückgegriffen werden, die nicht wie der Mainstream der westlichen Aggressionsforschung auf Laborexperimente mit Frustration und Elektroschocks gesetzt hat, sondern die über 20 Jahre lang sehr reale wie auch sehr heterogene Formen des menschlichen Aggressionsspektrums bei beiden Geschlechtern untersucht hat: weibliche Straßengangs in den USA[3], weibliche und männliche Straftäter sowie ganz ‚normale' familiäre Aggressionen von weiblichen und männlichen Mittelschichtsangehörigen[4].

Anne Campbell findet in ihren Ergebnissen einen zusätzlichen Qualitätsunterschied in der subjektiven wie objektiven Bedeutung der Aggressionen der beiden Geschlechter, der über das inzwischen gut belegte ‚mehr/weniger', ‚anders als' hinausgeht. Sie glaubt, dass Männer und Frauen nicht nur unterschiedliche Lern- und Erziehungsgeschichten in Alltagsaggression mitbekommen, sondern dass sich ihr Aggres-

---

3 Mit den Methoden der Feldforschung, wie teilnehmende Beobachtung, Fallstudien, Interviews.
4 Mittels biographischer Interviews bei beiden Gruppen (StraftäterInnen, Erwachsene der Mittelschicht).

sionsverhalten auch deswegen unterscheidet, weil sie dessen Bedeutung unterschiedlich auffassen, so vor allem seine Ursachen und seine Folgen:

> „Frauen betrachten Aggression als zeitweiligen Kontrollverlust, verursacht von überwältigendem Druck und gefolgt von Schuldgefühlen. Männer sehen Aggression als Mittel, Kontrolle über andere Menschen auszuüben, wenn sie das Bedürfnis empfinden, Macht und Selbstwertgefühl zu erlangen. ... Beide Geschlechter sehen eine enge Verbindung zwischen Aggression und Kontrolle, doch für Frauen ist Aggression ein *Versagen* der Selbstkontrolle, während es für Männer bedeutet, anderen die eigene Kontrolle *aufzuzwingen*." (1995, S. 10/11 u. 15).

Für Frauen sind Aggressionen ein expressives Mittel, übermächtig gewordenen Stress, lange angesammelte Frustrationen auszudrücken, für Männer sind sie ein instrumentelles Mittel, Konkurrenz, Konflikte und Zweifel an ihrer männlichen Autorität schnell, effizient und beeindruckend zu ihren Gunsten zu entscheiden – egal, ob mit oder ohne Emotion. Dies führt in der Tat dazu, dass Aggressionen bei Frauen anders aussehen als bei Männern. Frauen lernen, auf alltägliche Frustrationen und Provokationen zunächst *nicht* mit Wut oder gezielter Gegenwehr zu reagieren. Wenn die Provokation länger anhält, wird ihre Zurückhaltung leicht als Akzeptanz betrachtet, die weiter strapaziert werden kann. Wenn Frauen also erst sehr spät die Beherrschung verlieren, fällt diese Aggression entsprechend explosiv, d. h. expressiv aus und sie tendieren selbst dazu, dies als unangemessenes ‚unweibliches' Verhalten und als ein Versagen ihrer Selbstdisziplin zu betrachten. Ihre eigene selbstkritische Einschätzung wie auch die ‚expressive' Qualität ihrer Aggression (Schluchzen, Schreien, Vorwürfe, Drohungen, Türen schlagen, Um-sich-werfen-mit-Gegenständen) ist nicht nur ineffektiv für die Beseitigung des frustrierenden Ereignisses, sondern auch – bei lange sich ansammelnden Erlebnissen – stets zu spät und wenig zielgerichtet.

Bei männlicher Aggression geht es dagegen Campbell's Auffassung nach vielmehr darum, schnell Kontrolle über andere oder über die Situation zu gewinnen, als nur bloße Spannung abzuführen. Unsere Zivilisation lehrt Jungen, Aggression als ein Mittel zwischenmenschlicher Dominanz-Regelung zu sehen, das überdies der männlichen Rolle angemessen und für ihren Akteur prestigeträchtig ist. Für Frauen gilt es dagegen als unweiblich, Feindseligkeit und Wut offen zu zeigen. Der instrumentelle Einsatz von Aggression ist für die weibliche Rolle nicht vorgesehen. Mädchen lernen vielmehr, dass sie bestenfalls ein Ventil für übermächtigen Stress sein kann und für Frauen zudem Gesichtsverlust bedeutet. Wenn Frauen zuschlagen, dann eher, weil sie wütend und überfordert sind, als weil sie jemandem ihre Überlegenheit beweisen wollen.

Viele von Anne Campbell's Recherchen zeigen, dass Frauen nicht etwa *weniger Wut* als Männer empfinden und *deswegen* seltener aggressiv werden, sondern dass sie ihre Wut *länger* zurückhalten und *dann* explodieren. Für Männer, die überdies die Deutungsmacht in Alltag, Medien, Wissenschaft und Gesetzgebung haben, erscheint dies unverständlich und sinnlos, weil nicht auf direkte Effizienz gerichtet. Männer erweisen sich demgegenüber als wesentlich geübter, gezielt aggressiv zu handeln, auch ohne persönlichen Groll. Das für den männlichen Sozialcharakter so einleuchtende Frustrations-Aggressions-Modell scheint also zumindest für Frauen nicht analog (bzw. nur zeitversetzt) zu funktionieren. Ob es für Männer stimmig zutrifft, bleibt ebenfalls noch die Frage, wenn wir erfahren, dass Männer Aggressionen vor allem instrumentell einsetzen, aber gerne den sie frustrierenden Anlass als rollenkonforme Legitimation und als zusätzlichen Lorbeer genießen.

Hier soll nicht behauptet werden, dass Anne Campbell's These den gesamten Bereich weiblicher und männlicher Aggressionen in westlichen Gesellschaften erklären kann. Es wird deutlich, dass sie sich auf die ‚spektakulären' Formen von Aggression bezieht, auf die direkten, körperlichen wie verbalen Akte im Alltag und nicht auf die indirekten, manipulierenden oder passiv-verschwiegenen. Sie argumentiert keineswegs biologistisch, sondern analysiert die kulturell verschiedenen Aggressionsentwicklungen und -wahrnehmungen der Geschlechter vor allem unter dem Aspekt der unterschiedlichen Verteilung von *Macht* – und der Einübung in diesen Unterschied. Sie zeigt in ihren eigenen Untersuchungen, dass Frauen in bestimmten Konstellationen den instrumentellen Modus männlichen Aggressionseinsatzes sehr wohl ebenfalls ausüben, z. B. in weiblichen Straßen-Gangs, die sich durch die Erarbeitung eines aggressiven ‚Rufs' handfeste Vorteile durch Verbreitung von Angst und Respekt verschaffen (Campbell, 1990).

Interessant an ihrem Ansatz ist, dass er die scheinbare Geschlechtsunabhängigkeit der bisherigen Aggressions-Definitionen bezweifelt (Aggression nur als intendiertes und auf Verletzung gerichtetes Verhalten), und ebenso die geschlechtsneutrale Anwendbarkeit der beiden wichtigsten Aggressionstheorien (Frustration und soziales Lernen). Es scheint vielmehr, dass Frauen gerade nicht nach dem einfachen Wenndann-Muster von Frustration-Aggression handeln, sondern mit ihren Frustrationserlebnissen und mit ihrer Wut anders umgehen, als die Theorie vorhersagt. Und dass Männer offensichtlich einer für sie günstigen Kombination *beider* Theorien folgen, indem sie Frustrationen benutzen – sogar aufsuchen und ‚herbei-deuten' –, um sich dann Kontroll- und Überlegenheitserlebnisse (und materielle Vorteile) zu verschaffen. Sie können also den kulturell männlich konnotierten Frustrations-Aggressions-Mythos für sich nutzen, um damit instrumentell Erfolg zu haben (und lerntheoretisch gesprochen sich weiter darin einzuüben). Für Frauen ist der lerntheoretische Aggressionsmodus zwar generell auch möglich, de facto mangels Belohnung und belohnter Vorbilder aber selten existent, außer in extrem atypischen Situationen, vor denen sie ihre Geschlechtsrolle in der Regel bewahrt.

Schließlich zeigt Anne Campbell darüber hinaus durch die praxisorientierte Anwendung ihrer These die gesellschaftspolitische Relevanz des von ihr kritisierten, bisher in der Wissenschaft dominanten, männer-zentrierten Aggressionsverständnisses auf: Wenn Frauen ‚zurückschlagen' (etwa einen jahrelang misshandelnden Ehemann im Schlaf oder im Suff töten), dann wird ihnen jener Aggressionsbegriff einer androzentrischen Jurisprudenz zum Verhängnis, der Töten nur im spontanen Affekt („Frustration-Aggression") strafmildernd als Totschlag oder Notwehr anerkennt. Weibliche Wut und Verzweiflung, die sich erst jahrelang ansammeln, bevor die Kontrolle über sie zusammenbricht, gelten nicht als Notwehr. Wenn weibliche Gegenwehr, wegen schlechter Chancen bei spontanem physischem Körpereinsatz, heimlich oder zeitversetzt agiert, wird sie juristisch *nicht* als Affekttat (Notwehr oder Totschlag) bewertet, sondern als Mord (vgl. Oberlies, 1995).

Anne Campbell hat so die Machtfrage in die Aggressionsforschung über Männer und Frauen eingeführt: die der Definitionsmacht über Aggressionsbegriffe und -theorien, die der Legitimationsmacht über begreiflich-verständliche und über irrational-unverständliche Ursachen sowie darüber, wer sich welche Aggressionen als nachgesehen, ‚natürlich' erlauben kann und wer sie sich als verpönt, ‚unnatürlich' nicht erlauben sollte.

3. DAS PARADOX VON AGGRESSIVEN POTENZEN UND AGGRESSIVEN REALITÄTEN: ANREIZE, RESSOURCEN, MACHT UND KOMPETENZEN

Die skizzierten sozialpsychologischen und ethnologischen Erkenntnisse der letzten 30 Jahre haben hinreichend deutlich gemacht, dass Frauen nicht qua Natur das sanftmütigere, weniger gewalttätige Geschlecht sind. Fallstudien aus Geschichte und Sensationspresse lehren ebenfalls: Frauen können buchstäblich jede Grausamkeit, jede Brutalität, jede sadistische oder kaltblütige Aggression an den Tag legen, die die Menschheit sich bisher hat einfallen lassen – potentiell. Sie *können* es genau so wie Männer, aber: sie tun es derzeit (noch) nicht. Die Kriminalstatistiken belegen: der Vorsprung der Männer ist noch immer überdeutlich. Bis auf das Delikt der Kindstötung und -misshandlung sind in allen Gewaltdelikten die Männer führend: Raub, Überfall, Mord, Totschlag, Erpressung, Entführung, Körperverletzung sind fast rein männliche Delikte. Ehemänner bringen – statistisch gesehen – ihre Frauen 2,4 mal häufiger um als umgekehrt[5], Frauen stellen (je nach Land und Jahr) nur zwischen 14 % und 17 % der wegen Mord und Totschlag Verurteilten (Trube-Becker, 1974; Einsele & Rothe, 1982; Andersen, 1988; Sternal, 1996), nur zwischen 10 % und 20% der Fälle der Gesamtkriminalitätsstatistik und nur 3 % bis 5 % aller Gefängnisinsassen. Bei Erwachsenen blieb im letzten Jahrzehnt des vergangenen Jahrhunderts (1984–1995) der Anteil der registrierten Gewalttäter bei beiden Geschlechtern relativ konstant, d. h. es gab also auch keinen quantitativ bedeutsamen Anstieg von Gewalt und Aggression bei *erwachsenen* Frauen.

Bei Jugendlichen (14- bis 18jährigen) und Heranwachsenden (18- bis unter 21jährigen) stieg dagegen insgesamt die Anzahl der offiziell registrierten Gewalttaten als auch die der selbst-berichteten, anonym erfragten (Pfeiffer, 1996; Mansel & Hurrelmann, 1998). Dementsprechend stieg der Anteil der beteiligten Mädchen – insgesamt jedoch blieb ihr ‚Sicherheitsabstand' zu dem der Jungen sehr groß: So übertrafen 1996 im Bundesland Nordrhein-Westfalen die männlichen jugendlichen Gewalttäter die weiblichen um das 6,7fache, die männlichen Heranwachsenden die weiblichen sogar um das 16,7fache. Bei selbst-berichteten Aggressionen stieg der Anteil sowohl

---

5 Nach neueren deutschen Untersuchungen töten Männer sogar neunmal häufiger ihre misshandelten Frauen, als dass geschlagene Frauen ihren Misshandler umbringen (Oberlies, 1995)

bei Jungen wie Mädchen von 1988 bis 1996 um 10 % an; in absoluten Zahlen lagen die Jungen mit ihren selbst-berichteten Aggressionen 1988 aber um gut das Doppelte (2,2fache), 1996 noch um knapp das Doppelte (1,8fache) über denen der Mädchen (Mansel & Hurrelmann, 1998). Der Abstand wird geringer, bleibt aber noch beachtlich groß – zu groß, um bereits von einer Welle *weiblicher* Gewalt im Jugendalter zu sprechen.

Wenn also Frauen potentiell genauso aggressiv sein können wie Männer, sie es aber in einer Vielzahl von Alltagsaggressionen vorerst noch nicht sind, bzw. sie typischerweise ‚ihre' Aggressionen auf den ihnen zugewiesenen Wirkungskreis der privaten Beziehungen richten und ihre Methoden eher verbale und indirekte sind, was fangen wir dann mit diesem Auseinanderfallen von Potenzen und Realitäten an? Führt der Weg für Frauen, wie die Medien suggerieren, erst „durch Aggressionen zur Emanzipation"? Oder umgekehrt? Und: Wer hat ein Interesse an einer derartig aufgemachten kommerziellen Vermarktung des Themas in der Öffentlichkeit? Der suggerierte simple Zusammenhang von Emanzipation der Frau und weiblichen (Gewalt-)Delikten ist falsch und richtig zugleich. Falsch insofern, wie bereits in der Folge des schon in Kap. 5 zitierten Buchs ‚Sisters in crime' (Adler, 1975) sorgfältig nachgewiesen wurde, dass gerade straffällig und gewalttätig gewordene Frauen keinerlei feministisches Gedankengut vertreten, sondern eindeutig traditionell-konservativen Geschlechtereinstellungen anhängen (vgl. Chesney-Lind, 1986). Tendenziell richtig an der suggerierten Verbindung ist ein allgemein gesellschaftlicher Rollenwandel der Frau, der sie – gegenüber früheren, restriktiveren Zeiten – mehr in Kontakt mit Berufs- und Geschäftswelt bringt, ihr dadurch Gelegenheiten zu bestimmten Delikten (z. B. Diebstahl, Scheckbetrug u. ä.) gibt, die vorher nur Männern offen standen.

Dass Aggression nicht zur ‚persönlichen' Emanzipation einer Frau beiträgt, zeigen die klassischen Fälle: Eine Frau, die ihren Mann umbringt, landet für den Großteil ihres Lebens im Gefängnis oder in der Psychiatrie – wobei sie als Frau mit einer durchschnittlichen Strafe zwischen 15 und 20 Jahren rechnen kann, während einen entsprechend tätigen Ehemann nur eine Strafe zwischen zwei bis sechs Jahren erwartet (White & Kowalski, 1994). Die Verbindung Emanzipation – Aggression scheint sich aber in einer anderen Richtung bemerkbar zu machen: So geht mit der steigenden Anzahl von Schutzangeboten für misshandelte Ehefrauen (d. h. Frauenhäusern) die Anzahl der ihren Ehemann tötenden Frauen zurück, aber nicht die Zahl der Männer, die ihre Frauen umbringen (Zahn, 1993).

Was bewirkt also die mediale Inszenierung ‚besorgniserregender' oder ‚wachsender' weiblicher Aggression und deren suggerierte Ursachen? Zunächst einmal kaschiert die gezielte Aufmerksamkeit auf Frauen die große Ähnlichkeit beider Erwachsenen-Geschlechter im Alltag. Der Großteil erwachsener Frauen und Männer ist in alltäglichen Interaktionen relativ unauffällig und relativ wenig spektakulär aggressiv. Zweitens lenkt die Behauptung zunehmender und/oder besonders perfider weiblicher Aggression von dem Faktum einer *statistisch eindeutig* höheren Durchschnittsaggression der Männer ab, an die die Gesellschaft sich als ‚Normalzustand' gewöhnt hat, und die eher ‚verstanden' und hingenommen wird – wenn auch mit Bedauern. Die mediale Aufbereitung von typisch weiblichen Aggressionen stellt bevorzugt dramatische Frau-Frau-Kämpfe heraus (Rivalinnen, Schwestern, Mütter-Töchter) sowie die mordenden Gattinnen und Mütter: eine gängige Ablenkung von der Tatsache, dass a) Männer noch immer eher Gewaltopfer von Männern als von Frauen werden, b) mehr Ehefrauen von ihren Männern umgebracht werden als umgekehrt, und c) die häufigsten von Frauen bevorzugten Aggressionsarten die verbalen und die indirekten sind, nicht die körperlich verletzenden, bzw. tödlichen (s. oben).

Der von den Massenmedien meist gratis mitgelieferte Erklärungsmodus zielt mehr auf Abschreckung möglicher Nachahmerinnen – und überdies daneben hinsichtlich der Aufklärung über tatsächliche Ursachen: Nur wirklich verrückte, krankhaft ehrgeizige, hormonell gestörte, biologisch vermännlichte Frauen sind angeblich zu massiver Aggression fähig. Suggeriert wird der *Verlust* an ‚normaler' Weiblichkeit, der zu solchen Taten führe; bei Männern scheint es dagegen nur ein *Zuviel* an ‚echter' Männlichkeit, das sie aggressiv macht. Männer sind ‚logischerweise' aggressiv, wenn sie mit männlichen Mitteln männliche Ziele erreichen wollen. Weibliche Aggressionen sind dagegen irrational oder krankhaft, somit ist es nicht der Mühe wert, sie verstehen zu wollen, ihren Ursachen nachzugehen.

Die mediale Vermarktung lenkt des weiteren wirksam davon ab, dass die bis heute *existierenden* Aggressionsunterschiede zwischen Frauen und Männern eine Folge der herrschenden Macht- und Statusunterschiede sind. Wenn Frauen weniger und anders aggressiv sind als Männer, dann deswegen, weil ihnen Gelegenheiten, Mittel und Erfolgsaussichten für die vorherrschenden männlichen Aggressionsformen fehlen. Ganz offensichtlich sind die Aggressionen der beiden Geschlechter zu einem wesentlich geringeren Ausmaß ein individuelles Ereignis, als vielmehr ein soziales Phänomen, das erst im prozesshaften Zusammenspiel zwischen der betreffenden Person (ihren Erfahrungen), den kulturellen Erwartungen (was gilt als angemessen) und der jeweiligen Situation (welches Problem, welche verfügbaren Mittel) zu verstehen ist. Frauen sind nicht deswegen innerhalb ehelicher Auseinandersetzungen häufiger Opfer, weil sie weniger oder anders aggressiv sind, sondern sie sind häufiger Opfer und weniger/anders aggressiv, weil sie weniger Macht haben und dies als normal gilt. Nicht ihre physische Schwäche und ihre Friedfertigkeit/Passivität macht sie zu idealen Opfern, sondern ihre Machtlosigkeit – an Selbstbestimmungsrechten, an Zugang zu Ressourcen.

Aber es gibt noch einen weiteren, strukturellen Unterschied im Aggressionszugang der beiden Geschlechter, den nicht nur die Medien, sondern auch die Sozialwissenschaften in der Regel übersehen oder verwischen, weil er so unspektakulär ist: Den der fehlenden Anreize und Motive, aggressive Mittel überhaupt für situationserforderlich zu halten. Die Überlegungen zu weiblichen Machtdefiziten und zu weiblichen Sozialisationsrückständen bezüglich der so erfolgreichen instrumentellen männlichen Aggression übersehen gleichzeitig ein soziales Plus auf Seiten der Frauen. Viele Situationen, in denen ein ‚richtiger' Mann sich und sein Renommee provoziert sehen *muss* und es aggressiv-spektakulär wiederherstellen *muss*, haben für Frauen keinen vergleichbaren Aufforderungscharakter. Sie müssen nicht ständig klären, wer der Größte ist. Wenn sie in vielen Situationen *nicht* aggressiv reagieren, dann nicht aus Passivität, Sanftmut oder Unfähigkeit – wie es dem männlichen Betrachter vorkommen muss –, sondern weil sie die Situation anders wahrnehmen und überdies über andere, weniger spektakuläre Mittel verfügen, den pragmatischen Kern einer Situation zu sehen und zu beheben, statt daraus eine Status-, Macht- oder Selbstdarstellungsfrage zu machen. Diese ihnen oft mögliche andere Sicht- und Beurteilungsweise sowie die Wahlmöglichkeit anderer als nur aggressiver Mittel (z. B. bei Interessenkonflikten, Missverständnissen, Regelverstößen, Erwartungsenttäuschungen in Familie und Verwandtschaft) sind aktive Leistungen und Fähigkeiten, die sie alltäglich in vielen Berufen und vor allem im Privatleben einbringen. Es sind keineswegs ‚Mangelerscheinungen' vom Typus einer passiven, ängstlichen und wenig durchsetzungskräftigen Minusvariante des ‚normalen' Mannes, sondern es sind erworbene, trainierte und bewährte Fähigkeiten in Alltagsdiplomatie, Gelassenheit und Flexibilität, die nicht von den Obsessionen der Selbstdarstellung geplagt sind. Die durchschnittlich geringeren weiblichen Aggressionen können also auch in einem anderen Licht betrachtet und erforscht werden – nämlich in dem einer aktiven menschlichen Fähigkeit zu einem Mehr an konstruktiven oder alternativen Verhaltensweisen. Diese können sich prinzipiell auch Jungen und Männer aneignen, so man ihnen die Gelegenheit dazu nicht verbaut (vgl. Kap. 10). Die facettenreicheren sozialen Fähigkeiten von Frauen können auch als *männliches* Sozialisationsziel betrachtet werden und nicht bloß als weibliche ‚Natur' oder als weibliche Schwäche missinterpretiert werden (vgl. Schmerl & Nestmann, 1991).

Mit dieser Perspektive ließe sich auch die von Feministinnen häufig gestellte Frage besser beantworten, ob sich Frauen zur persönlichen oder gesellschaftlichen Emanzipation nicht ein Mehr an männlicher Aggressionsfähigkeit aneignen sollten. Damit ist natürlich meist gemeint, sie sollten mehr Mut, mehr Durchsetzungskraft, mehr Ehrgeiz und mehr Ellenbogen zeigen, um bessere oder gleiche Chancen und Ziele zu erreichen. Solange dieser – hier ausdrücklich nicht verwendete – metaphorische Aggressionsbegriff gemeint ist, ließe sich über solche Ermunterungen und ihre konkreten Umsetzungen trefflich diskutieren. Sobald aber die ‚harte', die ‚eigentliche' Aggression ins Spiel kommt – gezielte Verletzung und Schädigung einer anderen Person mit direkten oder indirekten Mitteln –, dürfte es schwer sein, dies als erstrebenswertes Emanzipationsziel zu formulieren, nur um endlich auch hier mit den Männern gleichzuziehen. So sehen einige Sozialarbeiter hierin einen gewissen Fortschritt, wenn beispielsweise Mädchen genauso töten und foltern wie Jungen, damit sie nicht nur immer die ihnen angetane „Gewalt mit Selbsthass beantworten", sondern angreifen, statt „immer nur sich selbst zu vernichten" (Der Spiegel, 1998a, 11, S. 83).

Es ist schwer nachvollziehbar, dass dies die Lösung der (mit Sicherheit großen) Probleme der angesprochenen Mädchen sein soll, indem sie endlich genauso austeilen wie Jungen. Es ist überdeutlich, dass es noch eine dritte Möglichkeit geben muss und auch gibt, wenn wir humane Konfliktstrategien für beide Geschlechter anstreben. Wenn Frauen derzeit weniger durch Aggressionen auffallen als Männer, so bedeutet eine positive Wertung dieses Zustands keinesfalls ein Plädoyer für die Rückkehr oder Beibehaltung des alten Ideals für Frauen zu Selbstverleugnung, Bescheidenheit, Geduld und Opfersinn, oder eine Unterstützung ihrer indirekten Aggressionsfähigkeit. Es könnte vielmehr bedeuten, dass die Sichtbarkeit von Motiven und

Funktionsweisen dieser Art von ‚Nichtaggressivität' auf einen machbaren *dritten Weg* hinweist, Konflikte und Interessenkollisionen anders zu bearbeiten als mit Aggression oder Viktimisierung. Es bedeutet weiterhin, dass eine solide Machtbasis davor schützt, selbst Opfer zu werden *und* dass Macht und Ressourcen ihrerseits zu etwas anderem benutzt werden können, als nur andere wiederum zu Opfern zu machen.

Das Emanzipationsziel für *beide* Geschlechter könnte dann heißen, dass nicht beide quantitativ und qualitativ endlich ‚gleich' aggressiv sind/werden, sondern dass heute schon beobachtbare, weniger schädliche, konstruktive und auf Konfliktlösung zielende Fähigkeiten für beide Geschlechter erlernbar sind. Dazu ist es keinesfalls hilfreich, Frauen als entweder friedfertiger (= dümmer) oder als aggressiver (= gefährlicher) darzustellen. Vielmehr wird die Notwendigkeit deutlich, dass nach den Ursachen und Motiven aggressiver Akte gefragt werden muss (erfolgreiche Gewohnheit? Rache? Verzweiflung? Prestige? Notwehr? etc.), nach der sozialen Vorgeschichte und nach der strukturellen Balance an Macht und Ressourcen zwischen den Beteiligten. Dies würde präzisere Erkenntnisse darüber liefern, warum Menschen (beiderlei Geschlechts) in bestimmten Konstellationen unterschiedliche aggressive Mittel einsetzen – aber auch eine genauere Kenntnis davon, wie Menschen in typischen, machtgetränkten Konfliktsituationen intelligenter und mit weniger hohen Folgekosten miteinander umgehen können.

Dies wäre ein Projekt, das sich auf einer individuell-erzieherischen wie auf einer strukturell-gesellschaftlichen Ebene nur *gleichzeitig und parallel* vorantreiben lassen kann, soll es denn eine Chance auf Erfolg bei beiden Geschlechtern haben.

13. Phallus in Wonderland – Bemerkungen über die kulturelle Konstruktion „Sex = Natur"

Die beliebte Floskel „Last und Lust mit ..." lässt Mitglieder der westlichen Hemisphäre eher an Sexualität denken als – was durchaus naheliegend wäre – an Fresssucht, Übergewicht, Verstopfung oder Body Building. Vielleicht ist das kein Zufall: etwas Selbstverständliches scheint problematisch geworden und geblieben zu sein. 100 Jahre Sexualforschung, 80 Jahre Aufklärungsbücher und Ehe-Manuals, 30 Jahre Sexualkundeunterricht, Pornographiedebatten und immer neue Talkshows und Ratgebersendungen haben keine spürbare Anhebung des allgemeinen Beglückungsniveaus hinterlassen. Und – ärgerlich für die ihrer Normalität und Majorität recht sicheren Heteros – die so genannten ‚sexuellen Minderheiten' tanzen ihnen noch auf der Nase herum, zumindest, was den öffentlichen Diskurs über Sexualität angeht, weil sie nämlich einen gewaltigen Diskussionsvorsprung haben hinsichtlich der Kulturbedingtheit menschlicher Sexualität – einer Diskussion, die zu führen die meisten Heteros sich keineswegs genötigt fühlen. Doch davon später.

1. Allgemeine Verunsicherungen

Wir hatten gelernt, Sexualität ist gleich Reproduktion plus Spaß; die Natur, bzw. das, was wir dafür halten, will uns durch Spaß zur Reproduktion locken. Beides ist trennbar: man kann sich auch ohne Spaß vermehren und man kann Spaß haben ohne Nachwuchs bzw. ohne jedesmaligen Nachwuchs.

Angesicht der heutigen Turbulenzen könnte sich somit die Frage stellen: wozu brauchen wir überhaupt Sexualität?! Die Reproduktionsfrage lässt sich in absehbarer Zeit sicherer, effektiver und bequemer lösen: über die Stationen ‚Reagenzglasbefruchtung', ‚Leihmütter', ‚Inkubatoren', ‚künstliche Gebärmutter' und ‚Klonen' treibt der nichtgebärende Teil der Spezies seine Fürsorge für den gebärenden Teil und seine Sorge um die Spitzenqualität des Produkts seit ca. 30 Jahren in beharrlichen Schritten voran – zum finalen Emanzipationsziel der weiblichen Hälfte der Menschheit. Sexualität zu Fortpflanzungszwecken wird in absehbarer Zeit nicht nur altmodisch und out sein, sondern auch ein unverantwortliches Risiko (vgl. Kap. 14). Soweit zur Reproduktionsfrage.

Die Lustfrage wird immer weniger lustig, weil es offenbar so schwierig ist, jemanden zu finden zwecks körperlichem Vergnügen, der/die genau dasselbe lustig findet und nicht lächerlich, pervers oder anstrengend, und wo auch noch Tempo, Timing und Geschmacksvorlieben zusammenpassen. Auch hier naht Rettung: durch die Segnungen des Cyber-Sex, wo jeder/jede im maßgeschneiderten Latexanzug sein oder ihr individuell abgestimmtes Programm hautintensiv erleben darf. Auch hier ist der männliche Teil unserer Spezies mit gutem Vorbild vorangeschritten: wir verfügen bereits über ansprechend ausgestaltete Software zur Bedienung der sexuellen Wünsche unserer Brüder. Wozu brauchen wir also demnächst noch Sexualität?

2. ANTWORTEN DER EVOLUTIONSBIOLOGIE

Die Evolutionsbiologie hatte darauf jüngst eine neue, überzeugende Antwort: eigentlich brauchen wir Sexualität nicht unbedingt, sie ist a) umständlich und b) riskant. Klonen ist sicherer, schneller und einfacher. Natürliches Klonen ist seit Jahrmillionen erprobt, liefert zufriedenstellende Resultate und wird auch heute von ca. 15.000 Arten auf unserer Erde betrieben, darunter der Löwenzahn und so hochentwickelte Tiere wie Renneidechsen.

„Von ihnen gibt es nur Weibchen, die ohne männliche Hilfe genetisch identische Kopien ihrer selbst produzieren. Ein höchst effektives Verfahren: es wird keine Zeit mit irgendwelchen Balzspielen vergeudet, und jedes Tier kommt direkt zur Fortpflanzung, da alle Tiere Weibchen sind und männliche nicht gebraucht werden. ... Außerdem ist Sex gefährlich: balzende Hähne sind ein einfaches Opfer für jeden Greifvogel, streitende Walrösser walzen im Kampfeifer ihren eigenen Nachwuchs platt und junge Männchen von Homo sapiens treiben ihr Imponiergehabe so weit, bis sie ihren Golf GTI gegen Alleebäume fahren." (Willke, 1997)

Die Evolutionsbiologie hat nun herausgefunden, dass Sexualität zur Reproduktion keineswegs den bisher vermuteten Vorteil von Umweltanpassung durch mögliche genetische Variationen bringt, sondern vielmehr zur Korrektur und Konstanthaltung von genetisch voll ausgetesteten Erbinformationen gegen ‚schlechte', fehlerhafte Kopien hilft, wie sie bei jeder genetischen Reproduktion zwangsläufig passieren. Ein gewisser Vorteil sexueller Reproduktion gegenüber dem sichereren Klonen ergibt sich erst dann, wenn Parasiten, Pilze und Viren an genetisch *mangelhaft* kopierten, daher nicht mehr so resistenten Reproduktionen schmarotzen. Dies ist wesentlich gefährlicher als äußere Fressfeinde oder Umweltänderungen. Dann führt die Verbreitung von einer größeren Anzahl ‚richtig' kopierter Varianten und doppelt gesicherter Kombinationen der Erbmasse zu besseren Überlebensraten. Also: Männliche Heterosexualität als Schädlingsbekämpfungsmittel! Darauf wäre selbst der Feminismus nicht gekommen, aber er sollte dankbar sein für diese Erkenntnis, wenn einmal im Jahr die Motten an die Pullover oder die Masern an den Nachwuchs gehen.

Wir können an dieser Stelle also die eingangs gestellte Frage „Wozu brauchen wir Sexualität?" präzisieren zu: „Wozu brauchen wir männliche Heterosexualität?" Der biologische Vorteil der Parasitenbekämpfung wäre auch erreichbar, wenn sich jeweils zwei Individuen derselben Grundspezies, also zwei Weibchen, sexuell austauschten. Wozu also der Aufwand mit einer männlichen Heterosexualität? Da der evolutionäre Vorteil einer männlichen Heterosexualität nicht so recht einleuchtet – Männer sind durch ihre teilweise abweichende Körperausstattung ständig kränker, anfälliger und in jeder Alterskohorte sterblicher als Frauen, auch die sozialen Verhaltenweisen der Männer sind im Vergleich zu den der Frauen die problematischeren: Kriegsführung, Kriminalität, Umweltzerstörung scheinen ein sehr männerlastiges Geschäft – da also der evolutionäre Vorteil des Aufwands für eine männliche Heterosexualität der Spezies Mensch zweifelhaft ist, wollen wir an dieser Stelle die Humanwissenschaften befragen, was sie über männlichen Heterosex zu sagen wissen – vielleicht sind es ja Qualitäten, die nicht in das Gebiet der Evolutionsbiologie fallen (z. B. wenn es um den Spaß und nicht um die Reproduktion geht).

3. ANTWORTEN AUS PSYCHOLOGIE UND SOZIOLOGIE

Fangen wir mit der Wissenschaft vom individuellen Verhalten an, mit der Psychologie. Die akademische Universitätspsychologie hat seit den Tagen Freuds und der fast perfekten Ausgrenzung der Psychoanalyse aus dem Lehrkanon der Psychologenausbildung keinen Zweifel daran gelassen, dass in ihren Augen menschliches Sexualverhalten in den Bereich von Medizin und Biologie fällt. Eine Sexual- oder Geschlechterpsychologie gibt es bis heute nicht im Ausbildungskanon der Diplompsychologen. Sie hat sich aber in ihrer 130-jährigen Geschichte umso eifriger mit dem wissenschaftlichen Nachweis von Geschlechts*unterschieden* befasst, die – und das ist hier wichtig – als im Dienste der arbeitsteiligen geschlechtlichen Reproduktion der Menschheit stehend gesehen wurden, womit wir – indirekt – doch beim Thema sind. Die Erforschung von Geschlechtsunterschieden durch die Psychologie ist stets in diesem *funktionalen* Licht betrieben und ihre Ergebnisse sind vor allem *so* interpretiert worden.

Wie die meisten von uns heute wissen, ist die Geschichte des Aufspürens von psychologischen Geschlechtsunterschieden zwar immer noch ein gern betriebener Sport, aber gleichzeitig eine Geschichte von Rückzugsgefechten, Blamagen und methodischen Unzulänglichkeiten, kurz der Erosion von als Wissenschaft verkleideter Vorurteile (vgl. Kap. 11).

Für unsere Zwecke lässt sich festhalten, dass seit den ersten Intelligenztests, in denen Frauen besser abschnitten als Männer und woraufhin beschlossen wurde, dass wissenschaftlich seriöse Tests geschlechtsneutral zu konstruieren seien, alle einst für wissenschaftlich ‚bewiesen' gehaltenen Unterschiede bis hin zur letzten Festung von ‚mathematischem Denken' und ‚aggressivem Verhalten' nach dem Prinzip der Dominosteine erodierten – ein bekanntlich schwer aufzuhaltender und unumkehrbarer Effekt. Die Psyche des Menschen im Dienste seines angeborenen, kleinfamiliär-arbeitsteiligen Fortpflanzungstriebs – mit dieser Version verstellte sich die Psychologie jahrzehntelang den Blick auf ihren genuinen Gegenstand – auf menschliches Erleben und Verhalten, das auf soziale Angebote angewiesen ist und durch sie erst menschlich wird. Interessant an der Ausrichtung auf *psychologische* Geschlechtsunterschiede, die dann auf jeden Fall *biologisch* funktional sein sollen, ist die explizite Aussparung des sexuellen Verhaltens der Geschlechter durch die Psychologie. Obwohl hier mit Sicherheit interessante Unterschiede im Erleben und Verhalten zu erwarten wären, werden diese in den Bereich anderer Disziplinen verwiesen, wie der Medizin, der Ethnologie oder gleich der Sexualwissenschaften. Eine Affirmation ex negativo: Obwohl alle *psychologischen* Geschlechtsunterschiede im *biologischen* Licht gedeutet werden, sind Geschlechtsunterschiede im Bereich *sexuellen* Verhaltens und Erlebens anscheinend Biologie pur, so dass sich die Psychologie gerade *nicht* dafür zuständig hält.

Ein Blick auf die Soziologie lehrt, dass die wenigen Soziologen, die sich mit menschlicher Sexualität befasst haben, uns bei dieser Fragestellung auch nicht viel weiterhelfen, weil deren Interesse an menschlicher Sexualität schwerpunktmäßig auf ‚Devianz' und auf ‚sozialer Kontrolle' liegt. Sie untersuchen bevorzugt Prostituierte, Nudisten, Transvestiten und Homosexuelle, und nicht das konventionelle sexuelle Verhaltensrepertoire (vgl. Miller & Fowlkes, 1980; Tiefer, 1987). Wenden wir uns also lieber gleich den Sexualwissenschaften und ihren Erkenntnisangeboten zu – was nicht heißt, dass ich die Psychologie und ihre potentiellen Beiträge ungenutzt lassen werde – darauf komme ich noch zurück.

4. RETTUNG DURCH DIE SEXUALWISSENSCHAFTEN?

Die Sexualwissenschaft – die auf die gleiche Entstehungszeit wie die akademische Psychologie Ende des 19. Jahrhunderts zurückgeht – sah in ihren Anfängen menschliche Sexualität, genauer gesagt männliche Sexualität, als einen analog zum Tierreich funktionierenden biologischen Instinkt an. Ihr aufklärerisches Interesse richtete sich darauf, mit naturwissenschaftlich-medizinischen Methoden Aberrationen dieses ‚Triebes' vom Normalfall als krank oder angeboren zu erklären, um sie aus dem Bereich von Verbrechen und Sünde zu befreien; ein Anliegen, das insbesondere für den Bereich männlicher Homosexualität einen ersten Schritt weg von Kriminalisierung und moralischer Verdammnis bedeutete (Krafft-Ebing, 1894; Hirschfeld, 1938). Die vorherrschende Auffassung vom reinen Reproduktionszweck männlicher Sexualität und seiner Triebhaftigkeit wurde dadurch aber nicht problematisiert, sondern vielmehr ‚wissenschaftlich' untermauert.

Interessant wird es daher für die Beantwortung unserer Frage erst mit den Arbeiten der zweiten Generation von Sexualwissenschaftlern, die nicht mehr nur am Schreibtisch und an pathologischen Fallstudien, sondern empirisch und repräsentativ das konventionelle menschliche Sexualverhalten erfragt haben (im Falle von Kinsey Ende der 1940er Jahre), und beobachtet und gemessen haben (im Falle von Masters & Johnson Mitte der 1960er Jahre). Die Verdienste dieser Autoren sind bekannt: Kinsey hat als erster strikt jegliche moralische Wertung der von ihm registrierten Verhaltensweisen abgelehnt – für ihn war das gesamte Spektrum menschlicher Sexualität wichtig und er hat sexuelle Praktiken und Präferenzen, die vom heterosexuellen monogamen Idealfall der gesellschaftlichen Norm abwichen, erstmals in ihrer unbekannten Breite sichtbar und diskutierbar gemacht (Kinsey, Pomeroy & Martin 1948, 1953). Masters & Johnson (1966) haben aus den Erregungskurven der von ihnen im Labor untersuchten Frauen und Männer ein physiologisches Modell menschlicher Sexualität entwickelt, das erstmals mit den verbreiteten Mythen über weibliche Sexualität aufräumte (z. B. dem über den vaginalen Orgasmus, dem über weibliche Frigidität, schwächere weibliche sexuelle Resonanz usw.), und das mit der Vorstellung vom fundamentalen Schisma zwischen männlicher und weiblicher Sexualität brach. Interessant für unsere Fragestellung sind hier ausnahmsweise nicht die Verdienste dieser beiden Forschergruppen für die sexuelle Aufklärung der westlichen Gesellschaften, sondern einige ihrer Vorannahmen und Definitionen über die *Natur* menschlicher Sexualität. Beide gingen von der Existenz eines mächtigen instinktiven

Sexual-Triebes aus, der dem Menschen angeboren sei und der sich ausleben müsse; beide definierten menschliche Sexualität als rein körperlich-physiologisches Phänomen, das durch eindeutige, biologische und physiologische Kriterien festgelegt und definierbar sei: Erektionen, Tumeszenzen, Lubrikationen, Kontraktionen, Ejakulationen etc., etc. Ein solchermaßen medizinisch-biologisch gefasster Begriffs- und Untersuchungsrahmen menschlicher Sexualität war sicher in der damaligen Zeit unbedingt notwendig, um durch *naturwissenschaftlich* verbürgte Seriosität die *gesellschaftliche* Akzeptanz eines hochgradig mit Tabus besetzten Themas überhaupt zu ermöglichen. Darüber hinaus entsprach diese Auffassung aber tatsächlich dem Verständnis dieser Forscher von der Sexualität als einem rein körperlichen Ereignis, das durch innere, angeborene Bedürfnisse und Energien gesteuert wird. Die Ausführungen beider Forschergruppen lassen keinen Zweifel daran, dass dieser menschliche Trieb nach dem Muster *männlicher* Sexualität konzipiert ist und dass er im Grunde seiner biologisch gesehenen Natur auf Heterosexualität und Reproduktion angelegt ist. Wobei nach Kinsey die weibliche Sexualität im Vergleich zu der als Norm gedachten männlichen schwächer ausfällt, während Masters & Johnson dafür zu Felde ziehen, dass weibliche Sexualität – ebenfalls im Vergleich zum Modell der männlichen – ‚endlich' mit dieser gleichziehen kann hinsichtlich ihres physiologischen Ablaufs und ihrer sogar überlegenen orgasmischen Potenz. Das Grundmodell männlicher Sexualität – körpergesteuert, instinktiv, auf Entladung und letztlich biologische Reproduktion programmiert – wird nicht angetastet oder differenziert, sondern bekräftigt: nun auch als befreiender Imperativ für Frauen, endlich ‚ihre' sexuelle Natur auszuleben, die qua Biologie in ihnen stecke.

Erst Anfang der 1970er Jahre – interessanterweise noch *vor* Foucaults ‚Geschichte der Sexualität' – beginnen Sexualforscher dieses Verständnis menschlicher Sexualität in Frage zu stellen. Simon & Gagnon entwickeln 1973 aufgrund ihrer Forschungen das Modell des ‚sexuellen Skripts' – also des sexuellen Drehbuchs/Dramas/Theaterstücks –, das in den Köpfen der menschlichen Akteure überhaupt erst durch Interaktion von Vorbildern und eigenen Erfahrungen entwickelt werden muss, um grundsätzlich Erwartungen, Vorstellungen und Interpretationen aufbauen und differenzieren zu können über das, was sexuelle Gefühle und Handlungen sind. Sie gehen, kurz gesagt, davon aus, dass menschliche Sexualität in allen ihren möglichen individuellen Ausformungen gelernt werden muss und dem Menschen nicht als Verhaltens-, Gefühls- und Deutungsinventar angeboren ist. Angeboren ist die biologische Ausstattung mit bestimmten Genitalien und der Möglichkeit zu körperlichen Aktionen, Reaktionen und Reflexen. Wie sie benutzt werden, wie sie sich im Laufe einer kindlichen und jugendlichen Biographie zu bestimmten bevorzugten und subjektiv erfolgreichen Verhaltensweisen und Präferenzen entwickeln, ist durch kulturelle Angebote und Unterlassungen, durch Übernahme, Ausbau und Ablehnung von passenden oder unpassenden Deutungsmustern bestimmt und durch die aktive Verarbeitung eigener Erfahrungen – oder auch durch das Ausblenden und Unterdrücken von Erfahrungen. Im Gegensatz zu Kinsey und zu Masters & Johnson sehen sie Sexualität nicht als einen universellen Trieb oder Instinkt an, der sich Bahn brechen oder abreagieren muss, sondern vielmehr als ein Geschehen, das durch kulturelle Metaphern und Drehbücher erzeugt wird und durch Situationen und Interaktionen zur individuellen Realisierung gelangt – die natürlich höchst konventionell sein kann. Für sie gibt es keinen vorprogrammierten sexuellen Instinkt, der entdeckt und ausgelebt werden muss und ebenso keine universelle naturhafte Essenz der Sexualität. In ihren Augen ist Sexualität ein Bedürfnis, das eher entwickelt als kontrolliert werden muss – eine Art Kontingent, das von der eigenen Lebensführung abhängt und nicht von einer unausweichlichen inneren Energie angetrieben wird.

Nach dieser Auffassung wäre menschliche Sexualität, und damit auch männliche Heterosexualität, also nicht zwang- und triebhaft auf biologische Reproduktion aus, sondern eine eigenständige soziale und kulturelle Veranstaltung, die – das Wort sagt es schon – der Kultivierung geradezu bedarf, und die eigenständige *soziale* Zwecke verfolgt, z. B. die der zwischenmenschlichen Attraktivität und Aufmerksamkeit – eine sympathische Sicht auf unsere anfängliche Fragestellung: ist Kultur doch zur Erbauung da und zur Festigung der Gemeinschaft durch geteilte Freuden und geteilte Manieren.

Diese grundsätzlich andere Sichtweise auf menschlich/männliche Sexualität als eines von Zeitepoche, von individueller Lebensgeschichte und von der jeweiligen Geschlechterrolle erzeugten Verhaltens ist zwar ab Anfang der 1970er Jahre in den Sexualwissenschaften als Diskussionsstrang präsent, wurde aber gerade von vielen ‚linken' Sexologen abgelehnt oder ignoriert, die in der Sexualität – auch im Zuge einer modischen Freud- und Reich-Renaissance – lieber eine universelle Naturressource sehen wollten, die durch gesellschaftliche Zwänge allzu lange unterdrückt worden sei, und die es durch ‚Ausleben' zu befreien gälte. Obwohl tatsächlich in allen modernen Gesellschaften sexuelle Betätigungen mehr oder weniger tabuisiert oder eingeschränkt sind, bleibt diese Sichtweise einem klassischen Dampftopfmodell verhaftet, das auf einschlägige Reize, kontinuierlichen Energienachschub und auf regelmäßige Entladung baut; Sexualität ist nun Physiologie plus Rebellion gegen Spießertum. Sexuelle Betätigung ist individuelles Fitnessprogramm und psychohygienischer Gesundheits-Pass in einem.

Sexualforscher aus dem konstruktivistischen Lager haben darauf hingewiesen, dass ein solches Idealmodell sexueller ‚Gesundheit' nicht nur ziemlich einseitig nach der heute praktizierten Norm männlicher Sexualität konzipiert ist, an dem emanzipierte Frauen sich ebenfalls zu messen haben, sondern dass insbesondere dieses physiologische ‚Natur'-Modell menschlicher Sexualität eine kulturelle Phantasie par excellence ist, eine soziale Erfindung, die sich mittlerweile in alle Bereiche erstreckt, nicht nur in die wissenschaftlichen Definitionen der Sexualmedizin als einer rein anatomisch-physiologischen Disziplin, sondern auch in die Alltagskultur von Spiel- und Action-Filmen, in die Hoch- und Trivialliteratur, in Musikvideos, Aufklärungsbücher, Ehe-Handbücher und Sexualtherapiesitzungen.

5. NEUE MÄNNER, NEUE EINSICHTEN?

Seit Mitte der 1980er Jahre nun gibt es einen neuen Zugang zur Frage der Männerheterosexualität, der von engagierten Vertretern des männlichen Geschlechts selbst stammt, die weder als Mediziner noch als Theoretiker, sondern als Beobachter ihrer eigenen Kultur und der darin stattfindenden Biographien von Männern sich mit

13. Phallus in Wonderland – Bemerkungen über die kulturelle Konstruktion

männlicher Sexualität beschäftigen. Sie nehmen – jenseits von ‚Eisenhans' (Bly, 1991) und ‚Nicht Herrscher aber kräftig' (Hollstein, 1991) – aus eigener kritischer Erfahrung unter die Lupe, was in unserer Kultur als die sexuelle Natur des Mannes gilt. Der britische Film- und Medienfachmann Anthony Easthope (1986) sieht eine klare Verbindungslinie zwischen dem in unserer Kultur stilisierten ‚Wesen' der Frau als identisch mit Schönheit, Liebe, Romantik, wie es sich in kommerziell vertriebenen Frauenbildern manifestiert und der korrespondierenden Idee eines männlichen Begehrens, das sich *automatisch* dadurch auslösen lasse. Er sagt:

„Männer werden dazu ermuntert, Frauen zu begehren, indem sie aktiv Bilder von ihnen betrachten; Frauen dazu, sich mit Bildern zu identifizieren, indem sie sich passiv anschauen lassen (S. 137) ... Das Anschauen von Frauenbildern ist eine Funktion des maskulinen Ego's, seines Strebens, alles unter Aufsicht zu halten, perfekt zu erkennen, durch Sehen zu beherrschen (S. 140) ... Die Idealisierung der FRAU arbeitet für das maskuline Ego, aber ebenso für das maskuline Begehren (S. 140) ... Solcherart Begehren wird kulturell definiert durch eine unausgewogene Gleichung zwischen aktiv und männlich, passiv und weiblich (S. 141) ... Alle diese Elemente arbeiten zusammen in der dominanten Kultur, um ein maskulines heterosexuelles Begehren als eine unbeherrschbare Kraft zu produzieren (S. 141) ... Wenn das Weibliche als eine Essenz gehandelt wird, also als die FRAU, dann muß das maskuline Begehren eine dazu korrespondierende Form annehmen (S. 141) ... Diese Idee, dass männliches heterosexuelles Begehren eine Naturgewalt ist, muß zurückgewiesen werden (S. 135) ... Sexualität kann nicht getrennt werden von den symbolischen Formen, in denen sie zur Darstellung kommt." (S. 135)

Der amerikanische Schriftsteller und Theaterautor John Stoltenberg (1989) lenkt unsere Aufmerksamkeit auf die Phantasien, Zuschreibungen und Ängste, die sich *in* den sexuellen Akten zwischen Männern und Frauen abspielen: Welches Verhalten, welche Geste, welches Gefühl bedeutet, beweist, klärt jeweils was an ‚echter' Männlichkeit bzw. Weiblichkeit? Unpassende Gefühle, die z. B. nicht der genitalen Phalluszentriertheit von echter Männlichkeit entsprechen, werden weggefiltert und nicht beachtet. Er sagt:

„Im Verlauf des Älterwerdens lernen die meisten Männer, erotische Gefühle auszusieben und zu verleugnen, die nicht zu dem passen, was ihrer Meinung nach ein richtiger Mann fühlen sollte. Ein erotisches Gefühl, das unwillkürlich in einer rezeptiven, sich austauschenden Art und Weise erlebt wird – statt in einer aggressiven, kontrollierenden und verletzenden Weise z. B. – kann die sensorischen Systeme augenblicklich stillegen (S. 40) ... Der springende Punkt ist, dass Sexualität nicht ein Geschlecht hat, sondern sie kreiert ein Geschlecht. Sie kreiert für jene, die sich ihr in einer engen und festgesetzten Weise anpassen, die jeweils individuelle Bestätigung, der Idee des einen oder des anderen Geschlechts anzugehören. Sogenannte männliche Sexualität ist eine gelernte Verbindung zwischen speziellen körperlichen Empfindungen und der Idee einer männlichen sexuellen Identität (S. 40) ... Das ist eine zentrale Verknüpfung sowohl in uns selbst als auch in unserer Kultur. Es ist der Punkt, wo geschlechtsspezifische Sexualität aus der Wahl des eigenen Verhaltens hervorgeht, nicht aus der Anatomie. Es ist der Punkt, an dem unsere erotischen Gefühle die Angst offenkundig machen, mit der wir uns der Struktur des Richtig oder Falsch für jedes Geschlecht angleichen ..." (S. 22)

Solche und ähnliche Einsichten aus berufenem männlichen Mund gibt es inzwischen auch von deutschen Autoren (z. B. Frings, 1984; Bisinger, 1992; Schnack & Neutzling, 1993). Sie sind fast zu schön, um sie nicht wiederzufinden im postfeministischen Diskurs von der Dekonstruktion des Geschlechts und der Geschlechterverhältnisse. Was schiene zentraler für die Dekonstruktion der herrschenden Geschlechterideologie in unser aller Köpfe und Körper als die angeblichen Naturgesetze der männlichen Heterosexualität? Vorerst aber scheinen die dekonstruktiven Postfeministinnen den Männern den Vortritt zu lassen auf diesem Arbeitsgebiet – vielleicht eine schöne Geste, aber andererseits höchst bedauerlich angesichts der Ergiebigkeit dieses Dekonstruktionsobjekts für das gesamte Unternehmen. Von postfeministischer Seite hörten wir bislang gar nichts über die Dekonstruktion der *realen* männlichen Heterosexualität.

Die gesamte konstruktivistische Forschung und Kritik aus den 1970er und 80er Jahren am klassischen Modell der männlichen Sexualität ist bis heute nur von mäßig durchschlagendem Erfolg geblieben (vgl. Tiefer, 1987). Zwar sind seit Foucaults Arbeiten über die Geschichte menschlicher Sexualität und den Forschungen von Historikern (z. B. Padgug, 1979; Weeks, 1981; Plummer, 1982) über Verwandlungen und Bedeutungsunterschiede von Sexualität in verschiedenen Epochen zumindest in den Sozial- und Gesellschaftswissenschaften diese Themen breiter rezipiert worden. In Deutschland wird seit Beginn der 1980er Jahre im soziologisch-historischen Spektrum endlich affirmativ über die Geschichts- und Kulturgebundenheit menschlicher Sexualität diskutiert und immerhin nehmen die deutschen Sexualforscher diesen Diskurs insofern zur Kenntnis, als sie sich in zwei Lager polarisieren: diejenigen, die an einem starken Triebanteil der menschlichen Sexualität festhalten wollen, der in ihren Augen animalische und irrationale/sperrige Anteile behält, und solche, die vielmehr die soziokulturelle Erschaffung der Sexualität als typisch und notwendig für den Menschen postulieren und keinen eigenen ‚Sexualinstinkt' annehmen, sondern sexuelle Bedürfnisse, die gelernt und hergestellt werden und häufig durch außersexuelle Affekte verstärkt werden (vgl. Sigusch, 1984, 1988, 1996 und Dannecker, 1992 versus Schmidt, 1975, 1983, 1984, 1988 und Schorsch, 1978).

Als Fazit aus dem befragten Spektrum ließe sich vorerst festhalten, dass hier ein bezeichnendes Ungleichgewicht zweier Positionen sichtbar wird, das sich auch in der öffentlichen Kultur widerspiegelt. Während von den klassischen Pionieren der Sexualwissenschaften über die Berufsrebellen der sexuellen Revolution bis zum heutigen Medien- und Kommerzkartell in Sachen Sex and Fun die Sichtweise einer starken aggressiven, reizbaren und vor allem gesunden Phallusautomatik als Natur pur favorisiert wird, ist der seit Simon & Gagnon, Foucault und einigen aufgeklärten männlichen Autoren und Sexologen stetig, aber spärlich dahinplätschernde Diskurs über die historische und kulturelle Bedingtheit sexueller Gefühle und Verhaltensweisen nur einer interessierten Minderheit zugänglich und findet keinerlei vergleichbare öffentliche Inszenierung oder Resonanz. Auch weitere feministische Kreise – der konstruktivistischen Sicht der männlichen Sexualität eigentlich argumentativ nahestehend – sind seit den Paukenschlägen der Pornographie-Debatte (vgl. Vance, 1984; Soble, 1986; Dworkin, 1987) so verschreckt (und angewidert), dass sie die Frage der kulturellen Erzeugung männlicher Sexualität nicht für angebracht halten.

Wenn wir diese zwiespältige, ungleichgewichtige Situation auf unsere gestellte Frage anwenden – wozu brauchen wir demnächst überhaupt noch eine zweite, d. h. männliche Sexualität? –, ergäben sich logischerweise zwei Möglichkeiten:
- Im ersten Fall – der triebgesteuert vorprogrammierten und auf Reproduktion gerichteten Sexualität – könnte die Menschheit sie getrost als Auslaufmodell betrachten, bzw. härter gesagt, könnten wir eigentlich auf sie verzichten, da die damit einhergehenden Folgen überwiegend negativer Art sind: das männliche Triebmodell beinhaltet ja, dass mit der so gearteten Programmierung sich auch Aggressionen, Konflikte um Rang, Macht, Territorien und Zugang zu Frauen verbinden, inklusive des Hangs zu Vergewaltigungen, Promiskuität, Verweigerung von Vaterschaftspflichten etc.
- Im zweiten Fall – Sexualität ist eine durch menschliche Körper ermöglichte und zum Ausdruck gebrachte Form lustvoller Interaktionen, die gleichermaßen sozialen wie biologischen Zwecken dienen kann und die von der jeweiligen Kultur angestoßen werden muss – ergeben sich differenziertere Antworten. Weil die zweite Möglichkeit die interessantere und menschenfreundlichere ist, wenden wir uns ihr probeweise zu. Zunächst einmal müssten wir unsere mit männlicher Biologie geschlagenen Mitmenschen nicht langfristig als hoffnungslose Fälle aufgeben, zweitens stellte sich die Frage nach jenen realen Mechanismen, die bis heute eine unschuldige männliche Physis in ein selbstüberzeugtes, Gefühle abspaltendes, triebgesteuertes Etwas verwandeln, das nur noch begrenzte Handlungsspielräume hat; und drittens wären Überlegungen angebracht, wenn wir den genannten Mechanismus durchschauen, wie wir ihn dann so verändern bzw. kultivieren, dass sich humanere, offenere und vielleicht auch zufriedenstellendere Verhaltensweisen für männliche und weibliche Menschen entwickeln lassen, die die o. a. Frage überflüssig machen.

6. UNSERE (MÄNNER-)KULTUR UNTER DER LUPE

Werfen wir also zu diesem Zweck nochmals einen genaueren Blick auf die gegenwärtige Situation. Welche Angebote werden in unserer Zivilisation heranwachsenden Männern gemacht? Wie sehen die dazu notwendigen Lernmechanismen aus? Zu diesen Fragen können wir aus dem Fundus der Psychologie sehr wohl Antworten beisteuern. Es sind die Lernangebote vom Typus des sozial-kognitiven Modell-Lernens.

Der massenmedial-öffentliche Diskurs männlicher Sexualität ist uns allen geläufig: Von Doris Dörrie („Ich und er") bis Arabella Kiesbauer („Sind Männer schwanzgesteuert?"), von *Bravo* bis *Stern*, sowie in jeder Videothek werden Jugendliche über ‚die' Natur des Mannes aufgeklärt; jeder Bahnhofskiosk, jede Autowerbung scheint dieses Naturgesetz zu beweisen. Da Jugendliche wegen der größtenteils noch funktionierenden Diskretion in der realen Erwachsenenwelt keine direkten Feldstudien betreiben können, bleiben sie bekanntlich auf die überreichlich vorhandenen Bildangebote verwiesen, die in überbordender Vielfalt früh und aufdringlich Antworten geben, bevor überhaupt Fragen gestellt werden.

Es sind Bilder und Bildgeschichten von sexuellen und erotischen Interaktionen, und es sind – unsere Kultur ist noch immer dominant heterosexuell – für männliche Kinder Bilder von Frauen, die sich als sexuell oder erotisch attraktiv der öffentlichen Begutachtung und Geschmacksbildung anbieten. In diesen Bildern sind die wesentlichen Informationen ablesbar über das, was als akzeptabler Ausstattungsstandard für weibliche Körper gilt, die für Männer gedacht sind. Darüber hinaus geben Outfit und Körpersprache der abgebildeten Frauen zusätzliche Hinweise auf ihre Rolle in diesem Spiel. Handelt es sich um bewegte Bilder, gibt es weitere Aufschlüsse über Charakter, Motive und Vorlieben dieser Frauen sowie über das, was als ‚richtige‘ und typische Interaktionen zwischen Männern und Frauen inszeniert wird. Die Kinder sehen, *was* ein ‚richtiger‘ Mann *wie* mit ‚richtigen‘ Frauen auf sexuellem Gebiet macht. Vor allem sehen sie, dass es anscheinend furchtbar wichtig für das Prestige und das Selbstbewusstsein von Männern ist, dass sie sexuell dominant und initiativ sind. Anerkennung und Erfolg bestehen für Männer in diesen Bildgeschichten in der schnellen und effektiven Interaktion mit abhängigen und unterwürfigen Frauen. Weiterhin lernen männliche Jugendliche, dass solcherart praktizierte männliche Sexualität als wichtigstes identitätsstiftendes Merkmal überhaupt gilt – sozusagen der Mitgliedsausweis im Männerverein. Unsere Unterhaltungsindustrie und unsere Werbung bieten ein umfassendes Konzept dominanter und identitätsstiftender Männlichkeit, das durch die visuelle Verfügbarkeit über sexuell attraktive Frauen definiert und konstruiert ist (vgl. die Kap. 10, 15, 16).

Was dieses ständige Bildaufgebot von ästhetisch genormten Frauenbildern für *weibliche* Kinder, Jugendliche und erwachsene Frauen bewirkt, wissen wir seit den Schriften des Kunsthistorikers John Berger (1972): Es ist die Verinnerlichung des männlichen Blicks im Selbstbild und Selbstbewusstsein von Frauen. Sie lernen, sich und ihr Äußeres mit männlich-prüfenden Augen zu sehen und sich an den vorfabrizierten öffentlichen Bildern zu messen; es ist die Selbstverwandlung von Frauen in einen ‚Anblick‘.

Was erotische oder nackte Frauenbilder für *männliche* Kinder und Jugendliche bedeuten, insbesondere für ihre Vorstellungen über Frauen und über sexuelle Beziehungen, ist noch nicht ganz so lange untersucht worden, inzwischen aber gut belegt: es ist die Einübung des männlichen Blicks auf Frauen, von Vorstellungen und Erwartungen an Frauen als sexuelle Symbolträger und es ist vor allem die Einübung der solcherart bildlich nahegelegten Objekthaftigkeit von Frauen, indem sie als Bilder zirkulieren und benutzt werden können (Schnack & Neutzling, 1993).

Was wissen wir nun über die konkrete Rezeptionsseite? Wie gehen Männer und solche, die es werden wollen, bei der Etablierung ihrer männlichen Sexualität mit den verfügbaren Angeboten um? Seit den umfangreichen und pedantischen Befragungen Kinseys (1948) wissen wir, dass nur beharrliches und ausdauerndes Üben den Meister macht: Männliche Jugendliche im interessanten Alter von 15 Jahren masturbieren wöchentlich leicht bis zu 23 mal, wobei Bilder und Bildphantasien eine tragende Rolle spielen. Auch Simon & Gagnon (1973) finden 30 Jahre später, dass diese Art der Einübung eine zentrale Rolle für die Entwicklung der männlichen Sexualität spielt, wobei für männliche und weibliche Jugendliche sehr unterschiedliche Häufigkeiten und Skripts typisch sind: Männliche Jugendliche richten ihre Masturbationsbemühungen an sexuellen Bildmaterialien und an der phalluszentrierten Leistungsethik der umgebenden Kultur aus, wobei der quantitative Umfang ihres Trainingsprogramms Züge von Hochleistungssport annimmt: schnell, viel und zielkontrolliert. Mädchen absolvieren in diesem Alter nicht nur in wesentlich geringerer Anzahl, sondern auch zu deutlich geringeren Häufigkeiten ein derartiges Trainingsprogramm; ihre Phantasien, weniger durch Leistungsskripts gefordert, sind insgesamt komplexer und weniger genital zentriert, weniger leistungskontrolliert und seltener auf konkrete Bildvorlagen fokussiert. Deutsche Befragungen von den 1960er bis zu den 90er Jahren zeigen ähnliche Ergebnisse (vgl. Klusmann & Kurrat, 1993; Schnack & Neutzling, 1993; Winter, 1993; Neutzling, 1995), auch wenn die Mädchen seit den 1960er Jahren quantitativ etwas zulegen[1]. Vor allem sind die jungen Männer – wie im Sport so auch hier – wesentlich schneller. Schon Masters & Johnson fragten sich, ob das, was ein durchschnittlicher Jungmann in ein bis zwei Minuten schafft und wofür Mädchen und Frauen mindestens zehn Minuten Zeit verbrauchen, nicht im Sinne der weiblichen Emanzipation von Seiten der Mädchen bei gutem Willen auch so schnell zu erreichen sei.

Dass die männliche Selbstkonditionierung auf der Grundlage von angedienten optischen Reizen plus dem Vorhandensein mechanisch auslösbarer Körperreflexe eine autobiographisch erfolgreiche Verknüpfung vom Typ des Pawlow'schen Konditionierens darstellt, ist für Psychologen keine wesentliche Neuigkeit. Neu – im Sinne von nicht besonders bekannt – ist bestenfalls die Erkenntnis, dass wir es hier mit einem äußerst homogenen und ubiquitären sexuellen Initiationsritus für die meisten

---

[1] Wer es genau wissen möchte: Die Häufigkeiten variieren über Raum, Zeit, Klasse und Geschlecht, belegen aber übereinstimmend eine hohe Frequenz für männliche Jugendliche und die subjektive Wichtigkeit dieser Beschäftigung. Zum Vergleich: Während Kinsey (1948) für 15jährige männliche Jugendliche mittlere wöchentliche Onaniehäufigkeiten von zwei bis drei mal berichtete, fanden Sigusch & Schmidt (1972) für 1966 eine durchschnittliche Masturbationsfrequenz bei männlichen Studenten von 6,0 pro Monat, 1968/69 bei jungen Arbeitern eine monatliche Frequenz von ‚nur' 2,5. Bei Studentinnen und jungen Arbeiterinnen gab es 1966 mangels zu geringer Fallzahlen zum Thema Masturbation überhaupt keine verwertbaren Angaben. 1970 fanden sie bei 17jährigen Schülern eine durchschnittliche Masturbationsfrequenz von monatlich 5,1 mal, bei Schülerinnen dagegen ‚nur' 1,4 mal. Sigusch & Schmidt (1973) fanden 1970 bei 16- bis 17jährigen Jungen zwar durchschnittliche monatliche Werte von 5,1 mal versus 1,4 mal bei gleichaltrigen Mädchen; 49 % dieser Jungen berichteten aber monatliche Häufigkeiten von 6 bis 30 mal, bei den Mädchen waren es dagegen in dieser Frequenzgruppe nur 21 %. Clement (1986) erhielt entsprechende monatliche Häufigkeitsangaben bei Studenten von 6,6 mal für 1966 und 9,4 mal für 1981, bei Studentinnen von 2,4 bzw. 3,5 mal monatlich. Winter (1993) erfragte bei 34jährigen Männern eine monatliche Masturbationsbetätigung von durchschnittlich 15 mal; Michael et al. (1994) fanden bei knapp einem Drittel der befragten Männer Häufigkeiten von einmal pro Woche und mehr.

In vielen neueren Untersuchungen wird erstaunlicherweise überhaupt nicht mehr nach der Häufigkeit masturbatorischer Aktivität gefragt (vgl. Schmid-Tannwald & Urdze, 1983; Clement & Starke, 1988; Schmidt et al., 1992; Klusmann & Kurrat, 1993), sondern nur noch kumulativ protokolliert, bis zu welchem Alter einige oder zunehmend mehr Fälle ‚masturbationserfahren' sind. Damit entfällt eine wichtige Vergleichsgröße seit Kinseys Zeiten für die subjektive Intensität und Wichtigkeit dieser selbstsozialisierenden sexuellen Aktivität.

Männer unserer Kultur zu tun haben. Dies behält zwar jeder für sich, und es wird kaum darüber gesprochen, aber gleichzeitig wird das Endergebnis – die erfolgreiche Konditionierung auf ganz bestimmte Bildvorlagen – von den Betroffenen selbst für ihre angeborene männliche Natur gehalten. Dies ist in etwa so, als ob Millionen von Hundebesitzern davon überzeugt wären, dass ihre Hunde ohne Glockenton und ohne Ledergeschirr die Nahrung verweigern würden.

Zurück zu den emanzipatorischen Tipps von Masters & Johnson: ihre Ratschläge stellen bis heute den ‚aufgeklärten' Diskussionsstand der meisten heterosexuellen Beratungsangebote dar: Männer sollen lernen, ihren auf schnelle Entladung drängenden Automatismus etwas zu verlangsamen und in dieser Zeit wenigstens die wichtigsten weiblichen Knöpfe zu drücken; Frauen sollten weniger gehemmt und zögerlich sein, ihren ‚eigentlichen' Bedürfnissen zu folgen und sie genauso schnell auszuleben wie Männer. Der ‚Quickie' auch für Frauen gilt als Zeichen weiblicher Emanzipation. Wenn frau nur diszipliniert übt, kann sie hier endlich mit Männern gleichziehen. Fazit: Mehr Aufklärung, Anregung und Informationen für Frauen, sich nach dem Vorbild der naturnahen männlichen Sexualität zu entwickeln.

Dieses angebotene Muster kommt vielen bekannt vor: Frauen müssen – wie auf anderen Gebieten schon erfolgreich vorexerziert – sich die Verhaltensweisen und Fähigkeiten der Männer aneignen, wenn sie einen gleichwertigen menschlichen Status beanspruchen. So simpel und erfrischend dieser seit 30 Jahren vorgetragene Aufholimperativ klingt, und so verblüffend erfolglos er bisher war bei der verbesserten Abstimmung zweier Trieblebenen aufeinander – noch immer kommen Männer zu früh, zu oft, zu schnell oder gar nicht –, so selten wird eine alternative Erklärung für dieses merkwürdige Paradox diskutiert: nämlich die, dass das Triebmodell menschlicher, hier: männlicher, Sexualität *nicht stimmt*. Man könnte alles auch anders und einfacher erklären – wobei die Psychologie eine hilfreiche Rolle spielen kann: Wenn wir vielmehr von einer durch Erfahrung erworbenen Sexualität ausgehen, helfen uns Sozialpsychologie, Lernpsychologie und kognitive Psychologie eleganter und überzeugender aus diesem Dilemma: Frauen und Männer lernen unterschiedliches in ihren ersten Gehversuchen mit der eigenen Sexualität. Im Normalfall lernen Frauen vor ihrer ersten sexuellen Begegnung mit einem Mann oder einer Frau wesentlich weniger als Männer, oft auch gar nichts (Clement & Starke, 1988) oder was ganz anderes; während Männer *vor* ihrem ersten personalen sexuellen Kontakt durch ein allgegenwärtiges Bilder- und Geschichtenangebot und durch ihre darauf abgestimmten sexuellen Fitnessübungen sich ein sexuelles Reaktionsmuster antrainieren, das durch homogene Phantasie, durch Geschwindigkeit und durch Blickkontrolle gekennzeichnet ist. In der Folgezeit können von ihnen jede kleine körperliche Sensation, aber auch jeder Frust, Ärger sowie Spannungszustände verschiedenster Art schnell, effektiv, selbstbestimmt unter Einsatz realer oder phantasierter Bildvorlagen masturbatorisch zufriedenstellend gelöst werden. Dies durch fleißige Wiederholung gut etablierte Muster wird für die *natürliche* männliche Sexualität gehalten – und der Natur muss man ja bekanntlich gehorchen. „Am Ende der Pubertät hat(te) sich (dann) erwiesen, dass das Bild vom triebhaften Mann der Wirklichkeit zu entsprechen schien." (Schnack & Neutzling, 1993, S. 239)

In Insiderkreisen hat sich längst herumgesprochen, dass Orgasmen nicht an bestimmte Körperteile gebunden sind – auch wenn manche eher dazu geeignet erscheinen als andere –, und dass Ejakulation nicht gleich Orgasmus sein muss und umgekehrt (vgl. Zilbergeld, 1983, 1996). Aber davon will unsere geschlechter-polarisierte und biologie-fixierte Medienglitzerwelt nun schon gar nichts wissen und das Gros unserer Aufklärungsbücher auch nicht. Die meisten Erwachsenen sind auch nicht gerade auskunftsfreudig bzw. selbst nicht besser informiert – woher also sollen die Novizen es besser wissen oder etwas besseres ausprobieren? Die grundlegende Lektion „Männer funktionieren unter diesen Bedingungen schnell und optimal" spendet Sicherheit und vor allem den Beweis männlicher Identität: Das ist es, was ein Mann ist: triebstark, autonom, effektiv, alles im Blick, alles unter Kontrolle.

Natürlich können grundlegende Lektionen, insbesondere solche klischeehafter Art, durch Erfahrungen modifiziert werden. Menschen sind keine lebenslang vorprogrammierten Mechanismen. Dazu bedarf es der Offenheit für neue Erfahrungen, der Selbstreflexion und Experimentierfreudigkeit, oder auch der Unzufriedenheit, der Katastrophen oder der Langeweile. Viele Männer aber bleiben lebenslang bei diesem Schema und bauen es eher noch polarisierend aus, weil sie sich im Mainstream des kulturellen Ideals sehen und es für sie somit Sicherheit und Selbstbestätigung bedeutet und weil in den meisten Fällen der Männerverein sich gegenseitig in dieser Art von Männlichkeit bestätigt. Männer mit gegenläufigen positiven Erfahrungen, die ihre Sexualität nicht auf dem Stand von Pubertätsklischees halten, sondern sie erweitern und kultivieren, denken nicht im Traum daran, in auch nur vergleichbarer Weise ihre Erfahrungen zur Schau und zur Diskussion zu stellen. W*enn* männliche Sexualität öffentlich thematisiert wird, dann sicherlich eher in der klassisch klischeehaften Weise.

Somit scheint es wesentlich wahrscheinlicher, dass in unserer Kultur die durch Massenkommunikation und durch Peers angeleitete Selbstkonditionierung der meisten Männer die psychologische Grundlage für das relativ homogene männliche Sexualverhalten ist als eine universale heterosexuelle Trieb-Natur ‚des' Mannes. Die als ‚angeborene Auslöser' gehandelten visuellen Attrappen realer und virtueller Frauen sagen mehr über die Ästhetisierung von Herrschaft aus als über angeborene Reflexe. Europäer würden z. B. nie auf die Idee kommen, die sexuellen Reaktionen chinesischer Männer aus der Vorrevolutionszeit auf die verkrüppelten Füße von Oberschichtfrauen für angeboren zu halten oder ebenso wenig die sexuellen Vorlieben vieler afrikanischer Männer für verstümmelte und zugenähte Genitalien ihrer Frauen. Auch den Hang zum Dienstmädchensex der männlichen Bourgeoisie des 19. Jahrhunderts oder für Thai- und Kindersex von heutigen westlichen Sex-Touristen würde wohl kein aufgeklärter Mensch für eine von der männlichen Natur vorprogrammierte Neigung halten, sondern eher für eine Manifestation von Dominanzgebaren und für die Folgen einer bedauerlichen Selbstkonditionierung von Überlegenheitsgefühlen mit sexuellen Gefühlen (vgl. Schmidt, 1988). Wieso halten wir dann die in unserer heutigen westlichen Gesellschaft vorherrschende Form von männlicher Heterosexualität für einen Ausdruck von naturgegebenen männlichen Eigenschaften, die bedient werden müssen, bestenfalls ein bisschen zivilisatorisch überzuckert werden können?

7. KULTUR: JA BITTE! VON DER ALLGEMEINEN VERUNSICHERUNG ZUR SELBSTBEWUSSTEN VERÄNDERUNG

Was fangen wir mit der Erkenntnis der kulturbedingten Selbstsozialisation der männlichen Sexualität an? Zunächst können wir unsere anfangs ironisch gestellte Frage „Wozu brauchen wir noch männliche Sexualität?" beantworten: *Diese* klassische Art von Sexualität brauchen wir tatsächlich nicht mehr, die uns eine zwanghaft phalluszentrierte Automatik als Natur andient. Was dagegen vielleicht ganz hübsch wäre, wäre eine auf dem gleichen biologischen Substrat aufbauende Sexualkultur auch für Männer, die ein bisschen aufgeklärt über die ihnen eigenen Möglichkeiten sind, weniger hegemonial, weniger schulmeisterlich mit sexuellen Drehbüchern umzugehen. Wünschenswert wäre die Aufmerksamkeit für die Tatsache, dass es von solchen Drehbüchern mehrere gibt, dass man sie selbst schreiben kann und nicht nur jener Schauspieler ist, der auf Applaus von Publikum und Kritikern angewiesen ist, sondern jemand, der am Spiel selbst Freude hat und an den Interaktionen mit seinen MitspielerInnen. Das könnte eventuell eine interessante Bereicherung des Abenteuerspielplatzes ‚Erwachsensein' bedeuten oder doch zumindest den Wegfall von einer Menge überflüssiger und schädlicher Anstrengungen. Darüber hinaus können solche Einsichten aber auch noch andere Erkenntnisse nach sich ziehen, von denen ich exemplarisch einige abschließend nennen möchte:

1. Die Einsicht in die Kultur*bedürftigkeit* menschlicher Sexualität, die einen *eigenen* Stellenwert als soziales Bindemittel *zwischen* Menschen besitzt und nicht nur ein Begleiteffekt des reproduktionsbiologischen Imperativs ist, ist für Heterosexuelle eine relativ späte Einsicht, bei der die sogenannten homosexuellen Minderheiten ihnen etliche Jahre voraus sind. Deren Kämpfe und Diskussionen hatten u. a. ergeben, dass es keine ‚homosexuelle Essenz' gibt (vgl. Weeks, 1985) – eine Erkenntnis, die Heterosexuelle bisher sich nicht genötigt fühlten, auf sich anzuwenden. Von der Essenz ihrer Sexualität als einer festen in ihnen schlummernden Größe mit eigenem Willen, Wesen und Bedeutsamkeit sind viele Heterosexuelle beiderlei Geschlechts bis heute überzeugt, insbesondere, wenn diese Auffassung im Gewand ‚befreiter' Sexualität daherkommt. Über die Art dieser Befreiung bleibt man sich aber merkwürdig im Unklaren (eigentlich sollte sich die Natur doch etwas deutlicher artikulieren), und so bleibt man auf kommerzielle Angebote angewiesen, es herauszufinden. Der Kommerz hat auch bisher nicht gezögert, jede Menge Hilfsmittel oder Serviceleistungen als unabdingbar anzubieten. Etwas mehr abgeschautes Bewusstsein über die Selbstbestimmbarkeit der eigenen Sexualität, abgeschaut von den Diskussionen und Erfahrungen der homosexuellen Frauen und Männer wäre hilfreich gegen die rührenden und kommerziell ausgebeuteten Versuche, doch endlich die eigene sexuelle Natur und ihre wahren Präferenzen mit letztendlicher Sicherheit zu entdecken. Also erstens ein Plädoyer für mehr Kultur und für mehr Selbsteinsicht in biographische statt in triebgesteuerte Prozesse.

2. Die derzeitige postmoderne Diskussion um die Dekonstruktion von Geschlecht, die von philosophisch-sprachwissenschaftlicher Seite angeführt wird, beharrt auf der Ansicht, dass nicht nur das soziale Geschlecht, sondern auch das biologische Geschlecht dekonstruiert werden müsse, da es keine Biologie, keinen Körper oh-

ne bereits erfolgte soziale Zuschreibung und Durchdringung gäbe. Auch die Zuordnung von Menschen nach biologischem Geschlecht sei bereits sozial und damit willkürlich, während die Biologie selbst oft nicht eindeutig sei (vgl. Kap. 9 und 10). Während in diesem – nicht unumstrittenen – Diskurs die Geschlechtszugehörigkeit, die Geschlechtsidentität und das Geschlechterverhältnis dekonstruiert werden sollen, bleibt die männliche Heterosexualität selbst völlig ausgeblendet – was schon fast belustigend ist, da sie zu ganz erheblichem Ausmaß das soziale Geschlechter*verhältnis* in allen uns bekannten patriarchalen Kulturen einschneidend bestimmt und überdies in unseren eigenen westlichen Zivilisationen in den letzten 40 Jahren im Rahmen der sexuellen Libertinage und Kommerzialisierung einen gewaltigen ideologischen Legitimationsschub durch Medien und Sexindustrie erfahren hat. Mein Vorschlag wäre, in viele der modischen Texte zur Geschlechterdekonstruktion und zum ‚doing gender' anstelle des Begriffs ‚Geschlechterverhältnis' (das dort regelmäßig dekonstruiert werden soll) das Wort ‚männliche Sexualität' einzusetzen – es ergäben sich amüsante Zuwachsraten an Erkenntnis und Bedeutung[2].

3. Ich möchte dafür plädieren, dass sich die Psychologie als theoretische und angewandte Wissenschaft stärker in die dahindümpelnden Sexualitätsdiskurse einerseits und in die modisch aufgeblähten und allzu abgehobenen Geschlechter-Dekonstruktions-Debatten andererseits einmischt. Das wäre nicht nur eine Art Wiedergutmachungs-Leistung für die allzu zögerlichen und stets zu späten Leistungen aus der langen Zeit der Geschlechtsunterschieds-Forschung, sondern gerade die Psychologie besitzt ihrerseits das wissenschaftliche Handwerkszeug dazu,

---

2 Zur Anschauung soll das an drei postmodernen Textpassagen illustriert werden (aus Dölling & Krais, 1997):
„... es hat auch bewirkt, dass in der deutschen feministischen Theoriedebatte, und zwar über Literatur- und Kulturwissenschaften hinausgehend auch in den Sozialwissenschaften und der Philosophie, der Blick für die Konstruiertheit von *männlicher Sexualität* und für die fortlaufende Konstruktion von *männlicher Sexualität* im praktischen Handeln der Individuen an Tiefenschärfe gewonnen hat." (S. 7; ausgetauscht wurde jeweils „Geschlecht")
„Gegen die ‚Langeweile und Monotonie' festgeschriebener *männlicher Sexualität,* durch deren Wiederholung ‚die Feministinnen zu dem Denken bei(tragen), gegen das sie eigentlich opponieren', setzt sie als wissenschaftliches Credo ‚eine echte Historisierung und Dekonstruktion der Bedingungen der *männlichen Sexualität*'." (S. 7/8; ausgetauscht wurden „Unterschiede zwischen den Geschlechtern" und „des geschlechtlichen Unterschieds")
„Die Sozialwissenschaften haben ‚*männliche Sexualität*' lange Zeit als askriptives Merkmal behandelt, d. h. sie haben ‚*männliche Sexualität*' ... als etwas der sozialen Praxis grundsätzlich Entzogenes, ‚natürlichen Gegebenheiten' Zuzuordnendes bestimmt. ... Erst die feministische Theorie-Debatte und die empirische Frauenforschung ... haben langsam ein Bewußtsein entstehen lassen, dass ‚*männliche Sexualität*' für die sozialwissenschaftliche Analyse nicht einfach ein natürliches Datum wie Augenfarbe darstellt, sondern selbst gesellschaftlich produziert wird. Eine solche Sichtweise auf die *männliche Sexualität,* die diese nicht nur als etwas historisch Entstandenes, sondern als etwas im alltäglichen Handeln immer wieder neu Konstruiertes, in vielen Variationen neu Befestigtes begreift, trifft in der neueren Soziologie auf Positionen, die generell den Blick darauf lenken, dass ..." (S. 8; ausgetauscht wurde „Geschlecht" – dreimal in Folge – und „die Geschlechterverhältnisse")

Prozesse der Konstruktion der männlichen Sexualität erklären zu können (z. B. Modell-Lernen durch Medien, Prozesse kognitiver Selbstsozialisation, Belohnungs- und Imitationslernen in Mitgliedschafts- und Bezugsgruppen, selbstinszeniertes klassisches Konditionieren durch Einüben konditionierter Reflexe auf Bildmaterial, oder durch Verknüpfung außersexueller Affekte mit sexuellen Reaktionen etc.). Auch die neueren explosionsartig auftretenden sexuellen Moden von S/M über fistfucking bis Kindersex (vgl. Sigusch, 2000) ließen sich so angemessener und nüchterner verstehen als mittels angeborener, befreiter oder fehlgeleiteter Triebhaftigkeit.

4. Der erfolgreiche Versuch, mit psychologischen Methoden und Erkenntnissen etwas so Naturbelastetes wie die menschliche Sexualität als eine *soziale* Aufbauleistung zu dechiffrieren, könnte Modellcharakter haben für andere menschliche unverständliche Verhaltensweisen, die Probleme machen und ebenso stark mit Emotionen verquickt sind. Allzu oft wird heute vorschnell wieder von ‚angeboren' oder ‚genetisch bedingt' gefaselt, wenn griffige Erklärungen gesucht werden oder ideologische Wagenburgen verteidigt werden sollen. So hört man z. B. auf dem Balkan Reden von „genetisch bedingtem Hass" – neuerdings sogar zwischen verfeindeten Gruppen *derselben* Ethnie (Frankfurter Rundschau, 25.8.1997). Wir brauchen nicht auf den Balkan zu schauen, um zu sehen, dass wir auch in unseren Gesellschaften bei steigendem ethnischen Problemdruck mit solcherart ‚wissenschaftlichen' Natur-Angeboten wieder beglückt werden.

5. Psychologie als Wissenschaft kann soziale Erklärungen für scheinbar naturgegebenes Verhalten immer noch wesentlich besser, d. h. biographisch genauer und näher am Individuum geben als beispielsweise Textwissenschaftler oder Historiker – dem einen ist alles Text, der andere kann qua Vorgehensweise immer erst ex post factum Erklärungen geben. Psychologen können hier näher an den Lebensumständen von Individuen arbeiten. Sie können – wenn man sie lässt – auch präventiv arbeiten, und sie könnten eigentlich am besten ihr Handwerkszeug einsetzen, wenn sie interdisziplinär mit anderen Wissenschaften zusammenarbeiten, wie z. B. Textwissenschaftlern oder Historikern usw. Für den Bereich menschlicher Sexualität gäbe es hier eine Menge an qualitativ Neuem zu erarbeiten. Psychologie könnte vor allem von anderenorts geführten Diskursen (z. B. Sexualwissenschaften, sexuellen Minderheiten) lernen, *wie* sie ihre Werkzeuge und Erkenntnismittel *besser* einsetzen kann.

6. Was ergibt sich aus diesen Einsichten für das Verhältnis unserer – immer noch zwei – Geschlechter? Geschlechterverhältnisse gründen auf der Art der gesellschaftlichen Arbeitsteilung zwischen den Geschlechtern und ihrem jeweiligen Zugang zu lebenswichtigen Ressourcen, also auf materieller Macht. Sie werden außerdem durch Ideologien psychologisch legitimiert. Eine zentrale ist die Ideologie von der ‚Natur' des Mannes und seiner Sexualität. Über die Natur der Frau und ihre Sexualität haben wir in den letzten 100 Jahren schon sehr viel Kontroverses gehört – offensichtlich ist sie unendlich form- und wandelbar –, und da sollte nur die Sexualität des Mannes seit Primatenzeiten und Neolithikum unverändert geblieben sein?

Ideologiekritik und Aufklärung sind immer erste Schritte zu Veränderung – sie sind nicht die Veränderung selbst. Heute nennt man das Dekonstruktion, ich persönlich bevorzuge den Ausdruck Demontage. Die Psychologie könnte ein bisschen mithelfen, die Ideologie von der männlichen Sexualität und deren notwendigen Folgen zu demontieren – zum Wohle eines unbelasteteren, eines kultivierteren Geschlechterverhältnisses.

14. DIE FRAU ALS WANDELNDES RISIKO:
VON DER FRAUENBEWEGUNG ZUR FRAUENGESUNDHEITS-
BEWEGUNG BIS ZUR FRAUENGESUNDHEITSFORSCHUNG

Im Dezember des Jahres 2000 waren in einer überregionalen Tageszeitung gleich zwei ausführliche Artikel über die gesundheitlichen Belange von sehr unterschiedlichen Frauengruppen zu finden: ein Bericht über die Kritik eines Epidemiologen an der Verzehnfachung der Hormonverschreibungen an klimakterische Frauen in den letzten 15 Jahren und die damit verbundenen Risiken und falschen Versprechungen der Pharmaindustrie (Sieber, 2000); der andere Artikel handelte von der Flucht zweier kenianischer Mädchen vor der beabsichtigten Genitalverstümmelung und ihrer erfolgreichen juristischen Klage gegen ihren Vater, sowie der Ausweitung ähnlicher Klagen und Richtersprüche und den Aktivitäten afrikanischer Frauenverbände (Link, 2000).

Was ist der Zusammenhang zwischen diesen beiden gleichzeitig und am selben Ort abgedruckten Nachrichten über Frauen, deren Belange ja sonst in der bürgerlichen Presse eher unterrepräsentiert sind? Auf den ersten Blick überwiegen die Unterschiede: Hier ein Problem von gesundheitlich gut versorgten weißen Frauen der Ersten Welt, die durchschnittlich ein Lebensalter erreichen, das den meisten Frauen der sogenannten Dritten Welt versagt bleibt, und die sich mit der offenbar luxuriösen Frage plagen, ob sie ihre weibliche Attraktivität um ein paar Jahre verlängern können. Auf der anderen Seite der mühsame Kampf gegen die sexuelle Verstümmelung von Mädchen und jungen Frauen in afrikanischen Ländern. Erst der frauenbewegte Blick sieht die übergreifenden Gemeinsamkeiten: Die Einheit in der Vielfalt patriarchaler Gesellschaften, die die weibliche Hälfte ihrer Menschen primär als zu nutzende Geschlechtswesen begreift, deren Sexualität und Prokreation nicht Selbstzweck sind, sondern aus männlicher Perspektive bewertet werden. Klimakterische Frauen wie unbeschnittene Mädchen gelten in ihren jeweiligen Kulturkreisen als unappetitlich und auf jeden Fall als unattraktiv für Männer. Ebenfalls gemeinsam ist, dass diese negative Einschätzung von den Betroffenen selbst geteilt wird – westliche Frauen *wollen* angeblich Östrogene, um attraktiv und sexuell funktional zu bleiben; sie haben Wechseljahre als ‚Defizit' akzeptiert, das hormonell ‚kuriert' werden sollte. Afrikanische Frauen fürchten um ihre Heiratschancen und kennen die Sexualängste und den Ekel der Männer vor dem unbeschnittenen weiblichen Genital.

1. FRAUENBEWEGUNG, FRAUENKÖRPER, FRAUENGESUNDHEIT

Die Zweite Frauenbewegung in den Ländern der westlichen Welt sieht die gemeinsame Struktur hinter diesen materiell und kulturell so weit auseinanderliegenden Gesellschaften in der angemaßten körperlichen und geistigen Verfügungsgewalt von

Männern über die Frauen ihrer jeweiligen Kultur und in den Begründungs- und Überzeugungssystemen, die diese Verhältnisse als richtige und natürliche erscheinen lassen.

Nicht zufällig hatte die westliche Zweite Frauenbewegung in den 1970er Jahren ihren Ausgangspunkt in der Rückeroberung der Verfügung über den eigenen Frauenkörper – hier gegen den Gebärzwang des Abtreibungsparagraphen und seine verheerenden gesundheitlichen, psychischen und forensischen Folgen für Frauen (auf Abtreibung stand zu der Zeit Zuchthaus- bzw. Gefängnisstrafe). Die Idee, dass Frauen über ihren eigenen Körper und über die Zahl ihrer Kinder selbst entscheiden wollen, bedeutete nicht nur die Aufkündigung der patriarchalen Sicht auf die Frau als Körper im Dienste von Mann und Vaterland, die Entlarvung aller darum herum gestrickten Legitimationssysteme und die Erkenntnis über den Zusammenhang zwischen öffentlicher und subtiler Gewalt, sondern es bedeutete vor allem das Verlangen nach Wissen und nach Information über eben diesen Körper, die nicht schon von männlichen Interessen durchtränkt und verfälscht waren (vgl. Kap.2 und 5).

Der Start der Frauenbewegung des 20. Jahrhunderts kann also gleichzeitig als Auftakt einer Frauengesundheitsbewegung gesehen werden, da er nach der politischen und bildungsmäßigen Gleichberechtigung nun das Selbstbestimmungsrecht für Frauen über ihre physische Person, über ihren Körper forderte. Das feministische Aufbegehren der Zweiten Frauenbewegung war an seinem Ausgangspunkt daher eine Strategie der Körperpolitik, und die damit verbundene Kritik an der gesundheitlichen Situation und an der medizinischen Behandlung von Frauen wurde zu einem Brennpunkt der neuen Bewegung und ihrer Aktionen. Das ‚Leiden' vieler Frauen an und in patriarchalen Gesellschaften wurde plötzlich als ein gemeinsames sichtbar und greifbar. Es kanalisierte die Einsicht in das Gemeinsame der Unterdrückung – nämlich als sexueller und reproduktiver Körper – zum entscheidenden Moment der Initialzündung einer Bewegung, die aus sonst sehr unterschiedlichen Personen bestand. Während die Ersten Frauenbewegungen in Europa und den USA Mitte und Ende des 19. Jahrhunderts vorrangig an zwei anderen ‚gemeinsamen' Unterdrückungen angesetzt hatten – dem politischen Stimmrecht und dem Recht auf Bildung und Beruf – hatte offensichtlich der Beginn der Zweiten Frauenbewegung einen Punkt getroffen, der erst jetzt offen ansprechbar geworden war, der aber umso fulminanter auf den Kern aller Betroffenen zielte: auf ihren Körper und sein Recht auf Unversehrtheit, auf Gesundheit – und auch auf Glück.

Die Frauengesundheitsbewegung hatte außer ihrem zentralen Identifikationswert für den Start und die rasche Ausbreitung der Frauenbewegung – Selbsthilfegruppen, Selbstuntersuchungsgruppen, Frauengesprächsgruppen, Frauengesundheitszentren, d.h. also konkrete Praxis- und Wissensangebote – noch einen weitergehenden erkenntnisstiftenden Effekt. Ausgehend von der Forderung nach schonenden, legalen Verhütungs- und Abbruchmethoden wurde buchstäblich nach der Methode eines ins Wasser geworfenen Steins eine Dynamik sich konzentrisch ausbreitender Fragen, Einsichten und Folgerungen über Zusammenhänge, Machtstrukturen und Interessengeflechte sichtbar, die sich um die Zementierung und Verkleisterung einer krampfhaft als ‚natürlich' ausgegebenen Zuschreibung erfolgreich verdient gemacht hatten:

14. Die Frau als wandelndes Risiko

Der von der ‚Natur' der Frau als eines körperlich wie geistig schwachen und somit fügsamen und passiven Wesens, das eben naturgemäß zu anspruchsvollen Berufen und Tätigkeiten nicht taugt.

Dass ein solches Frauenbild die männliche Hälfte der Gesellschaft zu entsprechenden Übergriffen geradezu einlud, wurde mit der Unerbittlichkeit fallender Dominosteine offenbar: Der Anstoß kam von einer feministischen Debatte, die in Zeiten von antiautoritären Demokratisierungsbestrebungen und von sexueller Liberalisierung die Verantwortung für fahrlässig verursachte Schwangerschaften und die Folgen mangelnder Sexualaufklärung und fehlender Verhütungsmittel nicht mehr einseitig zu Lasten von Frauenkörpern ausgetragen sehen wollte. Nun wurde durch die schrittweise Aufdeckung aller damit zusammenhängenden Fakten – männlich zentrierte Gesetzgebung und Rechtsprechung, männliche Monopolisierung gynäkologischen Wissens und pharmazeutischen Vertriebs, Verweigerung von Abtreibung durch ein von männlichen Juristen verfasstes, von männlichen Ärzten, Priestern und Publizisten verteidigtes Gesetz, Vorenthaltung von medizinischer Prävention und Hilfe – ein hierarchisches von Männern dominiertes Medizinsystem erkennbar, samt seiner grotesk überzogenen Schutzverteidigung (wie z. B. polizeiliche Durchsuchung von Frauengesundheitszentren, juristische Klagen gegen Kursleiterinnen von Selbstuntersuchungs- und Selbsthilfegruppen, Terrorismusverdacht gegen die gesamte feministische Frauengesundheitsbewegung in medizinischen Fachzeitschriften etc., etc., vgl. Kickbusch, 1981). Zunehmend wurde ein patriarchal durchstrukturiertes und paranoid abgesichertes Gesamtsystem sichtbar, das jeden eingefleischten Verschwörungstheoretiker hätte erblassen lassen. Deutlich wurde also ein zusammenhängendes Ganzes von Gesetzgebung und Politik, über Medizin und Gesundheitssystem bis zu den Rechtfertigungen religiöser, literarischer und vor allem auch wissenschaftlicher Art, das in seiner Komplexität und stimmigen Perfektion so von niemandem zuvor geahnt, geschweige denn diagnostiziert worden war. Der Steinwurf der Feministinnen im Namen ‚aller' Frauen hatte es sichtbar gemacht, die verräterischen kreisförmigen Wellen waren überall angekommen. Der berechtigte Anspruch von Feministinnen auf Frauenbefreiung und Selbstbestimmung war am Beispiel Körper, Medizin, Gesundheit nicht nur besonders anschaulich demonstriert worden, sondern er hatte wie in einem Brennspiegel die allgemeine gesellschaftliche Lage von Frauen auf den Punkt gebracht. Das Persönliche war nachvollziehbar politisch geworden.

Der Funke sprang also einerseits auf die Bloßstellung des gesamten frauendiskriminierenden Gesellschaftssystems über: Die nächsten spektakulären Themen waren Gewalt und Misshandlung in der Ehe, ungleiche Lohnpolitik, sexueller Missbrauch von Mädchen, Diskriminierungen von unehelichen Kindern und unverheirateten Müttern, bis zum Nachweis eines flächendeckenden Androzentrismus in den Human-, Geistes- und Sozialwissenschaften. Er brannte aber andererseits im Bereich der Frauengesundheit weiter unschöne Löcher in die Tiefe des patriarchalen Parketts und legte immer neue Schichten frei. Viele zunächst parallel verfolgte Erkenntnisstränge liefen im Rahmen theoretischer wie praktischer Recherchen wieder aufeinander zu und zeigten auch *innerhalb* einer rein medizinischen Betrachtung ein verflochtenes Muster von historischen Dimensionen mit erstaunlichen Verästelungen.

Die Frauen, die auf diesem Gebiet Recherchen und Forschungen initiierten – erfreulicherweise waren hier auch aufgeklärte Männer zu finden –, konnten im Laufe der vergangenen 30 Jahre neue Erkenntnisse liefern, die a) die historische Genese des heutigen Gesundheitssystems erklärten, die b) die Medizin als ‚objektive' Wissenschaft in vielen ihrer Errungenschaften als androzentrisch und fehlerhaft entlarvten, als auch c) sie in ihren Versorgungs- und Heilungspraktiken als die Bedürfnisse und die Gesundheit von Frauen ignorierend bis schädigend aufspürten, und d) das Fernhalten von Frauen aus den höheren Funktionen medizinischer Forschung und Lehre als gezielt und überzufällig nachwiesen – wobei der letzte Punkt offenbar mit den drei ersten direkt zusammenhing und -hängt.

Die wissenschaftlichen Arbeiten aus dieser Zeit haben aber außer diesen kritischen Befunden zusätzlich eine beachtliche Menge positiver und neuer geschlechtsrelevanter Erkenntnisse vorgelegt. Das Spektrum des von der Frauengesundheitsforschung erarbeiteten konstruktiven wie kritischen Wissens ist inzwischen beeindruckend groß und umfasst – nur um einen näherungsweisen Eindruck zu geben – so unterschiedliche Gebiete wie

a) den gesamten zur Reproduktionspotenz des weiblichen Körpers gehörenden Bereich wie Schwangerschaft, Geburt, Menstruation, Menopause, Verhütung, Abtreibung, operative Eingriffe (Brust, Uterus, Kaiserschnitt, Sterilisation), Reproduktionstechnologie, Hormonsubstitution;
b) den Bereich weiblicher Sexualität;
c) Fragen psychischer Gesundheit, insbesondere Ursachen und Therapie von Depression, Essstörungen, selbstverletzendem Verhalten u. ä.;
d) den Bereich Sucht, Alkoholismus, Medikamentenabhängigkeit;
e) Medikalisierung von ‚Frauenproblemen' inklusive des ‚Frauensyndroms';
f) den Bereich somatischer Krankheiten, die nicht geschlechtsspezifisch erscheinen, aber durch Inzidenz, Prävalenz und Mortalität Geschlechterdifferenzen aufweisen;
g) den Bereich des Arzt-Patientin-Verhältnisses;
h) den Bereich spezifisch weiblichen Gesundheitsverhaltens inklusive Gesundheitshandelns für/im Dienste Anderer;
i) die Stellung von Frauen im Gesundheitssystem (Ärztinnen, Krankenschwestern, Laienhelferinnen u. a.).

Dieses in nur 30 Jahren gewachsene Spektrum einer Frauengesundheitsforschung, die inzwischen den Anspruch einer allgemeinen und systematischen Berücksichtigung von Geschlecht für die gesamte Humanmedizin entwickelt hat, ist eine Leistung, die angesichts der kurzen Zeitspanne einerseits und der in diesem Bereich notorisch knappen und beschränkten Mittel andererseits mehr als beeindruckend ist, und von der inzwischen *beide* Geschlechter profitieren..

2. FRAUENGESUNDHEITSFORSCHUNG: DREI BEISPIELE

Für den hier vorliegenden Zweck einer Betrachtung der Anstöße, die aus der Frauenbewegung/Frauengesundheitsbewegung und aus der Frauenforschung/Frauengesundheitsforschung kommen, sollen beispielhaft anhand von drei der o. a. genannten

Felder einige weiterführende und systematische Fragen gestellt werden, die den Ansatz und das Leistungsvermögen einer historisch jungen Bewegung beleuchten, die sich im Schnittpunkt von mehreren Selbstaufklärungs- und Empowerment-Prozessen der Moderne befindet, und die in exemplarisch einmaliger Weise Handlungsformen einer fortschrittlichen Bewegung mit denen einer neuen, kritischen wie selbstkritischen Art, Wissenschaft zu betreiben, verbunden hat.

Im folgenden sollen am Beispiel der Gebiete ‚Reproduktion', ‚psychische Gesundheit' und ‚Stellung von Frauen im Gesundheits- und Medizinsystem' Fragen an das Vorgehen und die Leistungen von feministischer Forschung in diesen drei Bereichen gestellt werden, um sie hinsichtlich ihrer Bedeutung zu reflektieren. Hierbei orientiere ich mich an dem für die Geschlechter entwickelten Raster aus Kap. 5, das die wissenschaftlichen Arbeiten von Frauen- und GeschlechterforscherInnen unter einer dreifachen Perspektive befragt, die oft auch einer chronologischen Abfolge entspricht:

– der Frage, inwiefern die von den Frauen vorgefundene Wissenschaft sich bei näherem Gebrauch als *androzentrisch* erweist und anhand ihrer eigenen Prinzipien *kritisiert* werden muss (Androzentrismuskritik),
– der Frage, inwieweit und mit welchen Methoden *neue,* feministischen Ansprüchen genügende *Forschungsarbeiten und -ergebnisse* entwickelt werden konnten (Innovation/Transformation), und
– inwieweit es bereits erfolgreich gelungen ist, *Frauen- und Geschlechterforschung* als eine *Selbstverständlichkeit* gleichberechtigter seriöser Forschung in den Mainmale-stream einer Wissenschaft – hier der Gesundheitswissenschaft und der Medizin – zu verankern (Implementation/Integration).

Diesen drei Fragen soll jeweils exemplarisch und versuchsweise nachgegangen werden.

2.1 Der Bereich weibliche Reproduktion

Dieser Bereich stand wie gesagt deshalb am Ausgangspunkt der gesamten Bewegung, weil sich hier die unmittelbar körperliche Betroffenheit *jeder* Frau mit den gesellschaftlich etablierten Kontrollen und den sie legitimierenden Mythologien kreuzte – eine Allianz, deren *Aufdeckung* bereits den ersten Erkenntnisschritt bedeutete (vgl. Kap. 2). Die nachfolgenden Anfragen waren für den Androzentrismusverdacht direkt positiv zu verwerten: Warum waren sexuelle Erfahrungen für Frauen vor der Ehe geächtet und gefährlich, für Männer aber statusfördernd und folgenlos? Warum waren voreheliche Schwangerschaften für Frauen (bis in die 1960er Jahre) eine Katastrophe für ihr Ansehen und ihre Lebensplanung, warum Abtreibung bei Gefängnisstrafe verboten und nur zu illegalen und gesundheitsriskanten Bedingungen möglich? Warum wurden uneheliche Kinder und ledige Mütter diskriminiert? Warum gab es keinen Zugang und fast kein Wissen über Verhütungsmittel für Unverheiratete? Woher kamen und wem dienten diese Schwellen von Scham, Ignoranz und Strafen, die von Eltern, Erziehern, Juristen und Theologen, aber gerade auch von Ärzten aufrechterhalten wurden? Warum waren die natürlichen Vorgänge des weiblichen Körpers wie Menstruation, Geburt und Menopause von Tabus, Peinlichkeit und von autoritären medizinischen Vorschriften und Bevormundungen umgeben? Warum war die Gynäkologie – die Frauenheilkunde – ein Männerberuf? Warum fanden normale Geburten in Krankenhäusern und unter der Aufsicht von Medizinern statt? Warum erfuhren Frauen als Kinder und Jugendliche von Eltern und Schule nichts über ihren weiblichen Körper, nichts über ihre Sexualität, aber viel über Wäschepflege, Hygienevorschriften und Kosmetik? Warum wurden die durchschnittlichen Eigenschaften eines weiblichen Körpers – gebärfähig, zierlich, klein, weich, leicht, menstruierend, menopausierend, langlebig – als negativ konnotiert und als ‚Beweis' für die Unfähigkeit zu verantwortungsvollen Aufgaben in Politik, Wissenschaft und Hochkultur ausgegeben?

Den *Androzentrismus* dieses um den verletzlichen und unfähigen Frauenkörper herum aufgebauten Systems zu entlarven, ging schnell und gründlich und traf die patriarchalen westlichen Gesellschaften unvorbereitet und zu einem ungünstigen Zeitpunkt: Dem durch die Studenten- und Bürgerrechtsbewegungen verursachten Aufbruch in Richtung politischer Partizipation, Basisdemokratie und Kritik an angemaßten Autoritäten. Die argumentative Gegenwehr krallte sich daher fast notwendigerweise an das ‚objektive', weil greif- und sichtbare Substrat des Frauenkörpers und seiner vermeintlich angeborenen Eigenschaften. Es wurde ein Grabenkrieg auf dem Terrain des Körpers und der Gesundheit der Frau eröffnet, die weiterhin in erster Linie als Geschlechtswesen und damit über ihre Reproduktions‚aufgaben' definiert wurde. Eben weil die Reaktion auf der ‚biologischen Evidenz' beharrte – ihrer einzigen Chance –, wurden aber auch die argumentativen Auseinandersetzungen der Feministinnen auf diesem Feld gebunden: sie *mussten*, um ihre Kritik am männergemachten, männerzentrierten, die Frauenkörper benutzenden und kontrollierenden System zu untermauern, sich sehr konkret weiterhin auf diese Körper beziehen und gleichzeitig *Alternativen* aufzeigen – seien diese nun rein medizinisch-physisch, sozialwissenschaftlich-historisch oder politisch – am besten alles drei zusammen.

Die folgende kurze, keineswegs erschöpfende, Übersicht soll zeigen, dass dieser zweite Schritt – neue feministische Forschungsbeiträge (*Innovation*) – in den letzten 30 Jahren der Frauengesundheitsbewegung und der Frauengesundheitsforschung erfolgreich war, indem gerade aus der androzentrischen Kritik heraus ein positives Wissen erarbeitet wurde, das inzwischen selbst von der Schulmedizin nicht mehr ignoriert oder denunziert werden kann, und dem – weil es buchstäblich jede Frau potentiell betrifft – eine breiten Rezeption gerade auch in der Laienöffentlichkeit sicher geworden ist.

Wir wissen heute aufgrund einer Unzahl von vielfältigen und seriösen Arbeiten der Frauengesundheitsforschung, dass Schwangerschaft, Geburt, Menstruation und Klimakterium keine ‚Krankheiten' sind, sondern natürliche Vorgänge, die es zu unterstützen gilt, aber nicht zu kurieren, oder mit High-Tech-Medizin und Chemie obligatorisch zu kontrollieren. Wir wissen, dass es einen schwankenden, aber kleinen Prozentsatz von Frauen gibt, die mit diesen körperlichen Vorgängen Beschwerden oder Schwierigkeiten haben können, wo sie fachkundige Hilfe brauchen, die in einer medizinischen Versorgung bestehen kann, aber nicht muss. Sichtbar geworden ist aber auch, dass die Mehrheit der Frauen diese Prozesse mit ‚normaler' d. h. nichtmedizinischer Kontrolle meistert. Die meisten Frauen wissen heute aufgrund einer 30 Jahre öffentlich geführten Debatte, dass es ‚sanfte Geburt' und Hausgeburten gibt, dass Hebammen qualifizierte erstklassige Geburtshelferinnen sind, die eine Geburt mit mehr Zeit und Aufmerksamkeit begleiten, als ein Stationsarzt auf der Entbindungsstation dies kann, dass inzwischen ‚rooming in' eine Option ist, auf der jede Wöchnerin bestehen kann, ohne als schwierig oder verrückt abgestempelt zu werden etc., etc. Verhütungswissen hat in breiter Form inzwischen Eingang in den Schulunterricht und in Familienberatungsstellen gefunden; letztere geben Verhütungsmittel auch an Jugendliche ab – ein beachtlicher Erfolg feministischer Politik. In allen größeren Städten gibt es Frauengesundheitszentren, die mit qualifizierter Beratung, medizinischem Wissen und Spezialangeboten (Krebs, Diabetes, Stillen etc.) allen Frauen offen stehen. Und schließlich sind die härtesten und frauenfeindlichsten Praktiken männlicher Chirurgen und Gynäkologen – künstliche Geburtseinleitungen nach Dienstplan, voreilige und unnötige Hysterektomien und Kaiserschnitte, überflüssige Eierstockentfernungen und unnötig verstümmelnde Mastektomien – nicht nur öffentlichkeitswirksam angeprangert worden, sondern diese Kritik war auch erfolgreich in Richtung einer heute zurückhaltenderen, vorsichtigeren und patientinorientierteren Haltung bei den meisten Chirurgen und Gynäkologen. Und – last but not least – gibt es wesentlich schonendere legale Abtreibungsmethoden als vor 30 Jahren, die von Feministinnen eingefordert, anfangs auch provokativ eingesetzt wurden, um Medizin und Politik zu zwingen, diese Methoden zuzulassen, bzw. anzubieten. Die politischen Kampagnen zur gesetzlichen Freigabe der Abtreibung haben ebenfalls eindeutige Verbesserungen gegenüber den 1960er Jahren erbracht, auch wenn dies – besonders in der BRD – ein langer, unglaublich beschämend verlaufender Kampf gegen erzreaktionäre Männerbünde aus Politik und Klerus war, der den Frauen einen langen Atem und viele Kompromisse abforderte.

Das öffentliche Bewusstsein heute – vor allem das Bewusstsein und der Wissensstand der meisten Frauen – ist aufgrund einer 30jährigen Diskussion über den Umgang mit den reproduktiven Funktionen und Organen des Frauenkörpers und aufgrund einer dadurch zwangsläufig veränderten Einstellung beim medizinischen Personal und der Entwicklung schonender und weniger invasiver Eingriffe ein grundlegend anderes, kritisches und bei Frauen in der Regel auch selbstbewussteres als zu Anfang der Frauen(gesundheits)bewegung.

Natürlich hat die Frauengesundheitsbewegung und -forschung diese genannten medizinischen Fortschritte nicht im Alleingang entwickelt; schließlich gab es in den 1970er und 80er Jahren eine einflussreiche medizinkritische Bewegung aus dem linken politischen Spektrum (vgl. z. B. Illich, 1975; Schmerl, 1978c). Sie hat aber einen allgemeinen öffentlichen Klima- und wissenschaftlichen Diskurswechsel bezüglich des weiblichen Körpers und der Frauengesundheit geschaffen, der überwiegend von „außen" (Patientinnen, Politik, Öffentlichkeit), nur teilweise auch von „innen" (Frauen als Mitglieder des Gesundheitssystems, als Ärztinnen, Pflegende und als Wissenschaftlerinnen) den notwendigen Veränderungsdruck erzeugt hat. Der erfolgreichste Veränderungsdruck kam nicht aus der Medizin selbst und schon gar nicht von ihren männlichen Koryphäen.

Bleibt die dritte Frage an dieses Gebiet, die nach *Implementation und Integration* der Errungenschaften der Frauengesundheitsforschung in den Mainstream von Medizin und Gesundheitswissenschaften für die mit den reproduktiven Funktionen des Frauenkörpers befassten Fragen: Haben sich hier grundlegende feministische Selbstverständlichkeiten des Forschens und Behandelns etablieren können, hinter die auch die medizinischen Disziplinen selbst nicht mehr zurückfallen können?

Diese Frage scheint für den gesamten angesprochenen Bereich äußerst schwierig und vorerst wegen der Unterschiedlichkeit der beteiligten Gebiete noch nicht eindeutig zu beantworten. Auf der Ebene der ‚harten' Fakten fällt auf, dass die gesamte Gynäkologie auf Ausbildung- und Forschungsebene nach wie vor fest in Männerhand ist. Erst 1999(!) ging überhaupt die erste C4-Professur für Gynäkologie an einer deutschen Universität an eine Frau (und das auch nur nach erbittertem professoralem Gerangel hinter den Kulissen und dem entscheidenden Druck von außerhalb der betreffenden Universität). Da Ausbildungs-, Forschungs- und Krankenhaushierarchen zentral über die inhaltlichen Ausrichtungen ihrer Domänen bestimmen, ist hier weiterhin Geschlechterparität und damit Perspektivausgleich durch eine weibliche Optik einzufordern.

Andererseits gibt es aber auch Lichtblicke: Die Schalmeienklänge von der glücklichen Hormonsubstitution („forever feminine") für klimakterische Frauen von der Menopause bis zur Bahre hatten durch die Anzweiflung der schulmedizinischen Sichtweise vom Klimakterium als ‚Mangelkrankheit' und durch breite wissenschaftlich fundierte feministische Kritik an den Erfolgsstatistiken pharmazeutischer Konzerne sich einer umfassenden Überprüfung unterziehen lassen müssen: Schützen Östrogene wirklich gegen Osteoporose und Herzinfarkt? Um wie viel erhöht sich das Brustkrebsrisiko? Welches sind ‚vertretbare' Dosierungen? Welche chemisch verwandten östrogenähnlichen Stoffe könnte/dürfte/sollte frau stattdessen nehmen? Wie viel Prozent Frauen haben denn überhaupt die ‚typischen' klimakterischen Beschwerden? Sind diese nicht vielmehr kulturell und sozial bedingt als hormonell? Usw., usw. Diese einmal angestoßene, auf solidem wissenschaftlich-statistischem Niveau gerade auch von einschlägigen Wissenschaftler*innen* geführte Debatte zeigt, dass die Zeiten der bevormundenden frauenärztlichen Präskription an ahnungslose, willfährige und vor allem klimakterisch-unzurechnungsfähige Frauen vorbei sind.

Ganz anders sieht es bei der Entwicklung der Reproduktionstechnologie aus. Dieser der Gynäkologie zugeschlagene Forschungs- und Technologiebereich hat einen inflationären Entwicklungs- und Marketing-Schub erreicht, der alle an der Kontrolle über ihren Körper interessierten Frauen (ver)zweifeln lassen könnte. Unter dem medienwirksamen Einsatz von Krokodilstränen und Heilsversprechungen für unfruchtbare Frauen (und Paare), die doch ein „Recht am eigenen Kind" hätten, hat sich hier eine von allen Common-sense-Prinzipien (wie z. B. Kosten-Nutzen-Verhältnis oder prozentual vertretbare Erfolgschancen) losgelöste, aggressive profit- und pharmagesponserte Forschungstechnologie entwickelt, die ihre Erkenntnisse nur mittels des benötigten Forschungsmaterials (Eizellen) verzweifelter Frauen vorantreiben kann. Dass diese kinderlosen Frauen nur einen Bruchteil ‚aller' Frauen darstellen und ihnen trotz mehrfacher schmerzhafter Prozeduren nur eine minimale Erfolgsaussicht winkt, wird der staunenden Öffentlichkeit in der Regel verschwiegen (De Jong, 1998).

Vielmehr werden die durch diese Technologie gesammelten Erfahrungen in der Zukunft Konsequenzen für *alle* kinderwilligen Frauen nach sich ziehen: Aufgrund der an kinderlosen Paaren entwickelten Präimplantationsdiagnostik an einzupflanzenden Embryonen wird es in ein, spätestens zwei Generationen als generell unverantwortlich gelten, wenn nicht *alle* Frauen vor einer Schwangerschaft ihre befruchteten Eizellen obligatorisch einem solchen Qualitäts-Check unterziehen lassen. Die mittels der ‚armen Kinderlosen' entwickelte Präimplantationsdiagnostik droht obligatorisch für *alle* kinderwilligen Paare zu werden – zumindest in den Industrieländern.

Auf diesem Gebiet kann also mitnichten davon gesprochen werden, dass sich feministische Prinzipien der Selbstbestimmung von Frauen über ihren Körper und von schonenden minimal-invasiven Behandlungsmethoden mit maximalen Erfolgsaussichten bei den betreibenden Forschern als selbstverständlich durchgesetzt hätten. Vielmehr verstärkt sich der Eindruck, dass hier unter der Camouflage einer frauenfreundlichen Fassade (ungewollt kinderlos! Oder: Welche Frau darf/kann ein behindertes Kind riskieren?!) sich eine völlig eigengesetzliche Forschungs-, Kontroll- und Profit-Politik durchsetzen wird.

Angesichts solcher Entwicklungen erhebt sich die Frage, ob sich im zentralen Bereich der menschlichen Reproduktion nicht vielmehr die klassisch patriarchalen Macht-, Kontroll- und Omnipotenzphantasien nur verschoben haben: Weg von den alten, PR-schädlichen Holzhammermethoden der Verbote, Diskriminierungen und Strafen hin zur kompletten Enteignung des Reproduktionsgeschehens durch die genetische Qualitätskontrolle des Produktes Kind, der sich keine ‚vernünftige' Frau mehr widersetzen wird.

Die Frage, inwieweit hier wie bisher ‚von außen', nämlich durch Frauenpolitik, Frauengesundheitszentren und feministische Initiativen noch ein ethisch moderierender oder mitbestimmungssichernder Einfluss ausgeübt werden kann, ist z. Zt. mehr als offen und – mal wieder – abhängig von erfolgreicher forschungspolitischer wie gesundheitspolitischer Einmischung von Frauen und von der Mobilisierung zusätzlicher Hilfstruppen aus Nachbarbereichen. Von einer selbstverständlichen *Implementation* von Frauenforschung und von Frauenperspektiven kann im Sektor Reproduktionsmedizin daher zur Zeit keine Rede sein.

2.2 PSYCHISCHE GESUNDHEIT

Die Frauenbewegung hat in ihren Anfängen zwar die sogenannten ‚Frauenkrankheiten' zuerst in den Blick genommen (und hat sie bis heute in Form von Frauengesundheitszentren im Blick behalten), aber sie ist nicht dabei stehen geblieben. Ziemlich schnell wurde im Anschluss daran der Zusammenhang von physischem ‚anders' Kranksein der Frauen mit der Frage nach psychosomatischen Krankheiten und vor allem mit psychischen Leiden gesehen. Auch hier war der Auftakt die (uns heute überfällig erscheinende) massive Kritik an besonders eklatanten und groben Menschenrechtsverletzungen an Frauen unter dem Etikett ‚psychisch krank' (vgl. Chesler, 1977; Pahl, 1991). Übergriffe der Psychiatrie gegenüber unbotmäßigem weiblichen Verhalten in Gestalt von Wegschließen, unprofessionellen Diagnosen, ethisch unverantwortlichen Zwangsbehandlungen (Dauer- und Über-Medikamentation, Elektroschocks, Lobotomien) wurden allerdings hier durch eine zeitgleiche *generelle* und ebenso überfällige Kritik an der klassischen (Anstalts)Psychiatrie beschleunigt (vgl. u. a. Keupp, 1972; Szasz, 1976). Auch hier erfolgte konsequenterweise eine Ausweitung des feministischen Blicks auf die gesamte professionelle Psychiatrie und Psychotherapie: auf ihre Lehrgebäude, Schulen, Diagnoseschemata und ihre patriarchal-hierarchischen Anstalten.

Als erstes wurde das historisch überlieferte Bild der Hysterika als klassische Diagnose für Frauen in seine androzentrischen Klischeebestandteile zerlegt (Schaps, 1982, 1992): die von ihren (unbefriedigten) Sexualorganen umgetriebene Frau wurde als wissenschaftlich unhaltbare Mixtur aus männlichen Sexualphantasien, Misogynie, Missbrauch ärztlicher Macht und den Folgen tatsächlicher psychosozialer Überforderungen von Frauen entlarvt. Schon Anfang der 1970er Jahre wurde nachgewiesen, dass in den Köpfen von Psychotherapeuten und Psychologen ein Frauen- und Männerbild existierte, das ‚typische' weibliche Eigenschaften mit psychischer Krankheit in Verbindung setzte, während psychische Gesundheit mit ‚normalen' männlichen Eigenschaften assoziiert wurde (Broverman et al., 1970). Diese Experten-Befragungen zeigten, dass schon für ‚normale' Frauen therapeutischerseits eine größere Nähe zu psychischen Defekten gesehen wurde (passiv, abhängig, ängstlich, unselbständig, nachgiebig etc.) als für normale Männer (aktiv, selbstbewusst, ehrgeizig, aggressiv o. ä.). Die Wirksamkeit dieser Auffassungen wurde durch die Erfahrungen von Frauen bestätigt, die psychotherapeutische Hilfen in Anspruch genommen hatten und von – meist männlichen – Therapeuten dazu gedrängt wurden, sich ihren ‚angestammten' Rollen in Haus und Familie wieder anzupassen und ihren ‚krankhaften' Ehrgeiz oder ihre ‚unweiblichen' Wünsche nach außerhäuslicher Be(s)tätigung aufzugeben.

Die in den USA und Westeuropa aus dem Boden der Frauenbewegung sprießenden Consciousness-raising-groups, Selbsterfahrungsgruppen und Frauengesprächsgruppen zeigten eine brisante Grauzone auf, die vom „normal verrückten Alltag als Frau und Mutter" (McBride, 1976) bis zu klassischen Double-bind-Situationen mit schweren psychischen Verletzungen, von ‚normalen' sexuellen Übergriffen in Familie und Beruf bis zu traumatisierenden Gewalterfahrungen von Frauen reichten. Zum ersten Mal wurde durch Gesprächs- und Selbsthilfegruppen von Frauen der Zusammenhang von ‚realer' (und keineswegs nur phantasierter) Gewalt im Leben von Frauen und deren psychischen Folgen deutlich: Er nahm zunehmend sichtbare Ausmaße an, von dessen tatsächlicher Verbreitung niemand zuvor eine Ahnung haben konnte, weil solche krankmachenden Gewalterfahrungen – misshandelte und vergewaltigte Ehefrauen, sexuell ausgebeutete Mädchen – nicht nur das bestverschwiegene Geheimnis waren, sondern auch nicht in das patriarchal-ritterliche Bild vom beschützenden Vater und Ehemann passten.

Diese CR-Gruppen bildeten eine Art Aktionsforschung der Frauenbewegung, die gleichzeitig Erkenntnis und Veränderung lieferten: über die gewaltförmigen Strukturen, die in bürgerlich-patriarchalen Familien herrschten, über gewaltförmige Verstrickungen in ganz normalen heterosexuellen Beziehungen. Sie waren gleichzeitig der Anstoß für die Entwicklung von feministischen Therapieangeboten für Frauen, die schrittweise auch professionelle Therapeutinnen einbanden, die ihrer eigenen klassischen Ausbildung kritisch gegenüberstanden, die Sensibilität und Kreativität für frauengemäße Therapieangebote entwickelten, und die den realen Bedürfnissen und widersprüchlichen Lebenssituationen von Frauen eher gerecht wurden als die paternalistisch bevormundenen klassischen Therapien (vgl. Wagner, 1973, 1992; Bock & Schmerl, 1979; Freytag, 1992).

Zunehmend wurde nun die Prävalenz psychischer Krankheiten und Leiden von Frauen als eine eigenständige Forschungsherausforderung begriffen, die Fragen und Antworten nach den quantitativen Ausmaßen und den qualitativen Ursachen notwendig machte. Aus dem Rückblick von fast 30 Jahren unterschiedlichster Arbeiten zu diesen Fragen lässt sich bis heute festhalten, dass häufig, aber nicht durchgehend eine höhere Belastung von Frauen im Bereich psychischer Gesundheit berichtet wird (vgl. Franke, 1985; Böhm, 1987; Vogt, 1991; Franke & Kämmerer, 2001), die allerdings methoden- und definitionsabhängig ist: Werden bei Frauen z. B. Neurosen und leichtere Ängste unter ‚psychisch krank' mitgezählt oder nicht? Werden bei Männern antisoziale Verhaltensweisen wie Aggressionen mitberücksichtigt oder nicht? Dies kann je nach Anlage der Untersuchung, nach Erhebungsmethoden und Diagnosekriterien schwanken.

Als übergreifender Trend deutet sich an, dass Frauen generell gleiche bis leicht erhöhte Raten psychischer Störungen im Vergleich zu Männern aufweisen, dass aber selbst bei einem quantitativen Gleichstand die *Art* des psychischen Leidens (und der dies reflektierenden Diagnosen) bei beiden Geschlechtern unterschiedlich ausfällt (Böhm, 1987; Rosenfield, 1999; Sieverding, 1999). Bei Frauen werden bis heute eher depressive Störungen diagnostiziert sowie Ängste und Phobien leichter und schwerer Ausprägung, Suizidversuche, Essstörungen, selbstverletzendes Verhalten und Medikamentenabhängigkeit; bei Männer eher Psychosen vom schizophrenen Formenkreis, mehr Suizide, mehr Alkoholismus und illegaler Drogenkonsum sowie antisoziale Verhaltensweisen. Die meisten einschlägigen AutorInnen heute führen diese übernational gleichförmigen Geschlechterunterschiede längst nicht mehr vorrangig auf *frühkindliche* ‚Prägungen' zurück, sondern vor allem auf die unterschiedlichen Erfahrungen, die für beide Geschlechter im *Erwachsenenleben* bereit stehen. Nicht zufällig erscheinen viele psychische Störungen wie eine krankhaft übertriebene Version der ‚normalen' Geschlechterrollen erwachsener Frauen und Männer, d. h. sie haben offensichtlich etwas mit den ‚normalen' Zuständigkeiten, Kontexten und Aktionsmöglichkeiten der Geschlechter zu tun. Frauen sind in der Regel eher für die Pflege sozialer Beziehungen, die Berücksichtigung der Bedürfnisse Anderer, für die Gefühlsqualität familiärer Bindungen zuständig. Ihr Aktionsradius ist durchschnittlich begrenzter, sozial-emotional fordernder, mit weniger Anerkennung und geringeren finanziellen Ressourcen ausgestattet. Im Schnitt sind ihre beruflichen Möglichkeiten mit weniger Autonomie, mehr Monotonie, weniger Aufstiegschancen und schlechterer Entlohnung verbunden. Auf Überforderungen und widersprüchliche Anforderungen wird eher mit persönlichen Schuld- und Ohnmachtsgefühlen reagiert. Die frauentypischen Symptome psychischen Leidens werden entsprechend als ‚internalisierende' Störungen bezeichnet, die der Männer als ‚externalisierende'. Seit den 1970er Jahren wurde auch vermehrt deutlich, dass eine eindeutig *soziale* Verursachung dieser Störungen außer Zweifel steht (sie also nicht länger mit weiblichen und männlichen Hormonen erklärbar sind), weil die kovariierenden Lebensbedingungen hier für beide Geschlechter eine verräterische Sprache sprechen:

Verheiratete Männer haben niedrigere Depressionsraten als verheiratete Frauen, und sie haben niedrigere Depressionsraten und weniger psychosoziale Störungen (Suizid, Alkoholabusus) als alleinlebende Männer. Unter den Nicht-Verheirateten haben die Frauen niedrigere Anteile psychischer Störungen als Männer (Gove, 1972; Gove & Tudor, 1973; Kolip, 1994). Verheiratete Frauen haben im Vergleich mit unverheirateten Frauen nicht den gleichen Ehe-Vorteil einer besseren psychischen Gesundheit wie die Männer (Radloff, 1975); die schlechteste psychische Befindlichkeit mit den höchsten Depressionsraten zeigen junge Ehefrauen mit mehreren Kleinkindern zu Hause (Brown et al., 1975; Belle, 1990a). Außer dem eigenen Stress, den diese Versorgungsleistungen für Ehefrauen produzieren, ist die zusätzliche ‚Ansteckung' mit dem Stress von Nahestehenden, Verwandten und Freunden gut dokumentiert, die die Vorteile des durchschnittlich besseren sozialen Netzes der Frauen in ihr Gegenteil verkehren, indem zusätzliche Belastungen produziert werden, denen Männer sich qua Beruf und qua Delegation an die Ehefrau erfolgreich entziehen können (vgl. Nestmann & Schmerl, 1990; Belle, 1990a). Psychische Erkrankungen werden von manchen AutorInnen deshalb auch als die „Berufskrankheit der Frau" bezeichnet: Für das seelische (und körperliche) Wohlergehen der Kinder und des Mannes hat die patriarchale Familie die Frau vorgesehen; für sie selbst ist dagegen kein Spezialist vorgesehen, der sie unterstützt und auffängt (Böhm, 1987) – es sei denn, sie knüpft sich zusätzlich zur Familie ein soziales Netz, in das sie allerdings ebenfalls Kraft und Zeit investieren muss (Nestmann & Schmerl, 1990; Belle, 1990b).

Dass sich diese relativ eindeutigen Kosten- und Nutzenmuster der klassischen patriarchalen Ehe mit zunehmender Diversifikation von Ehe- und Erwerbskonstellationen auch wieder mildern können, zeigen übergreifende meta-analytische Untersuchungen (Haring-Hidore et al., 1985).

Insgesamt lässt sich für den hier exemplarisch ausgeführten Bereich der psychischen Gesundheit von Frauen festhalten, dass Frauengesundheitsbewegung und Frauengesundheitsforschung in diesem Bereich seit 30 Jahren erfolgreich und innovativ gearbeitet haben. Auch hier waren die Ausgangspunkte die Androzentrismus- und Ideologiekritik am herrschenden wissenschaftlichen (d. h. psychiatrischen und psychotherapeutischen) Bild vom ‚Wesen' und der Bestimmung einer psychisch gesunden Frau und an den Methoden, mit denen diese Gesundheit wieder herzustellen sei. Es wurden umfangreiche empirische Untersuchungen über die Prävalenz von psychischen Störungen bei Frauen vorgelegt, die über die besonderen Ursachen dieser Leiden Hinweise lieferten, und die gleichzeitig auch Aufschlüsse über die Rolle des Geschlechter*verhältnisses* für die Entstehung von unterschiedlichen psychischen Krankheiten bei *beiden* Geschlechtern lieferten – also auch für Männer. Die Folgen waren zunächst die Entwicklung alternativer psychotherapeutischer Hilfen und Angebote für Frauen, weil diese durch die klassischen männerzentrierten und oft auch frauenabwertenden Therapien nicht angemessen behandelt wurden. Insbesondere leitete dies zusätzlich einen allmählichen Wandel der psychiatrischen und psychotherapeutischen Angebote für die häufigste weibliche Störung, die Depression, ein. Waren noch in der klassischen Psychiatrie Depressionen per se als ‚endogen', d. h. als körperlich verursacht (und somit sozial nicht erklärbar bzw. therapierbar) deklariert worden, so gelangten nun schrittweise andere Ursachenperspektiven und damit auch andere, erfolgreichere therapeutische Angebote in den Blick.

Schließlich lässt sich als letzter Punkt festhalten, dass durch diese Art von feministischer Psychotherapie-Forschung und -Politik nicht nur das Wissen um bessere Bedingungen für die psychische Gesunderhaltung von Frauen herausgearbeitet werden konnte, sondern auch für die von Männern. Wir wissen heute, dass *beide* Geschlechter für den Erhalt ihrer psychischen (und auch körperlichen) Gesundheit davon profitieren, wenn sie im Beruf autonome und abwechslungsreiche Arbeitsbedingungen vorfinden, die mit geringem Zeitdruck einhergehen. Solche Berufsbedingungen können für beide Geschlechter sogar manche negativen Aspekte des Familienlebens kompensieren (vgl. Lennon & Rosenfield, 1992). Gegenseitige Unterstützung und der Aufbau von Selbstwertgefühl ist ebenfalls bei beiden Geschlechtern der psychischen Gesundheit zuträglich, während es Frauen wie Männern schlecht bekommt, sich auf *nur einen* Bereich (Familie *oder* Karriere) zu spezialisieren, bzw. sich *ausschließlich* entweder auf die Verfolgung *eigener* Interessen oder auf die Bedienung der Interessen *anderer* zu konzentrieren. Gerade letzteres scheint – das ist eine der zentralen Einsichten der Frauengesundheitsforschung für diesen gesamten Bereich – das Ausagieren von Problemen nach innen (internalisieren) oder nach außen (externalisieren) vorzuprogrammieren (Rosenfield, 1999). Für den Bereich psychischer Gesundheit kann der Frauengesundheitsforschung attestiert werden, dass sie nach allen drei Kriterien – Kritik, innovative Forschung, Implementation – anerkannte Arbeiten vorzuweisen hat, die einen grundlegenden Paradigmenwechsel in den professionellen Sichtweisen auf psychische Störungen von Frauen bedeuten, der seinerseits zu positiven Konsequenzen für die therapeutischen Angebote an Frauen geführt hat. Nicht zu unterschätzen ist, dass sie darüber hinaus auch Erkenntnisse über die (psychisch) krank machenden Anteile der klassischen Männerrollen in westlichen Gesellschaften erbracht hat.

2.3 Stellung von Frauen im Gesundheits- und Medizinsystem

Die Arbeiten kritischer HistorikerInnen im Bereich der Medizingeschichte haben übereinstimmend ergeben, dass die heutige männliche Dominanz der Ärzte im medizinischen System und der traditionelle Ausschluss von Frauen aus der ärztlichen Ausbildung keine menschheitsgeschichtliche Selbstverständlichkeit ist, sondern historisch jüngeren Datums (vgl. Frevert, 1982; Bochnik, 1985). Bis ins Mittelalter waren Heilkunde und medizinisches Wissen eine selbstverständliche Domäne von Ärztinnen und weisen Frauen; speziell die Frauenheilkunde und Geburtshilfe lagen vollständig in den Händen von Hebammen und Wehenmüttern. Auch die Motive des ab dem 12. Jahrhundert, forciert zwischen dem 15. bis 17. Jahrhundert stattfindenden Ausschlusses von Frauen sind wegen der Quellenlage gut bekannt: weibliche Heilkundige waren der katholischen Kirche aus mehreren Gründen (ein seit den Kirchenvätern gepflegter extremer Frauenhass, Angst vor Hexerei, Angst vor weiblichem Wissen um Empfängnisverhütung und Abtreibung, paranoide Vorstellungen von weibliche Sexualität etc.) ein Dorn im Auge. Ihr Jahrhunderte langes Bemühen richtete sich daher auf die Ausbildung und Durchsetzung eines männlichen Ärztestandes, der in erster Linie die Glaubenssätze der Kirche befolgen und vertreten sollte. Die solcherart von den theologisch dominierten Universitäten ausgebildeten Ärzte hatten ihrerseits ein Interesse, die besser qualifizierte weibliche Konkurrenz aus Geschäftsgründen zurückzudrängen. Während noch zwischen dem 8. und dem 11. Jahrhundert in Italien (Salerno) und Frankreich (Montpellier) berühmte Medizinschulen gleichermaßen Ärztinnen und Ärzte ausbildeten, war an den von der Kirche gegründeten und dominierten Universitäten ab dem 14. Jahrhundert Frauen das Medizinstudium verboten. Die nun an den Universitäten ausgebildeten Ärzte waren in der Regel Mitglieder des niederen Klerus, sie hatten keinerlei empirisch begründete oder aus der Volksmedizin tradierte Ausbildung, sondern lernten nur aus der Antike überliefertes Buchwissen und theologische Dogmen. Bezeichnenderweise hat der berühmte Arzt Paracelsus (1493–1541) ausdrücklich darauf hingewiesen, dass er seine gesamten medizinischen Kenntnisse den heilkundigen Frauen verdanke. Der Ausschluss von Frauen aus den heilenden Künsten insgesamt erfolgte bekanntlich äußerst gewaltsam (vier Jahrhunderte Hexenverfolgung) und stand vor allem im bevölkerungspolitischen Interesse des klerikalen und des weltlichen Adels, d.h. in der Mehrung seines Reichtums durch die Vermehrung leibeigener Arbeitskräfte. Die volksmedizinischen Kenntnisse der weisen Frauen über verhütende und abtreibende Mittel standen diesem Ziel entgegen, weil dieses Wissen es den betreuten Frauen ermöglichte, über die Anzahl ihrer Kinder selbst zu entscheiden (vgl. Heinsohn & Steiger, 1985).

Aus den gleichen Gründen wurde ab dem 15. Jahrhundert schrittweise versucht, durch verschärfte Hebammenordnungen überall in Europa vor allem den speziellen Bereich der Geburtshilfe ärztlicherseits zu kontrollieren – ein Prozess, der im 18. und 19. Jahrhundert erfolgreich abgeschlossen war, als Gynäkologie und Geburtshilfe endgültig ein rein männliches Terrain wurden und Hebammen nur noch ärztlich überwachte und streng reglementierte Hilfestellungen geben durften (vgl. Frevert, 1982). Die Folgen dieses doppelten Ausschlusses – erst aus der allgemeinen Heilkunde *und dann* auch noch aus der Frauenheilkunde/Geburtshilfe – sind bis heute spürbar, die dahinter stehenden frauenfeindlichen Motive sehr oft leider auch noch.

Diese Jahrhunderte während Vertreibung von heilkundigen VolksmedizinerInnen und Hebammen aus der medizinischen Versorgung der Bevölkerung hat nicht nur enorme iatrogene Schäden produziert (wegen des schlechteren Ausbildungsstands der Ärzte und männlichen Geburtshelfer, des rücksichtslosen und unhygienischen Experimentierens an Schwangeren in den öffentlichen Geburtshäusern etc.), sondern er hat auch die Grundlagen für das bis heute hierarchische Geschlechterverhältnis in den Gesundheitsberufen gelegt: Einerseits sind drei Viertel aller im Gesundheitswesen Arbeitenden und fast 50 % der Medizinstudenten Frauen (Krause-Girth, 1989); aber nur knapp 30 % der niedergelassenen Ärzte, 20 % der Krankenhausärzte und nur noch gut 5 % der leitenden Ärzte in Krankenhäusern sind weiblich (Schücking, 1998). Schließlich gibt es unter den C4-Professoren an den medizinischen Fakultäten nur noch 2 % Frauen (womit die Medizin sich sogar von den anderen akademischen Fächern nochmals deutlich abhebt: dort liegt der Frauenanteil bei C4-Professoren mittlerweile um die 8,6 %). Ausgeprägter Autoritarismus und strenge Hierarchien sind die Strukturprinzipien der Medizin in Forschung und Praxis – eine auf Privilegien, Konkurrenz und Status basierende steile Pyramide, unter der auch die männlichen Mitglieder zu leiden haben. Für Frauen bedeutet diese auf zunehmendem Ausschluss beruhende Hierarchie jedoch noch vieles mehr.

Auch wenn seit der Wende vom 19. zum 20. Jahrhundert gegen große Widerstände von Ärzten und Medizinprofessoren das Studium der Medizin für Frauen wieder zugänglich wurde, so bleiben doch die Spuren des jahrhundertelangen gewaltsamen Verdrängungsprozesses tief und effektiv. Da ist zunächst ein enormer Wissensverlust zu konstatieren, der durch das Abreißen einer in Jahrhunderten gewachsenen Heiltradition entstand, die auf Erfahrungen und auf persönlicher Überlieferung beruhte. Das von den heilkundigen Frauen (und auch Männern) beherrschte volksmedizinische Wissen fußte – bei allen magischen Vorstellungen – auf Beobachtung und nicht auf von oben verordneten theologisch korrekten Dogmen.

Der zweite Verlust bestand in einer zunehmenden Aufspaltung von ärztlichem und pflegerischem Handeln – einer Arbeitsteilung, die ab dem 18. und 19. Jahrhundert zur Perfektion entwickelt wurde (Frevert; 1982; Bischoff; 1997), und die uns heute selbstverständlich erscheint – die den Heilkundigen des Mittelalters aber völlig fremd war. Selbst die hochbezahlten Ärzte des Adels kamen ins Haus des Erkrankten und ‚pflegten' ihn – d. h. boten ihre Dienste als umfassende medizinische Versorgung des Patienten an. Die heutige Normalität besteht dagegen in einem Anweisung gebenden männlichen Arzt und einer diese Anweisung befolgenden Krankenschwester, die völlig anders als der Arzt ausgebildet ist, und der ein genau definierter Kanon ärztlicher Handlungen ausdrücklich untersagt ist. Sie soll den Arzt von den lästigen alltäglichen, und vor allem schmutzigen und Geduld kostenden Arbeiten entlasten (vgl. Frevert, 1982; Bischoff, 1997). Ähnliches gilt natürlich ebenso für die überwiegend weibliche Pflege in der Familie. Dass uns Heutigen dies ‚normal' und effizient erscheint, ist nicht unbedingt zwangsläufig, sondern vielmehr ein Produkt der historisch forcierten prestigefixierten Arbeitsteilung zwischen Männern und Frauen im Bereich der medizinischen Versorgung. Der Arzt ist die durch Wissensvorsprung und Geschlecht legitimierte Autorität, der *gehorcht* werden muss. Er ist für das technische Körperwissen (Anatomie, Physiologie, Nosologie etc.) zuständig, die pflegenden Frauen sind für den gesamten Rest – also den ganzen Patienten – zuständig. Eine ganzheitliche Sicht auf den Patienten als eine leidende Person und als ein menschliches Individuum gerät dadurch aus dem Blick – und das oft genug auch bei den stets überlasteten, im Akkord Pflegenden.

Wenn zwei Drittel aller Patienten Frauen sind, und wenn es unter niedergelassenen Ärzten und Krankenhausärzten im Schnitt 20 % bis 30 % Frauen gibt, dann ist die häufigste Konstellation zwischen Medizinern und Laien die zwischen einem Arzt und seiner Patientin (wie es das klassische Klischee ja auch will). Über dieses Verhältnis ist schon viel geschrieben worden – gerade auch im Gefolge der Frauenbewegung und der Frauengesundheitsforschung. Fassen wir für den vorliegenden Zweck lediglich die markantesten Punkte zusammen, so lässt sich festhalten, dass männliche Ärzte aufgrund ihrer fachlichen Ausbildung, d. h. des v. a. an männlichen Körpern standardisierten medizinischen Wissens, anhand der auch dort überlieferten Stereotype von Frauen, aufgrund des gesellschaftlich sanktionierten Prestiges der männlichen Mediziner und schließlich aufgrund bestimmter naheliegender Unfähigkeiten, sich als Mann in Körpererfahrungen von Frauen hineinversetzen zu können – dass aufgrund all dieser wahrscheinlich zusammenwirkenden Faktoren keine unvoreingenommene Begegnung zwischen zwei gleichrangigen Personen stattfinden wird, sondern eine zwischen einem ‚Halbgott in weiß' und einer schlimmstenfalls zickigen, bestenfalls gefügigen Empfängerin von Anweisungen. Dass diese vorprogrammierte Konstellation zwischen Arzt und Patientin für das Heilungs- und Gesundheitsverhalten der Betroffenen nicht optimal sein kann, ist ebenfalls gut dokumentiert worden: Beschwerden von Frauen werden nicht so ernst genommen wie die der Männer; unklare weibliche Beschwerden werden vorschnell als ‚seelisch' oder neurotisch verbucht (Vogt, 1983; Kaplan et al., 1996).

Frauen werden zudem bezüglich ihrer reproduktiven Organe als wandelndes Risiko gesehen: Von der Mädchen-Gynäkologie übers prämenstruelle Syndrom bis zur prophylaktischen Hysterektomie und Hormonsubstitution ist eine Frau ein permanentes potentielles Risiko und stets der ärztlichen Betreuung bedürftig (Kolip, 2000). Auch hier verhindert die so erfolgreiche Eliminierung einer ganzheitlichen Betrachtung von körperlichem Leiden eine auf die Bedürfnisse der Patientinnen zugeschnittene ärztliche Vorgehensweise. Diejenigen Mediziner, die dies trotzdem versuchen, werden durch die Sachzwänge eines nach den gleichen Prinzipien funktionierenden Abrechnungssystems bestraft.

Weiterhin hat diese Ausgangskonstellation zur Folge, dass eine weibliche Minderheit von 20% bis 30% Ärztinnen an diesen Verhältnissen nichts Substantielles wird ändern können, um so mehr sie selbst einerseits die Sachzwänge der Schulmedizin übernommen und dem wenig entgegenzusetzen gelernt haben, und weil sie von ihren männlichen Kollegen allzu häufig als unerwünschte Konkurrenz diskriminiert und gemobbt werden (vgl. Wagner, 2001), bzw. aus den prestigeträchtigen Bereichen der Medizin (wie z. B. Chirurgie und apparate-intensive Medizin) von vornherein erfolgreich herausgehalten werden (vgl. Schücking, 1998; für England und Australien: Pringle, 1998). Dies gilt erst recht für die oben erwähnte universitäre Lehre und Forschung. Solange nur so wenige Frauen in die hochrangigen und einflussreichen Forschungspositionen der Medizin gelangen, werden gerade auf diesen Ebenen die Sichtweisen, Erfahrungen und Bedürfnisse von weiblichen Menschen nicht angemessen vertreten und verfolgt werden können (Gallant, Coons & Morokoff, 1994).

Schließlich und letztens bedeuten die als ‚normal' und ‚objektiv' empfundene Dominanz von männlichen Ärzten und Forschern und ihr im Rampenlicht der öffentlichen Aufmerksamkeit stehendes Gesundheitshandeln eine gewaltige optische Verzerrung der tatsächlich erbrachten gesundheitlichen Leistungen. In der Realität wird nur ein sehr kleiner Bestandteil aller gesundheitlichen Arbeiten von professionellen Ärzten erbracht. Drei Viertel aller im Medizinbetrieb Beschäftigten sind Frauen; 80% der professionell pflegenden Dienste werden von Frauen geleistet (vgl. Krause-Girth, 1989; Trojan, 1986); fast die gesamten Pflegeleistungen professioneller wie auch familiärer Art werden von Frauen erbracht (Grunow-Lutter, 1991; Kolip, 1998). Die Unsichtbarkeit der unverzichtbaren Frauenarbeit in diesem Bereich, die gewohnte Gleichsetzung von Gesundheitsleistungen mit *ärztlichem* Handeln bewirkt eine falsche Zuschreibung der proportionalen Anteile an heilenden und gesundheitsherstellenden Aktivitäten an den (männlichen) Arzt und seine Kompetenz. Dies hat noch zwei weitere unbeachtete Nebenwirkungen: Das Unsichtbarmachen des weiblichen Anteils an der Herstellung und vor allem der Erhaltung von Gesundheit im Alltag von Familie und Beruf (in Gestalt von laienmedizinischem Handeln und präventivem Social Support) und die allgemein verbreitete Auffassung, dass Gesundheit nicht mehr als die Abwesenheit von Krankheit sei. Insbesondere diese Auffassung übersieht systematisch jene ständigen Leistungen und Ressourcen, die Menschen mobilisieren müssen, um Gesundheit aktiv herzustellen und zu erhalten, und nicht erst im Krankheitsfall zu reparieren.

Die von Antonovsky (1997) entwickelten Vorstellungen der ‚generalisierten Widerstandsressourcen' und sein Konzept der Salutogenese als eines Kontinuums zwischen Gesundheit und Krankheit (anstatt zweier sich ausschließender Pole) vermitteln gegen die klassische reparaturzentrierte Sicht von Krankheit und Gesundheit eine Auffassung davon, dass im täglichen, aktiven Gesundheitshandeln von Menschen interne und externe Ressourcen (z. B. materieller Wohlstand und Bildung, Flexibilität, Problemlösefähigkeit, intakte soziale Netze etc.) darüber entscheiden, ob potentiell krankmachende Stressoren sich gesundheitsschädigend auswirken oder nicht. Eine solche Sicht könnte das klassische medizinische Risiko-Modell bezüglich weiblicher Krankheit und Gesundheit ablösen und vor allem die schulmedizinische Sicht auf die eher passive, „gesundheitsgefährdende Weiblichkeit" (Helfferich, 1989) konstruktiv erschüttern.

Noch ist es allerdings nicht soweit. Das salutogenetische Modell (Franke, 1997) hat zwar inzwischen in die Gesundheitswissenschaften erfolgreichen Eingang gefunden, ist aber bis auf wenige Ausnahmen (z. B. Franke et al., 1998) noch nicht auf seine Ergiebigkeit für die Frauengesundheitsforschung systematisch überprüft worden. Ob es dabei völlig ‚ungeschoren' davon kommen würde – im Sinne von undifferenziert nur für Männer entwickelt und deshalb als adaptationsbedürftig für eine weibliche Anwendung auszubuchstabieren wäre – bleibt eine interessante Aufgabe (vgl. hierzu Franke, 1998).

Für den Bereich ‚Stellung der Frau im Gesundheitswesen' lässt sich zusammenblickend festhalten, dass hier die geleistete Kritik am Androzentrismus des Medizinsystems noch immer von allen drei möglichen Kriterien am stärksten ins Gewicht fällt und auch fallen muss, wenn man an die höchst lebendigen Spätfolgen der historischen Erblast denkt: Über eine Million Menschen wurde in Zentraleuropa zwischen 1450 und 1750 gewaltsam zu Tode gebracht, um ein ‚neues' theologisch-medizinisches Denken und Handeln durchzusetzen (Hammes, 1977). Die letzte Hexe wurde in Deutschland 1775 geköpft, das sind gerade sieben Generationen her. Die psychischen Folgen solcher Praktiken sind bis heute nicht analysiert worden: Was mag es im Bewusstsein von Generationen von Frauen bewirkt haben, jederzeit als Heilkundige angeklagt und ermordet werden zu können? Bei einem solchen historischen Hintergrund erscheint das Arzt-Patientin-Verhältnis (das wie skizziert aus wesentlich mehr als nur einem konkreten Hausarzt und ‚seiner' Patientin besteht) auch noch nach 30 Jahren Zweiter Frauenbewegung als befrachtet mit einem Konvolut von oft tatsächlich mittelalterlich wirkenden Ritualen: Der Arzt ist „Autorität" – nicht ebenbürtiges Gegenüber; seine Heilkunst ist ‚objektiv' und wissenschaftlich – nicht interessengeleitetes Forschungsprodukt; Männer sind in diesem System die Experten – Frauen die Fragenden und Gehorchenden. Auch die Erforscher und Techniker des Frauenkörpers sind überwiegend Männer – Frauen dürfen deren Errungenschaften entgegennehmen, aber nicht bestimmen, was überhaupt erforscht werden soll etc., etc. Wenn dieser ganze tradierte Ballast stets unausgesprochen, aber selbstverständlich in den Hinterköpfen aller Beteiligten mitschwingt, dann ist es kein Wunder, dass die Frauen-Gesundheitsforschung – nach der umfassenden kritischen Aufarbeitung in diesem Gebiet – bestenfalls mit eigener Forschung und Erkenntnissammlung vorrangig beschäftigt bleibt, also nur das zweite Kriterium erreicht. Eine Implementation historischer Erkenntnisse (über die Stellung von Frauen im Gesundheitssystem und deren Auswirkungen) in das heutige Medizinsystem von Heilenden und Kranken zu erreichen, diese Erkenntnisse anzuwenden auf das Verhältnis von Pflegenden und Gepflegten, von Ärztinnen und Ärzten, von Wissenschaftlern und Beforschten – das dürfte erst sehr mühsam und vereinzelt in Gang kommen, und auch hier wieder bestenfalls von außerhalb des Medizinsystems.

3. Fazit

Was also lässt sich zu Anfang des dritten Jahrtausends als Zwischenbilanz festhalten, was die Wiederbemächtigung an Wissen und Definition über den eigenen Körper, was den Zugang zu patriarchal unkontaminierten Informationen und Versorgungsangeboten, was den Zugang zur aktiven Teilhabe an geschlechtsbewusster medizinischer Forschung angeht? Gemessen an den vorne genannten drei Kriterien von Androzentrismuskritik, eigener Wissensproduktion und selbstverständlicher Implementation in den Mainstream der Forschung zeigt sich für die hier stellvertretend ausgewählten drei Gebiete ein differenziertes Bild: Die *Kritik* an der klassischen schulmedizinischen Sicht auf Frauen und ihre Gesundheit hat gründliche Arbeit geleistet und kann nicht mehr als feministisch verbohrte Ideologie abgetan werden, sondern hat eine breite Resonanz in der weiblichen Öffentlichkeit und in Teilen der Gesundheitsforschung erfahren. Den Nachweis *eigener anspruchsvoller Frauenforschung* auf dem Gebiet von Gesundheit und Krankheit haben Wissenschaftlerinnen auf den unterschiedlichsten Gebieten ausführlich erbracht (und nicht nur in den drei exemplarisch hier erwähnten). So zeigten Untersuchungen in den USA ab Mitte der 1980er Jahre immer wieder eindeutig, dass bei vielen bis dato als ‚allgemein' geltenden Erkrankungen (z. B. Herz-Kreislauferkrankungen, Autoimmun-Erkrankungen, Alkohol- und Nikotinschädigungen, degenerative Knochenerkrankungen, Aids u. v. m.) die Entwicklung einer geschlechtspezifischen Sichtweise dringend erforderlich wird (vgl. Nippert, 2000). Das hat seit 1990 in den USA zu entsprechenden Auflagen für die Vergabe von Forschungsgeldern durch die National Institutes of Health geführt und 1991 zum Start eines Großprojekts zur Frauengesundheitsforschung, das mit einer Laufzeit von 15 Jahren und einem Volumen von 628 Mio. US-Dollar Gesundheitsrisiken und Präventionsmaßnahmen bei bestimmten frauenspezifischen Krankheiten untersucht (Metzner, 1993; Nippert, 2000).

14. Die Frau als wandelndes Risiko

Die bisherigen Erfolge haben aber auch die Grenzen deutlich gemacht: Zumindest in Deutschland – anders als in den USA – stoßen Forschungsinitiativen trotz ihrer Leistungen in den Bereichen der Gesundheitswissenschaften, der Medizinsoziologie und in bestimmten Randgebieten medizinischer Forschung und Praxis doch an Schranken in Gestalt mangelnder langfristiger finanzieller Absicherung und mangelnder Anerkennung und Ausstattung durch Institutionalisierung. In den Bereichen Forschung und Ausbildung stoßen sie vor allem auf die Ignoranz der Medizin in deren sogenannten ‚harten‘, prestigereichen Kerndisziplinen (wie z. B. Chirurgie und Neurologie, vgl. Schücking, 1998; Pringle, 1998). Entsprechend kann vom Erreichen gerade des dritten Kriteriums (selbstverständliche *Implementation* der Perspektive Geschlecht in alle einschlägigen medizinischen Forschungs-, Ausbildungs- und Praxisbereiche) in der BRD noch längst keine Rede sein – obwohl entsprechende Forderungskataloge bereits differenziert entwickelt vorliegen (vgl. Schücking, 1998, S. 58/59), und obwohl auf WHO-Ebene seit 1995 die wichtigsten thematischen Felder für eine europäische Frauengesundheitsforschung benannt sind (WHO, 1995).

Auch in Modellen des schrittweisen Fortschreitens der Frauengesundheitsforschung (wie z. B. bei Rosser, 1993: drei Phasen, oder Maschewsky-Schneider, 1994: fünf Phasen) muss von einer ‚Glasdecke‘ gesprochen werden, die dort eingezogen bleibt,
- wo es um die Selbstverständlichkeit einer veränderten, geschlechtergerechten Perspektive auf männliche und weibliche Körper innerhalb der medizinischen Disziplinen geht,
- wo es und um die Selbstverständlichkeit eines veränderten forschungspolitischen und methodischen Zugangs zu wissenschaftlichen Untersuchungen des Menschen in seinen zwei geschlechterdifferenten Versionen geht,
- und wo es um die damit gebotene natürliche Teilnahme von weiblichen Wissenschaftlern an der Forschung geht.

Die anhaltenden Bemühungen und Aktivitäten von einschlägigen Gesundheitsforscherinnen vor allem aus Medizinsoziologie und aus den Gesundheitswissenschaften sind zwar erstaunlich produktiv, beklagen aber übereinstimmend die anhaltende Marginalisierung durch fehlende dauerhafte Etablierung (vgl. Helfferich, 1994a und b, 1996; Maschewsky-Schneider, 1994; Maschewsky-Schneider et al., 1998). Dabei werden durchaus auch selbstkritische Bilanzen gezogen. Z. B. wird der Mangel an *ursächlichen* Nachweisen bestimmter, nur statistisch belegter Zusammenhänge von Krankheitshäufigkeiten und Geschlecht kritisiert (Helfferich, 1996, S. 118) oder die Frage diskutiert, ob die Implementation von Frauengesundheitsforschung in die Felder der allgemeinen Gesundheitswissenschaften eher den Bereich Public Health verändern wird, oder ob die Frauengesundheitsforschung nicht vielmehr sich selbst durch diese Implementation verändern wird oder vereinnahmt werden wird (Helfferich, 1994a, S. 24/25).

In der Regel sind sich alle einschlägigen Forscherinnen seit Anfang der 1990er Jahre in der Benennung folgender Mindestanforderungen an die Grundlagen für eine entwicklungsfähige Frauengesundheitsforschung einig: Die selbstverständliche Einbeziehung von weiblichen Menschen in alle Formen klinisch epidemiologischer, pharmakologischer und therapieorientierter Forschung, die Selbstverständlichkeit der verstärkten Berücksichtigung von Frauen in Forschungsdesigns aus Gründen ihrer biologischen Ausstattung oder ihrer sozialen Situation, die Selbstverständlichkeit systematischer geschlechtsvergleichender Forschung (um auch komplexe Interaktionen zwischen biologischen und sozialen Faktoren erfassen zu können) und schließlich die Forderung, ‚die' Frauen nicht als homogene Gruppe zu betrachten, sondern soziale, ethnische und lebensphasenspezifische Unterschiede angemessen zu berücksichtigen (Rodin & Ickovics, 1990).

Die gezogenen Schlussfolgerungen für die eigene künftige Forschungsentwicklung ist durchaus kritisch und selbstreflektiert: Es wird gesehen, dass sich bei der Weiterentwicklung der ursprünglich ‚einfach' gedachten Emanzipationsmodelle (von Frauen und ‚krankmachenden' Gesellschaftsbedingungen) zu notwendigerweise komplexer gewordenen Auffassungen (wie z. B. dem ‚Lebensweisenmodell' geschlechtsspezifischen Umgangs mit Gesundheit und Krankheit) auch Unterschiede *zwischen* verschiedenen Frauengruppen ergeben werden müssen, und dass die ursprünglich ‚einfachen' Verursachungsannahmen von Krankheit differenziert werden müssen durch die Wirkungen unterschiedlicher subjektiver Ressourcen und Umgangsweisen.

4. WEITERE PERSPEKTIVEN

Seit Anfang der 1990er Jahre scheint die Frauengesundheitsbewegung und -forschung in der BRD keine spektakulären neuen Schlagzeilen mehr zu liefern. Ähnliches wurde auch bezüglich der gesamten Zweiten Frauenbewegung schon des öfteren festgestellt, und oft wurde auch gleich ein ‚Verschwinden' oder Überflüssigwerden ‚der' Frauenbewegung samt ihrer Anliegen diagnostiziert. Dass manche Strömungen der Frauenbewegung eine Atempause eingelegt haben, bzw. sie auch brauchen, bedeutet noch nicht, dass sich das verfolgte Anliegen erledigt hat. Erst recht bedeutet die mangelnde öffentliche Sichtbarkeit von Lila-Latzhosen-Demos und Walpurgisnächten keineswegs, dass der lange Marsch durch die Institutionen nicht betrieben wird. Die Wirksamkeit einer sozialen Bewegung und der von ihr angestoßenen Veränderungen in verschiedenen Bereichen wie Politik, Wissenschaft, Kultur und öffentlichen Diskursen braucht als ‚Beweis' nicht die ständige mediengerechte Präsenz auf der Straße. Phasen des Bohrens dicker Bretter hat es in den Ersten Frauenbewegungen des 19./20. Jahrhunderts ebenfalls gegeben. Ute Gerhard (1990b) bezeichnet sie treffend als ‚Windstille', die für die Justierung des Kurses und die Überholung der Takelage fruchtbar gemacht werden können. Was könnte dies für die Frauengesundheitsforschung bedeuten?

Zunächst scheint wichtig, dass die scheinbare momentane ‚Windstille' nicht fälschlich als die maximal zu erreichende und damit statische Obergrenze für Frauenbeteiligung und Frauenförderung im Gesundheitsbereich begriffen wird. Statische Verhältnisse sind selten ein Naturzustand, sondern normalerweise sind Dinge in Bewegung, nur mit unterschiedlichen Geschwindigkeiten. Wir wissen aus der Frauenforschung, dass die ‚kritische Masse' für Veränderungen von Institutionen und Disziplinen ab einem Frauenanteil von 30 % beginnt. Solange diese Zahl nicht deutlich überschritten wird, sind ‚automatische' Veränderungen wenig wahrscheinlich, danach aber sehr wohl. Dieser Frauenprozentsatz ist innerhalb der Medizin annähernd erreicht – gute Aussichten also für die nähere Zukunft, *falls* er sich weiter verändert. Solange er auf dem jetzigen Niveau verharrt, sollte die schon mehrmals erwähnte Erkenntnis genutzt werden, dass Veränderungen in der medizinischen Forschungspraxis bisher stets von *außen* kamen, bzw. nur durch *äußeren* Druck erfolgreich waren, was in diesem Falle hieße: Durch Frauengesundheitszentren, Selbsthilfegruppe, Institutionen wie Pro-Familia und Frauenministerien, durch feministische Kritik und Politik, durch Patientinnen und – last but not least – durch die in den Nachbardisziplinen Public Health und Medizin-Soziologie arbeitenden WissenschaftlerInnen.

Womit wir bereits beim nächsten Punkt sind: Wir wissen aus den Erfahrungen des politischen ‚Mainstreaming' der Frauenbewegung (vgl. Woodward, 2001), dass es für fortschreitende und gezielte Erfolge feministischer Politik wichtig ist, die verschiedenen Machtebenen einer Gesellschaft mit ihren unterschiedlichen Frauenanteilen genau zu kalkulieren und gezielt zu nutzen. Wenn auf den unteren Ebenen der konkreten und zahlreichen Frauenprojekte sich eine flache Pyramide mit abnehmendem Frauenanteil der höheren Machtebenen aufbaut, kann man diese ‚verdünnten' Ebenen des Frauenanteils durchaus gezielt für bestimmte Nutzungen mit benennbaren Erfolgschancen ins Auge fassen – z. B. von gewerkschaftliche Frauengruppen bis hin zu quotenweise auftretenden Ministerinnen. Solche Politikschienen sind auch schon in der jüngsten Vergangenheit für überfällige feministische Anliegen erfolgreich benutzt worden – gerade auch im Wissenschaftsbereich, so z. B. für die Gründung von Frauen-Forschungsinstitutionen, der Einrichtung von Frauprofessuren und Frauennetzwerken. Dies hat teilweise auch schon im Sektor Frauengesundheitsforschung gegriffen und wird dadurch zusätzliche, wenn auch vorerst bescheidene Forschungsgrundlagen schaffen (vgl. Nippert, 2000).

Ein weiterer für die zwischenbilanzierende Reflexion interessanter Punkt ist der beobachtbare Übergang von ‚Frauen'forschung zu ‚Geschlechter'forschung. Er liefert den Anlass für Feministinnen, wachsam zu bleiben, ob dieser wissenschaftliche Respektierlichkeit und Seriosität signalisierende Begriffstausch tatsächlich zu einer neuen Form von ausgewogener zweiseitiger Geschlechterforschung führen wird, die ihren Namen verdient, oder ob hier Angleichungs- und Enteignungsprozesse in der Forschung von und über Frauen sich einschleichen, die das – in diesem Fall weibliche – Geschlecht wieder zu einer additiven Variable machen, die der wissenschaftlich arrivierte männliche Geschlechterfachmann ‚mit' vertritt, ohne im geringsten die wissenschaftstheoretischen, methodenkritischen und forschungspolitischen Implikationen der feministischen Kritik zu berücksichtigen (vgl. stellvertretend für diese Diskussion Maynard, 1995; Harding, 2000 und Kap. 6).

Auf jeden Fall erscheint es aufgrund der Erfahrungen der Frauenbewegung wichtig, dass Frauenforscherinnen sich nicht im Elfenbeinturm verschließen, sondern sich als Feministinnen weiter in die *Politik* der Gesundheitsforschung und in die praxisbezogenen Projekte der Frauengesundheitsbewegung einmischen (Helfferich, 1994b).

Schließlich verpflichten die bisherigen Leistungen der Frauengesundheitsforschung, die nicht nur die Frauen, sondern auch eine interessierte Öffentlichkeit für die gesundheitlichen Auswirkungen von sozialen Verhältnissen sensibilisiert haben, und die die Tabus um die patriarchale Kontrolle des weiblichen Körpers aufgebrochen haben, dazu, einige zentrale Grundlagen dieser ganzen Konstellation nicht aus den Augen zu verlieren, und zwar die Frage von *Gewalt* und von *Kontrolle* – auch in ihrer sublimen und keimfreien Form. Wenn heute in den Ländern der westlichen Welt die unschöne gewalttätige Kontrolle von Frauen, die selbstbestimmt mit ihrem Körper umgehen, zunehmend verschwindet, so sollte dies nicht den Blick dafür versperren, dass diese Entwicklung erst der jüngsten Zeit zu verdanken ist und keineswegs zu der Annahme verführen darf, dass damit alle körperbezogenen Fragen und Probleme für Frauen frei von Fremdkontrolle und Gewalt sind. (Schließlich bleiben schwere Körperverletzungen von Frauen durch ihre männlichen Partner nach wie vor ein gesundheitliches Problem, das ‚nebenbei' hohe Kosten im Gesundheitswesen verursacht; Nippert, 2000, S. 55).

Es sieht vielmehr danach aus, als ob bestimmte patriarchale Begehrlichkeiten des Zugriffs auf den reproduktionsfähigen Frauenkörper sich lediglich verlagert hätten. Die Entwicklungen der hochtechnologisierten Reproduktionsmedizin geben wie erwähnt allen Anlass zu der Vermutung, dass hier den Frauen ihr naturgegebener Vorsprung an generativer eigener Potenz unter dem Vorwand von Fürsorge und Qualitätskontrolle endgültig entwunden werden soll. Das wäre endlich die Erfüllung des „Greek dream - to render women superfluous" (Soleim, 1986).

Aber der besorgte Blick braucht nicht nur in die nahe Zukunft zu schweifen, sondern schon ein synchroner Blick auf die Verhältnisse in vielen Ländern der Dritten Welt lehrt uns, dass Selbstbestimmung dort noch lange nicht für Frauen selbstverständlich ist, sondern dass vielmehr eine Kombination von direkter mit indirekter Gewalt gut beobachtbar ist: Hunderte Mio. Paare in den Entwicklungsländern möchten kein weiteres Kind, haben aber keinen Zugang zu Verhütungsmitteln (Potts, 2000). In China und Indien werden pro Jahr bis zu einem Fünftel mehr Jungen als Mädchen geboren – Folgen einer patriarchalen Familienpolitik, die weibliche Föten gezielt abtreibt bzw. Mädchen verhungern lässt (Maass, 2001); in China sind im Rahmen der Einkind-Politik Zwangsabtreibungen an Frauen noch im achten Monat an der Tagesordnung. In Afghanistan wurden Frauen bis vor kurzem von patriarchalen Gotteskriegern nicht nur von Bildung und bezahlter Arbeit ausgeschlossen, sondern auch von jeder (!) medizinischen Versorgung – ein Zustand, der westliche Politiker erst im Kombipack mit der Zerstörung steinerner Denkmäler zu Reaktionen animierte, nicht jedoch die fundamentalen Menschenrechtsverletzungen an Frauen per se.

Letztendlich – um noch mal darauf zurückzukommen – sollte unsere eigene kulturelle Vergangenheit für die Gewaltfrage nicht völlig aus dem Gedächtnis geraten: Man stelle sich eine 400 Jahre währende heilige Inquisition einer frauenbündischen mutterrechtlichen Religion vor, die die Zeugungsfähigkeit der Männer unter ihre Kontrolle bringen will, dazu eine Million männlicher Heilkundiger verbrennt und nebenbei das gesamte medizinische Wissen dieser weisen Alten auslöscht und sukzessive durch eine weibliche Ärzte-Priesterschaft ersetzt, deren Unkenntnis und Experimen-

14. Die Frau als wandelndes Risiko

tierwut zuerst die untersuchten Männer scharenweise durch willkürliche und unsachgemäße genitale Manipulationen sterben lässt, um sich dann im Laufe eines weiteren Jahrhunderts durch fortgesetzte Anatomie- und Physiologiestudien einiges Wissen zu erarbeiten. Von diesem werden alle Männer eifersüchtig ferngehalten, bis – Erfolg – nach einem weiteren Jahrhundert endlich ein technologisch hochgerüstetes andrologisches Wissen von den Medizinerinnen beherrscht wird, das sie komplizierteste Penis-, Prostata- und Hodenoperationen einschließlich Samenkonservierung und Keimzellenqualitätschecks erfolgreich durchführen lässt. Männern wird klargemacht, dass das alles nur zu ihrem eigenen Besten ist, dem Wohl ihrer körperlichen und sexuellen Attraktivität für Frauen dient und besonders für die Qualität ihres potentiellen Nachwuchses unabdingbar sei. Überhaupt sei es am günstigsten, wenn man einen Teil dieser hochgradig gefährdeten Organe – z. B. Prostata und Hoden – bereits im jugendlichen Alter prophylaktisch entferne und letztere lediglich im Falle erwünschter extrakorporaler Zeugung in Stickstoffeis kryokonserviere und für die sexuelle Standfestigkeit durch subkutan gespritzte Chemie-Depots sorge.

Wäre das ein gewaltförmiger Umgang mit der männlichen Version der Spezies Mensch, wenn diese Männer ihrerseits völlig überzeugt von den medizinischen Errungenschaften der Frauen im Dienste der ach so gefährdeten männlichen Gesundheit wären? Warum kommt uns so eine platte Umkehrung unserer heutigen Verhältnisse abstrus vor, die Realität aber nicht?

Das Gedankenspiel der Umkehrung wurde von Feministinnen schon relativ früh entwickelt, um die tatsächliche Harmlosigkeit von gewohnten Normalitäten zu überprüfen und kann zu verblüffenden Einsichten führen – z. B. zum Erkennen von Willkür und Gewalt dort, wo man sie gemeinhin nicht wahrnimmt. Das funktioniert natürlich auch *zwischen* den Kulturen: Die Genitalverstümmelung eines Mädchens ist für Angehörige westlicher Nationen ganz offensichtlich Gewalt und kein bloß kosmetischer oder hygienischer Eingriff – für die weiblichen Mitglieder der entsprechenden Kultur kann dies erst dann als Gewalt wahrgenommen und benannt werden, wenn sie von außerhalb ihrer Kultur mit der Existenz anderer Maßstäbe konfrontiert werden.

Das aber führt uns zum Ausgangspunkt unserer Betrachtungen zurück: Das Gemeinsame an den scheinbar so weit auseinander liegenden Beispielen weiblicher Gesundheitserfahrungen (Hormonsubstituion und Genitalverstümmelung) ist nicht nur die Gewalt in ihrer mal subtilen und mal offenen Form gegen die Frauen patriarchaler Gesellschaften, sondern das Gemeinsame dieser beiden konkreten Berichte ist zusätzlich die Tatsache, dass in beiden Gesellschaften die Frauen sich dieser Gewalt *widersetzten* - in einem Fall durch Informationen und Zweifel, im anderen Fall durch Flucht und Solidarität.

Da die beiden konkreten Beispiele außerdem die direkten Spätfolgen einer seit 30 Jahren weltweit unterschiedlich virulenten Frauenbewegung und Frauengesundheitsbewegung sind, stellen auch diese beiden Exempel ermutigende Beweise für das Ausmaß an positiven Veränderungen dar, das durch die Aneignung von Wissen und von selbstbestimmten Maßstäben für Frauen möglich ist. In diesem Sinne ist es „riskant", Frauen Informationen, Wissen und Gedankenspiele zuzugestehen: Frauen werden dann leicht, anders als ursprünglich gedacht, zu wandelnden Risiken für patriarchale Strukturen – auch für die des Gesundheitssystems.

Teil V

Exkurs:
Das Imperium schlägt mal wieder zurück – Frauenbilder als Waffen

15. Im Frauenzoo: Aufklärung über Fabeltiere

> *Ziel einer feministischen Kritik ist nicht Verbot, sondern Veränderung, die auf Einsicht beruht.*
> (Susanne Kappeler 1988)

Erstes Szenario:

Sieben ältere, vom Leben gezeichnete Süditalienerinnen sitzen in ihrer bescheidenen Alltagskleidung um ein amerikanisches Super-Model herum, das seinerseits im knappgeschneiderten kleinen Schwarzen mit Spaghettiträgern und herzförmigem Dekollete mondän in die Kamera schaut. Unterschrift des großformatigen Plakats, das in den USA für eine New Yorker Modefirma wirbt: „Die Schöne und die sieben Tiere." Die meisten Zeitungen, die über diese Episode und den Protest der italienischen Seniorinnen gegen die Verwendung ihres Bildes berichteten (sie hatten sich für einen wohltätigen Zweck ablichten lassen), ließen die Werbetitelzeile weg und konzentrierten ihren Bericht auf die Tatsache, dass die Italienerinnen neidisch auf die Gage des Models seien und nun Geldforderungen erhöben (so z.B. Der Spiegel, 1992, 7, S. 222).

Zweites Szenario:

„‚Offen für leicht Anzügliches' heißt es auf dem großformatigen Plakat einer Zigarettenwerbung, und darauf zu sehen ist eine Frau in einem bloß auf die Haut gemalten Anzug. Ein echter Blickfang. Er hängt unter anderem über einer Straßenbahnhaltestelle. Hier wartet eine Frankfurterin auf ihre Bahn. Neugierig begutachtet von einem Mitmenschen, der zwischen Plakat und Nachbarin vergleicht. ‚Was hast Du denn so unter der Bluse?'..." (Frankfurter Rundschau, 13.5.1991).

Drittes Szenario:

Was verbindet einen Paderborner Radikaltheologen, Kirchenkritiker und Talkshow-Matador ungewollt, aber fest mit der Tradition seiner Gegner? „Nachfolge Jesu bedeutet, eine Kultur der Erotik und eine Kunst der Sinnlichkeit zu entwickeln... Das Schönste, was es für einen Menschen (sic!) auf Erden zu sehen gibt: die malerischen Gestalten der Frauen." (Drewermann in: Der Spiegel, 1992, 8, S. 58). Falsch geraten: Nicht die frauenhassende Wut der Kirchenväter und Hexenverfolger, für die die Frauen das Einfallstor der Sünde und Personifikationen von Tod und Teufel sind, sondern das patriarchale Prinzip des Anschauens von Frauen, des Blicks „des Menschen" auf Frauen als Objekte des Vergnügens und Begreifens kommt hier verräterisch, aber in alter Frische zum Vorschein. Der Zoo-Blick auf die Frauen.

Was hat Werbung damit zu tun? Sie scheint das säkularisierte, aber vor allem „demokratisierte" Endprodukt einer Tradition, die Frauen als zu Erkennende und zu Begaffende durch den männlichen Blick vorführt. Die einseitige Blickrichtung des männlichen Menschen auf das Objekt Frau – sei es zu Bildungs- und Unterhaltungszwecken und/oder aus Projektions- wie Überlegenheitsbedürfnissen heraus – ist durch kultur- und wissenschaftskritische Untersuchungen für die Bereiche der Naturwissenschaften, der Philosophie, der Theologie wie auch der Dichtung, der Literatur und der bildenden Künste zur Genüge nachgewiesen. Der Blick des Mannes auf „das Andere" (Geschlecht) ist ein zentrales und langlebiges Merkmal patriarchaler Kulturen.

Lange Zeit war das geistige oder visuelle Sich-ein-Bild-Machen von Frauen das Privileg einer relativ kleinen Bildungs- und Geldelite. Erst durch die Photographie und ihre drucktechnisch mögliche massenhafte Verbreitung wurden „reale", d.h. sichtbare Bilder von Frauen für alle Welt anschaubar – im Gegensatz zur begrenzten Sichtbarkeit von einmaligen Kunstwerken in Öl oder Stein. Und weiterhin erst die Inanspruchnahme von Photographie (plus der elektronischen Bildmedien) durch den *Kommerz* zu Zwecken der Reklame für seine Produkte brachte den zweiten, den quantitativ entscheidenden Schub in Richtung einer weltweiten Verbreitung von Frauenbildern, die aus Männergehirnen stammen. Kein Suppenwürfel, keine Seife, kein Rasenmäher, keine Schuhcreme und kein Büromöbel, die inzwischen noch ohne Frauenbilder auskämen. Erst dieses „demokratische" Prinzip bedeutete die Durchdringung der gesamten Öffentlichkeit, vor allem nun auch der bildungsfernen Schichten und der Dritte-Welt-Länder mit dieser Perspektive auf Frauen und mit den in diesem Blick beschlossenen Frauenbildern.

Der Frauenzoo – das Panoptikum öffentlich zu besichtigender Frauentypen – begann seine internationale Karriere. Seine Frauenwesen – Fabeltiere, dem Kopf von Männern entsprungen – wurden dank ihrer klassen- und länderübergreifenden Präsentation zu „realen" Wesen. Und die Funktion ihrer Vorführung hat sich nicht verändert: Zwar ist sie platter und konkreter geworden, auch attraktiver und vor allem selbstverständlicher. Vorführen und Anschauen von Frauenbildern ist durch die Werbung zur alltäglichsten Sache der Welt geworden, gehört heute zur Normalität. Das Rezipieren dieser Frauenbilder (die Einübung dieser Art des Blicks) ist als allseits gewohnte Routine so verbreitet, dass diese Sorte Bilder für „die" Frauenbilder unserer Zivilisation schlechthin stehen – auch für die Augen weiblicher Menschen. Gleich, was von Werbebildern sonst noch an Inhalten transportiert wird – und es wird eine Menge transportiert –, die traditionelle Funktion der weiblichen Vor-Führung ist noch die gleiche, aber nun ist sie für *alle* da.

Zoos waren schon immer dazu da, dem Menschen „die Natur" vorzuführen. Tiere, aber auch Frauen, werden zur Schau gestellt, um sich ein Bild von ihnen zu machen und um sich zu amüsieren. Genauso wenig, wie ein Zoo über „die Natur" der dort präsentierten Tiere etwas verrät (oder über „Natur" überhaupt), sondern nur bestimmte Anschauungsbilder liefert, genauso wenig sagt die Frauen-Menagerie der Werber etwas über die Realität und die Verschiedenheit von wirklichen Menschenfrauen aus. Der Trick besteht darin, dies unsichtbar zu machen (und zu halten).

Den Begriff „Frauenzoo" benutzt Susanne Kappeler (1988) in ihrem Buch „Pornographie – Die Macht der Darstellung", um die Art des männlichen Blicks auf den weiblichen Menschen für unsere Kultur zu klären. Um die zentralen Qualitäten dieses einseitigen (definierenden und konstruierenden) Blicks zu verdeutlichen, setzt sie in einen Text über das Anschauen von Tieren das Wort „Frau" für „Tier" und zeigt dadurch frappierende Ähnlichkeiten auf – im Auge des Betrachters.

Es geht mit dem Aufgreifen dieses Ausdrucks nicht um eine Gleichsetzung von Werbung mit Pornographie (obwohl es mehr fließende Übergänge zwischen beiden gibt, als mancher wahrhaben will ...). Vielmehr geht es um eine prinzipielle Ähnlichkeit in der Art der Herstellung und der öffentlichen Funktion von beidem. Männer stellen Bilder von Frauen her; diese Bilder sind ihr geronnener Blick auf weibliche Objekte. Sie spiegeln das wider, was Männern zu Frauen einfällt, was sie von ihnen denken/wünschen/fühlen/fürchten. Diese Bilder werden millionenfach zum Anschauen vervielfältigt und als Ab-Bilder von Frauen vorgeführt. Männer haben (ökonomisch und definitorisch) die Macht, diese Fabelwesen zu kreieren und auch noch als natürliche auszugeben. Dabei passiert zweierlei: Die sehr speziellen Herstellungsbedingungen dieser Bilder bleiben unsichtbar (männliche Subjekte setzen Frauen als Anschauungs-Objekt; der Blick von Frauen ist nicht enthalten), und zusätzlich wird durch diese öffentliche Vorführung von Bildern der Eindruck von Wirklichkeit, von Natürlichkeit erzeugt.

Genau diese beiden Schritte gilt es aber wieder klarzustellen, nämlich: erstens den speziellen, hochgradig künstlichen Ursprung der Bilder und zweitens die Tatsache, dass ein Bild nicht die Person/die Sache selbst ist. Ein Bild ist nie „Natur", ist nie „Realität". Was schrieb schon Magritte unter sein *Bild* von einer Pfeife? „Ceci n'est pas une pipe."

Diese beiden einfachen, aber so leicht abhanden kommenden Einsichten suchen viele Werber auch aktiv wegzuheucheln mit ihrem gebetsmühlenhaft wiederholten Glaubenssatz: „Werbung ist ein Spiegel der Gesellschaft." Eben nicht. Wenn Werbung überhaupt etwas spiegelt, dann die Hirninhalte ihrer Macher.

Zweitens sind die Frauen-Bilder der Werbung keine Frauen, auch keine Spiegelbilder von Frauen, sondern Bilder. Besonders diese schlichte Tatsache gerät mysteriöserweise gern aus dem Blick. Was hören wir am zweithäufigsten (nach dem obigen Glaubensbekenntnis) in Diskussionen über das Frauenbild in der Werbung? Sätze wie: „Was haben Sie denn gegen attraktive Frauen?!" „Was haben Sie denn gegen weiblichen Sex?!" Antwort: Nichts. Nur – *Bilder* von Frauen sind eben keine Frauen; aber sie fördern genau diese Verwechslung ganz gezielt und ohne alle Worte.

Beispiel: Die Tiefe eines busenbetonenden weiblichen Dekolletes ist die persönliche Angelegenheit jener realen Frau, die es trägt. Die Plakatierung des *Abbilds* eines tief dekolletierten weiblichen Busens, um – sagen wir: Brathendl oder Herrenunterhosen – zu verkaufen, ist nicht dasselbe. Beides *gleichzusetzen* (etwa als „befreite Sexualität") ist der definitorische Trick der Werber – und natürlich ihre ureigenste Auffassung vom Gebrauchswert von Frauen.

Erst wenn genügend Spielverderberinnen aussprechen: „Diese Frauen sind künstliche Frauen" (wie das Kind im Märchen sagt: „Der Kaiser ist ja nackt!"), wird die Tatsache des Gemachten, des Tricksens mit Bildern wieder bewusst und klar.

Die weltweit milliardenmal verbreiteten Bilder von Frauen – sei es von schönen Frauen, von nackten Frauen oder von sexuell aufreizenden Frauen – sind nicht ein ‚natürlicher Reflex' von wirklichen Frauen. Sie entspringen auch nicht einem weiblichen Bedürfnis, Bilder von sich selbst herzustellen und zu verbreiten. Sie werden nicht von Frauen inszeniert und vermarktet (selbst wenn in den daran beteiligten Branchen Frauen arbeitsteilig an manchen Produktionsschritten mitwirken). Sie sagen somit auch nichts über ein eventuelles weibliches Selbst-Bild aus. Nur wenn der ganz speziell männliche Blick und das durch ihn erzeugte Frauen-Bild als wirkliche Frau ausgegeben und aufgefasst wird, geschieht das, was Ellen Spickernagel „die Inbesitznahme einer Frau durch den männlichen Blick" nennt (1987, S. 108). Susanne Kappeler sagt: „Als Frauen nehmen wir teil an der kulturellen Ausbildung, die uns lehrt, was auf welche Weise als ‚schön' wahrzunehmen ist. Für diese Weise der ästhetischen Wahrnehmung sind wir der Sichtweise und dem Blickwinkel des männlichen Betrachters verpflichtet." (1988, S. 53).

Frauen lernen also – mehr oder weniger –, sich mit männlichen Augen zu sehen, ohne es unbedingt zu merken. Nun ist dieser Prägungsprozess – wie alle Machtverhältnisse – nie ein hundertprozentig sicherer und zuverlässiger. Das soll heißen, die „Materie Mensch" – hier der weibliche Mensch – ist stets auch sperrig und nicht stromlinienförmig prägbar. Seit ca. 40 Jahren artikulieren sich Frauen, die die von der Werbung transportierten Frauenbilder weder für Natur, noch für erstrebenswert, noch für klaglos zu ertragende höhere Gewalt halten. Sie haben in ihrer Kritik auch nicht zuvorderst an den extrem übertriebenen und herabsetzenden Frauenbildern angesetzt, sondern an den alltäglichen, eben natürlich erscheinenden bzw. sogar an den angeblich doch schmeichelhaften der schönen und begehrenswerten Frauen (so Betty Friedan schon 1963).

Was lässt sich aus der Tatsache schlussfolgern, dass alle intelligenten, noch heute gültigen Argumente gegen frauenbenutzende (und frauenfeindliche) Werbebilder bereits seit den 1960er Jahren ausformuliert wurden – trotz seither wechselnden Darstellungsmoden und der qualitativen Verschärfung der sexuellen Werbung mit Frauen?

Es bedeutet erstens die gut bekannte Tatsache, dass gerade der Bereich Werbung sehr viel mit männlicher Macht und männlicher Arroganz zu tun hat und weiter haben wird. Es bedeutet zweitens – den meisten ebenfalls bekannt –, dass Frauen, auch wenn sie die besseren Argumente haben, für ihre Kritik einen langen Atem brauchen. Sie können bei den ökonomisch Mächtigen gerade dort nicht auf Logik und Ratio setzen, wo es um ein Thema geht, das für Männer hochgradig mit Emotionen aufgeladen ist – nämlich um ihr Frauenbild, ihre Anschauung von Frauen und ihre damit liierten persönlichen Obsessionen, Komplexe und Dominanznöte.

Und letztlich bedeutet es die politische Entscheidung dafür, Argumente auch weiterhin vorzutragen, weil bei eindeutig bestehendem Machtgefälle – Finanzen, Hierarchien, Medien etc. sind alle eindeutig zuungunsten von Frauen verteilt – dies die einzige Chance ist, die Frauen überhaupt haben: trotzdem auf Aufklärung, auf bessere Argumente, auf Bewusstseinswandel zu setzen (statt alles zu lassen, wie es ist – auch hier heißt Stillstand Rückschritt).

Es bedeutet aber auch ein Resümieren und Lernen aus den in 40 Jahren gemachten Erfahrungen mit Werbekritik. Zwei zentrale Dinge sollen hierfür hervorgehoben werden, nämlich das Selbstverständnis von Kritik und die Möglichkeiten konstruktiver Kritik.

Mit ersterem ist hier gemeint, dass WerbekritikerInnen damit rechnen müssen, mundtot gemacht oder ihrerseits als Zensoren oder Manipulateure abgestempelt zu werden, eine gewiss verblüffende Erfahrung. Hier genügt es, sich selbst und den selbsternannten Verteidigern der freien Meinungsäußerung klarzumachen, dass Kritik nicht Zensur ist. Kritik ist Kritik, und sie ist notwendig und legitim. Sie ist besonders notwendig in einer Gesellschaft mit starkem Machtgefälle und der unverhältnismäßig großen Macht der einen Seite, ihre Version der Dinge verbreiten zu lassen. Wer seine eigenen Phantasien in millionenfacher Auflage aufdrängen kann, muss sich Kritik gefallen lassen können; Kritik ist eben nicht Zensur. Der zweite Punkt bezieht sich auf die oben schon erwähnte „Brüchigkeit" menschlicher Sozialisationsprozesse. Nicht alle männlichen Werber sind gedankenlose oder verbohrte Chauvies, nicht alle haben ein verquastes Frauenbild im Kopf, das sie auch noch ihren Kunden und Käufern glauben andienen zu müssen. Viele haben gute Ideen oder lassen sich von guten Ideen anstecken zu eigenen. Menschen sind – Gott sei Dank – auch im Erwachsenenalter noch lern- und veränderungsfähig. Viele trotten alten Pfaden nur so lange hinterher, bis sie einen interessanteren und besseren entdecken. Die Sichtbarkeit solcher Alternativen lässt sich auch bei Werbern vergrößern- vielfach reichen dort schon überzeugende und bessere Entwürfe anstatt nur Kritik an den alten, ausgelatschten. Bewusstseinsveränderung und Aufklärung können auch Spaß machen – wenn mann sie an sich heranlässt.

16. Männliche Reflexe, weibliche Reflexionen: Werbung mit Frauenbildern

- Eine junge blonde langbeinige Frau steht auf der Innenseite einer sonnendurchfluteten Veranda. Sie ist bis auf einen schwarzen Tanga und einen trägerlosen schwarzen BH nackt. Sie trägt hochhackige Pumps und bietet sich stehend mit gespreizten Schenkeln und zurückgebeugtem Oberkörper dem Genuss durch einen jungen, bis an den Hemdkragen zugeknöpften Geschäftsmann an (Schnürschuhe, Bügelfaltenhose, weißer Blazer). Er presst einen ihrer Oberschenkel zwischen seine Beine, lehnt sich über sie, seine rechte Hand auf ihrer nackten Hüfte und sein Mund an ihrem Hals. Der Rest des offensichtlich überflüssig gewordenen Kleides baumelt noch an ihrem linken Oberarm. Der kleingedruckte Text („... das Geschäftsessen konnte warten. Der klassische Sonnenblazer mit den goldenen Knöpfen passte sowieso besser zu ihrem Teint") weist darauf hin, dass es sich um eine Werbung für Herrenoberbekleidung handelt.
- Vor einer düsteren Strandkulisse mit grauem Kai, schmutzigem Sand und schwarz aufragendem Hotel im Hintergrund rennt eine schwarzgekleidete Blondine mit hochgerafften Röcken, wild wogenden Perlenketten und fliegenden Haaren auf den im Vordergrund stehenden PKW zu. Dieser ist halb verdeckt von einem breitschultrigen kräftigen Mann in einer derben Karojacke, der ihr den Rücken zuwendet und sich ruhig und überlegen eine Zigarette anzündet. Text: „Sie wollte jetzt nur weg von hier. Und er war ihre einzige Chance. Denn in seinem (XY-Auto) würde sie sich sicher fühlen." (PKW-Werbung)
- Wir sehen einen als Computer verkleideten Frauenkopf aggressiv-gefräßig den Mund aufreißen. Die Frau/der Computer wird von einer distinguiert-gepflegten Männerhand (weiße Manschetten, Jackettärmel, tadellose Maniküre) mit einer Diskette gefüttert, die ihr der (ansonsten unsichtbare) Mann ins aufgerissene Maul schiebt (Computer-Werbung).

Frauen und Männerbilder wie diese begleiten uns inzwischen von der Wiege bis zur Bahre, vom morgendlichen Verkehrsstau bis zum abendlichen Gassi-Gehen, vom Friseur bis zum Zahnarzt. Die Entscheidung darüber, was wir sehen und hören wollen, entzieht sich schon lange unserem Willen, da wir Augen und Ohren nicht dauerhaft verstopfen können. Uns bleibt nur die Gewöhnung daran.

Seit mehr als 40 Jahren konstatieren Frauen – Feministinnen, Journalistinnen, Wissenschaftlerinnen, aber auch ganz ‚normale' Hausfrauen, Mütter und Verbraucherinnen –, dass öffentlich millionenfach Bilder und Bildgeschichten über Frauen verbreitet werden, die ein merkwürdiges Arsenal bestimmter, stets wiederkehrender Frauen-Inszenierungen vorführen: Frauenbilder werden mit Waren kombiniert, die gekauft werden sollen. Frauen werden auf diesen Bildern wie Waren vorgeführt – oft wird die Gleichsetzung eigens noch im Text hervorgehoben: Frauen sind wie Autos, wie HiFi-Geräte, wie Zigaretten, wie Alkohol, wie Luxusmöbel; sie *sind* Luxusartikel schlechthin. Es gibt kein Produkt – vom Lakritzbonbon bis zur Motorsäge –, das seine bemerkenswerten Eigenschaften nicht mit denen einer Frau assoziieren ließe.

Schon Betty Friedan hatte ihrem 1963 erschienenen, als Auftakt der Zweiten Frauenbewegung geltenden Buch „Der Weiblichkeitswahn" eine sorgfältig recherchierte Analyse der durch Frauenzeitschriften und durch Werbung kreierten Frauenbilder zugrundegelegt und ihre Schlüsse daraus gezogen.

1974 kam eine von der Unesco herausgegebene Untersuchung über den Einfluss der Massenmedien auf die Rolle der Frau, an der sich 28 Regierungen und 22 nichtstaatliche Organisationen beteiligten, ebenfalls zu einem äußerst deprimierenden Urteil hinsichtlich der Darstellungsweise der Frau. Dabei wurde speziell die Werbung als die für die Darstellung von Frauen negativste und bedenklichste Erscheinung hervorgehoben. Diesen Ergebnissen nach würden Frauen von der Werbung international in stereotyper Weise als *Dekoration* und als *nicht denkende Wesen* gezeigt. Außerdem würden sie in beiden Fällen als vom Mann abhängig präsentiert.

Die sozialwissenschaftliche Perspektive auf die Frauenbilder der internationalen Werbung ist seit dieser Zeit ständig weitergeführt worden (vgl. u.a. Komisar,1971; Hering, 1979; Umiker-Sebeok, 1981; Schmerl, 1980; Courtney & Whipple, 1983; Bartos, 1982, 1992; Barthel, 1988; Kilbourne, 1979, 1992; Heller, 1992; Schmerl, 1992a, 2005a). Dabei haben sich kritische Analysen und Recherchen seit nunmehr 40 Jahren in Europa, in Nordamerika (USA und Kanada) und auch in Australien immer wieder auf zwei Schwerpunkte konzentriert: auf die *offen beleidigende* Darstellung von Frauen und auf die *klischeehaft einengende und rückwärtsgewandte*. Mit diesen beiden Punkten war stets mehr gemeint als lediglich die sexuell provozierende Darstellung von (nackten) Frauen oder nur die Inszenierung als beschränkte Hausfrauen. Zwar wurden unter dem ersten Punkt nackte oder sexuell anzügliche Frauenabbildungen am häufigsten genannt. Doch als Frauen ebenso beleidigende Werbemethoden wurden zusätzlich stets jene erkannt, die Frauen z.B. als neidisch, raffgierig, verwöhnt, unzurechnungsfähig, dumm o.ä. vorführen, und jene, die Frauen explizit mit Konsumartikeln gleichsetzen.

Auch die Kritik an der klischeehaft-rückwärtsgewandten Rollendarstellung der Frau meinte mehr als nur die auf Waschen, Putzen, Kochen fixierte Hausfrau. Zusätzlich ging (und geht) es hier um all jene Bilder, durch die Frauen auf ihre alten, dem Mann dienenden und gefallenden Rollen festgelegt werden, die sie als eindimensional schön, schwach, passiv und inkompetent idealisieren. Diese zweite Art, Frauenbilder in der Werbung einzusetzen, scheint inzwischen quantitativ die vorherrschende Methode zu sein: Frauen sind schön und haben nichts zu tun (vgl. Heller 1992). Ihre genormte Attraktivität (schmal, jung, langbeinig etc.) ist Dekoration für grundsätzlich jedes mögliche Produkt. Auch die sogenannte ‚neue' Frau macht darin keine Ausnahme: Als ‚neue Müßiggängerin' steht oder liegt sie blasiert in der Gegend. Falls sie gelegentlich berufstätig ist, so entweder in untergeordneter Position (Sekretärin, Serviererin) oder in Traumberufen (Anwältin, Managerin). In beiden Fällen ist aber ihre Arbeit nicht sichtbar (denn die erledigt sich von allein).

Visuelle Bilder sprechen das wichtigste Sinnesorgan des Menschen an: die Augen. Menschen sind Augentiere. Menschen orientieren sich in ihrer Welt hauptsächlich mit Hilfe ihres Gesichtssinnes; Erinnerung wie Selbstbild sind am stärksten

16. Männliche Reflexe, weibliche Reflexionen – Werbung mit Frauenbildern

durch visuelle Eindrücke bestimmt. Erst an zweiter Stelle kommen Gehör und Tastsinn, die das Gesehene unterstützen und differenzieren. Menschen beziehen sogar große Teile ihrer Identität daraus, wie sie von anderen angeschaut, gesehen, wahrgenommen werden.

Niemand wird also ernsthaft annehmen, dass die permanente und massenhafte Präsenz von schönen, exotischen, kunstvollen, schockierenden oder auch langweiligen Bildern – und so insbesondere von Menschenbildern, die den gesamten öffentlichen wie privaten Raum unseres Lebens durchdringen – keinerlei Spuren in unseren Vorstellungen hinterlassen. Die beabsichtigten Effekte auf Seiten der Werber sind klar: die Menschen sollen reflexhaft ihre Aufmerksamkeit von den schönen, den begehrenswerten Bildern auf die damit gekoppelten Konsumgüter übertragen und sie besitzen wollen, sprich kaufen. Sie sollen außerdem glauben, dass sie ebenso schön und glücklich durch den Besitz dieser Dinge werden, wie die in der Werbung abgebildeten schönen und glücklichen Menschen. Und drittens schließlich sollen sie lernen, dass Kaufen überhaupt glücklich macht, und dass man ohne ständiges Kaufen unglücklich, hässlich, ohne Freunde und ohne Erfolg ist. Diese beabsichtigten, offenen Effekte der Werbung sind in den damit schon länger vertrauten Industrieländern halbwegs jeder/m klar – jedenfalls so klar, dass sie oder er sie als kritische Antwort auf Nachfrage abspulen kann (gleich ob man selbst diesen Effekten mehr oder weniger häufig erliegt oder nicht).

Was eine kritische Öffentlichkeit demgegenüber jedoch oft noch mehr interessiert, ist, ob über dieses ‚Zum-Konsum-Verführen-Wollen' hinaus die schönen, begehrenswerten oder auch aggressiven Werbebilder nicht noch ganz andere Spuren in den Gemütern der unfreiwilligen Zuschauer und Zuschauerinnen hinterlassen. Von besonderem Interesse war im engeren Sinne dabei stets, welche *Menschenbilder* die Werbung in ihren milliardenfachen Appellen verbreitet und welche Auswirkungen diese Kunst-Bilder auf das Selbstbild und das Selbstideal der Menschen haben (können). Je nach Denktradition, Veränderungsinteresse und Fachdisziplin sind Art und Einbettung dieser Fragen wie auch die Akzentuierung der Antworten unterschiedlich (und diese Unterschiede sind nicht uninteressant). Dabei ging trotz mancher Differenz niemand von einer *automatischen* Übernahme der Menschenbilder nach Art eines platten, passiven Wirkmechanismus' aus. Vielmehr war die gemeinsame Grundannahme bei allen Fragestellern die, dass angesichts der vorhandenen Sachlage – Menschen lernen durch Vorbilder; unterschwellig gleichbleibende Einflüsse sind oft wirksamer als explizit pädagogisch gewollte – bestimmte Nachwirkungen dieser Bilder im Bewusstsein nicht in Zweifel zu ziehen sind. Sogar die Werbeindustrie selbst brüstet sich damit, moderne und aufgeschlossene Menschen als Vorbilder, Trendsetter, als Lebens- und Orientierungshilfe anzubieten. Auch die Befreiung der menschlichen Sexualität rechnet sie zu ihren Verdiensten.

Die übergreifende Frage verschiedener Disziplinen lautete also für den Bereich des von der Werbung verbreiteten Menschenbildes – und damit des von ihr verbreiteten Geschlechterbildes – stets: Welche orientierenden, welche desorientierenden Auswirkungen haben die öffentlich verbreiteten Bilder von Frauen und Männern in den westlichen Industriegesellschaften hinsichtlich der Vorstellungen von beiden Geschlechtern, hinsichtlich ihrer idealtypischen Eigenschaften und hinsichtlich ihres

Verhältnisses zueinander? Im folgenden soll versucht werden, eine Übersicht über die hierzu vorliegenden Antworten zu geben. In einem zweiten Schritt sollen danach diese Antworten in einen übergreifenden Rahmen gestellt werden, der ihre mögliche Bedeutung zu diskutieren versucht.

1. ANTWORTEN, ARGUMENTE, THEORIEN

Der Übersichtlichkeit halber werden einige der Argumentationsstränge, die häufig kombiniert auftreten und sich gegenseitig stützen, hier zunächst getrennt vorgestellt.

1.1 EMPIRISCHE UNTERSUCHUNGEN ZU BESTIMMTEN ARTEN DER GESCHLECHTERDARSTELLUNG

Dieses Herangehen an Fragen der Menschen-/Frauen-/Männer-Bilder der Werbung bildet die harte, mit nachprüfbaren Fakten ausgestattete Grundlage für alle anderen Argumentationsstränge. In empirischen Medienuntersuchungen der Sozialwissenschaften (z.b. Soziologie, Sozialpsychologie, Publizistik, Psychologie, Medienpädagogik u.ä.) werden quantitative wie qualitative Darstellungen von bestimmten Männer- und Frauenbildern für unterschiedliche Werbeträger erforscht (z.B. TV, Frauenzeitschriften, Publikumszeitschriften, Herrenzeitschriften usw.). Diese Untersuchungen können sowohl auf einem sehr hohen Verallgemeinerungs-Niveau angesiedelt sein (z.B. die Frauen- und Männerdarstellungen in der US-amerikanischen, in der australischen oder in der mexikanischen TV-Werbung; vgl. Gilly, 1988; Lovedal, 1989; Wyndham, 1989; Mazzella, et al. 1992), oder sie können auch sehr speziell sein: z.b. Unterschiede der Frauen- und Männerdarstellung der Werbung in US-amerikanischen Sportsendungen am Samstagnachmittag (wenn viele Männer zuschauen) versus die Frauen- und Männerbilder in den nachmittäglichen Seifen-Opern (wenn überwiegend Frauen und Kinder zuschauen) versus die Geschlechterinszenierungen der Werbung zur abendlichen Hauptsendezeit (wenn die ganze Familie vor dem TV-Set sitzt; vgl. Craig 1992). Untersuchungen dieser Art werden immer wieder durchgeführt, um festzustellen, ob und was sich über die Zeit, im Medienvergleich oder im internationalen Ländervergleich an den Geschlechterbildern ändert oder nicht. *Alle diese Ergebnisse sind seit über 30 Jahren von verblüffender Gleichförmigkeit hinsichtlich ihrer stark polarisierenden Geschlechterdarbietung* (siehe vorn). Schwankungen ergeben sich lediglich z.B. in der prozentualen Abnahme und Verjüngung von ‚Hausfrauen', dem gelegentlichen Auftauchen von ‚neuen' Frauen („Managerin") oder auch durch ‚neue' Männer (z.B. Zurstiege, 1998). Untersuchungen dieser Art sind hilfreich durch die Lieferung von objektiven Fakten und Trends; sie zeigen am deutlichsten, dass sich trotz aller Kritik an der Geschlechterpräsentation der Werbung bis auf modische Kleinigkeiten nur sehr wenig verändert hat.

Solche Untersuchungen machen in der Regel keine expliziten Aussagen über *Auswirkungen* ihrer Ergebnisse. Aus den Schlussdiskussionen solcher Veröffentlichungen geht aber meist hervor, dass sie einen ungünstigen Einfluss dieser Klischees auf

Selbstbild, Idealbild und Geschmack der beiden Geschlechter bei potentiellen ZuschauerInnen vermuten, da empirisch arbeitende Sozialwissenschaftler dieser Couleur von den gut belegten Erkenntnissen des sozialen Lernens ausgehen, die die Nachahmung von realen und TV-Vorbildern nachgewiesen und die Identifikation mit attraktiven Modellen festgestellt haben (vgl. Bandura, 1976).

1.2 WERTKONSERVATIVE UND KULTURPESSIMISTISCHE AUSSAGEN

Antworten aus dieser Perspektive bauen auf den in 1.1 gelieferten Fakten auf und kritisieren in der Regel nicht nur die Werbung, sondern auch andere Trends der modernen Massenmedien (z.B. zuviel Gewalt, zuviel Sex etc.). Ihre Kritik richtet sich ebenfalls auf die unrealistischen, aber attraktiven Vorbilder der Werbung und deren Speicherung, Nachahmung und Identifikation seitens der ZuschauerInnen. Anders als die von ihnen zitierten empirischen Untersuchungen nehmen sie aber eine direkte und unausweichliche Beeinflussung der Medienvorbilder als unumstößliche Gewissheit an. Sie sehen ZuschauerInnen überwiegend als Medienopfer und unterbewerten den aktiven, aufsuchenden, bzw. auswählenden oder wegblendenden Part des Publikums. Die Motivation dieses Ansatzes ist einerseits pädagogisch sehr engagiert, d.h. um falsche Erziehungseinflüsse und die Bewahrung von Kindern vor falschen Vorbildern besorgt, zum anderen spricht aus dieser Richtung häufig aber ein weltanschauliches konservatives Bild, das gelegentlich stärker am Aufrechterhalt bestimmter Dogmen und Verbote – besonders dem der ‚bösen' Sexualität – interessiert ist, als an Prinzipien moderner Erziehung (nämlich Kinder auf das Leben angemessen vorzubereiten und sie dabei zu unterstützen). Daher macht diese Argumentationsweise es ihren Gegnern oft leicht, sie als altmodisch in die prüde bzw. reaktionäre Ecke zu stellen. Obwohl die Befürchtungen der Vertreter dieser Richtung ernst zu nehmen sind, können sie ihre Wirkungsannahmen natürlich nicht in dem Ausmaß beweisen, wie ihre eigenen Behauptungen es erforderten, sondern nur anhand von Einzelfallstudien (vgl. Glogauer, 1993). Dies wird ihnen natürlich von ihren Gegnern (sowohl unter den ‚neuen' Medienpädagogen als auch unter den Werbern) gern unter die Nase gerieben. Trotzdem bleiben Befürchtungen, die aus Einzelfallstudien (z.B. zum Bereich der Medienaggression und deren Wirkung auf Kinder und Jugendliche) ihre Argumente herleiten, als empirische ‚Wirkungshinweise' durchaus ernst zu nehmen, da auch ‚Extremfälle' direkter Medien-Nachahmung bedenklich sein können und überdies Rückschlüsse auf den ‚Normalfall' des ‚nur' kognitiven Speicherns und Erinnerns zulassen.

1.3 AUSSAGEN DER EMPIRISCHEN WIRKUNGSFORSCHUNG ZUM THEMA ‚WERBUNG'

Empirische Untersuchungen über die Auswirkungen von Botschaften der Massenmedien haben eine lange Tradition und eine wechselvolle Geschichte an Auseinandersetzungen über Methoden und Aussagekraft ihrer Ergebnisse, die hier nicht nachgezeichnet werden kann. Für den hier interessierenden Bereich lassen sich als Hintergrund zwei Punkte festhalten: Das methodische Vorgehen empirischer Wirkungsprüfungen sieht in der Regel einen Vergleich zwischen zwei (oder mehreren) Zuschauer-/Zuhörergruppen vor, die unterschiedliche oder gegensätzliche Medieninhalte angeboten bekommen und danach direkt um ihre Aussagen dazu gebeten werden, oder die danach in ihrem Verhalten oder ihren Testwerten bezüglich verschiedener Merkmale beobachtet und untersucht werden. Der Vergleich mindestens zweier Gruppen, die sich ansonsten in allen Eigenschaften ähneln (Kontrollgruppenversuch), stellt sicher, dass Verhaltens- und Meinungsunterschiede nur auf die unterschiedliche Medienerfahrung zurückzuführen sind.

Am gründlichsten wurde der Einfluss von Geschlechterstereotypen der *Fernsehwerbung* auf die Einstellungen bei *Kindern* untersucht. Auf dem Hintergrund, dass in der Medienwirkungsforschung als gesichert gilt, dass Kinder durch Beobachtung und Modell-Lernen anhand von TV-Bildern genauso effektiv Verhaltensweisen übernehmen wie von realen Vorbildern des täglichen Lebens (vgl. Bandura, Ross & Ross, 1963), wurden in verschiedenen Untersuchungen Kindern geschlechtsrollen-konforme wie -nichtkonforme Werbespots gezeigt. Dabei handelte es sich meist um Berufsrollenstereotype für Frauen und Männer oder um geschlechterkonformes bzw. -nichtkonformes Spielzeug. Obwohl die Wirkungsforschung – dies ist als zweiter wichtiger Punkt festzuhalten – in der Regel *keine* Medienwirkung nach *einmaligen* Darbietungen erwartet (weswegen ein ausbleibender Effekt nach nur *einer* Darbietung auch noch nicht deren ‚Wirkungslosigkeit' beweist), zeigten alle Untersuchungen von diesem Typ einen beeindruckenden Einfluss *nicht-stereotyper* Geschlechtsrollen in Werbespots auf die Mädchen (im Sinne der Erweiterung ihres Verhaltensrepertoires, ihrer Berufswünsche etc.) und eine Verstärkung klischeehafter Geschlechtervorstellungen und Berufswünsche bei jenen Kindergruppen, die jeweils die *stereotypen* Werbespots mit Frauen und Männern gesehen hatten (Cheles-Miller, 1975; Atkin & Miller, 1975; O'Bryant & Corder-Bolz, 1978; Huston et al., 1984). Einige Untersuchungen haben einen vergleichbaren Effekt auch bei erwachsenen Frauen nachweisen können. In zwei methodisch aufwendigen und sorgfältigen Untersuchungen mit konventionellen und ‚umgekehrten' Werbespots zeigte sich, dass die Frauen, die Spots mit progressiven Frauenrollen angesehen hatten, in entsprechenden Testverfahren danach wesentlich höhere Werte für ‚Selbstbewusstsein' und ‚Unabhängigkeit' aufwiesen als die Vergleichsgruppen mit konventionell-stereotypen Werbespots. Jene Frauen, die traditionelle Werbung gesehen hatten, äußerten geringere berufliche Leistungsansprüche als die anderen Frauen und als die Männer (Jennings et al., 1980; Geis et al., 1984). Die Ergebnisse dieser speziellen, auf Werbung im Fernsehen zugeschnittenen Untersuchungen stimmen im übrigen bestens überein mit den Trends jener Untersuchungen, die sich mit der geschlechts-stereotypisierenden Wirkungen des Fernsehens allgemein befasst haben. Sie machen somit deutlich, dass es nicht nur widersinnig wäre, ausgerechnet der Werbung eine geschlechtsrollen-beeinflussende Wirkung abzusprechen (die sie ebenso ausübt wie andere Sendungen desselben Mediums, nur dass die Inhalte hier wesentlich homogener und überzeichneter sind als in Unterhaltungs- und Informationssendungen), sondern dass mit ziemlicher Sicherheit vielmehr von *kumulativen* Effekten auszugehen ist. Gleiches dürfte für die Werbung in Printmedien gelten.

1.4 Argumente und Stellungnahmen der Werbewirtschaft selbst

Die Werbewirtschaft selbst beruft sich bei den von ihr gezeigten Geschlechterbildern gerne auf das bekannte ‚Spiegel'-Argument: „Werbung ist nur ein Spiegel der Gesellschaft". Sie erschaffe die einseitigen Geschlechterbilder nicht, sondern spiegele nur die Realität oder wahlweise die Ideale einer Gesellschaft und ihres Geschlechterverhältnisses wider. Außerdem seien die von ihr verwendeten Bilder und Spots zuvor auf ihre Akzeptanz beim Publikum getestet worden. Als drittes Argument wird schließlich noch hinzugefügt, dass Werbung per se keine der ihr nachgesagten spezifischen Wirkungen haben könne, da solche Wirkungen (besonders die ihrer Geschlechterbilder) methodisch nicht exakt von anderen gleichgerichteten Einflüssen aus der übrigen Gesellschaft zu trennen seien. Da Werbewirkungen sich nicht isoliert nachweisen ließen, sei bis zum Beweis des Gegenteils von der Wirkungslosigkeit in diesem Bereich auszugehen.

Diese Argumente, seit 30 Jahren bekannt und oft wiederholt, scheinen nur auf einen oberflächlichen Blick hin stimmig. Natürlich ist Werbung *auch* ein Spiegel der jeweiligen Gesellschaft, in der sie agiert. Mit Sicherheit sagt sie einiges über den Zustand und die Funktionsweisen der Gesellschaft aus (z.B. über die Prinzipien ihrer Wirtschaft, über Verdrängungswettbewerb, über mangelhafte gesellschaftliche Kontrolle von Machtausübung, die Produktion überflüssiger Güter, die Priorität von Schein über Sein, die Verschwendung von Ressourcen, um nur einige zu nennen). Was sie mit Sicherheit aber *nicht* spiegelt – im Sinne einer Punkt-für-Punkt-Widerspiegelung – ist das reale Verhältnis der Geschlechter. Werbung übertreibt vielmehr – wie es Goffman (1981) herausgearbeitet hat – gesellschaftliche Klischees der Geschlechter, indem sie sie ‚hyperritualisiert' (so besonders bezüglich Gestik, Motorik, Größenverhältnissen und Kleidung). Was Werbung hingegen sehr gut reflektiert – ganz im Sinne einer psychologischen Projektion – ist dagegen die Vorstellungswelt der Werbemacher: *Ihre* Vorstellungen über das Geschlechterverhältnis, über die ideale Verteilung von Aufgaben und Eigenschaften der Geschlechter, über das, was sie – die männlichen ‚Kreativen' – für ihre eigenen Ideale oder die der Konsumenten hinsichtlich des Verwendungszwecks von Frauen und Männern halten. Werbung ist ein Spiegel der Vorstellungen ihrer Macher. Darauf wird noch zurückzukommen sein.

Die anderen Argumente sind noch kürzer und knapper zu beantworten: der große Aufwand um die empirische Testung von Werbeannoncen und Werbespots ist leider wissenschaftlich gesehen unseriös und voller methodischer Fehler. Und so auch besonders hinsichtlich ihrer Geschlechterbilder. Schon aus dem einfachen Grund, weil meist nur die ‚Aufmerksamkeit' und der ‚Erinnerungswert' eines Werbe-Entwurfs geprüft wird, und weil zweitens keine wirklich alternativen, nicht-sexistischen Entwürfe gegengetestet werden (ausführlicher dazu Heller 1992; Schmerl 1992c).

1.5 Postmoderne und dekonstruktivistische Antworten

Diese Denkrichtung hat sich erst relativ spät entwickelt und hat erst in jüngster Zeit Einfluss auf die Medienwirkungsdiskussion und auf die feministische Medien- und Geschlechterdiskussion gefunden. Diese Richtung geht davon aus, dass die in der menschlichen Wahrnehmung bestehenden Abbilder der (sozialen) Realität durch eben diesen Akt des Wahrnehmens gleichzeitig mitkonstruiert sind, und zwar durch kulturelle Tradition, durch sozialen Konsens und durch ständiges eigenes Denken, Sprechen, Handeln. Nach dieser Sichtweise sind alle kulturellen Schöpfungen im weitesten Sinne (also nicht nur Denkmäler, Gemälde, Literatur und Filme, sondern alle Diskurse, Ideologien, Traditionen etc.) ‚Texte' und Zeichensysteme, die von ihren Rezipienten ‚gelesen', d.h. gedeutet, geteilt, verstanden, aber auch umgedeutet, interpretiert, widerständig gelesen werden (können und müssen).

Für den Medienkonsum eines Individuums (TV, Video, Film, Presse etc.) heißt dies, dass jede/r innerhalb gewisser kulturell allgemeinverständlicher Codes ihren/seinen eigenen Film sieht, ihr/sein eigenes Buch liest. Und es bedeutet darüber hinaus die subjektiv aktive Auswahl von Medien, die eigenständige Hinwendung zu jenen Medien-Genres, die die eigenen Bedürfnisse erfüllen und Gratifikationen bieten – und weniger ein passives Von-Medien-Manipuliert-Werden. Kurzum, diese Sichtweise betont den aktiven Rezipienten und Medienkonsumenten, der aus dem reichhaltigen und heterogenen Strom des Vorhandenen sich sein Privatkino, seinen privaten Buchclub, seinen privaten ‚Text' erschafft und innerhalb dieses subjektiven Gratifikations-Spektrums zusätzlich eigene subjektive Deutungs- und Lesekultur betreibt. Der Forschungsschwerpunkt dieser Richtung liegt – wenn empirisch gearbeitet wird – in der Regel darauf, wie Kinder und Jugendliche einzelne Sendungen (in der Regel TV-Sendungen) subjektiv verarbeiten, erinnern und ausphantasieren. Die Verarbeitung von *Werbesendungen* durch Zuschauer wurde nach dieser Methode bisher noch nicht unter die Lupe genommen, wäre aber denkbar.

Die postmoderne *feministische* Geschlechterdiskussion (d.h. die dekonstruktivistische Richtung des Feminismus) geht ihrerseits davon aus, dass das, was in einer Kultur als ‚typisch weiblich' und ‚typisch männlich' gilt, eine kulturelle und keine biologische Setzung ist. Die dominante Geschlechterauffassung einer Kultur ist genauso konstruiert wie andere kulturelle Setzungen, ist genauso ‚Text' und Zeichensystem, die ständig gelesen, ausbuchstabiert und damit nachvollzogen werden müssen, um sie zu verstehen, zu teilen und aufrechtzuerhalten. Dadurch dass sich (möglichst) alle Mitglieder einer Kultur an diesen geschlechtertypischen Aktivitäten und Verhaltensweisen beteiligen, wird die soziale Geschlechterkonstruktion am Leben erhalten, ihre Berechtigung und ‚Natürlichkeit' ständig bewiesen. Da der soziale Geschlechter-Code kulturell gesetzt ist (und nicht biologisch unausweichlich), kann er theoretisch auch verändert, verweigert oder sogar abgeschafft werden.

Feministische Medienwissenschaftlerinnen, die der dekonstruktivistischen Denktradition nahe stehen, haben sie benutzt, um aufzuzeigen, dass das hochgradig geschlechterstereotype Angebot der Massenmedien allgemein eine der mächtigsten Quellen für die Aufrechterhaltung bzw. Re-Installation jener Geschlechter-Codes und -Zeichensysteme ist, in denen hyperritualisierte Superfrauen und Supermänner den alten Code verherrlichen und Abweichungen davon schlimm enden müssen. Bis zu diesem Punkt unterscheiden sie sich in der Konsequenz ihrer Aussagen nicht von den Fazits der empirischen Inhalts- und Wirkungsforschung. Auch deren VertreterInnen waren stets davon ausgegangen – nur mit einem teilweise anderen Fachvokabular –, dass die gezeigten stilisierten und polarisierenden Geschlechterbilder der Massenmedien auf die Zuschauer sozialisierende bzw. die allgemeine Geschlechtersozialisation enorm verstärkende Effekte haben würden. Wobei dies stets im Sinne von statistischer Wahrscheinlichkeit (durch jahrelange Berieselung mit geschlechts-homogenen Medieninhalten) verstanden wurde, nicht in Form von kausaler Einzelfall-Wirkung oder von One-Trial-Learning.

Medienwissenschaftlerinnen, die speziell mit diesem Ansatz arbeiten, haben ihr Interesse zunächst darauf gerichtet, wie die kulturell extrem homogenen Geschlechter-Codes der Massenmedien (insbesondere hier des TV und des Films) von weiblichen Zuschauern oder Lesern für ihre *eigenen* Bedürfnisse umfunktionalisiert werden können, also *gegen den Strich gelesen* werden. Ihr Interesse ist auf jene Rezipientinnen gerichtet, die aus dem klassisch patriarchalen Medienangebot sich nach eigenen Bedürfnissen und Vorlieben bedienen und ihren persönlichen Nutzen ziehen, wobei die Betonung dieses Ansatzes darauf liegt, dass die Entzifferung des konsumierten ‚Textes' durchaus *nicht* den Intentionen des Senders entsprechen muss. Diese Forschungsrichtung hat sich besonders um jene offiziell verachteten Genres wie ‚Seifenopern' und ihre fast ausschließlich weiblichen Rezipienten bemüht, um die weiblich-widerständige Interpretation von Hollywood-Filmen (z.B. mit Marilyn Monroe und Doris Day), sowie um die ‚persönlichen Gratifikationen', die Leserinnen aus den ebenso misstrauisch bewerteten Groschenromanen ziehen (vgl. Radway, 1984; Psaar, 1991). Dieser Ansatz besteht darauf, dass die Konsumentinnen solcher Genres nicht wie passive Opfer der Indoktrination des patriarchalen Geschlechtersystems stromlinienförmig erliegen.

Interessant ist, dass gerade das Genre ‚Werbung' bisher *nicht* unter diesem Blickwinkel der widerständigen ‚Dekonstruktion' von enkodierten Geschlechterbotschaften betrachtet worden ist. Dies könnte daran liegen, dass Inhalte von Werbesendungen sich in ihrer simplen und eindimensional übertriebenen Präsentation von Geschlechter-Codes nicht für eine Frage des widerständigen Lesens eignen.

Ein zweiter Grund aber – wahrscheinlich der Hauptgrund – liegt vermutlich in einem sehr fundamentalen Unterschied zwischen der üblichen Rezeption von Werbung und der von Hollywoodfilmen/Seifenopern/Groschenheften: Die Menschen, die diese Medien gerne konsumieren (und die ihre Phantasie damit beschäftigen), tun dies aktiv, selektiv und aus *eigenem* Interesse. Genau diese Bedingungen sind für die tägliche Rezeption von Werbung *nicht* gegeben. Abgesehen von Besuchen von Filmvorführungen der Cannes-Rolle (wo notabene die originellste und witzigste Werbung ganz Europas vorgeführt wird und nicht die täglichen Niederungen der TV-Werbung) ist der/die normale Werbebetrachtende eben kein aktiv auswählender Rezipient, sondern ein heimgesuchter. Widerständiges Lesen dürfte hier entweder gar nicht oder nur in sehr schmalen Teilsegmenten spontan entstehen können.

1.6 Ethisch-menschenrechtlich orientierte Argumente

Ethische Argumente stecken in mehreren der bisher aufgeführten Argumentationsstränge. Sie sind aber nicht explizit herausgearbeitet und werden daher oft nicht als solche wahrgenommen, oder sie werden in ihrem inhaltlichen Gehalt missverstanden und falsch bewertet. Sie besagen im Prinzip u.a., dass bereits die Würde eines Menschen unantastbar ist (d.h. sein muss), weil das Antasten seiner Würde (z.B. durch Beleidigung, Verleumdung, demütigende Behandlung etc.) der erste, vorbereitende Schritt ist für weitere Verletzungen. Nirgendwo ist dieser Zusammenhang so glasklar und perfekt organisiert vorexerziert worden wie im nationalsozialistischen Deutschland an den Bevölkerungsgruppen der Juden, der Sinti/Roma, der Homosexuellen und der psychisch Kranken und Behinderten. Die letzte systematisch organisierte und durch offizielle Propaganda ebenfalls bestens vorbereitete Verfolgung einer anderen Gruppe in Europa liegt schon einige hundert Jahre zurück – die Ermordung von einer Million sogenannter ‚Hexen' – und ist in der Erinnerung bereits arg verblasst.

Bewahrt worden ist aber in heutigen Menschenrechtsdeklarationen die Erkenntnis, dass materielle Diskriminierungen und physische Verfolgungen stets vorbereitende und begleitende Rechtfertigungen benötigen. Es hat lange gedauert und bedurfte großer Anstrengungen an feministischer Aufklärung, bis sich im Westen mancherorts die Erkenntnis durchsetzte, dass dieser Zusammenhang auch für die Gruppe der Frauen gilt. Die UN-Konvention von 1979 zur „Beseitigung jeder Form von Diskriminierung der Frau", von den meisten Mitgliedstaaten der EU unterzeichnet, regelt deshalb auch in Teil I, Artikel 2:

> „Die Vertragsstaaten verurteilen jede Form von Diskriminierung der Frau; sie kommen überein, mit allen geeigneten Mitteln unverzüglich eine Politik zur Beseitigung der Diskriminierung der Frau zu verfolgen, und verpflichten sich zu diesem Zweck, ... (f) alle geeigneten Maßnahmen einschließlich gesetzgeberischer Maßnahmen zur Änderung oder Aufhebung aller bestehender Gesetze, Verordnungen, Gepflogenheiten und Praktiken zu treffen, die eine Diskriminierung der Frau darstellen; ..."

Alle gegen die Benutzung von Frauenbildern zu Kommerz-Zwecken argumentierenden Positionen enthalten also implizit eine ethisch-menschenrechtliche Position, die der Auffassung ist, dass Eigenschaften von, aber auch Vorurteile gegenüber bestimmten Gruppen es nicht rechtfertigen, Menschen wie ein Ding vorzuführen, öffentlich bloßzustellen, lächerlich zu machen oder als Blickfang einzusetzen. Dies ist eine andere Position als jene, die gegen die öffentliche Thematisierung von Sexualität ist (wie z.B. fundamentalistische Religionen), obwohl sie oft absichtlich mit jener in eine Schublade gesteckt wird.

2. Aus der Werkstatt der Geschlechterkonstrukteure

Kommen wir nach diesem Überblick über das Spektrum der Argumente und Antworten zum anfangs formulierten Fragenkomplex zurück. Wir können konstatieren, dass Werbung durch ihre Bilder und Texte permanent Behauptungen und Geschichten über Frauen und Männer transportiert. Sie informiert unaufhörlich über Aussehen und Eigenschaften von idealen Frauen und Männern. Sie macht Orientierungsangebote für beide Geschlechter, indem sie traumhaft perfekte Bilder vorführt, die in unserer Kultur als Inbegriff für Ästhetik, Attraktivität und Luxus stehen. Ihr Angebot ist insofern orientierend, als es schon vom rein quantitativen Umfang ihrer Allgegenwart nichts Vergleichbares gibt, das unseren Gesichtssinn – unser Hauptsinnesorgan – derartig exzessiv und homogen beschickt. Kein Schulbuch, kein Urlaub, keine Fete, kein Vereinsleben kann an visuellen Eindrücken damit konkurrieren. Gleichzeitig enthält dieses Orientierungs"angebot" eine Menge desorientierender, d.h. objektiv falscher Eindrücke und Informationen, besonders über die beiden Geschlechter und ihr Verhältnis zueinander. Frauen sind nicht nur zwischen 16 und 26 Jahre alt und sehen nicht nur wie geklonte Barbiepuppen aus. Frauen arbeiten, nicht nur im Haushalt, sondern auch in Berufen, und zwar in sehr verschiedenen. Frauen sind als Gruppe überhaupt äußerst unterschiedlich, sowohl im Aussehen als auch in ihren sonstigen Eigenschaften. Frauen sind nicht nur für Männer da, sondern auch für sich selbst. Weibliche (Hetero-)Sexualität und Schönheit sind nicht die einzig interessanten und maßgeblichen Gesichtspunkte an Frauen. Frauen sind keine Dinge, Frauen sind keine Luxusgüter, Frauen sind keine Dekoration usw, usw. Mutatis mutandis ließe sich ein entsprechender schmalerer Desinformations-Katalog auch für Männer erstellen.

Die Kernfrage lautet nun: Wie wirken diese orientierenden und gleichzeitig desorientierenden Bilder auf wirkliche Frauen und Männer? Glauben Menschen blind und unkritisch alles, was sie auf diesen Geschlechterbildern sehen, oder *wissen* sie nicht vielmehr, dass es im 'wirklichen Leben' ganz anders zugeht? Natürlich können normale Menschen beiderlei Geschlechts Abbilder und Wirklichkeit, Werbung und Realität auf Anfrage unterscheiden. Viele Menschen langweilen sich sogar oder ärgern sich über Werbung, zappen in andere Kanäle, gehen derweil auf's Klo, oder überblättern sie. Menschen sind auch in der Lage, Werbung zu ignorieren, zu übersehen, sogar zu kritisieren.

Man braucht nicht auf den Mythos von den ‚geheimen Verführern' zurückzugreifen, um trotzdem zu wissen, dass reale visuelle Bilder auch übersehene oder sogar abgelehnte Spuren in Vorstellung und Geschmack hinterlassen, vor allem wenn sie langjährig, gleichförmig und äußerst selbstverständlich daherkommen. Sie bestimmen unsere Sehgewohnheiten für Ästhetik und Proportionen (z.B. hinsichtlich des weiblichen Körpers). Frauen und Männer lernen, dass dies die ‚richtigen' Proportionen sind, die als schön erst definiert, dann auch empfunden werden. Dieser Effekt funktioniert ebenso bei werbekritisch eingestellten Menschen, da sie zumindest, was die Perfektion der Geschlechterbilder angeht, sich dem normsetzenden ästhetischen Angebot idealer Frauen- und Männerbilder nicht entziehen können. Wir alle lernen vornehmlich an bildlichem Anschauungsmaterial, was in unserer Kultur jeweils als ‚schön' für einen Mann oder eine Frau gilt. Das Spektrum für Frauen ist allerdings sehr viel rigider und enger als das für Männer – auch das wird ‚gelernt'. Dass Werbebilder sehr wohl nebenbei und nicht-bewusst Vorstellungen bei Menschen hinterlassen, wissen wir spätestens seit den o.a. Wirkungsuntersuchungen im engeren Sinne. Jahrelange Vorbilder von schönen, aber passiv-konventionellen Frauen hinterlassen bei Kindern und Erwachsenen ‚Selbstverständlichkeiten' der Vorstellungswelt über

Möglichkeiten und Ansprüche für Frauen, die ebenso passiv-konventionell sind. Bilder, die ‚anders' orientieren – z.b. interessante Berufe für Frauen zeigen oder unkonventionelle Frauentypen –, hinterlassen ebenso identifikatorische Spuren. Diese möglichen Wirkungen *kann* Werbung also durchaus haben. Je länger und gleichförmiger die Geschlechterbilder, umso *wahrscheinlicher* die Tatsache, dass sich bei sehr vielen ZuschauerInnen markante Spuren davon festsetzen werden – nicht als platter Automatismus, sondern als statistisch hochgradige Wahrscheinlichkeit.

Dazu kommt ein zweiter Effekt, der vorn bereits kurz angesprochen wurde, der für alle Zuschauer gilt, unkritische wie kritische, und der noch darüber hinausgeht und ihn vermutlich ergänzt: Um eine Werbebotschaft zu ‚verstehen' – sei es ein Bild, ein TV-Spot, eine Hörfunk-Szene – muss ich ihre kulturellen Anspielungen und Voraussetzungen mental nachvollziehen, um sie entschlüsseln zu können. Das verlangt von dem/der ZuschauerIn, dem/der ZuhörerIn, sich auf die Sprach-, Denk- und Bedeutungsebene der verwendeten Symbole zu begeben, egal, ob sie/er diese teilt, goutiert oder ablehnt. Es ist gewissermaßen wie bei einem schlechten Witz, über den man vielleicht nicht (mehr) lachen kann – dessen Anspielung, dessen Konstruktion man aber nachvollziehen muss, um herauszufinden, was er einem als ‚witzig' verkaufen will.

Ein Beispiel mag dies für den deutschsprachigen Werberaum verdeutlichen: ein Frauenkopf mit gepolsterter Schutzkappe, blau geschlagenem Auge und spielerisch vorgestreckten Fäusten in Boxhandschuhen erklärt lachend: „Bei uns hat mein Mann die HILTL an." Um diese Anzeige, die für Herrenhosen wirbt, richtig entziffern zu können, muss man Sprüche kennen wie ‚die Hosen anhaben', ‚die Hosen anhaben wollen' oder ‚*sie* hat die Hosen an' – altbekannte Slogans, die ausdrücken sollen, wie falsch und lächerlich es ist, wenn Frauen etwas eindeutig Männliches – wie hier die früher als männlich privilegierten Beinkleider – für sich beanspruchen. Es gibt zudem eine lange Tradition in Karikatur und Literatur unserer Kultur, wo der ‚Streit um die Hosen' glossiert wird: mit Bildern und Zuschreibungen für Frauen, die diese als herrschsüchtig, streitsüchtig und widernatürlich darstellen, die Männer dagegen als bedauernswerte und schwache Pantoffelhelden, die sich gegen diesen Übergriff nicht wehren (können). Zweitens gibt es in unserer Kultur ebenso eine lange Tradition des Ehefrauen-Schlagens, das bis vor ca. 30 Jahren noch eher als komisch bzw. sogar als berechtigt galt, wenn der Mann sich anderweitig nicht mehr zu helfen wusste (z.B. *wenn* sie versuchte, ‚die Hosen anzuhaben'). Und es wurde ihm als legitimes Mittel zugestanden, seiner Frau durch Schläge zu zeigen, *wer* die Hosen anhatte. Die Annonce setzt also diesen historischen Kontext und die daran hängenden kulturellen Assoziationen voraus, um ihre Aussage an den Mann (und die Frau) zu bringen. Z.B.: wenn die Frau versucht, die Hosen anzuhaben, kriegt sie Dresche (blaues Auge) von ihrem Mann. Dieser beweist somit durch legitime Schläge, dass er die Hosen anhat (hier die der umworbenen Marke ‚Hiltl'). Die Tatsache, dass sie trotz blaugeschlagenen Auges noch lacht, zeigt, dass sie ihm recht gibt: Sie sagt zustimmend: „Bei uns hat mein Mann die H... an". Zudem ist sie in vollem Kampfdress – es wird also so etwas wie ein ‚fairer' oder freiwilliger Kampf suggeriert. Sie ist selbst schuld, wenn sie es herausfordert (d.h. sich überschätzt und verliert – das muss man als Sportler eben einstecken). Und überdies wird das Frauen-Schlagen so ganz nebenbei zum ‚Sport' erklärt. Wenn der Mann die H... anhat und das seiner Frau in einem Boxkampf Mann gegen Frau ‚schlagend' beweist, dann ist das Schlagen in der Ehe eben eine Form sportlicher Auseinandersetzung und kein unfairer Einsatz männlicher Körperkraft usw. usw.

Man kann sich mit Werbern stundenlang darüber streiten, ob solche Anzeigen vielleicht *nur* „schlecht gemacht sind". Viel wesentlicher dürfte sein, dass solche Anzeigen überdeutlich demonstrieren, was hier gemeint ist und was bei ‚milderen' Versionen ganz genauso funktioniert: Das ständige Nachvollziehen jener optischen und kognitiven Botschaften, die sicherstellen, dass bestimmte Denktraditionen über Frauen (und Männer), bestimmte Vorurteile, Assoziationen und Suggestionen, die als diskriminierend in unserer patriarchalen Kultur existieren und existierten, ständig belebt, aufrechterhalten und durch Phantasie und Verstehen nachvollzogen werden. Das Aufrechterhalten von Geschlechterkonstruktionen funktioniert also nicht nur unterschwellig bei ‚verführten' KäuferInnen mit falschem Bewusstsein, sondern es passiert auf einer viel alltäglicheren, selbstverständlicheren und öffentlichen Ebene zusätzlich.

3. DIE FATALE KREUZUNG VON FINANZIELLER MACHT UND PUBERTÄREN MÄNNER-PHANTASIEN

Wenn die Geschlechterbilder der Werbung somit kein Spiegel der facettenreichen gesellschaftlichen Wirklichkeit sind, sondern das Geschlechterdrama noch viel einseitiger konstruieren, als es die andererseits ebenso künstlichen, aber real existierenden Geschlechterarrangements tun, was sagen ihre Konstruktionen dann über die inhaltlich-ideologische Seite hinaus noch aus? Sind es doch ‚Spiegelungen' bestimmter Phänomene? Wenn ja, was wird hier gespiegelt?

Zunächst spiegeln sich ganz direkt in diesen Entwürfen die Ideen und Vorstellungen ihrer Autoren – der sich selbst als ‚Kreative' oder ‚Art Directors' bezeichnenden, überwiegend männlichen Werbe-Entwerfer. Gleich einem projektiven Test verrät die nach außen gewendete Ideenprojektion die Phantasien und Gedanken ihrer Schöpfer. Was wir in der Werbung täglich an Geschlechterbildern sehen, sind die auf Papier und Chromdioxyd gebannten Materialisierungen jener Ideen, die sich zuvor in den Köpfen der Macher – wie der ihrer meist ebenso männlichen Auftraggeber – gebildet haben. Es sind also mitnichten die Phantasien ‚der' Massen, sondern die Phantasien einer kleinen männlichen Elite von hochbezahlten, hochkonkurrenten Ideenfabrikanten, die sich aus ihrer eigenen Vorstellungswelt, aus ihren Vorstellungen von dem Massengeschmack und aus ihrer eigenen konkurrenten Zwangslage des ständig Originell-sein-Wollens/Müssens ergeben. In dieser merkwürdigen (Dauer-)Kombination von ‚schneller-besser-auffälliger' greifen die gestressten und ausgelaugten Köpfe auf das zurück, was ihnen ‚schnell' in den Sinn kommt (weil es so ‚nah' liegt) und was sie für ‚originell' halten: das ‚andere' Geschlecht zu benutzen – vor allem die darüber vorhandenen Klischees –, diese weiter auszubauen und zu übertrumpfen.

Weil *alle* Werber dies so machen, verleiht es gleichzeitig eine große Sicherheit durch gegenseitige Selbstbestätigung. „Was mit Frauen zu machen geht immer" (von Lobenstein 1994). Immer dann, wenn einem Werber überhaupt nichts mehr einfällt, wenn der Konkurrenz auch nichts mehr einfällt, wenn man auf Nummer Sicher gehen will und gleichzeitig – die männliche Konkurrenz ist sowohl eigene Bezugsgruppe als auch Definitionsmacht – als ‚gewagt' durchgehen will. Also ‚wagt' man sich (mal wieder) an eine Frauen- oder Geschlechterinszenierung: noch greller, noch extremer, noch künstlicher. Wenn man dafür – was selten vorkommt – öffentliche Kritik erfährt, kann man sich sogar als verkannter, verfolgter Künstler gerieren: Die Spießer haben ihn nicht verstanden; das ist in Fotografen- und Werberkreisen schon fast ein Adelsprädikat. Bezugsgruppe ist die eigene Berufsgruppe, die Konkurrenz und eben nicht die Öffentlichkeit der KundInnen und VerbraucherInnen. Bei der Sparte ‚Werbung mit Frauenbildern' (und dies ist eine sehr breite Einzelsparte im Gesamtwerbe-Spektrum) ist dies ganz genauso: gezielt wird auf den Applaus, die Beachtung durch die Konkurrenz, und so schaukelt man sich gegenseitig hoch in seinen Entwürfen, bestätigt sich gleichzeitig gegenseitig in der Richtigkeit dieses Weges und der eigenen kreativen Potenz.

Insofern sagen die Frauenbilder der Werbung sehr viel aus: über die Ideenwelt und die männliche Gemütsverfassung ihrer Kreatoren, und darüber, wie solche Prozesse zustande kommen und ablaufen. Da gleichzeitig sehr, sehr viel Geld im Spiel ist (Budget der deutschen Werbeindustrie im Jahr 2000: ca. 33 Milliarden Euro), erscheint dieses kindische Spiel automatisch als ‚erwachsen', ‚richtig' und furchtbar wichtig – was es ja von seinen Auswirkungen her zwangsläufig auch ist. Was sich also in diesen Bildern, der Funktionsweise ihrer Entstehung und Verbreitung spiegelt, ist der Mechanismus einer überwiegend männlichen Phantasie, die sich unter einem enormen Produktionszwang fühlt und sich gegenseitig darin bestätigt, Frauen zu benutzen und vorzuführen. In einem Maß, das ihr für andere Menschengruppen (Ausländer, Schwarze, Juden z.B.) als Tabu selbstverständlich ist, das aber nach werbeinternem männlichen Konsens für die Spezies Frau und ihre Menschenwürde gerade nicht gilt.

Obwohl die Werbeindustrie also mit erstaunlicher Hartnäckigkeit und Indifferenz seit 40 Jahren an ihren Frauenkonstruktionen festhält und so auch an ihren Argumenten, mit denen sie dieses Bild legitimiert (vgl. Schmerl, 1992b), so sind feministische Kritik und Analyse in dieser Zeit keinesfalls stehen geblieben. Dominierten in den 1960er und 70er Jahren Kritiken, die das Frauenbild und das gezeigte Geschlechterverhältnis als falsch, diskriminierend und bewusstseinsvernebelnd orteten, so hat sich seit den 1980er Jahren eine weitere Perspektive entwickelt, die dem eine analytische Dimension hinzufügt. Werbung wird jetzt auf einer viel grundsätzlicheren und allgemeineren Ebene als ein zentraler Faktor im alltäglichen Geschäft des ständig stattfindenden, ständig betriebenen öffentlichen Geschlechterdiskurses, bzw. der Geschlechterkonstruktion verstanden. Zwar wird dieser Prozess von vielen gesellschaftlichen Quellen gespeist und aufrechterhalten und selbstverständlich auch von den Mitgliedern der Gesellschaft durch eigenes Verhalten, Sprechen, Interagieren etc. mit-konstruiert und am Leben gehalten (wie auch natürlich in Teilen variiert und verweigert). Doch zeigt sich am Aktionsfeld der Werbung in sonst seltener Deutlichkeit, wie gesellschaftliche (Geld-)Eliten mit den ihnen zur Verfügung stehenden, öffentlich nicht kontrollierten/kontrollierbaren Mitteln des Geldes und der Ideologiefabrikation ihre Sichtweise der Dinge – hier ihre Sichtweise auf Frauen – durchsetzen in Wort und Bild. Die Eindimensionalität des Produktions- und Verbreitungsvorgangs, die Verteilung und der Einsatz von Macht, die Definition und Artikulation von eigenen Interessen sind hier im Gegensatz zu anderen gesellschaftlichen Bereichen unübertroffen klar. Somit gebührt der Werbung eine Art didaktischer Paradeplatz im komplexen Wirkungsgefüge patriarchaler Machtausübung, der überdies visuell höchst anschaulich ist.

4. DAVID GEGEN GOLIATH?

Lassen sich derzeit Möglichkeiten und Strategien erkennen, die auf eine Verweigerung oder auf gezielte Gegendefinition/Gegenkonstruktion des dominanten, als natürlich propagierten Geschlechterdiskurses herauslaufen, und die die exemplarisch einmalig gute ‚Sichtbarkeit' dieser Bild-Konstruktionen für ihre Zwecke nutzen?

Oben war bereits ausgeführt worden, dass Werbebilder und -spots mit dem Zeichen ‚Frau' so konstruiert sind, dass sie eine eigene mentale Mobilisierung der patriarchalen Klischees über ‚die' Frauen erfordern (z.B. ‚Schlampe', Konkurrenz um den Mann, etc.), um sie verstehen zu können. Zwar sind manche von ihnen bereits auf der direkten, visuellen Ebene so plump und lächerlich, dass sie sich selbst entlarven. In der Regel aber sind ihre Botschaften so verpackt, dass sie auch bei gegenteiliger Meinung zunächst nachvollzogen werden müssen, um für den/die BetrachterIn Sinn zu machen. Widerständiges, ‚lustvolles' Lesen zum eigenen Vergnügen ist aufgrund der hochgradig auf Klischees setzenden Konstruktionen in der Regel nicht ergiebig. Wenn also individuell nur jene zweifelhaften Nutzen und Gratifikationen aus den Frauenwerbebildern zu ziehen sind, die mit den beabsichtigten Geschlechterkonstruktionen konform gehen, welche anderen Möglichkeiten des De-Konstruierens, des Entlarvens von Willkürlichkeit, Künstlichkeit und Ideologielastigkeit der Frauen-Werbebilder gibt es?

Feministische Publikationen, so vor allem Periodika wie z.B. die amerikanische ‚MS' oder die deutsche ‚Emma' haben lange Zeit regelmäßig besonders krasse, diskriminierende Werbebeispiele abgedruckt und somit ‚vorgeführt'. Hier wurde eine Methode zum Einsatz gebracht, die die ursprüngliche Intention der Anzeige durch die Platzierungen in einen radikal anderen Kontext unterläuft und sie der Kritik, dem Spott einer bereits ‚vorgewarnten' Gruppe preisgibt (den frauenbewegten Leserinnen). Durch die Regelmäßigkeit des Erscheinens einer solchen Kolumne in einer feministischen Zeitschrift und durch die damit ermöglichte Kumulierung ähnlicher oder gleichgestrickter Werbemaschen mit Frauen wird die Willkürlichkeit und Künstlichkeit dieser Bilder viel anschaulicher als in ihrer normalen publizistischen Einbettung. Das gleiche Prinzip nur auf breiterer Grundlage verfolgen Ausstellungen und Videofilme, die besonders typische und gleichförmige Fraueninszenierungen vorführen (z.B. Kilbourne, 1979, 1992; Schmerl & Fleischmann, 1980; Grießhammer, 1994; Gleichstellungsstelle Dresden, 2002; Gleichberechtigungsreferat der Stadt Marburg, 2005). Sie erreichen breitere Rezipientenkreise als nur die Leserinnen feministischer Zeitungen.

Andererseits sollte die *Sprache* als Mittel der Auflösung, des Durchdringens und des Demontierens eines visuellen Bildes, einer visuellen Geschichte nicht unterschätzt werden. Eine verblüffende Erfahrung der völlig veränderten Wirkung von Werbebildern ist dadurch erzielbar, dass man in der guten alten Art der Bildbeschreibung eine Print-Anzeige einfach sprachlich wiedergibt. Allein die klare Benennung von Bildaufbau, von Eigenschaften, Haltungen, Aktivitäten und Aussehen der abgebildeten Personen bringt einen Schub in Richtung Ernüchterung, Banalisierung und auch Ridikülisierung. Dieser ist ausschließlich dem sprachlichen Dingfestmachen, der der Sprache möglichen Klarheit, der möglichen Benennung von Ambivalenzen, Gefühlen und Widersprüchen geschuldet, wie sie auf einer nur visuell-emotional wirkenden Erlebnisebene der reinen Bild-Rezeption spontan nicht gegeben sind. Am besten wirkt dieses Verfahren, wenn man einem Zuhörer ein solches Werbebild verbal schildert, ohne dass es gleichzeitig zu sehen ist (vgl. vorne S. 289).

Die in einer übertriebenen Werbeinszenierung steckende Künstlichkeit und Lächerlichkeit wird durch das Medium Sprache sofort deutlich, während der optische Eindruck allein zunächst nur Emotionen anspricht – z. B. die Empfindungen von Schönheit, Exotik und sexueller Einladung. Die Beschreibung der optischen Auslöser und der damit angestrebten Gefühle, sowie die ernüchternden Benennung der ‚Seife', die dadurch verkauft werden soll, lässt den faulen Zauber platzen. Dieses Verfahren ist höchst wirksam bei allen Werbebildern und Bildgeschichten. Es lässt sich zwar didaktisch nur am jeweiligen Einzelfall einsetzen (etwa im Schulunterricht, vgl. Bundesministerium für Frauen und Jugend, 1994) und nicht auf gleicher Ebene wie die massenweisen Fraueninszenierungen der Werbung, trifft aber medienpädagogisch auf positive Resonanz bei SchülerInnen.

Zum Zweck der *öffentlichen* Aufmerksamkeit hat sich ein anderes Vorgehen der Demontage von Werbeintentionen als hilfreich erwiesen: Die witzige, gegen den Strich bürstende Kommentierung von öffentlichen Plakatwänden durch Sprayerinnen. Jill Posener (1986), die solch öffentliche Graffiti jahrelang in Großbritannien und Australien photographiert und publiziert hat, gibt eine Menge schlagender Beispiele für diese Methode der Um-Deutung: Das Plakat einer extravagant gekleideten Frau, die auf dem Dach eines Fiat liegt und die Titelzeile „Er ist so praktisch, Liebling" in den Mund gelegt bekam, kann nicht mehr in der vorgedacht stereotypen Art rezipiert werden, wenn daneben gesprayt steht: „Wenn ich nicht auf Autos liege, bin ich Neurochirurgin." Eine bekannte, blond-gelockte Nachrichtensprecherin im schulterfreien Abendkleid, die einen ebenso bekannten männlichen Nachrichtensprecher im Harald-Juhnke-Look küsst (um auf einen lokalen TV-Sender aufmerksam zu machen) und von ihm gefragt wird: „Was machst Du heute Abend nach der Arbeit?" bekommt mit der darunter gesprühten Antwort „… gehe in die Lesben-Bar" eine Perspektive verpasst, die die keimfrei-heterosexuelle Abend-Party-Kostümierung der beiden TV-Stars erfrischend anknackst. Das öffentliche Um-Schreiben von Werbewänden ist eine von Feministinnen und Künstlerinnen seit längerer Zeit gepflegte Tradition, die sich zunehmender Beliebtheit erfreut, und die darüber hinaus sogar eigens hergestellte Werbewände und Plakatserien mit Frauenbildern umfasst (z.B. in Deutschland: Rita Bleschoefski, 1989; Beate Ortmeyer, 1989; u.v.a., vor allem Studentinnen von Kunsthochschulen und Fachhochschulen für Design).

Die Strategien von Frauen und von Feministinnen, die solcherart den von der Werbung reinstallierten Geschlechter-Codes widersprechen, sind bei weitem nicht so verbreitet, so allgegenwärtig und so finanzkräftig wie der von ihnen gepiesackte Goliath. Daher gibt es auch Stimmen, die aus Gründen dieses Ungleichgewichts Zweifel an der Dekonstruierbarkeit der Male-stream Werbung haben. Diese Zweifel lassen sich nicht durch Logik ausräumen – da ja die Machtverhältnisse geklärt sind –, sondern vermutlich nur ‚by doing'. Es könnte gut sein, dass die o.a. Nadelstiche im Meer der von vielen als langweilig und lästig empfundenen Werbung doch so etwas wie das Salz in der Suppe bilden, d.h. proportional mehr und andere Aufmerksamkeit erregen als die alltägliche Werbeflut.

Ein anders geartetes Argument von SkeptikerInnen bleibt denn auch ernster zu nehmen: die Zweifel, ob die kulturell dominanten Lesarten des Zeichens ‚Frau' – d.h. die allen geläufigen Diskurse über Frauen und Sexualität, Frauen und Natur, Frauen und Passivität, Schönheit, Ding, Luxus, Gewalt, Käuflichkeit, Abhängigkeit, Dienstbarkeit etc., etc. – nicht bereits zu unauslöschlich verankert sind, um sie wirksam zu konterkarieren, und ob darüber hinaus die Werbung nicht inzwischen die feministische Empörung bereits einkalkuliert für die von ihr gewünschte öffentliche Aufmerksamkeit. Dabei geht es sowohl um die Vorführung von Feministinnen als spießig, puritanisch und dogmatisch, damit man sich selbst als Tabubrecher, Provokateur und mutiger Künstler profilieren kann. Zum anderen geht es auch um das schon geschilderte notwendige ‚Eintauchen' in den männlichen Text ‚Frau', dessen Verständnis der/m Rezipierenden erst einmal die nötige männliche Perspektive abverlangt, um seine Bedeutung zu erfassen und seine Widersprüche zu lokalisieren.

Hinzu kommen die Faktoren Ästhetik und Vergnügen. Wenn Werbung schöne erstrebenswerte Bilder von Menschen und Dingen – und so auch von Frauen – vorführt, so ist dies nicht nur ein gewaltsam übergestülpter Prozess, sondern zu bestimmten Teilen werden die dort versprochenen Freuden und Annehmlichkeiten (Schönheit, Erfolg, Liebe) von den ZuschauerInnen durchaus als begehrenswert empfunden. Ihr Wünschen und Trachten geht tatsächlich auf den Besitz schöner vergnüglicher Dinge oder auf das Erlangen von ‚weiblich' definierten, attraktiven Eigenschaften und Betätigungen.

Somit gibt es auch eine Reihe von Bedenken, was die Effektivität von möglichen Gegenstrategien gegen die von der Werbung verstärkten, rückwärts gewandten Geschlechterbilder betrifft. In irgendeiner Weise nimmt man selbst als KritikerIn und DemonteurIn noch immer auf die vorgegebenen Geschichten und ihre Assoziationen Bezug; gleichzeitig ist es sehr wohl möglich, diese durch Sprache und Argumente zu entlarven.

Der Ausgang dieses ambivalenten Prozesses ist derzeit nicht absehbar, auch wenn die Machtverhältnisse eindeutig sind. Nur die Praxis eines ständig geführten Gegen-Diskurses kann ausloten, was möglich ist – und das Feld den reaktionären Geschlechter-Konstrukteuren widerstandslos zu überlassen, verbietet sich von selbst. Also: sprechen wir weiter davon.

Teil VI

Geschlechter als Paare:
Patriarchat entrümpelt, Matrix reloaded?

17. Kreative Paare in Kunst und Wissenschaft – Wie wird was kreiert?

In einem Restaurant in Hollywood trifft ein auffallend gutaussehender, hochgewachsener und elegant gekleideter Mann von 36 Jahren eine junge Frau von 25 Jahren. Es ist das Jahr 1930. Beide sind fasziniert voneinander und diskutieren noch bis in die Morgenstunden in seinem Auto. Er ist der bekannte Kriminalschriftsteller Dashiell Hammett, der als der Mitbegründer der ‚hard boiled' crime fiction beim Lesepublikum wie bei der Filmindustrie äußerst erfolgreich ist. Sie ist bisher völlig unbekannt und gerade nach Hollywood gekommen, um für eine Filmgesellschaft Manuskripte im Akkord auf Verwertbarkeit zu prüfen.

Die nächsten 30 Jahre werden sie mal intensiver, mal distanzierter zusammenarbeiten und -leben. Bis 1934 wird er seinen fünften und letzten Roman („Der dünne Mann") veröffentlichen und ab da bis an sein Lebensende durch eine Schreibhemmung blockiert sein. Ebenfalls 1934 wird sie ihr erstes Theaterstück („The Children's Hour") veröffentlichen, das am Broadway Triumphe feiert und sie auf Anhieb bekannt macht: Lillian Hellman. Ihr weiterer Lebensweg als Theaterschriftstellerin führt sie steil auf die Höhen literarischen Ruhms mit Stücken wie z.B. „Little Foxes". Sie gilt bis heute als die bedeutendste amerikanische Theaterautorin und Bühnenschriftstellerin und wird auf eine Stufe gestellt mit Tennessee Williams, William Faulkner, T.S. Elliot.

Ist die Geschichte dieses kreativen Paares mit sehr asynchronen Erfolgslinien ein Exempel für die skrupellos feministische Umkehrung des vertrauten Modells: männliches Genie entdeckt und ermuntert weibliches Talent, welches sich dankbar und bescheiden in gehörigem Abstand zum genialen Übervater entfaltet? Oder ist es ein trauriges Beispiel dafür, dass erfolgreiche Männer bestenfalls mit ihresgleichen noch fertig werden, aber neben erfolgreichen Frauen sich buchstäblich in ihrer Arbeitsfähigkeit kastriert fühlen? Oder sind hier nur zufällig zwei extrem verschiedene Charaktere aufeinandergestoßen, deren Temperament und Interessen sie in verschiedene Richtungen führen werden? Ich glaube, dass keine dieser drei griffigen Zuschreibungen die Komplexität und Mühseligkeit von Aushandlungsprozessen der gemeinsamen Lebensführung, der gemeinsamen Produktivität und der gemeinsamen Liebes- und Zuneigungsinvestitionen ausreichend erhellen kann – was diesen konkreten Fall angeht. Andererseits scheint es mir auch unergiebig, die Fülle und die Kompliziertheit eines erfolg- wie misserfolgreichen Paarlebens lediglich als eine beliebige und unübersichtliche Fülle von Zufällen, Schicksalsschlägen und individuellen Idiosynkrasien zu registrieren. Wenn ich im folgenden eine Analyse von ausgewählten Biographien kreativer Paare versuche, möchte ich vielmehr durch bestimmte Fragestellungen herausfinden, welche Linien der gemeinsamen und produktiven Lebensführung sich in einer mit Geschlechterstereotypen und -vorschriften gesättigten Gesellschaft des 20. Jahrhunderts entdecken lassen. Wie entgehen kreative Paare den herrschenden Erwartungen und Rastern – etwa dem vom individuellen Genie (in der Regel einsam und männlich)? Entkommen sie teilweise den gesellschaftlichen Stereotypen von Männlichkeit und Weiblichkeit? Wenn ja, wie? Welche anderen oder neuen Arrangements haben sie ansatzweise entwickelt? Was waren ihre Strategien und Werkzeuge dabei? Welche Rolle spielen Zeitgeschichte, Lebensumstände und persönliche Ressourcen? Welche persönlichen Kosten hatten sie dafür zu zahlen, welchen persönlichen Nutzen zogen sie daraus? Welche übergreifenden Muster an Ähnlichkeiten und Unterschieden lassen sich erkennen? Ich werde also den Schwerpunkt meiner Fragen auf die psychologischen Aspekte der kreativen Paare legen, weniger auf die fachspezifischen Qualitäten ihres jeweiligen Œuvres. Berücksichtigen werde ich diese jedoch insoweit, als es für die hier interessierenden Inhalte notwendig und ergiebig ist.

Um geeignete Paarbiographien für meine Fragen auszuwählen, habe ich einschlägige Biographien von 40 kreativen Paaren aus dem Zeitraum des 19. und 20. Jahrhunderts analysiert. Ich brauche sicher nicht darauf hinzuweisen, dass die durchweg *häufigste* Paarkonstellation – wo *beide* Partner kreativ waren und nicht nur ein Schattenpartner schweigend das Genie bedient hat – auch hier jene ist, wo der Mann als der originellere und höherwertige Kreative gilt (sowohl bei den Zeitgenossen als auch bei den Biographen), die Frau als Muse, Zuarbeiterin, Kopistin, Ausführende oder auch als Opfer. Diese – ich möchte behaupten bis heute – häufigste Konstellation bei kreativen Paaren ist inzwischen hinlänglich beleuchtet, diskutiert, kritisiert und beklagt worden. Bekannte Beispiele sind Camille Claudel und Auguste Rodin; Clara Wieck-Schumann und Robert Schumann; Sonja Terk-Delaunay und Robert Delaunay; Zelda Sayre-Fitzgerald und Scott Fitzgerald u.v.a. Ich habe mich daher auf zwei andere mögliche Paarkonstellationen konzentriert, die wesentlich untypischer für patriarchale Gesellschaften sind und die die Betrachtung somit erschweren, sie aber auch reizvoller und ergiebiger machen.

Ich habe nach berühmten Paaren Ausschau gehalten, wo a) beide anerkannt und berühmt waren, die *Partnerin* aber sogar erfolgreicher war, öffentlich stärker rezipiert wurde und vor allem kommerziell mehr Erfolg hatte; und b) wo *beide* gleichermaßen erfolgreich und berühmt waren bei ihren Zeitgenossen. Meine – für diesen Zweck mit einer gewissen Willkür behafteten – Erfolgskriterien sind also die des öffentlichen *zeitgenössischen* Renommees (auch über enge Fachgrenzen hinaus), und die des materiellen Erfolgs. Da ich bei meiner Durchsicht der einschlägigen Paarliteratur außerdem feststellen konnte, dass in der ersten Kombination (erfolgreichere Frau, weniger erfolgreicher Mann) die Partnerschaften überwiegend als spannungsreich und belastet beschrieben wurden, während in der zweiten Kombination die Partnerschaften eher als harmonisch und zufrieden stellend charakterisiert wurden, habe ich für meine exemplarische Auswahl auch dieses Kriterium versucht zu berücksichtigen. Für die Formulierung von strukturellen Fragen an die Biographien von ‚*ungleich* erfolgreichen Paaren' habe ich die von Lillian Hellman und Dashiell Hammett sowie die von Margaret Mead und Gregory Bateson ausgesucht; für die von ‚*gleich* erfolgreichen Paaren' habe ich das Wissenschaftlerpaar Marie Sklodowska Curie/Pierre Curie und das Schriftstellerehepaar Simone Schwarz-Bart und André Schwarz-Bart ausgewählt.

1. KREATIVE PAARE MIT WEIBLICHEM ERFOLGSVORSPRUNG

1.1 LILLIAN HELLMAN (1905–1984) UND DASHIELL HAMMETT (1894–1961)

Die 25jährige Lillian Hellman und der 36jährige Dashiell Hammett unterscheiden sich bei ihrem ersten Treffen in vielen grundlegenden Dingen. Sie ist eine gebildete, eigensinnige und temperamentvolle Frau, die aus einer wohlhabenden jüdischen Südstaatenfamilie stammt. Sie hat erste Erfahrungen als Lektorin in zwei Verlagshäusern gesammelt und eigene Schreibversuche gerade wieder aufgegeben. Dashiell Hammett stammt aus einer ländlich-provinziellen Familie mit schwierigen finanziellen Verhältnissen. Seine formale Schulbildung ist minimal, da er schon mit 14 die Schule abbrechen musste. Er schlägt sich mit Gelegenheitsjobs durch, arbeitet schließlich einige Jahre als Privatdetektiv für die bekannte Agentur ‚Pinkerton', meldet sich freiwillig im Ersten Weltkrieg (wie auch später im Zweiten) zur Armee, wo er sich eine schwere Lungentuberkulose holt, die immer wieder zu körperlichen Zusammenbrüchen führt und ihn bereits mit 28 Jahren zum Invaliden macht. Als Familienvater fängt er aus finanzieller Not heraus an, sich selbst zum Journalisten und Reporter auszubilden. Seine autodidaktische Bildung ist enorm. Er schreibt Werbetexte und schließlich Detektiv-Kurzgeschichten in Billig-Gazetten. Damit ist er ungewöhnlich erfolgreich, offenbar weil er einerseits aus seinen realen Pinkerton-Erfahrungen schöpfen kann und die Welt des Verbrechens aus einer anderen Perspektive beschreibt als die bisherigen Schloss- und Adelskrimis. Zum anderen entwickelt er einen Stil und einen Heldentypus, die neu sind: wortkarg, zynisch, hart, trinkfest und einsam – eben ‚hard boiled'! Sein Stil, seine Milieus, seine Helden und seine Plots stoßen im Amerika der 1930er Jahre auf große Resonanz. Es ist die Welt der Korruption, der Slums, der hartgesottenen, einsamen Kämpfer. Als er Lillian Hellman in Hollywood kennenlernt, ist er auf der Höhe seines Ruhms: vier seiner fünf Romane sind bereits erschienen, darunter der „Malteser Falke"; einige sind oder werden gerade verfilmt. Er hat viel Geld, das er mit vollen Händen für Alkoholexzesse und zahlreiche Frauenaffairen ausgibt.

Er ermuntert Lillian Hellman, mit dem Schreiben wieder anzufangen, und zwar ‚ernsthaft'. Beide ziehen in ein New Yorker Hotel und schreiben. Er vollendet dort 1934 seinen fünften und letzten Roman („Der dünne Mann"); sie entwickelt aus einem von ihm vorgeschlagenen Thema ein Theaterstück „The Children's Hour". Es basiert auf einem Prozess aus dem 19. Jahrhundert, wo es um die Denunziation zweier Lehrerinnen durch ein bösartiges Schulmädchen geht und die sich daraus entwickelnde Katastrophe, die schließlich das Leben der beiden Frauen zerstört. Das Stück wird ebenfalls 1934 aufgeführt und macht sie mit einem Schlag bekannt. Bereits ihr übernächstes Stück „Little Foxes" ist 1939 ein so großer Erfolg am Theater (und wird auch mehrere Male verfilmt), dass sie sich von dem Honorar eine Farm kaufen kann, die sie auch bewirtschaftet, und die für beide bis 1951 ein Rückzugs- und Erholungsort bleibt.

Während Dashiell Hammett nach seinen fünf weltweit bekannten Detektivromanen und einer Reihe Kurzgeschichten ab 1934 bis an sein Lebensende nichts mehr veröffentlicht, ist das Jahr 1934 für Lillian Hellman erst der Startpunkt für eine lange und glänzende Karriere – zunächst als Theaterschriftstellerin, Drehbuchschreiberin und Essayistin, später als Memoirenschreiberin und Universitätslehrerin. Lillian Hellman betont in ihren Essays, Interviews und Memoirenbänden immer wieder, dass sie ihr Schreiben und ihren Erfolg vor allem Dashiell Hammett verdanke, der sie nicht nur zum Schreiben geführt habe, sondern auch stets mit gründlicher, detailbesessener und vor allem gnadenloser Kritik alle ihre Stücke begleitet habe.

Hammett selber scheint völlig anders produziert zu haben. Er verschlingt lebenslang Berge von Zeitungen und Büchern zu den ausgefallensten Themen und schreibt – wegen seiner schwachen Gesundheit – überwiegend im Bett liegend, begleitet von Unmengen von Alkohol, um seine körperlichen Beschwerden zu betäuben. Hellman sagt, dass sie nur die Entstehung seines letzten Romans mitbekommen hat – er sitzt wochenlang abgeschottet in einem Hotelzimmer und kommt gegen Ende überhaupt nicht mehr heraus, um sich in äußerster Selbstdisziplin zum Durchhalten und Beendigen zu zwingen. Gegenlesen und Kritik durch andere finden nicht statt. Er scheint auf Anhieb perfekt und erfolgreich. Allerdings gibt es auch einige Misserfolge: Sein Versuch, eines von Hellmans Stücken in ein Filmmanuskript zu verwandeln, endet als Flop. Er spricht auch nicht darüber, warum er seit 1934 nichts mehr produziert – aber offenbar hat er darunter gelitten. Es gibt jahrelang diverse Titelankündigungen über das, was er jeweils gerade produziere – so lange, bis niemand mehr daran glaubt.

Nach Kriegsende werden seine Alkoholexzesse und Frauengeschichten völlig unbeherrschbar; er bricht 1948 zusammen und hört ab da mit eiserner Selbstdisziplin von einem zum anderen Tag mit dem Trinken auf. Seit Lillian Hellman einmal seine alkoholisierten sexuellen Avancen abgewiesen hat, ist er so beleidigt, dass er nie wieder mit ihr schläft. Er lebt die Woche über in seiner New Yorker Wohnung; sie ist viel unterwegs, ein- bis zweimal die Woche treffen sie sich auf ihrer Farm. Er bleibt weiterhin der härteste Kritiker ihrer Theaterstücke – sie wird insgesamt bis zu seinem Tod acht Stücke schreiben, von denen sieben dauerhaft erfolgreich sind und viele Aufführungen und Verfilmungen erfahren. Seine ständige Kritik bleibt für sie lebenswichtig, auch wenn sie zunehmend verletzend und demütigend wird.

1951 und 1952 – es ist die Hochzeit der McCarthy-Hexenjagd auf linke Künstler und Intellektuelle – werden sie beide nacheinander vor das „Komitee für unamerikanische Umtriebe" zitiert, um ihnen angeblich bekannte Mitglieder der kommunistischen Partei zu denunzieren. Hammett verweigert stoisch jede Aussage, obwohl er wahrheitsgemäß hätte sagen können, dass er keine Namen kennt. Er geht dafür stolz und heroisch sechs Monate ins Gefängnis wegen ‚Missachtung des Komitees'. Hellman dagegen argumentiert vor dem Tribunal und wird unbehelligt laufengelassen. Beide werden aber auf die „Schwarze Liste" nicht mehr zu beschäftigender Autoren gesetzt; Hammett soll außerdem plötzlich angeblich zu wenig gezahlte Steuern von einigen 100.000 Dollar nachzahlen. Beide werden dadurch finanziell ruiniert: die Farm muss verkauft werden, Hammetts Gesundheitszustand ist nach dem Gefängnis katastrophal. Hellman versucht verzweifelt, bezahlte Arbeit zu bekommen. Immerhin wird 1952 „The Children's Hour" erfolgreich wiederaufgeführt – das Thema Denunziation hat nun einen besonders aktuellen politischen Bezug. Bis 1955 hat Hellman allmählich wieder so viel Geld verdient, dass sie sich ein kleines Haus an der Ostküste kaufen kann, wo sie zwischen ihren Reisen lebt und schreibt. Hammett wohnt mietfrei in einem kleinen Ferienhaus eines Freundes. Die letzten Jahre seines Lebens ist er so verschuldet und gesundheitlich so elend, dass Hellman einen Teil ihres Häuschens für ihn ausräumt und ihn für die letzten vier Jahre bei sich aufnimmt und pflegt. Er stirbt 1961 kurz nach der erfolgreichen Aufführung ihres letzten Theaterstücks, dessen Produktion er wie immer mit sehr viel Kritik begleitet hatte. Lillian Hellman wird ihn um mehr als 20 Jahre überleben und ein weiterhin äußerst aktives Leben führen. Sie wird keine weiteren Theaterstücke mehr schreiben; aber ihre späteren drei Memoirenbände stehen wochenlang auf den Bestsellerlisten und werden mit Buchpreisen überhäuft. Sie sorgt dafür, dass Hammetts verstreute Kurzgeschichten posthum gesammelt und neu ediert werden, und sie wird in ihren Memoiren seine Persönlichkeit und seine Leistung würdigen. Sie wird aber auch die schwierigen Seiten ihrer gemeinsamen 30 Jahre nicht verschweigen.

1.1.1 Neue Geschlechterarrangements und ihr Nutzen

Die anfängliche Konstellation ihres Zusammenarbeitens und -lebens beginnt klassisch geschlechtstypisch: junge unbekannte Frau wird durch erfolgreichen, deutlich älteren Mann entdeckt, gefördert und gleichzeitig in eine Liebesbeziehung verwickelt. Unkonventionell wird diese Geschichte mit *ihrem* zunehmenden literarischen und kommerziellen Erfolg und *seinem* literarischen Verstummen. Sie wird zum Star, er zehrt nur noch von seinem Image, seinem Ruhm und seinen Tantiemen. Unkonventionell sind auch die Jahre ihres Erfolgs am Theater mit insgesamt acht Stücken. Während er keine eigenen Projekte mehr verfolgt, investiert er seine ganze Aufmerksamkeit und sein Interesse in die kritische Verbesserung ihrer Stücke. Auch ihre Mobilitätsformen sind untypisch: während sie sehr viele Reisen, vor allem ins europäische Ausland, unternimmt, bedeutende Personen kennenlernt und daraus Anregungen für ihre Stoffe zieht, bleibt er – bis auf seinen Einsatz im Zweiten Weltkrieg – stets in den USA und möglichst auch unsichtbar für die Öffentlichkeit. Nur ihr gegenseitiger intellektueller Austausch über Literatur und Politik bleibt bei allen Verwerfungen das tragende Element ihrer immer schwieriger werdenden privaten Beziehung. Sie selbst schreibt den Aufrechterhalt der Beziehung zu Hammett ihrer eigenen ‚Störrischkeit' zu, später auch ihrer Entscheidung, keine persönlichen Fragen mehr zu stellen.

Beide sind zu ihren gemeinsamen Glanzzeiten das Sinnbild eines glamourösen und kreativen Paares: beide sind produktiv und erfolgreich in den Boulevard-Branchen von Film, Theater und Rundfunk. Er ist supermännlich, wohlhabend und cooler Frauenheld; sie ist die Ausnahmefrau, die ihre ungewöhnlichen Erfolge lebenslang durch immer neue Produktionen beweisen muss und kann. Beide sind mit ihrem moralisch unbeugsamen Auftreten vor dem McCarthy-Ausschuss ein Stachel im Fleisch der amerikanischen Rechten, aber – noch viel schlimmer – auch in dem jener amerikanischen Elite in Kunst und Kultur, die sich vor demselben Ausschuss aus lauter Angst zu Denunziationen hat korrumpieren lassen.

Auch Dashiell Hammett scheint auf der Höhe seines Ruhms die Zusammenarbeit mit dieser außergewöhnlich talentierten jungen Frau als unkonventionelle und eigenwillige Herausforderung genossen zu haben; in den späteren Jahren seines auch selbst herbeigeführten Verfalls war er auf ihre versorgenden schützenden Qualitäten angewiesen, die es ihm möglich machten, sein Gesicht und sein Image zu wahren.

1.1.2 Bewältigungsstrategien und ihre Kosten

Das graduelle Umkippen des klassischen Mann-Frau-Verhältnisses von Überlegenheit-Unterlegenheit wird von beiden mit durchaus konventionellen Geschlechtertechniken zu bewältigen versucht. Er mobilisiert seine alten bewährten Männlichkeitsrituale von Alkohol, promiskem Sex, Gefühlsverschlossenheit und stoischer Einsamkeit. Diese Selbststilisierung trägt deutlich die Züge seiner eigenen männlichen Romanhelden aus der hard-boiled crime-fiction – obwohl sein invalider Zustand mit regelmäßigen Zusammenbrüchen dieses Image Lügen straft. Seine schon bald nach dem Zusammenleben mit Hellman erneut aufgenommenen Frauenaffairen müssen sie enorm belastet und irritiert haben, was sich dem traurig-lakonischen Stil entnehmen lässt, in dem sie einige davon andeutet. Wenn man bedenkt, dass Hellman Hammett als physisch äußerst attraktiv empfand, was sie ausdrücklich mehrmals hervorhebt, wird das Ausmaß ihrer Verletztheit spürbar. Sie scheint aber versucht zu haben, äußerlich cool damit umzugehen. Sie schirmt ihn ab, schützt und unterstützt ihn, wobei sie einerseits in die Rolle der verletzten, resignierten Ehefrau gleitet. Andererseits fängt sie ihrerseits eigene Liebesaffairen an.

Dashiell Hammett behält in Bezug auf seine Partnerschaft mit Lillian Hellman lebenslang wenigstens die Rolle des überlegenen Kritikers und Schiedsrichters ihrer Werke bei – eine intellektuell fordernde und verbindende Leidenschaft, aber auch die einzige Überlegenheit, die er aus den Anfängen ihrer Partnerschaft bis ans Ende unnachgiebig beibehält. Die gemeinsam verfolgten Bereiche ihrer Partnerschaft – ihre literarischen und ihre politischen Überzeugungen und Leidenschaften – überleben sowohl alle selbst-verursachten, wie durch die Zeitläufe aufgezwungenen Probleme. Über diese beiden Themen können sie sich jederzeit trotz unterschiedlicher persönlicher Stile und Temperamente austauschen und verständigen.

Die zeitgeschichtlichen Umstände, die ihr gemeinsames Leben zusätzlich erschweren – Faschismus, Zweiter Weltkrieg, McCarthy-Verfolgung, finanzielle Diskriminierung durch schwarze Listen – werden durch ihrer beider spezifischen ‚Bewältigungsstrategien' nicht nur bewältigt, d.h. handhabbar gemacht, sondern gleichzeitig auch zusätzlich erschwert: er ruiniert weiter seine Gesundheit und seine Finanzen mit seinen Prinzipien und seinen Exzessen und muss schließlich finanziell und pflegerisch aufgefangen werden. Sie wird noch zusätzlich belastet durch die Sorge um ihn, was sie als ihre selbstverständliche partnerschaftliche Pflicht ansieht, wie auch die posthume Edition seiner frühen Werke.

1.1.3 Ressourcen

Es scheint, dass Lillian Hellman mit einem unglaublich großen Potential an Einfallsreichtum, Gespür für dramatische Stoffe und Charaktere und einem sprachlichen Talent ausgestattet war, das sich überdies durch ungewöhnliche Kritiktoleranz und den Willen zu ständiger Perfektion auszeichnete. Allein von „Little Foxes" – ihr auch in

Europa bekanntestes und erfolgreichstes Stück – hat sie unter Hammetts Kritik insgesamt neun Fassungen erarbeitet. Ihr ganz persönlicher Stil wird von Kritikern als eine Art Kombination von Ibsen'schem Realismus und Tschechow'scher Psychologie beschrieben und bewundert (vgl. Falk, 1978, S. 76). Hammett's Kritik setzt stets auf der sprachlichen Ebene an, weniger am Aufbau ihrer Stücke oder an ihren Charakteren. Ihre Stoffe schöpft sie aus ihrer Familiengeschichte („Little Foxes", „Another Part of the Forest"), wo es um die Korruptheit reicher Südstaatenfamilien geht, bzw. aus ihren eigenen Recherchen und politisch-psychologischen Beobachtungen und Leidenschaften. Ihr großes moralisches Engagement übersetzt sie in hinreißende Plots und Verstrickungen von politisch gefärbten Gesellschafts- und Familiengeschichten, wo sie sowohl die aktiven Intriganten, wie auch die passiv Korrupten und Beschwichtigenden vorführt („Watch on the Rhine", „Autumn Garden").

Bei aller persönlichen Schwäche für charmante Männer zeigen ihre Memoiren deutlich eine anrührende Sympathie und Liebe für wichtige Frauen in ihrem Leben: für ihre schwarze Amme und Erzieherin Sophronia, ihre schwarze Haushälterin und Vertraute Helen, ihre frühe Freundin Julia und ihre Kollegin Dorothy Parker. Der Stil ihrer Erinnerungen ist hier deutlich anders gefärbt als der betont lakonische und eher rationale Ton, in dem sie über ihren Lebensgefährten Dashiell Hammett schreibt.

Insgesamt scheint es, dass sie mit ihrem Einfallsreichtum, ihrem ungebremsten Temperament und ihrer Neugier auf neue Erfahrungen und Projekte die für Frauen ihrer Zeit gesetzten Geschlechtergrenzen weit überschreiten konnte, und dass sie – wie ihre drei Memoirenbände widerspiegeln – diese kontroversen und oft aufregenden Überschreitungen ihres ereignisreichen Lebens auch aktiv genossen hat.

Hammett's Ressourcen speisen sich aus seiner ungewöhnlichen Vita eines Autodidakten, der aufgrund der äußerst seltenen Kombination von exzessiver Belesenheit, selbstdisziplinierter Ausformung eines eigenen sprachlichen Stils und einem reichen Erfahrungs- und Beobachtungsfundus aus der Welt des tatsächlichen Verbrechens eine neue Literaturgattung, die hard-boiled Kriminalfiktion, mitentwickelt. Seine stoische Gelassenheit bis hin zur aktiven Missachtung seiner körperlichen Schwäche sind nicht *nur* Attitüde und Selbstheroisierung, sondern gleichzeitig auch Selbstdisziplin und Stärke gegenüber seinem früh ruinierten Körper.

Da er selbst Verletzungen gewohnt ist und mit ihnen stets rechnet, nimmt er sich das Recht, auch andere zu verletzen, wenn er es für nötig hält. Die Repressionen der McCarthy-Ära und die – vermutlich dadurch ausgelöste – finanzielle Vernichtung seiner Lebensgrundlagen bestärken ihn in dieser Haltung, lassen ihn aber anscheinend diese Zeit auch psychisch aufrecht überstehen – als moralischer einsamer Held.

1.2 MARGARET MEAD (1901–1978)
UND GREGORY BATESON (1904–1980)

Als die Amerikanerin Margaret Mead und der Engländer Gregory Bateson 1932 im Tropenwald von Neuguinea aufeinandertreffen, unterscheiden auch diese beiden sich in Lebensgeschichte und persönlichem Stil ganz erheblich voneinander. Margaret Mead ist 31 Jahre jung, auf ihrer dritten ausgedehnten Feldforschungsreise im Pazifischen Raum, in den USA bereits als Buchautorin von zwei Bestsellern über Jugendsexualität und Kindererziehung renommiert und finanziell erfolgreich. Sie ist in Begleitung ihres zweiten Ehemannes Reo Fortune, eines neuseeländischen Anthropologen, der extrem ehrgeizig und eifersüchtig ist.

Gregory Bateson ist erst 28, Junggeselle, hat Zoologie studiert und ist seit einigen Jahren zur Anthropologie gewechselt. Er hat schon einen Feldforschungsaufenthalt in Neuguinea hinter sich, aber außer „zwei mageren Veröffentlichungen" noch nichts vorzuweisen und „kein klares Konzept davon, was er als Anthropologe eigentlich wollte" (Bateson 1986, S. 18). Beide werden die nächsten 15 Jahre ihres Lebens (1932–1947) in engem privaten und wissenschaftlichem Kontakt verbringen – die meiste Zeit davon auch miteinander verheiratet (1935–1950), eine gemeinsame Tochter haben und auf unterschiedlichen Wissenschaftsgebieten neue Erkenntnisse und neue Maßstäbe setzen und sich bis an ihr Lebensende kollegial verbunden bleiben.

Zunächst sind 1932 alle drei, Margaret Mead, ihr Mann und Gregory Bateson begeistert, nach Monaten erschöpfender Isolation und Datensammlung im Urwald ihre Beobachtungen und Hypothesen tage- und nächtelang miteinander diskutieren zu können. Der Ehemann – diesmal ist seine Eifersucht berechtigt – klinkt sich aus den Diskussionen um die neuen Ideen über Geschlecht, Kultur und Temperamentstypen bald aus. Die nun enthusiastisch entwickelten gemeinsamen Ideen über die *kulturelle* Formung von Geschlechtercharakteren (gerade gegenüber den damals herrschenden Vorstellungen universell männlicher und weiblicher Eigenschaften nach westlichem Muster) führen 1935 zu Mead's drittem und bis heute noch immer einflussreichen Buch „Geschlecht und Temperament in drei primitiven Gesellschaften" und 1936 zu Bateson's erstem eigenen Buch „Naven" über seine Arbeiten bei den Iatmul in Neuguinea. Die inspirierende Zusammenarbeit beflügelt beide zu gemeinsamen Zukunftsplänen und gemeinsamen Forschungsprojekten. Nach ihrer Heirat 1935 in New York – es ist ihre dritte und letzte Ehe, bei ihm die erste von insgesamt ebenfalls dreien – brechen sie 1936 zu einem gemeinsamen Forschungsprojekt nach Bali auf, wo sie neue Methoden der Feldforschung entwickeln: systematische Foto- und Filmaufnahmen von Festen, Ritualen, Tänzen, kombiniert mit minutiösen schriftlichen Beobachtungen, was eine völlig neue Art von wissenschaftlicher Dokumentation und Interpretation erlaubt. Margaret macht fortlaufende schriftliche Notizen, Gregory macht an die 25.000 Fotos; ihre wissenschaftliche Zusammenarbeit ist äußerst intensiv. Beide werden diese Zeit später als die glücklichste und fruchtbarste ihres Lebens bezeichnen. Es entsteht daraus ihr einziges gemeinsames Buch „Balinese Character" (1962).

Bei ihrer Rückkehr 1939 in die USA ist Margaret schwanger; Gregory muss wegen des Kriegsausbruchs als Engländer nach Großbritannien zurück. Weil er bei der Geburt des gemeinsamen Kindes nicht dabei sein kann, lässt Margaret die Geburt filmen – ein damals unglaublicher und für die prüden USA auch skandalöser Vorgang. Auch die weitere Entwicklung der gemeinsamen Tochter wird in den folgenden Jahren mit ständigen Foto- und Filmaufnahmen zur bestdokumentierten Kindheit in den USA. Margaret Mead hat den Ehrgeiz, ihre aus dem Kontakt mit nichteuropäischen Kulturen entwickelten Vorstellungen über moderne und sanfte Kindererziehung und -versorgung (Stillen auf Verlangen, Körperkontakt mit dem Baby) handfest zu ‚beweisen'.

Gregory ist wegen seines Kriegseinsatzes in den nächsten Jahren überwiegend abwesend, trotzdem versucht Margaret in den ersten zwei Lebensjahren ihrer kleinen Tochter so etwas wie einen gemeinsamen Haushalt zu organisieren. Sie ist wegen ihrer Arbeit am New York Museum of Natural History, zahlreichen Kongress- und Vortragsreisen ebenso häufig abwesend und bewältigt die Haushalts- und Kinderversorgung mit Hilfe von Freundinnen und Kindermädchen. Sie ist aufgrund ihrer Bücher wohlhabend und kann sich Personal leisten. 1942 kommt sie auf die grandiose Idee, mit einem befreundeten Wissenschaftler und seiner Familie zusammenzuziehen. Diese Lösung wird von allen als ideal empfunden: Die Tochter ist nie allein und hat gleichaltrige Geschwister; Vorstellungen über moderne und fördernde Kindererziehung werden von allen geteilt.

Als Gregory Bateson nach Kriegsende dauerhaft zurückkommt, kommt es zu einer zunehmenden Entfremdung zwischen beiden. Er ist deprimiert wegen seiner Ineffektivität und Nutzlosigkeit während des Krieges, er hat keine Vorstellungen, was er beruflich machen könnte, fängt ein Verhältnis mit einer Tänzerin an sowie auf Margarets Anraten eine psychoanalytische Behandlung. Ihre unterschiedlichen Temperamente, Fähigkeiten und Erfahrungen wirken sich jetzt kontraproduktiv aus. Margaret Mead ist voller Elan, Ideen und Optimismus. Sie ist gewöhnt, Probleme für lösbar zu halten; sie hat ein nie erlahmendes Interesse an Menschen, Freundschaften, neuen Erfahrungen. Sie ist überzeugt vom Wert ihrer eigenen Arbeit (Bateson, 1986 S. 207/210). Sie organisiert erfolgreich Forschungsgelder, Forschungsreisen, wissenschaftliche Kongresse, familiäre Arrangements, fördert Studenten und jüngere Wissenschaftler. Sie schätzt und respektiert ihre eigene amerikanische Kultur als eine ‚reiche' Kultur, deren Wahlmöglichkeiten sie faszinierend findet. Sie lebt in einem Netzwerk von Frauenfreundschaften, in das sie investiert, von dem sie andererseits auch getragen wird – gerade auch in der Erziehungsarbeit ihrer Tochter, die nach der Scheidung bei ihr bleibt.

Gregory zieht 1947 aus der Großfamilie aus und geht 1949 ganz weg nach Kalifornien. Er ist in seinem Temperament eher bedächtig, zögerlich, kann sich zwischen seinen unterschiedlichen Interessens- und Wissensgebieten nicht entscheiden. Seine eigene Unzufriedenheit und Handlungsunfähigkeit übersetzt er in eine Rundumkritik an der amerikanischen Kultur. Seine Einstellung gesellschaftlichen Problemen gegenüber ist zutiefst fatalistisch. Er hat einen „Horror vor der Anstrengung des Problemlösens", egal ob es um medizinische oder politische Probleme geht (Bateson, S. 209) und hält die Anwendung von Sozialwissenschaften eher für schädlich (S. 209). Wissenschaftlich interessieren ihn eher abstrakte Erkenntnisse und Ideen und deren ‚amoralische Eleganz' (S. 167), nicht deren konkrete Bezüge. In Kalifornien vertieft er sich in das Studium der Kommunikation, der Schizophrenie und der Familientherapie. Hier entwickelt er zusammen mit der Forschergruppe in Palo Alto die These von der gestörten Familienkommunikation als Ursache für die Entstehung von Schizophrenie. Die These vom ‚Double bind' als verzerrten und doppelt-widersprüchlichen Botschaften, die abhängige Familienmitglieder im wahrsten Sinne des Wortes ‚verrückt' machen können, wird mit seinem Namen verbunden. 1950 geht er eine zweite Ehe ein, die ihm außer neuen Kindern auch weitere finanzielle und emotionale Schwierigkeiten bringt; er muss sich mit Stipendien über Wasser halten, kann seine Schizophrenieforschung endlich abschließen, die Ehe wird wieder geschieden.

1960 heiratet er zum dritten Mal und widmet sich der Delphinforschung in der Karibik. Er versucht zunehmend, seine verschiedenen Wissens- und Interessengebiete in einen größeren Rahmen von Kommunikationstheorie, Kybernetik und Ökologie zu stellen. Ende der 60er, Anfang der 70er Jahre wird er immer stärker zum Spiritus Rector einer Gegenkultur, die sich um die Probleme eines drohenden Atomkriegs und der zunehmenden globalen Umweltzerstörung kristallisiert. Er schreibt zu diesen Themen einige sehr erfolgreiche Bücher und wird zu einer Art international gefragtem ‚Guru' der New-Age-Bewegung.

Margaret Mead nimmt erst ab 1953 wieder ihre Feldforschungen auf, zu denen sie nun auch ihre Tochter mitnimmt. In den 50er Jahren ist sie auf dem Höhepunkt ihres internationalen Ruhms, während Gregory Bateson zu diesem Zeitpunkt erst einem kleinen Kreis von Insidern ein Begriff ist. Bis zum letzten Atemzug unternimmt und plant sie Reisen, ihr anthropologisch-wissenschaftliches Engagement hat sie längst auch weltweit in politisches Engagement umgewandelt.

1.2.1 Neue Geschlechterarrangements und ihr Nutzen

In ihrer fruchtbaren Zusammenarbeit in der anthropologischen Feldforschung – erst in Neuguinea, dann auf Bali – ist Margaret Mead die Erfahrenere von beiden, liefert Hintergrund und Struktur für den Umgang mit der gesammelten Datenfülle, der Gregory sich hilflos gegenübersieht. Beide regen sich gegenseitig zu Hypothesenbildung, neuen Fragen, Ideen und Forschungsmethoden an und klären in intensiven Diskussionen wechselweise ihre Gedanken. Das Neue ihres Geschlechterarrangements – als Forscher-Paar, als Ehepaar – besteht in gleichberechtigtem Gedankenaustausch, arbeitsteiliger Datensammlung und in teils gemeinsamen, teils parallelen Veröffentlichungen. Die Gleichberechtigung ihres Arbeits- und Publikationsprozesses beruht womöglich gerade auf Margarets Vorsprung an Erfahrung und Wissen, der für die praktizierte Kollegialität zwischen Mann und Frau eine Grundlage liefert, weil es auf der Seite des drei Jahre jüngeren Mannes keinerlei Überlegenheit an Erfahrung und Renommee gibt, die auszunutzen er in Versuchung kommen könnte.

Das von Margaret Mead ab der Geburt der Tochter geschaffene Arrangement der Kinderbetreuung und der Haushaltsführung geht auf ihr Organisationstalent und ihre finanziellen Mittel zurück. Es entlastet ihn als *Vater* in der *herkömmlichen* Weise, sie als *Mutter* aber in einer *neuen*, und für ihre Berufsausübung *produktiven* Weise: Sie kann weiter ihren Forschungs- und Publikationsinteressen nachgehen, beruflich wie öffentlich erfolgreich arbeiten und gleichzeitig ihre Vorstellungen von moderner Kindererziehung unter Beweis stellen. Auch Gregory Bateson profitiert bis zum Ende des Krieges davon.

1.2.2 Bewältigungsstrategien und ihre Kosten

Margaret Mead's Überschreitungen der weiblichen Rollengrenzen wie ihre wissenschaftlichen Tabubrüche bleiben innerhalb bestimmter, für ihre eigene Kultur gerade noch erträglicher Grenzen: es sind Tabubrüche im thematischen Rahmen von Kindererziehung, Pubertät, Geburt und Familienführung; ihre Tabubrüche in Sachen Sexualität werden nur in Gestalt entfernter und glücklicher Südseevölker publizistisch vorgeführt – nicht an der eigenen Person oder an amerikanischen Jugendlichen. Sie achtet lebenslang strikt auf äußerste Diskretion ihrer eigenen bisexuellen Beziehungen, um das Ansehen ihrer Person und damit die Glaubwürdigkeit und die Akzeptanz ihres Werkes nicht zu gefährden. Eine im prüden und bigotten Amerika äußerst weitsichtige Entscheidung, die das Ausmaß des ihren Mitmenschen Zumutbaren auf eine noch akzeptable Dosis eintariert.

Gregory Bateson bekommt offensichtliche Probleme nach der durch die Kriegsteilnahme erzwungenen Forschungspause. Obwohl weder verwundet noch direkt traumatisiert, findet er hinterher keinen Anschluss an das Interesse für das, was er bis 1939 gemacht hatte – die Kulturanthropologie. Obwohl er viele ausgesprochen ‚nicht-männliche' Qualitäten hat (Offenheit für divergente, nicht an Disziplinen klebende wissenschaftliche Fragen, Mut zu Langsamkeit, Abwarten von Entwicklungen, wenig Berechnung bezüglich der Karriereträchtigkeit von Themen), scheint er nicht glücklich mit diesen Fähigkeiten: weil sie keinen direkten schnellen Erfolg zeitigen, weil sie gegen die gesellschaftlichen Karriereerwartungen an ihn verstoßen, und weil sie ihn – neben seiner aktiven, berühmten und erfolgreichen Partnerin – vergleichsweise farblos dastehen lassen.

Dass Bateson bestimmte männliche Geschlechterstereotypen nicht erfüllt, ist kein Problem, solange er in einer fremden, nicht-westlichen Kultur mit einer intelligenten, komplementär strukturierten Frau zusammenlebt und -forscht. Hier sind es seine *menschlichen* Qualitäten, die gefragt sind und nicht die westlich-männlichen von Rang, Status, finanziellem (und womöglich auch noch soldatischem) Erfolg. In dieser Zeit ist sein offensichtliches Nicht-Machotum – vor allem im Vergleich zu Margarets zweitem Ehemann – auch für ihn selbst ein großes wissenschaftliches wie menschliches Plus. Nach seiner Rückkehr in die amerikanische Zivilisation wird er mit der Nase auf die Nichterfüllung der gesellschaftlichen Erwartungen an ihn gestoßen. Das ihn zuvor faszinierende und seiner Eigenart so förderliche und komplementäre Temperament seiner Frau geht ihm nun, als über 40jährigem Familienvater ohne festes Berufs- und Karriereziel, auf die Nerven. Vor der Folie ihrer Zielstrebigkeit und Effizienz sieht er um so stärker seine eigene Ziel- und Entschlusslosigkeit; zusätzlich geraten seine Schwierigkeiten mit der Selbstfindung in Konflikt mit den Normen und Erwartungen seiner eigenen Herkunftsfamilie – seines fordernden, intellektuellen Vaters und seiner besitzergreifenden, manipulativen Mutter. Er entspricht nicht den Erwartungen seiner Eltern an den übriggebliebenen einzigen Sohn, er entspricht nicht seinem eigenen Bild von einem erfolgreichen Soldaten im Krieg, er entspricht nicht seinen eigenen Hoffnungen auf eine zielstrebige wissenschaftliche Laufbahn für einen begabten und gut ausgebildeten Wissenschaftler. Zunehmend vermengt er in seiner Wahrnehmung die belasteten Beziehungen zu seiner Mutter mit denen zu seiner erfolgreichen Frau.

Es wird deutlich, dass beide Partner unterschiedliche Bewältigungsstrategien bei ihren (familiären) Schwierigkeiten einsetzen, die eine jeweils eigene Mischung aus geschlechtsrollenkonformen und -nonkonformen Anteilen aufweisen. Mead übernimmt (zusätzliche) Verantwortung und mobilisiert ihr soziales und wissenschaftliches Know-how; Bateson bricht aus seiner Verantwortung und aus den ihn (über-) fordernden Bindungen aus. Seine Strategie, den für ihn unerträglichen Widerspruch zu lösen, scheint der Rückgriff auf seine Qualitäten als männlicher Liebhaber und auf die Destruktion seiner bestehenden Partnerschaft zu sein. Er verlässt die bisherigen Ressourcennetze und beginnt ein neues Leben, neue Ehen mit jüngeren, unambitionierten Frauen, d.h. Unterfangen, die auf den ersten Blick keine Gemeinsamkeiten mit den bisherigen haben. Er greift also auf kulturell bereitliegende Angebote männlicher Problemlösestrategien zurück – nur sind es ausgerechnet jene der männlichen Rolle, die das auslösende Problem überhaupt erst geschaffen hatten. Diese Strategie verlangt noch viel stärker als zuvor nach dem großen, einsamen Genie, das alles in einem einzigen Befreiungsschlag überwinden kann – was ihm gerade nicht gelingt und ihn somit weiterhin unzufrieden und fatalistisch gegenüber seinem Leben hält. So ist er weder sofort, noch die nächsten 20 Jahre genügend erfolgreich, um seine neuen Familien ernähren zu können, noch um die erhoffte wissenschaftliche und öffentliche Anerkennung zu finden. Die Früchte seiner Arbeit wird er erst viel später ernten.

Beide benutzen also bereitliegende Geschlechterstrategien; Margaret Mead verweigert und überschreitet die ihren aber teilweise, vor allem weitet sie sie zugunsten ihrer Person und ihrer Arbeit aus. Sie handhabt das Ausmaß ihrer Überschreitung diplomatisch und behält genügend weiblich konnotierte Qualitäten aus voller Überzeugung bei, wobei ihr wissenschaftlicher und publizistischer Erfolg sie in Ausmaß und Qualität ihrer Überschreitungen gleichzeitig legitimiert.

Gregory Bateson's unkonventionelle, wenig planend-berechnende und wenig konkurrente Einstellungen bringen ihm als überdurchschnittlich vielseitig gebildetem Mann keine direkte Anerkennung. Zwar befähigen und motivieren ihn die eigenen Erfahrungen aus seiner belasteten Herkunftsfamilie – unter Anwendung seines interdisziplinären Wissens –, in der Psychiatrieforschung Dinge zu entdecken, die konventionellen Fachleuten bislang verborgen geblieben waren. Dies führt allerdings nicht dazu, dass er eine der Quellen dieses Leidens, die rigiden gesellschaftlichen Männlichkeitsklischees, durchschaut.

Erst im Alter, nach positiven wie auch sehr negativen Erfahrungen mit hochkonkurrenten männlichen Kollegen in Palo Alto, kann Gregory sich die Gelassenheit eines nonkonformen Mannes leisten – einer Nonkonformität, die nun aber mittlerweile im Trend liegt – und sie aktiv für sein Werk kultivieren. Dies ist seine *eigene* späte Leistung (und die der begünstigenden Zeitläufe), nicht eine aus der aktiven Auseinandersetzung mit seiner kongenialen Partnerin entstandene.

Die Kosten für beide sind hoch, die sie für ihre Rollen-Unkonventionalität und Konfliktbewältigungsstrategien bezahlen. Der Preis, den Margaret zahlt, ist der Verlust von Gregory als Geliebtem, Partner und Vertrauten – was sie zeitlebens bedauert. Das hindert sie zwar nicht an neuen Liebesbeziehungen, jedoch geht sie keine neue Ehe mehr ein. Der Preis, den er für unkonventionelles Verhalten zahlt, ist das Ausbleiben einer stromlinienförmig erfolgreichen Karriere, der selbstgewählte Verzicht auf Förderung und komplementäre Partnerschaft mit Margaret Mead. Der Bruch der Partnerschaft und der trotzdem ausbleibende Erfolg vertiefen noch seinen Fatalismus und seine Resignation über lange Jahre hinweg. Heiterkeit und Gelassenheit stellen sich erst im Alter ein und scheinen keinen Zusammenhang mehr mit dem Verlassen der Partnerschaft zu haben. Sie scheinen vielmehr die Folge wachsender Resonanz und Anerkennung seiner kybernetischen und ökologischen Theoriebildung bei einer ihn verehrenden Anhängerschaft zu sein, die zu faszinieren er im späten Alter in der Lage ist.

1.2.3 Ressourcen

Es scheint, als ob Margaret Mead – gefördert in ihrer Entfaltung durch ein enorm anregendes und liberales Klima im Elternhaus und ausgestattet mit einem vor Aktionismus sprühenden Temperament – die für sie positiven Seiten der kulturellen westlichen Frauenrolle in vollen Zügen ausgeschöpft hat: Ausgedehnte Freundschaftsnetzwerke, intensive lebenslange Frauenbeziehungen, umfangreiche Kontakt- und Freundschaftspflege. Gleichzeitig hat sie grenzüberschreitend viele Territorien eines männlich konnotierten Lebensmusters für sich erobert: Wissenschaftliche Ausbildung und Arbeit, Auslandsaufenthalte, innovative Forschungen, Bereitstellung von Forschungsgeldern, Kontakten, Publikationsmöglichkeiten, Vermarktung ihrer Arbeiten im kommerziellen wie im aufklärerischen Sinne.

Margaret Mead nutzt ihre ‚Macht' für den Erhalt des von ihr geschaffenen sozialen Musters/Struktur. Ihre (dritte) Partnerschaft lässt sich jedoch durch diese bewährte Strategie nicht retten. Gregory Bateson nutzt seine ‚Macht' lediglich dazu, eine für ihn unerträgliche Situation zu beenden und seiner Partnerin die Grenzen ihrer Macht zu zeigen.

Die Quellen ihrer Stärke sind: Herkunft, Temperament, Mut, Unkonventionalität und Flexibilität, Gespür für Zeitgeist-Themen und die Fähigkeit sie zu formulieren, des weiteren ihre finanzielle Unabhängigkeit, ihr Interesse und ihre Leidenschaft für soziale und wissenschaftliche Netzwerke.

Seine Ressourcen sind demgegenüber zwiespältig: Seine Herkunft aus der patriarchal-disziplinierten britischen Bildungselite, die Auseinandersetzung mit hohen und rigiden elterlichen Anforderungen und Kontrollversuchen, ein ungewöhnlich breites disziplinübergreifendes akademisches Wissen, Offenheit und Sensibilität für neue Perspektiven bis hin zur eigenen Richtungslosigkeit und Handlungsunwilligkeit, Freude an der Erstellung abstrakter theoretischer Gebäude, Kritikfähigkeit der amerikanischen Kultur, Respektlosigkeit gegenüber der Erfüllung vieler oberflächlicher Erwartungen und Etiketten, Übertragung autobiographischer Sensibilitäten auf die Analyse zerstörerischer und krankmachender Kommunikationsformen, später auch die sehr patriarchal anmutende unbedenkliche Nutzung weiblicher Liebe und Kraft (vor allem seiner erwachsenen Tochter und seiner jüngeren Ehefrauen) für die Ausarbeitung seiner eigenen Ideen und Bücher. Seine Ressourcen im Alter bestehen in der Unterstützung und Bewunderung durch seine Anhänger und Schüler.

1.3 ÜBERGREIFENDE MUSTER

1.3.1 Motive für die Auflösung der kreativen Beziehung

Die Gründe für die Auflösung oder Distanzierung einer ehemals engen produktiven Beziehung liegen in dieser Art Partnerschaften offensichtlich in den Problemen des *männlichen* Partners: Er hat bzw. er macht Schwierigkeiten. Die Frauen würden die Partnerschaft gerne aufrechterhalten. Obwohl die Männer zunächst vom Temperament und den Fähigkeiten ihrer Partnerin fasziniert sind und davon persönlich – sozial wie in ihrer eigenen Produktivität – profitieren, scheinen sie die kreative und sie anregende/unterstützende Frau an ihrer Seite nicht dauerhaft auszuhalten, jedenfalls nicht, wenn sie sich gleichzeitig als Mann in einer patriarchal polarisierenden Umgebung bewegen und bewähren müssen. Dass sie nach der ersten Euphorie sich unglücklich/unbehaglich fühlen, ist evident. Dabei ist nicht akribisch unterscheidbar, ob ‚er' jeweils unglücklich ist, weil er

a) im Vergleich zu ihr weniger/nicht erfolgreich ist, oder weil er
b) nicht so erfolgreich ist, wie er mal gewesen ist, bzw. meint, es seinen eigenen Ambitionen gemäß sein zu müssen, oder weil er
c) nicht so erfolgreich ist wie andere Männer, bzw. wie er glaubt, dass andere (Männer) es von ihm als Wissenschaftler oder Künstler erwarten.

1.3.2 Lösungsmuster für die Dissonanzbewältigung

Der unglücklich leidende *Mann* ergreift die Initiative: Er wendet *seine* Schwierigkeiten an erster Stelle gegen die Partnerin, an zweiter Stelle auch gegen sich selbst. Beides geschieht unter Benutzung des bereitliegenden männlichen Rollenklischees der westlichen Gesellschaft. Erstens: die Partnerin wird verletzt und/oder verlassen. Dies geschieht in der dem männlichen Renommee zuträglichen Form des Ehebruchs, des sexuellen Fremdgehens, des Verlassens, der Scheidung. Zweitens werden weitere für Männer bereitliegende Stilisierungen genutzt: Die eigenen Männlichkeiten werden nun verstärkt auf anderen Ebenen als den zuvor erfolgreichen aktiviert: Sei es durch den sozialen wie beruflichen Befreiungsschlag, durch einsamen Neuanfang auf einem ganz anderen Gebiet, sei es durch Rückzug aus dem gemeinsamen Freundeskreis und aus der Öffentlichkeit, durch kleine Fluchten (Affären, Alkohol) und/oder durch Stilisierung der eigenen Person als geheimnisvoll, unnahbar, genial bzw. als hart, stolz und zynisch, oder als Guru einer Bewegung. Die Frauen, die keineswegs glücklich sind über diese ihnen aufgezwungene ‚Lösung' und die deren Notwendigkeit auch nicht einsehen, versuchen ihrerseits mit ihren Mitteln damit umzugehen: Verletzungen auszuhalten; resigniert bis ungerührt andere Frauen zu akzeptieren; den totalen Bruch der Beziehung zu vermeiden; Versuche, verbindende Stränge auf einer anderen Ebene aufrechtzuerhalten: wie geteilte Elternschaft, berufliche Förderung, Festhalten an verbleibenden Interessen. Sie kultivieren andere Freundschaften, vor allem Frauenfreundschaften, gehen auch neue Liebesbeziehungen ein. Vor allem bleiben sie lebenslang bei *seinen* Schwierigkeiten mit aktiven Hilfeangeboten präsent. Sie setzen gleichzeitig aber ihre eigene erfolgreiche Arbeit fort und sind damit glücklich. Aus diesen unterschiedlichen Reaktionen ergibt sich ein merkwürdiges

17. Kreative Paare in Kunst und Wissenschaft

Muster von *weiblicher Bindung* (bei aller Selbständigkeit) und *männlicher Abgrenzung* (trotz aller Abhängigkeit). Die demonstrative Unabhängigkeit der Männer bringt diesen keineswegs den gleichen Erfolg wie die vorherige Zusammenarbeit. Der Rückzug aus der produktiven Beziehung schädigt erstaunlicherweise nicht die Produktivität der verletzten Partnerin, sondern vielmehr den gerade um seine Kreativität und Produktivität strampelnden Mann. Zusätzlich lässt sich feststellen, dass diese Männer trotzdem lebenslang auf die Unterstützung von Frauen angewiesen bleiben, sei es auf die Frau aus dieser ehemals kreativen Partnerschaft, sei es auf neue Frauen (Ehefrauen, Töchter, Haushälterinnen). Die weiblichen Partner scheinen demgegenüber nicht in einem auch nur annähernd vergleichbaren Maß (nochmals) zu einem männlichen Partner je wieder in eine engere oder sich austauschende Beziehung zu treten.

2. KREATIVE PAARE MIT AUSBALANCIERTEN ERFOLGEN

2.1 MARIE SKLODOWSKA CURIE (1867–1934) UND PIERRE CURIE (1859–1906)

Als die Polin Maria Sklodowska 1894 mit 26 Jahren in Paris dem in Fachkreisen schon renommierten Physiker Pierre Curie begegnet, haben die beiden 11 Jahre intensiven, gemeinsamen wissenschaftlichen Forschens und geteilten internationalen Erfolgs *vor* sich, aber Maria hat ihrerseits bereits eine für eine junge Frau ihrer Zeit außergewöhnliche Biographie *hinter* sich. Sie stammt aus einer urbanen intellektuellen Familie Warschaus, der Vater ist Physiklehrer, die Mutter war Leiterin eines Mädchenpensionats. Sie hat glänzende Schulabschlüsse vorzuweisen, spricht mehrere Sprachen, hat schon sechs Jahre als Gouvernante gearbeitet, um Geld für das Studium ihrer älteren Schwester und für ihr eigenes zu verdienen, und sie hat in den letzten drei Jahren ihrer Studienzeit an der Sorbonne nicht nur ihr Diplom (Lizenziat) in Physik (1893), sondern gerade auch noch das in Mathematik (1894) abgelegt. Seit einem Jahr hat sie ein Stipendium, das sie von den schlimmsten Zumutungen unzureichender Mahlzeiten und kalter Mansardenzimmer befreit. Ihr familiärer Hintergrund ist aufgeklärt-liberal, die Töchter hatten die gleiche schulische Förderung und Bildung wie der Sohn erhalten; die Lebensbedingungen ihrer Familie waren durch sehr knappe Mittel, aber durch ein reiches und anregendes Lernklima gekennzeichnet. Selbst innerhalb dieser intellektuellen Herkunfts-Familie war die jüngste Tochter Maria durch ihre unglaubliche Auffassungs- und Lerngeschwindigkeit und durch überragende Intelligenz aufgefallen.

Der acht Jahre ältere Pierre Curie hat seinerseits eine anspruchsvolle und bemerkenswerte Erziehung genossen. Sein Vater ist Arzt, teilt die progressiven Einstellungen der Pariser Kommune von 1848 und hat dafür gesorgt, dass sein begabter Sohn bis zu seinem 17. Lebensjahr Privatunterricht erhielt, damit er nicht durch das rigide französische Schulcurriculum verbogen wurde. Die Familie steht den Freidenkern nahe und zeichnet sich durch ein ausgeprägtes soziales Gewissen aus. Pierres naturwissenschaftliche Ausbildung wurzelt in einer Familientradition des gemeinsamen Arbeitens und Forschens mit seinem Vater und mit seinem älteren Bruder Jacques. Beide Brüder haben einige Jahre als Forschungsassistenten an der Sorbonne eng zusammengearbeitet und sich mit ihren Forschungen zur Physik der Kristalle und der Entdeckung sowie Messung der Piezoelektrik einen Namen gemacht. Zur Zeit ist Pierre Leiter des Labors an einer Fachhochschule für industrielle Chemie und Physik in Paris. Er arbeitet an seiner Doktorarbeit über Magnetismus. Pierre Curie ist ein langsamer, gründlicher und völlig unehrgeiziger Wissenschaftler, der die Dinge um ihrer selbst willen erforscht, ohne jedes persönliche Streben nach Ruhm, Anerkennung und beruflichem Vorteil. Er hasst Konkurrenz und Hektik und kann unter Zeitdruck nicht gut arbeiten – Eigenschaften, die seine Eltern schon früh erkannten und ihm das autoritäre französische Schulsystem ersparten. Sein Ideal ist die vertraute wissenschaftliche Kooperation mit seinem Bruder, wo eine perfekte persönliche Harmonie die gemeinsame Konzentration auf das Wesentliche ermöglichte. Mit diesem Hintergrund als Ausgangskonstellation ist es erklärlich, dass er in Maria die potentielle Partnerin mit gleich starken wissenschaftlichen Interessen und Fähigkeiten wahrnimmt, mit der er sein ‚familiales' Modell des wissenschaftlichen Arbeitens im Labor fortführen kann, ohne sich den karrieristischen und konkurrenten Strukturen an den Forschungslaboratorien der Universität unterwerfen zu müssen.

Nachdem beide ihre gemeinsamen Interessen und Neigungen festgestellt haben, heiraten sie nach einem Jahr und profitieren nun von ihren komplementären Fähigkeiten. Während Pierre der ältere, erfahrene und in der Physik schon bekannte Forscher ist, so ist er doch für eine seinen Fähigkeiten entsprechende wissenschaftliche Karriere schlecht gerüstet, da er ein so bedächtiger und skrupulöser Forscher ist, der sich weder um Beziehungen zu einflussreichen Kollegen, noch um schnelle und wirkungsvolle Publikationen seiner Experimente kümmert. Er geht alles vorsichtig und zurückhaltend an, viele seiner Forschungsexperimente schreibt er überhaupt nicht auf und ist auch völlig leidenschaftslos, ob ihm jemand mit einer Hypothese oder einem Ergebnis zuvorkommt. Dagegen ist Marie Curie, wie sie nun heißt, von schneller und entschlussfreudiger Arbeitsauffassung, sie hat ein Interesse daran, für die Originalität ihrer Arbeit anerkannt zu werden und Schlussfolgerungen aus ihren Forschungsarbeiten auch dann schon öffentlich zur Diskussion zu stellen, wenn sie noch den Status von Hypothesen haben und noch weiter untersucht werden müssen. Die diversen Biographien über Pierre und Marie sind sich darüber einig, dass genau diese glückliche und komplementäre Kombination ihrer Energien und Temperamente – außer ihren außerordentlichen wissenschaftlichen Fähigkeiten – eine der zentralen Voraussetzungen für ihren ungewöhnlichen gemeinsamen Erfolg war.

Marie Curie wählt 1897 ein in der Naturwissenschaft nur wenig beachtetes Phänomen zum Thema ihrer Doktorarbeit: die von Henri Becquerel ein Jahr zuvor entdeckten Strahlen, die von Uranverbindungen ausgehen. Dieses Phänomen wird später die von ihr vorgeschlagene Bezeichnung „Radioaktivität" tragen. Sie untersucht verschiedene andere Metalle und Mineralien auf ihre Strahlungseigenschaften und kommt zu der Hypothese, dass diese Strahlen auf die atomaren Eigenschaften eines dem Uran beigemengten, unbekannten Elements zurückgehen. Im selben Jahr 1897 wird auch ihre Tochter Irene geboren. Ab 1898 ist auch Pierre so fasziniert von dem neuen, bislang wenig beachteten Phänomen, dass er seine Arbeiten über Kristalle beiseite legt, und beide nun gemeinsam im Labor die Radioaktivität erforschen und Stück für Stück deren Geheimnis lüften. Sie entdecken die strahlenden Elemente Polonium und Radium (1898); Marie entwickelt eine eigene Technik zur Messung der Intensität radioaktiver Strahlung.1902 gelingt ihnen der Nachweis der Existenz des Elements Radium auf solider chemischer Grundlage.

Beide verfolgen von Anfang ihrer gemeinsamen Arbeiten an eine erstaunlich faire Veröffentlichungspolitik ihrer wissenschaftlichen Erkenntnisse: Es wird in gemeinsamen wie auch in Einzelveröffentlichungen stets klar gemacht, welche Idee, welche experimentelle Prüfung, welche Schlussfolgerung und weiterführende Hypothese von wem stammt. Sie entwickeln ein gegenseitiges Zitationssystem, das nicht nur fair und anerkennend gegeneinander ist, sondern auch gegenüber ihren inzwischen hinzugekommenen Mitarbeitern. Dies ist für die damalige Zeit extrem untypisch, da Leistungen von Ehefrauen auf wissenschaftlichem wie künstlerischem Gebiet nicht nur für unwahrscheinlich bis unmöglich gehalten werden, sondern – falls vorhanden – in der Regel unter dem Namen des Mannes erscheinen.

Ab 1900 ist Pierre Curie endlich Assistenzprofessor an der Sorbonne; 1903 besteht Marie Curie ihre Doktorprüfung über das von ihr gewählte und so erfolgreich bearbeitete Thema der Radioaktivität. Im selben Jahr bekommen beide, zusammen mit ihrem Kollegen Henri Becquerel, den Nobelpreis in Physik für ihre Entdeckungen zur Radioaktivität verliehen. 1904 wird die zweite Tochter Eve geboren und Pierre erhält den ersehnten Lehrstuhl für Physik an der Sorbonne. 1906 erhält er eine volle Professur und Marie wird – immerhin – die Direktorin (Chef des Travaux) des Labors ihres Mannes, was ihr erlaubt, an seiner Seite im Labor tätig zu sein – ein Zustand, den sie beide schon vorher, allerdings unter wesentlich bescheideneren Bedingungen, an Pierres Schule hatten durchsetzen können.

Im selben Jahr 1906 verunglückt Pierre Curie tödlich. Marie lehnt die ihr von der Sorbonne angebotene Witwenrente ab und macht deutlich, dass sie viel eher an der Weiterführung der mit ihrem Mann betriebenen Arbeit interessiert ist. Der französische Staat ringt sich – nach zusätzlicher Fürsprache durch etliche renommierte Wissenschaftler und aus Angst, seine international führende wissenschaftliche Reputation zu verlieren – dazu durch, Marie Curie mit der Vertretung der Professur ihres Mannes zu betrauen und, zwei Jahre später (1908), sie zur Professorin für dieses Gebiet zu ernennen. 1911 gelingt Marie Curie der Nachweis von Radium als Metall, und damit als wahres chemisches Element; 1911 erhält sie als erste Person überhaupt einen zweiten Nobelpreis, diesmal für Chemie. Im gleichen Jahr wird ihr Antrag auf Aufnahme in die französische Akademie der Wissenschaften abgelehnt.

Ihr weiteres Leben ist durch große internationale Anerkennung ihrer Arbeiten gekennzeichnet, vor allem jetzt auch als unabhängige Wissenschaftlerin aus eigener Kraft. Trotzdem bleibt ihre Lebensgeschichte voll von Versuchen männlicher Wissenschaftler, Journalisten und Biographen, ihre Leistungen herabzusetzen – vorzugsweise im Vergleich zu denen ihres früh verstorbenen Mannes. Als sie 1911 den zweiten Nobelpreis bekommt, ist die Welt auch voller Neider. Ein der Presse zugespielter Briefwechsel mit einem Schüler ihres Mannes (Paul Langevin) führt nicht nur dazu, dass diese angebliche Liebesbeziehung öffentlich skandalisiert wird, sondern es wird nun von einigen der ‚Beweis' als erbracht gesehen, dass die ihr zugeschriebenen Leistungen stets nur im Schatten und auf Initiative eines männlichen Partners stattfinden konnten. Diese boshafte Zuschreibung konnte sich zwar wegen der eindeutigen Veröffentlichungsnachweise nicht durchsetzen, hinterließ aber Spuren in Form von anderen Versuchen, ihre Leistungen kleinzureden, indem sie nachträglich als ‚Ameise' und ‚Arbeitstier' (Pflaum, 1989) apostrophiert wurde, während Pierre als ‚Denker', ‚Theoretiker' oder ‚Genie' bezeichnet wurde – oder auch, indem sie als die ewig Pechblende kochende ‚Chemikerin', er dagegen als der kühl theoretisierende ‚Physiker' (Reid, 1974) bezeichnet wurde. Erst in den späten 80er und 90er Jahren des 20. Jahrhunderts ist diese klischeehafte Version von wissenschaftshistorischer Seite gründlich widerlegt worden (Pycior, 1987, 1993, 1996).

Betrachten wir im Folgenden einige Merkmale dieser fruchtbaren wissenschaftlichen Lebensgemeinschaft näher, wie auch die dazugehörigen Muster des Zusammenlebens in den gemeinsamen elf Jahren.

2.1.1 Neue Geschlechterarrangements und ihr Nutzen

Das Ungewöhnliche und für ihre Zeit absolut Neue im Zusammenleben und -arbeiten der beiden ist zunächst einer bei *beiden* gleich stark ausgeprägten Eigenschaft zuzuschreiben, der absoluten Begeisterung für naturwissenschaftliches Arbeiten sowie der wilden Entschlossenheit, ihr Leben mit wissenschaftlicher Arbeit zu verbringen. Nun hat diese ‚gemeinsame' Vorstellung allerdings völlig verschiedene Konsequenzen je nach Geschlecht. Für einen *Mann* des 19. Jahrhunderts bedeutet es, dass er sich seinem Ziel lebenslang uneingeschränkt widmen kann, wenn er eine entsprechende Anstellung findet und eine Ehefrau, die ihm die Organisationen seines Privatlebens abnimmt. Für eine *Frau* des 19. Jahrhunderts bedeutet es, bestenfalls die Interessen ihres Mannes teilen zu können, aber nicht den Zugang zu einem eigenen Laborplatz, nicht eine berufliche Position in den Wissenschaften und in der Regel auch nicht die dazu nötige Voraussetzung in Form eines eigenen wissenschaftlichen Studiums, der Förderung durch Lehrer und Mentoren, wie sie für Männer greifen. Neu und innovativ für die praktische Zusammenführung ihrer gemeinsamen Interessen ist daher zunächst die Haltung Pierre Curies: Er ist nicht nur *anfänglich* begeistert von einer ungewöhnlichen, naturwissenschaftlich gebildeten Frau und Partnerin – wie wir es auch schon von Albert Einstein und seiner Frau Mileva Maric oder von Fritz Haber und seiner Frau Clara Immerwahr gehört haben (vgl. Kap. 7) –, sondern er *bleibt* es, und er nimmt seine Frau in ihren Fähigkeiten und Ambitionen als gleichwertige Partnerin ernst. Er sieht sie nicht nur als eine aparte Gehilfin, die dann allmählich doch durch die berühmten Sachzwänge (sprich die gesellschaftlichen Rollenerwartungen in den Köpfen aller Beteiligten) mehr und mehr in die klassische eheliche Arbeitsteilung von Haushalt und Kinderbetreuung abdriftet.

Pierre Curie besitzt zwei Eigenschaften, die ihn zu dieser Haltung befähigen: Er ist durch die Erfahrung der engen, vertrauten und nicht-konkurrenten Zusammenarbeit mit seinem Bruder auf ein ‚familiales' Modell von wissenschaftlicher Arbeit sozialisiert. Dies erscheint ihm für seinen persönlichen Arbeitsstil, aber auch für seine Zufriedenheit und seinen Arbeitserfolg unabdingbar. Diese Art wissenschaftlicher Sozialisation prädisponiert ihn für eine intensive Zusammenarbeit mit jemandem, den er liebt und schätzt, den er aber nicht konkurrent dominiert oder ausnutzt. Dass Maries Zielstrebigkeit und Entschlusskraft sich für sein zögerliches und unehrgeiziges Temperament als komplementär und förderlich herausstellen, macht die faire Zusammenarbeit für ihn um so wertvoller. Auch ihr größeres Durchhaltevermögen hält ihn bei der Stange bei schwierigen Projekten, die er sonst wegen seiner vielfältigen Interessen schnell wieder aufgegeben hätte, und es beschert ihm Erfolge, die er allein, nach Jacques' Weggang, nicht erreicht hätte. Er ist ganz offensichtlich von Anfang an mit der Vorstellung in diese Ehe hineingegangen, dass er eine Frau heiratet, die lebenslang eng mit ihm zusammenarbeitet und seinen exzessiven Forschungsdrang teilt.

Natürlich profitiert Marie ebenfalls, wenn auch auf ganz andere Weise, erheblich von dieser ungewöhnlichen Verbindung. Sie trifft nicht nur auf eine Verwandtschaft an Interessen und Neigungen, sondern sie erfährt aktive Anregung und Förderung durch den acht Jahre älteren Physiker: sie kommt über ihn an einen eigenen Laborplatz; sie kann mit ihm diskutieren, theoretisieren, planen und publizieren. Ohne einen ausgewiesenen männlichen Wissenschaftler, der ihr entweder als Mentor oder als Ehemann Zugang zu einem wissenschaftlichen Experimentierfeld verschafft, könnte sie als Frau in *dieser* Gesellschaft keinen Zugang zum wissenschaftlichen Arbeiten er- und behalten. Dass beide sich persönlich – aufgrund ihres intellektuell ähnlichen Familienhintergrunds und ähnlicher Weltanschauungen – gut verstehen, macht die Art der partnerschaftlichen Zusammenarbeit auch menschlich zu einem Fundament von Kraft und Inspiration. Erstaunlicherweise sind beide – gegen den Geist ihrer Zeit – völlig selbstverständlich davon überzeugt, dass ein gemeinsamer Haushalt und gemeinsame Kinder nicht das Ende der Zusammenarbeit bedeuten müssen. Marie sagt in ihrer Biographie über Pierre wörtlich: „Ein solcher Verzicht wäre für mich sehr schmerzhaft gewesen und mein Mann hätte es nicht im Mindesten in Erwägung gezogen ... keiner von uns beiden hätte auch nur erwogen, das aufzugeben, was für uns beide so wertvoll war." (Marie Curie 1923, S. 88).

Interessant ist, dass beide *vor* ihrer Begegnung bereits beschlossen hatten, nicht zu heiraten: Marie, weil sie in Polen als Lehrerin arbeiten wollte und mit ihren wissenschaftlichen Fähigkeiten die polnische Sache (gegen die russische Annektion Polens) unterstützen wollte; Pierre hingegen, weil er „die Ehe mit einem der Wissenschaft gewidmeten Leben für unvereinbar" hielt (Eve Curie 1937, S. 149). Dass er eine kongeniale Frau finden würde, hatte er schon vorher ausgeschlossen, da, wie er einmal klagte, „geniale Frauen selten sind" (Eve Curie 1937, S. 128). Als er doch auf eine trifft, ist er hellsichtig genug, sie zu erkennen und festzuhalten.

2.1.2 Bewältigungsstrategien und ihre Kosten

Beide waren sich also in ihrem Entschluss einig, zusammen einen ‚unnatürlichen Pfad' zu gehen, indem sie ihr gemeinsames Leben auf ausschließlich zwei Felder konzentrierten: Auf ihre wissenschaftliche Arbeit und auf ihre Familie. Wie ist ihnen das gelungen? Anfangs fahren sie die Aufwendungen eines gemeinsamen Haushalts auf ein absolutes Minimum zurück: Kaum Möbel und Einrichtungsgegenstände, die Pflege brauchen könnten, äußerste Bedürfnislosigkeit an Kleidung, Essenszubereitung und Geselligkeit. Es gibt eine Putzhilfe für eine Stunde am Tag, die sich um Geschirr und grobe Arbeiten kümmert; Marie kocht und erledigt das Einkaufen, „acht Stunden wissenschaftliche Versuche, (maximal) drei Stunden häusliche Arbeit" (Eve Curie 1937, S. 164). Lange Fahrradtouren zu zweit in die Natur dienen zur Erholung.

Als die erste Tochter geboren ist, wird Marie nach einiger Zeit auf die Hilfe einer Amme zurückgreifen müssen, und sie haben das Glück, dass Pierres Vater, Arzt und Witwer, zu ihnen zieht und seine Begeisterung für seine Enkelin entdeckt. Marie und Pierre können so ihre Forschungen im Labor und das Familienleben mit Tochter und Großvater miteinander vereinbaren. Offensichtlich gibt es eine wechselweise Beeinflussung zwischen der Form ihres Familienlebens und der ihres wissenschaftlichen Arbeitens: Die Erfordernisse der Wissenschaft formen das Familienleben, aber umgekehrt ermöglicht das Familienleben (die Ehe mit Pierre) Marie überhaupt erst ihre wissenschaftliche Arbeit: Die Voraussetzungen ihres Erfolgs waren ihr ehelicher und familiärer Status. Ihre eigenständige Professur an der Sorbonne als erste und einzige Frau erlangt sie ausschließlich durch den Tod ihres Mannes, nicht durch die unabhängige Anerkennung ihrer eigenen Leistungen. Pierre wiederum kann seine wissenschaftlichen Leistungen nur durch die Zusammenarbeit erbringen, und er kann wissenschaftliche Anerkennung nur ernten, weil ihn jemand überzeugt, seine Ergebnisse und Schlussfolgerungen schnell und selbstbewusst zu veröffentlichen und nicht in der Schublade schlummern zu lassen. Außerdem wird ihm als Koautor mit Marie (und später mit anderen) automatisch ein zusätzlicher Bonus in der Rolle des ‚führenden Kopfes' zugeschrieben, wie es die damalige Wahrnehmung nicht anders sehen konnte und wollte.

Eine zentrale Strategie für die Anerkennung von Marie Curies Leistungen durch die wissenschaftliche Öffentlichkeit war eindeutig die weitsichtige Entscheidung, ihren eigenen wissenschaftlichen Anteil in allen gemeinsamen Veröffentlichungen eindeutig kenntlich zu machen. Dies ist sicherlich sowohl Pierres Fairness und Aufrichtigkeit zuzuschreiben in einer Zeit, wo diese Haltung gegenüber dem geistigen Eigentum von Ehefrauen unüblich war. Es ist aber sicher auch Maries Bewusstsein für den Wert ihrer Arbeit, sowie ihrer Einsicht in die Strukturen und Rituale des Wissenschaftsbetriebs zuzuschreiben – einer Einsicht, die Pierre völlig abging.

Die Kosten dieses unkonventionellen Lebensmusters sind der weitgehende Verzicht auf Geselligkeit und auf materiellen Komfort – bis auf den Kontakt zu ihren jeweiligen Herkunftsfamilien und wenigen engsten Freunden führen die Curies keinerlei soziales Leben. Nicht zu unterschätzen sind außerdem die gesundheitlichen Schäden in Form von ständiger Überarbeitung und Erschöpfung, die ihr besonderes Arbeits- und Lebensmodell mit sich bringt. Die Kinder kommen nicht zu kurz, sondern die Eltern. Auch die schweren gesundheitlichen Schäden durch die ständig hohe Strahlenbelastung sollen nicht verschwiegen werden, obwohl diese die Folge damaliger Unkenntnis und Sorglosigkeit sind, nicht die direkte Folge ihres Lebensmusters. Schließlich sollten die zusätzlichen ‚Spätfolgen' für Marie nach Pierres Tod nicht unerwähnt bleiben. Zwar ist es ihr gelungen, die Eigenständigkeit ihrer wissenschaftlichen Arbeit gegenüber dem Gros der internationalen Wissenschaftler klarzustellen, was ja auch der zweite Nobelpreis von 1911 beweist. Aber sie hat auch Jahre hämischer und neidischer Verdächtigungen und die unsägliche Pressekampagne nach der ‚Affaire Langevin' auszuhalten, wo Journalisten ihr immer wieder zu unterstellen suchen, sie sei nur die bienenfleißige Laborantin und Bettgenossin zweier genialer Männer gewesen, die ihr ritterlicherweise ein paar Lorbeeren zugeschoben hätten. Marie Curie hat diese Unterstellungen nie kommentiert, aber sie hat sich danach – sie war gerade 44 Jahre alt – nie wieder eine engere Freundschaft mit einem Mann gestattet.

2.1.3 Ressourcen

Die Hauptressource, über die beide Partner in dieser Wissenschafts-Ehe verfügen, sind ihre jeweiligen Herkunftsfamilien. Beide haben von ihren Familien einen intellektuell aufgeklärten, an Naturwissenschaften begeisterten Hintergrund mitbekommen. In Maries Fall ist diese Förderung um so bemerkenswerter, als sie sich ebenso an die begabten Töchter wandte, wie an den Sohn. Pierre wird von seinen Eltern sogar ausdrücklich dadurch gefördert, als sie die langsame, grüblerisch-gründliche Natur ihres Sohns erkennen und für sie das richtige Lernumfeld schaffen, ihm den autoritären Drill der Schule ersparen. Die Erfahrung des engen geistigen und emotionalen Gleichklangs mit seinem Bruder Jacques ist für Pierre von zentraler Bedeutung. In dieser Familie müssen generell liebevolle und wechselseitig unterstützende Umgangsformen geherrscht haben, wenn man allein bedenkt, dass ein Großvater der damaligen Zeit (1897!) sich erst um einen Säugling und später jahrelang um zwei kleine Mädchen tagsüber kümmert, ohne dies als langweilig oder ‚unmännlich' zu empfinden. Diese Haltung ist sicherlich bereits in Pierres Erziehung eingegangen.

Maries Familienbande sind ebenfalls durch liebevolle gegenseitige Unterstützung gekennzeichnet, wie allein schon aus dem Ton ihres Briefwechsels mit ihrem Vater, ihren Schwestern und ihrem Bruder hervorgeht. Ihr ‚Pakt' mit ihrer Schwester Bronia ist bemerkenswert: Weil der Vater nicht genug Geld hat, die Töchter studieren zu lassen, verdient zuerst Maria das Geld für Bronias Medizinstudium, danach soll Bronia mit ihrem Einkommen als Ärztin Marias Physikstudium finanzieren. Als Maria in Paris endlich ankommt, erhält sie zunächst Kost und Logis bei ihrer Schwester, wird von ihr wieder aufgepäppelt, wenn sie durch Hungern und Überarbeitung zusammenbricht.

Später wird ihre Tochter Irene zusammen mit ihr im Labor arbeiten und schließlich auch dessen Leitung übernehmen. Ihre zweite Tochter Eve schreibt nach ihrem Tod eine sehr einfühlsame und informative Biographie über sie.

Die Hauptressourcen in der Zeit des Zusammenlebens und –arbeitens bleiben die beiden Herkunftsfamilien, weil diese den selbstgewählten, ‚unnatürlichen' Lebensstil tatkräftig unterstützen, bewundern und ermutigen. Die uns heutige ‚Normale' am meisten beeindruckende Ressource der beiden Curies ist (vor diesem Hintergrund) aber ihre enorme Energie und Arbeitswut, ihrer beider Talente in einer Weise einzusetzen und zu strapazieren, die man nur noch als ‚workaholic' bezeichnen kann. Vielleicht kann man diesen unmäßigen Arbeitseinsatz ihrer Fähigkeiten nur dann halbwegs angemessen verstehen, wenn man ihn nicht als Pflichtübung an einem hehren Ideal begreift, sondern als unbändige Begeisterung und Lust, sich auf *dem* Gebiet kreativ zu verausgaben, das ihnen beiden lebenslang die allergrößte Freude bereitete.

2.2 Simone Schwarz-Bart (*1938) und André Schwarz-Bart (*1928)

1959 gewinnt der 31jährige Autor André Schwarz-Bart auf Anhieb den renommiertesten französischen Literaturpreis ‚Prix Goncourt' mit seinem ersten Roman „Der Letzte der Gerechten", der ihn in der Folge weltbekannt machen wird. Es ist die halb-fiktive Genealogie der jüdischen Familie Lévy, ausgehend von einem mittelalterlichen Massaker an englischen Juden bis zum Tod des Ernie Lévy in Auschwitz. Es ist keine Geschichte ‚des' Holocaust, sondern eine literarische Verwandlung der jüdischen Tradition der ‚Klage-Literatur'. Schwarz-Bart lässt diese Tradition jedoch hinter sich, befragt die Traditionen von Erlösung, Buße und Mitgefühl und nähert sich der im Judentum heftig diskutierten Frage von Glauben versus Sinnlosigkeit, von apokalyptischer Einmaligkeit des Holocausts versus Einordnung in die jahrtausendealte Leidensgeschichte des jüdischen Volkes. Die Bedeutung und die Herausforderung seines Romans liegen in der offenen Ambivalenz zwischen Anzweiflung einer Märtyrer-Tradition jüdischen Leidens, Trauerns und Klagens und den Versuchen von Überleben und Würde durch Kampf und Erinnerung.

André Schwarz-Bart wurde 1928 als Sohn polnisch-jüdischer Einwanderer in Metz geboren, musste bereits mit 11 Jahren – 1939 – seine Schulbildung abbrechen und verlor durch die Nazi-Deportationen einen Großteil seiner Familie. Mit 14 steht er allein da und muss sich und seine vier jüngeren Geschwister über Wasser halten. Bei Kriegsende ist er 17, hat seit sechs Jahren keine Schule mehr von innen gesehen, und Französisch ist nicht seine Muttersprache, sondern Jiddisch. Er schafft es in einem unglaublichen Kraftaufwand neben Jobs aller Art (Arbeiten in der Fabrik, im Bergbau, in der Gießerei), das schwierige französische Baccalaureat zu bestehen, sich an der Sorbonne zu immatrikulieren und Literatur zu studieren. Ab Mitte der 1950er Jahre ist er nicht nur in jüdischen Organisationen aktiv, sondern befreundet sich auch mit der Subkultur der karibischen Einwanderer in Paris, den Nachkommen schwarzer Sklaven aus den französischen Provinzen Guadeloupe, Martinique und Haiti. Er findet hier Qualitäten, die er bewundert – Freundlichkeit, Unbeschwertheit – und die ihm abgehen – eine Kultur der sinnlichen Sensibilität für Gerüche, Farben, Stimmungen, Metaphern und der mündlichen Tradition von Geschichten, Mythen, Phantasie und Erinnerung. Er lernt, dass auch diese Kultur einer unterdrückten und ihrer Wurzeln beraubten Bevölkerung (die ab 1946 ihre Jugend nach Frankreich schickt, um dort bessere Bildung und bessere Lebenschancen zu finden) eine Geschichte von Deportationen, Massakern und Auslöschung hinter sich hat, die in den konventionellen Geschichtsbüchern verschwiegen wird. Vom 15. bis zum 19. Jahrhundert sind insgesamt 12–15 Millionen afrikanische Frauen und Männer nach Amerika verschleppt worden, wo sie unter brutalsten Bedingungen von reichen Plantagenbesitzern ausgebeutet und gedemütigt wurden. Anderthalb Millionen kamen bereits auf der Überfahrt um. Für André Schwarz-Bart liegt nahe, dass hier bestimmte Gemeinsamkeiten einer systematischen Vernichtung aufgrund von „Rassen"zugehörigkeit vorliegen, und er fragt sich, ob nicht schon vor dem Holocaust vergleichbare Katastrophen stattgefunden haben.

Dies schärft seine Aufmerksamkeit für anhaltende Enteignung und Auslöschung von Erinnerung und Geschichte bei Überlebenden und Nachkommen. Angeregt durch Berichte seiner westindischen Freunde in Paris über alltägliche subtile Diskriminierungen auch seitens aufgeklärter Intellektueller, aber auch durch manche äußerst kritische Reaktionen auf seinen eigenen Roman als ‚Verrat am jüdischen Volk' beginnt er ein Romanprojekt über die karibische Erinnerung an die Sklaverei. Da er moralische Skrupel hat, als weißer europäischer Jude über die Diskriminierungserfahrungen von Schwarzen zu schreiben, ohne sie zu verletzen oder auszubeuten, trägt er sein Projekt den Gründungsmitgliedern der literarischen Bewegung ‚Negritude' vor und besteht darauf, ihnen sein Manuskript vor der Publikation zu Kritik und Validierung vorzulegen. 1960 fährt er mit seiner Verlobten, Simone Brumant, in deren Heimat Guadeloupe, sowie nach Martinique und Französisch Guyana. Er ist tief beeindruckt von den noch spürbaren Alltagsnarben der jahrhundertelangen Sklaverei in der Bevölkerung sowie vom Verlust eines kollektiven Herkunftsgedächtnisses von vor der Verschleppung aus Afrika.

Die nächsten Jahre verbringen André Schwarz-Bart und seine junge Frau – sie sind seit 1961 verheiratet – teils im Senegal, wo ihr erster Sohn geboren wird, teils in Guadeloupe bei ihrer Familie – wohl auch, um der zwiespältigen Berühmtheit von André in Frankreich zu entgehen. Sein neuester Roman entwickelt sich in jahrelanger selbstquälerischer Wieder- und Wieder-Überarbeitung zur Erzählung einer alten karibischen Frau, die sich in einem schäbigen Pariser Altersheim ihrer schmerzlichen Vergangenheit erinnert und sie mit der KZ-ähnlichen Atmosphäre der Gegenwart ihres Heims im Exil konfrontiert. Eines Tages bittet André Schwarz-Bart seine Frau brieflich – er ist schon wieder in Paris, sie noch in Guadeloupe –, ihm mit ihrer Erinnerung einer bestimmten ländlichen Szene für sein Buch auf die Sprünge zu helfen. Was er von ihr schriftlich erhält, trifft ihn bis ins Mark seiner schriftstellerischen Bemühungen. Er sagt darüber wörtlich:

> „Ich erhielt einen Text, in dem ich alle Mühe hatte, jenen kurzen Bericht wiederzuerkennen, um den ich meine Frau gebeten hatte. Sie hatte nicht nur eine transparent schimmernde, geschmeidige Entsprechung jeder Redewendung und jeden Ausdrucks der kreolischen Sprache gefunden, sondern ihre Vorstellungskraft hatte unwissentlich all jene kleinen Details gedeutet, verwandelt und hinzugefügt, an denen man einen echten Schriftsteller erkennt. Ich war überwältigt. Ich hielt in meinen Händen genau jene Substanz, nach der ich vergebens gesucht hatte und die mir verwehrt geblieben war. Alles, was ich an Westindien seit 10 Jahren so geliebt hatte, all die Farben, all die Gerüche ließen sich hier in diesem Text finden, dessen Bescheidenheit umso anrührender war, als er ja nur mein Gedächtnis aufzufrischen vorhatte." (nach Scharfmann 1993, S. 214; Übersetzung v.V.).

André Schwarz-Bart denkt nicht im Traum daran, wie so viele berühmte Autoren vor und nach ihm, die Talente seiner Frau in seinen eigenen Dienst zu stellen und ihren Beitrag einfach seiner Autorschaft einzuverleiben. Er schreibt sofort einen begeisterten Brief zurück, ermuntert sie zu weiterem Schreiben und bittet sie um ihre volle Mitarbeit als Koautorin an seinem Roman. Dieser erscheint 1967 („Un plat de porc aux bananes vertes") unter beider Namen und macht von der Ankündigung her klar, dass dies der erste Band in einer auf sechs Bände angelegten gemeinsamen Reihe über die Geschichte karibischer Frauen sein soll.

Wer ist diese junge Frau aus Guadeloupe, die André Schwarz-Bart geheiratet hat, deren Volk er so bewundert und über dessen 500jähriges Unrecht mit allen seinen Narben und Demütigungen er so erschüttert ist? Simone Schwarz-Bart ist 10 Jahre jünger als er und die Tochter einer schwarzen Lehrerin, die als alleinerziehende Mutter von den kolonialen Schulbehörden in die unzugänglichsten ländlichen Gebiete geschickt wurde, um mit bescheidensten bis unzulänglichen Mitteln die Kinder der schwarzen Landbevölkerung zu unterrichten. Simone wird schon als Kind zwar mit Bildung, aber auch mit dem vielgestaltigen Elend ihres eigenen Volkes konfrontiert, und zwar auf den unterschiedlichsten Ebenen: Stadt/Land, wohlhabend/bitter arm, französisch/kreolisch, mütterlich dominierte Familientraditionen versus patriarchale Willkür seitens der Kolonialverwaltung wie auch seitens der schwarzen Männer der eigenen Ethnie. Sie kommt nach Frankreich, weil sie den Auftrag ihrer Mutter fortführen will, durch Bildung und Wissen die eigene Situation schrittweise zu verändern. Erst Andrés Ermutigung bringt sie auf die Idee, ihre sprachlichen Fähigkeiten schriftstellerisch unter Beweis zu stellen. Ihr gemeinsamer Roman erscheint 1967, beide planen eine gemeinsame Buchreihe über die Geschichte der Antillen. 1972 erscheint von Simone Schwarz-Bart in Alleinautorschaft ihr erster eigener Roman „Telumée" über eine karibische Frauengestalt, die vier Generationen weiblicher Genealogie sichtbar macht und ein Meisterwerk in der Verbindung bzw. Transposition kreolischen Sprachgefühls und der französischen Hochsprache darstellt. Er wird auf Anhieb ein Bestseller, in insgesamt zwölf Sprachen übersetzt und erhält den ‚Grand Prix des Lectrices' – was in Frankreich ein Politikum in sich ist, dass eine farbige Frau mit einem farbigen Thema diesen ‚weißen' Preis gewinnt. Seine englische Übersetzung ist vor allem bei dem afro-amerikanischen Lesepublikum ein riesiger Erfolg.

André Schwarz-Bart veröffentlicht zur gleichen Zeit ein ebenfalls viel beachtetes Buch über eine historische Frauengestalt auf Guadeloupe – „Solitude" –, deren Existenz als Anführerin einer schwarzen Rebellion gegen die Wiedereinführung der Sklaverei unter Napoleon aktenkundlich belegt ist. Die Protagonistin überlebt zwar das Massaker, das die französischen Truppen unter den Schwarzen anrichten; ihre Hinrichtung wird aber auf den Tag nach der Entbindung ihres Babys festgesetzt, damit dieses wieder als Sklave benutzt werden kann. André Schwarz-Bart macht aus diesen dürren Fakten die fiktionale, aber realistische Lebensgeschichte der Mulattin Solitude und schlägt am Ende seines Buchs einen Bogen zum Widerstand der Juden im Warschauer Ghetto. Auch hier wird deutlich, dass der Kampf um den Erhalt der Erinnerung den gedemütigten und sinnlos ausgelöschten Opfern insoweit ihre Würde zurückgeben kann, als ihre Geschichte das Bewusstsein und die Identität der Überlebenden bzw. der Nachkommen wiederherstellt und stärkt. Auch dieses Buch – es ist André Schwarz-Barts bislang letztes – wird in viele Sprachen übersetzt.

Simone Schwarz-Bart hat seitdem weitere erfolgreiche Romane, sowie ein Theaterstück geschrieben und mit ihrem Mann zusammen ab 1988 eine 6-bändige „Hommage à la femme noire" herausgegeben, die aus karibischen Texten und beeindruckenden Bildern über das Leben und die Geschichte schwarzer Frauen seit den Anfängen der Menschheit besteht.

André Schwarz-Bart ist seit den 1970er Jahren verstummt. Er schreibt zwar, aber er hat nichts mehr veröffentlicht. Er sagt, er kann über die Shoah und über seine Familie nicht schreiben, und gleichzeitig kann er über nichts anderes schreiben. Es ist, als habe er seine Energie und den Auftrag seiner Themen an seine Frau weitergegeben. Sie hat die Kraft und die Präsenz, mit ihrer Sprache einen Kosmos zu gestalten, der sowohl der Welt der weißen Leser als auch der um ihr Selbstbewusstsein und ihre Identität kämpfenden Welt der westindischen Schwarzafrikaner zugänglich ist. Die Qualitäten ihrer Sprache, ihres Stils und ihrer Geschichtenführung fügen eine orale Tradition mit einer schriftlichen Tradition zu einer neuen und eigenen Qualität zusammen.

2.2.1 Neue Geschlechterarrangements und ihr Nutzen

Die Ausgangslage der schriftstellerischen Zusammenarbeit dieses Paares ist eine klassisch patriarchale Konstellation: Berühmter und erfolgreicher Schriftsteller, weiß, europäisch, gebildet und deutlich älter, entdeckt das Talent einer jungen farbigen Frau, die ihm zudem in Liebe und Ehe verbunden ist. Sie verfügt über eine Art sprachliche Ausdruckskraft, die er nicht beherrscht, die er für sein Werk aber dringend braucht. Bemerkenswerterweise wird die Konstellation nicht klassisch weitergeführt. Er stellt nicht die naheliegende und so gut funktionierende patriarchale Falle auf, das bestehende Positionsgefälle wie auch die emotionale Bindung nur für sich zu nutzen; vielmehr ist seine Wahrnehmung sofort auf ein gemeinsames Projekt gerichtet, das beide bereichert und etwas hervorbringt, was er allein nicht könnte. Durch sein offen anerkennendes Verhalten überwindet er *seine* Arbeitsschwierigkeiten, befördert *sie* zu einer sich selbst entdeckenden und realisierenden Schriftstellerin, *und* er stellt die Weichen für neue werkimmanente Qualitäten interkultureller Literatur. Seine Anerkennung und Ermunterung bringt sie zum Schreiben, zur Realisierung ihres eigenen Stils und ihrer eigenen Charaktere. Sie inspiriert ihn dort, wo er an seine Grenzen stößt. Beide entwickeln in ihren Schriften eine neue Sicht auf die Gemeinsamkeiten unterdrückter Ethnien, die nach Strategien und Ressourcen des Überlebens unter inhumanen und mörderischen Systemen suchen, indem sie das kulturelle Selbstbewusstsein ihrer Völker durch Erinnerung und Überlieferung zu retten trachten. In diesem Zusammenhang scheint es kein Zufall, dass auch die Themen- und Charaktere-Wahl ihrer Werke zunehmend un-patriarchal werden: Sie schreiben in ihren Büchern über die Erfahrungen karibischer schwarzer Frauen, ihre Stärken, Leiden und Mutter-Tochter-Genealogien; erst später wird Simone Schwarz-Bart auch ein Buch über eine mythische Männerfigur der Karibik („Ti Jean l'horizon") und ein Theaterstück über einen karibischen Wanderarbeiter („Ton beau capitaine") schreiben. Simones künstlerische Strategie, die orale Tradition ihrer kreolischen Muttersprache mit der des geschriebenen Französisch zu verbinden, wird auch zu einer politischen Strategie: Nicht nur ihr eigenes, meist zweisprachiges Volk findet sich dort wieder, sondern sie eröffnet auch der Dominanzkultur der weißen Franzosen den Zugang zu dieser Tradition.

André Schwarz-Bart hat offensichtlich keine Probleme damit, im Laufe der Jahre die Feder seiner erfolgreichen Frau zu überlassen, sondern er unterstützt sie bei ihren Projekten, wie z.B. dem mehrbändigen „Hommage à la femme noire".

2.2.2 Bewältigungsstrategien und ihre Kosten

Die wichtigste strategische Entscheidung am Anfang ihrer jahrzehntelangen Zusammenarbeit bestand vor allem in jenem Ausgangspunkt *seiner* Reaktion auf *ihr* offensichtliches und unerwartetes Talent: Sie als Schriftstellerin zu sehen und ernst zu nehmen und nicht als die seinen Zwecken unterzuordnende Mitarbeiterin und Muse, also faire Anerkennung und Förderung der jüngeren Frau durch den älteren, schon professionell arbeitenden Mann. Diese – für die frühen 1960er Jahre absolut ungewöhnliche – Wahrnehmungsqualität von männlicher Seite ist vermutlich durch Andrés langjährige Beobachtungen und Erfahrungen in der westindischen Subkultur im Paris der 50er Jahre gefördert worden, wo er von seinen karibischen Freunden lernt, was sublime Diskriminierungen seitens weißer Kollegen bedeuten. Seine Skrupel, durch sein Schreiben weder den Holocaustopfern seiner eigenen Ethnie ihre Geschichte wegzunehmen, noch als Weißer, der über Farbige schreibt, deren Verfügungsmacht über ihre eigene Geschichte zu verletzen, dürften die Grundlagen für seine spontane wie sorgfältige Anerkennung der Urheberrechte seiner Frau sein.

Beide machen mit der Themenwahl und der Bearbeitung ihrer Stoffe trotz aller offizieller Ehrungen keineswegs nur positive Erfahrungen, sondern erleben auf ihre Werke hin auch heftigste Angriffe und Polemiken. Die ‚Affaire Schwarz-Bart' in den 1950er/1960er Jahren entsteht dadurch, dass einige Kritiker in sein Werk einen christlichen Erlösungs- und Vergebungsgedanken hineinlesen und ihm unter anderem Plagiat vorwerfen. Ihr wird für ihr Werk in den 1970er und 80er Jahren von Teilen der karibischen Eliten vorgeworfen, nicht politisch genug zu sein und nicht zum bewaffneten Widerstand gegen die ehemaligen Kolonialherren aufzurufen. Natürlich spiegelt sich hierin auch ein Stück patriarchales Unverständnis für die Art ihrer Zusammenarbeit, das sich hinter Argumenten der ‚political correctness' verschanzt.

Ihre Strategien, mit diesen Schwierigkeiten umzugehen, sind gemischt: Sie geben einige richtigstellende Interviews, versuchen im übrigen aber, durch die Unkonventionalität ihrer Lebensführung – sie leben abwechselnd in Europa, der Karibik und Afrika – sich ein Stück Entlastung von der dominanten weißen Kultur zu schaffen mit ihren patriarchalen Erwartungen an geschlechtshierarchische Arbeitsteilung, an Geniekult und Produktivitätszwang. Ob solcher Art Kosten sich direkt aus der Art ihres ungewöhnlichen und kreativen Geschlechterarrangements ergeben bzw. daraus, dieses zu leben und aufrechtzuerhalten, lässt sich nicht eindeutig entscheiden. Die beobachtbaren Kosten ihrer Lebensführung stammen offensichtlich aus anderen Quellen: Für ihn stammen sie aus seiner Vergangenheit, d.h. aus seiner Verfolgung als Jude und aus der Vernichtung seiner Familie, die für ihn den Verlust seiner Kindheit und Jugend, den Verlust seiner Muttersprache und den Verlust von Bildung und Förderung durch seine jüdische Kultur bedeuteten. Bemerkenswert ist, dass er diese Kosten – ich würde hier zutreffender von Verletzungen und Verlusten sprechen – nicht *gegen* andere wendet, wie es so häufig in menschlichen Biographien passiert.

2.2.3 Ressourcen

Ein Teil von Andrés Ressourcen ergeben sich bezeichnenderweise indirekt aus diesen biographischen Verlusten. Er hat die selbst erkämpften Vorteile eines äußerst belesenen, sorgfältig und umfangreich recherchierenden Autodidakten, der große intellektuelle wie körperliche Anstrengungen unternimmt und daran wächst. Er verfügt über ein immenses Spektrum heterogener Erfahrungen, von denen die klassischen europäischen Bildungseliten keinerlei Vorstellung haben. Er hatte – selbst noch ein Kind von 14 Jahren – jahrelang die volle Verantwortung, seine vier jüngeren Geschwister zu ernähren, zu verstecken und dem Zugriff der Polizei wieder zu entwenden. Er verfügt über Erfahrungen in der Resistance und in der französischen Armee, er erfährt als Lehrer in jüdischen Waisenhäusern nicht nur den Horror seiner eigenen Familiengeschichte. Seine Offenheit und seine Sensibilität für die Erfahrungen und Geschichten seiner westindischen Freunde werden bereichert durch deren Traditionen der Phantasie, der Lebensfreude und dem Gespür für sinnliche Eindrücke, aber auch durch seine neidlose Einsicht in seine eigenen Grenzen.

Simones Ressourcen liegen in ihrer Herkunft und den Erfahrungen, unter denen sie auf Guadeloupe aufwuchs. Sie hat eine gebildete schwarze Mutter, die unter anstrengendsten Bedingungen ihre Schüler unterrichtet, ihre Tochter dazu in die unterschiedlichsten ländlichen Regionen stets mitnimmt. Sie lernt so die ländliche Kultur der oralen Überlieferung, der Volksweisheit, Sprichwörter, Märchen, mythischen Erzählungen und Anspielungen und das Lebensgefühl ihres von Sklaven abstammenden Volkes kennen. Vor allem lernt sie die Wertschätzung und Förderung durch eine weibliche Genealogie von Müttern, Großmüttern, weisen Frauen, Zauberinnen und Heilerinnen, die für Mädchen und Töchter Quellen der Ermutigung zur Selbständigkeit und Selbstvergewisserung sind. In „Telumée" hat sie ihnen ihre erste Referenz erwiesen als einer Quelle weiblicher Kraft. Ihre Zweisprachigkeit befähigt sie, zwischen beiden Sprachen zu vermitteln und Qualitäten des kreolischen Fühlens und Denkens durch sensible Wortwahl ins Französische zu transponieren. Sie muss dazu aber nicht wie André ihre Muttersprache aufgeben, sondern bleibt ihr weiterhin verbunden als Quelle von Identität und Lebendigkeit. Dadurch bleibt ihr ebenso die mütterliche Tradition einer weiblichen Genealogie verfügbar. Zwar muss sie wie André ihre Kultur ins Französische übersetzen, um sie für die dominante weiße Kultur begreifbar zu machen, aber sie kann – im Gegensatz zu ihm – jederzeit dorthin zurückkehren, in ihre Sprache, in ihre Herkunftsfamilie.

Aber es gibt noch eine Ressource anderer Art, über die beide verfügen. In Zeiten nüchterner political correctness und desillusionierender Patriarchatskritik wagt frau es kaum, so eine Möglichkeit für real zu halten. Offensichtlich gibt es doch bisweilen noch einen Grad gegenseitiger tiefer Verbundenheit zwischen zwei Menschen, die nicht gleichzeitig schon durch Hierarchie, Macht und Egozentrik automatisch so kontaminiert ist, wie wir es aus dem patriarchalen Gebrauch des Wortes ‚Liebe' seit über 2000 Jahren leider gewöhnt sind. Dies möchte ich abschließend durch eine kurze Szene schildern.

Vor einigen Jahren wohnten André und Simone Schwarz-Bart der Premiere von Simones Theaterstück „Ton Beau Capitaine" in New York bei. Dieses Stück handelt von einem schwarzen Arbeiter aus Haiti, der auf Guadeloupe sein Geld verdienen muss und mit seiner Frau nur per Tonbandkassetten korrespondiert. Er erfährt durch ihre Tonbandstimme, dass sie in seiner Abwesenheit ein Kind von einem anderen Mann erwartet. Das Stück dreht sich darum, wie er seine Verletzungen langsam überwindet, seiner Frau vergibt und das kommende Kind zu lieben lernt. Nach der Aufführung steht Simone im Scheinwerferlicht und stellt sich der Diskussion mit dem Publikum. André sitzt weiter hinten im Dunkeln. Ein zorniger junger Mann aus dem Parkett verlangt von ihr zu wissen, warum sie als schwarze Frau, die mit einem Weißen verheiratet ist, nicht ein Stück über Rassen- und Sexualbeziehungen geschrieben habe. Es ist also die bekannte Kritik, ihr Werk sei nicht politisch genug. Simone Schwarz-Bart antwortet dem jungen Mann ruhig: „Ich wollte ein Stück über die Liebe schreiben. Es scheint mir, als ob man auf den Antillen, mit all ihren Problemen, nicht genug über Liebe spricht. Was meinen Mann angeht, wenn ich ihn ansehe", und an dieser Stelle treffen sich ihre Augen durch das Theater, „sehe ich einfach jemanden, den ich liebe. Für mich hat er überhaupt nicht irgendeine Farbe." (zitiert nach Scharfmann,1993, S. 221; Übersetzung v.V.).

2.3 Übergreifende Muster

Lassen sich – bei aller Differenz an Zeit, Hintergrund und Tätigkeit – zwischen den beiden letzten Paaren teilweise übereinstimmende Muster in ihrem ungewöhnlich positiven Zusammenarbeiten und -leben erkennen?

2.3.1 Neue Männlichkeiten

Das am meisten ins Auge springende Merkmal – weil von unseren gültigen kulturellen Gepflogenheiten so stark abweichend – scheint das Verhalten der männlichen Partner zu sein. Sie besitzen eine persönliche Stärke, die es ihnen gestattet, so souverän und offen zu sein, dass sie es zur Stützung ihres Selbstbewusstseins, ihrer Kreativität oder auch nur ihres Wohlgefühls nicht nötig haben, die Talente und Leistungen ihrer Frauen auf ihr eigenes Konto umzubuchen. Sie anerkennen diese Leistung nicht nur anfangs, sondern dauerhaft; sie ist ihnen eine Quelle von persönlicher Bereicherung und Freude, nicht von Angst und Konkurrenzgefühlen. Sie fühlen sich auch nicht in den Augen anderer Beobachter (männlicher Zeitgenossen und Kollegen, der ‚Wissenschaft', der ‚Literatenwelt') als nicht den Erwartungen entsprechend oder als nicht dominant genug. Bei diesen Männern – dem Wissenschaftler Pierre Curie wie dem Schriftsteller André Schwarz-Bart – scheinen diese Haltungen und persönlichen Stärken durch ihre Biographie erzeugt worden zu sein, soweit sich dies von außen ablesen lässt. Pierre Curie trägt seine positiven familiären Arbeitserfahrungen einer ungewöhnlichen Frau an, die sie als gleichberechtigte Partnerin mit ihm fortsetzen soll. André Schwarz-Bart ist hypersensibel gegen jede Form von persönlicher wie kultureller Enteignung geworden durch seine in zwei zerstörten Kulturen gesammelten Erfahrungen und Beobachtungen.

Bemerkenswert erscheint mir, dass diese Wenn-dann-Vermutung keinen Regelautomatismus beschreibt: Nicht jeder liebevoll erzogene Sohn wird in einer patriarchalen Gesellschaft zum menschlichen Umgang mit der eigenen Partnerin prädestiniert; nicht jeder Überlebende der Shoah ist automatisch in der Lage, auch die sublime Unterdrückung und Ausbeutung patriarchaler weißer Gesellschaften so zu durchschauen, dass er sein eigenes Verhalten danach ausrichtet. Es handelt sich also um eine Wahrscheinlichkeitsaussage, die der Eigenverantwortlichkeit der hier beschriebenen männlichen Akteure einen hohen Stellenwert beimisst und belässt. Es bleibt in jedem Fall eine ungewöhnliche persönliche Leistung, sich gegen die Spielregeln einer patriarchalen Umgebung zu verhalten, insbesondere wenn diese für ihre männlichen Mitglieder so schmeichelhaft und vorteilversprechend sind. Ich interpretiere die geglückt ausbalancierte Zusammenarbeit zweier gegengeschlechtlicher Menschen in unserer patriarchalen Kultur zunächst als eine notwendige Vorleistung jenes Partners, der über den automatischen Machtvorteil verfügt – oft noch durch Alters- und Erfahrungsvorsprung verstärkt –, und der ihn *nicht* gegen seine Partnerin benutzt, sondern ihn außer Kraft setzt.

Dass ich dieses Merkmal an erster Stelle nenne, hat seinen Grund nicht darin, dass ich männliche Entscheidungen für wichtiger halte als die der beteiligten Frauen, sondern lediglich darin, dass dieser männliche Machtvorsprung im Patriarchat automatisch am Ausgangspunkt jeder heterosexuellen Partnerschaft steht. Erst wenn diese primäre Blockade entfällt, kann es richtig losgehen – nämlich damit, dass die längst vorhandenen Qualitäten von Frauen ohne Kampf und Drängelei unbelastet in die Gänge kommen.

2.3.2 Weibliche Talente

Die zweite Ähnlichkeit der Biographien, die auf ein gemeinsames Muster deuten, besteht natürlich in der besonderen Begabung und der persönlichen Stärke der beteiligten Frau. Sowohl aus der Herkunft wie aus dem Bildungsweg dieser Frauen entwickeln sich Stärken, die ihr Können und ihr Engagement erklären. Dass solcher Art fähige und energische Frauen wesentlich häufiger sind als die leider so seltenen o.a. Ausnahme-Männer, macht eben auch die Seltenheit einer solcher Art förderlichen Konstellation aus. Die meisten fähigen und engagierten Frauen finden mangels Gelegenheit eben nicht zu einer ausbalancierten kreativen Partnerschaft mit einem Mann – und zwar nicht mangels eigener Voraussetzungen, sondern mangels solcher Männer. Viele Frauen dieser Art landen eher in einer Situation, wo sie als Single ihre Fähigkeiten beweisen müssen, oder sie landen in sogenannten ‚schwierigen' Partnerschaften, wo der Mann entweder blockiert, ausnutzt, schmarotzt oder die Stärke seiner Partnerin nicht erträgt und verschwindet.

2.3.3 Passung

Die dritte ähnliche Konstellation in diesen Paargeschichten scheint eine objektive zu sein. Es scheint der Zufall der exzellenten kompensatorischen *Passung der Fähigkeiten* der Partnerinnen mit denen ihrer – schon etablierten, aber an ihre Grenzen stoßenden – älteren und erfahreneren Männer zu sein. Beide Männer hatten überdies schon die Erfahrung gemacht, dass es mit dem ‚einsamen' Genie nicht so recht klappt – trotz der diesbezüglichen Ideologie der sie umgebenden Kultur. Sie brauchen zusätzliche Qualitäten, die sie selbst nicht haben, und zwar auf einem hohen Niveau, nicht auf dem von Hilfsarbeiten. Die fähige und talentierte Frau an dieser Stelle trifft nicht – wie es eher äußerst wahrscheinlich ist – auf die üblichen Blindheiten oder Einvernahmen im Namen der Liebe oder des ‚gemeinsamen' Ziels der ehemännlichen Karriere. Sie trifft auf jene schon professionellen Möglichkeiten des Partners, die ihr zur Zeit noch fehlen, um ihre eigenen Talente zu entwickeln und auf das Bedürfnis eines Partners nach Kooperation. Der Zufall ist – wie es Max Frisch einmal ausdrückte – „das Fällige, das uns trifft": hier offensichtlich beide.

2.3.4 Zeitumstände

Weitere förderliche Faktoren solcher Paarverbindungen scheinen mir in jeweils zeit- und situationsspezifischen Umständen zu liegen, die variieren können. Ein Paris der 80er Jahre des 19. Jahrhunderts ließ Frauen zum Studium zu, ein Warschau derselben Zeit nicht – was den Plan der Sklodowska-Töchter reifen ließ, ebendort ihre Bildung weiterzutreiben. Ein Paris der 40er und 50er Jahre des 20. Jahrhunderts war ein Magnet für die schwarze Jugend der gerade in die Freiheit entlassenen französischen Kolonien, dort ihre Ausbildung und ihre Existenzbedingungen zu verbessern. Ein solcher Schmelztiegel der Kulturen schafft andere Lern- und Erfahrungsangebote als jede konventionelle Hochschule einer beliebigen anderen europäischen Universitätsstadt.

3. ZUSAMMENFASSUNG

Kreative Paare – sofern sie heterosexuell und sich eheähnlich verbunden sind – bewegen sich automatisch immer auch unter den Prämissen patriarchaler Ansinnen und Ideologien ihrer Zeit: sowohl unter denen ihrer Umgebung (Gesellschaft, Subkultur, Freunde und Förderer) als auch unter den ihnen eigenen Erfahrungen, Gewohnheiten und Idealen. Wenn sie partnerschaftlich kreativ arbeiten wollen, stoßen sie auf diese vorgegebenen Perspektiven um sich herum und in sich selbst. Wie gehen sie damit um?

Das häufigste Arrangement kreativer Paare im Patriarchat hatte ich hier ausdrücklich außer Acht gelassen: die Partnerschaft ist einseitig zugunsten des Mannes eintariert. Die zwei Partnerschaftsmuster, die ich hier betrachtet habe, sind jeweils auf ihre Art eine Umkehrung dieses bekannten Dominanz-Verhältnisses: die Frau gilt oder ist – zumindest zeitweise – (als) noch erfolgreicher als der Mann; oder die Frau und der Mann gelten/sind beide gleich kreativ/erfolgreich zu ihren Lebzeiten. Was lässt sich aus diesen – den patriarchalen Vorgaben ein Schnippchen schlagenden – Paarmustern erkennen?
1. Kreative PartnerInnen profitieren gleichermaßen voneinander: Sie inspirieren sich, kritisieren und fördern sich und können oft zusammen mehr und anderes, als jede/r allein könnte. Sie sind ein lebendiger Gegenpart zur These vom autochthonen männlichen Genie. Auch wenn sie nicht in derselben Sache zusammenarbeiten, so ist der wechselseitige Einfluss trotzdem nachhaltig spürbar. Sie sind sich gegenseitig die ersten Zeugen und Diskussionspartner ihrer Arbeit; die ständige Of-

fenheit für Widerspruch und Anregung ist eine Stärke, die sich unmittelbar positiv auf das Werk beider auswirken kann.

Selbst unter den Anhängern der ‚großen Genies' hat sich inzwischen herumgesprochen, dass gerade Genies ihre enorme Leistungsfähigkeit nur erreichen konnten, indem sie ihre private, familiale und kollegiale Umgebung rücksichtslos für sich und ihre Zwecke funktionalisierten. Oft wird sogar genau dies als unabdingbar für wahrhaft geniale Leistungen vorausgesetzt – nämlich, dass ihr Träger über solche zusätzlichen Eigenschaften verfügt, ein Heer von anonymen ZuarbeiterInnen zu mobilisieren und im Dienste des hohen Ziels bedenkenlos auszubeuten. Im Vergleich dazu erscheint ein Muster der gegenseitig anerkennenden und kritisierenden Kooperation zweier Partner, das ebenso große Erfolge zeitigen kann, wesentlich humaner und sympathischer.

2. Die Konstellation, wo der weibliche Partner noch erfolgreicher ist als der männliche, führt bei manchen kreativen Männern zu einer sie belastenden Situation, die sich in ihren Augen nicht mit ihrer männlichen Rolle verträgt und der sie entkommen wollen. Die Tatsache, dass der männliche Partner die kreative Partnerschaft aufkündigt (oder sie zurückstutzt), führt aber gerade nicht dazu, dass er die Vision vom einsamen Genie für seine Person wiederherstellen kann. Es führt vielmehr dazu, dass er sein angestrebtes Kreativitätsniveau nicht(wieder) erreicht. Er demontiert also das, was gerade bewiesen werden sollte. Es führt außerdem dazu, dass die Partnerin – zumindest nach zeitgenössischen Maßstäben – zur Erfolgreicheren wird, was dem männlichen Geniemythos weiterhin abträglich ist. Durch die einseitige Aufkündigung der Partnerschaft wird also männliche Kreativität beeinträchtigt, weibliche jedoch nicht beschädigt. Die beteiligten Männer gehen in oder durch die Überbetonung ihrer männlichen Rollenzwänge unter; die Frauen gelangen durch das teilweise Verlassen und Überschreiten der weiblichen Rolle jedoch auf einen lebenslangen Erfolgskurs. Dies lässt sich an den ersten beiden Paarkonstellationen überdeutlich ablesen.

3. Anders als die Männer in konventionellen kreativen Partnerschaften oder die in Partnerschaften mit erfolgreicheren Frauen nehmen die Männer in den ausbalancierten Konstellationen die männliche Rolle weder als Versuchung (Ausbeutung der Frau) noch als Obsession (Bedrohung der eigenen Männlichkeit) wahr. Sie haben mit der männlichen Rolle keine Schwierigkeiten, dafür aber *andere*: z.B. mit den Anforderungen ihrer Profession. Anders als ihre mit Männlichkeiten beschäftigten Geschlechtsgenossen finden sie Lösungsmöglichkeiten, die etwas mit den *Ursachen* ihrer Probleme zu tun haben: Sie brauchen einen kompetenten Partner, der ihre Fähigkeiten ergänzt und ihre Schwächen kompensiert. Sie können sich ohne Einbußen an Selbstbewusstsein und Produktivität vom Klischee des einsamen Helden verabschieden.

Offensichtlich ist das jeweilige Verhalten der *Männer* in diesen kreativen Beziehungen das Kritische, es ist sowohl

- die Sollbruchstelle der Beziehung, d.h. die vorprogrammierte Schwachstelle in Form von männlichen Ängsten und Empfindsamkeiten, kombiniert mit der mitgelieferten Macht, diese Ängste auf Kosten anderer auszuleben; aber es ist auch
- die Schaltstelle für einen *anderen* Umgang mit der Macht als dem der konven-

tionell männlich-patriarchalen: der Macht *für* etwas (Schöpferisches/Kreatives) und nicht der *gegen* eine Person.
4. Die Frauen in den kreativen Beziehungen erster Art können an dieser Macht nichts ändern, so fähig sie auch sonst sein mögen. Sie können bestenfalls wie im Märchen als 13. Fee die tödliche Verwünschung abmildern, aber nicht aufheben. Dies liegt am Primat der patriarchalen Macht, der jedem Mann im Patriarchat anhaftet wie Pech: Er hat immer noch die Macht, seine Partnerin zu düpieren.

Die Frauen in diesen Partnerschaften scheinen – vielleicht auch dies eine Folge weiblicher Erziehung wie auch relativer weiblicher Machtlosigkeit – auf Schwierigkeiten in der Beziehung besser reagieren zu können. Zum einen ist ihnen präsent, dass am Anfang ihrer außergewöhnlichen Karriere stets eine Art männlicher Förderung und Entdeckung stand; zum anderen brächte ihnen eine analoge spektakuläre Verletzung oder auch Übererfüllung ihrer weiblichen Rolle keinerlei Vorteile oder Befriedigung. Sie sind durch die Aufkündigung der kreativen Partnerschaft verletzt, erbost, resigniert – aber nicht blockiert. Sie nutzen ihre Ressourcen, die Beziehung wenigstens auf Sparflamme zu erhalten, gehen aber keine neue Beziehung zu einem kreativen Partner mehr ein. Sie begrenzen den Schaden, erfüllen weiterhin gewisse Fürsorgepflichten, zu denen sie sich erstaunlicherweise verpflichtet fühlen, gehen aber ihrer eigenen erfolgreichen Arbeit nach. Sie zeigen eine Art Krisenmanagement, das in unserer Kultur als ‚erwachsen' und ‚vernünftig' konnotiert wird. Dieses Verhalten wird sonst eher als ‚männlich' bezeichnet, wobei sie ihre ‚weiblichen' Eigenschaften dezidiert beibehalten: fürsorglich, nachsichtig, beschützend. Sie werden zu einer Art Schutzengel für den Ex-Partner.
5. Die Frauen in den gleich-erfolgreichen, eher harmonischen Paarkonstellationen scheinen auf den ersten Blick das große Los gezogen zu haben: Sie wurden durch ihren Mann in eine Startposition befördert, die sie allein kaum hätten erlangen können. Anhand dieser – so überaus seltenen – Fälle lässt sich ahnen, was viele begabte Frauen leisten und werden *könnten*, wenn sie häufiger die Chance hätten, auf talentierte, aber menschlich unkomplizierte Partner zu stoßen. Es ist, als ob angesichts dieser Paargeschichten – beide Partner in Engagement, Erfolg und Zuneigung kooperierend – der patriarchalen Hofberichterstattung der Atem stockt: Soviel Übereinstimmung mit dem Hohen Lied der ehelichen Harmonie ist schon wieder unheimlich. So genau möchte man gar nicht wissen, woran es denn liegt, dass eine kreative weiblich-männliche Partnerschaft fair und harmonisch funktioniert. Es könnte sich nämlich herausstellen, dass solche Traum-Partnerschaften nicht vom Himmel der Liebe herunterfallen, sondern das Ergebnis von mindestens drei Voraussetzungen sind: von dem Vorhandensein von Talent und Engagement, von einer ‚Passung' der Interessen und von der Anwesenheit gegenseitiger Unterstützung und Fairness. Während erstere Tugenden (Talent, Engagement) auf beide Geschlechter gleichverteilt sind, die jeweilige ‚Passung' der Interessen den Gesetzen des Zufalls gehorcht, sind gegenseitige Unterstützung und Fairness *ungleich* auf die Sozialcharaktere beider Geschlechter verteilt. Genauer gesagt: Sie sind bei beiden Geschlechtern systematisch ungleich produziert worden: durch Kultur, Erziehung und Selbstsozialisation. Die vorprogrammierte Seltenheit solcher Paarkonstellationen wird so eher verständlich, aber auch angreifbarer – im

doppelten Wortsinn –, und sie wird von der Mythologie des Schicksalhaften befreit. Ausbalancierte kreative Partnerschaften sind nicht märchenhaftes Schicksal, sondern aus den Erfahrungen und Eigenschaften ihrer Partner zu verstehen.
6. Der strukturelle Blick auf kreative Paare der beiden o.a. Muster kann potentiell also zwei patriarchale Klischees gleichzeitig in Frage stellen: das des autonomen männlichen Genies in Kunst und Wissenschaft, wie auch jenen Klischee-Reigen, der noch immer um das heterosexuelle Paar aufgeführt wird. Männer müssen in der Zusammenarbeit mit einer ebenbürtigen Partnerin keineswegs ihre ‚Männlichkeit' einbüßen, sondern sie können vielmehr ihre Kreativität steigern. Frauen müssen nicht um der ‚gemeinsamen' Sache willen sich unterordnen, aufopfern oder zurückstecken. Sie können Förderung ohne Gesichtsverlust annehmen wie zurückgeben und mit eigenen Leistungen aufwarten, ohne ‚seine' Karriere zu beeinträchtigen. Beeinträchtigungen ergeben sich erst dann, wenn sie klischeegerecht herbeiphantasiert werden.

Und – was für geniale Paare gilt, darf für Normalsterbliche mutatis mutandis auch ein Stück weit gelten: Eine produktive Frau-Mann-Zusammenarbeit muss nicht immer den ‚großen Erzählungen' folgen von männlicher Kreativität oder vom Ewigweiblichen, das ‚ihn' hinanzieht. Ausgetestete neue Produktivitäts- und Geschlechtermuster stehen durchaus schon bereit.

LITERATUR

Adler, F.: Sisters in crime. New York 1975
AKTIV: Frauen in BadenWürttemberg 1998, Ausgabe 2
Allemann-Tschopp, A.: Geschlechtsrollen. Versuch einer interdisziplinären Analyse. Bern 1979a
Allemann-Tschopp, A.: Die Bedeutung des ersten Kindes für die Geschlechtsrollen-Differenzierung. In: Degenhardt, A. & Trautner, H. (Hg.): Geschlechtstypisches Verhalten. München 1979b, 102–121
Allen, P.G.: Beloved women: Lesbians in American Indian cultures. Conditions 1981, 7, 70ff.
Alper, T.: Achievement motivation in college women: A now-you-see-it-now-you-don't phenomenon. American Psychologist 1974, 29, 194–203
Andersen, M.: Women, crime, and deviance. In dies.: Thinking about women. Sociological perspectives on sex and gender. Chap. 9. New York 1988, 250–283
Antonovsky, A.: Salutogenese. Tübingen 1997 (Original 1987)
Apel, H. & Fischer, A.: Jugend '92: Lebenslagen, Orientierungen und Entwicklungsperspektiven im vereinigten Deutschland. Opladen 1992
Archer, D. & McDaniel, P.: Violence and gender: Differences and similarities across societies. In: Ruback, R. & Weiner, N. (Eds.): Interpersonal violent behaviors. New York 1995, 63–87
Archer, D. et al.: Männer-Köpfe, Frauen-Körper: Studien zur unterschiedlichen Abbildung von Frauen und Männern auf Pressefotos. In: Schmerl, C. (Hg.): In die Presse geraten. Darstellung von Frauen in der Presse und Frauenarbeit in den Medien. Köln 1989[2], 53–75
Aries, Ph.: Geschichte der Kindheit, München 1976
Aristoteles: Politik und Staat der Athener. Eingeleitet und neu übertragen von Olof Gigon (Hier: 2. Buch, 9, 1269b–1270a) Zürich 1971
Astell, M.: Reflections upon marriage. London 1700. Neuherausgabe von Bridget Will (Ed.): The first English feminist. Reflections upon marriage and other writings by Mary Astell. Aldershot 1986
Astin, H. & Bayer, A.: Sex discrimination in academy. In: Rossi, A. & Calderwood, A. (Eds.): Academic women on the move. New York 1973, 333–356
Atkin, C. & Miller, N.: The effects of television on children: Experimental evidence. Paper presented to the Mass Communication Division of the International Communication Association. Chicago 1975
Atwood, M.: Katzenauge. Frankfurt 1990
Augspurg, A. (Hg.): Zeitschrift für Frauenstimmrecht. Berlin 1907–1912
Babey-Brooke, A.: Discrimination against women in the United States: Higher education, government enforcement agencies, and unions. In: Rohrlich-Leavitt, R. (Ed.): Women crossculturally. Change and challenge. The Hague 1975, 361–373
Badinter, E.: Die Mutterliebe. Geschichte eines Gefühls vom 17. Jahrhundert bis heute. München 1981

Badinter, E.: Ich bin Du. Die neue Beziehung zwischen Mann und Frau oder Die androgyne Revolution. München 1987
Badinter, E.: XY. Die Identität des Mannes. München 1993
Bamberg, E. & Mohr, G.: Frauen als Forschungsthema: Ein blinder Fleck in der Psychologie. In: Mohr, G., Rummel, M. & Rückert, D. (Hg.): Frauen. Psychologische Beiträge zur Arbeits- und Lebenssituation. München 1982, 1–19
Bandura, A.: Lernen am Modell. Stuttgart 1976
Bandura, A.: Aggession. Eine sozial-lerntheoretische Analyse. Stuttgart 1979a (Original 1973)
Bandura, A: Sozialkognitive Lerntheorie. Stuttgart 1979b (Original 1977)
Bandura, A.: Social foundation of thought and action: A social cognitive theory. Englewood Cliffs 1986
Bandura, A., Ross, D. & Ross, S.: Imitation of film-mediated aggressive models. Journal of Abnormal and Social Psychology 1963, 66, 3–11
Bandura, A. & Walters, R.: Aggression. In: Stevenson, H. (Ed.): Child psychology. 62. Yearbook of the national study of education. Chicago 1963
Barthel, D.: Putting on appearances: Gender and advertising. Philadelphia 1988
Bartos, R.: The moving target: What every marketer should know about women. New York 1982
Bartos, R.: Marketing für Frauen weltweit. Wien 1992
Bateson, M.C.: Mit den Augen einer Tochter. Meine Erinnerungen an Margaret Mead und Gregory Bateson. Reinbek 1986 (Original 1984)
Baumann, U.: Bericht zur Lage der deutschsprachigen Psychologie 1994 – Fakten und Perspektiven. Psychologische Rundschau 1995, 46, 3–17
Beauvoir, S. de: Das andere Geschlecht. Reinbek 1972 (Original 1949)
Beck-Gernsheim, E.: Vom Geburtenrückgang zur neuen Mütterlichkeit? Über private und politische Interessen am Kind. Frankfurt 1984
Beck-Gernsheim, E.: Wieviel Mutter braucht das Kind? Geburtenrückgang und der Wandel der Erziehungsarbeit. In: Hradil, S. (Hg.): Sozialstruktur im Umbruch. Opladen 1985
Beck-Gernsheim, E.: Die Kinderfrage. Frauen zwischen Kinderwunsch und Unabhängigkeit. München 1988
Belle, D.: The stress of caring: Women as providers of social support. In: Goldberger, L. & Bresnitz, S. (Eds.): Handbook of stress. New York 1982, 496–505
Belle, D.: Der Streß des Versorgens: Frauen als Spenderinnen sozialer Unterstützung. In: Schmerl, C. & Nestmann, F. (Hg.): Ist Geben seliger als Nehmen? Frauen und Social Support. Frankfurt 1990a, 36–52
Belle, D.: Frauen und Kinder in Armut – Soziale Einbindung, soziale Unterstützung. In: Schmerl, C. & Nestmann, F. (Hg.): Ist Geben seliger als Nehmen? Frauen und Social Support. Frankfurt 1990b, 128–144
Belotti, E.: Was geschieht mit kleinen Mädchen? Über die zwangsweise Herausbildung der weiblichen Rolle in den ersten Lebensjahren durch die Gesellschaft. München 1975
Bem, S.: The measurement of psychological androgyny. Journal of Consulting and Clinical Psychology 1974, 42, 155–162
Bem, S.: Sex role adaptability: One consequence of psychological androgyny. Journal of Personality and Social Psychology 1975, 31, 634–643

Bem, S.L.: Androgyny and gender schema theory: A conceptual and empirical integration. Nebraska Symposium on Motivation 1985, 32, 179–226
Bem, S.: Gender schema theory and the romantic tradition. In: Shaver, P. & Hendrick, C. (Eds.): Review of personality and social psychology 1987, Vol. 7, Newbury Park, 251–271
Bem, S.: The lenses of gender. Transforming the debate on sexual inequality. New Haven 1993
Benard, C. & Schlaffer, E.: Ohne uns seid ihr nichts. Was Frauen für Männer bedeuten. München 1992
Benard, C. & Schlaffer, E.: Mütter machen Männer. Wie Söhne erwachsen werden. München 1994
Benedict, R.: Urformen der Kultur. Hamburg 1955 (Original 1934)
Benjamin, J.: Die Fesseln der Liebe. Psychoanalyse, Feminismus und das Problem der Macht. Basel 1990
Benstock, B.: Non-negotiable bonds: Lillian Hellman & Dashiell Hammett. In: Chadwick, W. & De Courtivron, I. (Eds.): Significant Others. Creativity and intimate partnership. London 1993, 173–187
Berger, J.: Sehen. Das Bild der Welt in der Bilderwelt. Reinbek 1992 (Original 1972)
Berger, R.: Pars pro toto. Zum Verhältnis von künstlerischer Freiheit und sexueller Integrität. In: Großmaß, R. & Schmerl, C. (Hg.): Leitbilder, Vexierbilder und Bildstörungen. Frankfurt 1996, 125-164
Bernard, J.: The paradox of happy marriage. In: Gornik, V. & Morgan, B. (Eds.): Women in sexist society: Studies in power and powerlessness. New York 1971
Bierhoff-Alfermann, D.: Psychologie der Geschlechtsunterschiede. Köln 1977
Bierhoff-Alfermann, D.: Androgynie. Möglichkeiten und Grenzen der Geschlechterrollen. Opladen 1989
Bierhoff-Alfermann, D. & Rudinger, G.: Es lebe der Unterschied! Psychologie Heute 1979, 6, 6, 46–54
Bilden, H.: Geschlechtsspezifische Sozialisation. In: Hurrelmann, K. & Ulich, D. (Hg.): Sozialisationsforschung. Weinheim 1980, 777–812
Biller-Adorno, N.: Kind und Karriere. Frankfurt 2005
Bischoff, C.: Frauen in der Krankenpflege. Zur Entwicklung von Frauenrolle und Frauenberufstätigkeit im 19. und 20. Jahrhundert. Frankfurt 1997[3]
Bischoff-Köhler, D.: Von Natur aus anders. Die Psychologie der Geschlechtsunterschiede. Stuttgart 2004
Bisinger, M.: Der gespaltene Mann. In: Bisinger, M. et al. (Hg.): Der ganz normale Mann. Frauen und Männer streiten über ein Phantom. Reinbek 1992, 42–66
Björkqvist, K.: Sex differences in physical, verbal, and indirect aggression: A review of recent research. Sex Roles 1994, 30, 3/4, 177–188
Björkqvist, K., Lagerspetz, K. & Kaukiainen, A.: Do girls manipulate and boys fight? Developmental trends regarding direct and indirect aggression. Aggressive Behavior 1992, 18, 117–127
Björkqvist, K. & Niemelä, P.: New trends in the study of female aggression. In: dies. (Eds.): Of mice and women. Aspects of female aggression. New York 1992, 3–25
Björkqvist, K., Östermann, K. & Kaukiainen, A.: The development of direct and indirect aggressive strategies in males and females. In: Björkqvist, K. & Niemelä, P. (Eds.): Of mice and women. Aspects of female aggression. New York 1992, 51–64

Bleibtreu-Ehrenberg, G.: Homosexualität. Die Geschichte eines Vorurteils. Frankfurt/M. 1981
Bleibtreu-Ehrenberg, G.: Der Weibmann. Kultischer Geschlechtswechsel im Schamanismus. Frankfurt 1984
Bleschoefski, R. (Hg.): Werbewand in Frauenhand! Hamburg 1989
Bly, R.: Eisenhans: ein Buch über Männer. München 1991
Bochnik, P.: Die mächtigen Diener. Die Medizin und die Entwicklung von Frauenfeindlichkeit und Antisemitismus in der europäischen Geschichte. Reinbek 1985
Bock, U., Braszeit, A. & Schmerl, C.: Frauen im Wissenschaftsbetrieb. Weinheim 1983
Bock, U. & Schmerl, C.: Zum Verständnis „feministischer" Therapiegruppen. Psychologie und Gesellschaftskritik 1979, 3, Heft 9/10, 128–152
Böhm, N.: Frauen – das kranke Geschlecht? Zur Epidemiologie psychischer Erkrankungen bei Frauen. In: Rommelspacher, B. (Hg.): Weibliche Beziehungsmuster. Psychologie und Therapie von Frauen. Frankfurt 1987, 71–101
Bölke, G.: Die Wandlung der Frauenemanzipationstheorie von Marx bis zur Rätebewegung. Hamburg 1971
Bonstein, J., Jung, A. & Theile, M.: Generation Kinderlos. Der Spiegel 2005, Heft 37, 62–72
Bornemann, E.: Das Patriarchat. Ursprung und Zukunft unseres Gesellschaftssystems. Frankfurt 1975
Bourdieu, P.: Die männliche Herrschaft. Frankfurt 2005
Bovenschen, S.: Die imaginierte Weiblichkeit. Exemplarische Untersuchungen zu kulturgeschichtlichen und literarischen Präsentationsformen des Weiblichen. Frankfurt 1979
Braun, C. von: Nicht Ich. Logik, Lüge, Libido. Frankfurt 1988[2]
Braun, C. von: Das Kloster im Kopf. Weibliches Fasten von mittelalterlicher Askese zu moderner Anorexie. In: Flaake, D. & King, V. (Hg.): Weibliche Adoleszenz. Zur Sozialisation junger Frauen. Frankfurt 1992, 213–239
Braun, C. von & Stephan, I. (Hg.): Gender Studien. Stuttgart 2000
Brodwin, S.: History and martyrological tragedy: The Jewish experience in Sholem Asch and André Schwarz-Bart. Twentieth Century Literature: A Scholary and Critical Journal 1994, 40, 72–91
Brodzki, B.: Nomadism and the textualization of memory in André Schwarz-Bart's La mulatresse Solitude. Yale French Studies 1993, 83, 213–230
Broverman, I., Broverman, D., Clarkson, F., Rosenkrantz, P. & Vogel, S.: Sex-role stereotypes and clinical judgements of mental health. Journal of Consulting and Clinical Psychology 1970, 34, 1–7
Brown, G., Bhrolchain, M. & Harris, T.: Social class and psychiatric disturbance among women in an urban population. Sociology 1975, 9, 225–254
Bryer, J. (Ed.): Conversations with Lillian Hellman. London 1986
Bundesministerium für Frauen und Jugend (Hg.): Medienpaket „Gewalt gegen Frauen und Mädchen". Unterrichtsvorschläge für Deutsch/Geschichte/Sozialkunde/Geographie/Englisch. Bonn 1994
Burbank, V.: Female aggression in cross-cultural perspective. Behavior Science Research 1987, 21, 70–100

Busch, A.: Der metaphorische Schleier des ewig Weiblichen – zu Luce Irigaray's Ethik der sexuellen Differenz. In: Großmaß, R. & Schmerl, C. (Hg.): Feministischer Kompass, patrirachales Gepäck. Frankfurt 1989, 117–171
Buss, A.: The effect of harm on subsequent aggression. Journal of Experimental Research in Personality 1966, 1, 249–255
Buss, A.: The psychology of aggression. New York 1961
Butler, J.: Das Unbehagen der Geschlechter. Frankfurt 1991 (Original 1990)
Cady-Stanton, E.: The woman's bible. New York 1895
Cairns, R., Cairns, B., Neckermann, H., Ferguson, L. & Gariépy, J.-L.: Growth and aggression: 1. Childhood to early adolescence. Developmental Psychology 1989, 25, 2, 320–330
Campbell, A.: The girls in the gang. Oxford 1990[2]
Campbell, A.: Zornige Frauen, wütende Männer. Wie das Geschlecht unser Aggressionsverhalten beeinflußt. Frankfurt 1995 (Original 1993)
Campbell, K. (Ed.): Critical feminism. Argument in the disciplines. Buckingham 1992
Caplan, P.: Take the blame off mother. Psychology Today 1986, 20, 70–71
Carroll, B. (Ed.): Liberating women's history. London 1976
Cattell, J.M.: The school and the family. Popular Science Monthly 1906, 62, February, 359–377
Cheles-Miller, R.: Reactions to marital roles in commercials. Journal of Advertising Research 1975, 15, 45–49
Chesler, Ph.: Frauen – das verrückte Geschlecht? Reinbek 1977
Chesney-Lind, M.: Women and crime: The female offender. Signs 1986, 12, 1, 78–96
Chodorow, N.: Das Erbe der Mütter. München 1985 (Original 1978)
Clausen, G.: Mißhandelte Frauen im Netz sozialer Hilfen. Hamburg: Leitstelle zur Gleichstellung der Frau. Hamburg 1981
Clement, V.: Sexualität im sozialen Wandel. Stuttgart 1986
Clement, V. & Starke, K.: Sexualverhalten und Einstellungen zur Sexualität bei Studenten in der BRD und in der DDR. Zeitschrift für Sexualforschung 1988,1,30–44
Cohen, D.: Psychologists on psychology. New York 1995[2], Chap. 1: Sandra Bem, 19–44
Condry, J. & Dyer, S.: Fear of success: Attribution of cause to the victim. Journal of Social Issues 1976, 32, 63–83
Courtney, A. & Whipple, Th.: Sex stereotyping in advertising. Lexington 1983
Craig, R.: The effects of television day part on gender portrayals in television commercials: A content analysis. Sex Roles 1992, 26, 197–211
Crick, N., Wellman, N., Casas, J., O'Brien, K., Nelson, D., Grotpeter J. & Markon, K.: Childhood aggression and gender: A new look at an old problem. Nebraska Symposium on Motivation 1997, 45, 75–141
Curie, E.: Madame Curie. Leben und Wirken. Wien 1937
Curie, M.: Préface. Oeuvres de Pierre Curie. Paris 1908
Curie, M.: Pierre Curie. Wien 1950 (Original 1923)
Curie, M.: Selbstbiographie. Leipzig 1962
Daly, M.: Gyn/Ökologie. Die Metaethik des radikalen Feminismus. München 1981
Daly, M.: Reine Lust. Elemental-feministische Philosophie. München 1986
Dannecker, M.: Was treibt uns? Anmerkungen zur Triebtheorie. In: Dannecker, M.: Das Drama der Sexualität. Hamburg 1992, 129–137

Dannhauer, H.: Geschlecht und Persönlichkeit. Berlin 1973
Dausien, B.: „Biographie" als rekonstruktiver Zugang zu „Geschlecht" – Perspektiven der Biographieforschung. In: Lemmermöhle, D. et al. (Hg.): Lesarten des Geschlechts. Opladen 2000, 96–115
Dausien, B.; Herrmann, M.; Oechsle, M.; Schmerl, C. & Stein-Hilbers, M. (Hg.): Erkenntnisprojekt Geschlecht. Feministische Perspektiven verwandeln Wissenschaft. Opladen 1999
David, M. & Woodward, D. (Eds.): Negotiating the glass ceiling. Careers of senior women in the academic world. London 1998
Davis, E.: Am Anfang war die Frau. München 1977
De Jong, Th.M.: Der weibliche Körper als Experimentierfeld. Wie frauenfeindlich ist die Reproduktionsmedizin? Psychologie Heute Compact 1998, Heft 2, 84–87
Debatin, B.: Symbolische Welten und die Möglichkeit der Metaphernreflexion. Vortrag XVI. Deutscher Kongreß für Philosophie »Neue Realitäten«, 20.–24. September 1993 Berlin. Zitiert nach dem Kongreßreader S. 264–271
Degenhardt, A.: Geschlechtstypisches Verhalten über die Lebensspanne. In: Degenhardt, A. & Trautner, H. (Hg.): Geschlechtstypisches Verhalten. München 1979, 26–49
Denig, E.T.: Biography of woman chief. In: Katz, J. (Ed.): Gay American history. New York 1976, 308–311 (Original: 1855/56)
Der Spiegel: Die Schöne und die sieben Tiere. 1992, Heft 7, 222
Der Spiegel: Kultur der Erotik. 1992, Heft 8, 56–58
Der Spiegel: »Die Welt ist voll Gedudel«. Spiegel-Gespräch mit der Klarinettistin Sabine Meyer über Frauen in Elite-Orchestern. 1996, Heft 33, 146–148
Der Spiegel: »Da bleibt keine Nase heil«. Brutalität von Jungen ist nicht länger eine Domäne von Jungen - immer mehr Mädchen prügeln und foltern. 1998a Heft 11, 74–83
Der Spiegel: Ich mach' was aus dir, Kleines. 1998b Heft 11, 116–126
Der Spiegel: Stutenbissige Damen. 1998c Heft 12, 259
Devereux, G.: Angst und Methode in den Verhaltenswissenschaften. Frankfurt 1984
Diezinger, A. et al. (Hg.): Erfahrung mit Methode – Wege sozialwissenschaftlicher Frauenforschung. Forum Frauenforschung, Bd. 8. Freiburg i.Br. 1994
Dischner, G.: Gedankenspiele zum orphischen Narzißmus. In: Dischner, G. & Faber, R. (Hg.): Romantische Utopie – Utopische Romantik. Hildesheim 1979, 270–300
Dölling, I. & Krais, B.: Ein alltägliches Spiel. Geschlechterkonstruktionen in der sozialen Praxis. Frankfurt 1997
Dohm, H.: Die wissenschaftliche Emanzipation der Frau. Berlin 1874
Dohrenwend, B.: Social status and stressful life events. Journal of Personality and Social Psychology 1973, 28, 225–235
Dohrenwend, D.: Anticipation and control of stressful life events: An exploratory analysis. Paper presented to the annual meeting of the Eastern Psychological Association. New York City 1976
Dollard, J., Doob, L., Miller, N., Mowrer O. & Sears, R.: Frustration und Aggression. Weinheim 1973 (Original 1939)
Dritter Familienbericht der Bundesregierung. Bundestagsdrucksache 8/3121 vom 20.8.1979
Dumont du Voitel, W.: Macht und Entmachtung der Frau. Frankfurt 1994
Dyson, F.: Disturbing the universe. New York 1980.

Dworkin, A.: Pornographie. Männer beherrschen Frauen. Köln 1987 (Original 1979)
Eagly, A. & Steffen, V.: Gender and aggressive behavior: A meta-analytic review of the social psychological literature. Psychological Bulletin 1986, 100, 3, 109–330
Easthope, A.: What a man's gotta do. The masculine myth in popular culture. London 1986
Einsele, H. & Rothe, G.: Frauen im Strafvollzug. Reinbek 1982
Engels, F.: Der Ursprung der Familie, des Privateigentums und des Staats. In: MEW, Berlin 1972, 25–173 (Original 1884)
Erler, G.: Die Barbarei der Ritterlichkeit. Polemik gegen die Rückkehr des väterlichen Sorgerechts. Freibeuter 1986, 29, 58–69
Eron, L.: Theories of aggression. From drives to cognitions. In: Huesmann, L. (Ed.): Aggressive behavior: Current perspectives. New York 1994, 3–11
Faber, C. & Kowol, U.: „Frauen und Männer müssen gleich sein!" „Gleich den Männern oder gleich den Frauen?" Fallstudien zur betrieblichen Chancengleichheit und modernen Personalpolitik in kleinen und mittleren Unternehmen. München 2003
Falk, D.: Lillian Hellman. New York 1978
Faludi, S.: Die Männer schlagen zurück. Reinbek 1993
Feshbach, N.: Sex differences in children's modes of aggressive responses toward outsiders. Merril-Palmer Quarterly 1969, 15, 249–258
Fester, R.: Medias in res ... In: Fester, R. et al. (Hg.): Weib und Macht. Fünf Millionen Jahre Urgeschichte der Frau. Frankfurt 1980, 7–34
Fester, R., König, M., Jonas, D. & Jonas, A. (Hg.): Weib und Macht. Frankfurt 1980
Fischer, A., Fischer, R., Fuchs, W. Zinnecker, J.: Jugend '81. Lebensentwürfe, Alltagskulturen, Zukunftsbilder. Studie im Auftrag des Jugendwerks der Deutschen Shell. Hamburg 1981
Fischer-Homberger, E.: Krankheit Frau. Stuttgart 1979
Flaake, K. & King, V. (Hg.): Weibliche Adoleszenz. Zur Sozialisation junger Frauen. Frankfurt 1992
Flax, J.: Postmoderne und Geschlechter-Beziehungen in der feministischen Theorie. Psychologie und Gesellschaftskritik 1992, 16, Nr. 63/64, 69–102
Fölsing, U.: Marie Curie. Wegbereiterin einer neuen Wissenschaft. München 1990
Foucault, M.: Sexualität und Wahrheit. 3 Bde, Frankfurt 1976–1986 (Original: Histoire de la sexualité. Paris 1976–1984)
Franke, A.: Die Gesundheit der Männer ist das Glück der Frauen. In: Franke, A. & Jost, I. (Hg.): Das Gleiche ist nicht dasselbe. Zur subkutanen Diskriminierung von Frauen. Tübingen 1985, 9–31
Franke, A.: Zum Stand der konzeptionellen und empirischen Entwicklung des Salutogenesekonzepts. In: Antonovsky, A.: Salutogenese (dtsch. Herausgabe A. Franke) Tübingen 1997, 169–190
Franke, A.: Sie ist Frau und trotzdem von guter Gesundheit. Praxis der klinischen Verhaltensmedizin und Rehabilitation 1998, 43, 6–11
Franke, A., Elsesser, K., Sitzler, F., Algermissen, G. & Kötter, S.: Gesundheit und Abhängigkeit bei Frauen: eine salutogenetische Verlaufsstudie. Cloppenburg 1998
Franke, A. & Kämmerer, A. (Hg.): Klinische Psychologie der Frau. Ein Lehrbuch. Göttingen 2001
Frankfurter Rundschau 11.9.1991: Straßenkriminalität: „Die Mädchen holen auf."

Frankfurter Rundschau 25.8.1997: Lange haben die Journalisten auf einen Sieger im Machtkampf gewartet.
Frankfurter Rundschau 25.3.1998: Streit unter Eheleuten endete tödlich.
Frankfurter Rundschau 22.8.2005: Benachteiligt.
Frankfurter Rundschau 16.9.2005: Führungskräfte. Anteil von Frauen seit Jahren kaum verändert.
Frauengeschichte. Dokumentation des 3. Historikerinnentreffens Bielefeld 1981. Beiträge zur feministischen Theorie und Praxis 1981, 5, 119–121
Freire, P.: Pädagogik der Unterdrückten. Reinbek 1973 (Original 1970)
French, M.: Jenseits der Macht. Frauen, Männer und Moral. Reinbek 1988
French, M.: Der Krieg gegen die Frauen. München 1992
Freud, S.: Triebe und Triebschicksale. In: Gesammelte Werke Bd. 10, 209. Frankfurt 1960 (Original 1915)
Frevert, U.: Frauen und Ärzte im späten 18. und frühen 19. Jahrhundert – zur Sozialgeschichte eines Gewaltverhältnisses. In: Kuhn, A. & Rüsen, J. (Hg.): Frauen in der Geschichte II. Düsseldorf 1982, 177–210
Freytag, G.: Grundlagen der feministischen Therapie. In: Bilden, H. (Hg.): Das Frauentherapie Handbuch München 1992, 11–35
Friedan, B.: Der Weiblichkeitswahn oder die Selbstbefreiung der Frau. Reinbek 1986 (Original 1963)
Frings, M.: Liebesdinge. Bemerkungen zur Sexualität des Mannes. Reinbek 1984
Frodi, A., Macaulay, J. & Thome, P.: Are women always less aggressive than men? A review of the literature. Psychological Bulletin 1977, 84, 4, 634–660
Frueh, T. & McGhee, P.: Traditional sex role development and amount of time spent watching television. Developmental Psychology 1975, 11, 109
Gallant, S., Coons, H. & Morokoff, P.: Psychology and women's health: Some reflections and future directions. In: Adesso, V., Reddy, D. & Fleming, R. (Eds.): Psychological perspectives in women's health. Washington 1994, 315–345
Geertz, C.: The interpretation of culture. New York 1973
Gehlen, A.: Über Kultur, Natur und Natürlichkeit. 1958. In: Gehlen, A. (Hg.): Anthropologische Forschung. Hamburg 1961, 78ff.
Geis, F. et al.: TV commercials as achievement scripts for women. Sex Roles 1984, 10, 513–525
Gerbner, G.: Violence in television drama: Trends and symbolic functions. In: Comstock, G. & Rubinstein, E. (Eds.): Media content and control. Television and social behavior, Vol. 1. Washington 1972, 28–187
Gerhard, U.: Gleichheit ohne Angleichung. München 1990a
Gerhard, U.: Unerhört. Die Geschichte der deutschen Frauenbewegung. Reinbek 1990b
Gewirtz, H. & Gewirtz, J.: Visiting and caretaking patterns for Kibbutz Infants: Age and sex trends. American Journal for Orthopsychiatry 1968, 38, 427–443
Gildemeister, R. & Wetterer, A.: Wie Geschlechter gemacht werden. Die soziale Konstruktion der Geschlechtlichkeit und ihre Reifizierung in der Frauenforschung. In: Knapp, A. & Wetterer, A. (Hg.): Traditionen, Brüche. Freiburg, 1992, 201–254
Gilligan, C.: Die andere Stimme. Lebenskonflikte und Moral der Frau. München 1984 (Original 1982)

Gilligan, C.: Moralische Orientierung und moralische Entwicklung. In: Nunner-Winkler, G. (Hg.): Weibliche Moral. Frankfurt 1991, 79–100

Gilligan, C. & Attanucci, J.: Two moral orientations: Gender differences and similarities. Merrill-Palmer Quarterly 1988, 34, 3, 223–237

Gilly, M.: Sex roles in advertising: A comparison of television in Australia, Mexico, and the United States. Journal of Marketing 1988, 52, 75–85

Gilman, C.P.: Herland. Reinbek 1980 (Original 1915)

Gimbutas, M.: Die Zivilisation der Göttin. Frankfurt 1996 (Original 1991)

Gissrau, B.: Die Sehnsucht der Frau nach der Frau. Das Lesbische in der weiblichen Psyche. Zürich 1993

Glaser, B. & Strauss, A.: The discovery of grounded theory. Chicago 1967

Gleichberechtigungsreferat der Stadt Marburg: Frauen- und Männerbilder in der Werbung. Ausstellung und Katalog. Marburg 2005

Gleichstellungsstelle Dresden: Der Frauenzoo der Werbung. Das Frauenbild in der Werbung Dresdens. Wanderausstellung und Katalog. Dresden 2002

Glogauer, W.: Die neuen Medien verändern die Kindheit. Weinheim 1993

Goffman, E.: Geschlecht und Werbung. Frankfurt 1981 (Original 1976)

Goleman, D.: Das Gehirn ist nicht geschlechtslos. Psychologie Heute 1979, 6, 6, 54–61

Gorin, J.-P.: Du Dernier des justes à La mulatresse Solitude. Le Monde 25.2.1972, VIII

Göttner-Abendroth, H.: Die Göttin und ihr Held. München 1980

Göttner-Abendroth, H.: Die tanzende Göttin. München 1982

Gove, W.: The relationship between sex roles, marital status, and mental illness. Social Forces 1972, 51, 34–44

Gove, W.: The relationship between sex roles, marital status and mental illness. In: Kaplan, A. & Bean, J. (Eds.): Beyond sex-role stereotypes: Reading toward a psychology of androgyny. Boston 1976

Gove, W.: Sex differences in the epidemiology of mental disorder: Evidence and explanations. In: Gomberg, E. & Franks, V. (Eds.): Gender and disordered behavior. New York 1979, 23–70

Gove, W. & Tudor, J.: Adult sex roles and mental illness. American Journal of Sociology 1973, 77, 812–835

Grady, K.E.: Sex as a social label: The illusion of sex differences. Doctoral dissertation, Graduate Center, City University of New York 1977 (Dissertation Abstracts International 1977, 38, 416 B)

Grady, K.E.: Sex bias in research design. Psychology of Women Quarterly 1981, 5, 628–636

Grahn, J.: Strange country this: Lesbianism and North American Indian tribes. In: Kehoe, M. (Ed.): Historical, literary, and erotic aspects of lesbianism. London 1986, 43–57

Gregory, S.: Dashiell Hammett and the hard-boiled detective genre. In: dies.: Private investigations. The novels of Dashiell Hammett. Carbondale 1985, 1–28

Grießhammer, B.: „... und immer lockt das Weib." 100 Jahre Werbung mit der Frau. Wanderausstellung. Erlangen 1994

Griffin, S.: The way of all ideology. In: Keohane, N., Rosaldo, M. & Gelpi, B. (Eds.): Feminist theory. A critique of ideology. Brighton 1982, 273–292

Großmaß, R.: Von der Verführungskaft der Bilder: Mary Daly's Elemental-Feministische Philosophie. In: Großmaß, R. & Schmerl, C. (Hg.): Feministischer Kompaß, patriarchales Gepräck. Frankfurt 1989a, 56–116

Großmaß, R.: Feminismus im Schoß der Familie. Kritische Überlegungen zu Chodorow's ‚Erbe der Mütter'. In: Großmaß, R. & Schmerl, C. (Hg.): Feministischer Kompaß, patriarchales Gepäck. Frankfurt 1989b, 172–210

Großmaß, R.: Psychische Folgen sexueller Übergriffe auf Studentinnen. In: Zentrale Studentenberatung (ZSB) der Universität Bielefeld (Hg.): ZSB-Jahresbericht 1995, 13–24

Grunow-Lutter, V.: Frauen und Gesundheitsselbsthilfe in der Familie. In: Nestmann, F. & Schmerl, C. (Hg.): Frauen – das hilfreiche Geschlecht. Reinbek 1991, 151–170

Gyssels, K.: L'identité féminine et l'espace clos dans le roman caribéen: l'oeuvre de Simone et André Schwarz-Bart et de Beryl Gilroy. Canadian Review of Comparative Literature 1995, Septembre, 787–801

Hagemann-White, C.: Sozialisation: Weiblich – männlich? Opladen 1984

Hagemann-White, C.: Wir werden nicht zweigeschlechtlich geboren ... In: Hagemann-White, C. & Rerrich, M. (Hg.): FrauenMännerBilder. Männer und Männlichkeit in der feministischen Diskussion. Bielefeld 1988, 224–235

Hall, S.G.: Adolescence. Vol.2. New York 1904

Hammes, M.: Hexenwahn und Hexenprozesse. Frankfurt 1977

Harding, S. (Ed.): Feminism & methodology. Bloomington 1987

Harding, S.: Feministische Wissenschaftstheorie. Zum Verhältnis von Wissenschaft und sozialem Geschlecht. Hamburg 1990 (Original 1986)

Harding, S.: Das Geschlecht des Wissens. Frauen denken die Wissenschaft neu. Frankfurt 1994 (Original 1991)

Harding, S.: Die notwendige Erweiterung des Spektrums. Eine Zwischenbilanz feministischer Kritik an Naturwissenschaften und Technik. Frankfurter Rundschau 10.10.2000

Haring-Hidore, M., Stock, W., Okun, M. & Witter, R.: Marital status and well-being: A subjective synthesis. Journal of Marriage and the Family 1985, 47, 947–954

Harrison-Jones, P.: A recursive vision: Ecological understanding and Gregory Bateson. Toronto 1995

Haste, H.: The sexual metaphor. London 1993

Hausen, K.: Die Polarisierung der „Geschlechtscharaktere" – Eine Spiegelung der Dissoziation von Erwerbs- und Familienleben. In: Conze, W. (Hg.): Sozialgeschichte der Familie in der Neuzeit Europas. Stuttgart 1976, 367–393

Hebbel, F.: Friedrich Hebbel's sämtliche Werke. Mit einer biographischen Einleitung von Adolf Stern, Band 1–3. Hamburg 1865

Heckhausen, H.: Leistungsmotivation. In: Thomae, H. (Hg.): Handbuch der Psychologie, Bd. 2. Göttingen 1965, 602–702

Heckhausen, H.: Leistungsmotivation – Unternehmerinitiative – Wirtschaftswachstum. In: Heckhausen, H. u.a. (Hg.): Das Leistungsprinzip in der Industriegesellschaft. Köln 1974

Heinsohn, G.: Privateigentum, Patriarchat, Geldwirtschaft. Eine sozialtheoretische Rekonstruktion zur Antike. Frankfurt 1984

Heinsohn, G., Knieper, R. & Steiger, O.: Menschenproduktion. Allgemeine Bevölkerungslehre der Neuzeit. Frankfurt 1979

Heinsohn, G. & Steiger, O.: Die Vernichtung der weisen Frauen. Beiträge zur Theorie und Geschichte von Bevölkerung und Kindheit. Herbstein 1985

Helfferich, C.: Mädchen, Mädchen. Die „Entdeckung der Mädchen" und ihrer „besonderen Gefährdung" in der Gesundheitsforschung. Verhaltenstherapie & psychosoziale Praxis 1989, 21, 1, 19–38
Helfferich, C.: Frauengesundheitsforschung in der BRD. In: Helfferich, C. & v. Troschke, J. (Hg.): Der Beitrag der Frauengesundheitsforschung zu den Gesundheitswissenschaften/Public Health in Deutschland. Freiburg 1994a, 16–26
Helfferich, C.: Ergebnisse der Diskussion „Frauen und Gesundheitswissenschaften - Bilanz und Perspektiven für die Forschung". Kommentar zur Agenda. In: Helfferich, C. & v. Troschke, J. (Hg.): Der Beitrag der Frauengesundheitsforschung zu den Gesundheitswissenschaften/Public Health in Deutschland. Freiburg 1994b, 75–79
Helfferich, C.: Perspektiven der Frauengesundheitsforschung in Deutschland. In: Maschewsky-Schneider, U. (Hg.): Frauen – das kranke Geschlecht? Opladen 1996, 113–130
Heller, E.: Frauen haben im Beruf nichts zu suchen und zu Hause nichts zu tun - die neue Frau der 80er Jahre. In: Schmerl, C. (Hg.): Der Frauenzoo der Werbung. München 1992, 131–145
Hellman, L.: Three: An unfinished woman. Pentimento. Scoundrel time. Boston 1979
Hellman, L.: Vorwort zu The novels of Dashiell Hammett. New York 1984
Hemminger, H.J.: Soziobiologie des Menschen – Wissenschaft oder Ideologie? Spektrum der Wissenschaft 1994, Juni, 72-80
Hennig, M. & Jardim, A.: Frau und Karriere. Reinbek 1978
Hering, H.: Weibsbilder. Zeugnisse zum öffentlichen Ansehen der Frau. Reinbek 1979
Heritier, F. & Sullerot, E.: Die Frau in den ideologischen Systemen. In: Sullerot, E. (Hg.): Die Wirklichkeit der Frau. München 1979, 482–492
Heymann, L.G. & Augspurg, A.: Erlebtes – Erschautes. Deutsche Frauen kämpfen für Freiheit, Recht und Frieden 1850–1940. Meisenheim 1977 (Original 1941) .
Heyne, C.: Täterinnen. Offene und versteckte Aggression von Frauen. Zürich 1993
Hill, W.: The status of the hermaphrodite and transvestite in Navaho culture. American Anthropologist 1935, 37, 273–279
Hines, N. & Fry, D.: Indirect modes of aggression among women of Buenos Aires, Argentinia. Sex Roles 1994, 30, 3/4, 213–236
Hirschfeld, M.: Sexual anomalies and perversions. London 1938, 1952^2 (deutsch: Geschlechtsanomalien und Perversionen. Ein Studienbuch für Ärzte, Juristen, Seelsorger und Pädagogen. Aus dem Nachlaß ergänzt und geordnet von seinen Schülern. Frankfurt/Stockholm o.J.)
Hoffman, E.: Our health, our lives. A revolutionary approach to total health care for women. New York 1996
Hoffman, L.: Early childhood experiences and women's achievement motives. In: Mednick, M., Tangri, S. & Hoffman, L. (Eds.): Women and achievement. Washington 1975, 129–150
Holl, H.G.: Das lockere und das strenge Denken: Essays über Gregory Bateson. Weinheim 1985
Holliger, E.: Schon in der Steinzeit rollten die Pillen. Bern 1972
Hollingworth, L.: Functional periodicity: An experimental study of the mental and motor abilities of women during menstruation. New York 1914, Teachers College, Columbia University
Hollstein, W.: Die Männer - vorwärts oder zurück? Stuttgart 1990

Hollstein, W.: Nicht Herrscher, aber kräftig: die Zukunft der Männer. Reinbek 1991
Hollstein, W.: Machen Sie Platz, mein Herr. Reinbek 1992
Holmin, L.: The dramatic works of Lillian Hellman. Uppsala 1973
Holton, G.: The scientific imagination. Case studies. London 1974
Holzkamp, C. & Steppke, G.: Erziehung als Wissenschaft und Erziehung als produktive Tätigkeit – Ein Beitrag zur Geschlechtsspezifik der Sozialisationsforschung. In: Schaeffer-Hegel, B. & Wartmann, B. (Hg.): Mythos Frau. Projektionen und Inszenierungen im Patriarchat. Berlin 1984, 61–78
Honegger, C.: Die Ordnung der Geschlechter. Die Wissenschaften vom Menschen und das Weib. 1750–1850. Frankfurt 1991
Honegger, C. & Wobbe, T. (Hg.): Frauen in der Soziologie. München 1998
Horgan, J.: An den Grenzen des Wissens. Siegeszug und Dilemma der Naturwissenschaften. München 1997
Horner, M.: Femininity and successful achievement: Basic inconsistency. In: Bardwick, J., Douvan, E., Horner, M. & Gutman, D. (Eds.): Feminine personality and conflict. Belmont 1970, 45–74
Horner, M.: Toward an understanding of achievement-related conflicts in women. Journal of Social Issues 1972, 28 (2), 157–176.
Howard, J.: Margaret Mead. New York 1984
Huesmann, L.R. & Eron, L.: Cognitive processes and the persistence of aggressive behavior. Aggressive Behavior 1984, 10, 243–251
Huesmann, L.R. & Eron, L. (Eds.): Television and the aggressive child: A cross-national comparison. Hillsdale 1986
Hurrelmann, K.: Jugend 2002. Zwischen pragmatischem Idealismus und robustem Materialismus. Frankfurt 2002
Huston, A. et al.: Children's comprehension of televised features with masculine and feminine connotations. Developmental Psychology 1984, 20, 707–716
Hyde, J.: How large are gender differences in aggression? A developmental meta-analysis. Developmental Psychology 1984, 20, 4, 722–736
Illich, I.: Die Nemesis der Medizin: die Kritik der Medikalisierung des Lebens. München 1975; 1995[4]
Illich, I.: Genus. Zu einer historischen Kritik der Gleichheit. Reinbek 1983
Institut für Demoskopie Allensbach (Hg.): Allensbacher Berichte. Allensbach 1977
Irigaray, L.: Speculum. Spiegel des anderen Geschlechts. Frankfurt 1980
Irigaray, L.: Genealogie der Geschlechter. Freiburg 1989
Irigaray, L.: J'aime à toi. Paris 1992
Jacobs, S.E.: Berdache: A review of the literature. Colorado Anthropologist 1968,1,25–40
Janssen-Jurreit, M.: Sexismus. Über die Abtreibung der Frauenfrage. München 1978[3]
Janssen-Jurreit, M.L.: Zur Rekonstruktion des Patriarchats. Thesen zu einer Theorie des Sexismus. In: Schaeffer-Hegel, B. & Wartmann, B. (Hg.): Mythos Frau. Projektionen und Inszenierungen im Patriarchat. Berlin 1984, 104–127
Jennings, J., Geis, F. & Brown, V.: Influence of television commercials on women's self-confidence and independent judgement. Journal of Personality and Social Psychology 1980, 38, 203–210
Joachimsen, L.: Wie es Politikerinnen ergeht. In: dies.: Sozialismus als Männersache oder kennen Sie „Bebels Frau"? Reinbek 1978, 100–120

Johnson, D.: Dashiell Hammett: A life. New York 1983

Jonas, D.: Aufstieg und Niedergang weiblicher Macht. In: Fester, R. et al. (Hg.): Weib und Macht. Fünf Millionen Jahre Urgeschichte der Frau. Frankfurt 1980, 159–202

Jones, A.: Frauen, die töten. Frankfurt 1986 (Original 1980)

Kagan, J.: Acquisition and significance of sex typing and sex role identity. In: Hoffmann, M. & Hoffmann, L. (Eds.): Review of Child Development Research, Vol. 1. New York 1964, 137–167

Kahl, J.: Das Elend des Christentums. Reinbek 1968

Kaplan, S., Sullivan, L., Spetter, D., Dukes, K., Kahn, A. & Greenfield, S.: Gender patterns of physician-patient communication. In: Falik, M. & Scott, K. (Eds.): Women's health. Baltimore 1996, 76–96

Kappeler, S.: Pornographie – Die Macht der Darstellung. München 1988

Katz, J.: Native Americans/Gay Americans: 1528–1976. In: Katz, J. (Ed.): Gay American history. New York 1976, 281–334

Keitel, E.: Kriminalromane von Frauen für Frauen. Darmstadt 1998

Kelle, H.: Geschlechterunterschiede oder Geschlechterunterscheidung? In: Dausien, B. et al. (Hg.): Erkenntnisprojekt Geschlecht. Opladen 1999, 304–324

Keller, E.F.: A feeling for the organism. The life and work of Barbara McClintock. New York 1983

Keller, E.F.: Liebe, Macht und Erkenntnis. Männliche oder weibliche Wissenschaft? München 1986

Kerner, C.: Lise, Atomphysikerin. Die Lebensgeschichte der Lise Meitner. Weinheim 1990

Kessler, S. & McKenna, W.: Gender. An ethnomethodological approach. New York 1978

Keupp, H.: Der Krankheitsmythos in der Psychopathologie. München 1972

Kickbusch, I.: Die Frauengesundheitsbewegung – ein Forschungsgegenstand? In: Schneider, U. (Hg.): Was macht Frauen krank? Ansätze zu einer frauenspezifischen Gesundheitsforschung. Frankfurt 1981, 193-203

Kilbourne, J.: Killing us softly: Advertising images of women. (Film) Cambridge (MA) 1979

Kilbourne, J.: Still killing us softly. (Film) Cambridge (MA) 1992

Kimura, D.: Sex-Hormone und ihr Einfluß auf die Leistung. Psychologie Heute 1990, 17, 8, 54–59

Kimura, D.: Weibliches und männliches Gehirn. Spektrum der Wissenschaft 1992, November, 104–113

Kinsey, A., Pomeroy, W. & Martin, C.: Das sexuelle Verhalten des Mannes. Berlin 1955 (Original 1948)

Kinsey, A., Pomeroy, W., Martin, C. & Gebhard, P.: Das sexuelle Verhalten der Frau. Berlin 1963 (Original 1953)

Klein, M.: Frauen im Leistungssport – ein Weg zur Emanzipation? In: Klein, M. (Hg.): Sport und Geschlecht. Reinbek 1983, 105–122

Klevan, J.L., Weiss, J.C. & Dabrow, S.M.: Pregnancy during pediatric residency. American Journal of Diseases of Children 1990, 144, 767-777

Klickstein, H.S.: Marie Sklodowska Curie, ‚Recherches sur les substances radioactives': A bio-bibliographical study. St. Louis 1966

Klinger, C.: Abschied von der Emanzipationslogik? Die Gründe ihn zu fordern, zu feiern oder zu fürchten. Kommune 1988, 1, 39–53

Klinger, C.: Déjà-vu oder die Frage nach den Emanzipationsstrategien im Vergleich zwischen der ersten und zweiten Frauenbewegung. Kommune 1986, 12, 57–72

Klusmann, D. & Kurrat, S.: Unterschiede zwischen Jungen und Mädchen. In: Schmidt, G. (Hg.): Jungensexualität. Sozialer Wandel, Gruppenunterschiede, Konfliktfelder. Stuttgart 1993, 102–118

Knauft, B.: Reconsidering violence in simple human societies. Current Anthropology 1987, 28, 457–500

Köhler, W.: Deutsche Stimmen. Psychologie Heute 1987, 14, 6, 12–13

Kolip, P.: Wen hält die Ehe gesund? Der Einfluß von Geschlecht und Familienstand auf Lebenserwartung und Sterblichkeit. Jahrbuch für kritische Medizin 24, Berlin 1994, 48–61

Kolip, P.: Geschlecht und Gesundheit im Jugendalter. Opladen 1997

Kolip, P.: Familie und Gesundheit. In: Hurrelmann, K. & Laaser, U. (Hg.): Handbuch Gesundheitswissenschaften. Weinheim 1998, 497–518

Kolip, P.: Frauenleben in Ärztehand. Die Medikalisierung weiblicher Umbruchphasen. In: Kolip, P. (Hg.): Weiblichkeit ist keine Krankheit. München 2000, 9–30

Kollontai, A.: Autobiographie einer sexuell emanzipierten Kommunistin. Wien 1975 (Original 1926)

Komisar, L.: Das Bild der Frau in der Werbung – die 60er Jahre. In: Schmerl, C. (Hg.): Der Frauenzoo der Werbung. München 1992, 80–92 (Original 1971)

König, M.: Die Frau im Kult der Eiszeit. In: Fester, R. et al.: Weib und Macht. Frankfurt 1980, 107–158

Krafft-Ebing, R.v.: Psychopathia Sexualis. Stuttgart 1894^9

Krause-Girth, C.: Frauen, Medizin und Gesundheit. In: Jordan, J. & Krause-Girth, C. (Hg.): Frankfurter Beiträge zur psychosozialen Medizin. Frankfurt 1989, 86–104

Kuby, C.: Todas. Am Rande des Paradieses. Dokumentarfilm München 1996

Küchenhoff, E. u.a.: Die Darstellung der Frau und die Behandlung von Frauenfragen in der medienspezifischen Wirklichkeit des Deutschen Fernsehens und des Zweiten Deutschen Fernsehens. Stuttgart 1975

Lagerspetz, K. & Björkqvist, K.: Indirect aggression in boys and girls. In: Huesmann, L. (Ed.): Aggressive behavior: Current perspectives. New York 1994, 131–150

Lagerspetz, K., Björkqvist, K. & Peltonen, T.: Is indirect aggression typical of females? Gender differences in aggressiveness in 11- to 12-year-old children. Aggressive Behavior 1988, 14, 403–414

Langevin, P.: Pierre Curie. La revue du mois, Juillet 10, 1906

Lansky, L.: The family structure also affects the model: Sex role attitudes in parents of preschool children. Merrill-Palmer Quarterly 1967, 13, 139–150

Latour, B.: Die alberne Suche nach der Wirklichkeit. Frankfurter Rundschau 19.1.1999, 18.

Layman, R.: Shadow man - The life of Dashiell Hammett. New York 1981

LeGuin, U.: Winterplanet. München 1974 (Original 1969)

Lehr, U.: Das Problem der Sozialisation geschlechtsspezifischer Verhaltensweisen. In: Graumann, C. (Hg.): Sozialpsychologie, Handbuch der Psychologie Bd. 7. Göttingen 1972, 886–952

Leibowitz, L.: Perspectives on the evolution of sex differences. In: Reiter, R. (Ed.):Toward an anthropology of women. London 1975, 20–35.
Leitner, G. von: Der Fall Clara Immerwahr. Leben für eine humane Wissenschaft. München 1993
Lennon, M. & Rosenfield, S.: Women and mental health: The interaction of work and family conditions. Journal of Health and Social Behavior 1992, 33, 316–327
Lenz, I. & Luig, U. (Hg.): Frauenmacht ohne Herrschaft. Berlin 1990
Lepowsky, M.: Women, men, and aggression in an egalitarian society. Sex Roles 1994, 30, 3/4, 199-211
Lerner, G.: Die Entstehung des Patriarchats. Frankfurt 1991 (Original 1986)
Lerner, G.: Die Entstehung des feministischen Bewußtseins. Vom Mittelalter bis zur Ersten Frauenbewegung. Frankfurt 1993
Lévi-Strauss, C.: The family. In: Shapiro, H. (Ed.): Man, culture, and society. London 1971, 333–357
Libreria delle donne di Milano: Wie weibliche Freiheit entsteht. Eine neue politische Praxis. Berlin 1988
Link, C.: Durch Flucht retten sich zwei Mädchen vor sexueller Verstümmelung. Richter in Kenia verbietet in wegweisendem Urteil Beschneidung der Geflohenen. Frankfurter Rundschau 16.12.2000
Lipset, D.: Gregory Bateson. The legacy of a scientist. Prentice-Hall 1980
Lobenstein, H. von: Streitgespräch über ‚Frauenbilder in der Werbung'. Insight 1994, No 7, 12-15
Löffler, L.: Die Stellung der Frau als ethnologische Problematik. In: Eckert, R. (Hg.): Geschlechtsrollen und Arbeitsteilung. München 1979, 15–77
Lomax, A.: A note on a female factor in Cultural Anthropology. In: Raphael, D. (Ed.): Being female. Reproduction, power, and change. The Hague 1975, 131–137
Lombroso, C.: La donna delinquente. Rom 1884
Lorber, J. & Farrell, S. (Eds.): The social construction of gender. Preface. London 1991
Lovedal, L.: Sex role messages in television commercials: An update. Sex Roles 1989, 21, 715–724
Maass, H.: Jeder fünfte Mensch ist ein Chinese. Frankfurter Rundschau 29.3.2001
Macaulay, J.: Adding gender to aggression research: Incremental or revolutionary change? In: O'Leary, V., Unger, R. & Wollston, B. (Eds.): Women, gender, and social psychology. Hillsdale 1985, 191–224
Maccoby, E.: Psychologie der Geschlechter. Stuttgart 2000 (Original 1998)
Maccoby, E. & Jacklin, C.: The psychology of sex differences. Stanford 1974
MacKinnon, C.: Feminism, Marxism, method and the state: Toward feminist jurisprudence. Signs 1983, 8, 4, 635–658
Maihofer, A.: Geschlecht als Existenzweise. Frankfurt 1995
Maihofer, A.: Geschlecht und Sozialisation. Erwägen, Wissen, Ethik 2002, 13, 1, 13–26
Malson, L., Itard, U. & Mannoni, O.: Die wilden Kinder. Frankfurt 1974
Mansel, J. & Hurrelmann, K.: Aggressives und delinquentes Verhalten Jugendlicher im Zeitvergleich. Befunde aus der ‚Dunkelfeldforschung' aus den Jahren 1988, 1990 und 1996. Kölner Zeitschrift für Soziologie und Sozialpsychologie 1998, 50, 1, 78–109
Marc, E. & Picard, D.: Bateson, Watzlawick und die Schule von Palo Alto. Frankfurt 1991

Martin, E.: Die Frau im Körper. Weibliches Bewußtsein, Gynäkologie und die Reproduktion des Lebens. Frankfurt 1989
Martin, M. & Voorhies, B.: Female of the species. New York 1975
Maschewsky-Schneider, U.: Epidemiologische Grundlagen der Frauengesundheitsforschung in den Public Health Wissenschaften – ein Beispiel aus den USA und Perspektiven für die Bundesrepublik. In: Helfferich, C. & v. Troschke, J. (Hg.): Der Beitrag der Frauengesundheitsforschung zu den Gesundheitswissenschaften/Public Health in Deutschland. Freiburg 1994, 59–74
Maschewsky-Schneider, U., Babitsch, B. & Ducki, A.: Geschlecht und Gesundheit. In: Hurrelmann, K. & Laaser, U. (Hg.): Handbuch Gesundheitswissenschaften. Weinheim 1998, 357–370
Masters, W. & Johnson, V.: Die sexuelle Reaktion. Frankfurt 1967 (Original 1966)
Matlin, M.: The psychology of women. New York 2000^4
Maynard, M.: Das Verschwinden der „Frau". Geschlecht und Hierarchie in feministischen und sozialwissenschaftlichen Diskursen. In: Armbruster, A. u.a. (Hg.): Neue Horizonte? Sozialwissenschaftliche Forschung über Geschlechterverhältnisse. Opladen 1995, 23–39
Mazella, C. et al.: Sex role stereotyping in Australian television advertisements. Sex Roles 1992, 26, 243–259
McBride, A.: Das normalverrückte Dasein als Hausfrau und Mutter. Befreiung von der Mutter-Ideologie. Reinbek 1976
McClelland, D., Atkinson, J., Clark, R. & Lowell, E.: The achievement motive. New York 1953
McKinney, K.: Memory, voice, and metaphor in the works of Simone Schwarz-Bart. In: Green, M.J. et al. (Eds.): Postcolonial subjects: Francophone women writers. Minneapolis 1996, 22–41
Mead, M.: Jugend und Temperament in drei primitiven Gesellschaften. Reinbek 1970 (Original 1935)
Mead, M.: Letters from the field 1925–1975. New York 1977
Mead, M.: Brombeerblüten im Winter. Reinbek 1978a (Original 1972)
Mead, M.: End linkeage: A tool for cross-cultural analysis. In: Brockman, J. (Ed.): About Bateson. Essays on Gregory Bateson. London 1978b, 169–231
Mednick, M. & Thomas, V.: Women and the psychology of achievement: A view from the eighties. In: Denmark, F. & Paludi, M. (Eds.): Psychology of women: A handbook of issues and theories. Westport 1993, 585–626
Meixner, G.: Frauen im Zentrum von Kult und Gesellschaft. Von den Anfängen der Frauengeschichte bis 9000 v. Chr. In: Kuhn, A. (Hg.): Die Chronik der Frauen. Dortmund 1992, 9–10
Memorandum und Dokumentation zur Situation von Wissenschaftlerinnen an den Hochschulen von NRW und Vorschläge zu ihrer Verbesserung. (Hg. v. Arbeitskreis d. Wissenschaftlerinnen an Hochschulen von NRW) Dortmund 1981
Metje, U.M.: Die starken Frauen. Gespräche über Geschlechterbeziehungen bei den Minangkabau in Indonesien. Frankfurt 1995
Metzner, M.: „Große Lösungen für große Probleme". In den USA wird eine medizinische Langzeitstudie mit Frauen durchgeführt. Frankfurter Rundschau 6.11.1993
Michael, R. et al.: Sexwende. Liebe in den 90ern. München 1994

Mies, M.: Gesellschaftliche Ursprünge der geschlechtlichen Arbeitsteilung (1). Beiträge zur feministischen Theorie und Praxis 1980, 3, 61–78

Mill, J.S., Taylor Mill, H. & Taylor, H.: Die Hörigkeit der Frau. In: Mill, J.S. et al.: Die Hörigkeit der Frau und andere Schriften. Frankfurt 1976, 125–278 (Original 1869)

Miller, J.: Simone Schwarz-Bart: Re-figuring heroics, dis-figuring conventions. In: Laughlin, K. & Schuler, C. (Eds.): Theatre and feminist aesthetics. Madison 1995, 148–159

Miller, P. & Fowlkes, M.: Social and behavioral construction of female sexuality. Signs 1980, 5, 783–800

Mischel, W.: Toward a cognitive social learning reconceptualization of personality. Psychological Bulletin 1973, 80, 252–283

Mitchell, J.: Women and equality. In: Mitchell, J. & Oakley, A. (Eds.): The rights and wrongs of women. London 1976, 379–399

Mitchell, J. & Oakley, A. (Eds.): What is feminism? A re-examination. New York 1986

Mitterauer, M.: Ledige Mütter. Zur Geschichte unehelicher Geburten in Europa. München 1983

Mitterauer, M. & Sieder, R.: Einleitung. In: Mitterauer, M. & Sieder, R: (Hg.): Historische Familienforschung. Frankfurt 1982, 10–39

Monahan, L., Kuhn, D. & Shaver, P.: Intrapsychic versus cultural explanations of the „Fear of Success" motive. Journal of Personality and Social Psychology 1974, 29, 60–64

Money, J.: Hermaphroditism. An inquiry into the nature of a human paradox. Ann Arbor 1967

Moore, H.: Mensch und Frau sein. Perspektiven einer feministischen Anthropologie. Gütersloh 1990

Morgan, L.: League of the Ho-De-No-Sau-Nee or Iroquois. Rochester 1851

Morgan, L.: Ancient Society. New York 1877

Möser, J.: Über die zu unseren Zeiten verminderte Schande der Huren und Hurenkinder. In: ders.: Sämtliche Werke, 11. Berlin 1798

Müller, U.: Gibt es eine „spezielle" Methode in der Frauenforschung? In: Zentraleinrichtung zur Förderung von Frauenstudien und Frauenforschung an der FU Berlin (Hg.): Methoden in der Frauenforschung. Frankfurt 1984, 29–50

Muraro, L.: Die symbolische Ordnung der Mutter. Frankfurt 1993

Nachmanovitch, S.: Gregory Bateson. Ein Porträt des englischen Anthropologen, Denkers, Sehers. In: Lutz, R. (Hg.): Bewußtseinsevolution. Weinheim 1983, 57– 71

Nestmann, F. & Schmerl, C.: Das Geschlechterparadox in der Social Support-Forschung. In: Schmerl, C. & Nestmann, F. (Hg.): Ist Geben seliger als Nehmen? Frauen und Social Support. Frankfurt 1990, 7–35

Neutzling, R.: Vom Kämpfer zum Liebhaber. Heterosexuelle Jungen in der Pubertät. In: Düring, S. & Hauch, M. (Hg.): Heterosexuelle Verhältnisse. Stuttgart 1995, 39–55

Newcombe, N.: Beyond nature and nurture. Contemporary Psychology 1980, 25, 807–808

Newson, J. & Newson, E.: Four years old in an urban community. Hammondsworth 1968

Nicolson, P.: Feminism and academic psychology: Towards a psychology of women? In: Campbell, K. (Ed.): Critical feminism. Argument in the disciplines. Buckingham 1992, 53–82

Nippert, I.: Frauengesundheitsforschung und „gender based medicine". In: Cottmann, A.,

Kortendiek, B. & Schildmann, U. (Hg.): Das undisziplinierte Geschlecht. Opladen 2000, 51–67

Nolan, W.: Hammett. A life at the edge. London 1983

Nunner-Winkler, G. (Hg.): Weibliche Moral. Die Kontroverse um eine geschlechtsspezifische Ethik. Frankfurt 1991

Oberlies, D.: Tötungsdelikte zwischen Männern und Frauen. Pfaffenweiler 1995

O'Bryant, C. & Corder-Bolz, C.: The effects of television on children's stereotyping of women's work roles. Journal of Vocational Behavior 1978, 12, 233–244

Ortmeyer, B.: Werbematerialien im Auftrag des Bundesministeriums für Jugend, Familie, Frauen und Gesundheit zum 40jährigen Jubiläum des Grundgesetzes. „Männer und Frauen sind gleichberechtigt." Plakat- und Postkartenserie. Bonn/ Frankfurt 1989.

Otto, L. (Hg.): Frauenzeitung 1849–1852

Packard, V.: Verlust der Geborgenheit. Was die Vernachlässigung der Familie für unsere Kinder und die Zukunft der Gesellschaft bedeutet. München 1984

Padgug, R.: On conceptualizing sexuality in history. Radical History Review 1979, 20, 3–23

Pahl, E.: Wie kommen Frauen in die Psychiatrie? In: Hoffmann, D. (Hg.): Frauen in der Psychiatrie – oder wie männlich ist die Psychiatrie? Bonn 1991, 16–25

Pankhurst, C., Pankhurst, E. & Drummond, F.: The trial of the suffragette leaders. London 1908

Parlee, M.B.: Psychologie und Frauen. Psychologie und Gesellschaftskritik 1983, 7, 26/27, 87–107 (Original 1979)

Paul, L. & Baenninger, M.A.: Aggression by women: Mores, myths, and methods. In: Baenninger, R. (Ed.): Targets of violence and aggression. Amsterdam 1981, 401–460

Peplau, L.A. & Conrad, E.: Beyond nonsexist research: The perils of feminist methods in psychology. Psychology of Women Quarterly 1989, 13, 379–400

Perry, D. & Bussey, K.: The social learning theory of sex differences. Imitation is alive and well. Journal of Personality and Social Psychology 1979, 37, 1699–1712

Pfeiffer, C.: Steigt die Jugendkriminalität? DVJJ-Journal 1996, 7, 3, 215–229

Pflaum, R.: Grand obsession. Madame Curie and her world. New York 1989

Philips, W.B.: The forth sex: Bisexual. Chatsworth, CA. 1969

Phillips, A.: Divided loyalities. Dilemmas of sex and class. London 1987a

Phillips, A.: Introduction. In: Phillips, A. (Ed.): Feminism and equality. London 1987b, 1–23

Pizan, C. de: Das Buch von der Stadt der Frauen. Berlin 1986 (Original: Paris 1405)

Plummer, K.: Symbolic interactionism and sexual conduct: An emergent perspective. In: Brake, M. (Ed.): Human sexual relations: Towards a redefinition of sexual politics. New York 1982, 223–241

Pomeroy, S.: A classical scholar's perspective on matriarchy. In: Carroll, B. (Ed.): Liberating women's history. London 1976, 217–223

Posener, J.: Louder than words. London 1986

Potts, M.: Der ungedeckte Bedarf an Familienplanung. Spektrum der Wissenschaft 2000, 4, 68–73

Pringle, R.: Sex and medicine. Gender, power and authority in the medical profession. Cambridge 1998

Psaar, G.: „Silvia" und die Sehnsucht der Frauen. Ursachen und Gründe für den Konsum von Liebesromanheften. Psychologie und Gesellschaftskritik 1991, 15, 3/4, 7–31

Pycior, H.: Marie Curie's ‚anti-natural path': Time only for science and family. In: Abir-Am, P. & Outram, D. (Eds.): Uneasy carers and intimate lives: Women in science, 1789–1979. New Brunswick 1987, 202–214

Pycior, H.: Reaping the benefits of collaboration while avoiding its pitfalls: Marie Curie's rise to scientific prominence. Social Studies of Science 1993, 23, 301–323

Pycior, H.: Pierre Curie und „His eminent collaborator Mme Curie". Complementary partners. In: Pycior, H., Slack, N. & Abir-Am, P. (Eds.): Creative couples in the sciences. New Brunswick 1996, 39–56

Queisser, H., Schmerl, C. & Ziebell, L.: Lebensplanung ohne Kinder. Frankfurt 1989

Quinn, S.: Marie Curie. Eine Biographie. Frankfurt 1999 (Original 1995)

Radloff, L.: Sex differences in depression. The effects of occupation and marital status. Sex Roles 1975, 1, 249–265

Radway, J.: Reading the romance. Women, patriarchy, and popular literature. London 1984

Raphael, D. (Ed.): Being female. Reproduction, power, and change. The Hague 1975

Reason, P. & Rowan, J. (Eds.): Human inquiry: A sourcebook of new paradigm research. New York 1981

Reddy, M.: Detektivinnen. Frauen in modernen Kriminalromanen. Wien/Mühlheim 1990

Redstockings Manifesto. In: Tanner, L. (Ed.): Voices from women's liberation, New York 1969, 108–111

Reid, R.: Marie Curie. New York 1974

Reinharz, S.: Implementing new paradigm research: A model for training and practice. In: Reason, P. & Rowan, J. (Eds.): Human inquiry: A sourcebook of new paradigm research. New York 1981, 415–436

Reinharz, S.: Feminist research methodology groups: Origins, forms, and functions. In: Tilly, L. & Petraka, V. (Eds.): Feminist visions and revisions. Ann Arbor 1984, 197–228

Reinharz, S.: Teaching the history of women in sociology: Or Dorothy Swaine Thomas, wasn't she the one who was married to W.I.? The American Sociologist 1989a, 20 (1) 87–94

Reinharz, S.: Finding her sociological voice: The work of Mirra Komarovsky. Sociological Inquiry 1989b, 19 (4), 374–395

Reinharz, S.: The principles of feminist research. A matter of debate. In: Kramarae, C. & Spencer, D. (Eds.): The knowledge explosion. Generations of feminist scholarship. New York 1993, 423–437

Reiter, R. (Ed.): Toward an anthropology of women. London 1975

Rife, P.: Lise Meitner. Ein Leben für die Wissenschaft. Düsseldorf 1990

Robbins, B.: The forth sex. Canoga Park, CA. 1967

Rodin, J. & Ickovics, J.: Women's health: Review and research agenda as we approach the 21st century. American Psychologist 1990, 45, 1018–1034

Rohde-Dachser, C.: Expedition in den dunklen Kontinent. Weiblichkeit im Diskurs der Psychoanalyse. Berlin 1991

Rohrlich-Leavitt, R., Sykes, B. & Weatherford, E.: Aboriginal woman: Anthropological perspectives. In: Reiter, R. (Ed.): Toward an anthropology of women. London 1975. 110–126

Rollyson, C.: Lillian Hellman: Her legend and her legacy. New York 1988

Rose, L.: „Ich bin stolz auf meinen durchtrainierten Körper." Psychologie Heute 1994, 21, 6, 32–37

Rosenbaum, H. (Hg.): Seminar: Familie und Gesellschaftsstruktur. Materialien zu den sozioökonomischen Bedingungen von Familienformen. Frankfurt 1978

Rosenbaum, H.: Die Bedeutung der historischen Forschung für die Erkenntnis der Gegenwart – dargestellt am Beispiel der Familiensoziologie. In: Mitterauer, M. & Sieder, R. (Hg.): Historische Familienforschung. Frankfurt 1982a, 40–63

Rosenbaum, H.: Formen der Familie. Frankfurt 1982b

Rosenberg, R.: Margaret Mead. In: Barker-Benfield, G.J. & Clinton, C. (Eds.): Portraits of American women: From settlement to the present. New York 1998

Rosenfield, S.: Gender and mental health: Do women have more psychopathology, men more, or both the same (and why)? In: Horwitz, A. & Scheid, T. (Eds.): A handbook for the study of mental health. Cambridge 1999, 348–360

Rosser, S.: A model for a speciality in women's health. Journal of Women's Health 1993, 2, 222–224

Rossiter, M.: Women scientists in America. Baltimore 1972

Rowling, J.K.: Harry Potter und die Kammer des Schreckens. Hamburg 1999

Rubin, I.: The third sex. New York 1961

Russell, B.: Ehe und Moral. Darmstadt 1984 (Original 1929)

Rutschky, K. (Hg.): Schwarze Pädagogik. Quellen zur Naturgeschichte der bürgerlichen Erziehung. Berlin 1977

Sanday, P.: Toward a theory of the status of women. American Anthropologist 1973, 75, 1682–1700

Sanday, P.: Female status in the political domain. In: Rosaldo, M. & Lamphere, L. (Ed.): Women, culture, and society. Stanford 1974, 189–206

Sanday, P.: The socio-cultural context of rape: A cross-cultural study. Journal of Social Issues 1981, 37, 4, 5–27

Sayre, A.: Rosalind Franklin and DNA. New York 1975

Schäfer, M. & Wellman, N.: Offene Aggression und Beziehungsaggression als geschlechtstypische Formen von Aggression unter Schülern (Bullying). Bericht an das Bayerische Staatsministerium für Unterricht, Kultus, Wissenschaft und Kunst. Teil 1. München 1998

Schaps, R.: Hysterie und Weiblichkeit. Frankfurt 1982; 1992

Scharfman, R.: Mirroring and mothering in Simone Schwarz-Bart's ‚Plui et vent sur Télumée Miracle' and Jean Rhys' ‚Wide Sargasso sea'. Yale French Studies 1981, 62, 88–106

Scharfman, R.: Exiled from the shoah: André and Simone Schwarz-Bart's ‚Un plat de porc aux bananes verts'. In: Green, M.J. et al. (Eds.): Beyond the hexagon: Francophone women writers. Ithaca 1993a

Scharfman, R.: Significantly other: Simone & André Schwarz-Bart. In: Chadwick, W. & De Courtivron, I. (Eds.): Significant others. Creativity and intimate partnership. London 1993b, 209–221

Scheerer, A.K.: Bevölkerungspolitik und die Situation der Frauen in der Volksrepublik China. Beiträge zur feministischen Theorie und Praxis 1985, 14, 25–34

Schenk, H.: Geschlechtsrollenwandel und Sexismus. Zur Sozialpsychologie geschlechtstypischen Verhaltens. Weinheim 1979

Schenk, H.: Die feministische Herausforderung. 150 Jahre Frauenbewegung in Deutschland. München 1980

Scheu, U.: Wir werden nicht als Mädchen geboren – wir werden dazu gemacht. Frankfurt 1977

Schmauch, U.: Anatomie und Schicksal. Zur Psychoanalyse der frühen Geschlechtersozialisation. Frankfurt 1987

Schmerl, C.: Sozialisation von Leistungsmotivation. In: dies.: Sozialisation und Persönlichkeit. Zentrale Beispiele zur Soziogenese menschlichen Verhaltens. Stuttgart 1978a, 85–107

Schmerl, C.: Sozialisation geschlechtsspezifischen Verhaltens. In: dies.: Sozialisation und Persönlichkeit. Stuttgart 1978b, 134–164

Schmerl, C.: Sozialisation und Krankheit. In: Schmerl, C.: Sozialisation und Persönlichkeit. Zentrale Beispiele zur Soziogenese menschlichen Verhaltens. Stuttgart 1978c, 165–192

Schmerl, C.: Frauenfeindliche Werbung. Sexismus als heimlicher Lehrplan. Berlin 1980; Reinbek 1983

Schmerl, C.: OFP („Organisation Frauen in der Psychologie") – nicht lebensfähig in der etablierten Psychologie? Psychologie und Gesellschaftskritik 1983, 7, 26/27, 108–110

Schmerl, C.: Das Frauen- und Mädchenbild in den Medien. Opladen 1984

Schmerl, C.: Die Frau im Mond: Weit entfernt, doch klar sichtbar – feministische Psychlogie in der BRD. Psychologie und Gesellschaftskritik 1989a, 13, 49/50, 5–27

Schmerl, C.: „Ich konnte die nicht von meiner Reihenfolge überzeugen ..." Erfahrungen von Feministinnen mit dem Psychologiestudium. Interview mit 6 Studentinnen aus B. Psychologie und Gesellschaftskritik 1989b, 13, 49/50, 125–155

Schmerl, C. (Hg.): Der Frauenzoo der Werbung. Aufklärung über Fabeltiere. München 1992a

Schmerl, C.: Thema Frau: das Diskussionsniveau der deutschen Werber. Glaubensstark, prinzipienfest und international 20 Jahre zurück. In: dies. (Hg.): Der Frauenzoo der Werbung. München 1992b, 260–278

Schmerl, C.: Der Wahn-Sinn als Methode, oder: Zweck heiligt Mittel. In: dies. (Hg.): Der Frauenzoo der Werbung. München 1992c, 260–278

Schmerl, C.: Der Herr der Bilder. Über den Einsatz von Bild und Geschlecht in der Wissenschaft. In: Großmaß, R. & Schmerl, C. (Hg.): Leitbilder, Vexierbilder und Bildstörungen. Frankfurt 1996, 57–101

Schmerl, C.: Ten years after – oder: »Jetzt seien Sie doch einmal klug!« Erfahrungen von Feministinnen mit dem Psychologiestudium. Interview mit 5 Studentinnen aus B. Psychologie und Gesellschaftskritik 1999, 23, 92, 9–43

Schmerl, C.: Von der Nachrichtenwürde der Männer und dem Unterhaltungswert der Frauen: Über die öffentliche Inszenierung der Geschlechtscharaktere in 20 Jahren westdeutscher Presse. In: Fritz, K., Sting, S. & Volbrecht, R. (Hg.): Mediensozialisation. Opladen 2003, 171–203

Schmerl, C.: „Kluge" Köpfe – „dumme" Körper? Einige Wirkungen der Kopfbetonung bei männlichen und der Körperbetonung bei weiblichen Pressefotos. Publizistik 2004, 49, 1, 48–65

Schmerl, C.: Menschenwürde gegen Commerz. Emma 2005a, Heft 2, 70–73

Schmerl, C.: Geschlecht und Medien. In: Hüther, J. & Schorb, B. (Hg.): Grundbegriffe Medienpädagogik. München 2005b, 128–136

Schmerl, C., Bock, U. & Braszeit, A.: Innenansichten vom Herrenhaus. Frauen im Gebäude der Wissenschaft. In: Bock, U., Braszeit, A. & Schmerl, C. (Hg.): Frauen an den Universitäten. Zur Situation von Studentinnen und Hochschullehrerinnen in der männlichen Wissenschaftshierarchie. Frankfurt 1983, 170–206

Schmerl, C. & Fleischmann, G.: Die Spitze des Eisbergs. Frauenfeindlichkeit in der Werbung. Wanderausstellung. Berlin 1980

Schmerl, C. & Nestmann, F.: Frauen und Helfen: Wie weit trägt die ‚weibliche Natur'? In: Nestmann, F. & Schmerl, C. (Hg.): Frauen – das hilfreiche Geschlecht. Reinbek 1991, 9–41

Schmid, W.: Der Versuch, die Identität des Subjekts nicht zu denken. In: Barkhaus, A. et al. (Hg.): Identität, Leiblichkeit, Normativität. Frankfurt 1996, 360–379

Schmidt, G.: Sexuelle Motivation und Kontrolle. In: Schorsch, E. & Schmidt, S. (Hg.): Ergebnisse zur Sexualforschung. Köln 1975, 30–47

Schmidt, G.: Motivationale Grundlagen sexuellen Verhaltens. In: Thomae, H. (Hg.): Psychologie der Motive. Bd. 2 der Serie Motivation und Emotion der Enzyklopädie der Psychologie. Göttingen 1983, 70–109

Schmidt, G.: Kurze Entgegnung auf Volkmar Siguschs „Lob des Triebes". In: Dannecker, M. & Sigusch, V. (Hg.): Sexualtheorie und Sexualpolitik. Stuttgart 1984, 17–19

Schmidt, G.: Drang und Lust. In: Kentler, H. (Hg.): Sexualwesen Mensch. München 1988

Schmidt, G., Klusmann, D. & Zeitzschel, U.: Veränderung der Jugendsexualität zwischen 1970 und 1990. Zeitschrift für Sexualforschung 1992, 5, 191–218

Schmidt, G. & Sigusch, V.: Sexuelle Verhaltensmuster bei jungen Arbeitern und Studenten. In: Sigusch, V. (Hg.): Ergebnisse zur Sexualmedizin. Köln 1972, 94–112

Schmid-Tannwald, I. & Urdze, A.: Sexualität und Kontrazeption aus der Sicht der Jugendlichen und ihrer Eltern. Schriftenreihe des Bundesministers für Jugend, Familie und Gesundheit Bd. 132, Stuttgart 1983

Schmitt, C. & Winkelmann, U.: Wer bleibt kinderlos? Was sozialstrukturelle Daten über Kinderlosigkeit bei Frauen verraten. Feministische Studien 2005, 23, 1, 9–23

Schmitz-Köster, D.: Frauen ohne Kinder. Reinbek 1987

Schnack, D. & Neutzling, R.: Kleine Helden in Not. Jungen auf der Suche nach Männlichkeit. Reinbek 1990

Schnack, D. & Neutzling, R.: Die Prinzenrolle. Über die männliche Sexualität. Reinbek 1993

Schnitzer, Ph.: The motive to avoid success: Exploring the nature of the fear. Psychology of Women Quarterly 1977, 1, 273–282

Schorsch, E.: Die Stellung der Sexualität in der psychischen Organisation des Menschen. Der Nervenarzt 1978, 49, 456–460

Schücking, B.: Frauenforschung und Medizin. In: GesundheitsAkademie/Landesinstitut für Schule und Weiterbildung NRW (Hg.): Die Gesundheit der Männer ist das Glück der Frauen? Chancen und Grenzen geschlechtsspezifischer Gesundheitsarbeit. Frankfurt 1998, 41–62

Schuster, I.: Female aggression and resource scarcity: A cross-cultural perspective. In: Benton, D., Haug, M. & Brain, P. (Eds.): The aggressive female. Montreal 1985

Sherif, C.: Bias in psychology. In: Sherman, J. & Beck, E. (Eds.): The prism of sex. Essays in the sociology of knowledge. Madison 1977, 93–133
Sieber, U.: AOK warnt vor Krebsrisiko durch Hormone. Kasse zweifelt am Nutzen der Präparate für Wechseljahrsbeschwerden bei Frauen. Frankfurter Rundschau 16.12.2000
Siegl, E.: Öffnungskampagne Moskaus macht auch vor Tschernobyl nicht halt. Frankfurter Rundschau 20.2.1987
Sieverding, M.: Weiblichkeit – Männlichkeit und psychische Gesundheit. In: Brähler, E. & Felder, H. (Hg.): Weiblichkeit, Männlichkeit und Gesundheit. Opladen 1999^2, 31–57
Sigusch, V.: Lob des Triebes. In: Dannecker, M. & Sigusch, V. (Hg.): Sexualtheorie und Sexualpolitik. Stuttgart 1984, 3–16
Sigusch, V.: Thesen über Natur und Sexualität. In: Kentler, H. (Hg.): Sexualwesen Mensch. München 1988, 183–190
Sigusch, V.: Kultureller Wandel der Sexualität. In: Sigusch, V. (Hg.): Sexuelle Störungen und ihre Behandlung. Stuttgart 1996, 16–31
Sigusch, V.: Vom König Sex zum Selfsex. Über gegenwärtige Transformationen der kulturellen Geschlechts- und Sexualformen. In: Schmerl, C. u.a. (Hg.): Sexuelle Szenen. Inszenierungen von Geschlecht und Sexualität in modernen Gesellschaften. Opladen 2000, 229–249
Sigusch, V. & Schmidt, G.: Jugendsexualität. In: Sigusch, V. (Hg.): Ergebnisse zur Sexualmedizin. Köln 1972, 113–133
Sigusch, V. & Schmidt, G.: Jugendsexualität. Dokumentation einer Untersuchung. Stuttgart 1973
Silvers, R. (Hg.): Verborgene Geschichten der Wissenschaft. Berlin 1996
Sime, R.L.: Lise Meitner – A life in physics. Berkeley 1996
Simon, W.: Die Postmodernisierung der Sexualität. Zeitschrift für Sexualforschung 1990, 3, 99–114
Simon, W. & Gagnon, J.: Sexual conduct. The social sources of human sexuality. Chicago 1973
Slocum, S.: Woman the gatherer: Male bias in anthropology. In: Reiter, R. (Ed.): Toward an anthropology of women. London 1975, 36-50
Soble, A.: Marxism, feminism and the future of sexuality. London 1986
Soleim, V.: A Greek dream – to render women superfluous. Social Science Information/ Informations sur les sciences sociales 1986, 25, 1, 67–82
Spickernagel, E.: Vom Aufbau des großen Unterschieds. In: Barta, I. et al. (Hg.): Frauen, Bilder, Männer, Mythen. Berlin 1987
Squire, C.: Significant differences. Feminism in psychology. London 1989
Stanley, L.: The impact of feminism on sociology in the last 20 years. In: Kramarae, C. & Spender, D. (Eds.): The knowledge explosion. New York 1993, 254–269
Statistisches Bundesamt: Statistisches Jahrbuch 2004. Wiesbaden 2004
Statistisches Bundesamt: Statistisches Jahrbuch 2005. Wiesbaden 2005
Stein-Hilbers, M.: Wem „gehört" das Kind? Neue Familienstrukturen und veränderte Eltern-Kind-Beziehungen. Frankfurt 1994
Stephan, I.: Das Schicksal der begabten Frau im Schatten berühmter Männer. Stuttgart 1989
Sternal, R.: Frauen, die töten: Opfer oder Täterinnen? In: Möller, H. (Hg.): Frauen legen Hand an. Tübingen 1996, 99–124

Steward, J.: Cultural evolution in South-America. In: Goldschmidt, W. & Hoijer, H. (Eds.): The social anthropology of Latin America. Los Angeles 1970
Stoltenberg, J.: Refusing to be a man. Portland 1989
Stone, L.: The family, sex, and marriage in England 1500–1800. Abridged Edition. New York 1979
Szasz, Th.: Die Fabrikation des Wahnsinns. Frankfurt 1976
Terman, L. & Miles, C.C.: Sex and personality. Studies in masculinity and femininity. New York 1936
Thiersch, H.: Lily Brauns „Memoiren einer Sozialistin". In: Jens, W. & Thiersch, H. (Hg.): Deutsche Lebensläufe in Autobiographien und Briefen. Weinheim 1987, 185–200
Thomson, G.: Frühgeschichte Griechenlands und der Agäis. Berlin 1974
Thorndike, E.L.: Sex in education. Bookman 1906, 23 (April), 211–214
Thürmer-Rohr, C.: Der Chor der Opfer ist verstummt. Eine Kritik an den Ansprüchen der Frauenforschung. In: dies. (Hg.): Vagabundinnen. Berlin 1987, 122–140
Tiefer, L.: Social constructionism and the study of human sexuality. In: Shaver, Ph. & Hendrick, C. (Eds.): Sex and gender. London 1987, 70–91
Tornieporth, G.: Studien zur Frauenbildung. Weinheim 1979
Trallori, L.: Vom Lieben und Töten. Zur Geschichte patriarchaler Fortpflanzungskontrolle. Wien 1983
Trbuhovic-Gjuric, D.: Im Schatten Albert Einsteins. Das tragische Leben der Mileva Einstein-Maric. Bern 1983
Tresemer, D.: Do women fear success? Signs 1976, 1, 863–874
Tristan, F.: L'Emancipation de la Femme, ou le Testament de la Paria (postum publiziert durch A. Constant). Paris 1845
Tristan, F.: Meine Reise nach Peru. Frankfurt 1983 (Original Paris 1838)
Troeller, G. & Deffarge, C.: Männerherrschaft unbekannt. Dokumentarfilm aus der Reihe ‚Frauen der Welt'. Bremen 1979
Troeller, G. & Deffarge, C.: Im Käfig der Freiheit. Dokumentarfilm aus der Reihe ‚Frauen der Welt'. Bremen 1981
Troemel-Ploetz, S.: Mileva Einstein-Maric. Die Frau, die Einsteins mathematische Probleme löste. Basler Magazin 21.4.1990
Trojan, A.: Wissen ist Macht. Eigenständig durch Selbsthilfe in Gruppen. Frankfurt 1986
Trube-Becker, E.: Frauen als Mörder. München 1974
Tuchman, G.: Introduction: The symbolic annihilation of women by the mass media. In: Tuchman, G., Daniels, A. & Benét, J. (Eds.): Hearth and home. Images of women in the mass media. New York 1978, 3–38
Umiker-Sebeok, J.: Die 7 Lebensalter der Frau – ein Blick auf die 70er Jahre. In: Schmerl, C. (Hg.): Der Frauenzoo der Werbung. München 1992, 93–130 (Original 1981)
Unesco: Influence of mass communication media on the formation of a new attitude towards the role of women in present day society. Geneva 1974
Unger, R.K.: Through the looking glass: No wonderland yet! Psychology of Women Quarterly 1983, 8, 1, 10–32
Unmüßig, B.: Im Kochtopf der Männer verdampft. Beim Thema Gleichberechtigung gibt es weltweit eine tiefe Kluft zwischen erklärter und praktizierter Politik. Frankfurter Rundschau 8.9.2005
Ussher, J.: Sexism in psychology. The Psychologist 1990, 13, 388–390

Ussher, J.: Science sexing psychology. Positivistic science and gender bias in clinical psychology. In: Ussher, J. & Nicolson, P. (Eds.): Gender issues in clinical psychology. London 1992, 39–67
Van Hasselt, V. & Hersen, M. (Eds.): Journal of Family Violence. New York, Plenum; ab 1986
Vance, C.S. (Ed.): Pleasure and danger. London 1984
Vinken, B.: Dekonstruktiver Feminismus – Eine Einleitung. In: dies. (Hg.): Dekonstruktiver Feminismus. Literaturwissenschaft in Amerika. Frankfurt 1992
Vogt, I.: Frauen als Objekte der Medizin: Das Frauensyndrom. Leviathan 1983, 11, 161–199
Vogt, I.: Frauen und psychische Störungen. In: Hörmann, G. & Körner, W. (Hg.): Klinische Psychologie. Reinbek 1991, 280–301
Wagner, A.: Bewußtseinsveränderung durch Emanzipations-Gesprächsgruppen. In: Schmidt, H., Schmerl, C. u.a. (Hg.): Frauenfeindlichkeit. Sozialpsychologische Aspekte der Misogynie. München 1973, 143–149
Wagner, A.: Wirkungsgeschichte und Dokumentation eines Selbstbehauptungsprogramms für Frauen. Gruppendynamik 1992, 23, 1, 7–28
Wagner, W.: Wenn der Chefarzt bei der Visite Flussnamen abfragt. Viele Mediziner in Krankenhäusern fühlen sich gemobbt. Frankfurter Rundschau 29.3.2001
Wagner-Martin, L.: Telling women's lives. The new biography. New Brunswick 1994
Walsh, M.R. (Ed.): The psychology of women. Ongoing debates. London 1987
Walsh, M.R. (Ed.): Women, men, and gender. Ongoing debates. London 1997
Watson, J.: Die Doppel-Helix. Ein persönlicher Bericht über die Entdeckung der DNS-Struktur. Reinbek 1969, 2005[19] (Original 1968)
Weber, M.: Beruf und Ehe. Berlin 1906
Weber-Deutschmann, C.: „Sex ohne Risiko ist hohl." Mangelnde Verhütung und hohe Abbruchraten in Japan. Frankfurter Rundschau 21.2.1987
Weber-Kellermann, I.: Die deutsche Familie. Versuch einer Sozialgeschichte. Frankfurt 1980[6]
Webster, P.: Matriarchy: A vision of power. In: Reiter, R. (Ed.): Toward an anthropology of women. London 1975, 141-156
Weeks, J.: Sex, politics, and society: The regulation of sexuality since 1800. London 1981
Weeks, J.: Sexuality and its discontents. London 1985
Weiderer, M.: Das Frauen- und Männerbild im Deutschen Fernsehen. Regensburg 1993
Weigel, S.: Gegenrede. Querelles des Femmes in der Literaturwissenschaft. Frankfurter Rundschau 4.5.1993
Weininger, O.: Geschlecht und Charakter. Leipzig 1905
Weisstein, N.: Psycholgoy constructs the female: Or, the fantasy life of the male psychologist. In: Brown, P. (Ed.): Radical psychology. London 1973, 390–420
Werner, N., Bigbee, M. & Crick, N.: Aggression und Viktimisierung in Schulen: „Chancengleichheit" für aggressive Mädchen. In: Schäfer, M. & Frey, D. (Hg.): Aggression und Gewalt unter Kindern und Jugendlichen. Göttingen 1999, 153–177
Wesel, U.: Der Mythos vom Matriarchat. Frankfurt 1980
Wesley, F. & Wesley, C.: Das Rollendiktat. Zur Psychologie der Geschlechter. Frankfurt 1978

Wetterer, A. & Walterspiel, G.: Der weite Weg von den Rabenmüttern zu den Wunschkindern. Zur Logik der Bevölkerungsentwicklung seit dem Mittelalter. In: Häussler, M. et al. (Hg.): Bauchlandungen. Abtreibung, Sexualität, Kinderwunsch. München 1983, 15–57
White, J. & Kowalski, R.: Deconstructing the myth of the nonaggressive woman. Psychology of Women Quarterly 1994, 18, 487–508
Wieck, W.: Männer lassen lieben. Stuttgart 1988
Wieck, W.: Wenn Männer lieben lernen. Stuttgart 1990
Wilkins, W.: Social stress and illness in industrial society. In: Gunderson, E. & Rahe, R. (Eds.): Life stress and illness. Springfield 1974
Will, B. (Ed.): The first English feminist. Reflections upon marriage and other writings by Mary Astell. Aldershot 1986.
Willke, Th.: Sexualität ist gefährlich, aber notwendig. Evolutionsbiologen entschlüsseln den Sinn der geschlechtlichen Fortpflanzung. Frankfurter Rundschau 19.4.1997
Winter, R.: Männer-Selbst-Befriedigung. In: Winter, R. (Hg.): Stehversuche: sexuelle Jungensozialisation und männliche Lebensbewältigung durch Sexualität. Tübingen 1993, 263–282
Woesler de Panafieu, C.: Außen- und Innenaspekte weiblicher Körper. In: Klein, M. (Hg.): Sport und Geschlecht. Reinbek 1983, 60–74
Wollstonecraft, M.: Verteidigung der Rechte der Frauen I. Zürich 1975 (Original 1792)
Woodward, A.: Mainstreaming in Europe: Innovation or deception? The role of local and international femocrats in policy innovation. Vortrag am 13.2.2001 im Interdisziplinären Frauenforschungs-Kolloquium der Universität Bielefeld
Woolf, V.: Ein Zimmer für sich allein. Frankfurt 1981 (Original 1928)
Woolley, H.T.: The mental traits of sex: An experimental investigation of the normal mind in men and women. Chicago 1903
World Health Organization: Investing in women's health: Central and Eastern Europe. WHO European Series 1995, No. 55
Wright, W.: Lillian Hellman. The image, the woman. New York 1986
Wunderlich, H.G.: Die Steinzeit ist noch nicht zuende. Reinbek 1977
Wyndham, D.: The portrayal of women in advertising: Surveys and forum. Media Information Australia 1989, 51, 58–61
Zahavi, H.: Schmutziges Wochenende. Berlin 1992
Zahn, M.: „Homicide in the United States." Vortrag an der University of North Carolina at Greensboro, NC. 1993
Zentraleinrichtung zur Förderung von Frauenstudien und Frauenforschung an der Freien Universität Berlin (Hg.): Methoden in der Frauenforschung. Symposium an der FU Berlin vom 30.11.–2.12.1983. Frankfurt 1984
Zilbergeld, B.: Männliche Sexualität. Tübingen 1983. (Original 1978)
Zilbergeld, B.: Die neue Sexualität der Männer. Tübingen 1996^2. (Original 1992)
Zimbardo, Ph.: Psychologie. Berlin 1983
Zurstiege, G.: Mannsbilder – Männlichkeit in der Werbung. Opladen 1998

QUELLEN

KAPITEL 1:   DIE DUNKLE SEITE DER MACHT ...
erschienen in: Großmaß, R. & Schmerl, C. (Hg.): Philosophische Beiträge zur Frauenforschung (Bochum 1981) unter dem Titel „Einige Gedanken zur Matriarchatsdebatte in der Frauenbewegung." Überarbeitet und aktualisiert 2005

KAPITEL 2:   DIE KINDER DER MÄNNER ...
erschienen in: Großmaß, R. & Schmerl, C. (Hg.): Feministischer Kompass, patriarchales Gepäck. Kritik konservativer Anteile in neueren feministischen Theorien (Frankfurt 1989) unter demselben Titel. Überarbeitet und aktualisiert 2005

KAPITEL 3:   DIE FRAU OHNE SCHATTEN ...
erschienen in: Interdisziplinäre Forschungsgruppe Frauenforschung (IFF): La Mamma! Beiträge zur sozialen Institution der Mutterschaft (Köln 1989) unter demselben Titel. Überarbeitet und aktualisiert 2005

KAPITEL 4:   ALLES UNTER KONTROLLE ...
erschienen in: Aus Politik und Zeitgeschichte. Beilage zur Wochenzeitung Das Parlament (Bonn 5.2.1993) unter demselben Titel. Überarbeitet und aktualisiert 2005

KAPITEL 5:   SISTERS IN CRIME ...
verfasst als Einführungskapitel zu Dausien, B., Herrmann, M., Oechsle, M., Schmerl, C. & Stein-Hilbers, M. (Hg.): Erkenntnisprojekt Geschlecht. Feministische Perspektiven verwandeln Wissenschaft (Opladen 1999) unter dem Titel „Sisters in Crime? – Sisters in Science!" Gekürzt und aktualisiert 2005

KAPITEL 6:   „NUR IM STREIT ..."
verfasst zusammen mit Ruth Großmaß und erschienen in: Großmaß, R. & Schmerl, C. (Hg.): Feministischer Kompass, patriarchales Gepäck (Frankfurt 1989) unter demselben Titel. Gekürzt und aktualisiert 2005

KAPITEL 7:   GESCHLECHTERBILDER ...
erschienen in: Zeitschrift für Frauenforschung (1997, 15, Heft 1/2) unter demselben Titel. Überarbeitet 2005

KAPITEL 8:   EINIGE GEDANKEN ZUR SOZIALISATION ...
erschienen in: Mohr, G., Rummel, M. & Rückert, D. (Hg.): Frauen. Psychologische Beiträge zur Arbeits- und Lebenssituation (München 1982) unter demselben Titel. Überarbeitet und aktualisiert 2005

KAPITEL 9: **CONSUETUDO EST ALTERA NATURA ...**
verfasst als Coreferat zu Andrea Maihofer: „Geschlecht und Sozialisation" für die Zeitschrift Erwägen, Wissen, Ethik (2002, 13, Heft 1) unter demselben Titel. Erweitert und aktualisiert 2005

KAPITEL 10: **MENSCHLICHKEITS-BILDER ...**
verfasst zusammen mit Ruth Großmaß und erschienen in: Großmaß, R. & Schmerl, C. (Hg.): Leitbilder, Vexierbilder und Bildstörungen. Über die Orientierungsleistung von Bildern in der feministischen Geschlechterdebatte (Frankfurt 1996) unter demselben Titel. Unveränderte Fassung

KAPITEL 11: **DER PRINZ UND DIE KRÖTE ...**
erschienen in: Dausien, B. et al. (Hg.): Erkenntnisprojekt Geschlecht (Opladen 1999) unter demselben Titel. Überarbeitet und aktualisiert 2005

KAPITEL 12: **WANN WERDEN WEIBER ...**
erschienen in: Dausien, B. et al. (Hg.): Erkenntnisprojekt Geschlecht (Opladen 1999) unter demselben Titel. Unveränderte Fassung

KAPITEL 13: **PHALLUS IN WONDERLAND ...**
erschienen in: Verhaltenstherapie und psychosoziale Praxis 1998, 30,1,101–108 unter demselben Titel. Unveränderte Fassung

KAPITEL 14: **DIE FRAU ALS WANDELNDES RISIKO ...**
erschienen in: Hurrelmann, K. & Kolip, P. (Hg.): Geschlecht, Gesundheit und Krankheit. Männer und Frauen im Vergleich (Bern 2002) unter demselben Titel. Erweitert und aktualisiert 2005

KAPITEL 15: **IM FRAUENZOO ...**
verfasst als Einführungskapitel zu Schmerl, C. (Hg.): Der Frauenzoo der Werbung. Aufklärung über Fabeltiere (München 1992). Gekürzt und überarbeitet 2005

KAPITEL 16: **MÄNNLICHE REFLEXE ...**
erschienen in: Großmaß, R. & Schmerl, C. (Hg.): Leitbilder, Vexierbilder und Bildstörungen (Frankfurt 1996) unter dem Titel „Aus der Werkstatt der Geschlechterkonstrukteure – Männliche Reflexe, weibliche Reflexionen zur Werbung." Überarbeitet und aktualisiert 2005

KAPITEL 17: **KREATIVE PAARE ...**
erschienen in: Berger, R. (Hg.): Liebe Macht Kunst. Künstlerpaare im 20. Jahrhundert (Köln 2000) unter dem Titel „Kreative Paare in Kunst und Wissenschaft – Nutzen, Kosten, Geschlechtermuster." Überarbeitet und erweitert 2005

Standardwerke

Frank Nestmann, Frank Engel & Ursel Sickendiek (Hrsg.)
Das Handbuch der Beratung
2 Bände

2004, 2. durchgesehene Aufl. 2006
568 Seiten, EUR 36,–
ISBN 3-87159-048-7

2004, 2. durchgesehene Aufl. 2006
712 Seiten, EUR 46,–
ISBN 3-87159-049-5

83 Autorinnen und Autoren aus Deutschland, Österreich und der Schweiz – renommierte Beratungstheoretiker und erfahrene Praktiker – beschreiben und analysieren den aktuellen Stand der Wissenschaft und Praxis und skizzieren Entwicklungen von Beratung in traditionellen und neuen Beratungsfeldern.
Erstmals im deutschsprachigen Raum wird Beratung als interdisziplinäre Handlungsorientierung in den wichtigsten theoretischen Konzepten und ihren bedeutsamsten methodischen Ausprägungen vorgestellt.
Die Leser in Beratungswissenschaft und -praxis, in Aus- und Weiterbildung von Beratung wie in Beratungsverwaltung und -politik erhalten hier den umfassendsten Überblick über ein zentrales Versorgungs- und Entwicklungsfeld sozialer sowie bildungs- und gesundheitsbezogener Berufe.

Bände 1 und 2 als Gesamtwerk im Schuber:
82,– EUR, ISBN 3-87159-050-9

dgvt-Verlag • Hechinger Straße 203 • 72072 Tübingen
Tel.: 0 70 71 / 79 28 50 • Fax: 0 70 71 / 79 28 51
E-Mail: dgvt-Verlag@dgvt.de • Internet: www.dgvt-Verlag.de

Irmgard Vogt (Hrsg.)
Frauen-Körper : Lust und Last
Band 2

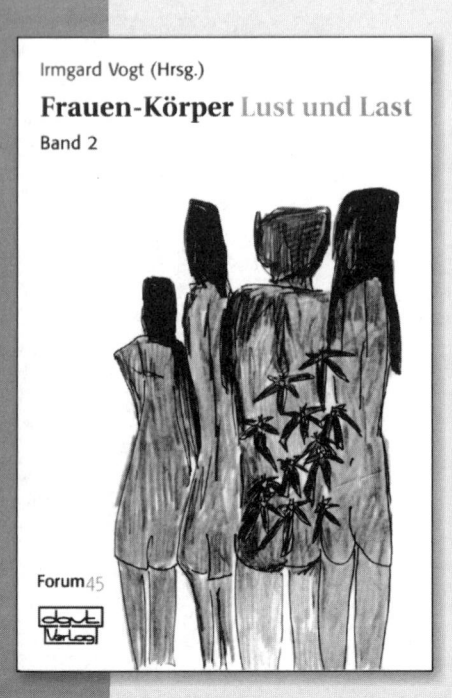

Forum 45
180 Seiten, EUR 15,80
ISBN 3-87159-145-9

Widersprüchliche gesellschaftliche Erwartungen tragen dazu bei, dass Frauen ambivalente Beziehungen zu ihrem Körper haben. Frauen sollen körperlich attraktiv, faszinierend und vielleicht sogar betörend sein – aber auch bescheiden, sauber, rein. Da diese Gegensätze nur schwer miteinander vereinbar sind, leiden viele Frauen an ihrem Körper. Aber der Körper kann auch Quelle der Lust sein. Das Wissen um körperliche Lust und um Lust am eigenen Körper ist das dialektische Gegenstück.

Dieser doppelten Kodierung des Frauenkörpers nähern sich die Autorinnen dieses Buches aus verschiedenen Blickwinkeln. Thematisch geht es um das Begehren von Mädchen und Frauen, um sportliche Inszenierungen und Alltagsbilder des Körpers, Schönheit, Lust und Frust am Essen sowie neue Entwicklungen der Gender-Konzepte. Dieses Buch will Frauen (und Männer) im Alltag und als professionelle HelferInnen anregen, sich mit der Lust und dem Leid der Frauen an ihrem Körper auseinanderzusetzen.

dgvt-Verlag • Hechinger Straße 203 • 72072 Tübingen
Tel.: 0 70 71 / 79 28 50 • Fax: 0 70 71 / 79 28 51
E-Mail: dgvt-Verlag@dgvt.de • Internet: www.dgvt-Verlag.de